国家出版基金项目
NATIONAL PUBLICATION FOUNDATION

当代中国农民的脚印系列

革命的书写

一个大队干部的工作笔记（上）

周生康 著

张乐天 席富群 编

1961—1972

复旦大学出版社

作者简介：

　　周生康，1926年出生于浙江海宁。早年外出务工，中华人民共和国成立后回农村；20世纪50年代中期积极参加农业合作化运动；1960年后长期担任联民大队支部副书记、机站站长；20世纪80年代初卸任；2012年逝世。

主编简介：

　　张乐天，1949年出生，高中毕业后回浙江海宁联民村务农10年。1985年毕业于复旦大学哲学系，获哲学硕士学位后留校任教，长期从事农村社区等领域的教学与研究工作，目前担任复旦发展研究院当代中国社会生活资料中心主任。主编普通高等教育"十一五"国家规划教材《社会工作概论》（第三版）；创建了中国第一个社会调查类数据库——张乐天联民村数据库；代表作《告别理想——人民公社制度研究》受到国内外学术界的高度评价。

　　席富群，1963年出生，现为苏州大学马克思主义学院教授。中国人民大学中共党史系博士，2008年至2011年曾在复旦大学师从张乐天教授进行农村社会学的博士后研究。

编 辑 说 明

　　《革命的书写——一个大队干部的工作笔记》详细记录了浙江省海宁市原联民大队党支部副书记周生康负责生产、计划生育、机站等工作时的经历,时间跨度长达二十余年(1961—1982 年),内容丰富完整,是研究浙北地区乃至中国农村社会发展历史与文化的珍贵资料。

　　由于本书时间跨度长、内容繁杂,加之部分原稿字迹模糊,整理起来非常困难。为保证最大限度地忠实于原文,同时又不影响读者对文本的理解,本书就编辑整理工作说明如下:

　　一、本书内容主要以时间为线索,按照原文本所记,以年代、日期为标题,采用编年体体例进行整理。如:1961 年稿件,一级标题为年份 1961;二级标题为 1961.1.1,依此类推;三级标题视原文情况设定,如原文中并未出现标题,编者视日记所述内容予以补充,但均用〈　〉标出,以示区别。

　　二、文稿内容总体清晰,局部混乱,存在大量错别字、残缺字等,在处理时按照如下规则处理:

　　(1)局部混乱问题。原作在记录时存在序号标示不清问题,包括序号级别、序号顺序等,如错标、漏标、越级标等。针对此问题,编者在尽量不改变作者原意的前提下按照国家出版标准排列组合,保持局部统一。

　　(2)错别字、增补字等问题。文中存在大量错别字、漏字问题,为保证文本原汁原味,在编辑时均作了对应标示:

　　① 错字、别字用[ ]在字体后纠正。例如,及[极]少数反革命分子;付[副]队长。

　　② 增补字用〈 〉补充。例如,立下了不朽功〈勋〉(文本中作者已经使用小括号,为避免歧义,方便读者阅读,编辑过程中不再采用小括号标示)。

　　③ 残缺字用□代替,经编辑确认后用[ ]在□后标示。例如,原文“大发牢?”,改为“大发牢□[骚]”。

　　④ 衍文等明显多余部分,直接删除。例如,“国国家”改为“国家”。

　　(3)表格问题。

　　① 表格中的数据大部分缺少单位,处理方法为在标题后补充单位,如〈单位:亩〉。

　　② 部分表格中的数据统计存在偏差,均为原文所录,为忠实于原文,在编辑过程中不再进行纠正。

　　(4)其他问题。

　　① 文本中大量使用了方言土语,编者在编辑时对部分难以理解的进行了相应注释,对于一般读者可以基本理解的部分不再解释。尤其是文本中的一些农作物品种、农药品种以及人名姓氏等,均有混用方言的情况,不再修改统一,照原文录。

②　文本中大量引用了马列毛语录和各级政府文件,均系作者所摘记,部分内容与原文件有所出入,亦不再补充修改,照原文录;对于各级政府文件号,尤其是中央文件号,本书均作"××号文件"处理。

③　文本中大量存在一些通用词汇,如"纪要、记要""掉换、调换""秧龄、秧令"等,不影响读者理解的情况下,均照原文录。

三、正文文本为作者在当时的历史背景下所记录,代表了作者当时的观点,应放在当时的历史背景下进行理解,不应过度延伸。文本中编者所作标示和注释亦仅代表编者观点,广大读者可从不同的角度加以理解和研究。

四、由于编者水平所限及历史原因,书中存在的缺点、错漏难以完全避免,敬请识者批评指正。

张乐天　席富群

目　　录

上卷(1961—1972 年)

1961年

1961.5.25

社员大会贯彻春花分配

主要今年的分配问题是执行"60条"**❶**,按照三包办事,不折不扣,实奖实赔。对国家任务按三包任务照办,对油菜籽不完成用粮抵交,粮食不完成吃再[最]底标准,12量头**❷**。

坚持三级所有制**❸**,凡是三包内由大队统一分配,上半年春花15万〈分〉,夏粮工分21万多的,如果超过,其余部分由生产队为单位造方案进行分配。会议按三包产量每10分奖1.33〈元〉,加上其他奖励工资0.87〈元〉。今年3、4队最好,10队差。凡是三包内油菜,油票大队统一分配,超过产量归小队分配。

具体问题:

1. 大队勿估产,以生产队自己估产办事造方案,大队按三包办事。

2. 粮食统一到户,超产粮一定要照多劳多得进行分配,但是要劳肥分成**❹**,由社员讨论决定。

3. 大队一班[般]不留储备粮基[机]动,对大队干部有两种办法:①归到生产队。②由各小队抽上,但不能超过10%,由社员讨论决定。

4. 关于农副产品,留出需要用与[于]公用柴以外全部分光。一般按口粮、劳力各一半,或三七开,由社员决定,分别计款计价到户。

5. 社员与社员承认差别,增产队奖励加奖励,赔产队赔产加赔产,按基本劳动日计算。分

---

❶ 指《农村人民公社工作条例》,因其共有60条内容而被称为"60条"。这个文件共有三个版本:第一个是1961年3月中共中央广州工作会议讨论通过的《农村人民公社工作条例(草案)》,主要解决当时人民公社内部的平调问题、公社规模过大问题、公社对大队和生产队管得太死等问题;1961年5—6月,中共中央在北京召开工作会议,对这个草案进行了修改,制定了《农村人民公社工作条例(修正草案)》,主要取消了之前条例对公共食堂和供给制的规定;经过一年多的试行和实践,1962年9月党的八届十中全会修改并正式通过了《农村人民公社工作条例修正草案》,主要改变原来以生产大队为基本核算单位的规定,确立以生产队为核算单位,并确立了一乡一社的规模,从此确立了"三级所有,队为基础"的人民公社制度。日记中所说的"60条"即第一个版本,其中一个主要内容是克服分配中的平均主义,要求在全大队范围内统一分配,同时也要承认队与队之间的差别,对生产队实行"包产、包工、包成本和超产奖励"的"三包一奖"制度。

❷ 当时农村用16两的秤,"12量头"指每斤只给12两。

❸ 指生产队、大队、人民公社三级所有。

❹ 生产队超产粮分配通常有两部分,一是根据人的劳动工分(按劳),二是根据农户猪羊饲养量(按肥)。二者比例由社员讨论决定。

1

三种结算办法：①完成基本劳动日。②不完成劳动日。③超过劳动日。在结算中,用两种,一种要棘手,一种较好的,就是提存部分作奖励。超过基本劳动日,鼓励积极性,坚决执行"60条",如果减产队没有粮食,用出售物质奖励粮食,作为奖励。

6．对困难户五保户定下来,分季照顾,全年定出来,分成负责。

7．对透支户,现金购粮收回来,要逐户审查,决定定出分期归还。

8．对饲料问题统一留存。

注意五个问题：

1．以前已经执行奖赔队,可以算部份[分]或者不算。如果不执行队,一律照办。

2．投劳动底分是否合理,是否准确,进行一次审查。凡是学校〈学生〉,回来也要进行投分。凡是同意请假,产妇、久病进行评定照顾(生假病、二三天病不算)。

3．工分问题,进行审查是否合理。特别注意,总目[人]头,讲种[钟]头,点个头,男 10 分,女 8 分,老 8 分,幼 5 分。还有 60 年工分要处理掉。

4．整理一次自然肥料计工分,分两种处理(如果多养猪羊,投分底分扣除,不要计算在内；如果不扣除,在这次要加上进行奖励),要调查清爽[楚]。

5．生产队各属单位同工同酬。

收购问题：

1．春茧收购按上次决定任务照办。

2．粮食收购,按三包任务,油菜照原来办事,对收购价格问题普遍提高。茧子最好 164 元,蚕豆 0.107〈元〉,小麦 0.114〈元〉,油菜 23.50〈元〉,元麦 0.86〈元〉,大麦 0.79〈元〉❶。

3．价格政策,不能掌握过严,不能压价,可上不可上,就是一定向上,可下不可下就是要提上。今年收购先放出样子,群众评议能[论]价。

4．对出售物资奖励粮问题。7 月底前购买,50% 面粉,50% 粮食。在未购以前予[预]付30% ,随购随取。

〈联民大队各生产队劳动底分、人口与定粮情况表〉

队别	底分数	人口	每月定粮〈斤〉	
			大米	原粮❷
1	264	83	1 884	2 617
2	199.5	55	1 296	1 800
3	199	66	1 474	2 047
4	251	75	1 728	2 400
5	163	48	1 125	1 563
6	232.5	63	1 511	2 099
7	114	38	864	1 200
8	332	92	2 104	2 922
9	426	124	2 883	4 004
10	383	162	3 580	4 947
11	355	108	2 411	3 349

❶ 茧子、油菜以"担"为单位计,蚕豆、小麦、元麦、大麦以"斤"为单位计,下文中不再一一标出。

❷ 原粮指稻谷,原粮(稻谷)加工成大米的比例一般为 72% ,即 100 斤原粮可加工成 72 斤大米。

续表

队别	底分数	人口	每月定粮〈斤〉	
			大米	原粮
12	259	64	1 498	2 081
13	226	76	1 825	2 535
14	214	75	1 641	2 279
合计	3 618	1 129	25 824	35 843

1961.5.26

支 部 会 议

1. 成本问题。凡是春花予［预］分在内一律计算。范围：大小麦、油菜、蚕豆、春茧、山茹❶窖。蚕茧按全年成本 60% 作为春茧成本。肥料,4 月底止［之］前归春花。早稻分配抽成范围：早稻、夏茧。下半年范围：秋茧、晚稻、芋芳、蕉藕、菊花、络麻、黄豆、山茹、蔬菜。

2. 工分问题,上半年春花按三包❷工分到队,全部春蚕茧 100 斤 29.1 工。

3. 经济上有问题,按底分再进行投资,按以前增加 2 倍,可以维持大队下半年度成本开支。

4. 幼儿园及大队牧场,决定在月底下放,通〈过〉管理会委员讨论决定实行。

5. 干部问题,落实到队。王继福 1 队、2 队,戴顺堂到 3 队、4 队,周生康到 7 队、5〈队〉、6 队,陈世福到 10 队、13 队,徐维江 11 队,贾维清 12 队,陈德明 14 队。上半年工资由各队抽上,下半年归小队。

1961.5.30

联民大队组织情况

队别	正队长	记账员	分配组长
1	韩仁财	徐仕康	韩仁财
2	邵左兴	邹彐林	邵左兴
3	李叙康	沈纪仁	李叙康
4	邹河康	邹德夫	邹金康
5	陈彐生	陈夫堂	陈彐生
6	周和尚	周建初	周和尚
7	沈云林	周建初	沈云林
8	王张堂	胡少祥	王张堂
9	陈德夫	王新章	陈德夫
10	陈康裕	陈培宝	陈康裕

---

❶ 即番薯,有些地方叫红薯。

❷ 三包指包耕面积、包产量、包工分。

续表

队别	正队长	记账员	分配组长
11	徐维海	金占堂	徐维海
12	贾洪林	贾树生	贾洪彬
13	冯祖仁	冯子坤	冯进康
14	冯河富	姚利心	冯河富

〈联民大队各生产队品调数量、络麻总产与早稻面积计划表〉　　　〈单位：斤、亩〉

〈队别〉	6—7〈月〉调换	络麻	早稻	落实面积
1	970	11 943	19.5	
2	660	8 750	17.5	
3	760	8 527	16.73	
4	900	10 523	19.52	
5	605	8 811	17.50	
6	780	11 130	17.74	
7	415	4 516	6.28	
8	1 072	7 070	28.05	
9	1 495	15 647	30.80	
10	1 859	9 930	22.00	
11	1 240	12 675	27.81	
12	775	8 444	18.54	
13	923	8 928	19.91	
14	834	7 305	16.29	
合计	13 320	134 199	278.17	240

春花分粮，新7队情况　　　〈单位：斤〉

姓名	人口	定粮	应分春花	6—7〈月〉品调（一）	6—7〈月〉品调（二）	饲料
朱引宝	3	78	260	37	14	
沈才征	4	87	280	41	15	
陈利宝	4	93	310	44	17	
王明华	3	89	297	43	16	50
陈五毛	1	25	83	12	5	
沈云林	5	117	390	56	20	
王　隆	6	129	430	61	23	
杨富英	2	52	173	25	9	
周生康	8	150	500	75	27	100
韩永保	2	44	147	21	8	
合计	38	864	2 880	415	154	150

1961.6.8

<h1 style="text-align:center">大队蚕叶[业]会议</h1>

内容是当前要做好如下几项要求：

春蚕结束，做好夏蚕准备，〈蚕室〉马上消毒；蚕种安排，定好张数。蚕茧任务，按三包办事；饲养工分，结算到人，茧多工多。剪的老叶分户公布，叶工评好，柴款结款到户。蚕具保管，毛帚柴晒晒看[开]。以上几的[件]事情要做到。

1961.6.10

新 7 队计划落实田 〈单位：亩〉

络麻		黄豆		单晚		双早		地络麻	
港东	1.70	外河角	3.00	青木河	5.28	双洋河	2.40	北坝东片	2.00
青台河	2.20	里河角	1.20			香樟树	2.02	胡小毛地田	1.80
青南	2.20	陈顺前	4.60			陈河	2.60	里河角	3.00
东坝道	1.10	陈西	0.50						
青木河	3.38	王隆前后	2.50						
		隔河后头	2.00						
合计	10.58	合计	13.86	合计	5.28	合计	7.02	合计	6.80

1961.6.16

〈联民大队各生产队油菜籽任务表〉 〈单位：斤〉

队别	三包总数	应得优待油票数	上交下队5%	上交优待蚕粮票	品调
1	2 879	129.5	6.5	2	
2	1 761	79	4	1	
3	2 424	109	5.5	3	
4	1 944	87	4	2.5	
5	2 208	99	5	2	213
6	1 736	78	4	2	289
7	888	40	2		164
8	3 024	136	7	2	
9	3 600	162	8	5.5	
10	2 576	116	6	10	
11	3 072	138	7	2	

续表

队别	三包总数	应得优待油票数	上交下队5%	上交优待蚕粮票	品调
12	2 048	92	5	2	
13	1 752	79	4	3	
14	2 088	94	4.5	2	
合计	32 000	1 438	72.5	39	

7队春花实收情况〈单位：斤〉：

大麦任务974斤，已分出到户728。种大麦77、小麦78，合155，未分泥麦等共136斤，折晒90斤，合计总产973斤，减产1斤。小麦任务2 640斤，已分到户1 564，种麦330斤，合计总产1 894斤，减产746斤。油菜任务888斤，出售500斤，种子15斤，合计总产515斤，减产373斤，赔粮食559.5。

蚕豆任务2 289，已分出298，已出售1 036，赔油菜任务270，库存553，胖❶318，折八五折，杂270，合总产2 427斤。

〈联民大队各生产队三包任务完成情况表〉 〈单位：元〉

队别	缺	余	三包产值	目前收值
1	1 101.41		4 653.28	3 581.87
2	865.67		3 517.26	2 651.59
3	5.59		4 228.89	4 223.30
4	278.60		4 135.96	3 857.36
5	1 034.61		3 170.34	2 135.73
6	93.27		3 147.75	3 054.48
7	351.39		1 396.30	1 044.91
8	677.88		4 816.93	3 920.42
9	437.49		4 576.54	4 139.05
10		948.09	5 328.45	6 276.54
11	1 347.65		4 320.16	2 972.51
12	471.66		2 885.04	2 413.38
13	682.76		2 977.64	2 294.88
14	1 108.03		2 962.92	1 854.89
	8 456.01	948.09	52 147.46	44 430.93

---

❶ 当地土话，指地里收起以后没有晒干的油菜籽、麦子等。

1961.6.20

〈联民大队各生产队春花粮食三包情况表〉 〈单位：斤〉

队别	三包数	春花留粮	春花饲料	春花种子	余缺数	折算	实分到队
1	15 530	6 281	350	2 400	6 499	4 679	350 6 625
2	9 740	4 320	350	1 940	3 130	2 254	350 4 318
3	11 065	4 913	550	2 260	3 342	2 406	550 4 916
4	11 549	5 760	500	2 400	2 889	2 080	500 5 759
5	8 438	3 752	100	1 960	2 626	1 809.5	100 3 622
6	10 605	5 038	400	2 340	2 827	2 035.5	400 5 037
7	5 903	2 880	150	980	1 893	1 363	150 2 880
8	12 091	7 013	400	2 400	2 278	1 640	450 7 011
9	16 220	9 610	950	3 000	2 660	1 915	1 000 9 578
10	13 909	11 899	1 200	3 200	2 390		1 150 11 904
11	15 060	8 038	400	2 900	3 722	2 680	400 8 038
12	10 040	4 995	200	1 850	2 965	2 135	200 4 995
13	10 043	6 084	150	2 240	1 569	1 130	150 6 078
14	9 077	5 470	100	2 100	1 407	1 013	100 5 469
合计	159 270	86 053	5 800	3 200	37 807	27 221	5 850 85 880

〈联民大队各生产队春花留种计划表〉 〈单位：斤〉

队别	大麦	小麦	蚕豆	油菜	粮食合计
1	200	700	1 500	35	2 400
2	140	600	1 200	25	1 940
3	160	600	1 500	30	2 260
4	200	700	1 500	35	2 400
5	140	620	1 200	30	1 960

队别	大麦	小麦	蚕豆	油菜	粮食合计
6	200	640	1 500	30	2 340
7	80	300	600	15	980
8	200	700	1 500	35	2 400
9	200	700	2 100	40	3 000
10	200	900	2 100	40	3 200
11	200	700	2 100	35	3 000
12	140	540	1 200	25	1 880
13	200	700	1 500	35	2 400
14	140	600	1 500	30	1 940
合计	2 400	900	20 700	440	32 100

说明：①留种量：大小麦每亩 20 斤，蚕豆 30 斤，油菜 1 斤。②三数字留种计划到队，是第一次到队。

1961.6.22

联民大队油菜籽任务完成情况表　　　　　　　　〈单位：亩、斤〉

队别	面积	总产	已出售	应减数
1	35.61	2 627	1 263	1 329
2	22.01	1 607	1 276.5	305.5
3	30.3	2 212	1 414	768
4	24.3	1 774	1 263.5	475.5
5	27.60	2 015	1 040	945
6	21.70	1 584	1 014	540
7	11.10	810	500	295
8	37.80	2 759	2 502	122
9	95	3 285	2 466	720
10	32.20	2 351	2 691	386
11	38.40	2 803	2 020.5	747.5
12	25.60	1 869	1 733	111
13	21.90	1 599	1 132.5	431.5
14	26.10	1 905	1 194.5	675.5
合计	400	29 200	17 560	

〈7队农作物计划与落实表〉 〈单位：亩〉

计划面积		落实面积	
络麻田	5.364		
〈络麻〉地❶	8.411	络麻	17.38
双早	6.28	双早	7.02
单晚	5.80	单晚	5.28
秧田	1.243	黄豆	19.38
黄豆	11.60	山茹	6.90
山茹	5.41	瓜类	1.50

以上7队情况。

1961.6.28

记　　录

7队实分情况〈单位：斤〉：

按三包数：　大麦　小麦　蚕豆　　合计
　　　　　　974　2 640　2 289　5 903 斤

上交任务1 893斤，种子980，饲料150，口粮2 880，总减609。

按实收数：　大麦　小麦　蚕豆　　合计
　　　　　　973　1 894　2 427　5 294 斤

上交任务1 893，种子980，饲料150，赔油菜273斤，口粮2 008，提存奖励超过基本，动口粮500斤，净口粮1 508，按原分口粮打52折，全队38人，折每人39.7。（提存500斤，400斤按劳分，100斤按肥分）（全队粮食分配包括提存粮在内，平均每人53斤，每月19斤大米）

每月26.5。

6队实分情况〈单位：斤〉：

按三包数：　大麦　　小麦　　蚕豆　　　合计
　　　　　　2 037　3 555　5 013　10 605 斤

上交任务2 827，种子2 340，饲料400斤。

留口粮5 038斤。

按实收数：　大麦　　　小麦　　　蚕豆　　　合计
　　　　　　1 310.5　3 689.5　5 398.5　10 373 斤

上交任务2 778，种子2 340，饲料450斤，赔油菜粮810斤，提存奖励粮1 000斤，净口粮2 635斤（按原春花分粮数打52.31折❷），全队63人，折每人41.8。

---

❶　在我国的某些地区，有"田"和"地"之分，"田"指水田，"地"指旱地。

❷　生产队有时分配潮湿的小麦、大麦、蚕豆，并根据潮湿的程度打折成原粮数。

（全队包括提存粮在内平均每人57.7，每人每月28.85，折大米20.8）

1961.6.29

记 录

5队实分情况〈单位：斤〉：

按三包数： 大麦　小麦　蚕豆　　合计
　　　　　 1 489　4 695　2 254　8 438 斤

上交任务2 626斤，种子1 960斤，饲料100斤，留口粮3 752斤。

按实收数： 大麦　小麦　蚕豆　　合计
　　　　　 1 595　3 831　2 815　8 241 斤

上交国家任务2 626斤，种子1 960，饲料100，赔油菜819，奖励超劳动日600斤，口粮2 136斤，合计8 241斤（按原分春花粮打56.89折计算）。全队48人，折每人44.5。（包括提存粮在内每人所得57斤，每人每月28.5，折口粮20.5斤）

已出售数　　　　　　　　　　　　　　　　　　　　　　　　　〈单位：斤〉

队别	小麦	大麦	蚕豆	折原粮	合计
1	78		2 812	3 906	3 984
2			1 752	2 434	2 434
3			1 779	2 471	2 471
4			1 577.5	2 191	2 191
5	428	64	1 283	1 782	2 274
6		100	2 058	2 859	2 959
7			1 036	1 439	1 439
8			1 039.5	1 444	1 444
9		205	1 424.5	1 979	2 184
10					
11			2 304	3 200	3 200
12			1 253.5	1 741	1 741
13			847	1 176	1 176
14			858	1 192	1 192
合计	506	369	20 024	27 814	28 671

1961.6.30

已交大队数

〈单位：斤〉

队别	蚕豆	小麦	大麦	豌豆	合计
1	268.5	655	550.5	20	1 494
2	600				600
3	671.5	43		10	724.5
4	514.5				514.5
5	819.5				819.5
6					
7	273.5				273.5
8	160				160
9	815				815
10					346
11	772.5				772.5
12	119				119
13	459.5				459.5
14	537				537
合计	6 010.5	698	550.5	30	7 289

1961 年三包计划（一）

〈单位：斤〉

队别	三包数	口粮	饲料	种子	余粮	出售数	国家任务		油菜奖赔			
							余	缺	应赔数	已交大队	折原粮	
	15 530	15 530	15 530	15 530	15 530	15 530		2 521	1 993.5	1 494	1 606.5	−914.5
1	9 740	6 275	350	2 400	6 505	3 984		698	458	600	833	+135
2	11 065	4 318	350	1 940	3 132	2 434		818	1 152	724.5	990	+172
3	11 549	4 916	600	2 260	3 289	2 471		699	713	514.5	715	+16
4	8 438	5 759	500	2 400	2 890	2 191		433	1 417.5	819.5	1 138	+705
5	10 605	3 671	100	1 960	2 707	2 274			810			+181
6	5 903	5 037	450	2 340	2 778	2 959	181	454	442.5	273.5	380	−74
7	12 091	2 880	150	980	1 893	1 439		944	183	160	222	−722
8	16 220	6 953	350	2 400	2 388	1 444		474	1 168.5	815	1 132	+658
9	13 909	9 462	1 100	3 000	2 658	2 184						
10	15 060	11 776	1 200	3 200	2 267			372	1 121	772.5	1 073	+701
11	10 040	8 038	550	2 900	3 572	3 200		1 104	166.5	119	165	−931
12	10 043	4 995	350	1 850	2 845	1 741		87	647	459.5	738	+651
13	9 077	6 340	200	2 240	1 263	1 176		66	1 013	537	746	+680

队别	三包数	口粮	饲料	种子	余粮	出售数	国家任务 余	国家任务 缺	油菜奖赔 应赔数	油菜奖赔 已交大队	油菜奖赔 折原粮	
14		5 469	250	2 100	1 258	1 192		8 670	11 285.5	7 289	9 738.5	
	159 270	85 680	6 450	31 970	37 431	28 689						

1961 年度〈主要农作物〉三包数（二） 〈单位：亩、斤〉

作物	三包计划数 5队 面积	三包计划数 5队 总产	三包计划数 6队 面积	三包计划数 6队 总产	三包计划数 7队 面积	三包计划数 7队 总产	落实到田地数 5队 面积	落实到田地数 5队 总产	落实到田地数 6队 面积	落实到田地数 6队 总产	落实到田地数 7队 面积	落实到田地数 7队 总产
小麦	31.30	4 695	23.70	3 555	17.60	2 640					15.60	1 894
大麦	9.93	1 489	13.58	2 037	6.49	974					6.49	973
黄豆	16.10	2 254	35.81	5 013	16.35	2 289					16.35	2 427
双早	17.50	7 000	17.74	7 096	6.28	2 512					7.02	
双晚	17.50	7 350	17.74	7 451	6.28	2 638					7.02	
单晚	6.388	3 322	8.192	4 260	5.80	3 016					5.00	
秧田	3.485	1 464	3.762	1 580	1.243	522					1.243	
黄豆	8.27	1 241	14.13	2 119	11.60	1 740					19.38	
山茹	7.84	3 920	11.75	5 875	5.41	2 705					6.90	
						13 742						
		32 735		38 986		19 036						

1961 年度〈其他农作物三包数〉（三） 〈单位：亩、斤〉

作物名称	三包计划数 5队 面积	三包计划数 5队 总产	三包计划数 6队 面积	三包计划数 6队 总产	三包计划数 7队 面积	三包计划数 7队 总产	落实到田地数 5队 面积	落实到田地数 5队 总产	落实到田地数 6队 面积	落实到田地数 6队 总产	落实到田地数 7队 面积	落实到田地数 7队 总产
芋艿	2.852	6 845	3.13	7 512	1.018	2 443					1.03	
蕉藕	4.34	13 020	5.642	16 926	2.018	6 054					1.00	
菊花	5.065	405.40	6.58	526.40	2.355	188.40						
油菜	27.60	2 208	21.70	1 736	11.10	888					8.35	515
田络麻	9.536	4 291	11.67	5 252	5.364	241.4					10.58	
地络麻	18.08	4 520	23.51	5 878	8.41	2 102					6.80	
田地合计	27.616	8 811	35.18	11 130	13.774	4 516					17.38	

作物名称	三包计划数						落实到田地数					
	5 队		6 队		7 队		5 队		6 队		7 队	
	面积	总产	面积	总产	面积	总产	面积	总产	面积	总产	面积	总产
春蚕	21	739	13.5	475	5.5	194					5.5	106
夏蚕	6	117	4	78	2	40					2	
秋蚕	21	370	13.5	238	5.5	96						
蔬	20	1 600.00	20	1 600.00	9	720.00						
山茹	18	1 008.00	20.5	1 148.00	6.5	364.00						

联新 10 队情况：

双晚 11.40〈亩〉，7.30〈亩〉完成，共 19 个〈人员〉劳动，头次拔好❶，肥料已施 10 亩；单晚 4.00〈亩〉，头次施好，耘过一次；共育室不动，准备明日开始，人员准备 4 个，11 张蚕种，不按定额，管理工每亩 4 分，日常不搞定额，统一做；桑树 21 亩，削出❷ 4.00〈亩〉。小米已下 2.00〈亩〉，已有白地 6.00〈亩〉，已有肥料 2 坑，十几担，肥〈田〉粉 40 斤。今年早稻收平均 350〈斤/亩〉，超 1.00 亩而减产 600 多斤。

分配问题，应分 2 600 斤，已分 400 斤稻谷，全队 35 人，5 队社员还没有分，蔬菜没有下种。点灯没有灯泡，点吹❸。

12 队情况：

单晚 6.80〈亩〉，双晚 27.00〈亩〉。单晚耘田 3.00〈亩〉，除草头次拔好，施肥头次施好；双晚头次施 19.00〈亩〉，还有 8.00〈亩〉未施，拔草还有 7.50〈亩〉，耘田只有耘 2.00〈亩〉多点，肥料现有 6 000 斤，粪已出空，其他肥料没有，准备明日开始罱水［河］泥❹解决。昨天点灯不点，白地山茹死苗 7 亩，正式白地 2.00〈亩〉多点，秋杂粮已下 3.00 亩多点。早稻分配 18.20〈亩〉，实种 24.60〈亩〉，总产 8 350〈斤〉，增 1 300 斤。口粮已到户算好，超产量按劳肥分，劳 90%，肥 10%，工分据 1—7〈月〉止来分配，群众没有意见（春夏粮差平❺，因春粮减）。蚕室已准备消毒，仍旧等人，〈进入蚕室的人员〉算过不动。人员准备 4 人，准备做脱❻几天动手，几时发〈蚕〉种不知道，结果决定明日动手。桑地 24.00〈亩〉，今日削到好，今后打算女劳弄［种］山茹，男罱河泥。

沈书记指示：

今年双晚比去年同时提前完成，是单季超双季、晚稻超早稻〈的〉有利基础，但是没有填

❶ 田里的草是用手拔的，这里指已经拔好第一次草。

❷ 桑地里的草是用刮子削的，削出指已经削完。

❸ 当地土话，点汽油灯。因汽油灯难以点亮，需要掌握吹气的技巧。

❹ 捞取河底淤泥用作肥料。

❺ 差平，当地土话，指拉拉平，合在一起，平均一下。

❻ 做脱，指完成。

革 命 的 书 写
——一个大队干部的工作笔记

[确]定。当前主要还要抓住三关：①肥料关。②除草关。③除虫关。工作做好是很重要,但是当前有三种态度思想：

1. 听党按政策照三包办事,少产少得少分,干部思想统一,精力一致,认识得[到]当前培育管理重要性。季节紧,肥料不足、虫灾重、旱灾重情况下,向社员求办法,求正[真]理。总结回忆去年晚稻、今年早稻培育管理经验,要积极地抓紧时间,充分发动群众,晚稻超早稻,培育管理运动,把现有一切肥料倾盆而出,而大挖掘肥源,解决肥料不足,不向上要肥料。晚稻超早稻积极性高,抓得紧,没有自满,没有休息思想,这种队今年冬天大有希望,口粮能够分足,而超产量就靠〈这个〉。可以消除去年冬天、今年春天真真难度过〈的〉日子,真真接受去年的教训,所以现在声势大、抓得紧。

2. 第二种对晚稻超早稻问题,接受去年吃 12 两、14 两不够的深刻〈教训〉,对党的政策按□[章]办事,少收少吃,领回[会]不作[足],〈表现为〉不相信,又不相信又相心[信],到冬再讲。精力不够集中,指导思想不够明确,在当前对培育管理上,认为还早,抢收抢种,认为比去年提早几天。部份[分]干〈部〉等待向上〈要〉肥料,等天下雨,没有很好地总结去年晚稻和今年早稻教训,而很好处理工分报酬,弄得除虫心中无数。对旱地争粮抓牢一样,放掉一样❶。这种队来看,晚稻超早稻积极性不十分高,所以抓得不高[紧],这种队将来可能口粮分足,超产量不多,或者分足口粮没有超产量,而不能够彻底改变去年和今年的状况。主要接受去年〈教训〉不深刻,所以抓得不紧,进度不快。

3. 第三种情况,已经忘记了去年的教训,认为去年吃 12 两、14 两杂粮搭搭❷好过,瓜菜代好办法。记着 40 元洋花萝卜❸,没有记着 12 两、14 两难关,只[这]种想办法像黄鼠狼想天鹅吃,认识[为]有困难可以同[向]国家借补足,借粮未还出认为错着❹。认为去年超产粮食,借不动。认为减产队吃得过。还有一种认为今年旱灾减产队减少任务,增产队增加任务(这种叫困头梦里想屁吃)。对政策动摇,所以对培育管理松气,没有抓起来,没有打算。这些队肥料足,不向群众要办法,没有积极性和晚稻超早稻思想。这些队干部认为“60 条”贯彻后社员思想落后,大搞私有,轻视集体,所以社员〈思想觉悟〉不高。但你主管领导上找,培育定额是否搞,评工记分是否合理,男女同工同酬,奖赔上处理是何？ 要从管理上来找。账目是否公布,这种队“双抢”❺还有尾巴,对肥料问题,认为无肥可积,施肥不足,除虫不动,旱地争粮,认为凡难下❻要放任自流。煤 380 斤,口粮没有分,超产量没有着落,主要原因接受去年 12 两、14 两〈教训〉不深刻。这些队〈要〉向第一种看齐,要有晚稻超早稻、单季超双季〈思想〉,要以[与]虫争丰收,以[与]旱争丰收。

1. 把现有肥料倾盆而出,还要找肥料,积肥,采黄豆叶、家杂肥,处理好工分报酬。8 号前普遍施上一次肥,耘好一次田。河泥船,能够出动〈的〉只只出动。水稻问题,在 10 号前不见黄苗,不见杂草。

---

❶ 指抓不抓没有关系。
❷ 当地土话,意思是相互搭配。
❸ 当地土话,指胡萝卜。
❹ 错着,当地土话,指侥幸取得的。
❺ 双抢,指抢收早稻,抢种晚稻。
❻ 指在困难的情况下。

2. 除虫问题,三化螟是盛发期,今年虫灾比去年多4倍。最高峰2—10号,要求5—15亩一只灯,50—100亩汽油灯确定专人管,点普遍,不能有点有不点。8—12号采印块❶,施药粉听通知。

3. 山菇[茹]问题。

4. 白地田❷问题。

5. 秋茧问题。加强训练,很好重视不能放松。①共育室。②人员落实。③桑树草削光。

6. 分配问题,不能简单化。①经济粮食一定要搞。②发动群众搞分配。③一定要按三包办事。④坚持三级所有制问题。⑤坚持"按劳分配,多劳多得,不劳不得"原则,超产量一定要按劳分。⑥粮食问题,大队按三包统一分配。⑦种子要留足25—30斤,保管好。⑧超产粮,大队不留。⑨国家任务要完成。⑩柴稻问题,所以按劳分配,要求8—10号完成,要随[善]始随[善]终,结束分配。斜桥调种交粮库,居民借粮要还。

具体问题:① 对自留地问题,7%到户(要求三天)。② 管理加强责任制(只搞小段包工)。③ 贯彻问题,要求开大会或分片开。

实际金额分配:5〈队〉出185.74〈元〉,晚粮170斤;6〈队〉进787.95〈元〉,晚粮270斤;7〈队〉出47.32〈元〉,晚粮360斤。

1961年度早稻分配 〈单位:斤〉

队别	人数	每人	应得口粮	早稻实际产量	减数	净得口粮
1	85	42.2	7 484	3 904	3 896	3 588
2	56	4.53	5 113	2 140.5	4 859.5	253.5
3	65	40.4	5 565	3 753	2 939	2 628
4	75	82.25	6 776	7 200	608	6 168
5	48	40.5	4 354	4 592	2 408	1 946
6	66	67.8	6 052	5 517	1 579	4 473
7	38	81.7	3 326	2 293.5	218.5	3 107.5
8	91	60.2	8 000	8 700	2 520	5 480
9	124	62	10 899	9 115	3 205	7 694
10	161	63	13 598	5 360	3 440	10 158
11	109	70.8	9 292	9 560	1 564	7 718
12	64	69.8	5 767	6 116	1 300	4 467
13	78	83.8	7 049	7 450	514	6 535
14	75	77.7	6 318	6 027	489	5 829
合计	1 135		99 585	81 728	29 540	70 045

---

❶ 指虫害后留在稻叶上的斑块。

❷ 白地田,指没有种上作物的地和田。

1961 年三包早稻分配情况 　　　　　　　　　　　〈单位：斤、亩〉

队别	三包总产	面积	留种	春花留种				春留种现又留种			
				大麦	小麦	蚕豆	油菜	大麦	小麦	蚕豆	油菜
1	7 800	19.5	585	200	700	1 500	35	200	700	419	30
2	7 000	17.5	525	140	600	1 200	25	145	600	120	30
3	6 692	16.73	502	160	600	1 500	30	250	400	1 100	10
4	7 808	19.5	586	200	700	1 500	35	200	701.5	1 400	35
5	7 000	17.5	525	140	620	1 200	30	140	620	1 200	
6	7 096	17.24	532	200	640	1 500	30	191	576	1 500	30
7	2 512	6.28	188	80	300	600	15	100	350	700	15
8	11 220	28.05	842	200	700	1 500	35	85	700	1 500	14
9	12 320	30.8	924	200	700	2 100	40	200	700	2 100	35
10	8 800	22	614	200	900	2 100	40	417	737	1 300	40
11	11 124	27.81	834	200	700	2 100	35	200	600	2 100	40
12	7 416	18.54	556	140	540	1 200	25	177	700	1 200	10
13	7 964	19.91	597	200	700	1 500	35	200	700	1 500	10
14	6 516	16.79	489	140	600	2 200	30	130	470	1 200	30.5
合计	111 268	278.17	8 345	2 400	900	20 700	440	2 635	8 554.5	18 419	329.5

1961.8.20

参加蚕叶检查情况记录

联新 6 人饲养管理,定额情况,凡是看 1 张为单位,饲养工分 5 分,弄叶工分 1.5〈分〉,桑叶为 3 斤标准。以上指头龄❶。二龄每张饲养工分 6.5〈分〉,弄叶工分 4.5〈分〉,9 斤叶标准;三令饲养工分 10 分,弄叶 7.5〈分〉,25 斤叶标准;四令饲养工分 16 分,弄叶 15〈分〉,100 斤叶标准;五令饲养工分 35 分,弄叶 40〈分〉,500 斤叶标准;小计饲养工分 72.5〈分〉,弄叶工分 68.5〈分〉,合计 141 分。

说明:指导量 25 斤为标准,25—30 斤超 1 斤加 2 分,31—35 斤加 2.5〈分〉,36—40 斤加 3 分,41—45 斤加 4 分,46—50 斤加 5 分。

粮食管理情况如下:凡是 20 斤以下奖 1 斤,20—25 斤奖 2 斤,26—30 斤奖 2 斤,30 斤以上奖 3 斤。以上连底,如果减产,适当减低,民主讨论,按情况、按比例减少。

---

❶ 蚕按休眠的情况分为不同的饲养期,第一次休眠前为头龄(农民有时把"龄"写成"令"),依此类推。

1961.9.19

1961 年度络麻收购价格表❶　　〈单位：元/担〉

等别	级别	生麻	印麻	等别	级别	熟麻	印麻
一	1	16.60	15.50	一	1	39.80	37.70
	2	16.40	15.30		2	39.10	37.00
					3	38.30	36.30
二	1	15.80	14.80	二	1	37.90	35.90
	2	15.60	14.60		2	37.20	35.20
					3	36.50	34.50
三	1	14.90	13.90	三	1	35.70	33.80
	2	14.70	13.70		2	35.00	33.10
					3	34.20	32.40
四	1	13.80	12.80	四	1	32.40	30.60
	2	13.60	12.70				
等外	1	10.90	10.20	等外	1	27.20	27.20
	2	7.80	7.30		2	22.30	22.30
麻绒	1	13.00					
	2	8.00					

（出售一担生麻奖大米 5 斤，印麻加半）

1961.9.24

1962 年生产规划　　〈单位：亩〉

队别	大麦	小麦	蚕豆	油菜	双早	双晚	单晚	山茹	黄豆	芋芳	田麻	地麻
1	8	20	65	24.08	16	19	11.44	24	30	6	8	18
2	5	17	58	18.47	12	14	9.20	18	30	4	8	15
3	8	18	48	21.56	15	17.5	15.65	20	15	6	7	13
4	8	18	57	18.44	18	21	13.59	22	15	7	7	15
5	7	17	45	17.85	14	16	12.51	20	15	5	8	13
6	7	17	47	12.36	15	17.5	14.82	20	10	6	7	12
7	4	10	29	8.55	7	8	5.89	10	10	2	5	12
8	7	20	55	17.03	18	21	18.28	24	27	7	7	10
9	9	22	78	24.98	20	23	21.28	24	25	9	12	20
10	9	19	50	18.35	19	22	10.56	30	5	4		15
11	9	20	76	24.75	20	23	17.21	25	21	8	12	19
12	6	17	50	15.26	13	15	10.21	21	18	6	7	11
13	7	18	54	15.42	14	16	13.656	22	15	5	6	15
14	6	17	38	12.90	13	15	12.336	20	11	5	6	12
合计	100	250	780	250	214	248	186.632	300	232	80	100	200

---

❶　本表前四栏均指生麻，后四栏指熟麻。当地有两个麻的品种，一种是台湾种，一种是印度种。

1961. 10. 3

到海塘防台风

通知：夜里 11 点钟报到，九里桥公务所。人员（略）。

1961. 10. 19

县委干校学习财务工作记录

分配问题，这是参加学习的同志最关心的问题，也是讨论最热烈的问题。总结了三年来分配工作的经验教训，并研究了今年的分配工作的具体政策。

对于今年分配工作的大好形势，大家总结了"四个多"：粮食多；钞票多；奖励多；经验多。

总结交流分配工作经验，大家总结了"五要五不要"：

1. 要贯彻按劳分配，按"60 条"办事，按三包办事，不要变动政策。

2. 要实事求是，正确核实产量和收入，不吹牛，不造空斗［头］方案，不翻瞒产。

3. 要走群众路线，要群众当家作主，不〈搞〉主观主义闭门造方案。

4. 要尊重和维护三级所有制，不搞平均主义，不能互相侵犯。

5. 要统筹兼顾，合理安排三者关系，不能只顾一面。

在认清今年分配的大好形势，总结交流分配工作经验的基础上，研究了今后分配工作政策，为搞好今年的秋收分配作出充分的思想准备。

（县委干校学习）通过财务管理的学习，总结交流了财务工作经验，逐条学习了省委农工部关于农村人民公社财务管理的八项制度和五项纪律，对照检查了财务管理上存在着成本大、浪费多、制度不严、账目不清等问题，认识到财务管理的八项制度、五项纪律是"60 条"对于财务工作上的具体化，也是财务干部做好财务工作的准则，解决了"认为制度虽然好，但是做不到"等错误思想。

学习中，大家总结了财务工作的经验和今后做好财务工作必须做到八个字：

民——民主管理，公开财务；

实——实事求是，核实收入；

勤——勤俭办社，从实抓起；

严——严格财务，纪律制度；

管——管好财务，现金收入；

紧——紧缩开支，反对浪费；

清——清理账目，日清月结；

公——大公无私，依［以］身作则；

以上八个字，经常利用。

沈书记讲话：检查众安生产大队的生产情况。

1. 关于县委指示贯彻：①关于明年粮食如何提前完成农业纲要 40 条中第 2 条规定。我们的公社 859 斤，有的大队已经 1 000 多斤。我们公社准备一个超 1 000 斤的指标。②秋收冬种问题,如何样提前完成。③如何样分配好,安排好三者关系。

2. 为什么要提前完成农业纲要40条,现在要不要,来不来,在啥基础上提出来。总的来看贯彻"60条",调动了干部和社员积极性,改变农村面貌。近来贯彻社会主义教育,通过对比,认清方向,树立一个走社会主义道路明确方向。在大好形势下,而提出一个搞1 000斤。①同生产队订出一些制度,按三包办事,不完成照赔。②搞黑市的就是黑进黑出。③不分社员挖边界线问题。④肥料问题。⑤农副产品交换问题,订立制度。

3. 为啥要搞超1 000斤及农业纲要40条呢?①要粮食发展。粮食是宝中之宝,我们国家粮食多了,就好办一切事叶[业],粮食不发展就是限止[制]发展。②大队和生产队,粮食多了可以储备,可以积谷防荒,在战争时也可吃。有了粮食,一切主动。③62年春花任务,一季当中完成任务。

4. 搞1 000斤,有利条件:①今年的物质基础比去年好。在公社开会,生产队长认下来,调换数定下来。②按政策办事,按三包办事,多产多吃,少产少吃一些,硬碰硬。③时间早,还是来期,及早动手。④社员、干部有个经验教训。⑤水利问题,全公社已有电力网。

不利问题:①肥料问题,生产工具。②遇到突[特]大的灾害。

如何样搞1 000斤,抓三环:①抓季节,当前抓秋收冬种。②劳动力不足,很紧张,每个队要算账一下,整公社要1个月多。③组织领导方面,要划清界限,当前划得没有清。

要求8—10〈月〉完成收好,立冬前种好蚕豆。

在评定底分当中要注意三要:①要把以前不评上底分评上。②要把以前搞家庭副业除去,要评上。③要把户是[忽视]农叶[业]、经常搞不正当活动评上。

四不要:①不要自私自利一律化。②不要看人头评定底分。③不要打击报复,无根据评定。④不要主观想决定,而要照实做推定。

四条件:①要根据年龄大小、劳动强弱。②要根据技术特长高底[低]。③要根据特殊情况(指妇女方面)。④要根据评好后贴榜公布。

在分配上:①坚决按三包办事,硬碰硬,照春季一样。②对成本问题,超过归生产队。积[节]约归小队处理。③对经济作物,按照三包兑现。④工分问题,现到10月(2个月预报)。⑤财产问题,柴草作价,经济作〈价〉大队统一分配。大队留存20%,生产队留存20%作[做]毛帚柴❶。作价按面积计算,但生产队分等定价,由生产队进行分配。⑥结算方法,全年结算,分季分配,分超产量1—5月份,6—12月份秋季超产量。超产根据劳〈分配〉,一部分肥料,减产队按定粮分摊,以前算。

在三级所有制方面:①凡是三包以外生产队经营收入,全部归生产队集体内,参加大队统一分配。社员问题,社员经济壮大,平均每户300斤以上全年粮食,在三级所有,啥人就是啥人。②在分配粮食,口粮430斤,分了3个分配❷,秋粮分8个月,减产队不奖。在现金分配上,社员所分柴草、口粮❸。柴草分配分60%❹,20%肥料,20%口粮。③出售副产品奖励粮食,全

---

❶ 水稻脱粒后的柴,经过加工以后,可以用于蚕作茧(当地叫"上山")。这一过程叫"做毛帚柴"。
❷ 通常全年粮食分三次分配,春粮、夏粮与秋粮。
❸ 生产队的现金分配需要除去农户在队里拿的柴草、粮食等全部实物的折价。
❹ 这里指按劳分60%。

部按劳分配给社员。④生产队减少部分经济按底分,成本超过按总收入扣除。⑤干部报酬问题(全大队分配)。从包产,如果超,照分柴草上交大部分1—5月工分,实报实销。6—12月份,在工作情况60%、80%、40%参加劳动。⑥产妇补贴,一班[般]在产期一个月休息,补贴一个月工分。对军属照顾问题,今年同样照顾,平均一班[般]以上者进行照顾。⑦五包[保]户、困难户。五包[保]户供给;困难户,生产队打申请,社员代表会批准。⑧透支户问题,新透〈户〉不出现,老透户逐步分期交还,做到交钱分粮。公共积累8%,公积金5%,公益3%。留种问题,按三包统一留。饲料问题。

1961.10.29

研 究 工 作

1. 油菜籽100斤4.5斤油,35斤米,60斤饼。
2. 柏籽100斤,3斤油,35斤米,柏饼归还。
3. 除去明年络麻、芋苏以外,全部满轮❶。

1961.11.13

〈1961年度联民7队年终分配试算表(局部)〉 　　〈单位:元〉

姓名	上年结余	全年试算	姓名	上年结余	全年试算
朱引宝	47.20	17.65	沈才心	200.49	108.93
陈利宝	23.05	113.40	陈进其	49.87	116.89
韩永保	21.79	7.09	陈五毛	38.37	54.64
沈云林	44.56	125.46	王　灌	155.48	201.06
杨富英	59.87	63.84	周生康	57.19	77.55

〈1961年度联民大队年终分配试算表〉 　　〈单位:斤〉

队别	三包总产量	口粮	种子	饲料	调拨		借粮
					进	出	
1	24 313	19 845	3 309	540		619	306
2	20 455	13 268	2 714	720		3 753	250
3	22 677	14 056	2 913	540		5 168	139
4	24 008	17 430	3 092	680		2 806	69
5	17 297	10 997	2 670	160		3 470	139
6	21 285	15 284	3 146	1 340		1 515	83
7	106 211	8 715	1 278	140		488	56

---

❶ "轮"是当地土话,指地里的畦。"满轮"指每一畦都种满庄稼。

续表

队别	三包总产量	口粮	种子	饲料	调拨 进	调拨 出	借粮
8	25 178	20 202	3 256	1 200		1 120	97
9	30 558	27 526	3 836	2 090	2 894		56
10	27 251	35 014	3 401	2 220	13 384		56
11	31 170	23 443	3 464	1 140		3 123	28
12	20 777	14 651	2 634	380		3 112	28
13	21 364	18 680	1 963	160	439		28
14	17 615	16 583	2 457	140	1 565		收
合计	315 169	255 694	41 133	11 450	18 282	25 774	1 377

1961.11.17

支 部 会 议

1. 关于大包干问题,怎样叫大包干呢? 就是从三包一奖、实奖实赔基础上更进一步,同过去低级社相同性质。人民公社大包干就是〈除〉上交部分,多余生产队分配。①农叶[业]税。②公共积累。③管理费。④农具折旧费。

大队同生产队关系。监督生产队完成国家计划,安排生产行政事务。小队〈有〉权作主安排生产,多做多收多吃。社员与社员关系,坚持按劳分配,采取定粮按劳分配,多劳多得,不劳不得粮。其他东西同样按劳分配。从高级〈社〉以来,大队搞分配,所以出现满[瞒]产私分,生产〈积极性〉不高。小队没有搞分配之故,所以出现生产不好。是否这样做倒退? 劳多发财,劳少要穷,大队没有事做。重点从生产有利出发,59 年最好,60 年最差。从党来看是前进一步,部分看来倒退一步。当前大队是稀[虚],今后实际有九项工作:①民兵治安。②作物安排。③生产检查。④征购。⑤企业。⑥基建工作。⑦学校。⑧救济。⑨政治思想工作。

2. 如何样办? 包到 64 年,三包修正。①按照老办法。②低标准,最低标准多[都]按劳分配。③全部按劳分配加照顾。④确定基本劳动日进行投放,确实产量,进行分配,不足部分进行照顾,但经群众评定确定照顾。⑤去两头按中间办法。⑥投底分确定投放基本工分,不完成照赔(以上关于粮食问题)。

3. 农具问题,进行一次调查,是否平衡。折价归生产队。折旧费,每年上交折旧费。大队将这笔款子可以添制[置]农具。对大队蓄储粮今后按总产量,3 斤左右,不能过大,对增产增购 3—5 斤,公共积累 3—5〈斤〉,今后同小队分用。公共积累如果动用以上三项,要经过社员代表大会。今后只有中央、县、大队,大队储蓄用度[途]:①对生产小队搞坏的,通过代表大会,县批准,暂借。②自然旱灾。③大灾。这两种❶过去不来。

社员自己搞储蓄。今后公共积累,只用大型基本建设管理费用,按照"60 条"办事,1% 以

---

❶ 指自然灾害和大灾。

下。干部固定生产队参加分配。会计参加劳动 1/3,大队干部 2/3。大队干部 2—3 个,包括会计。今后分配按劳取酬,多劳多得,不劳不得粮原则。

4. 生产问题。冬种问题:迅速下种,今年学[越]早学[越]好。今年底做两项工作:①积肥。②开坝道。肥料按络麻出售 1 000 斤〈换〉10 斤〈肥粉〉,蚕茧 1 000 斤〈换〉100 斤肥粉,粮食调工业品,出售粮食〈换〉套鞋、香烟、布票。桑树开展积肥,除虫推广人工除虫。蚕叶生产。如何搞电气设备。棉花全县已超额完成。粮食 200 斤〈换〉1 双套鞋、10 尺布票。鸡每户 1 只,盐、粮食。对稻柴换草纸。

统购 2 000 斤〈粮食换〉150 尺布票、15 包香烟、套鞋 1 双。

大队向生产〈队〉当前清理项目:①小队向大队领一切开支。②各队社员透支金额。③社员投资数。④61 年小队所交款项退回。⑤公共财产,各队清理开。

对蚕茧,60 年最高,联民大队共 263.96 斤。61 年最差,蚕茧 100.67 斤,夏茧 15.87 斤,秋茧 16.87 斤,晚秋茧 5.40 斤,共计 138.81 斤。包干到 65 年达到 60 年水平,62 年 200 担,63 年 220 担,64 年 240 担,65 年 265 担。络麻 1 000 担,粮食 19 000 斤,油菜 13 000 斤,这几项作物已定下来。公粮按照今年包办事,公共积累 5 134 元,管理费用 2 500 元。鱼 10 担,柴 200 担,芋艿 300 担。

1961.11.18

出席公社水利会议

听取孙社长关于水利方面几个问题:

1. 对基建问题,开支社经济缺乏。对水利设备,首先计划各方面等。

关于联民大队所欠如下〈单位:元〉:

电费 59 年 284.17,60 年 715.53,61 年 300.00,合计电费 1 299.70。欠基建 669.68,共计 1 969.38。本油车港机站还需要用 1 530 元。

2. 对拆掉渡漕[槽]问题,不通过领导,太无理,一定要合理,协商后决定。

3. 对农副产品交换问题,首先发一批热水瓶、面盆,希通过。那些出售较多的多发,或者互相周转,这次多一点〈的〉下一次少些。今后出售柴问题,1 担柴 2 担粪。先完成先发票。

4. 对化肥问题,按照今年出售络麻照三包办事,完成计划出售任务,每 100 斤〈奖〉10 斤化肥,超过计划每 100 斤〈奖〉20 斤化肥。

5. 救济款问题。(浙江省财政厅文件)过去三年前,救济工作搞得比较好,信任党的关怀照顾。公社化以来,做得比较不够,贫困农民和特殊困难,没有很好的给予解决,所以要求继续按[安]排,这次在决算中排出来,公益金照顾,特殊大的,可以申请公社来。

1961.12.9

公社财务会议

沈书记报告:

①1—2 天会议大概情况。②回去工作任务。③贯彻问题。

这次到会共 163 人,不到 26 人。

存在问题:有部分同志对建立账目不牢靠,仍旧用老一套。

回去的工作任务问题:分配;生产;收购。三个问题。第一个是分配问题。如何样子搞好61年度的分配工作,首先针对在认识上进一步解决,分配大包干,是否对分配上要加强领导。但是当前想法,大队、生产队在思想上各有想办法,大队认为大包干后搞生产,分配有生产队自己换[会]搞;生产队干部认为生产忙,这2天搞分配要影响生产,慢慢来,认为大包干后是我们小队作主;有一种认为今年无花头,没有什么东西,社员晓得要影响生产;又一种生产队干部不清,认为搞分配要发觉出来。

现在发现问题:星新大队40尺绸票没有人要,啥道理;出去加工问题。

今年如何样把分配搞得更快更好:首先从政策上兑现,硬碰硬,坚决执行,坚决兑现。政策上中心问题,就是"多劳多得,按劳分配,不劳不得食"原则。

政策问题:

1. 关于国家同生产大队的任务(包括粮食、经济),一定按大包干办事,生产队一定要上交完成,没有完成的队一定要拿出来,坚决兑现。上交储备粮问题,有的交出来,没有交的队也要交出来,粮食问题按照原〈则〉办事(大队要克服思[自]私观点)。经济问题,国家与大队,农业税一定要完成。生产大队与生产队关系,一定要上交,对农业税问题是王[皇]粮国税,一定按大包干办事,必须兑现。

2. 生产队同大队关系,上交管理费,公共积累按决定比例上交大队。

3. 干部报酬问题,今年的分配可以参加大队的分配,管理费支出。但根据同等劳动者,或者高一点。超产粮食问题:①按照三包任务总比例计算。②按中等超产队。

4. 债权债务问题,生产大队集体贷款,可以划到生产队去,按计划还清。

5. 透支户问题。各个生产队排队,应该归还,要收起[齐]出来,有的个别户真真有困难的,经过社员讨论,继续分期归还,不能影响当年分配。透支户钞票生产队收上来。

6. 五包[保]户、烈军属按照原来规定,没有特殊变化,应当兑现。

7. 肥料报酬,按照原来分配,参加分钱分粮。

8. 工业品分配,掌握分配到户、按劳分配、多劳多得、互助互让、等量交换原则。

9. 按劳分配加照顾问题。粮食按劳分配加照顾问题,现在已经确定下来,坚决照办。

还未决定,立即议而决定下来。第四种办法,按劳分配加照顾,在分配上要安排三者关系。要求在15号前搞好这个分配工作。支部书记县委回来检查。

通过分配把大包干余漏下来问题处理好:

1. 评好粮食照顾问题。

2. 把生活问题要安排一下。①瓜菜代。②早熟作物。③队与队商借。

3. 促进农副产收购问题。①柏籽。②络麻。③蔬菜。④稻柴。

4. 通过分配,来一个生产高潮,把生产搞得更好。

再[最]后一个,在分配大包干当中要注意问题:

1. 在分配问题,老问题,要影响分配,在上一步处理可以处理,立即处理好。

2. 在分配当中要注意大吃大喊[喝],注意赌博,要勤俭持家。

3. 大队的储备粮,一定要储,但是大队保管好,不能乱动。

4. 大包干问题中,奖赔问题定好。

生产问题:

1. 如何样把62年生产搞得比任何一年好。把冬季生产搞好。当前主要问题,队与队不平衡,有的队积肥,培育头次削好,抄沟已经一部完成,有的麦没有下好。对收购,把柏籽收好,油菜迅速种好,一定完成,要超计划。对秧苗不足,队与队调济[剂],真真没有办法,向丰镇购土油菜,有许多兴麦散一部分补入缺课[棵]❶。种榨菜,今后收购,另外绿化。

2. 田间管理问题。与[以]肥挂帅,高标化[准]培育管理,中〈间〉通水沟,降低地下水位,横沟提[挖]深。定苗施肥,把现羊灰施上(可以用到油菜,多收,将来菜并[饼]可以用于水稻)。培育桑树,要种,20〈号〉前种上。

已完成〈单位:亩〉:小麦 13.00,油菜 11.00,大麦 5.00,蚕豆 30.00。

新 7 队当前思想反映情况:

1. 社员对评分上,说领导同志同一起 2 分,评得好(陈利宝说今天评得好高,靠他福)。12月 9 号种施小毛田菜,王明华母亲同做,在评分时王明华提出条件,说不好做要加工分。想[相]反,没有领导同志参加就不对头。横河上同五队翻芋艿每轮只有 8 厘,结果粉粉[纷纷]反映加一点,到后加 1 厘,同时就是这片田割草每轮 1.5 分(你看合理不合理)。

2. 徐利珍无影之中半分不见了。

相反地说他 5 分底要评多少,在评分中不掌握劳动技术好坏,反而讲底分底[低]就少评的(你看合理不合理)。

3. 社员反映干部家属子女比人家要大,要评得高。

在这次评底分上反映:

1. 看人头带[戴]帽子,社员〈杨〉福英说,不要响,倘使张张没有便宜,随有拉只手里,同拉张出啥来❷。

2. 报复思想,不养猪羊,没有子女,而有护〈附〉带劳力,底分要底[低]。想[相]反,有上述情况的评足底分还加上猪羊底分,还要提意见:①说说唱唱户头不做这元多。②挪大家不响,挪要吃照顾,男客算大家拔❸。

3. 评底分掌握在干部手里,不是社员,多数社员决定,少数主观决定。

戴书记贯彻县委精神:

1. 生产问题,现在相差很远,好的队吃 10 个多月,差的队吃 1 个月。庆云一个生产队,交来一粒不存,缺国家 5 000 多斤,但是国家任务要完成。生产最好丰士公社。油菜发棵生产要安排到 25 号。准备 20 号报到开会。

2. 生产队所有窖要注意看好。

3. 对困难照顾问题及军属照顾问题〈单位:元〉。周松山 300,徐维海 600,冯柄林 150,徐冯生 600,冯桂松 700,陈以裕 150,顾兆荣 200,冯茂生 200,贾月高 600。复员:陈世福、沈福堂、徐申甫、冯子康。

---

❶ 当地土话,意思是,有一部分麦长得很旺盛,可以从中拔出一部分,补种到缺棵的麦地里。

❷ 当地土话,意思是,(在评工分的时候)如果争一争没有什么好处,那么说明,权力都在他们(指干部与队里有权威的人)的手里,不再需要同他们争了。

❸ 当地土话,意思是:其一,队里喜欢说话的人,不做也总是拿得比别人多;其二,你们大家不要说,想要照顾,由男人们说。

4. 山茹窖问题检查,掌握 13—16 度。

5. 血防问题。

6. 拨进大米计算作 73.5〈斤/人〉标准。

上交大队粮食　上交经济数　　　　　　　　　　　〈单位：斤〉

队别	拨出数	拨进	进	出	
1			376.23		
2	1 833			571.91	
3	5 419			692.33	
4	3 545			374.33	加 40.00
5	5 018			407.95	
6	3 278			135.42	
7	885.5			374.29	附 40.00
8	1 463			624.71	
9		1 319		1 961.11	
10		14 006		168.99	
11	7 019			1 166.23	
12	6 974			761.97	
13	3 602			1 346.55	
14	585			2 327.83	
合计	39 591.5	15 325			

〈各生产队口粮数〉　　　　　　　　　　　　　　　　〈单位：斤〉

队别	按定粮	按劳数	按肥数	合计口粮
1	1 375	4 953	550	17 046
2		1 193	245.5	11 664
3	9 947.5			9 947.5
4		352		11 306
5		607		6 323.5
6	11 855	1 163	269	13 287
7	6 370	887.5	380	7 637.5
8		6 776	1 689	17 243
9	1 453.5	5 811		21 433
10			1 254	31 264

续表

队别	按定粮	按劳数	按肥数	合计口粮
11	17 277	3 678		20 955
12				10 682
13	11 385	2 652		14 037
14		1 000		16 680
合计				

〈各生产队上交大队数〉 〈单位:斤〉

队别	应上交数	实交数
1		
2	1 833	大麦140,晚谷600,黄豆500,络麻204
3	5 419	大麦150,小麦150,蚕豆200,黄豆1 800,大米1 600,油菜100
4	3 545	
5	5 018	大麦50,晚谷3 298,黄豆1 200
6	3 278	小麦240,早稻200,黄豆1 800,蚕豆220
7	855.5	小麦30,晚谷200,黄豆550
8	1 463	粮票1 053
9		
10		
11	7 019	大麦100,小麦200,蚕豆200,晚谷4 300,小米200,黄豆2 000
12	6 974	
13	3 668	晚谷2 000,黄豆1 000
14	585	
合计	39 591.5❶	

络麻〈生产统计〉(自开始至12月5号止) 〈单位:斤〉

队别	生麻	熟麻	合计折生麻
1	325	4 833.5	9 992
2	391	1 250.5	2 892
3	/	2 277.5	4 555
4	/	2 023	4 046

---

❶ 原表合计数字有误。此类问题多见于表格中,原文如此,不再改动和标示。

队别	生麻	熟麻	合计折生麻
5	127	2 473	5 073
6	/	3 909.5	7 819
7	818.5	2 543	5 904.5
8	132	2 918	5 968
9	/	4 640.5	9 281
10	11	2 270.5	4 552
11	/	2 099.5	4 199
12	107	2 016.5	4 140
13	475	1 480.5	3 436
14	166.5	1 577	3 320.5
合计	2 553	36 312.5	75 178

支部会议（讨论）：

1. 总结61年生产问题,好、坏对比作介绍,为啥好,为啥坏。好的主要四方面：①听党话,执行政策。②干部团结。③干部以身作则,有计划,关心集体。④有事同群众商量。

2. 今年生产粮食,经济下降。

3. 今后生产问题打算。年前做好抄沟、垦地、培桑、积肥,坝道浜12月20日动工。（柏树、桑树）一得二季,没有。

4. 照顾户,思想不吃亏,劳动人怕骂,思想吃亏,是靠照顾吃,还是靠劳动吃饭？不能恩赐观念。

5. 全大队超1 000斤,搞70万〈斤〉。

社员要求大队支部：

1. 今后更要督促生产队干部。

2. 帮助生产队经常研究。

3. 今后统一领导,思想统一。

4. 今后财务上加强领导下去。

5. 今后困难户、透支户要求解决。

总结几年的粮食总产量：59年78万斤;58年72万斤;61年63万斤;加上百边,约70万斤;60年41万斤,但是去年同时间开会找代用品粮食,今年不是这样。

生产队算清四笔账：①私偷桑树账。②偷偷摸摸账,照算清。③猪、鸡烂[滥]吃掉账,可以包到户。④工分账要弄清爽❶。⑤队与队对账（经济、粮食）。⑥加强管理工作,建立财务制,公布账目。在经济上不得过夜,不得超过5.00元,不能移用。

---

❶ 当地土话,清楚的意思。

革命的书写
——一个大队干部的工作笔记

元旦保卫工作：

1. 仓库、办公室、机站要加强防好；小队仓库，专人负责；山茹窑［窖］放哨。大队负责检查。

2. 冬防工作。

3. 企业、集市做好冬防。

4. 教育群众做好防匪防特，做好四防工作。特别今年丰收摆酒，再［最］近云龙火灾。另一个打年糕要小心，检查火烛。穷灶口，富水缸。

5. 贯［惯］偷，七里庙偷掉未查出；赌博；流川［窜］犯、扒手。现发生［现］偷〈盗〉集团。

6. 烈军属优待照顾问题，达到同等劳力照顾水平（粮食、经济同样，柴）。

做好拥军优属工作，公社准备召开座谈会，大队做好准备，出席人员。大队打算春节拜年，精神为主，物质为副［辅］，但小些❶买的［点］糖也可以。另外每个大队评出好的，县里召开会议，春节前后。

在教育的基础上：

1. 做好民兵出入队，整顿组织，进行选举排长、班〈长〉，登记造册，编好。4—5 个编班，1—2 个并。以生产队组织比较有利。基干民兵以大队建立排；普通民兵以大队建立连。时间要求分两批：第一批 1 月 15 号，第二批到 1 月底。头批，联海地区。

2. 干部配备问题，大队为连，正副指导员、正副连长、文书〈各〉1 人。连长可以利用专［转］业军人，因有一定的知识。安排好后报到公社，批准后再进行选举，基干民兵一个排长，要连长去兼。

3. 开展"五好"民兵评比，在结合评"五好"社员〈时〉一同评，要求 5 号前上报。民兵代表一个大队约 1 个，出席县委［会］，要通过群众选举出来。

4. 结合展开宣传，搞好卫生工作，预防疾病。

（评"五好"民兵条件）：①思想好。②劳动好。③治安好。④学习好。⑤爱护公共财物好。

财务会议：

1. 上报大队干部工分问题。

2. 上报经济粮食分配问题。

3. 上报工业品分配问题。

4. 上报透支户问题。

5. 上报社员生活安排，今后如何打算。

2 队 17 户对分配：①欠社员 821.00〈元〉，倒欠 161.44〈元〉，互相找对象（只有一户毛新荣），现金 350 元，黄豆未出售，估计 600〈元〉，现有 1 400 斤，还有鱼未踏干，蔬菜未出售，14 户有分现金。②对粮食，口粮打 9 折，要来按劳分配 1 155.5〈斤〉，多出 600 斤按劳分配。明年执行粮食按劳分配加照顾，700 多斤 2 户。

4 队 15 户：①欠社员 691.12〈元〉，倒欠 8 户 371.64〈元〉，互助找对象，只有钱三宝有 3 枝树、8 担柴，还有一只鸡，这样约 60 元，还少 38 元要欠。邹金甫 96.13〈元〉，将一只弄堂出卖给

---

❶ 当地土话，意思是少量的。

邵仰星,欠社的可以兑现。分 4 个半月,少 2 个半月。②对粮食分配问题。只有一户邵仰星现已缓解,62 年按劳分配加照顾 800 斤,其余按劳分配。

6 队对分配:①欠社员 487.07〈元〉,先分 50%。倒欠户 178.35〈元〉,2 户:徐彩彩 129.61〈元〉,翁兆祥 48.74〈元〉。②粮食分配问题,降低 300 斤,其余 1 168 斤按劳分配,269 按肥,口粮 11 155 斤,最少相差 1 个多月。

5 队 10 户:①45 人,欠社员 666.94〈元〉,倒支户 7 户 242.25〈元〉,现有现金没有,现已上交萝卜款 300.00〈元〉,上交稻谷 5 000 斤,可以大队找还 200.00 元。倒找户处理问题,5 户可以解决,还有 2 户,1 户有五保户。陈阿康老倒挂户❶,陈福堂主要先亏,订分 2 期归还。②粮食分配问题,按劳分 1 299〈斤〉,按〈肥分〉500〈斤〉,按定粮 5 145〈斤〉,按定粮 163 斤,4 个月计算,差 12 两。

5 队。该队百斤粮较少,当前秋粮差 12 两头,户里没有安排过,赔产 2 080 斤,打算自己的粮食吃到年底,开年向大队借。这个队主要:①透支户问题。②口粮安排问题。

1 队:①分社员 18 户 1 566.71〈元〉,透支 6 户 324.18〈元〉,已分出 542.00〈元〉,还缺 305.03〈元〉,还有大队找进 346.00〈元〉,畜牧 150 元,还有 320 担蕉藕,10 担芋艿,1 000 斤黄豆,现大概 2 000 斤,现金 50 元,对透支户王继福 209.06〈元〉,朱敏如 52 元,周振明约 50 元(经济不成问题)。②粮食分配问题,按 320 斤,其余 6 816〈斤〉按劳分,677 斤按肥,实分数 16 488 斤。全队 86 人,每人 186 斤,每月 26 斤。总共秋粮 25 135 斤,每人 292,每月 42 斤,粮食有 464.5〈斤〉,朱敏如。百斤粮平均 300 斤。

5 队粮食问题,差 12 两头。陈彐生,定粮每月 45 斤,实分 314 斤,每月〈实分〉45 斤 100%;祝延宝定粮每月 117 斤,实分 537 斤,每月 77 斤,66%;陈夫康定粮每月 145 斤,实分 670 斤,每月 96 斤,66%;陈阿康定粮每月 168 斤,实分 747 斤,每月 107 斤,65%。

3 队 9 户 671.83〈元〉,透支户 8 户 693.04 元。

最大葛美宝 202 元,戴顺堂 100 元,周红堂 50 元,李叔康 52 元,欠大队 500 元黄豆,蔬菜抵。

邹仁堂人口 5 人	每月定粮 158	口粮 1 106	实分 747	66%	每月平均 21
沈毛男人口 3 人	每月定粮 113	口粮 791	实分 542	69%	每月平均 23
沈文宝人口 4 人	每月定粮 80	口粮 560	实分 293	52%	每月平均 20
沈才才人口 1 人	每月定粮 45	口粮 315	实分 186	60%	每月平均 27
张张三人口 7 人	每月定粮 192	口粮 1 344	实分 676	50%	每月平均 14
张毛东人口 7 人	每月定粮 130	口粮 910	实分 663	73%	每月平均 13.5
王六英人口 1 人	每月定粮 34	口粮 238	实分 166	70%	每月平均 24
葛美宝人口 5 人	每月定粮 166	口粮 1 162	实分 596	51%	每月平均 17
戴顺堂人口 7 人	每月定粮 214	口粮 1 498	实分 1 096	73%	每月平均 22
朱宝华人口 5 人	每月定粮 165	口粮 1 155	实分 635	55%	每月平均 18
李绍堂人口 3 人	每月定粮 120	口粮 840	实分 529	63%	每月平均 25
李叔康人口 4 人	每月定粮 128	口粮 896	实分 583	65%	每月平均 21

---

❶ 在生产队年终分配时,部分农户在扣除了领取实物的费用后,不仅分不到现金,还倒欠生产队。此类农户称为"倒挂户"。如年年倒挂,则为"老倒挂户"。

李阿二人口 2 人　　每月定粮 71　　口粮 497　　实分 267　　54%　　每月平均 19

李桂玉人口 4 人　　每月定粮 121　　口粮 847　　实分 370　　44%　　每月平均 24

李文忠人口 6 人　　每月定粮 178　　口粮 1 246　　实分 687　　55%　　每月平均 16 ❶

联民 7 队 1961 年资金平衡表　　　　　　〈单位：元〉

资(付方)产		负(收方)债	
1. 库存物资	645.39	1. 大队拨款	354.42
其中：种子	339.67	2. 暂收款	180.58
产品	306.12	3. 应多大队	415.18
肥料	46.20	4. 应付报酬	277.95
2. 生产费	21.01	5. 公共积累	77.06
3. 存款	47.15		
4. 库存现金		其中：公积金	53.94
5. 暂付款	219.30	公益金	23.12
6. 社员透支	371.94		
合计	1 305.19	合计	1 305.19

1961. 12. 12

1962 年计划表（一）　　　　　　〈单位：斤〉

队别	交上粮食	储备粮	增产增粮	络麻
1	3 500	1 667	500	8 500
2	7 500	1 367	410	7 500
3	8 200			6 700
4	7 000	1 533	460	7 200
5	6 900			5 700
6	7 700			8 700
7	2 200			5 500
8	2 800			6 200
9	进 3 500			10 200
10	进 2 120			3 900
11	2 000			10 800
12	5 800			6 200
13	2 500			6 800
14	进 1 300	1 343	402	6 100

---

❶ 以上单位为"斤"。

1962 年计划表（二） 〈单位：斤〉

队别	油菜	茧子	菊花	芋艿	菜类
1	1 400	960	500	3 000	5 000
2	1 000	1 020	300	2 000	3 500
3	1 300	1 220	400	3 000	4 500
4	1 000	1 260	400	3 500	6 000
5	700	680	300	2 500	3 000
6	900	730	300	3 000	3 500
7	450	300	200	1 000	2 000
8	900	2 500	300	3 500	6 500
9	1 300	1 900	500	4 500	7 000
10	1 000	3 600	300	2 000	7 000
11	1 350	1 860	600	4 000	6 500
12	800	1 250	300	3 000	4 000
13	800	1 390	300	2 500	4 500
14	600	1 330	300	2 500	4 000

1962 年计划表（三）

队别	鱼〈斤〉	柴草〈担〉	管理费〈元〉	农叶税〈元〉	公共积累〈元〉	生猪〈只〉	土羊〈只〉	鸡〈只〉	上交			按劳分		
									粮〈斤〉	布〈匹〉	油〈斤〉	油〈斤〉	粮〈斤〉	柴〈斤〉
1	250	50.00	172.70	639.00	719.58	3	3	22	40.5	2	1.5	2	498	300
2	250	41.00	140.17	518.00	584.05	2	3	17	37	2	1	2	401	250
3	200	45.00	155.81	576.40	649.19	2	3	16	43	2.5	1	2	439	250
4	200	46.00	169.97	628.32	707.58	2	3	15	42	2.5	1	2	477	250
5	200	32.00	137.51	508.74	572.95	2	2	17	26	1.5	1	2	336	150
6	200	42.00	148.85	550.74	620.27	2	3	16	31	1.5	0.5	2	450	200
7	100	22.00	73.38	271.52	305.77	2	2	9	16	0.5	0.5	1	230	100
8	300	54.00	186.70	690.18	777.00	3	3	23	64	5	1	2	498	250
9	200	67.00	213.98	805.39	908.12	5	3	30	60	4	1	3	594	300
10	300	63.00	193.58	716.01	806.61	6	4	47	85	7	1	2	489	300
11	250	64.00	205.51	759.40	856.31	3	3	23	61	4	1	2.5	574	200
12	250	42.00	145.09	536.83	604.64	2	2	16	39	2.5	1	2	401	200
13	250	43.00	151.73	561.30	632.20	3	3	24	42	2.5	1	2	436	200
14	250	40.00	135.66	501.94	565.26	3	3	21	39	2.5	0.5	2	380	200

1961.12.31

〈各生产队与大队往来情况表〉　　　　　　　　　　〈单位：元〉

队别	上次应交数	领取各物数	已交数	尚缺数
1	代 346.50	80.21	75.16	代 492.40
2	774.03	174.37	613.80	334.60
3	638.71	62.74	/	701.45
4	462.73	89.70	65.90	486.53
5	554.66	32.91	424.42	163.15
6	247.30	34.02	215.38	65.94
7	415.18	89.37	164.38	340.17
8	566.42	39.34	21.51	584.25
9	2 350.09	69.07	1 059.82	1 359.34
10	611.77	29.33	876.42	代 235.32
11	1 400.03	26.33	650.00	776.36
12	1 124.40	26.12	658.38	492.14
13	1 359.98	502.08	20.00 170.87	1 671.19
14	2 707.86	87.39	386.14	1 991.51
	13 214.06			

1962年

1962.1.1

支 部 会 议

总结 61 年经验教训,今年比联新差。

1. 当前问题,2 个问题:经济账目,资产轧平;粮食账目,资产轧平。

2. 所有财产弄清爽,整理好。

支部研究今后工作:

1. 对财务粮食,生产队 7 号前来大队结账(人口、络麻、鸡、羊、猪)。

2. 对经济物,大队权利股份基金按四六开。这项政策一定实行,但如果生产发生困难,这笔款可以到明年出售山茹苗头款〈后〉交进来。

3. 对机站决定人员问题。

4. 制度:半个月进行一次检查。会议:支委会、小队队务委员半月一次,5 天一次。正小队长汇报生产情况。支部分工:戴书记蚕桑,王书记治报[保]、组织、财务、文教。

今后工作打算:

划分党小组,加强思想领导。因今年准备搞 100 万〈斤〉粮食。计划问题:络麻 12 000 担;蚕茧按任务完成春 100 担,250 张;夏茧 25 担,80 张;秋 87.5 担,250 张,共计 203.50 担。油菜籽 2 400〈斤〉。春 30 万〈斤〉,夏粮 9 万斤,秋粮 25 万〈斤〉,山茹 20 万〈斤〉,晚稻、黄豆、杂粮 10 万〈斤〉,合计搞 55 万元。

62〈年〉搞 800 只羊、400 只猪。

大队提出口号,每户 3 300—4 000 斤。

1 队 75 000〈斤〉,2 队 70 000〈斤〉,3 队 75 000〈斤〉,4 队 75 000〈斤〉,5 队 60 000〈斤〉,6 队 70 000〈斤〉,7 队 35 000〈斤〉,8 队 75 000〈斤〉,9 队 80 000〈斤〉,10 队 70 000〈斤〉,11 队 80 000〈斤〉,12 队 65 000〈斤〉,14 队 65 000〈斤〉。

早稻搞 150 亩 6 万〈斤〉,晚 400 亩 20 万〈斤〉,黄豆 400 亩 6 万〈斤〉,山茹 500 亩 25 万〈斤〉,田麻 180 亩,地麻 100 亩,芋艿 70 亩,菊花 80 亩,棉花 70 亩,春蔬菜 200 亩。

夏蔬菜活罗❶、生瓜、冬瓜 100 亩,秋蔬菜 200 亩。

---

❶ 活罗,当地土话,学名叫夜开花。

当前生产措施(10 天计划):

1. 大小麦早施 1 次,迟 2 次。油菜施 2 次,到 15 号,50% 积肥。

2. 桑地洋花萝卜退出,削出、退出❶。10 号到 15 号 50% 达到增枝施肥。

3. 26—〈2 月〉2 号结束开坝道,〈2 月〉3—4 号施肥过年。

财务工作:

1. 清账、整账,3 队账目一定要弄好,公社要求(如果真真有问题,要处理)。

2. 先清粮食账,后清经济账。建立必要账目。工分账 10 天一报。今后学习制度:10 天一次学习,互审。连经济。若银行存款提不来,监察委员会派出一人督促。

3. 62 年工分问题,对小队记工员补贴。报酬问题,提出 2 个:按照实际工分,增加 20%—30%;全年补贴 50—70 工。

4. 大队财产。

联民 7 队(讨论):

沈云林表明坚决听党的话,服从领导,有事同群众商量,队务委员统一,一条心,决心搞好 62 年生产,为社员服务。

陈进其表明,对队里情况主要为了自己、为了小队 39 人生活问题,搞好生活,团结一致,坚决服从小队长。开会传达,决心把小队搞好,有信心听党话,无其他思想。

1962. 1. 8

记　　录

2、3、5、6 队检查进仓。

资产员表:1、3、8、10、13 队未报。

透支户表:1、3、6、8、9、10、11、12、13、14 队。

粮食分户表:1、3、4、9、12 队未报。

5 队陈阿康、沈大全打桩做机埠没有工分。

1 队照顾姓名如下(单位:斤):钱亦方 160、周振明 140,合计 300。

13 队〈单位:斤〉:祝美珍 250、张云林 250、张八毛 600、冯尔庆 450、冯彐英 470,合计 1 920。

4 队:邵河夫 800 斤,合计 800 斤。

5 队〈单位:斤〉:陈葛河 265、诸河秀 265、郭老师 450,合计 980 斤。

联民 7 队库存种谷 506 斤,糯谷 62 斤,已分户晒 4 037 斤,已加工 859 斤,合计 5 464 斤,实种面积 13.50〈亩〉。

1961 年粮食分配口粮　　　　　　　　　　　　　　　　　　〈单位:斤〉

队别	按定粮	按劳数	按肥数	合计
1	17 064	8 072	898	26 034

---

❶ 桑树地里种胡萝卜会影响桑树的生长,这句话的意思是,要退出桑园中间种的胡萝卜。

队别	按定粮	按劳数	按肥数	合计
2	11 664	1 193	245.5	13 102.5
3	7 865	915.5	274.5	9 055
4	6 983.5	3 345	1 310	11 638.5
5	5 932	1 299	500	7 731
6	11 855	1 163	269	13 287
7	6 370	1 547.5	380	8 297.5
8				
9	21 433	1 605.5	6 419	29 457.5
10				
11	17 067.5	2 957	739	20 763.5
12	11 077			11 077
13	12 173	1 464	396	14 033
14	12 471	1 344	358	14 179
合计				

1961 年秋粮分配

	户数〈户〉	人数〈人〉	劳动力〈个〉	照顾〈斤〉	合计定粮〈斤〉
1	22	86	35	300	26 614
2	17	58	28	280	13 102.5
3	17	67	28	114	9 055
4	15	76	33	153	11 639
5	17	48	22	161	7 737
6	17	65	30	201	13 287
7	10	39	20	213	8 297.5
8	26	95	40	290	
9	32	122	44	250	29 457
10	48	166	54	270	
11	25	108	52	220	20 943.5
12	17	66	32	160	11 077
13	24	74	36	182.5	14 036
14	22	79	33	184	14 179
合计	309	1 148	487		

1962.1.9

〈落实计划表〉 〈单位：亩、斤〉

作物	面积	单产	总产	
蚕豆	27.58	160	4 413	折原6 129
小麦	12.80	140	1 792	
大麦	4.90	130	632	
早稻	6.40	450	2 800	
山茹	17.80	600	10 680	
晚稻	6.40	550	3 520	
双晚	6.40	450	2 880	
早稻	1.50	450	675	
黄豆	5.00	150	750	折原1 052
杂粮	0.50	200	100	
合计粮食总产折原30 335.882				

1962.1.10

1962 年联民 7 队作物产量落实计划表 〈单位：亩、斤、元〉

名称	面积	单产	总产	单价	总金额	名称	面积	单产	总产	单价	总金额
蚕豆	27.58	160	4 413			中稻	1.50	450	675		20
小麦	12.80	140	1 792			黄豆	5.00	150	750		
大麦	4.90	130	637			杂粮	0.50	200	100		
油菜	10.10	70	707			田络麻	10.12	500	5 060		
春蔬菜	6.00	1 500	9 000			地络麻	8.70	300	2 610		
山茹	3.000	8 000	24 000			春蚕	4	50	200		
早稻	6.40	450	2 880			夏蚕	2	25	50		
夏瓜类	2.00	2 000	4 000			秋蚕	3	40	120		
芋艿	2.30	2 500	5 750		895.400	菊花	3.00	800	2 400		
山茹	17.80	600	10 680		28.00	棉花	0.80	100	80		
晚稻	6.40	550	3 520			胡萝卜	5.00	2 000	100		
双晚	6.40	450	2 800			白萝卜	4.00	2 000	80		
						青菜	200	2 000	400		
						莲藕					

联民 6 队 1962 年作物面积产量计划落实表　　　　　〈单位：亩、斤、担〉

名称	面积	单产	总产	单价	总金额	名称	面积	单产	总产	单价	总金额
蚕豆	47	160	7 520			双晚	15.00	450	6 750		
小麦	20.48	160	3 277			黄豆	10	120	1 200		
大麦	12.30	150	1 845			杂粮	3.00	100	300		
油菜	14.70	100	1 470			络麻田地	13.00 6.00	500 320	6 500 1 920		
春蔬菜	20.00	30 担	600 担			菊花	5.00	500	2 500		
山茹	12	6 000	72 000			棉花	2.00	180	360		
早稻	13	450	5 850			胡萝卜	15.00	25 担	375 担		
夏瓜类	1	40 担	4.000			白萝卜	5.00	30 担	150 担		
夏爬类	1	30 担	3.000			青菜	5.00	40 担	200 担		
芋艿	4.00	25 担	100 担			春蚕	10	40	400		
山茹	50.00	625	31 250			夏蚕	3	20	60		
晚稻	12.00	550	6 600			秋蚕	8	35	280		

联民 5 队作物面积产量计划落实表　　　　　〈单位：亩、斤、担〉

名称	面积	单产	总产	单价	总金额	名称	面积	单产	总产	单价	总金额
蚕豆	40	150	6 000			杂粮	1.50	100	150		
小麦	17.80	150	2 670			芋艿					
大麦	5.80	160	928			络麻田地	10.70 5.50	480 250	5 136 1 375		
油菜	15.00	80	1 200			菊花	3.00	700	2 100		
春蔬菜	2.00	25 担	50 担			春蚕	12	40	480		
山茹窖	8	8 000	64 000			夏蚕	4	20	80		
早稻	10.82	450	4 869			秋蚕	8	30	240		
瓜类	1 600	2 000	3 200			胡萝卜	10	20 担	200 担		
山茹	25	625	15 625			白萝卜	8	20 担	160 担		
早稻	10.30	500	5 150			青菜	5	20 担	100 担		
双晚	12.69	450	5 710								
黄豆	13.10	160	2 096								

今日下午会议：

1. 政策问题（上交大队两到手）。

2. 财务问题：经济、工分、出售物资。

3. 国家任务问题：猪、鸡。

4. 饲料问题。一定归大队比较妥当。检查：61 年检查柴草问题，不完成坚决照赔。

5. 上交粮问题，决心兑现，15 号完成。

6. 肥料投售问题,进行处理,实行奖赔。如果发不起,队可以提高价格,家杂肥同样处理。

7. 茧子减 1 斤赔 10 斤,络麻 1 斤赔 3 斤,油菜籽、黄豆〈按〉赔油量计算。

1962.1.14

正小队长以上会议

传达众联会议精神:看、问、听、议、决。

1. 表现生产突出,沟深、河浅、降低地下水位,第二次沟已经抄好。

2. 地。桑地削得深,培桑菩头❶。当中,挑河泥稻干❷,他不怨地,恳冬地很少,春花统统削出培上去。

3. 积肥好的队 70% 已积上河泥,普遍达到 50%;30% 很少,不好的。迟蚕豆普遍施上垃圾。

4. 发展畜牧 38 户,发展□〈猪〉64 只,羊发展 104 只。

以上成积[绩],主要掌握两方面:①支部统一领导,生产队〈有〉思想,大队以身作则。②贯彻政策,同时执行政策。

他们政策处理比较突出,贯彻执行是干部以身作则。有大队与生产队大包干问题,落实造表照顾问题,造好后每户一张。对 61 年分配上如果不合理,继续搞清。另外搞好定额分任务,挑泥、削地,检查发展。工分小队计划好,五天一计划,账目清爽。工分账、经济账。

1962.1.18

联民大队各生产队 1962 年作物概算表

项目	产量〈斤〉	单价〈元/担〉	金额〈元〉	项目	产量〈斤〉	单价〈元/担〉	金额〈元〉
蚕豆	123 172	10	12 317.20	油菜	24 005	23.00	5 521.15
小麦	55 479	10	5 547.90	茹窖	761 万	1	76 100.00
大麦	15 740	8	1 259.20	芋艿	1 696.25	8	13 570.00
早稻	80 636	8.5	6 854.06	菊花	572 担	11	6 292.00
中稻	29 075	9	2 616.75	棉花	3 630	4	1 452.00
单晚	80 860	10	8 086.00	络麻田地	110 634	16	17 701.44
双晚	91 268	10	9 126.80	地萝卜	3 840	4	15 360.00
山茹	1 380 380	2	27 607.60	蔬菜	2 556 担	25	10 765.00
黄豆	34 128	13	4 436.64	交菜	1 750	6	
杂粮	3 280	1	328.00	瓜类	2 261.90		13 571.40
粮食合计	853 138			蚕茧	20 984		25 180.80
小计			78 180.15				185 513.79
合计							263 693.94

---

❶ 把泥土加填到桑树根部。

❷ 稻干是从稻田里挑出来的土,用于培育桑树。

全大队 1962 年粮食按劳分配照顾户　　　　　　　　　　〈单位：斤〉

2 队	邵大室	288	10 队	王彩平	200
4 队	邵河夫	800	10 队	祝菊芬	650
5 队	陈河二	314	10 队	陈彐康	350
5 队	褚河秀	314	10 队	张菊宝	1 400
5 队	郭全心	650	10 队	顾菊微	700
6 队	蒋文珍	减少 312,不照顾	11 队	徐德三	
7 队	朱行宝	123	11 队	徐子其	126
8 队	胡宝国	180	11 队	金全英	412
8 队	王顺堂	100	12 队	张桂珍	115
8 队	沈子祥	300	12 队	张美英	203
8 队	金利心	100	12 队	禅桂宝	300
8 队	沈河彩	140	13 队	冯彐实	450
9 队	邹菊林	360	13 队	张八毛	600
8 队	张福类	300	12 队	金仁宝	275
9 队	张利芬	560	13 队	祝美珍	250
9 队	贾三毛	250	13 队	冯永庆	370
9 队	张绍享	150	13 队	张云林	250
9 队	祝花宝	360	14 队	赵秀珍	300
9 队	冯子东	150	14 队	张文宝	200
9 队	陈子华	150	14 队	陆印珍	700
10 队	祝月娟	200	14 队	朱杏宝	150
10 队	张河凤	240			

全大队一共计 10 244 斤(44 户,154 人),1—3 队未在内。

1962.2.1

治 报 [保] 会 议

1. 见赌就抓,送公社。

2. 防止火烛(丁桥公社发现严重)。

3. 对四类分子,不能走,实行请假制度,出远门绝对不允许。

4. 防止偷窃,特别当前粮食紧张,讨饭化[花]子,派人送到公社,送县。

5. 阴历 29 日发现庙宇、草棚、船只,一律扣送公社❶。船要有市管会证明,大队不行。

---

❶ 原文如此。意思是凡在庙宇、草棚和船只内发现四类分子和讨饭的人,都扣送公社里。

1962. 2. 11

下午,支部会

1. 分配问题。

2. 搞按劳分配加照顾问题。

对搞按劳分配问题,7种人要照顾,4种人不管。首先评好底分,产量指标可靠的基础上来算出,再采用底口粮来对比,进行照顾。但要确定做基本数劳动工分,这样可以〈产生〉刺激性。

〈1961年与1962年底分统计〉 〈单位:分〉

	1961年底分		1962年底分		原底分
张林	8	2 032.8	8	1 623.2	5
才心	12	3 049.2	10	3 253.7	11
金奎	13	3 303.3	13	3 679.5	14
进其	18.5	209	21	5 117.5	22
彐毛	2.5	889.3	3.5	1 503.3	3.5
云林	165	4 193	16.5	4 791.6	16
王灌	15	3 811.5	17.5	2 440	12
杨福英	9	2 286.9	9	1 854.7	9.5
周生康	15.5	3 938.5	15.5	4 627.9	16
韩永保	5	1 270.5	5	853.1	5

1962. 2. 15

原定粮 〈单位:斤〉

姓名	人口	每月定粮数	折原粮数❶	全年口粮
朱张林	4	104	144	1 728
沈才心	4	87	121	1 452
陈利宝	4	93	129	1 548
王进其	4	119	165	1 980
陈彐毛	1	25	35	420
沈云林	5	117	162.5	1 950
王 灌	6	129	179	2 148
杨福英	2	52	72	864
周生康	8	150	208.5	2 502

---

❶ 这里的"定粮"按米计,"原粮"按谷计。

续表

姓名	人口	每月定粮数	折原粮数	全年口粮
韩永保	2	44	61	732
合计	40	920	1 277	15 324

1962.2.16

下午,开始学习

沈书记传达,认清形势。毛主席只说一句:教育干部。

1. 目前形势与任务,认清当前形势,鼓足干劲搞好当前生产。目前国内形势很好,在党中央毛主席英明领导下,各条战线上都取得伟大成就,我们公社同样取得光辉成就。我们全社社员响应党中央〈号召〉、贯彻"60条""12条"❶,全体社员已经引[形]成高潮。这个高潮很持久,目前出现争出勤,抢活干,天天出勤。我们干部,更有干劲,积极地领导群众。当然有些困难,能克服。大好形势。这样的局面:党贯彻"12条""60条",干部群众执行了"12条""60条"。

主要克服"五风"❷,纠正瞎指挥,实行大办粮食,按劳分配加照顾。在高级社没有解决问题,贯彻"60条"就能解决了,主要在分配上,解决平均主义。高级社,拉拉平很大,现在可以解决了,61年下半年得到丰收,全社629万斤,60年544万,增加,社员七边、八边不算其内。经济收入全社179万元,60年只149万元,增加20%左右,得到钱多、粮多。

2. 贯彻多种高产多收。目前来看来种得多,全社12 000亩春花,今年春花比去年好,今年的备耕工作做得早,已积河泥达到100多担1亩,超过58年的结果。今年更突出,主要今年工作,干部与社员达达[踏踏]实实。目前3个新的机站已建好,蚕桑生产4 500亩已积上3 000亩多河泥。总的说今年是好,为什么好:①正确贯彻党的政策,认真地发动群众,调动干部群众的积极性,建立在自觉主义。过去来搞平均主义,出现闲地边〈地〉多。任务〈和〉各项工作要做好,主要贯彻党的政策。②加强农村党的政治工作、组织工作,建立农村党支部,取[起]到农村支部战斗堡垒作用。在党内民主,深[生]动活泼、团结。展开思想教育工作,开展民主生活。党员信[心]情赐[舒]畅,搞好生产很大关系。过去来看,无情的斗争,党内才确[采取]无情的斗争。党内民主是思想统一去搞,但是统一与[以]后,出去另搞一套,这样,就是分散主义。像过去这样搞,造成结果是浮垮[夸]风。

通过〈学习〉"60条"后,党由[有]民主作风后,取得[大家]讲心理[里]话,调动了干部群众积极性,得到三个带头:①带头执行党的政策模范作用,一班[般]贯彻坚决。②带头参加劳动,参加生产,日日出勤。③带头学习,提出[高]思想认识,学吃亏,当老实人。出现三个带头,生产搞得比较好的,干部作风很大改变。也就是说有了好政策,要有好的党组织,好党员去

---

❶ 指1960年11月3日中共中央发出的《关于农村人民公社当前政策问题的紧急指示信》(简称"十二条")。该文件是针对人民公社化运动中的"共产风"等一系列弊端和"大跃进"难以为继的状况而制定的,"十二条"内容主要强调的是"三级所有,队为基础"的体制、按劳分配的政策、保护农业生产力的措施,以及整风整社的要求。这个文件对扭转当时农村的危急形势起了积极作用,但由于历史条件的局限性,文件仍坚持了公共食堂和供给制度。

❷ 指"大跃进"时期的共产风、浮夸风、命令风、干部特殊风和对生产瞎指挥风。

做,也就是有本好剧本,一定要有好演员去做,这样才能得到好结果。所以准[正]确政策,要好好去执行这个政策。

好的是[要]肯定。

1. 但是随时发展,随时不够,造成部份[分]党员干部没有远大目标,缺乏政治头脑,觉悟不高,不敢当干部,怕吃亏,怕减少收入。但是真真减少收入,只要在分配上有问题,贯彻政策上有问题,我们贯彻上指出一班[般]干部不低于一班[般]群众,大队干部高于一班[般],是否吃亏了呢?我们可以比一比,是否真真吃亏。我们看是没有的,像王[黄]继光到头来死了,这样真真吃亏。我们只要同社员一样,社员低,干部低,社员高,干部也高,这样是合理。你想高于社员,这样不对的,吃亏不亏,才[在]于搞好生产,生产好了,社员收入多,你的收入也就多。

2. 部分党员对政策不够严肃,目前可以看出问题。盐官、中新对粮食按劳分配加照顾问题就是不严肃执行。

3. 部分党员干部如何树立艰苦思想,要批判一个享乐思想。我们在 61 年底很多〈人〉铺张浪费,大摆酒席,这种情况来看,我们看从干部而起。还有发现赌博,7 人 177 岁❶,3 个小队长,2 个会计,2 个社员(盐官的)。我们如何样发挥党的政治思想工作?如何样做一个共产党员?站得高、看得远、顾大局、立整体,把方便留给别人,困难留给自己。共产党员及干部想事情、做事情,要有[由]6 亿人民出发,要想到工农业支援、城市支援。困难,要有整体,自立于工农之间、城乡之间,同心同得[德],互助友爱,克服困难。我们可以看去年蚕茧减产问题,损失很大,工厂失业,少原料。我们同心同得[德],只要搞好生产,完成任务。(如果)不顾整体,只顾我们,不顾工叶[业],只顾农业,不顾国家,只顾自己,不把农副产品买[卖]给国家,这样我们的困难学[越]来学[越]大,学[越]来学[越]严重。我们去年,蚕桑、络麻问题最大。工业与农业要密切联系,工业脱不了农业,农业脱不调[掉]工业,所以我们要工业与农业互相支援。小局与大局问题,我们可以看,大河满小河也满,我们立雄心、立大志,鼓足干劲,发愤图强,改变农村局面。现在我们还受到暂时困难,还没有大量发展,在目前几年来向帝国主义进口 100亿斤,但这个数字不大,只要每亩提高 6 斤〈就行了〉。想一想还是争口气靠自己,还是吃帝国主义的粮。我们全国 16 亿〈亩〉土地,只叫(每亩)提高 5—6 斤。所以要自力更生,发愤图强,搞好生产,提高产量,改变局面,解决困难。我们肯定要批判,满足现状,盲乐[目]乐归[观],认为肥料积得多、生产好。乐观主义思想、自满情绪,没有看到困难,这样看法,将来顺利转向困难,不能够解决〈问题〉。

4. 我们一个共产党员,要有立志为共产主义奋斗到底,执行政策法令。目前要坚持三级所有制,互助[相]不能侵犯,生产队为基本核算单位,坚持人民公社。①特别是生产队要坚持互不侵犯,这个小队在很长的期间内不变动。②要坚持社会主义分配,各尽所能、按劳分配、多劳多得、不劳动者不得食原则。③坚持实行订购合同制,实行等价交换。我们每个党员要有柱子作用,要挑担子。负担任务很重,我们如何样来为建设社会主义挑担子,如何样当好党组长:A. 要自立一个全局观点,为整体出发,把所属范围搞好生产;B. 一切走群众路线,同群众商量;C. 要起带头作用,影响群众,带动大家,只有这样把党的工作才能做好。

---

❶ 意思是参加赌博的有 7 人,7 人的年纪加起来有 177 岁。

1962.2.17

第 二 课

孙社长报告：党的性质与目光[标]。

中国共产党性质是工人阶级政党，是工人阶级最高形式，是工人阶级先锋部队。中国共产党在工人阶级的基础上。为啥中国共产党在工人阶级上呢？因为工人阶级是无产阶级，中国共产党在农村中是最先进者。工人阶级有三个特点：

1. 工人阶级同现代机器连在一起，所以，他使用者，可以现实者，更有现实教育。

2. 工人在工厂里做工，长期留入工厂工作，分工合作，他的分工合作比[与]农民不同，互相协作，养成团结互助，组织性、纪律性较严。他工作按班，一定人数〈操作〉机器，他能照顾全面考虑问题。

3. 工人阶级在旧社会里一双空手，完全靠出卖劳动者[力]，在生产上、政治上、思想上没有独立性。相反，他有全局观点，因他受苦最深，所以他发展最先进。工人阶级同劳动者再[最]密切。中国共产党代表工人阶级、农民、全体劳动人民者，6亿人民利益。根本利益是消灭剥削者，为社会主义与共产主义实现。我们的共产党1921年10月1号❶成立的。为啥农民不能依靠，主要他有两面性。农民离不开工人，中国共产党是工人阶级的先锋部队。中国共产党和工人阶级要分别开来，因为共产党是工人阶级当中最先进、最优越、最好者。共产党是严密的组织，有纪律性。共产党是马克思主义思想，党是阶级战斗的师[司]令部，党是在各部分作领导核心作用，党是工作阶级最多[高]的权利[力]机构，最好组织形式。

中国共产党目的。

最终目的是为实现共产主义奋斗。共产主义分两个阶段：①社会主义。②共产主义：A. 社会生产力空前提高，产品丰富。B. 共产主义思想，道德品德，统治条件。C. 全民普及提高文化水平。D. 社会主义存在差别逐步消失。E. 国家职能消失，这样各尽所能。

为了实现共产主义的目的，我们要做到：

1. 加强全党团结，增加支部战斗力量。

2. 发扬艰苦朴素优良传统，学做社会主义建设，学做老实人。

3. 认真地执行党的政策和决议，积极地完成党所分配给自己的任务。

4. 树立雄心，立大志，鼓足干劲，发愤图强，改变农村局面。

5. 一定做一个名符[副]其实的共产党员。

6. 认清形势，鼓足干劲，趁[乘]胜前进，为实现粮食1 000斤〈目标和〉农叶[业]全面大丰收而奋斗。

7. 党的根本目的是最大限度地满足人民物资生活和文化生活需要，党的最终目的是实现共产主义。

8. 健全党的组织生活，发挥党员模范作用。

9. 每个共产党员必须承认党章，行使自己的权利和义务。

10. 发扬党内民主，开展批评与自我批评。

---

❶ 这里显然搞混了中国共产党和中华人民共和国的生日。中国共产党的生日历史上被定在1921年7月1日。

11. 共产党员要按期交纳党费。

12. 每一个共产党员应当是站得高、看得远，要从顾大局、立整体的观点出发。

13. 共产党员必须学习马克斯[思]列宁主义，不断提高自己觉悟。

下午，严同志小结

1. 当前形势。总的形势很好，问题不少。从全国来看，市场物资少，受灾地区还是很大。全公社来看，有些大队生产队吃得少，不平衡，问题不少。物质丰收，所以说今年很丰富，前途光明。只要当前贯彻政策、执行政策，商品及[极]大丰富。

2. 如何样让当前农村中出现一个新高潮。还是已经出现，还是没有出现？我们认为还有些生产队政策问题不能坚决执行。三个政策：①三级所有制问题。②解决平均主义。③实物[行]按劳分配加照顾。新高潮出现，如何样领导？就是要顾大局、说[识]整体，顾整体、挑重担。如何样挑重担？就是完成任务。

党的性质与目的呢？为啥确定工人阶级政党，主要三方面：①他是无产阶级。②他组织性纪律性较强。③他受压迫最深。

夜 里

石同志：发扬党的优良传统。

1. 提倡艰苦奋斗的意义。

2. 艰苦奋斗的基本内容。

3. 如何发扬党的优良传统。

毛主席在革命根据地，他号召自力更生、艰苦奋斗，帮助当地农民搞生产，根据变为大的❶。

毛主席在党中央提出16个字：鼓足干劲，改变作风，扭转局面，加强团结。

我们在生产上要迎接困难。什么叫工作，工作就是斗争，做工作没有一帆风顺。那些地方有困难、有问题，我们为了困难去工作，所以去解决困难，就是有斗争。艰苦工作好像一副担子，看你挑不挑，但担子有轻有重，有些人想挑轻担，重担推给别人，这样不好，我们共产党员要挑拣重担挑。

我们在工作中永远挑重担，完成任务。

党的三大作风：①理论和实践相结合。②紧密与人民群众团结联系。③开展批评和自我批评。

四观点：①为人民服务。②要向群众负责。③要相信群众解放自己，有事同群众商量。④要向人民群众学习。

---

❶ 根据地不断扩大。

1962. 2. 18

下午,第四课

李社长报告:党员的权利与义务。

1. 共产党(员)义务:努力学习马克思列宁主义来提高自己觉悟。党章总纲指出:马克思列宁主义指导,无产阶级是为全人类谋幸福,我们共产党员要学习马克思列宁主义思想。在各项工作中可以看出,凡是有政治头脑或思想,就是接受任务,完成任务交[较]快。

2. 维和[护]党的团结和统一。可以看出,凡是团结和统一的生产队,生产搞得比较好的。如果不团结不统一,生产搞得一团糟。团结统一,凡样[遇]事情多[都]不怕,做起来就顺利。党的团结,就是党的生命,团结就是力量。

3. 认真地执行党的政策和决议。因为党员贯彻政策,是符合人民群众要求和利益,所以认真地执行完成任务,我们党员更加要执行。贯彻好、执行好就是生产搞得好,联民与联新可以看出问题。

4. 严格地执[遵]守党章同国家法律。共产党员不但遵守党章法律,还要遵〈守〉共产主义品德道德,要有高尚品质。

5. 把党、国家、人民群众的利益摆在上面。如果两种思想发生冲突时,应当把党、国家、人民群众的利益摆在前头,私人放在后面。

6. 全心全意地为人民群众服务。密切地联系群众,把群众意见向党反映,一切从人民利益出发,一举一动要关心群众生活与困难。

7. 在工作中取[起]模范作用、带头作用,在各方面站前头。

8. 实行批评与自我批评是党的有力的工器[具]。如果没有开展这项工作,在各方面开展工作〈就〉比较困难,所以每个干部要经常开展这项工作。

9. 对党忠诚老实,不稳[隐]瞒、歪曲真相和事实。我们每个党员,应该向党交代。

10. 时刻警惕敌人阴谋,保守党和国家机密。这也是共产党优良传统,来保卫自己,战利[胜]敌人,取得伟大胜利。

以上十个方面是党〈员〉的意义[义务]。

共产党员权利:

1. 党的会议上参加讨论或决定,切实以[与]群众商量。

2. 对于党的工作提出倡议。

3. 党内选举权与被选举权。

4. 在党的会议上有批判任何人员的权利。

5. 在党组织或作出处理或鉴定,自己〈有权利〉要求参加。

6. 对党的决议如果不同意的地方,除无条件执行,可以向上审[申]诉(民主集中制,少数服从多数)。

7. 可以向党上一级[申诉],(在处理不妥之事)有权利向上一级提出审[申]诉。

革命的书写
——一个大队干部的工作笔记

1962. 2. 19

下午,第五课

苏书记:党的民主集中制。

1. 啥叫民主集中制。

2. 在执行民主集中制中两种倾向。

3. 我们这[怎]样准确执行民主集中制。

1. (民主集中制的)六个条件:① 党各级领导机构,多[都]是选举产生。② 党的最高的机构是人民代表大会❶。③ 党的组织必须听下级的意见。④ 党的下级组织定期〈向〉上级汇报工作。⑤ 党的集体组织领导同个人负责相结合。⑥ 党的决议必须无条件执行,党员个人服从组织,少数服从多数,下级服从上级,全国服从中央代表大会,全党服从中央。

2. 在执行民主集中时,有两种倾向问题:①绝对化民主。②绝对集中。

3. 如何样准确执行民主集中制问题。①在党内首先解决展开自我批评。②集体领导、分工负责的原则。我们要明确书记与委员平等地位,不是领导与被领导问题,是同等地位。③要建立好各种制度。④维护党的团结,巩固党的统一,加强纪律问题。

怎样当好党小组长:首先明确党小组任务是什么,党小组并不是党的一级组织,是支部领导下一个单位,是把支部决议执行,如何样去实现。

党小组任务有六条:①应该〈根据〉实际情况分配具体工作和任务给党员。②组织党员学习马克思列宁主义思想。③定期召开小组会,过好小组生活,展开批评与自我批评,搞好内部团结,做到每个党员心情舒畅。④经常宣传党的主张,把群众意见向上反映,上层[情]下达,下群[情]上报。⑤要定期收纳党费。⑥培养积极分子,团结〈在〉党的周围。

讨论问题:如何发挥党小组作用。

怎样开好支部党员大会:① 改变一篮子❷,跳出事务圈,明确坚持党员大会制度的意义,弄清支部党员大会的目的要求。② 摸思想底细,出安民告示,会前充分做好准备,事先通知全体党员。③ 发扬民主,以理服人。会上敞开思想,各抒己见,做到知无不言,言无不尽。意见不统一,休会调查,然后根据事实作出决定。④ 人人动员起来,保证决议实现。会后认真传达,充分发挥各种组织作用,经常进行检查,监督党员认真执行决议。

1962. 2. 20

孙社长总结报告

这次参加学习共 29 名,包括各部分。这次同志普遍心情舒畅,精神饱满,遵守一系列制度,认真学习。主要有 2 个方面:明确当前形势很好,明确有利方面,存着一系列问题;明确了

---

❶ 应为党的代表大会。

❷ 意思是什么样的事都混在一起,没有主次之分。

党的基本知识,如何当好一个党小组长,领导好工作。当前农村〈形势〉大好,比去年相差太远,天上与地下,汗毛比大腿。

党领导关键有 2 件大事:了解情况;掌握政策。

当前工作问题:加强培育春花,蚕桑、备耕准备工作,大种早熟作物。在培育春花中,重点油菜、双早,清明后要下谷。对油菜问题,只有采取抗旱。对备耕生产问题。双早问题检查一下种谷、毛灰❶。两簇制❷早粳连塘早❸,只能种两簇制,不能种三簇。兴修水利问题。

1962.2.21

〈符合征兵条件人员表〉 〈单位:人〉

队别	鸡 17 岁	猴 18 岁	羊 19 岁	马 20 岁	蛇 21 岁	龙 22 岁	兔 23 岁	合计
1	1							
2		1	1			3		
3		1					1	
4		1					1	
5						2		
6	1				1			
7					1			
8	1			1			1	
9	1	2					1	
10	1	3		1	1			
11	2					1		
12								
13						2		
14		1	1					
合计	7	9	2	2	3	8	4	35

联民大队干部数量统计:

连级 4〈人〉,排级 8〈人〉。总额 33 人。其中退伍军人 1 人,正副连长 2 人,正副排长 8 人,正副班长 20 人,正副指导员 2 人。

(全大队总人口 1 158 人,1962.2.21 统计)

---

❶ 毛灰,当地土话,意思是草木灰,用作肥料。

❷ 两簇制,又称两熟制,意思是同一块田或地一年种两季作物。同样有三簇制或三熟制。

❸ 连塘早是一种早稻品种。

〈1962 年度粮食分配加照顾试算表〉 〈单位：斤〉

姓名	余粮	缺粮	评议决定
朱张林		785	照顾
沈才心		314	照顾
陈利宝	7		
王进其	1 248		
陈彐毛		22	照顾
韩永保		116	不照顾
沈云林	70		
王 灌		91	照顾
杨福英	160		
周生康		653	照顾
合计	1 485	1 981	

当前 6 队反映周建初最多工分,当前 6 队反映徐彩珍懒做。冯六彬、周松山反映最大,其他社员同样有问题。反映周建初最大,掼罗如❶。反映周和尚领导,社员服势,干部联系好。王益堂小怪人❷,肥〈田〉粉撒自己地里。

生产问题,积肥劲头好,搞定额。

6 队粮食问题,较紧的毛福元、徐彩珍、沈松宝。

5 队粮食问题,较紧的陈阿康〈缺粮〉667〈斤〉,10 月份吃去,现已断粮。

1962. 2. 25

出席合作社代表大会

陆主任对 62 年任务工作报告:要实现粮食 1 000 斤,着重供销合作社做好供销工作,要改变面貌,着重支援农业,早作准备,做在前面,讲究质量。工具组织:王继福、周生康、冯兴英、徐维多、沈松宝。

5 队柏籽数量 93 斤。

1962. 3. 7

夜,上党课

1. 党员的权利与义务。

2. 结合布置当前工作。

（1）如何样解决后进队问题：①领导问题。②思想障碍问题。③占小便宜。④队伍不

---

❶ 掼罗如,当地土话,也说是丢纱帽,意思是不愿意再继续当干部或者承担公共服务工作。

❷ 小怪人,当地土话,指的是这样一种人,他们遇事躲开,只顾自己的利益,不愿意得罪人。

纯洁。

（2）条件问题：①土地好坏问题。②水利问题。③肥料问题。④历年（留存）问题。

（3）物质基楚[础]问题：①生产基金。②农具。③种子问题。

到3月20号工作任务：

1. 积肥，所有早稻〈田〉积上河泥。

2. 除虫问题，到11号所有稻柴烧掉，秧田翻专[转]❶灌水。

3. 治水工程扫尾，旱渠、支渠、毛渠全部完成，首先做好坝道工作。

4. 蚕桑生产，抓住物资准备。

5. 早簇作物。

6. 绿化问题。

7. 选种留种问题，30〈日〉早稻趟好田❷。

8. 社员处理问题。

〈各队增股扩股统计〉 〈单位：股、元〉

〈队〉	增股数	扩股数	增扩股金〈元〉
1	35	15	145.00
2	33	5	91.00
3	33	11	121.00
4	22	21	149.00
5	27	4	74.00
6	41	7	117.00
7	16	1	37.00
8	29	22	168.00
9	52	28	244.00
10	61	26	256.00
11	34	17	153.00
12	24	16	130.00
13	33	12	126.00
14	26	10	102.00
〈合计〉	466	195	1 913.00

---

❶ 秧田翻转指水稻秧田翻垦完毕。

❷ 水田翻垦后放水，农民用铁耙和着水敲碎泥土，耙平，称为趟田。

〈联民大队净谷与排草分配表〉 〈单位：斤、捆〉

队别	净谷数	排草	队	净谷数	排草
1	3 500	10	8	480	10
2	3 400	10	9	500	10
3	300	5	10	450	5
4	147	45	11	625	4
5	195	5	12	398	5
6	260	4	13	406	5
7	187	5	14	348.5	5

水稻经验,陈永康介绍：

"三黄三黑"的经验。这就是：在水稻发棵期间,要争取足穗,返青后,应看土看苗,施用发棵肥,使叶色转深,植株清秀,出现第一黑。到分蘖盛期后,逐渐落黄。拔节之前,看情况结合轻度烤田,出现第一黄。在第一黄基础上,根据生长清秀老健的要求,施长粗肥,达到第二黑。到立秋前后结合烤田,叶色转淡,出现第二黄。复水后,看苗补施长穗肥,叶色再度转深,这就是第三黑。到出穗前叶色逐步渐退淡,出现第三黄。

1962.3.25

夜,大队会议

正副队长以上会议。

1. 对蚕业问题上。准备工作,共育室、蚕扁、蚕柱、蚕廉[帘]、蚕炭、班糠。
2. 在这次发下肥粉,据群众反映,这次肥料施下再[最]适当。
3. 今后减产赔问题,看情况来赔。
4. 今年要求蚕炭每张最少35斤。
5. 今年毛帚柴问题,要准备好。
6. 人员落实问题,首先教育好,〈做〉思想工作。
7. 接桑可以开始接,时间到了。

国家集市税问题,有一定的规定：10元以上,屠宰税8%,集市10%,卖羊与其他5%。

生产问题：

1. 不要乐观主义,春花施肥。
2. 早稻面积,要扩大面积。
3. 山茹窖问题,盐官大队已订光了。
4. 现出现小分配。
5. 防止借钞票,干部长手长脚,财务不严,出问题。
6. 在4月份按[安]排生活,防止事故,踏踏实实。

7. 合作社股金问题,要分。

8. 山茹苗头,清明——谷雨,立夏——小满,芒种——夏至,小暑——大暑。

9. 络麻籽晒种。

出席公社会议(民兵连长、治报[保]干部):

杨同志报告,今日会议是三个公社(镇)召开,是叫联防会议。

应股长报告:

1. 从许巷到黄湾组织联防,沿海组织联防,统一组织一条线。

(1)为啥要加强海防工作?当前国内形势,我们民兵主要任务向敌斗争。当前革命形势,总的是好,弄清形势,反对麻痹。劳改逃跑犯,头一关是偷、抢、杀。加强海防工作是我们在海联防的主要任务,防止反革命偷渡。

(2)怎么样来加强海防工作?要加强民兵治保干部思想工作,教育民兵提高思想认识,认清三疑:①疑人:未见过人如发现;久未来过今发现;逃犯。②疑事:遇事要加强考虑,今后生产大队、生产队介绍证明。③疑物:发现怀疑,立即汇报。

(3)怎么样来防止这些问题?①划队包干,段队联防,要落实负责。②经常注意搜查,追迹。③要注意进行细微调查研究工作。每个大队组织一个组,人员基干民兵、治保干部、好的积极分子,订出活动制度。

2. 控制沿海〈地区〉的四类分子,特别小村庄、小镇市。①摸底排队。②斗争。③建立督促改造小组,叫他订[定]出改造制度。

注意反动宣传的,我们要听,注意他动静。

3. 要注意严格地〈抓捕〉逃犯,维护地方治安。任何逃犯可抓。要防止流川[窜]犯:①问,听口音。②注意他穿〈戴〉问题。③看经济吃用。④证件检查是否符合。

1962.3.31

队 长 会 议

贯彻:

1. 出席公社联海三个公社会议精神。

2. 内容主要是为了今年更好地搞好生产,为了生产保障、人民生命安全起见,组织联防工作,加强对四类分子监督,叫〈其〉老老实实。

3. 从今天起,如发现疑人、疑事、疑物,立即汇报大队,送公社。

4. 我们大队负责联防地段,从丁桥公社交界起到联新大队。我们的界线进行划段落实联防。1—2队负责群海队至赵家桥,5—7队负责赵家桥到联新交界线。

1962.4.12

记 录

新星大队介绍权力下放经验:

1. 归社员私有问题,分五点:①自留地。②屋前屋后东西边零星土地。③5 种花果树。④竹园地。⑤坟前后小柴,坟前 2 枝向口柏树。

2. 负债问题,决定有关生产队负债息款加给生产队,社员透支的以及社员其他款项,总的是社员的,划到社员去。

3. 领导问题,决定三个:正书记、队长、会计。订出制度,每日办公到下午1时后下生产队,帮助解决具体问题,参加生产。

4. 分配问题,主要按劳分配加照顾。在这次按新底分,全年投分,按劳分85%,按定粮照顾15%。

5. 规模问题(原来8队划18个班)。首先内订方案,摸清社员思想情况,根据"60条"指示,从有利出发,便利生活、生产,进行适当调整。

沈书记报告:

1. 搞试点的经过:①几年来不能得到解决的,在这次得到了解决。②使社员真真安心,明确30年不变,得到定心丸。在"12条"以后解决普遍人心,贯彻"60条"后〈提高〉搞好粮食生产积极性。去年大包干,主要明确了大包干三年不变。在这次基本核算单位下放,明确了长期发展生产积极性,之[至]少30年的生产打算积极性,解决了一个长远打算。

2. 解决了人与人之间平均主义,解决了队与队之间平均主义。这样人民公社〈以〉生产队为核算单位,三级所有制,进一步巩固湾回几年❶的不正常的思想。

3. 解决思想问题,对干部,得〈到〉一次民主作风的教育(上面套杠子,下面不当家,作风最坏)。在这次解决思想问题,下面当家讨论,从有利出发,生产队作主。

在贯彻中有问题:

1. 干部也好,社员也好,主要简单化(差不多)。

2. 规模问题,学小学好[越小越好]思想,不是从有利生产出发,有[不]利社员团结。

3. 在生产上准备不足,有点问题不能解决(种籽不足,种籽分户保管)。

4. 从搞按劳分配加照顾后,尾巴很大。

5. 管理制度问题:财务管理、生产管理。这一方面如何样管理有问题,不想执行。

在这次下放当中做好思想工作:

党的政策变为群众要求,要宣传几个为啥,要核算单位下放。总结经验,回忆对比,使社员切身体会。社员认真思想,体会高级社经验,勤俭生产,节约成本,增加生产(过去讲,劳动不取报酬,生产不计成本)。把文件宣传〈好〉,加强政治思想教育。

政策问题:

1. 从调查研究着手,按民主集中制办事原则(但是要考虑周到)。政策处理,〈根〉据中央指示,又要根据当地因地之[制]宜,政策处理好坏就是发动群众好坏。在执行中不要包办代替,根据实际情况出发,发动群众作主。

2. 从实际出发,从群众迫切〈需〉要着手,要从调查研究着手,把群众的意见集中起来,合理的解决,不合理的同群众解释,我们听取合理部分。当场不能解决,逐步进行解决。反对一种适合自己的口味来宣传。走群众路线划清大事[是]大非,划清界线,不要拖尾巴主义,从上而下,从下而上做工作,从群众来,从[到]群众去。真不通再教,教育不通等待,没有大的关系,按群众办事。

---

❶ 即退回去,指以生产队为基础是退到了初级社时期。

土地问题：

群众〈意见〉不大的一般不动,定下来。没有问题,不要去挑问题。群众没有意见就算,有啥就解决啥。从检查生产着手,从计划生产着手,为搞好生产着手。

在贯彻中,树立指导思想：

1. 执行中央指示办事(准确地说,有严肃、有活泼、有原则、有灵活)。

2. 调动群众的积极性为根本目的。发展生产的出发点,增加生产的出发的[点],不是分散,要更有集中思想。

3. 要坚持自原[愿]互利为原则,要牢牢记着。

4. 要有一个长〈远〉的思想,今后不随便动。

5. 要有三级所有制思想。

6. 要有勤俭办社思想。

7. 要有6亿5 000万人口思想,要有完成国家任务思想。

中新、三星城镇人口下放问题：

1. 国家困难,几年来受灾,去年比57年减产,人口增加,几年来城镇人口增加。要解决国家困难,只有两个办法：①搞好生产。②城镇人口下放。

2. 我们做好准备工作,如果〈有人下放〉来的话,多种一亩早稻。

生产问题：

1. 加强生产领导,调查研究。

2. 渠道问题,发现滩[坍]的多。

3. 蚕种,25—26号要发蚕种。

4. 安排生活问题。

重大事故：我们公社10人。

1962.4.30

联民7队低标准定粮分户表　　　　　　　　　　　〈单位：斤〉

姓名	人口	原低定粮每月大米	每月折原粮	全年口粮原粮数
朱行宝	4	104	144	1 728
沈才似	4	87	121	1 452
陈利宝	4	93	129	1 548
陈进其	4	119	165	1 980
陈彐毛	1	25	35	420
沈云林	5	117	162.5	1 950
王 灌	6	129	179	2 148
杨福英	2	52	72	864
周生康	8	150	208.5	2 502
韩永保	2	44	61	732
合计	40	920	1 277	15 324

1962.4.30统计,陈进其户〈的〉陈福堂口粮已加进在内。

联民7队62年大包干,在2月14号夜由社员大会评定出各户各人底分数如下:

〈单位:分〉

〈姓名〉	〈底分〉	〈姓名〉	〈底分〉	〈合计〉
朱行宝	4.5	朱张林	3.5	8
沈才心	6.5	沈福英	3.5	10
陈利宝	5	陈金奎	8	13
陈进其	10	陈福堂	6.5	16.5
王明华	7	王玉英	3.5	10.5
陈五毛	3.5			3.5
韩永保	5			5
沈云林	10	善康 金娥	5.5 1	16.5
王隆	7	秀珍 乔玉兰	5 5.5	17.5
杨福英	3	徐利珍	6	9
周生康	9	朱金宝	6.5	15.5
全队合计				125

联民7队春花产量试算　　〈单位:亩、斤〉

	计划面积	产量	实种面积	〈单产〉	产量
蚕豆	29.00	4 060	27.50	160	4 413
小麦	10.00	1 600	12.80	140	1 500
大麦	4.00	640	4.80	130	637

蚕豆总产4 413斤,折原6 129〈斤〉;

小麦总产1 500斤,折原1 670〈斤〉;

大麦总产637斤,折原637〈斤〉;

〈总计〉6 550斤,折原8 436〈斤〉;

上交国家1 100〈斤〉;除种籽1 600〈斤〉;除库存1 000〈斤〉;口粮4 736〈斤〉。

上午,支部进行研究座谈会议

1. 当前生产问题,目前问题很大,丰产还没有靠住[做到]丰收到家,到收割还有不少的关口,立夏、小满关。

2. 对下种问题,当前有些乐观思想,认为今年不要紧,来得及,不放在心上。如果这样想法,将来脱空,计划不落实,生活有问题。目前出现双早稻谷出毛病,出苗不好,早稻完不成计划。

3. 权利[力]下放问题。①首先把大队一级财务整理好,把去年尚少的款子各小队交上来。②把大队的财产出售给过去瞎指挥时拆灶头、损失木头〈的农户〉。在这次补清〈中〉优先卖给这种户,小队排队评议出。③把大队经济林木处理到小队。④把负债问题清理下去。生活安排根据队长会议,统计数打8折,黄豆搭配40%。⑤决定5月2号召开社员大会,把基本核算单位下放的意义、各项政策处理宣传贯彻,交给社员讨论。

1962.5.1

统 计

联民7队基本情况月报表:

总土地69.17〈亩〉,其中田20.89〈亩〉,专桑❶9.46〈亩〉,地35.73〈亩〉,杂地3.090〈亩〉。

全队共有人口40人,其中男21人,女19〈人〉。

全队共有劳动力21个,其中男正[整]4人,半4人;女正[整]3人,半4人;辅助劳动女5人,男1人。

共有猪8头,其中母猪1头;羊17头;家禽50只;兔25只。池荡2.50〈亩〉其中鱼荡1.00〈亩〉;竹1.50〈亩〉。

1962.5.2

小队会议(讨论)

1. 对处理采青蚕豆问题,发现偷窃,捉牢者罚扣粮食50斤,奖励捉牢的人粮食25斤,坚决执行,订出保证。

2. 今年对粮食分配问题,决定按照低标准定粮,超产粮按劳分,并且劳肥三七分成。

3. 对改选组织问题,决定由社员民主选举出五人,正队长沈云林,妇女队长王明华,副队长陈进其,记账员陈金奎,委员周生康。

4. 生产问题:山茹苗头决定从现在开始自己要排,今年一定要完成计划,塘南麦里嵌出,后割麦,安排一下,很紧张,并不松。决定天晴秧田施肥,培育壮秧完成计划面积。调来的早广尖准备不种,多种高产作物等。

联民大队1962年按劳分配加照顾呈报表

队别	户数〈户〉	人口〈人〉	劳力		全年基本劳动数〈个〉	按包干分粮		应照顾数			
			男〈人〉	女〈人〉		每分〈斤〉	数量〈斤〉	户数〈户〉	人数〈人〉	数量〈斤〉	占总分配%
1	25	92	15	20	99 168	3.81	37 835	4	17	1 367	3.5
2	17	61	12	13	76 395	3.52	26 891	4	13	1 688	6.2
3	16	65	12	11	66 084	4.342	28 600	4	16	1 543	5.4

---

❶ 专桑,指专门种植桑树的地。

队别	户数〈户〉	人口〈人〉	劳力 男〈人〉	劳力 女〈人〉	全年基本劳动数〈个〉	按包干分粮 每分〈斤〉	按包干分粮 数量〈斤〉	应照顾数 户数〈户〉	应照顾数 人数〈人〉	应照顾数 数量〈斤〉	应照顾数 占总分配%
4	15	76	18	12	89 424	3.61	32 148	3	14	1 457	4.5
5	16	47	10	10	52 608	3.628	19 096	8	23	2 361	12.3
6	18	66	13	17	76 908	3.17	24 383	9	34	3 617	14.8
7	10	40	7	9	37 548	3.95	14 828	6	25	1 981	13.3
8	25	96	20	24	108 153	4	43 260	7	31	1 913	4.4
9	32	125	23	25	137 324	4	54 926	12	55	3 498	6.4
10	47	156	11	37	127 596	4	51 201	26	99	10 984	21.4
11	25	109	18	23	112 992	4.25	48 012	6	18	2 706	5.6
12	17	66	11	18	79 944	3.65	29 175	6	19	1 586	5.5
13	24	74	9	17	70 908	4	28 363	12	34	2 840	10
14	22	78	11	15	72 974	4.75	34 665	7	32	2 921	8.4
合计	309	1 151	190	251	1 208 026	3.92	438 721	114	430	40 462	8.55

联民大队1961年度秋粮分配统计表

队别	户数〈户〉	人口〈人〉	秋粮总分配数〈斤〉	按劳 数量〈斤〉	按劳 占总分配%	照顾数 户数〈户〉	照顾数 人数〈人〉	照顾数 粮食数〈斤〉	照顾数 占总分配%
1	24	83	26 034	23 194	89	5	17	1 682	6.5
2	17	55	13 229	11 192	84	8	21	1 864	14
3	16	67	7 351.5	6 599	90	5	18	825	11.2
4	15	74	12 586	9 193	73	8	46	874	7
5	16	48	5 932.5	6 191	89.3	8	33	1 120.5	16
6	18	65	13 287	11 908	89.5	8	29	1 893	14
7	10	38	8 297.5	7 287	87.8	3	12	444	5.3
8	25	91	25 919	22 219	85.7	7	41	1 569	6
9	32	129	29 529.5	24 859	84	11	46	2 496.5	8.4
10	47	161	41 260.5	34 326	83	25	96	6 074.5	14.7
11	25	68	20 943.5	18 329	87	12	36	1 862.5	8.8
12	17	64	10 666	9 194	86	7	25	734	7
13	24	77	13 600.5	11 986	88	12	28	1 127.5	8.3
14	22	75	109 179	13 840	90	13	46	3 197	22
	208	1 143	243 815.5	209 308	85.8	132	494	25 747.5	10.55

出售生猪 101—110〈斤〉,〈奖励〉饲料 30〈斤〉,香烟 20 包,黄酒 5 斤,针织品 10 市尺;

111—120〈斤〉,〈奖励〉饲料 36 斤,香烟 24 包,黄酒 6 斤,针织品票 12 尺;

121 斤以上者,〈奖励〉饲料粮 39 斤,香烟 26 包,黄酒 6 斤半,针织品 13 尺;

对 80 斤至 100 斤的老头猪,确无前途者,社员坚决要卖,可以收购,给予适当奖励,饲料粮 24 斤,香烟 16 包,黄酒 4 斤,针织品 8 市尺。

以上一切优待肉票 6%。

羊 40 斤以上,每头奖售卫生裤衫 1 条(件)。

本大队第 4 生产社员和私人山茹卖给小队 58 担,价值 50.00〈元〉。

1962.5.6

大队财务会议

公社沈会计谈在联民搞春花分配试点问题。日期:15 天搞好这项工作。今年的分配有新的情况,有六个有利条件:

1. 今年生产好,收入多。大队首先摸下底,1 月 10 号各队组长订出这个方案,计算粮食增产两成,油菜籽收 29 000〈元〉,经济预计 8 万多元。

2. 生产队规模比较小,发动群众便利做到。

3. 通过"60 条"大包干后,大部分政策可以定下来,现在搞分配只叫修修补补。

4. 通过一系列政策,社员对搞分配也有要求。

5. 财务账目清楚。

6. 大部分人员是老干部。

存在问题:

1. 核算单位多,领导复杂不同。

2. 社员对政策怕变,怕增加任务,要出新花样。

3. 核算单位第一年,生产队干部缺乏经验。

4. 财务制度及管理没有健全。

所以我们解决第一个问题:

1. 要不要领导(是否要党加强领导)。

2. 加强民主分配(副产品、柴草等其他),要据大部分意见办事,又要照顾少部分。

3. 三者按[安]排问题,要合理解决三者问题。

在搞当中,下一步提出意见如下:

1. 实物分配问题:粮食、油、柴草、茧。粮食分配问题:因去年做的在照顾 7 种人不够周到,城镇人口下放,粮食如何分,认真讨论。对油问题,一种说按(劳)分配加照顾。

2. 关于现金分配问题:①成本属于上半年应用费用留下来。②公共积累问题,上交一半,但据各队情况。③农业税问题做好准备,据国家情况要征就〈交〉。

3. 土肥报酬问题:是否按实际情况,4 月底❶或 20 号根据实际情况来参加分配。

4. 透支户问题,如何扣除,摸底排队。

---

❶ 此处 4 月底为农历。后文中也存在此种情况,不再注解。

5. 工分问题：提倡造实际〈方案〉，不推行［测］、估计工分，但也要讨论。

6. 福利问题：产妇、困难户照顾问题。

回去要做的：

1. 清理账目，自然肥料，工分要求 4 月底。

2. 财务账，收入及支出向社员公布，专账专管弄清楚，互助审查，张张单据相对。

3. 要求摸底实种面积，可靠产量拿上来，造出可靠方案。

4. 要求各队把蚕业、烧炭问题〈弄清〉，把这笔入账留存。

参加本大队第四生产队社员大会讨论问题

1. 挖边问题，邹金夫反映只叫［要］干部首先执行，他代表社员一律没有意见，邹复光表明。

2. 对社员投入山茹款项问题，决定先发 40%。

3. 工分问题，起先根据出动时间，据底分打 8 折计算，重工不打折头。

1962.5.8

大队正队长以上会议（上午）

1. 关于山茹苗头问题。

2. 财务清账问题。

3. 生产问题：①田间管理，春花放水。②蚕业加强管理，准备蚕具等。

4. 对下放干部问题，现在先回的，马上划给该人自留地 0.100〈亩〉。

5. 经济上交问题，大队计划上交 50%，因今年全大队同去年〈比〉增加 50%，去年 4 万多元，今年 8 万多元，所以说比去年增加。

下午，研究会议

粮食分配口粮，按劳分配兑现，粮食上交国家。

在财务分配有三大问题：要不要领导；民主分配；一定队与队不同，要多花样。

1962.5.14

公社沈会计介绍

今年分配，上级指示"因地制宜、民主分配"原则，比过去一律化不同。但总的原则是按劳分配。

1. 粮食分配问题。2 个队按劳分配；8 队抽出 320 斤定粮；9 队、11 队按劳分配加照顾。对 8 队情况。9 队这样做出现"三个多"：①出勤多。②关心集体多。③猪羊发展多。

2. 油菜籽分配问题。9 队 1 300 斤，任务奖励数按定粮。8 队三七开。11 队每人 1 斤，其他按劳分不超过 6/4❶。

3. 柴草问题。3 队每元分 10 斤，除队自己存，其余按劳分。9 队每元 10 斤，其余按口粮

---

❶ 即六四开，指按劳分比例不超过 60%。

分,价格 3 元 100 斤。11 队每元 10 斤,其余按劳分配。

4. 国家奖励问题。原则按劳分配,采取互让办法。

5. 土肥报酬。9 队 1 元 15 分参加粮、钱、柴分配;8 队 1 元 15 分,参加粮、柴分配。

6. 年度结算方法问题。三个队同样办法。三个掼断❶,二个统一。①油。②柴。③奖励物质:粮食、钞票。

7. 成本问题。按照实际收入留,根据需要留。

8. 下放干部问题。9 队、11 队按低标准分定〈粮〉3 个月;8 队按低标准增加 10% 分柴,每 1 人 200 斤。

9. 欠粮借粮问题。借粮在春花扣还。欠粮分 2 种:①来是来,去是去。②照顾办法。

10. 透支户归还问题。决定原则上收回。

11. 工分问题。5 月 10 号至 15 号。

12. 收入凡[范]围问题。油菜问题收入,山茹苗问题,自排[种]不算。

13. 饲料问题:小猪 5 斤,肉猪 10〈斤〉,母猪 20〈斤〉。

14. 福利问题:困难户、产妇、烈军属问题,按同等照顾,产妇实产计算。

15. 上交问题:经济问题上交 50%,粮食一次完成。

冯书记报告

1. 今年的分配与[以]生产队为单位搞分配,粮食根据按劳分配、民主分配原则,全面安排。要体为[会]按劳分配,不要照顾吃口重、困难户问题。这方法比较 8 队,再妥当一些,在搞当中不要偏向一方面。

2. 分配油问题,我们意见不要低与[于]7 斤半。要求 1—2 斤按需分配,其余按劳分配。要求每个队留点基[机]动油,解决今后困难。国家对困难照顾,结婚、丧、产妇等。生产上,〈备好〉扫蚕油。另外,国家要求我们要〈有〉全面观点,应当支援国家建设,国家拿工业品来调换。

3. 柴草分配,照顾 2 方面,按需、按劳三七开,按需 30%,按劳 70%,价格 1.50—2 元。

4. 奖励物资,一般按劳分配。

5. 肥料报酬问题,2 种都可以。

6. 成本留存问题,按实际需要留。到秋蚕,每亩水稻 4—5 元药械❷。

7. 下放干部问题,要求分 3 个月口粮,一般来的 30—32 斤,增加 10%,向社员说明道理。柴每人 200 斤,油每人分 2 斤。

8. 关于借粮问题,借粮一次还清,由小队归还。双[桑树]肥归还 50%。

9. 透支户问题,大队同生产队结,生产队同社结算,原则上扣还,不要出现新透支户。

10. 饲料问题,大队意见采取下掇[拨],2—6 月,有条件可以 7 月。毛猪问题,目前不能下决定。

11. 上交粮食任务,根据情况来按[安]排。

12. 上交经济问题,上交 50%。

---

❶ 掼断,当地土话,意思是结算清楚,结断。

❷ 药械,当地土话,意思是药品。

生产问题及当前思想情况:

1. 当前整个情[形]势好,我们的大队不好,自满麻痹,生产搞得不好,被动,没有主动。

2. 当前有过[股]斜[邪]气,无原则,无根据造谣,破坏柏树,埋水路,掏树根,大队船只当神船撞破。学校问题,经讨论要办不办❶,学费要增加,按管理费摊交,不办就定[停]。对大队物资问题,不照顾,随便拿走,天晴要买黑市。大队意见 666 粉要买。装电灯问题,发现〈有人〉弄电线。

蚕叶问题,按[安]排一下。受到自然灾害之影响,三簇制插秧问题,20 号左右开始插秧,早的油菜可以收割下种。

1962.5.15

出席联新大队民兵连长、治报[保]干部会议

1. 对沈毛男问题,苗头来路[龙]去脉。粮票问清爽,啥地方买,啥地方卖。贩山茹苗头。
2. 对地富反坏分子,加强管制生产。
3. 防止火烧发生。
4. 民兵工作,在"双抢"开出一个会议,贯彻:①在"双抢"中带头搞。②不要做投机贩卖。③执行政策教育。④结合当前思想情况。⑤征兵做好准备工作。⑥烈军属照顾问题。

1962.5.16

沈书记报告络麻早播好处

1. 早产量高。
2. 将来除草好。
3. 不失掉油菜春花。
4. 抗旱好。

今后对络麻下种问题,速度比较慢的,全公社完成 44.3% ,〈联〉民 25% ,〈联〉新 77% 。当前有些生产大队对这项工作放松一些,去年立夏前三后四,今年到小满,三星 4 队 9 亩,有春种 2 亩还缺;三星 6 队看 16 张蚕种,现只有 10 张。

存在问题:

1. 现在对界线[限]不明,尊重自主权,要加强领导。现在相反放松领导,今后看产量问题。

2. 加强领导同瞎指挥〈分〉不清,造成到正〈常〉指挥不指挥。

3. 还怨早❷,等好天,春花蜜[密]。

要求问题:

1. 增[争]季节,超面积,对络麻下种,千方百计想办法下种,蚕豆可以摘起来。另一方面,播苗将来予值[移植],尊[争]速度。

2. 早稻问题,对二簇制,未完成三簇制,要求 20 号大麦收割种稻,月底油菜田完成,看适

---

❶ 要办不办,当地土话,意思是要不要办。

❷ 还怨早,当地土话,意思是做事还嫌太早,或者说,不需要这样早开始。

时,偏早一点。晚稻秧田20号前做好。(连塘早)二簇,(落随号❶)三簇。

蚕桑问题:

1. 主要加强领导。

2. 消毒问题做好。

3. 桑叶进行安排掉济[调剂]。

4. 加强后期春花管理。〈防止〉:①踏光。②捉鱼光。③采桑果。④割光。

孙社长关于蚕叶[业]生产问题

1. 今年的蚕身发育很好,丰产有望,但是日期不长。主要缺点,发现倒蚕❷,喊缺叶。在检查中,发现问题进行和平解决,〈个别干部〉恐怕失礼,没有提出问题、解决问题。

2. 今年的蚕:①在收蚕较冷,去头去脚。②天气冷,没有碳,受到一部〈分〉损失。③桑叶前期发育不良。所以从三方面来看,已经受到了损失,如果倒蚕,将来有问题,所以我们要加强领导。我们要来一个准确蚕桑估计情况,做到心中有数,防止芒模[盲目]倒蚕。联农祝金林队,5张已经倒掉。

3. 积极做好壮蚕共育消毒准备及上簇准备。

4. 加强技术课教育、思想教育。

沈书记贯彻马县长指示

1. 络麻下种问题,领导干部要督促,明朗些。

2. 分配问题(特别对粮食分配)。

3. 蚕桑问题。

4. 早稻插秧问题,晚稻秧田问题。要求各支部统一思想,加强领导,争取62年丰收。

〈联民7队1961年与1962年分户春粮对比〉

61 年				62 年			
朱行宝	260	杨福英	173	朱行宝	535	王　隆	759
沈才征	290	周生康	500	沈才征	604	杨福英	355
陈利宝	310	蒋永保	147	陈利宝	621	周生康	1 017
王明华	297			陈五毛	160	周建初	10
陈五毛	83			陈进其	707		
沈云林	390			陈福堂	209		
王　隆	430			韩永保	220		
				沈云林	855		
合计 2 880 斤				合计 6 052			

---

❶ 连塘早、落随号都是早稻的品种。

❷ 倒蚕,由于缺叶,农民们有时不得不把蚕丢掉,称为"倒蚕"。

联民7队1962年春花预分试算方案 〈单位：亩、斤、元〉

	面积	单产	总产	金额
大麦	4.90	140	686	51.45
小麦	12.80	150	1 920	192.00
蚕豆	28.00	150	4 200	420.00
油菜	10.00	90	900	207.00
春茧	4	40	160	160.00
茄苗				740.00
柴				200.00
其他				125.07
合计				2 095.52

留成本661.96〈元〉，留种子115.00〈元〉，土肥报酬337.43〈元〉，上交积累152.89〈元〉，上交管理费36.69〈元〉，上农业税135.76〈元〉，社员分配655.79〈元〉。

实做工分17 525.1〈元〉，合计2 095.52〈元〉，折每个劳动日0.374〈元〉。

联民7队收入春粮食总方案 〈单位：斤〉

大麦	686	除种子	1 174
小麦	1 920	上交大队	1 000
蚕豆	4 200	饲料	450
折	1 847	按劳分	2 800
		口粮	3 129
合计	8 653	合计	8 653

联民7队，62年度上交各物任务：

种子2 781〈斤〉，饲料1 525〈斤〉，余粮2 200〈斤〉，储备750〈斤〉，增产增购210〈斤〉，合计7 466〈斤〉。

油菜籽450〈斤〉，络麻55担，菊花200斤，茧子300斤，芋艿10担，菜类20担，鱼100斤，柴22担。

优待粮上交数：粮食16斤，布票0.5尺，油票0.5斤。按劳上交数：油1斤粮230，柴100斤。

1962.5.19

联民大队 1962 年春季预分估产总表　　　　　　　〈单位：亩、斤、元〉

队别	大麦				小麦			
	面积	单产	总产	总值	面积	单产	总产	总值
1	8	200	1 600	120.00	24	150	3 000	360.00
2	1	150	150	11.25	25	150	3 750	375.00
3	14	150	2 100	156.50	20	160	3 200	320.00
4	7.8	140	1 092	81.90	29.2	150	4 380	438.00
5	5.8	120	696	52.20	17.8	140	2 093	249.20
6	12.3	120	1 476	110.70	20.48	160	3 277	327.70
7	4.9	140	686	51.45	12.8	150	1 920	192.00
8	5	100	500	40.00	38	140	5 320	478.80
9	6	120	720	47.60	45	150	6 750	675.00
10	8	120	960	72.00	40	140	5 600	560.00
11	9.8	180	1 764	132.30	23.7	160	3 792	360.24
12	8	150	1 200	90.00	18	160	2 880	288.00
13	9.35	150	1 402	105.18	21.5	150	3 225	322.50
14	8	120	960	72.00	20	150	3 000	300.00
合计	107.95	141.1	15 306	1 154.08	355.48	148	52 587	5 246.44

联民大队 1962 年度春季预分估产量总表　　　　　　　〈单位：亩、斤、元〉

队别	蚕豆				油菜				春茧				茹苗	柴草金额
	面积	单产	总产	总值	面积	单产	总产	总值	面积	单产	总产	总值	总值	
1	63	110	6 930	693.00	26	70	1 820	436.80	12	24.5	300	300.00	3 000.00	900.00
2	58	120	6 960	696.00	18	80	1 440	345.60	12	30	360	360.00	5 000.00	765.00
3	50	140	7 000	700.00	20	100	2 000	480.00	14	35.7	500	500.00	2 500.00	556.50
4	47.3	140	7 095	709.50	21	90	1 890	453.60	12	40	480	480.00	3 077.06	525.00
5	45	145	6 525	652.50	15	80	1 200	288.02	10	40	400	480.00	2 600.00	589.50
6	47	150	7 050	705.00	14.7	80	1 176	270.48	13	40	520	520.00	2 400.00	400.00
7	28	150	4 200	420.00	10	90	900	207.00	4	40	160	160.00	740.00	200.00
8	71	130	9 230	923.00	29	100	2 900	736.00	27	40	1 100	1 100.00	3 500.00	880.00
9	90	120	10 800	1 080.00	25	100	2 500	625.00	20	40	800	800.00	2 500.00	1 494.00
10	60	150	9 000	900.00	19	106	2 000	480.00	45	40	1 800	2 300.0	4 000.00	1 020.00
11	90	120	10 800	1 080.00	20	90	1 800	396.00	24	40	960	960.0	1 141.17	574.00
12	45	150	6 750	675.00	18	70	1 260	302.40	18	40	720	720.0	4 000.00	710.00
13	51.44	150	7 716	771.60	16.55	80	1 324	317.80	15	40	600	300.00	1 000.00	988.00
14	38	130	4 940	494.00	12.5	85	1 000	214.00	15		300	9 500.00	3 000.00	600.00
合计	783.74	134	104 996	1 040 730	26.9	87.7	23 210	5 552.68	241		9 000		38 458.23	10 202.00

联民大队 1962 年春季预分估计表　　　　　　　　　　〈单位：元、亩、斤〉

	其他收入	春花粮食		连折升	总值	粮食大包干增、减产
		面积	总产			
1	100.00	95	12 130	15 296	5 909.80	− 1 450
2	50.00	84	10 860	13 980	7 602.85	− 780
3	476.00	84	12 300	15 375	5 690.00	+ 1 420
4	386.97	84.3	12 567	15 809	6 154.03	+ 426
5	399.69	68.6	9 713	12 518	5 231.09	− 427
6	157.78	79.78	11 803	14 905	4 891.66	+ 1 383
7	125.07	45.7	6 806	8 653	2 095.52	+ 526
8	1 400.00	114	15 050	19 970	8 965.50	+ 3 030
9	1 000.00	141	18 270	22 107	8 231.60	+ 2 390
10	827.53	108	15 560	17 640	10 159.53	+ 4 080
11	888.12	123.5	16 356	20 935	5 531.83	+ 1 076
12	250.00	71	10 827	13 772	7 035.40	+ 147
13	150.00	82.29	12 342	15 697	4 255.08	+ 783
14	100.95	66	8 896	11 150	5 080.95	− 104
合计	6 312.11	1 247.17	173 481	217 807	86 834.84	− 2 761
						+ 15 242

1962.5.31

支部研究会议

1. 关于民校教师问题。
2. 关于下放干部粮食处理问题。小队应负[付]12 斤，大队 23 斤，到 10 月底止。
3. 分配问题，按照方案兑现结束。猪羊分户表呈上来。
4. 机站问题。

1962.6.11

夜，大队队长以上会议

1. 生产问题：早稻培育，络麻培育好，17 号结束，双季秧田。
2. 分配问题：①粮食分配，如果有无劳〈力〉者确实生产积极，一定要照顾好，要符合原则，按劳 55%，按需 45%。要全面性安排，凡是军烈属，要照顾高与[于]一般水平，凡有年老、小人要照顾好，有老有小有国家。②出售油菜问题，集体有饼，个体没饼。小麦分配要合理，蚕豆同样。

4. 征兵问题：从 1 号开始，21 号集合，26 号入伍。今年时间短，质量好，18—24 虚令[龄]，各生产队后天汇报一下，注意独子。当前征兵有 2 个问题：①造谣〈敌人〉要打进来，当干部吃官司，抽出去要打〈仗〉。②按劳分配问题，今后一定要解决好，生产小队保证搞好。

5. 政治工作：粮油、票、粮食停止买卖，如果发现马上捉捕，以法律制裁。凡是党员，找对象一律批准制度。

6. 思想工作(2 个讨论题)：加强领导与瞎指挥，要辨[辩]深辨[辩]透。当前造成骂政府、耍领导。爱护集体，爱护私人，也要进行讨论。在这个基础上专人开早工、歇夜工、抢时间。夜里可以进行掼麦❶，搞分配。

1962.6.12

联民 7 队油票到户结算表❷

朱行宝	11.6	10.56	13.63	10.87	0.31
沈才心	17.4	15.83		17.70	1.87
陈利宝	17.2	15.66		21.10	5.44
陈彐民	4.2	3.83		7.10	3.27
陈进其	20.6	19.57		30.52	10.77
陈福堂	5	4.55	6.01	8.03	3.48
韩永保	5	4.55	9.27	5.12	0.57
沈云林	25	22.75		29.82	7.07
王　灌	19.6	17.84	159.68❸	25.26	7.42
杨福英	9.7	8.83		11.48	2.65
周生康	30	27.30		32.25	4.95
周建初	1	0.91	52.36	0.75	4.95

出席公社会议

李社长报告：①治安工作。②征兵工作。

首先谈谈第一个问题：

1. 几年来工作经验教训。

2. 今后如何掌握界线[限]，不出新问题。

3. 如何样健全组织问题及当前所做工作。

关于总结几年成绩。从几年间对有些地方进行打击，部分应管制的管起来，应逮者逮捕，同时打激[击]一些投机奸商，安定人心，安全生产，总的是形势是好。但是，在 60 年起刮起

---

❶ 掼麦，当地土话，指人工麦子脱粒。

❷ 结算表是每次分配的汇总，其中前面四栏数据是预分，最后一栏数据是根据应分配的数字计算出来的结算分配数。

❸ 此数字有误，原文如此。后文中也多存在此种情况，不再一一注解。

革 命 的 书 写
——一个大队干部的工作笔记

"五风"时,有些地方略错一点❶。但是少数像畜牧、食堂,顶"五风",带[戴]上了帽子。有些小偷小摸,已有情况,没有详细了解,套上帽子。虽然少数,但影响干部与社员。当前来看,没有新的积极份[分]子。造成原因,主要是在刮"五风",不按政策处理,在组织上不够严密,削弱积极性。

关于省批准 8 个界线[限]问题:

他首先谈对今后治安问题,不是不要管,也不是乱管,不能够损坏[害]一个好人,像硖石招待所。治安工作有利与[于]95%〈群众的〉安全。

1. 对投机贩卖活动,对工商、财务部门,分清经济情况,摸清底细,〈采取〉教育办法。

2. 对自流人口,过去搞收留,我们县除去硖石镇外一律不搞。灾区农民来丰收地区,调粮食度荒过日,不能够加于[以]改述[干涉],不能乱查,不要硬要他打证明。

3. 对请原[愿]、发生闹事,由有关单位调解处理,但超出民主范围者,公安部用和平调解办法。对反革命,首先发动群众看清问题,以[依]法处理。

4. 对谣言问题,应该在那[哪]里有用有[由]那[哪]解决,不要扩大乱搞,防止漫[蔓]延开来。特别在黄淮方面,靠海地区较多。根本办法是〈通过〉群众教育、政治思想来解决问题,稳定人心,防止谣言。如果造谣者与[以]反革命为首的,应该以[依]法处理。

5. 对抢急[劫]问题,要进行具体的分析,〈分清〉轻重缓急,如果真真〈因〉为饥饿的,不算抢急[劫]。集团的应当处理。

6. 对反动标语、传单要分析开来,如果思想落后,不满、有意见、写反话,这种应该作人民内部〈矛盾〉处理,如果真真反动,应该立即处理。

7. 对于结合性集团,要分清情况:①落后分子教育。②为首的进行纪律处分。③以反革命为首的,应该处理。总的教育为主。

8. 加强教育,对敌分子要分开来,情节重者,应该处理,一般的教育为主。

怎样来健全组织问题:

特别在大队一级,比较多些。所以,各大队要健全治保调解组织,要求一定要建立起来。在处理问题中要敌我分开来,对地付[富]反坏,与[以]大队为单位进行排一次队,进行一次法纪教育。对广大群众,经常〈进行〉爱国主义教育,来名符[副]其实地订立一次爱国公约,建立户口制度。火烛问题特别注意。不要用土办法捆、打、拘,如果用这办法,首先违法乱纪。

(再谈第二个问题)征兵问题:

1. 长安新村先征,我们这里迟些,全县 6 号开始,26 号结束。我们这里宣传阶段,要注意3 个问题:①造谣。②按分配问题。③照顾问题。

苏同志谈关于征兵问题:今年征兵问题,我们首先知道[指导]认识问题。当前来看:①认为今年农村不征,不需要解决。②简单办法,认为及格叫去❷。义又[务]兵役制,应尽意义[义务],我们要做到。

困难问题:①按劳分配问题。②谈恋爱问题。③照顾问题。应该统一思想。

2. 时间要求问题,25 号前要送去,15 号前报名好。要开青年会,生产队为单位开社员大会,年龄 18—22 岁,猴、羊、马、蛇、龙。

---

❶ 略错一点,当地土话,意思是做得稍微差了一点。

❷ 及格叫去,当地土话,意思是,体检及格就被征到队伍中去。

条件问题[以下不符合条件]:①反革命。②反革命嫌疑。③右派粉[分]子。④散播右派者。⑤地付[富]反坏右,对政府不满者。⑥亲属。⑦刑满释放。

决定专人负责:①对军烈照顾问题。②现役军家属。③评出"五好"民兵。

海塘问题:一下要削光,县委通知。6—8月份,解放军在杭州湾演习,空军。发现落跌东西,拾到要交公社,如损坏报公社。5号、6号、20号、21号在盐官。

1962.6.17

下午,大队小队长以上会议

1. 在过去受过处份[分]的人。
2. 开展评比,比出"五好"社员、干部,"五好"党员。
3. 生产问题:①络麻2天结束除草,搞定。10队剥豆10分〈每〉100斤,夜里加双固❶。②双晚秧田,迅速要做,否则要落后。③山茹苗插排问题。
4. 粮食完成任务,25号结束。
5. 蚕桑出现金鬼[龟]子吃叶,用火灭,〈用〉雨伞捉。

1962.6.18

出席公社络麻现场会议

1. 要求22号前完成,过好三关,三个反对。
2. 水稻生产。双季稻问题。单季稻、山茹插播问题。对双季早稻培育,进行排队,双季秧田,对明日如何想尽办法落〈实下〉去。20号前双早进行排水施肥。
3. 蚕桑生产,加强领导,捉金鬼[龟]子。

1962年包干全队面积　　　　　　　　　　　　　　　　　〈单位:亩〉

队别	合计	田	地	专桑	杂地	自留
1	166.760	44.440	85.540	34.230	2.55	11.484
2	136.750	35.200	72.530	26.820	2.200	7.392
3	151.690	46.150	55.020	46.920	3.600	8.925
4	153.340	48.590	59.700	39.690	5.360	9.90
5	128.280	41.510	52.320	27.780	6.670	7.128
6	121.700	45.320	45.900	21.810	8.670	8.673
7	69.170	20.890	35.730	9.460	3.09	5.067
8	182.840	53.280	44.800	66.780	17.980	12.540

---

❶ 双固,当地土话,意思是双倍。

续表

	合计	田	地	专桑	杂地	自留
9	223.210	65.280	85.620	59.370	12.940	17.825
10	209.660	36.560	64.060	93.940	15.100	22.175
11	211.208	59.210	79.488	52.880	19.630	14.784
12	140.790	38.210	53.930	35.440	13.170	8.580
13	149.646	40.656	55.870	39.560	13.560	10.389
14	131.906	38.336	48.950	33.230	11.390	10.164
合计	2 176.980	613.632	839.458	587.910	135.910	155.026

1962.7.3

夜里,支部会议摘要

1. 征兵。
2. 民兵组织。
3. 下放人员安置工作。
4. 优护工作。
5. 分配工作。
6. 生产工作。主要络麻,单季插秧提出 5 号完成。
7. 支援油问题。
8. 毛猪收购。
9. 备战情况,当前出现思想情况。

1962.7.7

过 小 组 生 活

周松山反映:络麻马上就种,还是来得及,是战略物质[资]。在分东西中没有内部掌握,有些事情完全是外部掌握。在内地搞好当前生产,支援前线。

沈松宝说:对种田络麻分任务能提高工效,种田明日开始,分四个班,三天完成任务。说周和尚和翁兆祥好。

周和尚说:国民党与共产党是水火相反,他是对革命对抗。说对周建初在 6 队搞小集体,对内部进攻。对王祖金问题,对评工分有问题,编[偏]自己,不顾集体。

王汉章谈对小队看法:对队长领导,划一不语[二]❶,对于支援人❷不够〈关心〉。队务委员不够统一,党员同志对队长支持不够,特别〈在〉运动、中心工作〈中〉,党员不够团结,以身作则做得很差,领导与被领导界线[限]不明。反映周建初借公济私,利用小队担名义向合作社

---

❶ 当地土话,意思是说一不二。
❷ 支援人,这里指 1962 年下放到这里来的城市工人。

开后门后,到小队挪公[功]劳❶。

1962.7.15

在庙双场开民兵连长、治报[保]委员会议

内容摘要:从 23 号新华社贯彻备战问题,发现四类分子抬头,造谣,心慌了乱。所以要做好如下几点:

1. 加强四类分子管制,进行排累[类]。要求在 4 天内做好。一种基干民兵。
2. 思想问题,发现对政府不满。在这〈种〉情况下,也要进行摸底排队,在[看]成分。
3. 防火、防偷、防贼。
4. 征兵问题,继续摸底。

1962.7.23

下午,支部会议

1. 当前思想情况。
2. 生产问题。除草、除虫、培育络麻。
3. 分配问题。结束春粮分配。
4. 思想排队。
5. 塘海,土方分摊问题。
6. 饲料,截止日期。
7. "双抢"期间分工分线问题。
8. 机站放水问题及大力灌溉田。

1962.7.24

公社生产队以上会议

陈社长报告:"双抢"问题。今年"双抢"特点,大好形势。从三个方面:
1. 国际上来看,蒋匪反攻大陆。
2. 农村形势大好,粮食丰收。
3. 干部下放,劳动力增加。

联民 7 队早稻预分情况:
面积 8.4〈亩〉,单产 400〈斤〉,总产 3 360〈斤〉,留种 200 斤,尚多 3 160〈斤〉,劳需各半。
分户如下:

---

❶ 当地土话,意思是表功,说自己有功劳,要别人承认。

〈户〉	〈人口〉	〈工分〉	〈应得分配〉	〈每月定粮〉
朱引宝	4	1 680.6	317	104
沈才心	5	1 784.2	313	97
陈金奎	4	2 109.9	330	93
陈五毛	1	573.4	100	25
陈进其	3	2 426.3	350	89
韩永保	2	390.4	108	44
沈云林	5	3 165.2	458	117
王 灌	6	2 109.1	395	129
杨福英	2	1 610.4	219	52
周生康	8	3 869.6	573	150
合计	40	19 749.1	3 166	900

说明：①工分包括猪羊粪全部在内。②每月定粮数是大米数。③应得分配数是原粮。

联民 7 队粮食全年结欠：

余粮 2 200 斤,饲料 1 525〈斤〉,储备 750〈斤〉,增产征购 210〈斤〉,大队按劳数 230 斤,大队优惠 16 斤,借口粮 375 斤,合计 5 306 斤。

应拨付,下放人员 1 233 斤。

猪：肉猪 740〈斤〉,超产猪 50 斤,大队付 90 斤,须付给 700 斤,合计 933〈斤〉。

缺 4 373 斤。已交数,大队 58〈斤〉,粮管所 1 319 斤,合计 1 377 斤,净还要交 2 996〈斤〉。

出席公社军属代表会议〈每日补贴标准〉：

周松山,0.20 元,12 两粮票；

徐维巨,0.20 元,半斤粮票；

贾自宝,0.20 元,12 两粮票；

周生康,0.20 元,半斤粮票。

苏部长报告：庆祝八一建军节 35 周年。

首先第一次在武昌❶起义,主要力量,只有 3 万多人。在同时,毛主席在湖南引导农民起义。在 1928 年,在井冈山会合,建立根基地,这样这支军称为工农红军。到现在 35 年,做得不少功劳,打倒三大敌人。我们这支军队过去很艰苦,受到蒋匪五次围打,但是四次胜利,而且扩大我们队伍。第五次派 200 万军队围剿,我们为人民〈着想〉退出根据地,进行北上二万五千里长征,过草原、雪山,受尽万苦,受饥饿,结果有[由]共产党毛泽东领导下取得胜利。

在过去,经过 8 年抗日战争,这时蒋匪政策对外缓和[消极]抗日,对内屠杀。但是我们共产党领导下组织抗日。我们在平衡[平型关]打,〈取〉得胜利。同时,蒋匪不支持抗日,相反断

---

❶ 应该是 1927 年 8 月 1 日的南昌起义,即建军节。

绝我们粮食,来阴谋❶。我们党指出,我们自力更生,自己动手,丰食足食,展开大生产运动,解决当时困难,最后取得抗日战争胜利。

在抗日胜利后,蒋匪联络帝国主义,125万军队、35万伪军进行反共反人民,结果我们在三大战役中,被我们消灭了150万兵力,这样削弱蒋匪军。在四年内战取得胜利。1949年解放胜利,在1951消灭蒋匪807万军队,从东北打到西南,再到抗美援朝,保卫祖国。

1962.8.12

出席公社会议(正队长以上)

沈书记报告:总结前一段情况形势。

当前存在问题:

1. 干部社员自满思想,出现骄傲自满,特别在早稻收割后,认为足够,造成松气思想。联新胡春荣,生活不多,一杀是做光没有做,表现叫得慢慢叫做❷。

2. 认为上半年丰收,忘记了下半年存在问题,如果不抓好,贴光❸不够。否则不除好虫,收成比去年更不好。今年季节紧,肥料不足,今年风、虫、旱灾比任何一年大。

3. 当前全公社300多个生产队后进队,分到户生产。新星6小队包产到户。现在有3种思想。现在有些队口粮有问题。三星4队13.5亩,向大队借粮1 400斤。

4. 对分配问题,发现有些按底分分配,有些按春花工分分配。

5. 蚕桑问题:①今年特别簇片❹问题。②订种不足,任务很大。

联丰平均45%,联农平均50.5%,有一个生产队全年只完成25%,出问题,受减产,主要是下半年问题。江苏去年出问题,主要下半年〈桑叶〉给虫吃,上半年丰收40%,下半年60%。

6. 出现投机贩卖,三星4队,出售粮食换烧酒,贩得多。三星13队郭荣康出售油票、烧酒、粮票,由大队出证明,该人做过几次。查该人照顾600斤,所以根据省委指示这种人属于四种人内,不够照顾。

今年的生产抓得被动,特别对抽秧问题,所以双季早产量不高,只有"双抢"抓得好些。

第四个问题,要不要指挥,要不要领导。今年"双抢"中,有些同志认为有些瞎指挥,认为农民生产自己为[会]做,不要领导。我们现在集体经验,三星4队不要领导害处,7分秧田种14亩田,还有多秧。

下一步任务问题:

1. 生产问题,总的抓早、抓狠、抓紧。水稻培育,当"双抢"这样抓(9月份温度下降,到14—15度),要有高标准去培育,用多产高产思想去培育。要解决三个懒:①懒行田❺。②懒积肥。③懒车水。在15号前行上一次田。除虫问题,下一部[步]打个千密[歼灭]战,听通知。秋蚕抓住准备工作,特别簇片问题,要求15号前处理好。发种28—30号,你看怎么样。

---

❶ 当地土话,意思是耍阴谋。

❷ 当地土话,意思是,农活不多,一下子做完就没有活做了,所以只要慢慢做就行了。

❸ 贴光,当地土话,意思是全部填补进去。整句话的意思是,有些人只看到上半年丰收,没有看到下半年的问题,如不抓好下半年的工作,上半年丰收的东西全部填补到下半年还不够。

❹ 簇片,指用稻草制作的蚕做茧用的东西。

❺ 行田,当地土话,意思是耕田。

洋花萝卜、专桑不要下。络麻生产问题,拔岔头❶,络麻除草。畜牧,打防疫针。

2. 分配问题,做到"四个一定":①一定要按劳分配。②一定要照顾好。③一定要禁止四种人。④一定要走群众路线。

国家任务,增产增购,按大包干办事。

财务账自要公布,要清楚,干部要解决好,按照群众一样。

3. 巩固集体所有制。

4. 市场问题,要管好,不搞投机贩运。

李社长谈关于分配工作:

1. 政策问题。

2. 工分处理问题。

3. 财务问题。

沈书记总结报告生产问题:

1. 在 15—17 号耘三次田。

2. 除虫问题等通知,还要用三次〈药〉。

3. 施肥问题,一次用足。

4. 蚕桑问题,簇叶害性很大。〈吸取〉荆山建丰农场、牧港、闸口 13 队教训。15 号前全部处理好,不能分散饲养。

5. 各大队回去检查一下,〈是〉否符合省委通信[精神],四个一定,〈如果〉没有达到,立即纠正。

具体问题:

1. 柴草问题。

2. 验证屠宰税问题。农业税问题要加 14%。

3. 发展多种经济问题,缺种上报。

1962.8.23

出席公社会议(财务会议)

1. 分配问题。总的根据省委文件,对照缺啥补啥,各生产队不同。

①分配形式,给予定下来。②大队干部同企业人员报酬定下来,高于同等水平,应该拿的就要拿,不应该拿就不拿。③自然肥料问题,要检查一下,不能过分底[低]。④困难户同五保户问题。要真心照顾好,特别是困难户,劳少吃口重,特别是对粮食照顾好,要叫这些户也要得好过下去❷,可以从增产当中抽出一些照顾好。⑤烈军属照顾问题。进行排队,啥人是军官,啥人〈是〉士兵,根据情况照顾好。军官照顾虚工分,分物质,付合理钞票;士兵一律照顾,不要付钞〈票〉。总的据情况照顾好。⑥下放人员问题,据下放人员来源、生活、安居,看情况照顾好,特别是粮食问题。据三星情况,分一些高低。⑦上交粮钱问题,一定要照大包干办事,应该上交,如果〈遇到〉不交问题,下去讨债。

---

❶ 拔岔头,络麻生产中的一道工序,主要任务是拔掉那些细小的、长得不好的麻枝。

❷ 当地土话,意思是,要让这些农户也像别的农户一样能好好地过下去。

2. 财务问题。县委提出要来个理财运动,组织力量进行清理账目,公布一次,交给社审查。在公布账目同时,建立一些制度,审批制度,经常对会计人员进行一次活动。

3. 工分处理问题,及时评好,合理评分,一定要达到男女同等[工]同酬,要大公无私。6队有个下放同志反映,副小队长同等劳动,要高于 200 分。

4. 验手[收]问题,首先组织全体会计,进行验手[收]。一个队来[开始],推开全面。

5. 农业税问题。今年农业税要增加 14.5% ,再加上土地漏报,一共增加 17% 。

办法:①根据生产收入好坏。②按 61 年减少数增加。③按 61 年征税数增加。④按 61 年减数,按比例增,适当调正[整]。

1962.8.25

召开财务会议(财务队长会计)

1. 贯彻公社会议精神。

2. 今后工作要求。

3. 30 号公社检查验手[收]。

4. 春花、早稻分配问题(形式如何)。

5. 学习政策问题,按照〈政策〉办事。

6. 对分配上政策一定处理好,定下来。

7. 业务搞验手[收]。

8. 军属照顾,全大队 1 200 元(10 户)。

1962 年联民 7 队库存种子分户表 〈单位:斤〉

姓名	大麦	小麦	蚕豆	早稻谷
周生康	35	35	74.5	133
杨福英	28	/	140	
王 灌	/	/	31	
沈云林	28	107	19.5	84
陈五毛	/	/	8.5	12.5
陈进其	35	64	92.5	
陈利宝	21	56	29	
朱张林	/	/	165.5	
沈才心	/	40	/	
合 计	147	302	560.5	229.5

1962.8.28

支部研究会议

1. 当前工作,教育宣传问题。

2. 分配政策问题,学习中央党内文件。

3. 学习省委粮食分配文件。

4. 当前生产问题。

下午,小队长贯彻问题

1. 评翻[分]问题。

2. 分配政策问题:①自留地。②猪留地。③合理安排。④一定制止四种人。

3. 分析今年下半年具体情况。

4. 当前生产。

5. 生产计划,规划明年面积。

6. 9月份发粮票问题。

7. 统一思想问题。

1962. 8. 30

供销社代表会议

络麻每百斤奖励肥粉票20斤,63年用,抵交农业税没有〈奖励〉。蚕茧100斤〈奖〉10尺布票、火油4斤,超产增加20尺。羊毛按全额付布票,其他发3%工业票。

1962. 9. 28

出席公社民兵连长、治报[保]干部会议

1. 这次县里来检查后提出民兵组织问题。

2. 国庆节做好保卫问题。

联新盛生荣汇报本大队整组情况:从贯彻备战后,对民兵组织问题。14队组成了7个班,普通民兵一个队为单位,班长由副队长〈担任〉,分4个排。联新应分4片,所以按片为排。这次评定中评出"五好"民兵。

苏部长传达当前情况:形势很好,但是有些问题。

1. 在组织上要求大队为连。

2. 在编基干民兵〈过程中〉,有否条件过紧。

3. 有少数民兵干部没有上马,连开会〈都〉不到。

4. 活动比较差、少。

5. 不愿当民兵或干部,认为还是多劳动有吃有穿,开会浪费钞票。

以上存在问题,主要缺乏教育。

下一步工作:

1. 整顿组织问题。根据民兵工作30条要求,大队为连,生产队为排,再设立班。年龄问题:普通男16—45〈岁〉,女16—35〈岁〉;基干民兵男16—30〈岁〉,女16—25〈岁〉。是复员军人到40〈岁〉。5—15人编班,16—50人编排,3—5人编组。

2. 教育问题:①阶级教育。②国防教育。

3. 民兵三大任务教育。

4. 加强集体主义教育,教育后评比。

各大队支部要求对民兵工作加强领导,特别当前三秋工作。

杨同志关于国庆节保安工作〈的布置〉:

1. 在这些天对四类分子加强管制,外出请假(大队再[最]好开出一个会议),不准流入大城市,一举一动掌握起来。叫他检查自己,订出一个保证书。

2. 对秋收、库存,机站、会计室要管好。最近,周镇发现抢劫。发现偷窃掉要破案。要求外出要关好〈门〉,锁好。

3. 进行防火教育。再[最]近中新张仁关(家)失火,幸人都救影❶。严格管好小孩弄火。

1962.10.1

本生产队基本情况

总土地面积 68.56〈亩〉,田 22.06〈亩〉,地 37.7〈亩〉,桑 48.76〈亩〉。

全队共有人口 41 人,其中男 22 人,女 19 人。全队共有劳力 21 个,其中男整 5 人,半 3 人;女整 3 人,半 4 人;辅助劳力女 5 人,男 1 人。

池荡 2.50〈亩〉,其中鱼荡 1.00〈亩〉,竹 1.50〈亩〉。

土地来源:原 3 队划入田地 44.64,田 14.73,地 21.14,桑 8.76;新 5 队划入田地 6.17,田 2.05,地 4.12;原 2 队云林划入田地 17.76,田 5.28,地 12.48。合计田地 68.56,田 22.06,地 37.74。

〈联民 7 队定粮统计表〉 〈单位:人、斤〉

姓名	人口	原低定粮每月大米数	每月折原粮❷	全年粮原数
朱引宝	4	104	144	1 728
沈才心	6	127	176.5	2 118
陈利宝	4	93	129	1 548
陈进其	3	89	124	1 488
陈五毛	1	25	35	420
沈云林	5	117	162.5	1 950
王 灌	6	129	179	2 148
杨福英	2	52	72	864
周生康	8	150	208.5	2 502
韩永保	2	44	61	732
合 计	41	930	1 291.5	15 498

---

❶ 当地土话,意思是,幸好(来救火的)人多,火被扑灭了。

❷ 原粮,指以谷计数的粮食。

革命的书写
——一个大队干部的工作笔记

〈1962 年本队实种面积〉   〈单位：亩、斤〉

	〈面积〉		〈产量〉	〈折原粮〉
大麦	4.90		773.5	折157.9
小麦	12.80		2 218	折173.3
蚕豆	28.00		5 112	折182.6
早稻	8.40		2 891	折344.42
双晚	9.40 / 6.90	16.30	6 838	折419.5
黄豆	只有菊花相边种❶			
山茹	18.60			
油菜	18.60		1 084	折98.6
络麻	17.83			
菊花	3.00			
山茹窖	2 800❷			
芋艿	2.00			

1962 年本队大包干作物面积   〈单位：亩、斤〉

	〈面积〉	〈产量〉	〈大队计划面积〉
大麦	4.80	640	100
小麦	10.00	1 600	250
蚕豆	29.00	4 060	750
双早	7.00	2 800	214
双晚	8.00	3 200	248
单季	5.89	2 945	186
山茹	10.00	5 000	300
黄豆	10.00	1 500	232
油菜	8.55	684	250
芋艿	2.00	50 担	80
棉花	2.00	240	50
络麻田	5.00	2 500	100
络麻地	2.00	3 000	200

---

❶ 只有菊花相边种，当地土话，意思是，只种在菊花地的边角地方。

❷ 指用 2 800 斤鲜山茹做山茹窖，培育山茹苗。

1962.10.6

公社会议典型介绍

新星 6 队,2 年对比,分散和巩固集体。

城北 3 队连续 2 年减产原因:领导飘浮,不够落实,信心不强;不靠大家,专搞私有、个人得失;生产不管账,社员提不得意见,一提意见掼纱帽❶,闹分队。7 户半,还是不肯领导,专划 2 个死班,到现在良田变荒地,计划不完成。

1. 生产不好,目前看来,产量只有 200 多斤。

2. 生产态度:①穿得好。②吃得好。③劳动四六制。

3. 公私不分,私人相边,集体中间❷,专搞私有,集体不管。

4. 社员与社员不够团结,争吵很多,一心闹单干,认为越小越好,找集体弱点。

闸口 2 队,61 年行行减产,62 年行行增产原因:

61 年干部不团结,后来造成行行减产。

1. 重私有轻集体,特别是干部,不考虑集体收入,造成计划不完成。

2. 缺乏计划领导,田里种山茹,地里种络麻。

3. 培育管理不重视,片片田草很兴❸。

4. 干部、队务委员不团结,下种不及迟[时],搭季节,不愿当干部。

在 62 年,领导下定决心表明态度,决心不搞私有,为共产党、社会主义建设做好生产,资料、物质支援国家建设。所以,今年达到行行增产,交售任务,已超额完成,社员也心绪舒畅,生活愉快。当前生产,络麻讲枝头❹,做活抢前头。

联丰 14 队油菜包到户减产原因:

大队包产实产 594 斤,减 609 斤。

1. 专考虑到户有利,集体不利。

2. 油菜秧各自找出路,发现秧苗不够。

3. 当前社员思想互相骂[埋]怨,今年个个队有得吃,这个队相反没有吃,而欠大队 21 斤(基本油,归大队发)。

联新 8 队王六明谈谈体为[会]思想。

1. 巩固集体所有制方面,14 亩多给社员划边地,形式是:四周边、轮轮划边、横划、竖划。

2. 交通要道划边,地沟里种蕉藕。正路不走,不知不觉走上了新[斜]路。

3. 芋艿田里划边,芋艿不良的搬弄❺,多余划边。

4. 缺芋艿棵种上高粱[粱]、玉米。

5. 芋艿四周种上黄豆、元缸赤,见逢[缝]抽[插]针。

---

❶ 掼纱帽,当地土话,指丢掉头上的官帽,也就是指不想再当官了。

❷ 私人相边,集体中间,指在一块集体的地里,四周边全部种上了私人的作物,只留下中间的部分归集体种植。

❸ 草很兴,当地土话,指草很繁茂。

❹ 谈到络麻种植,比谁的枝头长得高。

❺ 把生长不好的芋艿搬到一起,腾出空地,可以作为挖边地。

6. 专桑地里种南瓜秧,旁边种笋叶,种元限豆❶。

7. 小队 17 张鱼池,面积 13 亩,种菱,种水草,造成大头尾巴小。

以上造成这样,社员与社员,干部与干部,矛盾百出,闹架骂人。

下午,听报告,孙社长今后任务报告

1. 如何样巩固集体经济和人民公社。①今后各行各业,都要环绕农业,支援农业,所以,党八届十中全会❷决定〈将〉农业摆在第一位,首先从思想上认识起来,巩固集体经济。〈我们从〉以上典型介绍当中,可以看出问题。从原始社会,几千年以来,单干独户,甜酸苦辣全尝过,到现在没有发了多少财,只苦无甜。巩固集体经济,首先展开社会主义教育,爱国、爱社、爱家及法律教育,爱集体来改善生活。②进一步对按劳分配加〈以〉安排,一定要分配好,抓好 5 户:五包[保]户;补助户;照顾户;职工户;困难户。对财务工作搞经营管理。

当前做好集体经济,首先,侵犯小队土地全部收回,除去竹园与荒地外,全部收回。如果自留地划入专桑,应该退出。

2. 规模问题,大部分适合,定下来,不要转动。应该向好看,不要向三户四户看。巩固集体经济,发展农业生产,以农业为基础,以工业为辅[主]导。只有农业发展才有工业与轻工业。要发展农业生产,首先,当前搞秋收冬种工作,把规划先搞好。规划是一年的目标,今年的规划在 62 年的规划的基础稳定下来,但是有些漏洞地方要进行修改。① 要求中稻少一些,早稻多一些。② 要求山茹面积少一些。③ 要求络麻面积多一点。④ 要求蚕桑面积逐步退出粮食。⑤ 蚕豆面积要求少些,多种些小麦。面积总的来看,按你队情况决定,早稻面积多一点,但是看你队实际情况,不要让田荒〈掉〉。

络麻问题,看来要扩大一点,因为 62 年可能任务不能完成,应该在规划当中,扩大一些面积,来想尽办法,完成任务。油菜面积,可以保持 62 年度〈不变〉,但由你的力量来决定。当前农业生产搞好计划落实,秋收冬种工作,在三大战役中决定一大,〈通过〉规划工作决定在战役中〈的〉第一个重要任务。一年好坏属于规划问题,今年的季节不同,老农反映,今年冷得早,所以当前要抓紧把这项工作列入当前中心工作,把油菜培育好。按劳分配加按[安]排政策进一步完整[善],对经营管理还没有全部完整[善],对评工分方面,有的队几个月没有评好工分。

当前总的工作:

1. 要适时收割,不误农事,达到颗粒归仓,减少浪费。

2. 络麻迅速抢剥好。

3. 下种问题:① 要植播,立冬前。② 秧苗问题:特别是油菜,现在培育好壮秧。优良品种已到,如果要买,到粮食所去买。种子进行一次检查,决定专人管理。③ 开沟排水,降下地下水位,抄通横沟❸。④ 水利问题规划好。⑤ 大力发展蚕桑,首先建立好蚕桑基地,把专桑培

---

❶ 元限豆,当地土话,指扁豆。

❷ 1962 年 9 月 24—27 日在北京召开,会议在毛泽东的主持下,分析了形势和工农业、商业等问题,要求继续贯彻执行中央关于人民公社的一系列政策,强调在巩固人民公社集体经济条件下发展农业生产,在"以农业为基础,以工业为主导"的方针下把农业放在第一位。但会议期间,毛泽东大谈阶级、形势和矛盾,把阶级、阶级矛盾和阶级斗争看成是"党在整个社会主义阶段的基本路线"。这标志着阶级斗争理论的升级,其消极影响是长远的、巨大的。

❸ 用铁钞把横沟中的淤泥清除。

育好,退出作物。

4. 发展畜牧生产。现出售 1 只小猪,〈奖〉2 斤精饲料,2 斤粗饲料,奖励半斤肉票。做好饲料,藏好,提高管理饲养工作。

5. 继续搞好精间[减]下放,继续还要下放,应[因]为城镇居民发展比较快,比农业发展要快。

6. 收购问题:① 络麻要抓紧出售。② 山茹今后国家要调〈换〉一部分工业品。③ 农业税要交,贷款要还。④ 搞好秋收分配准备工作,政策问题处理好。⑤ 工分公布,财务也要公布,做好准备工作。⑥ 在当前生产上,要紧,抓狠一点,挺胸而出,不要向困难低头。教育〈那些〉不改不动〈的人〉,我们下决心。⑦ 搞好经营管理,进一步评好合理工分,账目清楚及时。⑧ 搞好水利规划。

1962.10.11

出席公社会议(宣传会议)

总结前一段思想教育的成绩、思想教育工作意见。

三星公社广播站处理问题。

〈第一个任务,〉今冬明春展开社会主义宣传教育运动。通过教育,使社员群众提高社会主义认识,提高三者关系。宣传内容:①课,目前形势、前途问题。②课,发展生产,克服困难,教育干部和农民克服自满麻痹思想。③只有依靠集体劳动,依靠互助才能发展。④速[缩]短工业,热情接待。⑤认真宣传"60 条"各项政策。⑥工农联盟、城乡互助意义。⑦勤俭节约问题,反对浪费。

第二个任务,主要上党课。①看愚公怎样移山。②关于刘少奇同志论共产党员政治休[修]养性。

第三个〈任务〉,健全宣传队伍。支部有[由]宣传委员、生产队配合党的宣传员,由支部组织配合起来。县委提出 5 个方面:社会主义教育,坚持集体经济与生产结合起来;坚持实事求是;坚持回忆对比,群众教育群众,自己教育自己为主;由支部领导,以群众教育为主;坚持从上到下,从干部到群众,从内到外相结合。

对广播问题:路线问题;收费问题,低音 0.80 元,高音 3.00 元,每个大队决定一个人负责线路收费,对补贴报销 10% 。

〈对〉付霍乱,预防法:①打针。②饮食卫生。③灭蝇。④发现立即医。

1962.10.12

出席公社民兵连长会议

沈书记报告。

关于国际形势问题:当前国际形势对我们利不利,好不好,我们看是不利的,因为美帝国主义在我〈国周围〉从东到西建立侵略基地。当前来看,印度〈就〉边界问题进行侵略,可以说对群众不利。但是,八届十中全会〈指出形势〉正在向有利〈方向〉发展,因现在世界上〈建立〉反帝国主义统一战线,主席说就是继续东风压倒西风,有利我们社会主义建设。

对古巴问题,古巴人民击败美国武装,现在巩固革命基地,壮大革命力量,实行土地改革,

革 命 的 书 写
——一个大队干部的工作笔记

一系列民主改革,从殖民地变成走上社会主义道路,做出拉丁美洲一个榜样。阿而群亚[阿尔巴尼亚],经过常年斗争,取得了独立。非洲有58个国家现有一半成立、独立。

第一次世界大战,帝国主义占领96%,第二次世界大战,帝国主义统治89%。45年结束以来,最近来看,有58个国家,已有31个国家已经摆脱统治独立,在亚洲面积占72%。我们可以再看一看,解放后50年〈帝国主义〉侵朝战争,我们取得胜利。

对国内形势问题:总的前几年来看,受到自然灾害,刮"五风",犯起错误。从权利[力]下放,中央贯彻"60条"后,形势逐步转好。当前三句话:形势正在好转,困难存在严重,前途一片光明。在农业方面,夏收入比〈去〉年增加。总的全国来看,比去年好了些,全省也同样,全社来看也同样,比去年增加40%多。蚕茧已超额完成,比去年增加60%。油菜去年收入25万[元],今年47万[元],也同样增加。省委提集体经济巩固好转,市场活跃,气象好转。

但是,当前来看,粮食关还未解决,产量低于52年,可是人口比52年增加1亿多。可见对粮食并未过关,不平衡。另外来看,我们农业的力量比过去足,对水利,今来准备再搞一下,本公社还需建立2个机站。

八届十中全会提出:农业摆在第一位。

苏部中[长]报告。

根据毛主席指出,总的搞三落实:组织落实、政治落实、军事落实。各大队进行对照,要求做好毛主席在广州会议对民兵工作提出〈的〉指示。我们要学习,进一步做好战备要求,距离还远,所以继续组织。要做好前方和后方问题,民兵工作主要巩固后方,民兵工作〈是〉主要中心工作,是巩固后方、搞好一切工作〈的基础〉。蒋匪正在宣传三分军事、七分政治,三分在前,七分在后。

当前来看,虽在福建前线,我们是后方,但是,也要做好准备工作,防止空降特务。所以,我们把民兵工作做得好、组织好〈是〉当前之落实主要紧急任务。

〈对于〉今冬明春,提出:

1. 加强组织建设,政治思想教育(依中共八届十中全会,有关民兵教育)。

揭露美蒋罪刑[行],进行控诉大会,提高民兵阶级觉悟,提高斗争,同时宣传巩固集体经济,爱国爱社,劳动生产。可以普遍教育同社会教育结合起来,对基干民兵教育内容,揭露美蒋罪行,重的大队进行控诉。

2. 对民兵干部,教育内容进行三落实指示。

3. 在秋收冬种运动中进行一次评比。①要求民兵在秋收中积极参加生产。②要求在秋冬种时防止火烛,做好保卫工作。③利用生产空余时间学习军事习惯。④积极参加集体劳动,爱护集体。

在教育后提高阶级觉悟中,进行一次组织,把回来户编入进去。同时向支部汇报,支部加强领导。①要有健全组织(班、排、连)。②有干部(干部全套)。③有活动。要求经常性活动,会议制度。对民兵编制,以大队为连,分连编排,基干民兵和普通民兵混合,以生产队为班,但是,普通民兵和基干分开来编入。

4. 进行军事训练,民兵要有一定知识,准备公社训〈练〉一批干部,春节之后,各连分别训练。

5. 进行冬防教育和三防教育,同时做好保卫工作。做好退伍军人照顾教育问题,一定照顾好,春节前后同[与]他们开一个会议。

杨同志报告。

关于当前要做几个工作:

今年形势经济比较好,对偷摸问题比较少了些,城镇比农村要差。因此,交通运输,城市比农村突出,发现偷窃较多些。从9月份发现10起,10月18号到长安发现路抢,最近又发现到许村,发现一个妇女也同样〈参与〉。9月20号发现轮船偷钟。来路不明的,我们查一查,发现问题,立即汇报,特别是调换东西,偷饭的。另外,我们生产队即将秋收冬种,农忙季节,要检查一下种子。特别是〈召开〉生产队会议,现金保管问题要做好。另外,首先关照大家,禁止赌博,每个大队不能发现赌博。另外,对四类分子评升[审]问题,向治报[保]委员汇报,叫他作好准备,进行排队,好坏问题,弄好材料。另外冬季防火工作要做好。

1962.10.15

1962 年民兵准编干部记录表❶

	冯茂才	正指导员	1排1班	韩仁才	班长	3排2班	袁彐兴	班长
	胡少祥	副指导员	1排1班	徐仕康	班长	3排2班	冯荣涛	班长
	陈夫堂	正连长	1排2班	徐仕金	班长	3排3班	陈康裕	班长
	戴顺堂	副连长	1排2班	邹月娟	班长	3排3班	陈建国	班长
	周生康	副连长	1排3班	季文忠	班长	3排3班	王宝芬	班长
	王继福	副连长	1排3班	沈纪松	班长	4排1班	徐泽夫	班长
	王宝芬	副连长	1排4班	邹阿康	班长	4排1班	徐维乾	班长
1排	邵佐兴	排长	1排4班	邹伏元	班长	4排2班	贾洪林	班长
1排	李叙康	排长	2排1班	周福章	班长	4排2班	贾彐泉	班长
2排	周福章	排长	2排1班	陈彐生	班长	4排3班	冯恒兴	班长
2排	陈进其	排长	2排2班	朱杏生	班长	4排3班	张利民	班长
3排	王张堂	排长	2排2班	王海章	班长	4排4班	冯阿福	班长
3排	陈清风	排长	2排3班	沈云林	班长	4排4班	张其清	班长
4排	冯祖三	排长	2排3班	陈进其	班长			
4排	徐关甫	排长	3排1班	胡才方	班长			
			3排1班	沈丙生	班长			

---

❶ 全大队编为一个民兵连。

联民大队 1962 年 10 月 10—15 号民兵准编记录

生产队别	民兵总数	其中		其中基干民兵			备注
		男	女	总数	男	女	
1	16	9	7	5	3	2	
2	17	10	7	4	3	1	
3	19	13	6	4	4	/	
4	15	11	4	3	1	2	
5	12	8	4	4	3	1	
6	16	11	5	5	4	1	
7	8	6	2	2	2	/	
8	25	14	11	7	5	2	
9	27	16	11	6	4	2	
10	31	16	15	12	9	3	
11	17	12	5	5	3	2	
12	14	6	8	4	2	2	
13	16	9	7	5	3	2	
14	20	13	7	6	4	2	
	253	154	99	72	50	22	

1962.10.18

下午,大队召开民兵干部会议

1. 贯彻公社会议精神。主要是沈书记〈报告〉关于国内外形势问题及最近党中央八届十中全会精神。

2. 对今后民兵任务问题:①做好参加生产,搞好当前生产。②做好维持社会治安,保卫工作。③准备好随时随地参军、参战。

3. 财务上:①做好秋收分配准备工作。②清理好工分账。③合[核]对经济账目,特别是工分账。

陈书记传达:

1. 生产问题。存在早稻没有完成,单季晚稻就开始收割,放任自流,妨碍收割。当前油菜,发现死〈苗〉的现象,检查一下,发现立即再下种,清沟排水。

2. 财务上存在问题:①工分问题,立即清理。②经济问题,4 队 10 月 1 号一张转账支票。

1962. 10. 21

支部研究会议

分配政策要放。

1. 具体政策问题：①国家任务按大包干办事不同[动]。②欠粮问题,要还清。③增产增购,按大办包干办事,要完成今年搞支援灾区等。④国家派购❶任务,猪羊、络麻,争取超额完成。⑤银行贷款问题,今年贷〈款〉一律还清,老贷款分三类处理。⑥粮食换购问题,发动群众自愿去,不愿者就引〈导〉。好桐油6斤调1斤。化肥2斤调1斤。菜并[饼]1斤〈调〉1斤。毛竹5斤调1元。木头1 000斤调1个立方。草席38—39寸,15斤调1条;36—32寸,12斤调1条;24—30寸,8斤调1条。⑦油菜问题,原则上根据今年。⑧基[机]动粮问题,大队不留,如果大队造好方案进行摊分。⑨61年前所存下粮钱,一律不动,作为补助开支。用大的经公社批准。⑩干部报酬问题,分配部分净收入不超过2.5%,据实际工分计算,不要用包工分,允许略高一点5%,再高不要超过20%。⑪透支户问题,不周转。用黄豆出售,周转给透支户。⑫分配问题,财务、工分,清理好,作好秋收准备工作。

2. 关于巩固集体所有制度。

所有制、规模等等要稳定下来,队的问题不同[动]。10户以下不利生产的要并,要求不并有算❷。完不成队要进行奖赔,络麻要赔,但大队看情况。贯彻问题,召开小队会议,重点汇报生产,桑树退出间〈种〉。计划落实,要分析当前农活季节情况,要检查秋收冬种,今年只许搞好不许搞坏,要比任务[何]一年要好。

1962. 10. 22

正队长以上会议

规模问题❸,25—30年基本上不动。

分配问题,严肃地掌握"有劳者多劳多得,少劳少得,不劳者不得食"原则。

国家任务按包干办事,决心完成。实行粮食调换,再加上二个下放:①粮食下放,储蓄粮不提。②经济下放,分配权属与[于]小队。在队提存时根据实际情况,不需要的就是不提。今后大队的机构是没有了,到底是啥还未决定。今后所有制问题,只有二级,大队一级没有。

分配问题,按上春头的基本上不动。但具体情况主要:①生、死、进、出❹。②生毛病,如果劳多吃少,算出来已经多了,不必照顾;劳少吃重,受到生病〈影响〉,实际困难,要安排好。③下放人员口粮,安排好再看看情况。④产妇按照顾10%。⑤五包[保]户也要安排好,〈根〉据低定粮,关照❺计划吃。柴草分配可照粮食数分。

---

❶ 派购和统购一样,都是中国在计划经济条件下依靠国家政权的力量对农产品实行的强制收购制度,农民只能按国家的价格售给指定的部门。纳入统购范围的是关系国计民生的重要农产品,包括粮食、棉花和油料等,而派购主要是指对关系国计民生比较重要的一部分农副产品,包括肉、蛋、重要的经济作物、重要的药材、水果、水产品等实行统一收购。

❷ 10户以下要求不并队,需要算一算,看看情况,再作决定。

❸ 这里指生产队的规模。

❹ 这里指生产队里人口变动的情况,出生、死亡、嫁进、嫁出。

❺ 当地土话,意思是告诉。

1. 同国家,按大包干办事。

2. 国家增产增购,按大包干办事,今年不搞支援。

3. 抵购任务要求超额完成,络麻、蚕茧、芋艿、菊花。

4. 银行贷款问题,今年贷〈款〉要还清,老贷款分三类归还。

5. 早粮调构[购],愿者上吊[调],不愿去把❶,但宣传要宣传。

6. 油菜任务按去年办事,但要求多种一些。

7. 基[机]动粮同经济问题,据大队需要数抽交,不需要就不交。

8. 61 年前所存粮食一律不能分调❷,作大队补助用,但经公社批准。

9. 大队干部报酬问题,畜牧工除去,按实做工作。

10. 透支户问题,稻谷不作周转,用黄豆周转。

11. 财务账目清理好,做好秋收分配准备工作。

12. 畜牧政策问题,不能忽上忽落[下],不能削弱。猪要发一些储〈备饲〉料,出售国家任务畜产品,生产队要解决一部分。

1962. 10. 23

出席公社会议

1. 关于当前要做海塘问题,首先做好准备工作。①提出做好秋收冬种工作。②做好留地,不要下种。③做好思想工作。

2. 关于以前下了大力(开出的)海塘土地,继续发现下种,今后一律不可种植。

要求:离塘 20 公尺挑土。

1962 年度〈粮食、经济分配〉

全年低定粮〈斤〉	参加粮食分配		应分全年粮食数〈斤〉	参加经济分配		
		工分数〈斤〉		应分秋收粮数〈斤〉	工分数〈分〉	金额〈元〉
1 728	朱张林	5 494.2	1 872	856.5	3 814.2	207.83
2 118	沈才心	8 252.6	2 022	874.5	6 097.6	332.26
1 548	陈利宝	7 738.3	1 893	624.5	6 043.2	321.29
420	陈五毛	2 390.9	460	207	2 224.8	121.22
1 488	陈进其	11 250.4	2 684	798.5	9 792.9	533.62
732	韩永保	1 474.1	332	28	1 349.5	73.53
1 950	沈云林	11 520.1	2 694	967	8 245.8	449.31
2 148	王 灌	8 210.6	1 940	571	7 214.6	393.12
864	杨福英	4 590	1 164	442.5	2 873.3	156.57

---

❶ 当地土话,意思是随他去吧。

❷ 分配与调拨。

续表

全年低定粮〈斤〉	参加粮食分配		应分全年粮食数〈斤〉	参加经济分配		
		工分数〈斤〉		应分秋收粮数〈斤〉	工分数〈分〉	金额〈元〉
2 502	周生康	13 123.3	3 425	1 327	9 386.1	511.45
	周建初	350	86	70	350	19.14
	合计	74 394.5	18 672	6 766.5	57 392	3 127.35

〈1961 年度粮食、经济分配〉

	1961 年度参加经济分配		1961 年度秋粮参加粮食分配		
	工分数〈分〉	金额〈元〉	7 个月原粮数〈斤〉	工分数〈分〉	秋收粮食〈斤〉
朱张林	2 006.8	123.74	1 007	1 830.8	424
沈才征	4 304.4	265.41	1 235.5	3 848.7	892
陈利宝	4 738.8	292.19	903	4 003.1	928
陈进其	6 101.3	376.81	878	5 880.3	1 363
韩永保	976.7	60.22	427	19 329	216
陈五毛	1 604.5	98.93	245	1 534.2	356
沈云林	5 965.2	367.81	1 137.5	5 491.2	1 273
王 灌	2 711	167.16	1 253	2 704.2	628.5
杨福英	2 501	154.21	504	1 905.3	442
周生康	5 931	365.71	1 459.5	5 740.2	1 331
周建初	150	10.00			
	26 990.7	2 281.59	9 049.5	33 870.8	5 853.5

1962. 11. 14

大队支部会议

1. 关于分配问题：①大队问题,二大下放,干部报酬。②小队问题。③机站问题。④基建工〈程〉摊负问题,包括误工。⑤下放人员照顾问题。⑥五包［保］户。⑦困难户。

2. 生产问题：①争季节收入、下种。目前据老农说,今年的春花可能要脱脚。年前搞春10月小春开花❶,对春花难培育,〈培育工作〉学［越］早要［越］好。当前的油菜存在问题,发现虫害较重。明年每百斤奖励 4.5 头不实行。要求检查。如果今后发现缺少是没有的,要肥粉调换❷。而 10—18 号冷空气南下,20 号后冰冻出现。

---

❶ 老农说的这句话意思是,今年春花培育可能要出问题,原因是今年年前就立春了,阴历十月,天气像到了春天一样,有些作物竟然开花了。

❷ 本句原文如此,但意思不清楚。

3. 出售副产品问题。络麻、猪、羊、鸡、蛋、鱼迅速完成。对络麻奖赔问题,坚决要赔,2 斤计算。明年络麻面积计划留地宽的❶。支援国家问题,反复算账。

4. 支援国家建设,要求宣传。调换肥料、饼、肥粉,一方面支援工业,一方面发展农业。对社员动员,调部分草席,38—39 寸,15 斤换 1 条;36—32 寸,12 斤换 1 条;24—30 寸,8 斤换一条。统一原料标准。

(小队库存油 25 斤 4 两,芋艿 3 400 斤分头❷)

陈利宝,一半定粮,一半按劳;

陈五毛,一半定粮,一半按劳;

王　灌,一半定粮,一半按劳;

陈进其,一半定粮,一半按劳;

沈云林,一半定粮,一半按劳;

王进元,一半定粮,一半按劳;

徐利宝,一半定粮,一半按劳;

周生康,一半定粮,一半按劳。

1962. 11. 21

大队队长以上会议

1. 中印边界问题。
2. 生产问题:①秋收问题。②冬种问题。③水利修建问题。④培育春花,培土施肥。⑤油菜问题,要加紧培育,明年 4.5 可能没有,在现在我们看出突的❸。今年私人种的小麦多,去年油菜多。⑥山茹品调一律不调(不分公私)。⑦络麻收购问题,联民 73% 完成,联农与诸桥调换(净补贴半斤粮票,价格相同)。⑧分配问题:关于透支问题;搞实分问题。

1962. 11. 30

出席公社民兵会议

三个条件:拥护三面红旗,坚持党的政策;生产治安学习,体育积极分子;政治可靠,历史清楚。

代表产生方法,可以召集民兵会议,展开评出"五好"民兵。商议选举方法,〈代表〉分布全面些,匀些。在开会人数达 2/3 产生。在开会时总结前段成绩,突出民兵搞一些材料。军属代表及退伍军人代表,较好一些。全公社 134 名,分配如下:联民民兵代表 8 名,军属代表 3 名,退伍代表 1 名。会议约 1 天,要求 5 号前代表产生好,名单送上来。

---

❶ 留地宽的,意思是(络麻)用地留得多一点,有些余地。

❷ 分头,当地土话,意思是可以分的。

❸ 原文如此,含义不清。

〈联民 7 队粮食、经济余缺统计〉

	粮食〈斤〉		经济〈元〉	
	余	缺	〈余〉	〈缺〉
朱张林	33		2.71	
沈才心		245	46.16	
陈利宝		177	24.99	
陈进其	82		29.06	
陈五毛	26		10.07	
韩永保		59	10.13	
沈云林		86	53.94	
王 灌		294		3.61
杨福英		56	27.16	
周生康	4		44.74	
周建初	平		1.80	
合计	145.5	917	250.76	3.61

〈联民 7 队粮食结算统计〉　　　　　　　　　　　　　　〈单位：斤〉

	已找出	已补出	净结算		折粮票
			余	缺	
朱张林	148		/	115	83
沈才心	/	274.5	29.5	/	21
陈金奎	/	181.5	4.5	/	3
陈五毛	26	/	平	/	
陈进其	/	27	109	/	79
沈云林	27	/	/	113	81
韩永保	/	96.5	37.5	/	27
王 灌	/	386	92	/	66
杨福英	40.5	/	/	15.5	11
周生康	194.5	/	/	190	137 斤
周建初	/	/	/	/	/
合 计	440.5	966.5	273.5	514.5	
			净 241 斤		

出动塘河人员数计划

〈队别〉	〈土方量(方)〉	〈劳力(人)〉	〈负责河段(公尺)〉
1	317.5	14	5.84
2	204.5	9	3.76
3	191	10	4.17
4	283.5	12	5.00
5	170	7	2.92
6	230	10	4.17
7	115	5	2.09
8	329.5	17	7.09
9	403	17	7.09
10	411.5	20	8.3
11	355	15	6.25
12	266	10	4.17
13	243.5	11	4.59
14	227.5	10	4.56
〈合计〉	3 747.5	166	70

1962.12.8

大队召开生产队队务委员会计划及落实1963年面积表　　　　〈单位：亩、斤〉

（参加：沈云林、陈金奎、陈进其）

作物名称	计划	已下种	单产	总产
大麦	9.20	9.20	140	1 288
小麦	16.00	16.00	150	2 400
蚕豆	21.00	21.00	160	3 360
油菜	12.50	12.50	82	1 025
早稻	10.00	未下	400	4 000
单晚	6.50	未下	500	3 250
秧田	1.50	未下		
双晚	10.0	未下	400	4 000
络麻	19	未下	320	6 080
夏瓜类	2.00	未下		
菊花	3.00	未下	70	210
芋艿	2.00	未下	2 500	5 000

续表

作物名称	计划	已下种	单产	总产
山茹	15.00	未下	2 000	
黄豆	3		100	300
冬蔬菜	5		2 000	100
春蚕	5		40	200
夏蚕	2		20	40
秋蚕	5		30	150

出售柏籽 537 斤,奖励品如下:洋油❶21.5 两,归小队;粮食 33 斤 8 两(发 34 斤);肥皂票 19 块,并[饼]54 斤,归小队集体。

1962.12.18

联民大队开河安排

应负土方 1 546 方。

大队组织名单:总指挥长陈夫堂,副指挥长周生康,副指挥长周福章,统计陈德明,保卫陈清风,宣传周生康,总务陈德明。

1. 开河要求学[越]快学[越]好,贯彻开河意义。

2. 开通这张塘河对我们好处,在负担合理。

3. 政治意义。

4. 搞好团结。

5. 对阶级路线问题。

6. 有好的、积极的、艰苦的,提出表扬。

7. 生活上关心群众。

联民大队各队开河安排　　　　　　　　〈单位:尺、方、分〉

队别	公尺	土方量	每方作 15 分	
1	5.84	128.9	1 933.5	
2	3.76	83.0	1 245	
3	4.17	92.1	1 381.5	
4	5.00	110.4	1 656	
5	2.92	64.5	967.5	
6	4.17	92.1	1 381.5	

---

❶　洋油,当地土话,指火油或者汽油。

续表

队别	公尺	土方量	每方作 15 分	
7	2.09	46.5	697.5	周生康 150
8	7.09	156.5	2 347.5	打坝 3 分
9	7.09	156.5	2 347.5	打坝 3 分
10	8.30	183.3	2 749.5	打坝 3 分
11	6.25	138.1	2 071.5	打坝 3 分
12	4.17	92.1	1 381.5	
13	4.59	101.3	1 519.5	
14	4.56	100.7	1 510.5	
合计	70.00	1 546	23 190	

1. 12 月 16 号报到,开宗[崇]长塘河❶工作。17 号下午打坝,抽 4 人(11、10、9、8 队各 1 名)。18 号上午调水,抽 2 人(1 队抽 2 人,3 个小时)。19 号上午调水,同联新并(1 队抽 1 人,3 个小时)。

2. 整个开河最多人数 192 人,最少 171 人,包括菜[炊]事员。平均折每天 80 人。每日开河情况。

3. 落雨 16 号,各生产队分三班报到工地。

落雨 17 号,上午落雨下午雨止,分地段开滩洞,3 时休工。

天晴 18 号,只有 5 个队不到齐,其他队全面动工。

天晴 19 号,只有 13 队继续不齐,11 队提早乘 3 点 50 轮〈船〉回去。

天晴 20、21 号,全面动工,只有 11 队全部不到,吃酒。

天晴 22 号,除虫 1、2、11 队,其他生产队按次到夜结束。

天晴 23 号,1 队到下午时,2 队到吃饭,11 队到夜结束,民工及时在 24 号全部回齐到家。

联民 7 队今年每户工分数 〈单位:分、斤〉

姓名	劳肥合计	劳动工分	菊花奖励粮
朱张林	5 177.2	3 497.2	7
沈才心	8 236.1	6 071.1	12
陈利宝	7 561.4	5 846.3	11
陈进其	10 605.3	9 147.8	15
陈五毛	2 196.1	2 030	3
韩永保	1 504.9	1 380.3	2

---

❶ 崇长塘河指崇富到长安的塘河。

姓名	劳肥合计	劳动工分	菊花奖励粮
沈云林	11 134.1	7 859.8	16
王 灌	7 865.6	6 919.6	11.5
杨福英	4 567.3	2 850.6	6.5
周生康	12 398.3	8 661.1	18
周建初	350	350	1
合计	71 596.3	54 613.8	103

其中包括羊猪工分在内。

1963年

1963. 2. 9

到 长 安 体 检

夜饭集体购买 6 斤,菜每人 0.15〈元〉,会计支出 2.31〈元〉(交给冯再兴负责)。人员:钱金余、陈惠康、戴仕康、戴正华、冯再兴、张丙松、周生康。

在 9 号这天借给冯再兴粮票 3 斤,陈惠康粮票 1 斤(在盐官饭店吃中饭);10 号借支戴正华 2.00〈元〉、陈惠康 2.00〈元〉;10 号购饭票 3 斤,菜 0.10〈元〉,1.54〈元〉;12 号乘 8 点 40 分回到盐官,共计 4 天。这天张丙松又借去 1.00 元。粮票共欠出 8 斤:冯再兴负责 7 斤,陈惠康负责 1 斤。合计伙食 12.86〈元〉,张丙松 10.00〈元〉。同张丙松 2 人多留 2 天半,吃掉粮食 3 斤❶。

1963. 2. 19

记　　录

钟科长总结:

前段结束,进入第二段工作,并总结交流经验,展开"六查六比":①比效果。②比成本。③比灌溉秩序。④比安全问题。⑤比贯彻政策。⑥比制度。

凌书记〈讲话〉:

出席华东劳模会议精神,周总理报告:先集体后个体;先国家后个人;先求己后求人;先责己后责人;先顾公后顾私;先为公后为私;我为全民,全民为我;我为世界,世界为我。

总理谈在处理问题分清先后,那[哪]里先那[哪]里后,通过这八方面分清主次先后,如果能够这样就是先进了。对于以上八个问题,总的是先公后私。比如……

1. 指明是集体所有制问题上,不关农林渔牧副,有六个主要的,属于集体经济上。口粮问题上也是处在集体上,留自己作补充的,有点自留地向农民讲清长期不变,重要的向农民讲清,要发展生产改善生活是不可以,如果确[扩]大自留地,包产到户,实际是集体服从个体。恳[垦]荒,首先要集体,凡是林业、渔业,也首先集体。凡是个体有利,叫个体多养的,指畜牧。

---

❶　此处作者将 1963 年 2 月 9—12 日事项合并记录。原文如此。

国家所有制只有二个:公有制、集体所有制,私有制作为补充。

2. 首先贯彻执行国家政策方针,政策代表国家的、全民的,贯彻照办。有关农业政策在讨论中,有些问题有意见可以向上反映,而未成[经]上级答复也要按照政策来办,首先执行。其次要遵守国家计划,国家计划包括各部分,农业计划是很复杂,但是也〈要〉按照计划办事。在国家计划,不关[管]公社、大队、生产队也[都]要按国家办事,但是县根据国家计划多少、产出、丰欠[歉]留有余地,但不是叫步步加码,不但完成国家计划,而是[且]完成国家整个计划,包括三方面:国家、集体、个人(干部调动原因,像水一样)。所以有些干部要调动的,能使发挥作用,指脱产干部多一些,不脱产少一些。

3. 先求己,后求人。总的来说在各方面,先考虑到先求己后求人,可能在发展生产上也要同样如此(一分种[钟]产二包化肥),但不能先求人。我国家要有四个现代化:国防、科学、工业、农业。

4. 先责己,后责人。一个干部对自己的要求总要严格一些,对别人的要求松一些,这样做是好的,任何事情对自己要严是对的。如果有好的生产队不对自己严,松一些造成失败减产(可以看到电影《李双双》吗?自己体会一下,以身作则很要紧)。以后要遵守制度,服从领导。

5. 先顾公,后顾私。保证完成国家任务,在丰收的年代首先完成国家任务。如果发现受灾地区,首先向公社、县申请,适当减免;在丰收地区还要留足种籽,再分口粮。

6. 我们提倡先为公后为私,把公的利益放在第一位,把私人利益放后面一点,但不是不要私人利益,不是这样的,就是说把公的事情多做一些,把私人事情少做些。我们共产党员要吃苦在先,享乐在后。再[最]后总理提到晚婚节育问题。为什么把这个问题提到先公后私方面来,因为人口多负、担重,不能把物力、实力支援国家工业化上来。

三凤桥机站介绍:

1. 定制度问题。每队有一个专管员,如果放那队水,没有专管员放不到水。偷水问题解决办法,分三次:①罚每亩1元。②罚2元。③罚5元。

2. 报酬问题。分队同机站包定,全年22 200分,固定7人,全年的确定3 200分。①半年2 100分再实行评工记分,划遍[片]包干,实行奖励10%。②放水员指名评选出来。③用尺寸量计算水费。④在"双抢"期间摸底排队,按次序灌水。

讨论汇总初步意见。
徐主任传达:

1. 人员落实问题。放水员定下来,何日进何日出,定下一班[般]2—3人,定出全年报酬。对于火力机人员定下来由机站统一领导,一班[般]每只火力机决定1人,大队培养学习好,给他上马利用。

2. 财务管理问题。由公社代管办法较好。

3. 工分报酬问题。由大队包定给机站人员固定下,机站人员根据这工分数提存10%。今后奖励制度,再进行评工记分,提高工效。

4. 对超产量分配问题。一班[般]2—5斤,总的不低一班[般],奖励品同样。同时造好预算方案,订出方案,通过机站管委会或代表会决定执行。对财务上交公社代发的也做到分季支出,先交上后支出。

革命的书写

—— 一个大队干部的工作笔记

1963.2.22

上午,朱局长报告

1. 62年水利优价[化]问题。9月5号下雨的,14号台风降雨后,274.4公里处,处在风不调雨不顺的情况下,由于依靠县委会领导下,依靠集体力量,发动全县170个电灌机站战胜了这个自然灾害,取得丰收,加上除虫施肥等等措施,取得全县丰收。达到全县28 300万斤,61年22 000万斤,其中早稻〈亩产〉415斤,晚稻〈亩产〉453斤,达到络麻〈亩产〉393斤。以上平均产量我们全县大部分机站发挥效力,得到全县群众拥护。

2. 63年排灌意见。毛主席16个大字:团结一致,努力奋斗,克服困难,争取丰收。63年是第三个〈五年〉计划第一年,也就是说第三个计划看第一年,这样生产是要年年提高。如何样子来随着生产发展,总的来看要执行修、管、用,做好在管理上如何样跟上去,样样措施落实做好。首先做到管字当头来提高,做好一切工作,63年全县产量达到3亿多斤。

为了达到:灌溉每个千伏80亩,排涝50亩;灌溉每亩耗电8度(不超过8度);灌溉水费每亩不超过0.80〈元〉,不包工资;灌溉全县安全行转,任何〈地方〉不出事故。总的目的保90天旱300〈毫米〉雨(5天排光)。

3. 这[怎]样实现指标问题。要抓早、抓紧、抓好的思想,在3月份达到三好:①工程式[设]备修建完成并且质量好。②机电建[设]备维修安装好。③人员固定落实并且报酬处理好。达到土石并举❶,数量、质量并重,要抓数量又要抓质量。

"40条"里有一个基础,是农业为基础,一个方针,要有三三方针❷。

总的精神要坚持,须克服自满麻痹、满足现状、看不到前途〈心理〉。我们晓得,周总理说我国人口每年增长1 000万—2 000万,没有克服困难办法,要有大省[大大节约]的机站精神,5元多今年降1元多,工作不要看得太简单,要多找困难,克服困难。

1963.2.23

水利办公室同我大队结算

以前结欠1 669.38元,今年折旧费264.00元,管理费236.16元,基建费897.45元,合计3 066.99元。除高压线2 196.42元,净少870.57元。

下午,听安全用电主要几个工作

有[由]电力公司负责同志传达:

用电不死人问题。因去年以[已]有发生触电死人,这要引起重视。电是好东西,但是管得不好,就发生危险。首先谈电流问题,电流好像渠道放水一样,但是不看见;电压问题叫伏特,一班[般]称500伏以上称高压,500伏以下称为低压;电阻问题,根据长短粗细来确定电阻,通电的叫导体,〈不通电的〉一种叫绝安[缘]体。

为什么要发生电麻与触电问题?电流通过我们身体就是触电,电麻就是触电的第一步。

---

❶ 指同时完成土方与石方任务。

❷ 即"农业40条"中规定的三三制的耕作制度,指全部耕地的三分之一种农作物,三分之一种树,三分之一休耕。

触电原因很多,触电事故出现:①装备不妥当。②有些〈线〉用久破裂。③缺乏用电知识。④一知半假[解],认为老经验。⑤安装不符合标准。

为什么要发生走电失火呢? 失去绝安[缘]体,碰柴草就发生火烧;私拉电线私拉电灯。

通知各大队电灌机手前来学习,期间 15 天,随带粮食,油票 1—2 两,碗筷等日用必须[需]品。同时计划产生好放水专管员,要有一定的放水技术。以上 2 人希认真考虑提出,有关今后,对工作好坏有直接关系,决定好人听通知出席。

回去具体问题:每个生产队产生一个专管员,体现二级管理。报酬问题,在处理中要认为是一定的技术者,而直接就〈是〉农业劳动者〈的〉,应当在处理中要以同等劳动者或相当于高以[于]平均数一些。

堤坝高程❶一定符合标准,还有些地改田根据容易的先灌,后面者[则]想尽办法来给予灌上。涝渠,还有些低田加高,应该对高低相差很远的田要逐步改革,逐步来消灭这些田。我们今年是第三个五年计划第一年,要有个打算。

灌渠资料问题,多少田、多少高程,掌握起来,而且要掌握水位记录。

下期还要办训练班,是机手。还要办放水员〈训练班〉。

1963.2.25

大队支部研究会议

1. 对今后下一步工作意见。通过选举提高干部畏[威]信,大胆领导生产,为 63 年力争丰收,保证社员增加收入。当前存在问题,据各队不同,较骂人讲死话最多,西风压到东风出现,主要原因少就教育❷,没有过去那样劲头。

2. 通知新四种人员在 27 号报到,事[时]间 3 天:①骂人打人。②翻坟。③赌博。④翻公家树菩头❸。

63 年 2 月 25 日夜选举(63 年队务委员)〈单位:票〉:周生康 9、沈云林 10、王进元 8、陈进其 6、陈金奎 5、王明华 1。沈云林队长;王进元队长;周生康委员,兼委员;陈进其委员。全数13 票。

1963.2.26

上午,支部研究会议

下一步工作:

1. 在 7 天当中重点抓好山茹窖培育,在 63 年丰收打下[响]第一炮。

2. 做好备耕工作,挑河泥、罱河泥,早稻秧田及早稻在培育管理上松土,见黄施足肥料。

3. 坝道今年要求合乎要求。

4. 今年的灌溉方法,一级放,二级管理,每个小队产生专管员。教育小孩不要拔椿头。实

---

❶ 高程,指的是某点沿铅垂线方向到绝对基面的距离,称绝对高程,简称高程。高程是测绘用词,通俗的理解,高程即海拔高度。

❷ 指缺少教育。

❸ 树菩头,当地土话,指树根。

行报表制度。

1963.2.28

出席联新民兵连长会议内容摘要

1. 民兵训练问题,排级以上干部联新 25 个,联民 15 个,联农 20 个,中新 15 人,共计 75 人。

2. 时间:在 3 月 2 号上午报到,学习 5 天,1 两油,睡觉柴❶自带,自带 25 斤柴。

3. 在按[安]排中〈有〉复员军人。

1963.3.1

队长会议摘要

对机站问题(2 间头决定动一动),小工叫 4 队做,挑土包给 13、14 队,50 方。决定明日开始做。出售任务猪问题,1—2 月 150 斤,3 月 1 号 100 斤。定粮问题,(1—16 队)动一动;抵达防所,追求[究]责任。

按计划预收 50% 应交〈水费〉数 〈单位:元〉

队别	应交数	已收包括大队	尚少数
1	96.46	50.00	46.46
2	117.07	50.00	67.07
3	120.63	60.00	60.63
4	112.78	30.00	82.78
5	82.85	60.00	22.85 已收
6	97.67	65.00	32.65 已收
7	50.33	51.10	
8	145.12	70.00	75.12
9	147.97	70.00	77.97
10	98.38	60.00	38.36
11	141.62	70.00	71.62
12	83.38	50.00	33.38
13	99.49	50.00	49.48
14	87.36	40.00	47.36
合计			705.75

---

❶ 睡觉打地铺,下面用稻草铺垫。

1963.3.2

报到公社民兵训练

地址在联新大队朱祖尧宅。

〈队别〉	〈人员〉	〈队别〉	〈人员〉
1	邹才夫	8	沈尧兴
2	朱一飞	9	袁彐兴　负责人
3	戴仕康	10	陈双土
4	邹长根	11	张志坚
5	陈惠康	12	贾福堂　烧饭
6	周志华	13	张利民
7	陈进其	14	张加宝

1963.3.3

〈定　粮　问　题〉

大米数〈单位：岁、斤〉：1—2,6 斤；3—4,8 斤；5—6,10 斤；7—8,12 斤；9—10,14 斤；11—12 ,17 斤；13—14,20 斤；15,24 斤；16,27 斤。

群海尚欠水费　　　　　　　　　　　　　　　　　　〈单位：元〉

〈队别〉	〈已收〉	〈应交〉	〈尚欠〉
15	39	120	81
16	80	120	40
17	60	100	40
〈合计〉		340	161

1963.3.17

大队召开蚕叶[业]会议（正队长以上）

蚕桑生产问题；对自留地问题；对专桑面积问题；对具体解决问题；蚕业用具问题；共育室租用；蚕具分户保管报酬问题。

养蚕人员工分问题，采取 2 种办法：

1. 农业搞定额，蚕业也搞定额，但一定做到合理些。

2. 根据评日数，等于相等增略高 20%，做到双方没有意见。

对蚕桑培育问题，修桑、培土、抄土沟、种桑秧等。

人员落实，队务委员分工，饲养员选好，2—3〈人〉，定 1 人，让他可以进行分工，分龄进室。

蚕室蚕具一系列做好准备：

1. 蚕扁有几只,有多少要修,几只好的蚕网,检查不够发动搓绳。
2. 蚕炭问题马上做好准备,每张蚕种 35 斤炭。
3. 砻糠炭,各队想办法,1—3 龄没有砻糠炭是不来[行]的。
4. 毛帚柴检查一下是否够还是缺。

1963 年生产队计划落实面积表 〈单位:亩〉

队别	早稻	双晚	单晚
1	30	34	17
2	20	21.6	8
3	25	29	17
4	21.5	25.5	14.09
5	14.67	16	8.15
6	18	20	10
7	10	10	6
8	25	28	21
9	30	36	13
10	20	20	17.7
11	25	25	28
12	12	14	15
13	20	20	12.18
14	18	18	10
	289.17	317.10	197.12

1963.3.23

广播大会内容摘要

定种;共育室;木炭 35—40 斤;准备砻糠灰 15—20 斤;修添蚕具;人员落实;做好蚕具、蚕室消毒准备工作,4 月 15 号结束。

下一步如何抓法,要求:抓好施肥关,速要[效]性肥料羊灰达到 20—30 担,肥粉 30 斤。

支部研究会议

内容:开展社会主义宣传教育问题。分三步:第一课 24—27〈号〉,第二课 28 号至月底,第三步〈下月初〉到 5 号,5 号之后展开检查。各级划分负责,正队长负责宣传,农业队长负责抓生产:①培桑工作,接桑。②培育春花。③备耕工作。④积肥、水利。

在宣传教育次序问题,今夜宣读文件,明夜开始讨论,体为[会]本队情况,特别在阶级斗争方面发现那[哪]些问题。

注意问题:①公报。②"12 条"。③"60 条"。

地主、富农、坏分子,1、3 本可以参加,第 2 本不要参加。今夜实行点名,可以摸清情况,有多少受教育,多少还须[需]补课。

通过学习达到标准:爱国主义,集体主义,公共财产。掀起一个高标准生产高潮,巩固集体经济劲头。

1963.3.24

贯 彻 决 议

13—14 队,实现 16—20 人以上,人数 46,报到人数 20。队务委员人数 13 队 5—6 人,14 队 4—5。50 年抗美援朝运动,51 年镇反运动,52 年"三〈反〉五反"运动,54 年的高岗、饶懒[漱]石反右斗争,55 年互助合作化反右斗争,57 年反右派斗争,59 年西藏问题,最近反对现代修正主义和国际反动派及反共大合唱的斗争,62 年美帝支援蒋介石反攻大陆的斗争,反对印度统治集团侵犯我国边疆的斗争,在农业上还有走社会主义的道路反对单干〈与〉走资本主义路的斗争,现阶级[段]存在着二条道路斗争。

1963.3.28

下午,正队长以上会议

进行研究第二个文件,汇报总结前一阶段讨论情况。

5、6、7 队情况:第一夜没有情况。第二夜里具体问题,5、7 队问题,5 队讨论对土地相差二十几亩面积;胡正荣谈起先❶冯书记介绍,没有解决造成没有吃,生产没有劲头;大全讲大一队拆草棚没有赔,大全讲现在做了没有吃,韩永保到[倒]有得吃,到大队来借能解决;陈阿康讲不满意;陈夫堂讲,产量满轮不能增产;翁兆祥在昨夜讲,账目不清,蒋介石不反来,如果反来,我一个个杀脱挪❷周建初讲,提出王老师自留地问题,油票、误工;李叙康讲;朱宝华讲,冯书记来解决,到后来仍然解决 700 斤米,大队给 4 队吃光牧场。

张绍根割别人麦,要告,将来在成熟时,叫大家去告,这样叫学习公报。

冯书记个人体会:学习公报内容,国际上特别在中印边界问题,我们克服过来,同苏联主要大分歧问题。

14 队反映:9 队扛石板为自私自利;仍旧发现割洋花萝卜;只求工分不求质量;损人肥私,破坏生产;侵占集体;确[扩]大自留地;打击干部;包办婚姻;不完成国家计划生产,搞长途运销;迷信活动,聚众赌博;变相剥削,人与人工分问题。

七个优学[越]性:消灭单家独户;集体计划,合理分工;可以有力量购买大型农业机械,促进集体经济;副业生产得到合理的安排;社员生活比较稳定,今后还可以改善;可以更好加强城乡工农联盟;可以培养爱国主义、社会主义人员。

在教育中要几个结合:学习文件与实际思想结合;学习文件与处理问题思想结合;学习文件与当前生产相结合;学习文件与党课相结合。

---

❶ 起先,当地土话,先前的意思。

❷ 挪,当地土话,意思是你们。

注意问题：发展不平衡想法解决，干部到困难地方去。教育以后要解决几个落实：①计划面积落实。②桑树退出兼[间]作。③随时随〈地〉注意贫雇农积极分子。④党宣传员抓好宣传组织，对宣传员教育。⑤抓好党课教育：通过教育克服单干思想；通过教育克服投机贩运和共同经营；通过教育克服生产上自由、计划自由；通过教育贯彻勤俭办社、民主办社，干部中树立民主空气。

四个特点：生产资料集体所有制；统一计划，集体生产；共同劳动，合理分工；统一分配，按劳取酬。

1963.4.1

上午，大队召开农业队长会议

内容如下：

1. 对于早稻秧田问题，贯彻闸口经验。

2. 备足秧田面积（1 亩种 6 亩大田），好处：①可适当稀播，培育壮秧。②除去杂草，达到精耕细作。

3. 做好催芽工作，经验 2 条：第一条晒种；第二条在催芽掌握温度，用温水，第一天翻三次，第二天用冷水，翻五次。

4. 看天适时播种，冷来，温头进行，播种减少。

5. 适时施用肥料，先种先施，看苗施肥，专肥分为三次，1 寸半施第一次，过 7 天第二次，第三次拔秧前 7 天，用肥粉 15 斤。

6. 严格检查：①掌握水位。②杂草。

7. 管理人，专人管理。

该队在 4 月 3 号准备侵[浸]谷，清明后 2—3 天落谷。早稻要狠抓，原因是人口增加，春粮增产有限。①抓早稻秧田问题。②抓接桑树问题。③抓坝道修理问题。④棉花核子。⑤信用〈社〉分红问题，奖励问题。

在学习中要三个落实：计划落实到点；蚕茧如果发现要赔 6 斤；早稻秧田问题，见排水减净落谷。

矮脚秆号品种性格，秧龄期要短，成熟期要半个月，可以做早稻又可以种晚稻。

1. 适时翻种，做好种子，种苗期 30 天，比一班[般]要短 1 寸。清明前后翻种，三熟制在 4 月中旬。为了防止烂种，做好催芽工作，这种品种发现白叶病较严重，浸种 48 小时。

2. 合理密植，发棵力比较强，要求 5×5—$5 \times 6$❶，每棵 5—6 根。

3. 施肥要施足底肥，专用面肥，早施早发棵，半月要施 8—10 担或化肥 10—15 斤，专肥不能过迟。

4. 灌水，要勤灌浅灌，可以促进发棵，达到芒种拔节，要施足底肥料。

公社要求：边学习边解决。

---

❶ 5×5 的意思是水稻插秧，棵与棵之间的距离为横 5 寸，竖 5 寸。下文中亦有出现，以此类推。

1. 土地问题。留零不调整,留白不留桑,留荒不留熟。

2. 树木问题。砍代[伐]柏树、桑树。

3. 盗窃问题。要解决公共财产,以前发生要追,还有财务账目不清,还有多吃多占问题。

4. 公共财产破坏(啥人损坏啥人赔)。

5. 鸡猪吃春花问题。

6. 生产计划问题,落实到小地名。

7. 解决人粪、全年猪粪、家宅[杂]肥,要先公后私。

8. 勤俭办队,节约开支,减少开支,非生产者不能入账。减少补贴,一班[般]到盐官没有补贴。

9. 生产要定额,要质量,没有质量要重搞,拔❶工分。

10. 订出公约,内容如何样爱护公共财产,不破坏集体生产。

回忆过去:

冯兆荣讲,单干完粮,挑谷挑死人。

冯阿苗谈没有共产党,就是没有我存在,只有共产党领导。

冯祖仁〈讲〉,过去日本鬼子,他过塘桥,发抖,过去骂乡下人"花姑娘",妇女吃尽苦。

4月份工作:

1. 指导思想问题,要打下春耕生产第一炮,任务重、项目多、技术高、时间紧,农业生产最大政策是不误事。

2. 生产方针,社会主义教育为纲,生产为中心,早稻育秧为重点。

①加强春花培养。②做好早稻育秧准备。③做好春蚕饲养工作。④做好棉麻播种工作。⑤继续积肥。⑥水利扫尾。

绿化问题:要求每户30支,人员下放,思想问题。选举。

有关处理生产队政策问题:口粮分配政策问题;猪、羊政策问题;人粪按质论价问题;柴草和各种奖励品分配问题;食油分配问题;产妇补贴问题;自留地和另[零]星开荒地问题;公积金、公益金问题;储备粮问题;小手工业的口粮分配问题;生产劳动组织问题;社员建造房屋问题,占用公有土地如何办;生产队误工补贴问题;蚕具报酬问题;社员外出补贴问题。

冯书记提出如下意见:生产队误工补贴问题;大队干部工分问题;机站人员落实问题;财务制度,取消借支,干部以身作则,月结公布;猪、鸡管理制度,生产质量问题,制订公约照办。

1963.4.6

联民7队早稻络麻落实到场

〈单位:亩、斤〉

青漠河田 3.30,400 斤,1 320;大香漳树下田 3.32,400 斤,1 328。渠道边田 1.42,400 斤,568 斤(改地)。桥介河东地 1.80,250 斤,450;田 8.04,产 3 216。小坟洋地 2.60,250 斤,650;地 10.00,产 2 500。河角落地 5.60,250 斤,1 400。总产量 5 716。

---

❶ 拔,当地土话,指减少。

早稻：村介河东田 5.28,400 斤,2 112;北东河田 2.60,400 斤,1 040;渠道边田 2.50,400 斤,1 000。合计面积 10.38,总产 4 152。

1963.4.26

1963 年早稻络麻落实情况 〈单位：亩〉

队别	早稻面积	络麻面积	
1	28.480	田 2.70	地 28.70
2	20.40		26.10
3	25.50	3.88	22.50
4	21.25	6.60	15.00
5	14.67	4.50	6.00
6	18.49	11.100	8.50
7	10.38	8.040	10.00
8	22.7	4.00	21.50
9	23.1	9.50	19.50
10	23.619	/	16.046
11	26.53	/	34.90
12	17.05	2.00	19.00
13	24.650	/	28.71
14	20.580	5.70	17.290
	297.399	58.020	273.746

1963.5.15

大队召开正队长以上会议

分配问题：对口粮分配平均每人 60 斤;经济问题,三者安排,先有国家;口粮问题,三者关系先国家,留种子,再社员分配;今年的分配先紧后松;大队干部误工同机站人员分配粮食;军属照顾、下放人员安排,生产队要研究。

政策是否决定。猪羊、柴草、食油、口粮。

如有多余部分除公粮 40%,公共积累。

今年的分配要抓得好一些,分得好一些,分配工作是一项重要问题,也是政策性问题、生产性问题。凡是增产队要达到 90% 以上增加收入;平产队不少去年;减产队先完成国家,一切借粮种子,借粮统一算好,按户按[安]排,掌握 2 个月。信用合作社借款也同样处理。减产队真真没有办法,打报告要求上级〈处理〉。

1. 分配问题、分配范围：凡是今年春花收入,62 年分空头与多余问题,统一不能放在今年进行分配,今年的分配要做到合理。干部的工分也做得合理。

工分调整问题：按照讨论政策决定办事,凡漏脱马上讨论好,要做到调动劳动积极性,又要照顾"四属一户"❶。

进行理财运动:把所有的账册贴榜公布,特别定工分,交社员审查。内容:社员预支账、工分账、生产队预支账、社员借粮账、生产队收入支出账。

2. 进行估产,造出方案,按[安]排好三者关系,再造分户,再逐户安排。今年要教育社员勤俭持家,富日子当穷日子看,不要浪费。在教育的基础上进行"三超":①超计划。②超家庭副业。③超出勤工分。开展找生产门路,一定要生产做,提高总分配数。教育内容:在收割精打细收,反对〈浪费作风〉。

下调农村产品数:蚕茧在今年全部卖给国家;油菜首先完成国家,后吃,不多不吃;粮食首先一季完成任务;当前工作一手抓生产,一手抓分配。

1、2、4〈队〉进行研究讨论:

工分截止期5月15号,肥料分同样。留种,蚕豆30〈斤〉,油菜1.5〈斤〉,大小麦20斤。17号大队集中造方案。

大队干部同机站人员工分,决定夏收分配,〈占〉总工分40%。机站全年固定,除去周建初。

军烈属补贴问题,去年700〈元〉,今年400元,粮食2 000斤。

大队统一决定2个月,同小队结算(30斤稻谷一人)。

1963.6.1

联民机站管理委员

〈原委员〉	〈队别〉	〈改选后〉	〈年龄〉	〈成分〉
徐四康				
徐仕金	2	徐仕金	41	贫
李绍堂	3	李绍堂	57	中
陈有积	4	邹长根	24	贫
陈彐生	5	陈彐生	25	贫
王祖金	6	王益堂	53	中
陈进其	7	陈进其	28	贫
沈宝林	8	王张堂	25	贫
冯崔永	9	冯建清	28	贫
顾余德	10	陈青风	28	贫
徐敬天	11	徐维权	40	贫
贾绍庭	12	贾绍庭	26	贫
冯恒兴	13	冯文兴	24	贫
冯祖兴	14	冯祖三	22	贫

---

❶ 四属,指干部、职工、教师、军人这四种人员的家属,过去主要指干部、职工、教师、军人在农村(生产队)的农户;一户,指五保户。

革 命 的 书 写
——一个大队干部的工作笔记

1963.6.4

联民大队调换小麦 〈单位:斤〉

队别	数量	队别	数量
1	2 077	8	2 470
2	1 550	9	3 116
3	1 962	10	4 131
4	1 846	11	2 747
5	1 246	12	1 546
6	1 708	13	2 146
7	947	14	2 008

按各队人口分配。

中午,广播会

陈站长报〈告〉:

1. 关于贯彻县委除虫指挥部命令,今年据硖石地区测验,发现二化螟,估计如果不除,要损失 20%。

2. 听到广播会后决定负责人,买好药械❶,今日除好,明日一定完成。

①半斤"二二三",半〈斤〉可湿性 666 粉,拼 7 担水。②用 2 斤 666 粉拼 30 斤半湿泥。③我们要服从,凡是转青田不关[管]二熟三熟普遍施上。

1963.6.5

记　　录

发现情况如下:联民 10 队钱利珍加[家]大小麦 17.5〈斤〉,内有铜板一个❷。

1963.6.6

冯 书 记 指 示

1. 召开放水员会议。

2. 抗旱问题。

3. 机站添进 2 人。

4. 对 7 队加强领导。

1 队要求灌河〈单位:亩〉:五河面积 1.60,灌水量 70 公分;三港河面积 0.80,灌水量 70 公分;赵洋河面积 1.30,灌水量 70 公分;

2 队:张介堰河 2.00,灌水量 60 公分;荷花池 0.50,灌水量 60 公分。

---

❶ 药械,当地土话,指药品。
❷ 意思是在钱家里发现了大小麦 17.5 斤,麦里面有一个铜板。可能因钱家家庭背景复杂,受到民兵关注。

1963.6.13

晚上，召开本机站放水专管员会议

贯彻内容如下：

1. 今年的水量及旱情情况。根据气象报告今年旱年而〈且〉是荒的年成，缺水多虫的年成。而且来水量不多、不均匀，从当前来看，已经旱情放在面前，要水没有雨。

2. 昨天大队召开了全体党员及正队长会议，特别指出抗旱与除虫为重，要号召全体干部投入这个运动，不要自满松气。

3. 放水制度。

4. 机站要求：①各专管员协助管理好今年的放水及用水工作。②帮助机站提出合理化建议，共同把今年的灌溉工作搞得更好，真真做到支援农业，提高产量。③专管员同志要求全心全意，为放水工作争取一个模范作用。

5. 放水原则。今后在放、轮日放水时间上问题，是实放到水可以核实面积，如果现管理不妥当漏掉、培掉、坍掉，继续仍旧照算面积，而〈且〉要加赔25%水费。另外根据设计，坝道能放到，不高兴做毛渠也要照算。过田、穿河核实计算，少报多放核实后加培[倍]计算。

1963.6.25

1963 年度春花实分到户数 〈单位：斤〉

〈姓名〉	〈实分〉	〈姓名〉	〈实分〉
周生康	369	沈云林	287
杨福英	135	陈五毛	55
韩永保	88.5	陈金奎	211
王 灌	286	沈才心	278.5
陈进其	254	朱张林	178
		合　计	2 142

〈1963 年春粮统计〉 〈单位：亩、斤〉

	小麦			大麦			蚕豆			春粮合计	油菜		
1	60	121	7 260 7 282	4.4	123	541.2 540	15	33.3	499.5 500	8 322	28	66	1 850 1 848
2	32	164	5 251.5	5	142.4	712	15	28.2	423	6 386.5	18	63.2	1 138
3	35	159	5 566.5	14	79.6	1 114.5	32	34.4	1 101.5	7 782.5	22	38.6	850
4	32	113	3 894	10	121.7	1 217	29	34	988	6 099	20	48.4	867
5	17.7	190	3 372	6	119	709	27.78	22.8	635	4 716	15.67	89	1 374.5
6	30	218.3	6 550	6.5	270	1 758	37	40	1 480	9 788	15	96.4	1 446.5
7	16	155.6	2 490	9	188.2	1 694	21	40	840	5 024	12	37.7	452
8	67	130	8 718	/	/	/	40	24	957	9 675	23	79	1 818

续表

	小麦			大麦			蚕豆			春粮合计	油菜		
9	60	182	10 923.8	7	127	888	50	12.5	624	12 435.5	24	69.7	1 673
10	72	187	13 467	3.5	175	692	40	29.8	1 191	15 270	20	103	2 062.5
11	45	148.5	6 687.5	10	108.5	1 086.5	40	24.8	990.5	8 764.5	24	66.2	1 589
12	28	171	4 784	4.8	186.2	894	22	54.5	1 200	6 878	19	111.5	2 118
13	35.51	172.2	6 116.5	8.24	149	1 228	28.51	27.2	777	8 121.5	18.34	48.8	894.5
14	26	173	4 498	8.5	103	883	20	30	600	5 981	43	43	645
	556.21	161.1	89 600.5	96.940	137.6	13 336	417.29	29.5	12 307	115 242.5	69	69	18 878

春蚕（联民大队 1963 年度春季作物面积产量明细表）　　〈单位：亩、斤、张〉

队别	张数	张产	总产
1	9	56.1	505
2	12	46.7	560.5
3	14	16.5	259.75
4	12	50	601.25
5	10	51.1	510.75
6	13	54.1	703.5
7	5	52.2	261
8	29	47.5	1 377
9	22	28.2	618.75
10	47	34.8	1 616.25
11	21	48.9	1 027.25
12	17	25.1	426.75
13	15	51.6	773.5
14	12	48.7	584
	138	41.27	9 825.25

1963.7.3

出席公社书记队长会议

摘要如下：

闸口大队提出早稻 600 斤、络麻 500〈斤〉，争取各样丰收，〈采取〉必要措施。

①春花减产。②人口增加。③下年度生产资金必要。

抓季节，培育好早稻秧田，壮秧施肥，除稻纪孟虫❶。

---

❶　日记中反复出现的"稻继孟""稻季孟""稻纪孟"等应该是指水稻的一种害虫，叫稻蓟马。不再强行统一。

具体任务:

1. 还要做好选种留种工作。

2. 双晚秧田对口,如果缺补做:①秧田南特号❶,5—10〈号〉做好。②特急[突击]除虫,稻继孟害虫。③单季稻加强培育,看苗施肥。④同时抓好秋杂粮。

3. 络麻要求,今后如可能,要超,一定完成任务。

4. 秋蚕定种,7—15 号定好种,8 月 15 号上报省,否则今后不能再补。

晚,李站长报告

1. 精简工作,本公社任务核实完成进度不快。

2. 为啥下不落去❷。

县委要求:①工作要到加[家]。②政策严肃。③问题要解决。④不出问题。

这个工作并不是业务问题,而是全党工作。

全社任务 113 人,完成任务措施:全社统一认识这个问题;上下一致,严肃执行这个问题。

1963.7.9

出席公社会议

记录沈书记报告:总结前段工作情况。主要学习三号文件,通过教育争取了丰收,特别受冬旱蚕豆受到减产,大麦、小麦继续还是增产的。

下一步工作意见问题:

1. 要求农业大幅度增产。

2. 国内展开建设,加快社会主义建设需要。

3. 我们生活问题。是上半年减产必[逼]着我们的生活问题。从目前起,从思想上,从行动上,从工具上准备打好一个"双抢"关,研究一下。去年 8 月 3 号结束,留着一个队。6 号要解决几个问题:①自满情绪。②没有准备,船到桥头是为[自会]直。③一开始不搞定额,认为麻烦。

"双抢"前要做好如下几项工作:

1. 络麻、桑树统统除草,除光虫,11 号全面开展。单季稻、双季秧田施足肥料,除去杂草,耘出 2 次田。

2. 水利问题,按量计费(吃饱制不来❸),渠道两边可以使用,到年终差价计算。渠道里边削光,要管好,偷水照罚。个个爱护渠道、保护渠道,电费按时上交。

3. 早稻管理。放水,防鸡吃,管理好。

4. 除虫。除桑天牛、金鬼[龟]子。

5. 早计划。啥时间开始啥时间结束,及早提出要求,争季节,8 月 5 号结束,规格 5×5,底肥施足,留足种子。

6. 分配问题 15 号前至 20 号,造好方案算到户,不要超过 20 号。

---

❶ 南特号是一种晚稻品种,又称矮脚南特号。

❷ 指落实不了。

❸ 指不能采取按需放水、不计量的方法。

7. 收购问题,毛猪、粮食、蚕茧。

闸口生产大队介绍:
实种 208 亩,早稻认清特点:

1. 今年早,成熟期快。

2. 今年直播少,今年只有 3 亩。

3. 今年自然灾害比较大,不自然。

4. 今年春粮减产,劳动力要分散。

分析上述情况,作出计划。

1. 检查工具准备,作全面安排。

2. 组织"双抢"战斗小组。

3. 搞定额分任务,割打 4 工,晒 2 工,拔 4 工,种 2 工,共计 12 工,9 天完成任务。

措施问题:

1. 大队干部分片负责,出〈问题〉快报。

2. 搞定额。

3. 分"双抢"小组。

4. 开展比赛,进行评比。

在"双抢"前做好几样工作:

1. 选好种,决定种子田。

2. 络麻蚕桑培育,除光草,施足肥料。

3. 除好虫。

4. 双晚秧田,除虫、合理施肥。

5. 做好小杂粮培育。

联新机站介绍未搞按量计费前出现问题:

1. 认为自有自便当。

2. 水费比较便宜。

3. 认为机站大家办,要放有放,认为定制度招麻烦。

4. 水费总吃总摊,出现横大家思想❶,要放就放,出现渠道放到田、田里放到河里〈现象〉。

5. 出现不高兴做渠道,毛渠河过河,落河缺没有管。

6. 渠道杂草不肯削,内坡种上作物,敲碎闸门板。到年底认为水放着而减产。

今年学习漳江公社经验介绍后,我们机站定出放水制度:

1. 按量计费,多灌多负担、少灌少负担制度。

2. 串河过田,不做毛渠仍旧计。

3. 渠道不做好坍掉,啥人做啥人负责。

4. 渠道两边漏田,按同样作物放一次计一次。

6. 坍渠道计费,啥队做啥队负担。

---

❶ 指反正是大家的想法。

陈社长总结布置下一段工作：

虫害种类多,面积广,发生早。11 号下午前除好。

1. 每一亩单季稻用 1 斤半 6%〈浓度〉666〈粉〉。

2. 桑树除虫起早落夜。桑天牛早晨,金鬼[龟]子夜里(双日)。

3. 机站放水,1 寸半水。

1963.7.14

出席公社民兵连长会议

沈书记总结报告。

当前形势问题：当前形势,从春天通过三个文件学习后,提高社员生产积极性。总的通过社会主义教育,仅蚕豆受天灾减产外,其他还是比去年增加,特别夏茧,58 年到现在只有今年,全社收购量平均每张 28 斤,今年早稻面积扩大。

1963.7.15

1963 年实种早稻实产数 〈单位：亩、斤〉

队别	面积	单产	总产	位次	增加
1	35	403	14 108	14	3
2	22	469.7	10 333	6	8
3	33	471.1	15 546.5	5	2
4	25	413.7	10 342	13	10
5	16	488.6	7 817.6	2	8
6	22	455.6	10 024.5	7	8
7	11	488.3	5 371	3	5
8	22	450	9 902	8	15
9	33	481.6	15 891	4	10
10	26	429	11 150	10	14
11	31	417.3	12 936	12	14
12	18.8	561.3	10 552.5	1	7
13	23	436.5	10 042	9	7
14	23	428.5	9 855	11	5
	3 408	451.2	153 870.5		

1963.7.16

大队检查生产记录

8 队水稻问题。

单晚：①生长不平衡。②除虫不彻底。③不清爽。

双晚：除草不净，杂草多。

5月〈起〉至8月底止，已耗电数 7 045.1〈度〉。

1963.7.17

记　　录

机站发现情况：

1. 放损耗量大，原因〈与〉渠有关系。

2. 发现每亩耗电量约 5 度。在 13 号放 10 队，耗电 110 度，实灌面积 22.60〈亩〉，折 4.9度。在 15 号放 1—2—13—9 队，耗电度 320 度，实灌面积 61.80〈亩〉，折 5.2 度。

对各机站提出要求：

1. 坚决执行，按亩计费，按量计费，当一项政策。

2. 坚决执行制度办事，不要动摇。

3. 机械设备，专管不离机、不开小差。

4. 通过这个会后投入"双抢"，机站人员集中。

5. 财务执行制度，不自收自用。

陈社长统一〈指示〉。

放水问题：

1. 出现偷水、抢水。

2. 一定专管员到放水，在这段〈时间〉开出会议，加强责任制。

3. 坚决实行按量计费。

4. "双抢"不过七月关。

在执行制度问题，具体办法：

1. 一定要按放水原则，先报先放，先远后近，先高后低，启闸开塞一定由机站人员开放，任何人不得乱拔，如果发现，按情况加倍罚款。

2. 一定要生产队专管员到才开放。放水员要老老实实掌握田垾高低放水，实事求是申报面积，报后不放由机站负责. 不报不放由生产队自己负责，如果发现少报多放加倍计费，前放进后放出，按报面积加倍计费。机站放水员掌握水量 40—50 公分，超过水量计划面积，渠道坍掉而放不着，水由包干所做小队负担损耗水费外，立即修好。如果不修，由其他小队抢收［修］，工分由包干小队支出。电机发现毛病而放不到水，进行补放。

3. 对于渠道两面的漏水田，处理问题，固定面积（采用吃饱制）。今后，同邻近代表田同样计算计费。

4. 偷拔管塞及闸门板按原来制订［定］的章程办事，坚决执行。

5. 对电费问题，一定要按计划上交，机站不能自收自用，执行财务制度。预收水费，按原来规定办事，一定收起来，在这次络麻预购款〈中付〉。如果真真有困难，向信用〈社〉贷，在这次一定要交清，否则不放，电费交不出来如何办。

6. 对机站工作人员，在"双抢"期内一定要严肃些，掌握一切制度，服从领导，不自由散漫；

机站领导人在大队支部领导下,服从听指挥,坚决执行一切制订[定]好制度,办事不动摇,要配合,把"双抢"提前完成。

根据公社会议精神,对本机站情况,当前任务很重。

目前的趋势,情况不良,6 号台风未解除,7 号台风发现,只见风不见雨,在这样情况下,带来了不利。络麻要抗旱,水稻要抗旱,"双抢"开始,所以对水利问题要求很重,我们机站存在问题较大,特别渠道问题。①做得不够完整,耗水量大。②支渠不愿修理好。③放水专管员不熟悉,乱掉[调],经常换,鲜鲜摸不老头齐❶,损失水量大,这样,今后年底结算,要大大不满。对机站不满还是小事,特别影响电气化电力灌的优越〈性〉,失去了威信。所以今日邀各同志前来共同研究。为下段工作搞更好,当前需要解决的:

1. 渠道问题,坍耗水如何办。

2. 水费(耗电度这样大)到底啥道理。到今后,上级要批评,下面要骂山门。

3. 如何来共同执行制度。

4. 上交来 50% 水费时间落实。

5. 渠道两面的漏水田,这样做是否妥当,到底采取那一样计算。

6. 火力机打水计算问题,如何办。

(1 队如果打水明日自己去购机油)

〈各队水费统计〉 〈单位:元〉

队别	预收 50% 应交数	已交大队	已交机站	尚少
1	96.46	50.00		116.46
2	117.07		50.00	67.07
3	120.03	60.00		60.63
4	112.78		30.00	82.78
5	82.85	20.00	40.00	22.85
6	97.67	40.00	25.00	32.67
7	50.33		51.12	
8	145.12	70.00		75.12
9	147.97	70.00		77.97
10	98.36	60.00		38.36
11	141.62	70.00		71.62
12	83.38	30.00	20.00	33.38
13	99.48	30.00	20.00	49.48
14	87.36	40.00		47.36
	1 481.09	490.00	236.00	705.75

---

❶ 指新换上来的放水员做事情摸不到头绪。

革 命 的 书 写

——一个大队干部的工作笔记

陈社长广播传达：

7号台风,21号可能要来,我们做好几项工作。

1. 在下午,大队干部和生产队长逐块检查抢收。

2. 人畜保护工作也检查一下,做到安全。

3. 络麻、芋艿进行抗旱,不要等待。

4. 在抢收同时选留种子70%。

5. 晚稻第二次除螟运动在22—23号,防止麻痹思想,立即行动起来。每亩用666粉1斤伴[拌]用30—40斤泥。

今后结算计费办法：

1、2、5、11、12〈队〉,0.12〈元/度〉。

3、4、6、7、10、13、14〈队〉,0.16〈元/度〉。

8、9〈队〉,0.18〈元/度〉。

冯书记指出：

1. 按报表办事,登〈记〉时间。

2. 在"双抢"时间,指机站负责核实面积。

3. 1、2、5队,3、4、6、7队,11、12、10队,13、14队,8、9队随便并弄❶或分开放。

4. 机站人员要大公无私,首先执行制度。

5. 机站人员多检查,向生产队指出问题,协助解决问题、处理问题。

1963.7.21

在21号放水记录

队别	放水面积〈亩〉	耗电(度)	总折〈度/亩〉
〈合计〉	95.20	312	3.28
1	28.60	114	3.99
2	14.70	71	4.8
9	13.00	34	2.6
8	17.30	48	2.78
11	17.80	35	1.96
12	3.80	10	2.59

---

❶ 指合并。

〈旱稻留种与估产统计〉　　　　　　　　　　　　　　　　　　〈单位：斤〉

队别	每人平均旱稻估产	留种	产粮	土肥	饲料
1	138	800			
2	113.3	705	5 488		
3	145.9	800			
4	109	957	4 826		
5	100	360	144		
6	112.2	500			
7	111	400			
8	73.4	800			
9	88.2	1 000			
10	56	613			
11	95	615.5			
12	132.8	600			
13	87.46	1 000			
14	97.7	600			

1963.8.24

记　　录

结〈算电费〉：

加工电度 48 度　　　单价 0.935〈元/度〉　　计 4.49〈元〉

抽水电度 4 312.6〈度〉　单价 0.42〈元/度〉　　计 181.62〈元〉

合计 185.62〈元〉

外加电灯 9.18〈元〉　　　　　　　　　　　总计 194.80〈元〉

63 年度结〈单位：度〉：

到队耗电 10 142.1；

计划 11 000，未完成 857.9，其中群海耗电 500，试渠道电 357.9。

1963.9.28

出席公社治报［保］干部、民兵干部会议摘要

为了国庆节日及高［观］潮问题(8 月 18 日)。

1. 我们沿海地区几个生产队要求在 8 月 18 日前后组织一部分民兵进行巡逻，白天只要在潮来时间前与后，这段工作顶要紧。

2．加强管好四类分子,要开出一个会,内容：在国庆节,8月18日不能出动,在家劳动生产,要跑,向公社请假。另外叫他订出这段计划。

3．同时要管好机站、大队、小队、办公室、仓库。

4．对于外面来的渔船要进行检查,要有证明,无证明机船,不能随便出入。

5．对四类分子严加注意,特别在国庆潮汛来往人员,30号至〈下月〉7号这段不能出动。

6．对这段时间来往人员要报入临时户口,否则不能住宿。另外2—5号这一段外来讨饭人员送公社,收容所扣住,还要注意小偷,也要扣住送公社。

7．摸一下：①军属亲戚是否有男女关系。②军家属生活是否困难。③另外有其他情况。④复员军属生活问题,特别在台风后。

通知：络麻代金。①农业税。②记工员明日集中,造秋收试算。③布置明夜讨论。④防止打击先进。

8月18日陈春清、胡少祥、章桂松、王海章、徐尖夫。

30号开出四类分子会。

1963．9．30

各机站现有马力

整个三星公社地区：

油车港	20 瓦
联新	14 瓦
孔泾港	28 瓦
祝会加工厂	7 瓦
三里港	50 瓦
新新	20 瓦
中星	14 瓦
三星	14 瓦
城北	48 瓦
利民	34 瓦
闸口	14 瓦
三里港加工厂	28 瓦

〈合计〉291瓦,其中加工厂35瓦在内。

本机站基本情况

干渠1条,长度868公尺;支渠5条,长度4 420公尺;毛渠18条,长度8 856公尺。设立水泥管,落田管大小168〈公尺〉。渡糟［槽］3个,长度约68公尺,横河上14公尺,倪桥头20公尺,干渡糟［槽］30公尺。分水闸5个,积水闸共计10个。

(9月30号公布)1963年度水费结算余缺情况　　　　〈单位:元〉

队别	缺	余	定额	已交机站	已交大队
1	19.00	/	99.00	30.00	50.00
2	28.66	/	78.66	50.00	/
3	74.57	/	134.57	/	60.00
4	42.26	/	102.26	30.00	30.00
5	/	1.39	81.46	62.85	20.00
6	18.34	/	115.99	57.65	40.00
7	13.95	/	65.07	51.12	/
8	50.78	/	170.78	50.00	70.00
9	30.10	/	165.10	65.00	70.00
10	/	0.48	159.52	/	160.00
11	/	11.79	94.29	36.08	70.00
12	10.16	/	75.16	20.00	45.00
13	116.47	/	166.47	20.00	30.00
14	70.42	/	110.42		40.00
合计	474.71	13.66	1 618.75	472.10	685.00

修建渠道工程量记录

塘南计划线:

干线木桥上南共计5个椿号(150公尺);

支线联新至群海止,共计39个椿号(1 170公尺)。

塘北修理线:

倪桥西落北❶支线共计31个椿号(930公尺);

11队渡过东❷11个椿号(330公尺);

机站落北支线20个椿号(600公尺);

机站干支27个椿号(795公尺);

倪桥东上与1—2队支线24个椿号(720公尺);

上东毛渠(25—26号)2个椿号(60公尺);

横河上东支18个椿号(531公尺)。

---

❶ 落北指向北。

❷ 过东指向东。

1963.10.2

机站工作情况汇报

汇报如下情况（向徐主任汇报）：

1. 面积：实灌总面积 762.00〈亩〉，其中水田 712 亩。

2. 耗电：全年总耗电量 10 142〈度〉。

另外试灌渠 276 度（双早 337.50〈亩〉），其中灌溉 10 142.1〈度〉，每亩平均耗电 9.22 度。

3. 经费：全年排灌总支出 1 535.14 元，排灌支出 1 535.14 元，包括电费 424.71〈元〉。

其中工资 604.80 元，折旧费 227.24 元，修理养护费 37.45 元，公杂费 39.94 元（折每亩 1.479），其他费用 201.00 元。

工资：6 个月计算共 5 040 分，单价 0.12〈元/分〉，604.80 元。

联民 7 队 63 年农业税〈单位：元〉：

粮食改交代金 153.00，络麻代金 90.97，代金 122.17。合计 366.14 元。

联民水田面积 612.00〈亩〉，其中种双早 337.5〈亩〉，估计群海 100 亩，估计放旱地 50 亩。

〈1962 年与 1963 年水费〉对比 〈单位：亩、元〉

队别	1962 年水费结算		1963 年结算		
	面积	〈水费〉	面积	〈水费〉	减少
1	49.44	289.32	44.44	99.00	190.32
2	35.20	205.92	35.20	78.00	127.92
3	51.15	299.23	46.15	134.57	164.66
4	48.59	284.25	48.59	142.26	181.99
5	39.64	231.89	39.46	81.46	150.43
6	45.44	265.82	45.44	115.99	149.83
7	22.06	129.05	22.06	65.07	64.05
8	53.28	311.69	53.28	170.78	140.91
9	65.28	381.89	65.28	165.10	216.79
10	36.56	213.88	36.56	159.52	54.36
11	42.21	246.93	59.21	94.29	152.64
12	38.21	223.53	38.21	75.16	148.37
13	40.656	237.86	40.656	166.47	71.39
14	38.336	224.27	38.336	110.92	113.85
	606.052	3 545.41	612.872	1 618.75	1 926.66

1963.10.18

记　　录

10月份已结断后,灌溉计算各队如下:

〈单位:度、元〉

日期(号)	队别	度数	单价	合计	
9	10 队	70	0.10	7.00	7.00
	6 队	78	0.10	7.80	7.80
	7 队	58	0.10	5.80	5.80
10	13 队	78	0.10	7.80	7.80
	14 队	78	0.10	7.80	7.80
11	8 队	48	0.10	5.80	5.80
	9 队	90	0.10	9.00	9.00
12	4 队	136	0.10	13.60	(除 7.74❶)5.86
13	11 队	52	0.10	5.20	5.20
合计		698	0.10	69.80	62.06

(1963.10.18 号结)

1963.10.25

出席大队生产队长及会计会议

内容如下:

1. 生产问题:①秋收冬种问题(要求立冬结束)。②新品种性质问题。③强调选种问题。
2. 分配问题:先国家,上交大队;分配社员;留种成本。

①今年分配问题,消灭倒找户,坚决干部带头。②在秋收中出现问题。偷窃、偷卖络麻等等。③搞好投资工作,留好 64 年度生产成本。④展开理财运动,贴榜公布,笔笔写明,用墨笔写,出售多少,物资购进多少东西,来龙去脉。⑤减产原因,讲明原因。⑥支援灾区农民,要"八个不忘"(不忘国家支援;不忘灾区农民……)。⑤验大便。⑥收购棉花,要大队证明。⑦络麻收购,今日收购到 28 号⑧28 号大队集中造〈表〉公布。

1963.10.26

出席公社召开民兵连长会议(在连[联]海大队)

参加〈人〉:大队长或书记。

苏部长传达县委会议精神:

1. 贯彻战备问题。

---

❶ 即减去 7.74。

2. 冬季征兵问题。

他来这批人员：

1. 原来在这里比较熟。

2. 为了升官发财，很顽固，有目的。

3. 建立反革命组织，发展反革命活动。

4. 在我不防〈备〉之下抓一部人员去。

方法两种：①偷渡。②空降。

他上来后这[怎]样活动呢？一班[般]来看，是化妆[装]解放军、农民、干部，首先隐藏山里安身。

（11月12号蒋匪台湾召开九大会议❶）

注意问题：

1. 一班[般]来往渔船。

2. 联海边发现可疑橡皮船。

3. 是否有落掉可疑东西。

4. 是否有可疑人、口音。

在空降注意问题：

1. 夜里发现可疑飞机。

2. 飞机飞后发现问题。

3. 是否有地方登落[陆]过。

我们这里任务：①如何样发现敌情。②发现后及时汇报。

具体任务：

1. 立即贯彻，马上行动，提高革命警惕性，打破麻痹思想，袁花、高阳山至十里亭，这段地方更要防治好。我们要晓得，敌中有我，我中有敌，蒋介石反攻大陆思想，他死不甘心。

2. 严格控制四类分子管制。各生产队派出专人管制，注意问题。

3. 要恢复巡逻放哨，重点夜里，3—5—7人轮流巡查。

4. 加强治安，建立户口制度，专人负责。

5. 加强对外来船只进行检查。

6. 加强队与队联系挂钩。上下联系，进行汇报，及时。

7. 进行一次夜间训练，学一下基本知识。

征兵问题：

1. 展开宣传阶级。

2. 民兵进行整队[顿]一下，进行选举一下。

范同志贯彻当前农村阶级斗争及政法问题：

---

❶ 1963年11月12日至23日在台北召开。会议由蒋介石主持，与会代表共600人。蒋介石在开幕式会上致词时强调，国民党今后在台湾的施政，"除开军事奋斗之外，最重要者为社会建设、文化建设与心理建设"。会议参订了国民党"政纲"，拟订了"国民党现阶段工作纲领"，并通过了所谓"反共建国联盟案"和"反共救国共同行动纲案"。提出"反共建国"的口号。日记中看到的东南沿海地区的警惕状态是有原因的，因为20世纪60年代初，蒋介石利用大陆经济困难时期加紧"反攻"活动，不断派飞机和小股地面武装力量侵犯沿海地区。

①支部书记。②民兵连长。③会计。④生产大队队长。⑤治报[保]干部。

〈敌人〉煽动单干,搞垮集体经济;封建迷信,骗群众。

拉拢青少年九个方面:

1. 组织青少年〈成立〉反动集团

2. 对自己子女福寿变天❶。

3. 利用家谱,家级合作。

4. 通过迷信,毒害青年少年。

5. 利用青年贪污、赌博。

6. 利用金钱美女。

7. 利用过去坏书籍。

8. 要技术,不要政治。

9. 散播修正主义、阶级合作。

今后任务:

1. 对敌人现行破坏活动,杀人犯、放火犯、偷渡犯、偷窃犯立即汇报。

2. 保卫秋收冬种问题,特别仓库种子专人保管,一定贫下中农管理好。秋收后防止赌博。

3. 整顿好治报[保]组织,整顿队伍。

4. 对四类分子严肃抨击,危险分子严格管制,专人负责。严格户口制度,进行上报,把四类分子底细搞好,进行监督。

5. 做好铁路、公路、海塘,严格进行联防,提高警惕。

6. 整顿好调解组织,整顿好队伍。

连[联]海大队发表格,要细细填明,不要漏了:四类分子家属,镇压、复杂分子,18 岁以上有历史问题、没有历史问题,小偷、赌博问题。

1963.10.30

出席公社治保委员、民兵连长会议

当前阶级斗[争]问题:①明公开敌人,拿刀拿抢[枪]问题。②当前利用软化策略较多,更要细。

今后任务:

1. 现刑[行]、杀人、放火、偷渡。破坏秋收立即汇报,保住现场。

2. 当前秋收,防止破坏,特别生产队仓库要管理好,人员落实下,如有发生,立即追查。秋收后防止赌博出现,防止迷信,出现迷信骗人。

3. 治报[保]工作,整顿工作,组织好。

4. 对四类分子年终严肃评审,摸出一些底。要明细摸清爽,把群众反映收集起来,记录起来。

5. 做好三防工作,特别铁路、公路、海塘。

6. 整顿好调解工作,尽量能够下面调解好。

---

❶ 地主、富农等人向子女讲述新中国成立前的富贵生活,企图"变天"。

7. 整顿好户口汇报工作,建立户口制度,大队专人负责,生产队同样进行汇报。

8. 在夜间巡查,出去检查海塘,回来也要检查一次,要细的,不要马马虎虎,发现情况,保持现场。

今后对四类分子管制问题:

1. 生产队要严肃对待,严密地留意来往人员,有可疑的人,不要派他出远码头装运。

2. 要实行请假制度。凡是到本公社市镇,一天内有生产队请假;出本县内一天内要有大队队长、书记,民兵连长、治报[保]委员主任请假,回来报销;三天外及出外县,要大队治报[保]委员主任批,由公社二个部长,范、杨。

3. 要注意好四类分子运动,要落实负责,专人负责管,一天一时行动记下来。

4. 要注意老四类又要注意新的或小的。

通知:明日开四类分子会,带二餐饭,治报[保]委员主任带来(一天一晚上),扎[摘]掉帽子的❶,在上午来报到。

一队社员反映纷纷:在这段时间,经常大骂社员,4号社员决定翻山茹,他大骂一顿,结果做山茹窖无人做。9月16—17号王六彩儿子打得头上发肿,用长凳掼,同邹才康打架。

苏部长传达:

1. 对民兵教育要加强,要达到拉得出来,用得上。

2. 如发现什么问题,要及时汇报。联新发现3个圆桶,闲话不懂。

3. 巡查放哨问题一定要弄好,啥大队啥负责,交界线联络。

4. 大队准备好一支人马,拉得出,进行审查好。

5. 民兵搞试验问题。

〈联民7队原定粮与应分粮统计〉　　　　　　　　　　　　　　〈单位:斤〉

户名	人口	原定粮	应底粮数	猪羊工分
周生康	8	2 650	1 956	
杨福英	2	867	641	
韩永保	2	717	530	
王　灌	6	2 167	1 509	
陈进其	4	1 967	1 452	
沈云林	5	1 950	1 439	
陈五毛	1	417	308	
陈利宝	4	1 550	1 144	
沈才心	6	2 067	1 525	
朱张林	3	1 200	886	
合计	41	15 552	11 390	

---

❶ 摘掉帽子,当地土话,意思是去掉了地主、富民、反革命、坏分子称号。"戴帽子"的是阶级敌人,"摘掉帽子的"成为人民。

1. 油菜。可溢性 666 粉,2 斤〈粉〉30 斤〈水〉,撒 1 亩。
2. 络麻种子储备问题,晒、收、保管好。
3. 桑苗来不及种,埋好,勿浪费。
4. 柴稻分户,小队整备好,毛帚柴要留好。
5. 络麻今明 2 天收购。
大队支部研究会议:
1. 留存公金问题。
2. 股份基金。
3. 自留地问题。
4. 分配问题。①"54"基建 800 元。②福利,学校 100 元。③五包[保]户列入生产队。

1963.11.25

记　　录

报到,26 号开会。上午听报告。

1. 张县长报告。①总结 63 年全县成绩,各项丰产指标,粮、麻、棉、猪、羊。②当前市场形势情况好转,价格降低,质量好,物品多。③提出会议要求。

2. 李局长报告。63 年情况,总的来看:①成绩很大。②经验丰富。③教训很多。

今年的机站情况:改进了管理制,实行按量计费,贯彻多灌多负担、少灌少负担、不灌不负担政策。

作息时间:上午 7:30—11:00,吃饭 11:00—12:30,12:30—17:00 讨论或报告,17:00—18:30 吃晚饭,18:30—21:00 讨论报告。

教育计划:4 号报到;5 号上午报告,形势报告,下午讨论,晚上讨论;6 号上午评比,下午大会发言讨论,晚上小结;7 号上午分配政策,财务制度,下午、晚上讨论;8 号典型介绍。

1963.11.28

周阿太机站介绍

1. 组织管理方面。
2. 节节控制,处[奖]罚分明。
3. 匹灌 91 亩,耗电每亩 4.16〈度〉,电费每亩 0.24〈元〉,工费每亩折 0.26〈元〉。

下午,朱局长报告今后意见

1. 全县现有排灌站 202 个,排涝站 61 个,效率提高不少,机站翻两翻[番],〈灌溉〉面积扩大到 45 万亩。

2. 整顿内容和要求,评出如下。①65。②106。③14❶。
要求二类、三类达到一类,消灭三类。

---

❶ 原文如此。

①建立整顿组织队伍,专业管理与民主管理相结合。②提高效率,按原来基础上提高5%—10%,每匹马达80亩。③63年的基础上降低5.20%。④要保证排溉不影响兼收下,可以综合利用。

健全管理组织,明确各个主论[责任]:①落实管理人员。②发挥民主管理制度。每个机站配常年人员2个,放水员500亩以上配1个。发挥民主作用,主要的组织管理委员会,一定有事同管理员商量,不能同干部商量。

管理委〈员〉会:①主要贯彻上级〈指示〉,执行方针政策,从全局观点出发,要有利生产,有利降低成〈本〉,有利灌溉。②管委会有权选拔管理人员。③公社"四管":管人、管财、管机械设备、管工程计划。

1963.12.1

公社组宣会议

石秘书传达关于组织宣传问题。

1. 在社会主义宣传教育中,结合教育党员,中央规定10课,教育党员9课。在公社统一下在11月份上好第7课,在12月上好第9课,在上党课中结合本支部具体内容。

2. 健全组织建设工作,经常过组织生活,要求每月开支部〈会议〉1次,支委会2—3次,过组织生活1次。

3. 开展"五好"支部、"五好"生产队、"六好"社员〈评比〉。时间安排,秋收冬种结束后。

4. 干部领导参加生产,贯彻到底。大队干部参加120天,争取150天。公社准备要抨[评]一次。同时干部搞试验田要抓起来,分二种,一种高产,一种品种试验(闸口支部书记搞一块试验牌偷掉,换上马桶板),因为搞试验是政治性问题。

5. 各级组织建设工作,公社准备首先搞一个典[点],再推开。同时在今年来看,组织一个短训班。

6. 考察了解干部思想、工作、学习,同时插上一课党内阶级教育。今冬明春对社会主义教育不是小搞而是大搞,而是细搞,很细很复杂,结合工作。

7. 对12月党费可以收上来,不交党费而是推移[脱],动员,个别教育一次。

宣传工作:

1. 当前要宣传什么叫帝国主义,什么叫修正主义,帝国主义相互残杀夺权。

2. 国内外形势,特别宣传国内形势,在经济上很明的,特别宣传阶级斗争,因在社会主义阶级[社会],有阶级存在,必有阶级斗争的。但是阶级斗争,有时很明的,有时很激烈,有时平静,但是阶级斗争,自取自复[时起时伏]的。对阶级教育,特别回忆对比教育,什么叫地主,要用活人活事来教育比较好的。

3. 宣传先进思想,先进人物,树立先进旗帜。

4. 要求干部以身作则,特别年关破除迷信,防止赌博。

5. 下一次组织宣传提纲,依靠群众宣传群众比较好,要求下面尽快地组织好。

6. 组织业余教育,办民校,5号报到。叫周志华3号下午到公社开筹备会。

1963 年机站分配决定　　　　　　　　　　　　〈单位：元、斤〉

姓名	工分	金额	粮食
周生康	3 220	333.10	886
戴正华	2 700	289.70	751
徐阿三	1 600	165.50	445
徐杏林	250	25.85	70
张富贵	250	25.85	70
合　计	8 020	840.00	2 222

1963.12.5

李站长政治报告

1. 当前形势：在国际上看是好的，仍旧东风压倒西风。特别在国内形势很好，从农业、工业等其他，特别农业在粮食〈方面〉，今年比去年较好，特别的菜籽，秋粮有所扩大。虽有些地方受到灾，但是全国来看，比去年好转，棉花同样增加，畜牧业也同样增加。

2. 工业生产：今年出现尚好的实现，特别对支援农业，化肥增加 32%，拖拉机 30% 左右，轻工业产量开始回升，同时对比增加 20%，质量较好，价格降低，满足城乡需要。我们任务是农业为基础，以工业为指导，全面发展的方针。在农村中要求 64 年全面发展农林渔牧业，搞好农业生产。首先要搞财务分配，在农村搞财务分配，提到搞好财务是重要地位、头等工作。我们在春季交粮分配中，按照省委通讯，全面展开"四清"❶，按政策办事，促进秋收生产。但是有一段时间，忽视秋收生产。但是有一段时间，忽视领导，认为生产队为基础用不着管，出现自由分配；认为群众讨论，出现自由分配；认为群众讨论，公共积累不留，股份基金分掉，粮食按劳分光，不留自备，不照顾，出现自由风。我们财务人员要学习政策，搞好分配。

〈第一〉，为什么要产生这样问题：对学习政策领会不足，认为生产队有自主权，思想模糊，不要领导。上一级放任自流，认识不足。对执行财务制度不严，出现乱借、拿用。

为了以上问题：要依政策办事，民主搞分配。还要进行评比。我们搞分配人员站得稳，站得高，看得远，要有个群众观点。严肃财务制〈度〉，向违反制度作斗争。

评比条件：执行政策好；政治思想好；执行财务制度好；劳动好；作风好，同群众商量。

第二，我们生产队财务会计，按账目、手续登账办事。生产队会计是生产队内部当家人，以〈起〉国家与群众桥梁作用，是农村社会主义哨兵。

中新大队：

妇女会计介绍，下放到中新大队当会计，原籍盐官镇上，特［突］出有如下几点：

---

❶　八届十中全会重提阶级斗争理论以后，一些农村地区针对干部多吃多占的问题开展了"清工分、清账目、清财务、清仓库"的"小四清"运动。1963 年 2 月这种做法被中央认可，开始在全国农村普遍推行，并将运动定性为打击和粉碎资本主义势力在农村猖狂进攻的社会主义斗争，随后又提出了以阶级斗争为纲的口号。1964 年年底以后，"四清"的内容被规定为"清政治、清经济、清组织、清思想"，强调运动的性质是解决资本主义和社会主义的矛盾，重点是整党内走资本主义道路的当权派。1966 年"文革"爆发后，"四清"运动即告结束。

1. 虚心接受群众意见。

2. 及时向社员公布账目,不怕麻烦。

3. 先公后私搞好工作。

4. 按政策办事,不怕社员骂。

5. 积极参加劳动,向老农学习[拜老农]为师。

联民 9 队陈关民同志:

1. 表明前段的思想,动态是正常,认为王会计怕麻烦,不愿。

2. 从开春开展社会主义教育后,对我的思想特点,只有搞好集体生产,搞好分配。起[去]年对财务搞得不好,通过一场教育,通过选我当选 9 队会计,我去掉了过去不正确思想。做好今年的工作,主要是如下几点:①明确责任,账、钱分管。②每月细微公布,笔笔细公布,收入、开支、工分都公布。捉虫分只数公布,在最近采菊花 5 次,我也分 5 次计分。③要做先公后己,肚皮大点❶,因为要化[花]点时间,我利用晚上、起早,有时忙,3 时起身。对这个工作比较忙,我自己的猪留地,还没有种上。这次生产队补贴我 60 工,我很满意。④我只〈有〉一个人,要烧饭,烧猪食。有一次社员等我,后来我的思想,大家等我是不好意思,结果我不烧饭。另外会计要先去后回,不妨碍生产。有一次分麻杆柴发现问题,因为有晒、不晒,发现争吵,我只好耐心。在我的工作做到这样,在当时生产队补贴 60 工。当前社员很满意,大家讲要加 20 工、80工。通过社员,社员说再加 5 工没有意见。

他又提到自己还有缺点:

1. 记错了一支账。

2. 11 月份经济账没有记齐。

3. 对斗争性不强,发现问题。

李站长总结:三个同志发言是好的。

1. 总结形势,明确方向,在联新介绍中。联新 4 队 61—63〈年〉对比,总结明确,形势更加清楚。

2. 在中新介绍中,会计不怕麻烦,特别是从农业生产不熟悉,从财务工作不熟悉之下,不怕麻烦,取得群众拥护,不怕困难,虚心向老会计学习。

1963.12.7

下午,李站长政策报告

党的政策重要性。

〈第一个是〉粮食问题。

一定坚持统筹兼顾,要在安排三者关系。①先国家,交售国家征购任务,增产增购及借粮,这一些要及时完成。②集体部分,包括 64 年确保种子、饲料一定要留足,不能少留,大队不能抽基[机]动粮,不能借名摊抽粮食,但是,大队管理人员〈由〉机站分开摊,分批上交大队。生产队留存储备粮,一般留 12%,按比例提存。③社员部分,应该按照生产队社员大会讨论决

---

❶ 肚皮大点,当地土话,意思是气量大一些。

定,不能由干部包办,不能由少数群众决定,特别是按劳分配,是否照顾好,要照顾好,照顾户的口粮标准产量增加,可以适当增加。

四种人为了有利与[于]生产分别处理。

1. 通过类[屡]次教育仍旧不改,勤吃懒做搞私有,可以采取"60条"规定,多劳多得,少劳少得,不劳不得,分期分粮,达到改造思想,促进他生产。

2. 社员借粮问题,生产队干部应当叫他归还。

3. 当前发现所产山茹出售贸易价格,不计粮食,不计钞票,这样做法是错误。为了保障集体经济巩固,要保证地核实产量,显示出集体经济的优学[越]性。已经出售的粮食,应当作生产队的收入,但这笔粮食支出按粮食,其他支出方面,分到户粮食应当计算粮食。

第二个是经济政策。

1. 要掌握少扣多分原则,以〈达到〉增加社员收入目的。但是要掌握先公后私,也要统筹兼顾,先国家、集体,后社员分配,反对把集体资金分光。

2. 公共积累,公益金留存3%—5%,公益金1%—3%,按全年总收入提存。在社员分配部分65%以上,可能留50%,达到60%以下可以留2%—3%。但是购置农具开支大于积累,应当按照实用提存,按照实际情况提存,确[扩]大最[再]生产需要。

3. 社员部分。透支户,安排好社员以外,全部归还,老透支户分别处理。①不论新、老透支户,特别新透支户,〈采取〉分粮交钱办法。②生活困难,粮食付,分期交还订出计划。③生活确实比较困难,也没有收入,真真没有来源的,交给社员大讨论照顾,或者继续透支,处理的方法从公益金支出。

4. 干部报酬,按"60条"规定,不能超过生产队总工分2%。大队干部除去120天劳动外进行补贴,在当年处理,大队干部还有具体方面。生产队干部主要队长、会计,按照原规定,社员没有意见,按照原来办事。

如下几个具体问题:

1. 股份基金问题。按照57年国务院规定,不能摊掉,记各〈人〉名下,不论利息。如果退社,不能抽回。对新立户,按同样缴纳,如果有困难分期交纳。

2. 畜牧问题。按原规定办事,社员没有意见,对各方面有利的。如果有个别的偏高或偏低,要经过大多社员讨论(特别是贫下中农),作出决定适当调整,不能忽上忽落[下]。对留存饲料地,现在已留好,不作出〈改〉动。对没有留饲料地,可能适当照顾一点饲料。总的要掌握有利开展养猪生产,有利于发展生产的目的。对发展家〈禽〉问题上,没有发展方面,只有采取消极绝鸡令,限止[制]每户1只,我们应当教育社员管理好。

3. 经济林木报酬问题。按原来规定办事,教育社员严禁砍伐树木。

4. 产妇补贴问题。一定要进行照顾。

5. 奖售粮票问题。按劳分配也要照顾,劳动少,人口多,要照顾(特别军烈属、五包[保]户)。

6. 副产品分配问题。掌握劳需结合,同时也照顾畜牧发展,也不能按季掼断❶,应该全年结算。

7. 对垮[跨]年度处理问题。凡是当年能够收入的都列入当年分配,凡是明年的属于明

❶ 按季掼断,当地土话,指按春夏秋冬四个季节分别结算。

年的。

8. 关于阶级问题。对划分死班❶,掌握明浪[朗],一定统一分配。

9. 当年剩余种子,〈作〉当年收入,参加分配。

财务制度问题:

1. 现金管理制度。生产队民主讨论推选好的人来保管,实行账、钱分开,生产队长不能管钱。会计和出纳定期核对现金账目,保证账管相符。生产库存现金一定要有限额,超过限额应该存入信用社,生产队的限额一般 30—50 元,不能过多。

2. 开支审批制度。生产队一切开支严格地执行审批制度,凡是不是[经]审批,会计有权拒绝。每月定期向社员汇报,收入、开支,不合理开支,会计有权拒绝支付。社员借支,坚决取消,不能随便借支。

3. 财产物资保管制度。生产队的集体所有财产、物资一定要决定专人保管,并且建立财产登记簿,做到定期检查、定期核对,对保管好的给予表扬或奖励。

4. 建立账目公布制度。生产队一切开支,一切要凭单据入账,定期公布。每月向社员公布汇报一次,同时要账[张]榜公布,口头公布,对社员提出的问题要耐心解答。

5. 报表或分配制度。生产队的一切来往经济账目,每月向大队汇报一次。春、夏、秋一定造试算决算,按照规定办事,问题提出要解决。3 队与 6 队这笔款 138.20〈元〉。

合计 19 人:冯再兴、周锦民、叶文浩、周生林、沈纪松、戴仕康、钱锦余、邹彐林、陈惠康、邹子明、沈尧兴、袁阿培、章仲华、戴正华、顾余根、徐清召、冯再兴、朱永根、邵大明(邵大明在长安高中求学)、张加宝。

1963 年联民 7 队秋决算情况

姓名	工分	其中猪羊〈工分〉	分配金额〈元〉	归还土肥〈元〉	已预支〈元〉	应找补〈元〉
周生康	7 621.2	660	235.72	169.46	379.37	25.81
建初	647		31.00		13.00	18.00
杨福英	3 699.3	446	114.42	91.99	151.42	54.99
张永保	1 596.2		49.37		64.15	14.78
王灌	7 997.2	370	247.35	90.53	283.90	53.98
陈进其	8 970.8	530	277.48	131.57	319.54	89.51
沈云林	10 496.5	955	324.69	248.30	403.26	169.73
陈五毛	2 012.3	135	62.23	21.08	58.29	25.02
金奎	7 371.6	560	228.02	129.68	258.19	99.51
沈才心	9 402.2	580	290.80	125.89	322.07	94.62
朱张林	5 127.1	356	158.58	84.44	204.46	38.56
合计	64 941.4	4 592	2 019.94	1 092.94	2 457.65	669.73

---

❶ 生产队把全队劳动力均匀地划分为几个组(通常是 2—4 个组),每个组各承担一定的生产任务,称为"分组作业"或者"分班作业"。生产队季节性地分组作业,生产任务完成,组或者班就解散,称为"活班"。生产队长年划班作业,称为"死班"。"划死班"被界定为资本主义倾向。

1964年

1964.1.28

大队召开生产队长会议

水利问题:

1. 渠道首先填好修好。

2. 决定每队抽1人,机站集中先运20方(2月1号机站报到)。

3. 对1—2队问题,决定购电水队泵1付[副],预计3 700元,1 700元由大队摊负,2 000元由东片生产队负责。

1队500元,2队500元,3队250元,4队250元,5队200元,6队200元,7队100元,大队1 700〈元〉,共计3 700元。

64年1月28日中午12点另[零]5分,队长一致同意。出席人员:王继福、戴顺堂、周福章、陈进其、邵左兴、邹伏元、周和尚、周生康、陈德夫、陈康裕、徐敬天、冯阿苗、冯茂才、陈夫堂、冯祖兴、王张堂。

1964.2.26

出席公社民兵连长会议

苏部长传达:

1. 学习郭兴甫[福]连长经验。

2. 迎接民兵工作大检查。

他主要有"三个带头":

1. 带着阶级仇恨。

2. 带着敌人观念。

3. 带着问题去〈做〉,而〈且〉是"四为[会]":①讲。②做。③教。④做思想工作。

主要特点有下面几点:

1. 很注意抓活思想。

2. 充分发扬教育民主。

3. 把技术、战术、思想、作风联合起来。

4. 先小后大,先学轻后学重。

5. 坚持耐心说服教育方法。

现在该连队的兵,毛主席称为"小老虎一样"。

南京军区总结八条经验:

1. 摸清底细,思想,文化,新、老,应［因］人施教。

2. 分清主、次,分批教育,由简到难。

3. 归纳要领,做出样子。

4. 出一情况,进行演习。

5. 重点提问题,反复练习。

6. 民主教育,利用骨干。

7. 评比竞赛,建立标兵。

8. 宣传活动,抓活思想。

第二个民兵组大检查问题。有军区组织来检查,目的主要摸出底细,找出问题,取长补短,进行补课。同时进行评比工作,福建、浙江、广东组织军区。

民兵工作三落实方面:

1. 党委这［怎］样对加强民兵工作领导问题。

2. 支部与民兵连怎样抓民兵思想工作,一年来进行哪些教育,有哪些效果,教育中这［怎］样抓活思想。

3. 支部是否对民兵工作议［列］入程序。

4. 基干民兵是何［怎］样审检,是否组织成［纯］净。

5. 民兵干部怎样选的,是否贯彻党的阶级路线;支部是否分工,是否决定。

6. 民兵组织整顿是否贯彻民兵制度。总结工作,出队入队,改选干部,改进制度,整顿好后进行审检一下。

7. 战备措施,联防工作是否做好。

8. 民兵训练,是否分散小形［型］。

9. 民兵武器有否保管好。

征兵问题:

1. 在征兵问题〈上〉,是否违反政策。

2. 检查退伍军人问题。

3. 做好军属安排问题。

检查:县里先来检查,月底月初。现在要做好如下工作:

1. 整顿好的队要进行审检,民兵干部是否选好,要摸底细,不对头进行补课,做好后马上送上来。

2. 凡是没有结束的队,要求月底前做好交上来。

生产问题:春花、早稻、蚕茧怎样来丰收问题。

春花开沟排水,早稻问题做好整［准］备:①面积。②秧灰。③种谷。改制面积,扩大蚕茧,当前抓好蚕具修理,毛帚柴准备。水利问题,重点渠道问题,晴天要修好。另外肥料要积,号召罱河泥,做塘,发展畜牧生产,多积肥料。

发挥革命化问题:

1. 要有革命的坚强意志。

2. 要有顽强的革命斗争〈精神〉。

3. 要有热火[火热]阶级态度。

4. 大抓比、学、干[赶]、帮,摆好评功问题、人人立标兵问题。

1964.2.29

联民 7 队生活情况

陈金奎,现有粮食可以吃到阴历 2 月中旬,需要借粮 150 斤;

王灌,现有粮食可以吃到到阴历 2 月底,需要借粮 150 斤;

王进元,现有粮食可以吃到阴历 3 月上旬,需要借粮 100 斤;

韩永保,现已断粮,需要借粮 100 斤;

合计预计 500 斤。

1964.4.2

朱 局 长 报 告

会议情况(与)要求:这次的会议学习政治为主,同时学习管理。

下午,马县长报告

首先讲我们这次训练班,主要是领导问题,也是交流经验、介绍经验,大学先进,为 64 年水利工作,更好地为农业生产支持,为农业生产服务。我们特别在 63 年,经 62 年不利条件旱涝都有,但是 63 年仍旧增产,除粮食外,特别络麻普遍增产,棉花、蚕茧、畜牧同样都是〈超〉额完成国家计划。我们在 63 年达到增产,对我们水利工作取[起]到了很大作用,主要方面,加强排涝能力,改进经营管理,在 63 年有所提高,而〈且〉推广合理负担政策,做到了按量计费。全县有 98 个机站,实行按需计划有 24 个,总的来看比较合理,对水费有所降低。另外财务上也有所改进,机站为核算财务,由公社统一管理,订[定]立各项制度堵塞浪费,减少不合理的开支。同时,另外,在 63 年在雨量大、时间短〈的情况下〉,〈做到〉损失小、迅速排涝。但是不能自满,不但粮食增产,而且络麻、棉花、蚕茧、畜牧普遍全面旱涝保收,稳产高产。另一方面来看,旱涝保收、稳产高产,对水利相差很远,要求很好地根[跟]上去,不但很好地学,而[且]是要科学试验。老办法不利,〈要〉大学先进,大搞试验。但是要高产就是倒伏,要掌握倒伏就是要靠我们水利工作,要勤灌浅灌,〈改变〉我们现在的懒灌深灌。另外我们的工作还是有问题,不能配套,有的机械配套,工程不配套;质量不好,有些问题造成能灌的不能灌,损失很大;有的进度不快,另一方面对合理灌溉还有问题。在管理上还有问题,变压烧坍,造成不良之损失,开支很大。要求我们不能保守面积,要扩大保守面积,增加多种多收,增加收入,旱涝保收,稳产高产。我们的地方高底[低]不平衡,高的要水,底[低]的不要水,高的要晒死,底[低]的要埋死。另外今年的任务重,改制多,旱涝保收,稳产高产,全县在 65 年达到千斤县,所以我们水利相差很远。但是,当前的形势要求我们想办法管好用好,互相学习,共同提高,交流经验。思想方面、管理方面,我们水利为生产服务,根据作物生长的需要,贯彻按量计费,合理负担政策,民主管理,勤俭办站。

主要管的方向问题,对生产有利的我们要管,对生产不利的少管不管,不能怕麻烦。对生产有利的,我们麻烦是应该的,浅灌勤灌,水费少,产量高,好处多。发挥群众如何样来帮好电灌,如何样来管好用水,发动群众来管,做好合理灌溉,对于勤俭办站,也要发动群众民主来管理、开支。

三摆:摆成积[绩];摆经验;摆进步。

八比:比思想;比干劲;比自力更生革命精神;比为生产服务,根据高产需水要求,要求及时灌溉;比贯彻执行合理负担政策,按量计费,三八指标;比工程设备维修配套,设备完好;比安全运转无事故;比民主办站,勤俭办站。

1964.4.4

讨　论

去年受到风、虫、旱、涝灾害,但是取得全县丰收,主要取得丰收的来源,对水利上有很大成绩。

1. 改进经营管理,实行按量按需〈管理〉。定量有 98 个,按时有 24 个,众摊 14 个,按亩次计费 73 个,共计有 209 个机站对水费上大大降低。

2. 抓住财务,公社统一管理。

3. 机站工程配套。

4. 机站人员思想工作提高。

虽然有以上成绩,不能自满骄傲,还是要向先进单位学习,与先进对比相差很远,骄傲自满,造成故步如风[自封],定[停]而不前而后退,对群众造成损失。农业生产,从解放〈以〉来经过土改,在实现农业集体化的基础上,还要实现机械化、电气化、化学化。我们走的还是开头,要实现四化,路程还是很长,所以我们的工作任务还是重,所以不能自满。要在农业上实现稳产高产、稳定上升,今年达到全县平均〈亩产〉1 000 斤,在 64 年到 65 年,〈全县〉达到 3 亿 5〈千〉到 3 亿 6〈千斤〉。

朱 局 长 报 告

今年有啥个年? 今年是大比大学先进、赶先进之年。在学习〈方面〉,总的收获有 2 个:

1. 坚定革命意志,彻底地坚地[持]了革命化,克服了主观与客观能动性。

2. 我们学习了二分法的工作作风。

今后工作意见:

1. 定全年抓当前:①效力[率]。②耗电。③成本。④工分。⑤科学。

实验项目。

2. 讨论两个问题:①管好用好,先决条件是什么〈要〉排一排,三个配套,工程、人员、输水设备机械。三个方面查一查,还有什么问题。

3. 用水管理问题上,管理上采取什么办法:①还是采取按量计费,还有明搞暗不搞。②用水管理上采取哪一种管理好,办法那[哪]几条。③搞科学试验,掌握用水的规律。④怎么搞思想工作,特别是机站人员。

典 型 介 绍

漳江公社林社长谈谈找出比不上先进〈的原因〉。

1. 革命化的思想干劲比不上。

2. 管理工作不平衡比不上。

3. 部分田达不到旱涝保收。

4. 在工程配套上不够完整。

5. 在用水管理上达不到要求,不合理。

6. 机械管理上不够好,单管一套。

7. 生产队专管员经常调换轮流放水。

8. 机站人员有时出现思想问题。

9. 瓦灌全公社 68 亩比不上先进单位,效率不高。

10. 领导方法特别学习比不上其他,缺乏得[蹲]下去,搞典[点]做样子不够。

订出 64 年指标,做到"双 5 双 7":①每亩耗电 5 度。②费用每亩 0.57〈元〉。③瓦灌 75 亩。④每亩工分 7。

搞科学试验,水稻、络麻。

完成以上指标,订出如下"六个抓":

1. 抓组织。首先把专管理人员及民主管理相结合,另外发动群众管好用水。

2. 抓好活思想。首先学好毛主席著作,每机站发一本,每一月学一次,本人自学先进经验,要大学,要〈先〉学近后学远。我们的口号,要虚心地、坚决地、老实地学。

3. 抓政策。公社抓合理负担,按量计费政策。

4. 抓业务管理。工程、维修、机械设备上。

5. 抓住搞点用样子❶。今年,公社负责水利线❷,准备搞个定额管理,搞好用水管理,搞好灌溉实验。

6. 抓比学赶帮。继续要抓,抓好标兵单位,做先进榜样,展开大比大学同[与]评比,同时要做好"五个带头"。我们为了把以上工作做好,要做好"五个带头":①我们机站人员首先带头学毛主席著作。②带头执行用水管理制度。③带头积极参加集体劳动,搞实验。④带头搞灌溉科学实验,掌握规律。④啥地方有困难,带头到啥地方去搞。

以"五个带头"实现以上措施,达到目的:①有利达到农业增产。②有利于集体经济巩固。③有利于社员增加收入、增加团结。④有利于社会主义建设,保证 64 年农业生产比 63 年增产。

迎丰机站介绍,找差距有 10 个:

1. 革命化精神、革命干劲不足,比不上先进。

2. 政治思想同业务学习不足,比不上先进。

3. 掌握大面积资料不足,比不上先进。

4. 灌溉效率比不上。

5. 水费成本比不上。

6. 工程设备、维修配套比不上。

7. 设备保养工作比不上。

---

❶ 指搞典型,用榜样来说服人。

❷ 所谓"线",指的是行政管理中的"条条",在人民公社中有蚕业线、农业线、水利线等。

8. 搞科学试验比不上。

9. 单位产量比不上。

10. 合理用水不够。

只抓粮麻油,不管敌我友。

为啥要画图的道理:

1. 便利于放水核实面积。

2. 便利大队检查落实计划面积。

3. 便利生产队落实定额管理,安排作物。

讨论回去意见:

1. 召集生产队会计会议,造出生产队作物面积登记册,一式三份。

2. 同时贯彻画图计划及做法,首先搞出一个生产队样子,(先草图)澄清画图,集中造出,一式三份。

3. 召开管理委员会:①决定人员。②人员报酬。③放水办法。④64年预算。⑤建立制度。

4. 召开放水专管员会议。

典 型 发 言

庆云公社社长发言:回去工作,提出如下指标,每千瓦灌76亩,每亩工分7.5〈分〉,每亩耗电6.7〈度〉,每亩水费0.55〈元〉。

措施:

1. 解决政策思想,组织学习,每月学习2次,13、14〈号〉。公社召开大队长会议,研究三个配套,学习内容〈为〉毛主席著作。

2. 坚决做好三个配套,应该修,马上修好,在一个月内修好。工程配套,立即修好渠道,在20号前做好。人员配套,现在专人配好,只有生产队专管员在18号配好。

3. 贯彻合理负担按量计费政策。第一步,马上动手画图,在20号前做好;第二步,账目;第三步,量水尺做好;第四步,研究好按需田界限[线]。

4. 处理好三级人员报酬。

5. 搞科学试验,早稻24.10〈亩〉。

6. 开展比学干[赶]帮,我们学漳江,机站学迎丰,同时全公社开展比学。

公社一季度评一次,机站一个月一评,记上光荣薄[簿],每季度上光荣榜,年度评比,记上光荣榜发奖状。

石路公社发言:8个机站学习以后有下面几个体为[会]:

1. 主要依靠党的领导才能做好工作,要搞机站工作,主有[要靠]党的领导,群众的支持。

2. 要搞机站必须搞好科学试验,才能正确地做好工作,真真做到走群众路线。

3. 要有自力更生、克服困难的精神。

4. 必须对机站人员加强政策思想教育,提高觉悟,特别是回忆对比教育,使他认为[识]到旧社会受阶级〈压迫〉的苦,提高革命干劲。

同时找出差距,在10个差距比不上漳江公社:

1. 革命化思想。

2. 依靠党的领导。

3. 努力学习党的政策。

4. 碰到困难,向困难作斗争。

5. 对管理工作。

6. 排涝工作的配套。

7. 掌握勤灌浅灌,合理灌溉。

8. 搞科学试验。

9. 执行按量计费政策。

10. 机站管理制度。

我们64年的指标:每千瓦灌92〈亩〉,每亩工分4〈分〉,每亩耗电7.75〈度〉,每亩水费0.696〈元〉。

订出下面措施:

1. 回去向公社党委汇报会议精神,统一全公社干部的思想。

2. 抓各级组织,首先抓大队一级,〈然后〉生产队,另外发动群众。

3. 抓政治思想教育,抓活人活的思想教育,群众大家管好机站。

4. 抓科学实验,做出样子带动全面。

①放水员定面积。②定耗水计划。③定报酬。④定电械保养工作。⑤定管理费用。⑥定学习次数。⑦定科学实验项目。

5. 进一步抓好三个配套,特别是用水管理员同机站放水员配合,工程、设备抓好。

6. 进行赶学比帮运动,大学先进,学迎丰。

沈墅许站长发言,回去订出指标:

1. 成本0.60〈元〉。

2. 耗电量5.7〈度〉。

3. 千瓦灌〈面积〉。

4. 每亩工分。

斜桥公社发言:

1. 既要节约用水,又要灌好需要水稻用水,千瓦灌,耗电6〈度〉,电费0.50〈元〉,工6分。

2. 搞好科学实验,用水规律。放开肚皮放水(好像灯草烧蹄胖[膀]❶)。

3. 加强政策学习,公社每月2次,机站每10天学习1次。对群众,主要向群众讲解,明确思想。另外发挥机站管理委员作用,专管员落实好。

4. 做好三个配套,特别排涝配套。

5. 认真执行合理按量计费政策。

6. 健全各项制度。

7. 开展比学赶帮,公社学漳江,机站学迎丰。

---

❶ 放开肚皮放水,放不好水;灯草烧蹄膀,烧不好蹄膀!

向大队书记汇报如下情况

县委学习的情况：

首先学习大寨的革命艰苦精神，经过讨论对比，对照自己的思想，检查自己不够的地方。就几个方面，特别在〈于〉革命干劲衰退，有些寒热病，不愿干机站工作。多管还是少管好，少管还是不管好，这就是说不要革命，造成对群众不负责任、抱消极的态度。

大寨的主要精神是：①有革命化的精神。②〈有〉敢于蔑视困难、克服困难的勇气。③自力更生，不怕艰苦，奋发图强。④永远前进，严格的科学实验。

以上大寨的精神要求每一个同志，认真的学习，不论［能］满足现状，迷失政策方面。认为我们的工作已经还好，叫比上不足，比下有余。这种错误思想是完全不正确，是很危险的，我们要站得高看得远，不能只顾眼前，只顾私，不顾集体。今年是大比之年、大学之年，比先进、学先进、赶先进、帮后进的运动。这就是说要比，有的人体会是"不比不知道，一比吓一跳"；有的人体会是不比好比坐井观天，一比方知天外有天，这是完全符合思维的规律和认识事物的规律的。虚心使人进步，骄傲使人落后。这句话要牢牢记着，把自己的工作，用革命化精神克服困难，想尽一切办法完成上一级所交给的任务与工作。

1964.4.5—1964.4.6

公社水利检查会议

经过检查，当前存在如下四点问题：

1. 画图问题，没有完整，要造好分块册及作物。
2. 机站人员报酬问题，没有处理好。
3. 生产队放水管理员没有落实报上名册。
4. 放水管理办法，还没有普遍开展。

1. 大抓人员训练，放水人员。
2. 人员报酬问题，争取主动，造出方案，经大队审查。
3. 比学赶帮。三个管理：①用水管理，推行按量计费。②机务管理，学习利民❶。③工程配套，缺啥配啥，限期完成。
4. 订出用水管理制度。
5. 机站人员分工负责，统一作战。
6. 工程管理划队保管维修，订出维修保养制度。
7. 贯彻安全操作制度，检查机手是否学习，抽上来要测验。

1. 建立科学研究试验田，每个机站人员搞一片。
2. 全县实现三七一八制度❷。
3. 机站人员要多面手，精简人员。
4. 合理对〈待〉机站人员报酬问题。

---

❶ 利民是当时三星人民公社中的一个大队。

❷ 原文如此，含义不详。

5. 大学毛主席著作,为人民服务,忠心耿耿为人民服务,学习政治,学习解放军三八制度,掌握第一资料。

6. 机电排灌管理样样比,基本是降低成本,保护机器,以机站为家。

7. 秧田水要求不要电灌。

8. 机、电、木三结合,二条腿走路。灌溉目的,有利促进生产,在农业生产对水利方面,也是主要一部分。

结合工作:

1. 扩大保收田问题,达到稳产高产。主要搞四个类型:①稳定高产。②高而不稳。③稳而不高。④不稳不高。

2. 海塘问题。对今后海塘种植作物处理问题,分别收入,我们宣传社员加强保护,一律不能侵犯。

出席联民 7 队会议

当前生产问题、分配问题、思想问题,当前情况。

1. 7 队当前生产质量问题很差。削芋艿,削光,不求质量。

2. 思想不好,生产不好,麻痹思想。王隆说这个生产搞不好,迟到不扣工分,提出骂山[三]门❶。

3. 大麦问题:何办法来解决?

1964.4.13

回去的工作安排

1. 头一批的资料,搞好画图。方法是首先召开生产队农业队长与会计会议,进行贯彻 64 年的放水办法、制度,进行讨论,如何样做好第一步的工作决定,并贯彻这个制度执行的好处。同时要求造出面积登记册及作物名称,一式三份,一份送大队,一份交生产队,一份留机站备查。

2. 做好这项工作,要求首先通[统]一干部的思想,特别大队、生产队〈干部〉。思想统一后,大张旗鼓发动群众。

3. 抓住政策思想教育,活的思想教育,教育群众民主管好机站。

4. 64 年的工作步骤及管理意见,提出交它初步讨论,打好造预算的基础。①人员决定。②报酬决定,指定工分。③管理委员名单。④定电气养护。⑤责任制、耗电、成本、千瓦灌面积。⑥科学试验项目。

大队会议:

1. 分配问题:①粮食分配,按劳分配加安排。②粮油分配,每人 1 斤,多余按劳。③柴草分配,肥料金额每元 8 斤,多余按天数分配。④奖励品分配,按劳分配。⑤留存储备粮食。⑥公益积。

2. 土地问题。

---

❶ 骂三门,当地土话,意思是凶狠地骂人,骂到了祖宗三代。

革命的书写
——一个大队干部的工作笔记

1964. 4. 23

出席大队会议

布置 4 月份工作。

1. 春花开沟放水,继续开通四周沟,降低地下水位。

2. 秧田管理,加强管理。今年要搞好插秧,根枝要多,密值[植]程度要求高,所以要对口,如果缺,要补做秧田。

3. 打下长年积肥〈基础〉,发展养猪养羊,多积自然肥。今年自力更生,土肥为主,化肥为付[辅]。

4. 络麻问题,要求立即下种。早播络麻,要求在 25 号完成。油菜不超过月底,下籽要求 3—5 斤,因还有冷空气南下。技术规格,要密植。

5. 水利工程要求月底完成,今年一定要实行按量计费,反对按时、按亩。

6. 建立种子田,继续创造,专人管理,下一步小麦也同样留好种。

7. 血防工作,继续土埋钉螺蛳。

8. 蚕桑生产,26 号发种,坚决达到“五定十不准”。今年蚁量❶要高,防止浪费掉。64 年度的好坏,主要看三方面:①春花。②蚕叶。③早稻。

9. 对各项政策,是否执行,是否订[定]好。生产按计划办事执行,蚕桑问题一定按照粮桑混合,所以按照以前决定办事。去年决定蚕豆当绿肥,清明翻掉,现已过去,我们就要执行这项工作,立即运动,明日开始,30 号验手[收]。联新、联民下一步一律不可种,按照大包干面积办事。如果现在实际有问题,到年底为止。还有新种桑、毛桑❷,到明年积好肥。现新种大种桑,也同样翻掉。如果种小麦,生产队写三张检查,下步不够做。络麻的奖售政策:任务 1 180 〈斤〉,超出 100 斤奖励大米 10 斤。

10. 继续展开摆功,月月摆功,所以要彻底搞。

(机站会议讨论如下)讨论

1. 今年我们大队实行迎丰(的方法),来不来❸?

2. 对这些制度要不要?

3. 我们如何解决我们的放水问题? 种田水、芋艿水、络麻水、旱田、过河水。

4. 选拔生产队放水员。

5. 今年的收水费问题和结算问题。

6. 火力机灌溉问题如何解决?

---

❶ 蚁量指蚕种可以出蚕的量。

❷ 毛桑,指没有嫁接的桑树。

❸ 来不来,当地土话,意思是行还是不行?

1964.4.30

贯彻会议摘要

大学迎丰机站的先进方向,我们的工作:

1. 为啥要画图的说明。受益面积地形图是合理用水、按量计费的基础,因水量须根据每亩田的面积和水深计算出来。实行按量计费以前,必须把每一个生产队在每块田垟中的田逐块画地形图上,注明面积和高程以后,顺着放水顺序编出田号以后,算水量时,就可以根据这块田的号数从地形图上查出面积。部分靠正渠道的渗水田,由机站按实际需要包干放水,叫(按需计费的田)画出一个O形,做记号的用来区别。按需计费的田计算办法,根据生产队按量计费的田,平均值计算水费。

2. 为啥要编造登记面积。各生产队登记面积时,顺便把每块田种植作物的情况写在作物种类登记簿上。放水时,机站根据农事季节,按渠道系统远近、地面干湿和作物的需水缓急等情况来安排放水次序,在作物登记簿上随时可查到某生产队第几号田种的是什么作物。三方面有利与[于]安排生产,检查生产。

3. 严格地掌握计划用水申请表。生产队需要放水时,根据分组轮放制度,在轮到放水的前一天,由放水员填写放水申请单,上面写明需要放水的田号、面积和日期,向机站申请,由机站安排放水。报后不放由机站负责,不报不放由生产队自己负责。放水后机站放水员和生产队用水管理员去田间,在事先双方共同订[定]好的水量椿上,或共同确定的量水地点,用尺量水深,核实水量,在受水核实单上签名。核实单分二联,第一联留生产队,第二联交机站作记账凭证。如果生产队不止一张用水核实单,登账时把几张核实单汇总一张登帐[账]凭证,叫受水方核实凭证,受水核实单作为附件。

4. 在各生产队汇报申请放水单后,机站汇总各生产队送来的放水申请单,根据需要的放水面积、水量,考虑应放水深和渠系远近,按[安]排第二天的开机时间。机站工作时,机手须把机器的运行情况记录〈下来〉。

5. 机站会计(站长或机手兼)根据放水员带回来的受水核实单上写的田号,从地形图上查出面积、水深,水量按计算表上查出水量,填在核实单上,完整登上日记簿。

6. 为了便于按队查对核算水账,放水后从日记账上列出各生产队分户账,从分户账上可查到这个生产队到某月某日止,放了多少田,用了多少水,应负担多少水费等,可以总结那[哪]一个生产队节约用水,灌好农田,需水量达到作物增产。

7. 月结公布账。在月结分布中,从分队账记载的灌溉受水面积、水量累计数,每月公布到生产队,及时把结算情况通知生产队。

为了做好以上的工作,我们今年的工作措施:

1. 政策思想领先,由上级及本大队支部统一领导下,大学先进,用革命化精神在64年在水利工作〈方面〉比去年搞得更好一些,真真做到水利为农业生产服务,促进农业增产,增加社员收入,减少生产成本。

2. 民主管理好机站,一切按制度办事,执行上一级政策。

3. 为了64年灌好水,首先是渠道问题。为了维修养护好灌区内所有的工程设施,保证灌溉畅通起见,更好地为农业生产服务,特制订[定]本公约通过执行:①干、支渠由生产队负责维护修理,分片划队包干,检修时间由机站安排,质量标准听从机站指导。②渠道内坡不准种作物,灌溉季节由机站安排定期清除渠道内的杂草。③渠道外坡不准翻垦,如有发现,应当立即送交大队处理。④引水闸、渡桥由机站统一管理检修,需要改建时,由该区管理委员会研究决定,由机站负责施工。⑤分水闸、节制闸、涵洞落田管由机站统一管理,每年冬春修理期间全面整修配套。⑥机房、静水池由机站负责管理和维修养护。

用水管理制度:

1. 各生产队固定用水专管员,管理本队引水缺、落河缺、坍水缺❶,掌握灌水标准。

2. 各生产队在要灌水的前一天向机站提出灌水申请计划,机站根据分组定时轮灌原则,掌握前后、先急后缓、先远后近、先高后低,进行放水,事后由放水员会同用水管理员核实水量。

3. 渠道上闸门、管塞由机站放水员开启,生产队用水管理员有协助关闭之责,但无开启之权。

4. 私拔闸门,从开车时间起到发现止全部费用计算到队;私拔管塞不论大小以同样时间50%计算到生产队。

5. 偷窃渠道控制设备处以罚金,闸门大的每块 10 元,小的每块 5 元,水泥管按价值加一倍计算,检举者奖励 50% 。

6. 全年水费的收取,分夏、秋二次。春花、蚕茧收入时收 60% ,秋后决算多还少补。

以上 6 条须坚决执行。

1964.5.20

〈编造夏收预分表〉

贾会计:在这次编造夏收预分中,本大队机站在上次机站管理委员会议决定今年的预收水费,按去年的办法暂收水费 50% ,数字按原定收取,到年终多还少补原则。

〈单位:元〉

〈队别〉	〈预收水费〉	〈队别〉	〈预收水费〉
1	96.45	8	145.12
2	117.07	9	147.96
3	120.63	10	98.36
4	112.78	11	141.62
5	82.85	12	83.38
6	97.67	13	99.48
7	50.33	14	87.35
		合计	1 481.08

---

❶ 引水缺指引水进入水田的缺口;落河缺指让水流入河道的缺口;坍水缺指容易漏水的缺口。

1964.5.22

本 机 站 情 况

已耗电 1 063 度,每度 0.14〈元〉,合计 148.82〈元〉;

已收回水方共计 12 311.8〈方〉,计算折每度 0.121〈元〉;

定额出水方共计 29 133 方;

已放出种田面积 264.52〈亩〉。

〈单位:度〉

〈队别〉	〈耗电度数〉	〈队别〉	〈耗电度数〉
1	1 164	8	1 000.4
2	434	9	1 611
3	371	10	624
4	1 263.4	11	869
5		12	598
6	1 208	13	2 062
7	362	14	645
		合计	12 311.8

另外,在 27 号上午 10 时发现偷拔管塞,有[由]11 队地段徐德三弟弟拔,有哑子、杏林子看见。令他提出意见,要赔罚 5.00 元,他相反说:5 元,有就 10 元也行,赔没叫赔,啥挪末大事件❶。

本机站情况:

我们机站在 64 年预算大体❷通知,估计耗 1 000 度,预计约开支 1 383.40〈元〉,折每度 0.1385〈元〉;预计需水 25 万方,每方约折 0.000554〈元〉。上交公社折旧费、管理费等共计 462.22〈元〉,每亩 0.34〈元〉。

1964.5.26

上午,参加大队正队长以上会议

内容:

1. 蚕桑生产问题,大队蚕业生产。

2. 当前生产,汇报各队现生产进度。

3. 研究暂时各队汇报确定面积,全大队 59.00 亩。

---

❶ 当地土话,意思是,赔就赔,没有什么了不起。

❷ 大体,当地土话,意思是大约说来。

水田面积	〈单位：亩〉				总土地除专桑自留地总面积〈单位：亩〉			
〈队别〉	〈水田面积〉	〈队别〉	〈水田面积〉		〈队别〉	〈自留地面积〉	〈队别〉	〈自留地面积〉
1	44.44	9	65.28		1	115.854	9	136.099
2	35.20	10	36.56		2	96.255	10	99.254
3	46.15	11	59.21		3	94.64	11	137.208
4	48.59	12	38.21		4	98.316	12	91.235
5	39.46	13	40.656		5	73.331	13	99.623
6	45.44	14	38.336		6	89.907	14	85.486
7	22.06				7	2.262		
8	53.28	合计	612.872		8	94.254	合计	1 363.606

1964.5.28

〈8 队、9 队放水记录〉

上午放 9 队，面积 2.32〈亩〉（2 次耗电 28 度，868 度 60%，回收 520〈度〉），面积计算 139 方。

下午放 8 队，面积种田 4.00〈亩〉，返苗 5.20〈亩〉，实放 2 个半小时，耗电 64 度，出水 1 984 方，回收 60%，1 190 方，按照种田水 240 方，返苗 4 公分，深 139〈方〉，共计只叫［要］379 方，相差 811〈方〉。

9 队相差 381〈方〉。

1964.5.29

本 机 站 情 况

5 月份到 29 号止，共开车小时 88.09，共耗电 1 655 度，灌溉面积 339.20〈亩〉，额定出水方 47 485 方，回收水方 21 403.8〈方〉（45.1% 不到）。

当前出现问题：

1. 生产队用水员 70% 不管，只叫田里有水，叫火烧眉毛只度［顾］眼前。早踏夜干，渠道边的田要求按需，渗漏满的田认这几片田，是不要水。认为漏满不发棵，反而损失。认为按量计费，量水方只叫田里有水才算，不协助机站放水员看好，坍掉渠道不管账。

2. 社员反映，量水方是合理，但是渠道不看，坍掉损水大，漏洞多，将来算起来比去年水费要大，要水马上要，随随便便。

3. 认为那讲讲合理，我看就是不合理，我要放水秧田，社员立等，你们慢慢叫，耗水大，虽然水费出不出来，那〈你们〉叫算，有的是钞票，开口要，马上到。

1964.5.31

本 机 站 情 况

我们机站关于 5 月份到 31 号为止共计耗 91.49 小时,耗电 1 711 度,共放面积 354.49〈亩〉,定额水方数 49 221 方,收回 22 106.8〈方〉,占 44.9%。月公布折价 0.0108〈元/方〉,收回金额 238.83〈元〉。

大队会议摘要

分配问题:①粮食分配问题。②食油分配问题,按政策办事。③猪饲料问题。如何采取那〈哪〉一种办法,总的来说要照顾好。标准来说,好过下去。做这项工作,首先教育两方面,采用一分二分法来看问题。④促进生产,队工分不值钱。⑤贷款问题,我们遵守信用,有借有还原则。

搞稳定高产问题:县委田主任传达有关"三五"规划,规划各部分从现在开始进行工作。在农业,首先第一步是搞稳定高产,在"三五"规划,要求平均每人 600 斤不吃进口粮。现人口 6 亿 5 千万,在三五中途到 8 亿人口不吃供应粮。要做到这项工作,首先排型类,进行找差距。

1964.6.3

夜,召开管理委员用水员会议

5 月份实绩公布表:

计算面积 1 337〈亩〉,其中早稻 500〈亩〉。

比降低水费〈第〉6 位;

比节约耗电〈第〉5 位;

比节约用水〈第〉2 位;

比安全运转〈第〉1 位。

研究本月灌溉计算办法:

1. 为了纠正前一段的用水管理问题,今后计算水方的办法:凡是〈以〉田间脚坑潭有水为标准,如果断水每亩加底水 30 方,旱田 50 方。如果断水,〈田面〉已经列逢[裂缝],每亩加 60 方,统一计算。

2. 实行轮灌,按计划办事。如果要放水,首先上一天下午来机站申报,特殊情况除虫等,按先报先放、后报后放原则。

3. 为了管理好耗水,首先在放前,生产队用水员检查好渠道,是否坍,漏洞塞好,落河缺看好。

4. 收费问题,一定按计划收上来,不拖延。

已收水费 5 月 30 号止,105.04 元(95.04〈元〉秧田水);

已收水费 6 月 11 号止,947.67 元,1 047.67 元;

已收水费 6 月 20 号止,1 032.67 元,1 132.67 元。

革命的书写
——一个大队干部的工作笔记

1964.6.20

〈机站水电〉记录

6 月 20 号止已耗电 2 008〈度〉,累计 3 719 度;
定额出水方 64 747 方,累计 113 968 方;
收回出水方 34 517 方,累计 56 624 方;
开车小时 106.17 时,累计 198.06 时;
灌面积 472.99 亩,累计 827.48 亩。

分队面积情况　　　　　　　　　　　　　　　　〈单位:亩〉

队别	总面积	田	地
1	163.85	56.730	107.120
2	135.160	35.730	99.430
3	149.380	46.340	103.040
4	133.690	49.910	83.780
5	103.560	39.360	64.200
6	114.086	45.427	68.659
7	69.710	29.680	40.030
8	188.853	53.170	135.683
9	247.347	77.647	169.700
10	212.490	51.380	161.110
11	207.618	64.248	143.370
12	138.220	41.350	96.870
13	140.834	40.936	99.898
14	126.866	38.336	88.530
合计	2 131.664	670.244	1 461.42

1964.6.21

公社机站人员会议

1. 灌溉管理,主要贯彻按量计费。
2. 机务管理,主要学习利民徐有奎同志。
3. 工程管理,要求月底削好、抄好渠道草。
4. 做好"双抢"准备工作,摸一下生产队底。
5. 继续展开比学干[赶]帮运动。

1964.6.22

早晨,联民大队开会

1. 络麻散苗施肥(全大队最好 5 队)。
2. 翻地排山茹❶。
3. 蚕桑除虫。捉羊灰❷5—7.1 分工,肥料,〈用于〉蚕茧〈生产的〉,供应 8 月前 50%,依靠自己为主。666 粉与"二二三",可能也要脱接[节]。〈积肥〉实现搞担头,每担高 1 分。

1964.6.27

大队召开正队长以上会议

1. 关于人口普查问题。①什么叫人口普查呢? ②为什么要进行人口普查呢? 主要为了今后发展问题。③为什么要今年调查呢? 53 年头次。④明日下午 1 时分四片召开。⑤登记问题,尽量我们自己动手登记。戴,1、2〈队〉;周,3、4〈队〉;胡、周,5、6、7〈队〉;冯、余,8、9、13、14〈队〉;祝、陈,10、11、12〈队〉。开会时查明应到会数,实到会数。
2. 海塘护养问题。
3. 生产:①抗旱。②抽时轮流休息放假。③准备"双抢"。④积肥。⑤双晚秧田除虫。
4. 对小人教育。
当前的旱情在目前来看晴天多,要专[转]抗旱,想尽办法。
1. 上塘翻水问题,现在正进行。但是,今年有新的情况,新安江供〈应〉面广,受到供电的限止,全部开放有些问题,所以要计划开机,号召机站利用夜里。
2. 发动人员,从盐官闸门底开通。
3. 计划抽水,我们两个机站要进行轮流开放。
4. 教育生产队,放水问题上增添人员,管好用水。

陈社长报告:
当前在四大建设之一〈是〉种子建设,"要粮好,出好种",今后搞科学实验,从种子建设搞起。
1. 传达中央文件,留种问题。
2. 总结本社前段成绩。①改变老办法留〈种〉子。②改进老办法。③积极地自己选留良种。
贯彻今后任务:
1. 狠抓渠道改建或修建,减少耗水,重修分节闸,要求质量,冬修量好渠道,规划好。
2. 平地❸为重点,办法〈是〉抽筋搭边,逐年准备。
3. 县要求开塘河。

---

❶ 山茹的种植采取育苗扦插的办法,扦插山茹苗的工作在当地叫做排山茹。
❷ 捉羊灰是一种施肥方法,把羊粪撒到地里或者田里。
❸ 平地,指平整土地。

4. 渡糟[槽]添好。

5. 闸门板管塞全部收起来，油好❶藏起来。

6. 机手做保养机械。

7. 管理委员决定后的工作，机站执行做。

8. 水费扫尾，冬季维修费抽上来。

三星 14.35；三里港 6.95；孔泾港 7.2；联新 9.12；油车港 11.11；中心 6.71；刘王庙 7.6；平安乔 12.15；闸口 9.36；利民 7.98〈单位：元〉。

县委徐书记传达如下：

1. 划分小小队死班问题。

2. 花草籽问题。

3. 现阶段阶级斗争很尖锐复杂。生产剥麻、洗麻统统分散，实质搞单干。

4. 分配问题。

5. 四大建设：络麻、蚕桑、种子、水利。

陈社长指示：

1. 修建与改建渠道，继续扩大灌溉面积，达到稳产高产，达到旱涝保收，为明年络麻达到 6 000 斤而奋斗。增加毛渠。要求络麻地达到 95%〈可灌水〉。搞高产田，脱不了水利方面。

2. 开通引水河道，保证引水畅通。

1964.10.24

召开机站管理委员会议

内容摘要：

1. 总结 64〈年〉度的灌溉成积[绩]。

2. 找出 64〈年〉度存在问题。

贯彻：①传达公社会议精神，学习"40 条"。②提出公社今后工作意见。③64 年度的分配财务问题。④提出 65 度的规划问题。⑤维修工作，土、石、方、闸、板等。

3. 这〈年〉份水费公布问题。

4. 要求同志们提合理建设〈意见〉。

1964.11.30

大队支部会议

沈书记指示这次的分配工作开展步骤。

按照联新搞典〈型〉经验：

---

❶ 闸门板是用木料做成的，为了防止腐烂，需要用桐油涂抹。"油好"指完成涂抹工作。

1. 第一步,总结64年形势。认清64年大好的形势,摆成绩、摆收入,同时找出来源❶的原因,达到认清:①依靠国家的支援,新安江发电后,我们受到电力灌溉。②国家农药及其他的支援。③依靠共产党正确领导,按政策办事。④靠人民公社优越性,集体的力量,土地整平等,得到了丰收。

2. 第二步,揭开分配的盖子。主要在分配上阶级的斗争。例如,主张三光,按照劳分配光,少提公共积累、储备粮,只顾个别利益,不管集体经济。排斥无劳动力、吃口重、劳动少的人,没有今后的打算,只想自己发财。

3. 第三步,讲政策。①基本口粮,加按劳分配,加照顾。②按照"老三定"❷,以户为单位,超过"老三定"15%以外,归全体所有,归小队所有。算法是总收粮食,〈除〉去上交国〈家〉任务,除去种子饲料,上交大队粮外,存余的粮食,再除去基本定粮后,再按劳动工分、畜牧工分加起,折出每个劳动日〈可分粮食的〉数字后,把畜牧工分所得的粮食拉开,再将这笔剩余劳动工分所得的粮食加上基本口粮,〈合〉并起来对照"老三定",超过"老三定"15%,归小队。

三个可以:①可以留储备粮。②可以出售价格粮。③可以出售调换工业品。

三个不准:①不准分给社员。②不准投机倒把。③不准铺张浪费。

出席9队搞典[点]记录

1. 冯书记传达今夜会议内容。

2. 开展讨论。

3. 公布明日夜里会议的事由。

4. 讲明为啥要这样原因。只要当前形势来看,在工作上只搞按劳分配,没有安排好,有些问题。为什么呢?因为这样下去造成阶级分化,要分列[裂],穷的穷起来,粮食多的户变成资产阶级,〈出现〉买卖现象,投机倒把。

例如,联新朱小花发言说,今后有的要变成粮食地主,有的是有,无的就是吃不饱。怨政府,怨小孩多,受人只骂怨,思想不安定。

例如14队有个社员,在去年分鱼中,表现出问题。

同时富裕农民称[趁]机争夺政治权,造谣倒算,混入内部,搞小团体,破坏集体,侵占公有土地,花言巧语。同时出现翻身忘本的人,认为现有〈的东西是〉劳动做出来,个人英雄,半[叛]变本阶级,忘记过去你长辈在旧社会受尽的苦,忘记了国家对贫下中农的关怀照顾,也上了富裕农民的当。同样倒算,反而有个别的,算得比较厉害。而很严重的〈是对〉集体经济不利。反映了这次的阶级斗争比较复杂,毛主席所讲〈的都发生〉在农村中。

讨论:

陈彐兴讲我们的形势最好,就是我们贫农没有好处。

陈阿康分豆柴,先将胖豆柴按户分到来晒,算平后,结果劳少吃口重没有了,结果〈只〉拿着8斤。

---

❶　来源,这里指形势好。

❷　即从1953年开始实行的"定产、定购、定销"。

革 命 的 书 写
——一个大队干部的工作笔记

陈松宝讲,分柴拾周❶,结果 8 号不装〈柴〉,〈是〉老实户,10 号装柴,完全叫小怪人。

陈春堂稻柴没有分到,叫苦连天,向人说种田种石板老[上],山茹藤当柴草。

陈阿康,实际卖坏蚕豆。

昨天沈阿九有讲,不劳而获,不要面空[孔],我们劳动没有吃,今年一定按劳分,明年休息一年。开会一户一户责问对账,如果啥人讲出起[去]当贼办。

陈福堂说,明年按劳分配,我家就不要紧。谷乱柴按出动人分配,不计数量。小队里没有记账员,又要选举。

周福章讲,我今年当一年,明年不高兴。

陈福堂讲,我结好账一年任务满。

陈夫康讲,我也不高兴,选过。

联民 7 队朱张林反映,陈利宝最不像(话)。第一个王灌,农业队长陈金奎比社员不像,讲鬼话。问队长,他不认,问问他,反而发发老[牢]骚,跳过头❷。浇桑树发现有小鱼,活的,社员反映,大骂社员。蚕业报酬问题,陈金奎 1 元,陈五毛 8 元,徐利珍 3.00 元。

交机站〈布油记录〉 〈单位:尺、斤〉

队别	布	油		布	油
1	2.5	1.7	群海 20 队	2	1.5
2	2	1.1	群海 21 队	2	1.5
3	2	1.6	群海 23 队	2	1.5
4	2.3	1.1	群海 24 队	2	1.5
5	1.7	0.8	合计	8	6
6	2	0.8			
7	1	0.5			
8	2.5	1.2			
9	3	1.6			
10	2.2	1.2			
11	3	1.6			
12	2	1			
13	2	1			
14	1.8	0.8			
合计	30	16			

联民 7 队 61 年定粮情况:

---

❶ 拾周,当地土话,意思是抽签。

❷ 跳过头,当地土话,意思是你批评他,他说得比你还凶。

朱引宝 56 岁,26 斤;仁海 22 岁,32 斤;金其 11 岁,20 斤。合计 78 斤。

沈才心 39 岁,31 斤;富英 57 岁,25 斤;建初 12 岁,21 斤;建惠 5 岁,10 斤。合计 87 斤。

陈利宝 44 岁,29 斤;金奎 20 岁,30 斤;仕初 11 岁,20 斤;敏初 7 岁,14 斤。合计 93 斤。

陈进其 26 岁,32 岁〈斤〉;明华 21 岁,32 斤;玉英 56 岁,25 斤。合计 89 斤。

陈五毛 61 岁,25 岁〈斤〉。合计 25 斤。

沈云林 43 岁,31 斤;善康 16 岁,26 斤;金娥 45 岁,26 斤;仁初 11 岁,20 斤;阿雯 7 岁,14 斤。合计 117 斤。

乔玉兰 37 岁,29 斤;秀珍 16 岁,26 斤;金娥 8 岁,15 斤;金心 5 岁,10 斤;京利 10 岁,20 斤;王龙 29 斤。合计 175 斤。

杨福英 58 岁,24 斤;徐利珍 35 岁,28 斤。合计 52 斤。

周生康 36 岁,32 斤;金宝 37 岁,21 斤;金林 15 岁,24 斤;金龙 12 岁,21 斤;建中 9 岁,16 斤;建明 7 岁,14 斤;金心 4 岁,8 斤,建龙 1 岁,4 斤。合计 150 斤。

韩永保 38 岁,26 斤;阿明 10 岁,18 斤;合计 44 斤。

（全队共计 37 人,864 斤）

1964.12.6

大队会议摘要

生产问题:

1. 三星公社搞蚕桑重点,所以我们要做好思想准备,留好公共积累,要求基建共育室。

2. 培育春花,重点抗旱。

3. 罱河泥,旱河浜挑河泥。

1964.12.9

公社党员大会摘要

第一个问题:

严厉加强市场管理,打击投机倒把分子一贯的投机倒把活动,当前把这一工作当作面上重要任务。进行社会主义、爱国主义教育,坚决同投机倒把分子坚决的斗争,把资本主义势力打下去。

取消集市粮食贸易,取消集市棉花,有[由]国家统一管理。

1. 12 月 15 日起关闭集市,一律取消粮食集市贸易,如果生产队和社员有多余粮食,向国家换商品或者议定价格粮,卖给国家粮食交易所,不许卖给私商或个人。如有个别真真困难,有证明到国家去买。熟食行业问题。粮食加工作坊,国家统一。

2. 棉花问题。

3. 络麻、柏子、桑苗、羊毛、蚕丝不能出售,〈进行〉集市贸易。

4. 各种票证不准买卖,贩卖票证者,进行投机倒把者处理。如果多余,找出来,有领导地合理组织正当的调换商品。

加强市场,采取如下有力措施:

1. 有粮食部分,成立粮食交易所,用议价的办法进行交易,用议价的办法供应给缺粮户的需要,价格由省粮食厅与地区合[核]定。

2. 按照国家的统一,采取换兑。

大张旗鼓,狠狠地打击现刑[行]的投机倒把分子,集中打歼灭战,严重处理,非打垮不可。

每个共产党员和干部三个要求:

1. 要求每个共产党员严格遵守政策,遵守市场管理,带头执行。

2. 要求向人民群众宣传解释党和政府的政策法令,教育群众,带头揭发坏人坏事,不包批[庇]坏人,不扩大事实,向领导机关汇报(包括党内)。

3. 要求已犯〈错误的〉党员、干部,要向组织上老实交代,从宽或争取免予处分。

第二个关于分配问题:

1. 分配问题当前来看,慢了些,因为当前工作连接,搞市场管理。搞"四清",搞贫农下中农代表会议。

2. 对三光问题❶,当前还没有弄清,三光问题,实质瓦解集体经济,造成二级[极]分化,破坏集体经济。

1964.12.12

上午,召开机站管理委员会

贯彻如下摘要:

1. 关于64年度灌溉情况。

2. 存在问题。①负担问题。②坝道问题。③财务问题。

3. 贯彻关于机站"四清"意义,加强民主管理,清理核对64年度水费账,清理机站一切财产,对机站人员提出改进意见,更好地为65年度大生产的要求〈服务〉。

4. 今后工作贯彻:①维修输水设备,分节闸、渡槽、石方等。②修建渠道。③建造塘南火力机埠工作。

5. 统计各生产队需要物资。

所得税55.25〈元〉,统一税12.98〈元〉,合计68.23〈元〉。3夜共加稻谷25 595斤,113.72〈元〉。

---

❶ "三光"指农村人民公社政策调整时期出现的不完成征购任务、不留公共积累而实行分光、吃光、用光的现象,这是社会主义教育运动中被批评和纠正的内容之一。

1965年

1965.1.10

四联片开宣传员会议

1. 春节做好宣传问题。

意义问题：我们要有阶级观点来进行宣传,我们知道过去封建势力,在过春节,牛鬼蛇神都出现。

2. 新风尚与归[旧]社会斗争很尖锐,出现不正常,发现待局做亲❶。所以,过好节很有大意义,要过好、做好节约年。①进行形势教育,当前阶级的形势。②进行社会主义教育,爱国、集体、国际。③勤俭节约,反对铺张浪费。封建迷信、赌博、买卖婚姻,当前看成资本主义进攻第一手段。④进行宣传,工农联盟。⑤加强国际教育,拥军护属。

通过教育,认清形势,提高觉悟,打击投机倒把分子,打破迷信思想,大立[力]开展群众文化活动,坚决发展社会主义思想阵地。但是,有些地方相反,大摆酒席。要保卫革命果实,过一个革命的春节,争取明年更大丰收。

春节宣传几个具体问题:

1. 要求各党组织加强领导,组织一支宣传队伍,要深[声]势浩大地宣传活动。春节前,各单位向群众作报告,每个宣传员春节前向群众进行宣传。

2. 党团支部在春节前怎样过春节,提出严肃的要带头树立社会主义新风上[尚]。①不准赌博。②不准搞迷信活动。③不准搞买卖婚姻。④不准铺费浪费。⑤不准搞投机倒把。⑥不准叫非法的娱[艺]人演唱。

节后党团员带头参加生产。

3. 积极开展〈群众〉性业余文化活动,大讲革命故事。

4. 俱乐部问题,要大力发展。是农村中建立社会主义阵地主要部分。宣传阶级教育、文化教育,通过俱乐部来解决。首先成立坚强的组织,分队伍进行宣传,利用空余时间进行宣传怎样抵制资产阶级思想。

5. 青壮少年业余教育问题。现只有少数应得求学,也就怎[这]样。如果怎[这]样存在下去,今后如何掌握政权?所以要注意,要大力抓一抓。俱乐部没有办的,要马上建立起来,组

---

❶ 待局做亲是浙北地区以前流行的一种结婚仪式,其中一个重要的仪式是祭众神,以求得众神的保佑。

织委员 5—9 人，坚持业余小形[型]多样，不能脱产搞❶。

1965.1.11

公社召开大队会议

上午通过生产队检查（到闸口大队），下午汇报闸口生产情况。

当前的生产问题：①积肥问题。②春花培育问题，施肥抄沟。③专桑增枝问题。④修建渠道问题。

今后这段的工作是继续积肥、施肥为重点，以培育春花为中心，结合做好水利工程配套工作。

布置当前生产的计划。

11—20 号这一段的工作：

1. 对春花问题上：①大小麦、油菜要求施好 2 次肥料。②凡是春花田，抄好 2 次沟，标准一班[般]6 寸〈深〉。每片田抄好"工"字形沟，标准 8 寸—1 尺〈深〉，达到久雨无积水。③加强培土除草，2 次松土保热，细求质量。④做好适当全面抗旱保苗，防冻抗旱标准（抗半沟水，不要抗得过满，反而受到损害）。

2. 积肥问题。络麻、专桑，块块面积积上〈肥〉，要有革命干劲，想尽办法积上河泥，每亩标准 200 担，有条件队积好早稻肥。

3. 培桑问题：①补种好桑苗（达到粮桑挂钩，面积不缺）。②增枝，要精增细增，标准是挂不上草鞋。③除虫，像德清块块桑树无虫蛀，块块桑园有河泥（1 500—2 000 担）。桑园挑河泥积肥，每亩要花 22 个人工。④桑园冬耕，已积好〈肥〉的面积开好沟。⑤刚种毛桑❷及小桑马上浇水。没有积好的，先垦后积，怎[这]样能够出水。

4. 培育花草。一类苗施上磷肥或毛灰、羊灰，或者将稻草切细盖好，做好保热防冻。二、三类苗，可轻施上一些淡[氮]肥，再加上做好保热防冻工作，无能[论]如何一定要做好。

5. 水利问题：①公社搞好一个大队典〈型〉，放好样，队队多[都]落实。②各大队发动一个生产队做出一二块样子，看[开]出现场会。③今年要各大队做好水利配套成龙，远田化，灌排畅通，合理灌溉，合理郭[掬]田，各立门户，做到勤灌浅灌，适时郭[掬]田。

6. 分配问题：善始善终结束分配，"四清"兑现，"四清"公布，摸好底，安排社员生活。

20—30 号这一段工作：

1. 大小麦补黄扫尾。

2. 继续大搞积肥，在积好络麻专桑〈肥的〉同时积好早稻肥料。

3. 桑园增枝扫尾。

4. 水利全面展开，放好样。

2 月 5—19 号搞开门红：

1. 水利、海塘，继续积肥，进一步春花培育。

---

❶ 这段话的意思是，现在，只有少数人有求学的机会，情况就是这样。但是，如果这样下去，今后怎么可能掌握政权？所以，我们要注意这一种情况，要花大力气抓一抓。抓的方法是办俱乐部，凡没有办俱乐部的地方，马上办起来。俱乐部要坚持业余搞。

❷ 毛桑是没有嫁接过的桑秧。

2. 做好备耕工作准备。

通　　知

13 号下午各大队书记、会计公社报到,时间 5 天左右,随带材料如下:

1. 分配情况。

2. 退赔❶情况。

3. 生活安排。

青壮年 23%,增 41%,现 131 人,可能勿得❷。

1. 领导带头,校里成立支部。

2. 父子、妻子、全家,全部参加夜校。

3. 文娱活跃。

党团带头好(党支部轮流到校);民校教育好;学员劲头好,课堂秩序好;社会风格好;发动细致好。

具体问题:

1. 各生产队务委员结合解决(工分等)。

2. 发现积极分子带动。

3. 党员团员干部带头好。

4. 发动仔细,下队摸底看情况(二所到四所)。

5. 各队包干(各级负责)。

今后打算:

1. 善始善终学习,学到年底。

2. 进一步发动。

讨论内容:

1. 多占工分,是否剥削。

2. 贫下中农是否当家作主。

3. 64 年分配是否真真按照党政策,贫下中农通过〈后〉定。

1 队 5 人,2 队 3—4 人。

民校委员会:生康、志华、才心,学生采[产]生 2 人。

王继福:董高章经手 20.00〈元〉,到长石 1 500〈斤〉卖萝卜,购肥田粉,不公布,有问题。

朱家大屋问题,购给生产队,钞票小队付,当时不付,后来出售赚 100 元,买 200〈元〉,卖 350 元,没有交代清楚(小队里工不少)。

同 2 队山茹苗头问题,20.00 元未交过(桥问题)。

---

❶ 指归还和赔偿公社化时期无偿调拨征用的群众的财产。针对人民公社时期的"一平二调"、大刮"共产风"造成的人民群众的不满,从 1958 年党中央开始纠"左",强调区分两个所有制,要求等价交换,但指出"旧账一般不算"。由于纠"左"不彻底,1959 年"共产风"再起,随后严重灾难降临。在克服困难的日子里,中央从 1960 年开始,强调过去平调的东西要坚决退赔,认为只有这样,才能赢得群众的信任。在此政策下,全国各地农村曾普遍掀起了一个退赔高潮。这对稳定民心、走出困境起到了积极的作用。

❷ 勿得,当地土话,意思是不止,比估计的多些。

周：说王继福这多钞票还不出，要政府借给他，提出后，明不开口，心很恨，正队长不负责，虽然干部与干部有意见，不领导生产（在种双季稻）。

叶：在生产队同社员代表在盐官开会，他在后方讲，今后叫贫农代表作主领导。64 年工分，社员不晓得，只有干部晓得，全年 2 个多月没有公布。贫农与干部发生矛盾。

周富林：小队里的补贴干部工，干部与干部有意[异]，不合理，有干部没有得到。

徐：生产队挑掉了谷，到现在没有解决，干部迟早要吃官司。工分问题，对自己宽，对社员严，大家有意见，看不起穷人。造房屋问题。

冯书记传达关于"四不清"问题〈单位：元〉：
首先代表支部委员会，向代表们作出检查，希代表们热烈提意见。很拥护。

1. 我们支部及干部对照，有多占。冯 280，陈 260，贾 200，按照这价加 1 分我们退。

2. 陈 434.45，王 167.90，冯 100.00，生产队的欠，三天归〈还〉，大队三年归还。王继福准备生产队年前归还。65 年 67.90，66 年 100.00 元，马[冯]茂才到 2 月底归还进，多占 1 分头年前还清。

3. 表明态度，要求代表们继续对"四清"问题上大胆提意见，我们接受批评。

讨论问题：
1. 1 队问题，主要队长问题。
2. 2 队问题，主要邹彐林叫代表们讨论，是否拿过木壳枪作恶问题。
3. 今夜分边[片]分小组：①讨论大队、小队兑现情况。②讨论分配政策，公共积累各方面政策问题。③按[安]排社员生活。④通知明日下午开队长及贫农代表〈大会〉，一人到大队开会。

1 队情况：
贫农代表不到，8 时到叶彐康。
提出：朱家大屋问题，意见很大，赚钞票归王继福，社员意见很大。到海盐这工分不合理。菜饼、细竹，一捆未兑现。

对财务上没有大方公布，社员不明，特别对生产队会计。肥料问题自己开票，自己报账，要求公布审查。

总的要求是做到"三个八"，即八个带头、八个提倡、八个不准。

八个带头：①带头遵守政府政策法令。②带头遵守移风易俗，破旧立新。③带头遵守勤俭节约，过好节约年。④带头遵守搞好爱〈国〉卫生。⑤带头遵守参加各项宣传活动。⑥带头遵守植树绿化。⑦带头遵守做好拥军优属。⑧带头节前不松劲，节后早出勤。

八个提倡：①提倡新人新事新风尚。②提倡家家户户挂毛主席象[像]。③提倡贴新对联、新年画。④提倡队队订生产计划，家家户户订过年计划。⑤提倡尊重烈军属。⑥提倡新式结婚，晚婚节育。⑦提倡看红色书，看革命现代戏，听革命现代书。⑧提倡大唱革命歌曲，大讲革命故事。

八个不准：①不准赌博。②不准搞封建迷信。③不准搞投机倒把。④不准买卖婚姻。⑤

不准铺张浪费。⑥不准与四类分子勾搭,攀亲结友。⑦不准请非法艺人演唱。⑧不准看黄色书籍、唱黄色歌曲、听黄色故事。

1965.2.9

上午,召开排溉渠道现场会

贯彻如下摘要:

总结 64 年度灌溉情况,得到成绩,达到丰收,全大队比 63 年度基础上继续增产,特别络麻问题上。

存在问题,特别渠道问题,比较突出。

为了 65 年度党中央提出的大生产,所以,我们要响应这个号召,积极在水利工作,做好如下几件事,促进农业全面大丰收。

1. 立即抓好维修工作,渠道、分节闸。

2. 建造塘南火力机埠,要求迅速完成。

3. 立即做好排溉渠道,凡是水稻田一律要做好,这条任务,当前中心工作。排溉分需,灌溉畅通,各立门户,是劳动模范陈永康推广水稻丰产的主要经验。而能够做到浅灌勤灌,适时搁田,促使水稻发育健全,能达到高产。所以要求各生产队一定把这任务共同完成,各生产队负责包干。

4. 修理渠道问题,要求质量标准。

5. 抽建人员,要求明日报到。

6. 水闸坝明日开始运材、开工。

讨论记录:

1. 排溉渠道开工日期根据各生产队情况安排,预计本月 15 号开始。

2. 同意机站统一安排抽人,如果抽人不到,作自愿放去。

1965.2.11

下午,队长会议

1. 络麻留地面积分田、地,有河泥,有花草,靠天麻。

2. 专桑。新建蚕室、草棚,建瓦房计划准备。现有蚕扁要修多少;毛帚柴落实;蚕蓬[篷],现有,准备打;现有蚕网;现有木炭;蚕种张数;春、夏、秋、晚秋;计划单产、总产(每亩专桑 60斤);专桑补植、增枝、移植;冬耕扫尾,重点施肥,天气晴剪梢。

3. 早稻种田、调种、毛灰。

4. 水利。

1965.2.14

大队召开青壮年大会(在夜间开)

贯彻内容如下:

1. 扫盲工作,民校问题。

革命的书写

——一个大队干部的工作笔记

（1）总结 64 年及 63 年的初步成绩。我们大队从 54—58 年办民校基础上较好的 63 年度，成绩很好，64 年也同样。

（2）贯彻上级对农村建立社会主义阵地的主要场所。民校是宣传社会主义阶级教育，文化学习。通过这样，使每一个青壮年提高政策思想，认清当前形势，阶级斗争的复杂性，树立了青年的前途，明确了方向。也就是说，民校是受教育的地方，又是学习文化的场所，民校就是〈为〉培养红色人员、培养社会主义接班人、培养今后技术人员打好基础，为建设今后新农村做一个能文能武的技术能手。

据当前形势来看，在农村有阶级存在，我们贫下中农要认清形势，不得不上民校，应得带头求学。只有这样下决心，才能掌握政权，否则，又要回老路，受苦受压迫。在这次周恩来总理在第三届全国人民代表大会第一次会议上作政府工作报告中，他也讲了对文化教育问题。

我们大队民校存在的问题：①首先大队负责民校工作，没有很好地重视，没有深入民校解决问题。②党团员没有带头发动和参加民校，没有做到以身作则。③我们发动工作做得不够，没有落实任务敷敷衍衍走过场。④青壮年带头上民校，动员别人、发动别人上民校较差。⑤学员劲头差，学习没有勤、上课打瞌睡，有些同志认为任务观点，到校有算，不准时间（说明是个别，包括教师）。社会风格及作风道德较差。

我们大队上民校比率较差，全公社第 12 位。我们青壮年人中有 485 人，其中初中 172 人，其中外出 15 人，其中到全日制有 12 人，净还有 458 人。现学员人数 76 人，占 15.6%。全日制学龄儿童总数 217 人，现入学 204 人，占 94%（65 年 1 月 7 日统计数）。

今后提出要求：①为了改进及做好这一工作，各方面协助。首先，大队生产队干部及青壮年带头参加民校，善始善终学习，已在民校坚持读下去，再一次发动。②改进以上存在 5 个方面的问题。③要求青壮少年全部参加民校，应得求学，那就是要学习。

2. 生产问题。

我们青壮年要求在各方面打头阵、争先进、做榜样，特别在生产上当前配合生产队带头搞好生产，迎接春粮丰收打下［响］第一炮，当前要做好如下几点：

（1）培育春花，抄通出水沟，除草施肥。高标准加强培育，搞好生产，迎接今年新形势，大生产运动，达到全面丰收。

（2）修理好及做好坝道，根据各生产安排做好排灌两用渠道，为今年达到丰收，在水利上在当前，抽一定期间，迅速修好干支渠，接通毛渠。为了今年灌溉畅通，减少损耗水，节约开支，增加收入。今年县、公社指示，大队已通知各生产队，今年的水利工作，特别做坝道要有质量数量，推行灌挑分需，各立门户排灌畅通，达到农村元田化❶。所以要求各青年同志，在水利工作首先带头讲质量。

（3）蚕桑问题。垦地扫尾，重点的施上肥料，做好养蚕工具准备工作。

（4）做好平耕生产工作准备，秧灰等。

（5）种子对口，检查是否出问题。

---

❶ 原文如此，含义不清。

1965.3.5

贫农代表会,1965 年度公社安排作物面积表

联民大队〈单位:亩〉:集体耕地面积 1 868,专桑 606.473。

上半年度〈单位:斤〉:小麦 550、大麦 24、蚕豆 190、油菜 300,合计 1 670.473;

下半年度〈单位:斤〉:早稻 450、晚稻 572、山茹 246、黄豆 56.5、络麻 350、其他 37.027,合计 1 792;

单产〈单位:斤〉:大麦 210、小麦 220、蚕豆 200、络麻 600、早稻 550、晚稻 600、山茹 650、黄豆 200。

今年蚕茧 56.1〈担〉,全年平均。

1965.3.7

公社贫农代表会议

公社广播直放摘要记录:

通过候选人名单:陈松林、张钱宝、姚坤松、李金和、陆纪文、范有庆、唐金毫、王锦其、周生康、尤进权、张宪生、陈根宝、施如良。

贫协会:陈松林主任,副主任张钱宝、姚坤松。

下面展开各队友谊竞赛。

联农沈鹤鸣同志发言:

1. 通过这次会议,划分界限,分析界线。象[像]养猪问题、富裕问题、生产问题,特别认为 64 年,生产产量不高,自满麻脾[痹],坐井看天,认为最高不来[行],对比一下,大吃一惊。我们在 65 年发展,确保 700 斤。措施:种子进行西立生❶消毒浸种,积足肥料,抓好技术关。络麻下种不过立夏关,抓好基肥,施用过磷酸干,是明中去暗中来,再施粪肥羊灰,及时定苗,达到 25 000—35 000 枝,剥麻后,及时灌水,三灌三退。除虫,适时施用药械。

2. 蚕茧方面:在 175 担基础上生产 242 担,争取 250 担,54.2%。春茧 50 斤,不浪费一张叶,有张叶,就看蚕。措施:①施好发芽肥。②除虫。③作好物资准备:每张蚕种达到 15 只扁,代用麻杆连;每张蚕种达到 20 只蚕纲,达到体蚕❷不用手;每张蚕种达到 50 斤砻糠灰;木炭 50 斤;每张蚕种 100 斤毛柴;修好蚕扁;通过共育室❸检查;抓好饲养人员,落实抓好技术训练班;彻底幼蚕壮蚕共育消毒。

3. 粮食方面:在 60 万〈基础上〉达到 70 万斤。①调好种子。②选好种子,进行晒种,掏[淘]种,盐水选种。③积足基肥。④选好秧田达到 1 亩种 6 亩,搞好砻糠灰。⑤进行密植,达到 35 000 棵,每棵 8—10 根。

进行春花后期培育:

---

❶ 西立生是一种农药名。
❷ 体蚕是养蚕的一道工序,为蚕除去粪便。
❸ 共育室是专门用于养蚕的房子。

革命的书写

——一个大队干部的工作笔记

经常检查水沟出水排水,做到雨停水干。狠抓三类亩。

希公社〈安排〉同联丰友谊竞赛,并同郭店联花生产队竞赛。

联丰大队俞惠丰同志发言。

城北大队尤进权同志发言:

通过这次会议,明确生产上有阶级斗争,不按计划生产,打 17 档算盘❶,认为自满麻痹,产量已经长子碰着天花板,满足现状。

新星大队徐其福同志发言:

同三星大队并同郭店桃园大队友谊竞赛。

联民大队顾秋明同志发言:

通过这次会议,认清了贫下中农主要任务,下定决心,认清二条道路斗争。决心 65 年:小麦 220〈斤〉,大麦 210〈斤〉,蚕 200〈斤〉,总产 164 040 斤。春茧 60 斤,夏茧 40 斤,秋〈茧〉45 斤,油菜 110 斤。早稻 450 亩,亩产 600 斤,共 27 万斤;晚稻 572 亩,亩产 600〈斤〉,共 343 200 斤,比 64 年增长 18%。山茹 246 亩,亩产 650 斤,共 15 990 斤;黄豆 56.5 亩,亩产 200 斤,共 11 300 斤;络麻 350 亩,单产 600 斤,达到 21 万斤;猪羊 64 年有 1 650 头,发展 218 头,达到每亩 1 头。

以上指标提出向联新大队挑战,并同郭店公社郭店大队友谊竞赛。

措施问题:

1. 决心走社会主义道路,按计划生产。

2. 搞好四个民主,团结贫下中农搞好生产。

3. 65 年推广高产品种,早稻推广矮脚种,晚稻推广农垦 58 高产品种。

4. 积肥块块积上河泥,片片一塘泥。

5. 抓住春花加强后期培育,加强对三类苗施肥,打下春花第一炮,兴修水利工作。

6. 帮助干部,监督干部执行上级指示完成生产任务,搞好 65 年生产大丰收。

三星大队陈根宝同志发言。

联新大队张钱宝同志发言。

闸口大队张兆珍同志发言。

利民大队王美林同志发言。

中新大队高月明同志发言:

我们 5 号报到,听取公社沈书记报告,明确当前形势,听取中共中央发出指示阶级斗争为纲,生产为中心,把 65 年生产推向高潮。

众安大队发言。

三星公社信用社王湘春同志发言。

社手工业汤云林发言。

沈书记传达竞赛书。

陈松林同志总结:

---

❶ 算盘只有 16 挡,打 17 档算盘指打错了算盘,犯了错误。

1. 这次会议的收获很大。公社沈书记报告,学习中共中央"23 条"❶,认清了形势。当前形势很好,农业上一年比一年好,市场上供应也一年比一年好,形势好转同我们党是分不开。闸口 2 队 991 斤络麻,9 队蚕茧达到 71 斤,但是形势是好的,农村还严重存在着二条道路斗争,并且还有走资本主义当权派。

2. 通过学习,明确了走资本主义当权派,也划分了界限[线],正当收入、正当劳动是正确的。

3. 明确了按计划生产与无计划生产的界线。

4. 明确协助各级组织由党统一领导下进行。

存在有些代表卸担子:

1. 有少些个别代表卸担子,无作主。

2. 在坚决巩固经济,执行政策,〈有些〉干部〈卸担子〉,但是贫下中农代表有权管理,要协助干部做好有利集体的工作。

下面贯彻几个意见:

1. 回去大力宣传"23 条",大好形势,贫下中农如何当家作主,贫下中农〈是〉建设社会主义依靠者,带头搞好生产。

2. 当前生产。①调换优良品种,早稻 15 号前调好。②早稻秧田面积留好,每亩秧田 5—6 亩,有条件的还可以减少。计划落实。③积足早稻肥料。基本上达到一亩一塘河泥,不种白水田❷,同时计〈划〉面积落实好。④蚕桑培育,施好催芽肥,在春耕前施肥现在可以开始,做好埋花草准备,提出先开好沟,开横式。另外,除虫,桑蝗、桑天牛。种桑苗,已经最后季节,明天、后天种好。大队开证明,到郭店明天去买,不要错过。按照蚕桑挂钩,面积要完成,另外蚕扁、蚕网检查一下。另外定种要落实,因为去年板子种 12 克,今年是盒子种,蚁量❸是一样的 12 克,定种问题要研究好。

3. 水利问题,除了东面水闸外,要求 20 号前完成。

4. 络麻问题,主要络麻留好 6 斤种子。

政策问题:

1. 猪羊政策在去年基础上不要大变动,包庇[屁]股,按质论价,一定合理,双方不吃亏。

2. 大队干部报酬问题,要决定下来根据大队大小,决定天数、工分、参加生产队。

3. 生产队评工记分。到现在可能有些生产队还未评。轻工、重工与熟练工分要区别开来。

4. 口粮分问题,按 64 年分配,是按口粮、按劳分配结合。

5. 柴草同粮油,有[既]要按需也要按劳相结合。

6. 对产妇补贴,可以按工分补贴,同时要看产妇的劳动力来决定。

---

❶ 即 1965 年 1 月 14 日中央公布的《农村社会主义教育运动目前提出的一些问题》(简称"23 条")。这个文件对社会主义教育运动中一些"左"的偏差进行了纠正,强调要注意团结 95% 以上的干部,注意团结 95% 以上的群众,反对将运动神秘化,反对在少数人中活动,反对体罚和逼供信,对纠正运动中的一些过激做法是有积极意义的。但是,在"左"的指导思想指引下,由于把"四清"定性为社会主义和资本主义两条道路的斗争,将运动的重点定位在党内走资本主义道路的当权派,实际上对许多基层组织和干部失去了信任,在做法上日益"左倾"。

❷ 白水田指不施任何肥料的水田。

❸ 蚕种孵出以前像油菜籽一样,圆圆的,小小的。老式的蚕种制作是让蚕种粘附在一张纸上,叫蚕纸,也叫板子种;新式的蚕种装在盒子里。蚁量是蚕种的总重量。

大队与生产队,贫农组织问题,暂时不搞。

生产队与生产队也要进行竞赛。

血防问题:

要提高警惕,现死去人也有。当前主要工作,埋好钉螺蛳,每一个生产队推选好一个保健员,不脱产。生产队推选好蚕桑干部,办技术训练班。

1965.3.17

李 站 长 传 达

今天会议继续是技术课,谈两个问题。

1. 谈农恳[垦]58,去年过程中,思想问题很多。

究竟好在啥地方?①发棵力较强,而且发棵很早很快,成熟力[率]高,子孙稻少,只好靠娘稻。②出穗小,整齐,扁谷率小。稻谷比例,出长 16—19 公分,一般 50—70 粒,扁谷率 7%—8%,差 10%。③谷粒饱满、谷壳薄、出米率高。我们加工 75—78 斤〈每 100 斤〉。④枝节很短,只 120 公分。适应性比较强的,不论砖头里,抓根强,不容易倒伏❶。成熟早,比一班[般]提早 7—8 天。但是,它也有缺点,主要发混火病,在后期,但这可以解决的,提早防止。

2. 种农恳[垦]58,只[主]要做好如下关键:①苗秧一定培育好,壮秧。要施底肥,因为这品种耐肥,多吃肥料。②秧田要做得靠[考]究,要平,不要马马虎虎。③播种,要细播,施专[追]肥。方法,底肥足,专[追]肥要分次主、分期,速效性肥多一些,要及时。每亩秧田搞水河泥 100 担,粪肥 10 担,施 10 斤化肥。8 月 5 号起要施 15 斤化肥。④及时除虫,主要稻季孟,提早除虫。要适时播种,适时移植,掌握秧令。在 6 月 10 号一定要播种,不能过 45 天,一班[般]35—43 天。7 月 14—23 号移植,比较好。成熟 120—130 天。⑤因地之[制]宜,适当密植,5×3,(每亩)达到 35 000—37 000 枝。⑥增施肥料,合理施肥,也不是学[越]多学[越]好,也不是学[越]少学[越]好。一班[般]来讲,32—40 担较高[好]。

田间管理问题:①多云[耘]田,多拔草。②掌握勤灌浅灌。适时搁田,园[元]杆拔节要搁田,再灌水后施重肥。③防止混火病,在秧田里就要注意,在浸种用西力生浸种,用千份[分]之三〈浓度〉。

提出几个意见:

1. 播种期 6 月 10 号,到 15 号分批落谷。

2. 秧令期 35—43 天。

3. 播种量(每亩)40—60 斤,最多不超过 70 斤。

4. 肥料,秧田施肥,一般少以[于]20 担标准肥,要施追肥,起身肥。每亩大田 30 担,70%—80% 用在……20%—30% 看苗施肥❷。施肥看土质,肥料性质。要少吃多次。

5. 密植,5×3.4。

6. 管理方法:做到浅水勤灌,灌水浅插,灌 3 寸水,保干干湿湿,适时搁田、耘田,棵棵要摸

---

❶ 这里的意思是,农垦 58 适应性很强,无论在什么地方,乱砖头里还是其他地方,根都扎得很牢,能够生长,不会倒伏。

❷ 原文如此,意思是每亩大田 30 担肥,70%—80% 的肥用做基肥,即插秧前施用,20%—30% 的肥插秧后根据秧苗长势施用。

到,草要拔光。

7. 建立种子田,进行粒粒选。

1965.3.27

听 报 告

李局长:

1. 关于目前形势,结合总结前一段工作。

2. 传达"23 条",分清"23 条"内容。

3. 65 年的新任务。

1965.3.29

听典型报告

漳江公社介绍:

12 个机站容量 503 千瓦,实灌 19 651 亩,田 18 170 亩,旱田 1 476 亩,平均千瓦 58.66。土程配套,排灌干支毛渠 182 公里。人员配套,12 个站长,36 个放水员,81 个贫下中农,平均每人灌溉面积 388 亩。1964 年度,旱情比较严重,有以[由于]各方面努力,在 64 年取得了成绩,确[扩]灌旱地面积 200 多亩,全年作物取得丰收,经济增加 4%,粮食从 63 年 700 多斤,取得 1 000 多斤。全年耗电 7.69〈度/亩〉,每亩平均水费 0.699〈元〉。

成绩所得来源:

1. 领导重视,各级党组织对水利列入议程,思想工作第一,人的因素第一。另一方面,我们公社用[以]顿车浜机站为榜样,展开学习检查。

2. 坚持 4 个统一:①人员统一。②财务统一。③设备机械统一。④水利基建统一。

3. 狠抓紧要关头,在紧要关头公社召开四级人员会议,重点为灌水问题,如何灌好,要求片片田里灌、不晒秧菩头❶的号召,统一了思想,苦战 7 天完成这个任务。一个大队书记,50 多岁,和机站长参加了田间放水。

4. 蹲点带面,公社有生产大队,站长有生产小队,改进工作作风。

缺点:四大统一还没有解决。

65 年打算工作:

1. 旱涝兼顾,坚决为丰产服务,为公社提出的指标服务,促进指标实现。改进按量计费办法,做好定额计费,方法水则制❷,有利与[于]生产队经济安排,节约成本,加强机站管理人员责任性[心]。

2. 高产建立在稳产的基础上。增加产量,节约成本,分为两个方面。

---

❶ 秧菩头,指水稻秧的根部。

❷ 水则是中国古代的水尺,又叫水志。最早的水则是李冰修都江堰时所立三个石人,以水淹至石人身体某部位,衡量水位高低和水量大小。宋代已改为刻石十画,两画相距一尺的水则。北宋时江河湖泊已普遍设立水则,主要河道上已有记录每日水位的水历。明清时为了报汛、防洪,往往在江河上下游都设有水则。这里是指计量用水多少的方法。

革 命 的 书 写
——一个大队干部的工作笔记

迎丰机站介绍：

以前存在一些问题：机站人员工分报酬问题。

64 年出现一些问题：①没有一个水利为高产服务，对用水合理和浪费分明不明确，笼统叫浪费，不管水稻需要不需要。②在用水上制度不严，影响种田水。③放水方法简单化，不考虑到田垟❶中有勿[无]平整，统一放水。④田间工程不合质量，漏水严重，费用成本〈高〉。

干工作要有个政治挂帅，不是经济挂帅。

65 年任务很重：

1. 我们大队粮食产量从 700 多斤提高到 1 000 多斤。

2. 改制面积要扩大 35%。

3. 普遍种上新品种农垦 58、矮脚南特。在这个要求高、任务重、需水多〈的情况下〉，如何办呢？①由大队支部支持。②各方面有了准备。③添修了 5 条坝道。

65 年的灌溉方针：

以阶级斗争为纲，加强政治思想教育，克服骄傲自满、按[安]于现状、不求上进〈思想〉。确保增产、稳产高稳，为农业生产新高潮服务。

朱局长：1965 年的灌溉方针。

抓阶级斗争为纲，以二条道路斗争为纲。贯彻旱涝并重，确保稳产，促进高产，安全、灌好、费底[低]。为啥搞这个方针？

1. 在搞"四清"中，水利战线上都有。

2. 出现了骄傲自满思想，比较严重。

3. 我们当前水利工作现状。南怕旱，北怕涝，全县灌溉保收 32 万亩，在这样情况下全县灌溉保收 32 万亩，在这样情况下全县有[由]稳到高产 957 斤。确保 150 争 200❷。络麻 570斤，65 年赶上萧山，720 斤。棉花 79 斤，赶袁花 110 斤。猪羊增 20%。今年据良种特别❸，在灌水上要有良种化。

处理好三者关系：

1. 灌好根本的。安全是服务。在灌好的潜地[前提]之下，努力降低成本。

2. 在二手指导思想❹之下，做到灌排好。

3. 旱涝关系，就是旱涝并重，在某一段时间内，种[总]有一个为主。在准备上要有一个旱涝并重。我们要稳高并举，但是要先稳后高。但是，已经稳，那就是要促进高产。做工作问题看，有个高标准来做工作，这样就是促进高产。在自然灾害较严重以下❺，那就保稳产，这就是稳高关系问题。降低成本，发展生产的关系。

要在发展生产的潜地[前提]下来降低成本，我们在工作上订制上，要有个灵活性，要实际

---

❶ 浙北盐官地区的土地原来都高低不平，高的土地当地人叫地，由于通常灌不到水，也称旱地；低的土地当地人叫田，也称为水田。1962 年以后，人民公社不断组织农民投入劳力，把旱地改造成为可以排灌水的田；把高低不平的土地改建成一大块平整的、可以排灌水的田，这样的田当地人叫田垟，也作田漾。

❷ 原文如此。

❸ 据良种特别，根据水稻优良品种的特殊情况。

❹ 二手指导思想：二手指的是革命与生产，二手指导思想指的是既要抓好革命，又要抓好生产。

❺ 以下，指某种情况下。

情况下来看问题。

65 年工作任务:"修、管、用"三个字。

1. 要完成三修配套,工程、设备、电网。

①工程维修,干、支、毛,田间工程。②设备配套,清理机械、水泵维修。③电网维修配套,用木杆的要逐步调换,国家投资,群众投劳,合理负担任务,运杆、打眼、拉线。

2. 管任务。一定要消灭众吃众摊,潜[全]力巩固按量计费基础,推行定额管理,搞预收水方,建立水则制和水票制。在贯彻按量计费上要做到合理负责,但是又要贯彻反对斤斤计较。搞定额制,相互加强责任。

①定额原则,量出为入,略有积[节]余原则。②人员报酬不在其内,包括上级公社部分。③首先编造预算,按几年的费用,耗电、维修费、管理费。④在已经实行定额制,要求实行水则制、水票制,用水则制比较简便些。

3. 用。分两方面。

在稳产:做到不旱不灌,在灌溉上要做到一不白〈灌〉,二适时。

高产上:①要完成田埂建设,不搞田埂建设,要想高产是空洞的。大渠道旁一定要开好小渠道;烂水田、地改田一定要弄,损失春花也要搞。马县长来电。②通过找老农座谈研究出一套用水的方法,啥用水、啥时间。灌水要应[因]时、应[因]田,搞好试验田。办好二个训练班,公社办机站〈训练班〉,机站办分段〈训练班〉,做点啥,办点啥,用水管理员参加。

65 年总的来说,要求高,任务重,工作细。

有利条件:

1. 通过社会主义教育后群众拥护,支部重视。

2. 完成工程设备。

3. 我们经验丰富完整。

措施:

1. 加强政治思想教育,学习毛选。

2. 整顿组织调换人员,落实人员固定,而生产队不要兼职。

3. 比学赶帮,贯彻"二七":7 度电、7 角钱。

4. 领导要以身作则,参加生产。

5. 报酬问题,以[依]照"40 条",对照办事:全年包工到站;也可以按生产队同等劳动日参照。

当前问题,抓好几件事:

1. 在早稻插秧前完成三个配到[套]:人员配套、工程配套、设备配套。同时田埂建设要抓。

2. 机站绿化问题,是对社会主义牢固不牢固问题,需要革命不革命问题。

3. 灌好秧田水。马县长来电,和老农商量商量是否用车灌,用电不利于生产。

4. 落实管理办法,采取那[哪]种办法,要定下来照办。

5. 灌溉试验田落实下来,五个落实。

6. 办好二级训练班。

7. 血防工作:据全县 64 年度初步调查情况,比较严重,现已发现有 42 000 人,发现 500 万平方〈米〉面积有钉螺,双山公社达到 56% 有血吸虫。

革 命 的 书 写
——一个大队干部的工作笔记

徐会计传达会议精神：这次县检查情况。

水利化、电气化、机械化、化学化。

1. 四大管理：机务管理、财务管理、工程管理、用水管理。

降低地下水位作重点，产量落后与[于]苏州。高地改平，去湾求直，渠路结合，适当并田。钢筋渡糟[槽]落实。

2. 放水申报一定执行推行水则制。

3. 放水后会同专管员量量水，放好水。

4. 火力机配人员，电机手等。水车登记造表上报。

5. 抄修渠道至少要三次，"双抢"前后二次，油渡乔[桥]在六月里油好。

6. 财务管理。

通过这学习后，要出现一个树立创业思想，树立一个总路线思想。要克服一个骄傲自满思想，当前主要问题出现骄傲自满，认为差不多，不是差得多，认为已经长子碰着天花板❶，不是矮子着地爬，是不是已经够了？没有，我们可以看别地方，留良公社华光大队226张，86.9斤，4队251张，102.4〈斤〉。6个县养蚕我们第五位，吴兴〈县〉第一位。我们认为是够，这种是叫关门称大王。人换思想地换装，所以说，我们学先进，劲头要低，叫先进不相信，落后不认人。干先进，思想也好，方向也好，比人家差（例如中新5队王文荣队，络麻草多，络麻少，还认为比去年好，络麻秧有不要紧）。所以通过学习，要树立创业思想、总路线思想。

1. 要老老实实、认认真真向先进学习。

2. 总结先进，推广先进经验。

3. 集中精力打歼灭战，以点带面。

4. 展开比学赶帮运动，开展友谊竞赛。

今后任务：

分析情况，总的趋势很好的。

1. 首先看蚕桑。

2. 络麻。当前思想重视起来。

3. 当前季节还可以跟上去。

主要问题：

1. 存在骄傲自满情绪，思想上到顶。以61年为标准，吃饱饭标准与和平逃荒标准。萧山、余杭、海宁，现在络麻余杭最好，叫翻元宝。

2. 个人主义，怕犯错误，怕瞎指挥。

3. 作风上由公社到大队缺乏深入调查，缺乏革命化思想，搞样子比较不落实，少了一些。

根据以上问题，我们下一步工作：

以阶级斗争纲，以生产为中心，踏实做好工作，争取全面丰收。

粮食问题，"三五"计划中末一年要〈达〉到全县粮1 400斤，春花400斤，油菜300〈斤〉，络麻900〈斤〉，蚕茧100斤，亩产。猪羊（包括专桑地每亩）皆1头。

---

❶ 长子碰到天花板，意思是已经到顶了。

绿化问题,以备战出发,一切工作,要用以战备上,战备出发。国家有准备造机械支援农业生产。

要农业生产搞好,要做得几个硬:

1. 水利上要过得硬,灌、排两方面,当前首先要计划弄好,今后动手,拆花田要换好,田埂建设做好。

2. 肥料上要过得硬,国家办法自力更生,我们自己靠猪羊发展。主要政策问题,联新 5 队,肥料人猪粪按质论价。羊包庇[屁]股❶,猪粪按底分分配。羊是这样:10 分底 1.5 头至 2 头。老年照顾。多的奖励,少的赔偿,不完成照赔,超一头奖 10 分,少一头赔 10 分。

劳动,男 300 天,女 264 天(四个小潮头❷当女算)。按全家总口粮,不完成按总口粮相应降低,超过同样增加。

大粪,猪粪多一担,奖励二分工;少,同样减少。①抓绿肥,多种。②河泥(搞混草❸搞河泥)。肥料首先打好基础,下半年晚稻争取丰收(有收无收在于水,丰产丰收在于肥)。

3. 种子过得硬。小麦 20—25 斤,另外准备好种子田。

4. 改土壤做文章,田成方成块,桑园逐步并块。

"三五"计划五年看头年,头年看当前。当前工作:①积肥。②双季晚稻秧田,除虫、除草、施肥。密、干、拔掉〈草〉。粮食问题要重视起来,山茹要加强培育。③蚕桑问题:我们一定抓起来;除虫、除桑天牛。④分配,查一查是否落实。大队里要收起,分配下去。

怎么样来搞"三五"规划:

1. 认识问题,不是单纯搞几个数字,而主要的是改造我们思想。树立思想革命化,改造我们小农经济的残余,小农经济有局限性。

主要:①学习"12 条"第一个问题。②《浙江日报》30 号报,学习大寨。

2. 进行社会主义大农业教育。对象,重点抓住党员、生产队务委员一级教育好;方法,抓活的思想,主要生产自由风、劳动自由风、丰产一自满、技术自由风。做做吃吃,完成任务有算。

3. 本大队找出先进生产队展开学,找出本地经验。通过这次学习达到目的:使干部明确,领导大农业生产,树立一个创业思想,不是休息思想,敢于斗争,敢于革命。

搞规划搞 12 个:①粮食。②水利。③畜牧。④优良品种。⑤改土壤。⑥水面。⑦绿化。⑧储备粮。⑨多种经营(包括蚕桑)。⑩生活收入,劳动投放。⑪血防。⑫计划生育(卫生文教)。

1965.4.22

通 知 记 录

修理:涵洞、水闸、渡槽、倒虹吸 1 只、分节闸 6 只。
变压器:厂修、自修。
电机:厂修、自修。
启动开关:厂修、自修。

---

❶ 生产队计算农户提供的羊粪的一种方法,按每只羊计算工分。
❷ 小潮头,当地土话,指 15—16 岁的小伙子。
❸ 搞混草,指把河里的一种水生植物收集起来,放在田地里做肥料。

内燃机：厂修、自修。

水泵：厂修、自修。

机船：厂修、自修 2 条。

64〈年〉度配备人员：基本人员 2 人、放水员。

未落实人员：站长、机手、工程员、放水员、用水员。

65 年度调换人员：站长、机手、工程员、放水员。

65 年度报酬处理：基本人员未定。

放水员：未定。

处理形式：人数。

灌溉试验田：所属生产队、座[坐]落地名、面积、作物名称、灌水方法（对比）。

管理人：周生康、戴正华、陈进其、陈金奎。

65 年度办法：采用众吃众摊，按量计算。

定额管理：

1. 打算定额，未编预算。

2. 已编定额，未落实到群众。

3. 预算已编，已落实到群众。

初步打算使用水执或水票〈制〉：已印好或未印好，已经使用或未使用。

疏浚河道：条数、长度、土方。

利民机站 1965 年水结算方案　　　　　　　　　　　　　　　　　〈单位：元〉

	项目	〈费用〉
按量计量部分	电费	420.00
	公杂	22.00
	机械维修	15.00
	设备维修	50.00
	川旅补贴	15.00
	医卫	1.00
	低值易耗	10.00
	人员报酬	660.00
	小计	计划水方 234 982〈方〉
按管理面积部分	上交折旧	
	管理费	
	小计	
		折 0.42345

1. 29 号运公社，联民大队上交军柴 10 担。要豆柴、硬柴、毛硬柴，其他不要。

2. 今天蚕业书记、队长会议，我们不出席。沈书记关照 28 号发种，其他推迟（大队管理委员参加）。他提出明日下午叫我们大队召开生产队长、蚕业队长会议讨论。

1965.4.24

公社站长会议(2 天)

会议记录如下:

第一天参加到钱塘江公社检查,夜里开会汇报。

第二天上午参加到利民、三星检查参观,下午开会讨论,对照问题。

机站主要任务中心,首先抓机械维修设备,同时记好账目,一定要按照利民办事,工程上维修好,试几只出水管做上小闸门。

李站长传达:

首先要解决自满到顶、坐井观天〈问题〉,反对自满到顶思想。同时要注意畏难情绪,束手无策。要有个革命思想,不要个人得失。考虑报酬问题,但是首先要做好工作的基础。

当前工作:

1. 配套问题,根据三个方面,各机站发现有啥缺是[就]补啥,完成抓紧修理土石方,分节闸、糟[槽]桥等,马上做好。首先机械配套,各机站应该要学习的。

2. 对机械保护工作,说不出坏点,账册清楚,记来明白,而〈且〉自力更生修理,一定要按利民做,逐站试车。

3. 人员落实、组织问题,放水员、生产队专管员落实。今后可能要进行学习,明确放水职责,灌好水。

4. 做好管理工作,议定好管理办法,认真研究讨论,切实可行的,定好后通过群众,一律执行办事。

5. 贯彻合理负担政策,要进行执行。在处理问题上,一定通过决定。各项制度要定好执行。训练班问题,和管理委员商量何日办。

6. 大搞科学试验田,对口落实。

财务管理问题:

1. 制度问题。

2. 取消自收自用(按挪用公款处理)。

3. 立即编造 65 年予[预]收予[预]算。

4. 账目问题,做到日清、旬结、月公布。

开展比学赶帮问题:

1. 我们决心要赶钱塘江,机械学习利民,管理学习联新,超钱塘。

2. 要学习毛主席著作。

1965.4.29

召开管理委员会议

讨论问题:

1. 对今年的用水执制,实行这个办法有啥问题。

2. 如何样态度来今年灌好水确保增产。采取如下办,放水员如[是]否经常调动,还是确定不调好。

　　3．为了灌好水，对干渠要修如何办。

　　4．对机站人员工分报酬，按这个办法有啥意见，是否合理。

　　5．对予〔预〕收水费是否从现在起可以来交，还是等待到夏收交。

　　（参加管理委员 1、3、5、6、7、8、11、12、13、14 队）。

　　通过以上五条决定，按用水管理办法执行。

各生产队 1965 年作物面积表（一）　　　　〈单位：亩〉

队别	双早	双晚	络麻	小麦	蚕豆	油菜
1	40	50	30	35	35	25
2	26	32	26	32	12	24
3	40	46	28	45	2	24
4	35	42	28	40	6	20
5	25	30	20	25	10	15.7
6	33	40	22	38	16	18
7	15	18	20	17	9	10
8	40	48	32	51	12	24
9	40	60	50	60	20	30
10	30	36	16	58	5	26
11	40	51	40	55	10	25
12	27	32	24	30	10	18
13	32	40	30	37	15	19
14	26	31	22	25	10	15
合计	449	556	388	525	162	294

各生产队 1965 年作物面积表（二）❶　　　　〈单位：亩、斤〉

队别	小麦		蚕豆		油菜		早稻		晚稻		络麻	
	面	单	面	单	面	单	面	单	面	单	面	单
1	30	200	30	200	25	120	40	600	45	600	30	666
2	34	200	12	150	24	120	26	600	31	600	26	570
3	40	180	2	200	20	100	35	500	43	500	24	500
4	30	200	7	150	21	100	35	600	40	550	25	600
5	25	200	10	200	15.7	100	25	550	30	600	19	650

---

　　❶ 表中"面"指"面积"，"单"指"单产"。下同。

续表

队别	小麦		蚕豆		油菜		早稻		晚稻		络麻	
	面	单	面	单	面	单	面	单	面	单	面	单
6	35	200	14	200	18	110	33	600	40	650	22	600
7	17	180	9	70	10	80	15	600	18	600	19	600
8	51	240	12	200	24	120	40	650	48	650	32	700
9	60	220	20	200	30	120	40	550	54	600	50	600
10	40	200	10	200	26	110	30	600	38	600	16	600
11	40	200	10	180	25	110	40	600	51	650	40	600
12	30	210	10	200	18	100	27	620	32	620	22	600
13	33	200	14	200	19.61	120	34	600	40	600	27	600
14	25	200	10	200	15	100	26	550	30	600	22	500
	490	204.5	170	173.6	291.3	110.1	446	587.4	540	602.4	374	602

各生产队 1965 年作物面积表（三）　　　　〈单位：亩、斤〉

队别	大麦		山茹		黄豆		芋艿	
	面	单	面	单	面	单	面	单
1			25	600	5	400		
2			22	600	10	150		
3			15	500	2	200	0.8	25
4			15	600	2	150	1.8	25
5			10	800	1	110		
6	3	180	18	600	8	150	1	20
7			12	500	2	250	0.6	25
8			10	400	7	250	0.6	30
9			30	400	5	300		
10	13	200	30	500	4	500	1	30
11	7	200	20	600	5	200	1.5	30
12			15	600	2	200	2	30
13			18	600	1	200	1	30
14			10	600	3	250		
	23	197.4	250	553.2	57	2 561	10.3	

各生产队 1965 年作物面积表（四）

队别	春茧		夏茧		秋茧		晚秋		早稻秧田〈亩〉
	张	单〈斤〉	张	单〈斤〉	张	单〈斤〉	张	单〈斤〉	
1	9	70	4	40	17	50			7
2	14	65	4	40	18	55	2	50	5.6
3	10	60	6	35	20	50			6.3
4	12	60	6	40	14	50	4	50	4.5
5	14	65	4	40	16	50			4.8
6	14	65	6	40	11	45	5	50	5.8
7	5	60	2	40	7	50			2.6
8	28	60	10	40	40	50			6.7
9	20	60	7	40	33	50			6.56
10	50	65	12	40	55	50			8.5
11	18	60	6	40	26	50	4	60	6.8
12	20	70	4	40	22	60			4.5
13	16	60	4	40	18	50	2	50	5
14	9	55	2	40	13	50	2	55	4

1965.5.15

群海 21 队灌溉面积

〈单位：亩〉

七亩田横头	10.40	水稻	周介大河	2.40	络麻
台河	2.60	水稻	羊合三河	3.00	络麻
银家河头	2.80	水稻	东羊三河北地	4.00	络麻
新屋河头	2.40	水稻	徐家坟	3.00	络麻
合计 30.60					

1965.5.20

同沈岳金同志到公社

1. 对于建闸结束告一段落，总补贴技工金额 222.50〈元〉，各得一半，我站应得 111.25〈元〉。这笔款公社意见给技工人员合理的一些补贴，多余款可以大队或机站收入，也可以分给各生产队。但是何[否]能采取那[哪]一种，首先通过大队干部，研究进行处理。我回站，到大队向冯书记、陈队长进行汇报，他们说通过队长来决定，暂时由机站保存。

2. 公社即将有 15 公分水泥管到，机站是否要？如果要，首先收每只 1.00〈元〉，今后结算。各生产队是否要？

1965.5.30

群海 24 队灌溉面积

〈单位：亩〉

井田河	3.50	早稻	面长河	4.522	早稻
木乔头	3.74	早稻	已溇	1.793	络麻
四漳河	3.616	络麻	霸西河	5.90	早稻
长三亩	2.20	早稻	庙前	11.00	络麻
叠子河	3.617	早稻	邦安河	6.10	早稻
合计 45.988					

1965 年 1—2 队支线记录摘要

该线在第一次坍掉 5 月 30 号。第二次坍掉 6 月 13 号，并 2 队放。在这次放后，坍掉后，思想很不满，反说没有好处，灌水还是踏［塌］便宜，特别邵左兴说今后还是踏［塌］，反〈说〉机站没有把渠道做好。第三次 6 月 16 号夜里 10 点 35 分，耗电 76 度，单放 1 队（58 个 A 盘最底）结果又坍掉。而在白天已经高度做好渠道，1 队干部亲自上阵，总怪机站人员用得少，没有管好，反说机站人员想多用钞票，多拿几元，所以不想用放水员。我们 1 队放不到水，大队不负责任。要冯书记到苏牧港联系后，到群海大队调换好土地，就可以解决（是羊进财讲）。书记同书记碰了头，叫压拉有啥用场❶。第四次 6 月 17 号，修好后开放。2 队并 1 队，这次的修理是 2 队负责。结果 10 点 10 分开车，放到下午 4 点 20 分坍掉为止，共计 6 个小时，共耗电 102 度。我们最〈后〉向他提出今后一定要做好。再后，2 队队长说是我们下决心一定负责修好（这次放水，主要紧要地段没有人负责看守，所以没有及时发现造成大坍）。这天 1 队抽水，从上天❷就开始起，一天工夫还是发不出机来。去叫徐阿三前来协助，结果还仍归［旧］［未］发出。到 18 号下午 4 时才发出。打到夜里 10 点半，到机站 10 点 55 分。自从连坍几次，我到南面，特别 1 队社员议论说，我们渠道做得着，水放不着，水放得着，比踏［塌］车要贵。我们南面有得苦，北面多少好。像联新做得好，塘南土地多灌到（有个干部说）。联新情况两样的，因为大干部有老南片，所以能够做得好❸。我们是不来，干部无用场，不肯动，可以说万难。机站老、死人不搭架，叫口吃南朝饭，心想北边人❹，没有全面看问题等等。

1965.6.17

记　　录

今接王海章同志登记表〈单位：元〉：

我们去年加工厂所有的财产、单价，他有一张证［登］记表，交我登记。我登后记录如下几

---

❶　压拉有啥用场，当地土话，意思是我们有什么用处。

❷　上天，当地土话，意思是前一天。

❸　这句话批评联民大队的干部，说联民大队的南边生产队做渠道辛苦，但是，南边水灌不到。联新大队那边做得好，南边的土地都能灌到水，因为联新大队的大干部在南边。

❹　这句话批评联民机站的干部，说他们是南边生产队的人，但是，他们吃着南边的饭，却想着北边的人。

样财产：碾米机 1 台,原价 233.33;木头 4 根,25.20,木价 10.30;大巴斗 2 只,原价 10.74 ;小巴斗 1 只,原价 4.69;4×4 皮带一条,11 公尺,原价 46.82;480 眼束节❶2 张,原价 3.10;四脚风车 1 台,原价 33.80;合计 332.48。

1965.6.29

出席公社会议

本机站情况：

1. 今年从 5 月 18 日开始灌溉,至 6 月 28 日止,共计耗电 3 240〈度〉,其中 5 月份 1 574〈度〉。

共计实灌面积 871.28〈亩〉,其中 5 月份 361.68〈亩〉;

共计定额出水 100 373〈方〉,其中 5 月份 48 737〈方〉;

共计回收水量 61 568〈方〉,其中 5 月份 30 528〈方〉;

共计金额 480.25〈元〉,其中 5 月份 238.10〈元〉;

共计开车时间 181.10〈小时〉,其中 5 月份 80.25〈小时〉;

共计实灌面积,其中种田 400〈亩〉,络麻 20.53〈亩〉,水稻 450.98〈亩〉。

2. 我们的土办法是：凡是轮灌期内放水,我们按量水深为标准计算。非是轮灌内,我们采取三种计算办法：远的队回收 50%〈到〉60% ,具体 1、2、11 队回收 50% ,10、12、5 队 60% ,3、4、6、13、14 队回收 60% ,7 队 70% ,8、9 队回收 80% 。

我们存在问题是：

1. 生产队放水员轮流。

2. 由于放水员不定,再现损水较大。回收比较好些,如果量水深的话,渠道上没有人看管,只叫放到田里有,就算浪费水不搭架❷。像我们 1 队渠道路线比较长,有 1 515 公尺,放 8.50〈亩〉做双晚秧田。从 5 点 40 分开车(单放)到夜里 10 点 35 分坍渠道止,共耗电 76 度,定额出水 2 356 方,回收量出为入只有 765 方,还说没有放好。同样这个队在 6 月 23 号,单放回收 60% ,水稻面积 8.82〈亩〉,外加 1 张河,约可抵 3 亩,放 3 个小时,耗电 49 度。除倪桥底水 8 度,净 41 度,定额出水 1 023 方,60% 回收 614 方。这次放,还说满意,看着渠道上只有 3 人,所以这样看,我们地方还是采取按时定量较好点,因为我们渠道再[最]差,漏洞多、损失大,机站人员较少,技术上不够熟悉,只好暂时性采用。

3. 由于机站人员特别机站领导,没有一套很好的办法,往往发生互相埋怨,消极畏难,有的不愿干,今年做明年不想做。

4. 收费问题,我们机站按照予[预]算目前为止,已全部收清,共计 1 346.00 元。

5. 塘南火力机渠道被海塘工务所挑掉,要求公社水利部门负责通知,同我们修理好,否则不能灌水。

---

❶ 原文如此。

❷ 这句话的意思是,只要放水放到田里有水,浪费多少水,不去管。

1965.7.2

发现特殊情况

4 队富裕上中农、国民党员邹阿三,对生活不满,在这天夜间 7 时生产队修理好渠道正要放水,他大爬毛渠道❶,使生产队不能放〈水〉。他大肆大骂,挪噶挖贼,啥人叫挪开渠道,挪要想发财❷。骂半小时〈做时想让掉,弄掉一只角竹,结果他又有不肯❸〉。陈有松 7 月 3 日上午 5 时来站汇报。

1965.7.4—1965.7.5

出席四联片支部委员学习会(在祝会小学 1 天,本大队 1 天)

摘要如下(沈书记总结):

通过这次学习后,要出现一个树立倡[创]业思想,树立总路线思想,要克服一个骄傲自满思想。当前主要出现自满骄傲、休业思想。认为差不多,不是差得多,停止[滞]不前,认为已经高于长子碰着天花板,坐井看天,关门称大王。是不是够了,是不是到顶,我们可以看看别的地方的先进地区,留良公社。

有个华光大队蚕种 226 张平均 86.9 斤,该大队第 4 队蚕种,15 张平均 102.4 斤。另一方面,蚕桑 6 个县当中,我们县第 5 位,最好的是吴兴县。认为我们是够,这种真叫关门称大王,是个不想上进思想。所以我们要人换思想地换装,首先克服自满,大学先进的劲头。不要先进不相信,落后不认人。例如,中新 5 队王文荣,络麻多草不见络麻,还说比去年好,秧有不要紧。所以要树立一个创业思想,总路线思想,要站在家门口,看到天安门,看到全世界。只[主]要是:

1. 要老老实实、认认真真向先进学习。
2. 总结先进,推广先进经验。
3. 集中精力打千[歼]灭战,以点带面。
4. 开展比、学、〈赶〉、帮运动,友谊竞赛。

今后任务是:

1. 分析情况,总的趋势很好的:①首先看蚕业比去年高。②络麻当前思想重视起来。③当前季节还可以跟上去。

主要存在问题有:①严重的骄傲自满情绪,思想到顶,低标准,用 61 年为标准,用吃饱饭为标准,与和平逃荒为标准。这种看法完全是不对,自满要失败的。我们可以看,肃[萧]山、余姚、海宁,过去海宁、肃[萧]山络麻是最好的,像元宝朝天放一样,两面高当中底。现在出现自满,认为自己高了,现在叫元宝翻身,余姚络麻最好,所以要克服骄傲自满作风。②个人主义思想,怕犯错误,怕瞎指挥(只抓粮、麻、油,不管敌、我、右[友])。③作风上有公社到大队缺乏

---

❶ 用工具在毛渠上扒土,损坏渠道。
❷ 这句话的意思是,你们这些贼,谁叫你们开渠道,你们想发财吗?
❸ 这句话的意思是,在做渠道时,想绕开一点,但还是要挖掉他家竹园的一只角,他怎么也不肯。

革命的书写

——一个大队干部的工作笔记

深入调查,缺乏革命化思想,搞样子比较不[多],落实少了一些。

根据以上存在问题,我们下一步工作是:

以阶级斗争为纲,以生产为中心,踏踏实实做好工作,争取全面丰收粮食。"三五"计划中,到末年70年,全县数达到1400斤,春花400斤,油菜300斤,络麻900斤,蚕茧100斤亩产,猪羊达到(每亩)1头(包括专桑在内)。

绿化问题,以备战出发。我们做一切工作要有以备战上出发,搞好农业生产,要搞好农业生产,只要做到几个硬:

1. 水利上要过得硬。

①高低整平,排灌分需,两头开门,各立门户。②目的,高地改平,去湾求直,渠路结合,适当并田,拆花田要换好。③田塝基建抓好,首先做好规划,今后动手。

2. 肥粮上要过得硬。

办法:①国家自力更生为主,大搞化肥,我们自己靠发展畜牧,主要把政策落实好。联新5队对肥料处理,他2种办法2种处理,人粪猪粪是按质论价,羊粪是包屁股,他们猪人粪按低[底]分分配,多1担奖励1分,少减1分工,羊是每10底分1.5头到2头,老年照顾多,1只奖励10分,少1只减10分劳动工分。男300天,女260天(4个小潮头当1个妇女计算)。按全家口粮,勿完成按总口粮相应降低,超过同样增加。②大抓绿肥多种。③大积河泥(搞混草搞河泥)。积足肥料是打好晚稻丰收的有力基础,有收无收在于水,丰产丰收在于肥。

3. 种子上要过得硬。①留足小麦种,准备好20—25斤。②晚稻留种,准备好种子田。

4. 改良土壤上做文章。①于[以]另[零]化整成方。②桑园逐步并块成方。

"三五"规划是五年看头年,头年看当前。

当前的工作:

1. 抓好当前早稻后期管理,络麻加强培育。

2. 大积肥料。

3. 双季晚稻秧田,除草、施肥、除虫,密的干参散掉❶,培育壮秧。对粮食问题要重视起来,备战打算,高标准要求,精雕细刻,丰产丰收。山茹加强培育,除草、翻藤。

4. 蚕桑问题:①专桑面积一定要专起来。②除草、除虫、捉桑天牛。

5. 分配问题,查一查是否对落实。交大队的要收起,分配下去,否则将来生产队要埋怨不通知。

怎么样来搞"三五"规划呢?

1. 认识问题,不是单单地搞几个数字,而主要的是进行改造我们的思想,树立起创业思想,树立革命化思想,改造我们小农经济的残余,小农经济有局限性,做做吃吃够了有[就]算,落后保守。

2. 学习文件:①学习"12条"。②学习《浙江日报》30号报。

3. 进行社会主义大农业教育。

对象:①主要抓住党员干部,生产队队务委员教育好。方法:抓活思想,主要生产自由,劳动自由,技术自由,反对领导,自满到顶,不相信先进,做做吃吃只叫[要]完成国家任务有

---

❶ 当地土话,意思是,秧苗过密的,干脆拔掉一些。

[就]算。②找出本大队本地的先进经验,开展学习,对比找问题。

通过这次学习达到目的:使干部明确领导大农业生产方向,树立一个创业思想、不断革命思想,不是休业思想,要敢于斗争,敢于革命。

搞规划主要搞 12 个:①粮食。②水利。③畜牧。④优良品种。⑤改良土壤。⑥水面。⑦绿化。⑧畜备粮。⑨多种经营。⑩生活收入劳动投放。⑪血防卫生文教。⑫计划生育。

树立一个大学先进地区经验和本大队的先进单位,学习大寨之路。大寨是一个穷山恶水的山村,是山西省昔阳县大寨公社大寨大队,用他们自己的双手,自己亲身的经历,创造出伟大的成就,主要有下面四点:

1. 有高度的革命精神。

因为大寨座[坐]落在太行山中,全村的土地分布大大小小的山坡之上和山沟之中,土质十分薄,耕畜和农具量少而质劣。解放前受[在]地主残酷剥削下赶牛放马,出外讨饭,占全村有一半。但是解放后农民翻身,组织起来,然而大寨的自然灾害很重。自然条件却仍然十分困难,但是,特别困难的条件并没有使大寨人民垂头丧气,相反地更加激发了他们的革命的斗志。1953 年组织起来,第一年他们就制定改造自然的宏伟规划,决心要使穷山变成富饶的米粮田,劲头大。

2. 敢于蔑视困难。

大寨大队党委书记陈永贵所说:他们辛勤劳动,不仅仅是为了自己做饭自己吃,而是为社会主义打基础,要让人们看看社会主义多么远大前途。他们站在太行看到天安门,看全国,看到自己集体,而看到别的集体,看到我们整个国家及其他的光辉灿烂的前景。他们对于自己的集体,对于我们国家的未来,充满了无限的信心。大寨人民始终保持着旺盛的革命斗志,要把穷山沟建设成社会主义新农村。

3. 自力更生,发奋图强。

大寨人民在同自然灾害作斗争建设山区的过程中,碰到了[的]困难很大。要把全村七条大沟几十条小沟都要闸坝垒堰淤成良田,要把分布割成 4 700 块的 802 亩坡地建成水平梯田,这需要一块一块地垒石头,土一担一担地挑起来。工作量是相当大,劳动是很艰苦的,而当时全村只 50 多个劳动力,集体经济又刚刚建立起来,财力、物力很困难。但是,他不依赖国家的支援,仍旧投入战斗,夺取一个又一个的胜利,成倍地提高粮食产量,同时使林业和畜牧业有了相当大发展,处处干[敢]斗争,能创业。不论在阶级斗争,或者是同自然界作斗争,就一定会碰到困难,各种各样的。只有坚持坚决地战胜困难,我们才能前进,对困难采取什么态度,这是考验人们是否真正有革命精神的试石金,使大寨山河变了样,使穷大寨变成了富大寨。

4. 有永远前进,严格的科学实验。

大寨人民在 11 年来发展生产的斗争中,取得胜利,主要是大搞试验,自立榜样。每一项工作成果,坚定科学实验。他们不断前进的信心,到 1962 年,大寨每亩土地的粮食产量达到 700 斤,赶过了全国发展农业纲要规定的指标,这〈是〉相当出色的成绩。他还为国家支援更多粮食,支援灾区人民。

1965.7.8

1965年(调整)冬种规划面积 〈单位: 亩〉

队别	集体可耕面积数	专桑	络麻	早稻秧田	大小麦	蚕豆	油菜
1	147.509	37.00	30	7	60	9	30
2	121.175	32.950	26	4.5	47	7	24
3	134.221	46.212	24	6	46	7	23
4	134.826	41.260	25	6	50	8	25
5	95.366	34.880	19	4.5	34	5	17
6	112.509	23.076	20	6	47	6	23
7	60.267	10.150	19	2.5	27	4	13
8	154.866	66.780	29	7	49	7	24
9	191.919	59.685	39	7	70	11	35
10	178.044	93.177	15	6	45	7	24
11	177.323	52.880	39	7	67	10	34
12	118.890	35.530	22	4.5	43	6	21
13	129.082	39.560	23	6	50	8	25
14	112.023	33.333	20	4.5	45	7	22
	1 868.020	606.473	350	78	680	102	340

1965.7.30

公社水利会议摘要

徐会计传达县会议精神:

1. 关于水利上。在实现四化中,水利部分联系到有三化:水利、电气、机械。四化:机械化、电气化、水利化、化学化。

2. 四大管理:用水管理、机务管理、财务管理、工程管理。

3. 今后任务。主要做到水利规划,方向是高低改平、去湾求直、渠路结合、适当并田。来做好田埂建设,降低地下水位。

4. 大力机配人员落实,电械专职起来。

5. 水车登记造表汇报。

6. 钢筋槽落实,我们汇报1个。

7. 油好渡槽。

8. 财务管理,按计划办事。

1965.9.5

出席公社会议

徐会计传达：

1. 今冬水利工作问题，特别他提到目前的冬种问题，再[最]近县委办了冬种训练班，如何样想尽一切办法，夺取高产，学习南汇县，春花600—700斤。要提高冬种计划，特别是要降低地下水位，要春花高产，缺不了做好降地下水位这一关。抓好田间管理工作配套。

2. 培养副机手。

贯彻工作：

1. 开引水河道及田间〈工〉程配套。

2. 机械维修及干支毛配套成龙，做好计划工作。

3. 平整土地，需因地之[制]宜，小并大块，改变田垈，搭地边，达到灌上水。

4. 培养机手、副机手。

5. 低压网摸一下情况。

6. 对今年放水有啥问题，摸清低产原因，提出需意见和要求（今年开河问题，向社员讲明）。

7. 按量计费进行总结。

1965.9.6

下午，召开机站管理委员及生产队农业队长会议

贯彻如下：

1. 关于公社会议精神及沈书记对水利问题上提出的要求贯彻。

2. 总结65年度灌溉经验及存在问题。工程管理（只要渠道分节），按量计费，说明我们的做法，真真没有做到[按]量计费，是按时定量计费，上级要求进一步来做好。

3. 展开讨论，汇报情况。

（1）找65年度在灌溉中有什么好处，还存在什么问题，如何解决。

（2）找渗水漏洞。

（3）找用水管理上是否执行用水管理办法（同时评出好的放水员）。

（4）找机站人员，特别在工作中，还存在什么问题。同时决定出初步培养副机手人员，结算方法上及水费收取上。

4. 提出今后工作意见：

（1）以开通引水河道及田间工程配套为中心，结合做好渠道维修。要达到化[花]工省、效力[率]高，但不是不求质量，任务观点。敷衍了事这种做法，完全不是种田为革命，要晓得种田为革命。在农业生产，水是再[最]主要部分。有收无收在以[于]水，丰产不丰产在以[于]肥。我〈们〉要搞好粮食生产，首先把渠道要按质按量做好。开塘河问题，现初步定案，全公社计划开5条。我们大队计划开倪桥港及油车港，同联新并开。但是要汇报批准后进行施工，先做好准备工作。渠道问题，我们初步意见是决定机站进口到倪桥东200公尺，这条干渠进行大修。同时塘与干支，预计土方1万〈方〉左右。要求这条修时一定要按质量，主要装外坡，同时要加高静水池，反改渡桥。

（2）田间管理及田垾建设改造低产田,总的方法是四句话:①高地改平。②去湾求直。③渠路结合。④适当并田。

当前来看,这项任务要当大的来搞,主要目前要向产量进军。学习南汇小麦 600—700 斤。首先第一关是降低地下水位,横过东过西田,改做上等田,使阳光充足,争取高产。所以,我们头一关要做好准备,规划好那[哪]一块田垾进行适当并田。做到排灌分需,两头开门,各立门户,灌放畅通。同生产队做好参谋作用,向社员公布。在收割进行动工,做好后春花下种,使今后少损失春花,少化[花]工。在这段期间不做,到冬种下好,还是仍旧要做的,不是瞎指挥。

（3）低压网问题。

低压网问题,我们首先要晓得道理,主要为实现大农业生产,实现机械化。用机械化来生产,减轻劳动力,增加工效,解决不能灌上水,没办法可想。水的来源造成农业生产减产,办起低压网就可以解决这个问题。像我们多数的高地能够解决,还可以用电耕梨[犁],带动脱粒,多少便当。农闲时可以点照明。

（4）对于培养副机手问题。

主要目的是培养接班人。今后对电气发展,我们还要更多的培养人员,使懂得电的知识,修得来电气设备,做到安全用电。提拔人员要老实细心,能为群众办事、对电气有兴趣的人（成分好、历史清楚）。

1965.9.7

上午,出席祝会信用社里召开宣传员会议(半天)

摘要:

目的为办农中问题。进行研究决定如下:

1. 民办教师报酬,每月 30 元,假期不算。参加劳动所得。但在假期内如果学习,或其他抽出的,按天数付酬。

2. 负担问题,按四联平均负担。

3. 组织问题,成立校务委员会,由 7 人组成。每大队宣传员参加,完小凌校长、联民冯书记担任校长。

4. 继续发动前来报名入学,当前 30 名,要求最多几名可减轻负担。

5. 本月 15 号正式上课。

下午,到公社开民兵连长会议

内容如下:

1. 民兵首先主要任务,突出政治,坚定走社会主义道路,参加集体劳动,过集体生活。这是第一个根本性要做到。但是相反的,出现分户剥麻、浸麻、洗麻,搞分散生产,大肆宣传分散优点,忘记阶级苦,还想小农经济。这种坏作风、坏思想,我们每一个民兵,坚决地纠正,坚决走集体道路。要召开基干民兵会议,进行教育、评比、检查,同时贯彻学习毛选两片[篇]（《反对自由主义》《愚公移山》）。

2. 经常性要做那[哪]些工作。

第一,有计划、有领导地学习毛选。大队要组织领导小组,参加人员有党支部书记、宣传委员、团支部书记、好的党员5—7人。定出学习制度,一班[般]每月3次(可以自然村为单位组织学习组)。

第二,把学习毛选经常性,不但文字上学,要〈在〉学后〈就〉用上做文章。我们可以看出,学习好不好,只要看二方面:①政治空气,是否活跃,还是死气腾腾[沉沉]。②生产面貌,是否劲头足,生产搞得出色,还是一团和气,生产搞得不像样。

第三,在目前情况重要的文章,要翻[反]复学。现在可以学习"老三篇":《为人民服务》《纪念白求恩》《愚公移山》。通过学习后,定期召开学习交流会,谈谈心德[得],交流经验。

3. 办好俱乐部,根据农民特点,小型分散。兴办活动室,看图片,讲讲故事,读读报,听听广播,活跃农村。

4. 战备治安工作。联海一带组织联络通信,如有问题及时传达。当前如有战备紧张,各大队电话机,需要轮流值管,及时通知。因为还要防止乔司农场逃犯暴动。如果发现,我们全体民兵严加扑灭。经常注意来往可凝[疑]人员,边询问,边报告,边顶[盯]梢(进行联防汇报),不能放松逃跑。

5. 潮汛问题。在这期内我们要加强注意来往人员,叫四类分子不能随便进出。

6. 征兵工作准备。今后的任务不轻,因为今年情势来看,特别南越问题。所以今年做思想工作比较很重,所以现在做好准备,摸好底,特别年龄方面不要漏掉,如果漏掉要进行补上。重点做好二点:①摸清年龄底。②摸思想动态底。

7. 大搞科学试验:发动全体民兵搞试验品种(油菜、大小麦)。

8. 民兵冬季培训问题:①初步打算,步行夜行到杭州。②春节搞一次会演。

1965.9.9

夜,出席本大队7队小队社员大会

结合贯彻:

1. 集体剥络麻问题,提出搞剥麻定额工,提出初步意见:每100斤精麻剥起到晒白为止,共计17工(讨论后16工,10担为标准)。

拔、夹、剥,每100〈斤〉青麻10分;

称麻,每100〈斤〉青麻1.7厘;

浸麻,每100〈斤〉青麻1.5分;

洗、晒、收,每100〈斤〉精麻30分。

2. 采叶定额。

按质按量弄叶,每100斤12分工。

3. 实行工作方法:①络麻叶按猪羊分配。②蚕体❶同样处理。

1965.9.15

公社召开冬种训练班

出席人员正队长以上,老农参加,2天会议。

---

❶ 蚕体,当地土话,指蚕的粪便。

革命的书写
——一个大队干部的工作笔记

李社长报告：

1. 总结列[历]年来情况，表达几年来逐年上升，年年增产，取得丰收。存在问题中，特别指出了老办法、老思想，结果老产量，认为春花无法可增，靠天老爷帮助等不正确的看法。

2. 发展春花重要意义。

重点比例：粮食增产直接对国家贡献，三者按[安]排能够平衡。说明搞农业生产是为革命，就是搞革命工作，工作就是革命，革命是有斗争。

3. 冬种要求。

任务重、要求高。首先说任务重、改制重，今冬做好进行"六改"：①狭轮改阔轮。②稀播改密播。③尖底改平底阔槽。④直播改为移植种。⑤底[低]产品〈种〉改高产品种。⑥低产田改高产田（东面外加一个改散苗）。

我们做的工作根据六改进行工作，在低产改高产，少种蚕豆多种高产品种，多种大小麦。底产田改高产田，重点横轮改直轮，开深沟，进行田垾建设，重点降低地下水位。

要求高，是大小麦 300—400 斤。我们可做工作，要在高标准质量。首先选种前进行晒种、选种、人粪水浸种，其他的工作也要按标准来进行工作。

我们可以看看高产地区的产量，本公社来说：

联丰 12 队 50 亩，平均单产 228 斤；

中星 15 队 15 亩，平均单产 235 斤；

盐官 13 亩，平均单产 386 斤。

钱塘江公社：

石井大队 1 203 亩，平均单产 286 斤；

云龙 7 队 50 亩，平均单产 300 斤；

万年 2 队 20 亩，平均单产 388 斤；

永临 8 队 15 亩，平均单产 400.12 斤；

丁桥二塘 89.86 亩，平均单产 237 斤；

漳江 9 队 80.36 亩，平均单产 287 斤；

石井 22 队平均单产 340 斤；

海王大队 384 亩大麦，平均单产 294 斤；

新丰 9 队 39.5 亩油菜，平均亩产 250.6 斤。

外地区来看一看：

嘉定县小麦 9 万亩，平均单产 426 斤；

嘉定县油菜 7 万亩，平均单产 286 斤；

江苏省小麦 15 000 亩，平均单产 423 斤；

山东省小麦 1 004 亩，平均单产 645 斤；

山东小三子小队 107 亩，平均单产 703 斤；

其中有个 2 队 8.99〈亩〉，平均单产 984.9 斤。

我们首先要学习先进，相信先进，用大寨精神向高产进军。要找原因，主要有四个方面：①思想上大有差距，没有革命化思想。没有认识到搞农业就是干革命，接受思想，老办法进行生产。②认为搞春花生产没有奔头，不合算，搞其他生产有奔头。③种春花没有把握，要靠天帮助。④对先进没有兴趣。

1965.9.16

上午,公社民兵连长会议

金部长传县委学习精神:

1. 继续贯彻7号会议,重要解决分户剥麻问题。

2. 县委会议贯彻:①大学毛选,先进人员介绍。②当前任务问题。③做好几个准备工作,社教、征兵。④办俱乐部。⑤元旦会演问题。

下午,公社水利会议

徐武臣传达检查会议贯彻:

1. 贯彻县委李局长〈传达的〉中央会议〈精神〉。

2. 今后任务问题。

1965.10.1

上报本大队所属各桥

队别	桥名	结构	好坏程度
2	范家港解放桥	石桥	要修
4	范家港新桥	石桥	要修
	倪桥港解放桥	石桥	正常
13—14	周介石桥	石桥	歪转
11—12	张家木桥	木桥	要修
11	徐家木桥	木桥	要修
11	积善桥	石桥	正常
11	红家石桥	石桥	正常
10	道院桥	石桥	正常
10	安乐桥	石桥	要修
10	新石桥	石桥	正常
	九里桥	石桥	正常
5—6	上河西木桥	木桥	要修
1—2	东木桥	木桥	要修
10	金茄桥	石桥	要修

革命的书写
——一个大队干部的工作笔记

1965.10.2

公布年度决算水费尚少数（包括火力机在内） 〈单位：元〉

队别	多	少	火尚少	净多	缺
1		79.77	28		107.77
2		29.98	24		53.98
3		81.36	清		81.36
4		1.71	22		23.71
5		20.48	清		20.48
6		25.30	4.37		29.67
7	13.84		10.00	3.84	
8	0.69		清	0.69	
9		23.64	36.00		59.64
10		2.29	14		16.29
11		40.94	28		68.94
12		24.31	16		40.31
13	1.30		14		12.70
14	0.14		14		13.86
合计	15.97	329.78	210.37	4.53	528.71

沈 书 记 报 告

"40条"主要内容，五个方面：

1. 粮食问题，以粮为纲，粮食为重点。

2. 以粮为纲，粮畜并举，全面发展，多种经营。

3. 不但抓生产，而且还要抓好生活问题、治好血吸虫问题、吃穿问题、增加收入问题。

4. 文化生活，"40条"内〈第〉31条，在12年内扫除文盲。

5. 基本建设，广播。在生产上重点水利肥料问题，重点要有备战思想。肥料问题"40条"内第6条中提出养猪问题、花草问题、种子问题，屋前后路旁多种树木，做的工作要精耕细作。现在粗次烂槽［粗制滥造］。

怎么样来实现"40条"：

1. 根据省委文件内容，学习40条，以二条道路斗争，以种田为革命。

2. 按党的政策办事。

3. 以［依］靠贫下中农，因在农村占70%，多数是贫下中农。〈发动〉广大群众来建设社会主义。

今后任务根据省委提出，提前实现"40条"只2年时间，要实现"40条"只要［有］依靠人的因素。实现"40 条"要看看有利条件件方面。如果认为"40 条"已经实现,公社硬搬套,我们可以看看,要有一个正确的认识。在 64 年全公社已经完成,在 12 个大队有 11 个大队;215 个生产队有 193 个完成,还有 22 个不完成,到后来讲,还有 2 000 多亩未完成。生产队最高利民 9 队,〈全年亩产〉1 564 斤。以粮为纲,积极发展多种经营情况来看,我们公社络麻 61 年 10 500 担,62 年 13 000 担,63 年 19 000 担,64 年 23 000 担,65 年平均 28 000 担;蚕桑生产发展阶[段]级,今年预计 31 200 担,去年 23 800 担。

今年已经超过 56 年最高水平,但是按照"40 条"进一步检查,问题很大,特别队与队之间,相差很远。这个元子❶很大的,作物与作物之间,早稻发展比较快的从 300 斤发展的[到]500—600 斤。但是春花产量比较慢的,达不到 62 年产量水平。今年春花还是好面貌,今年 12 个大队 11 个减产,只有城北增产,其余多减产。对水利方法,认真做得比较好,但是在 20 多天不下雨,发现断河江。这样看来我们这一关没有过得硬,达不得到稳产高产,早稻钱塘江〈亩产〉680 斤,郭店早稻 583 斤,三星 531 斤,全县 540〈斤〉。

发展副业生产,以副养农。发展养猪 2.5—3 头,"40 条"〈要求〉67 年达到。61 年 7 818 头,62 年 14 700 头。根据"40 条",还要增加 1 倍。

养鱼、搞[绞]草绳,要搞到每户 160—170 元(达到富裕中农经济收〈入〉水平)。归根到底为什么粮食产量相差很远呢? 主要是思想上相差很远。毛泽东思想多一点,就是产量多一点,毛泽东思想差一点,就是产量差一点。好的自满,认为长子已经碰到天花板,到顶思想。这种思想没有倡叶[创业]思想,是小农经济思想,没有改天为[换]地思想。自满思想上不起[去],如果上上起[去],要落脱来❷。

今冬明春的工作任务。

根据"40 条"来做,以"40 条"〈为〉方向。全公社今年 136 斤,明年 150—160 斤,总的想[向]上升。为了明年——第三个五年计划第一年,要做好几件大事:

第一〈件〉大事,春花打下[响]第一炮,争取春花增产,摘掉春花的底[低]产的帽子。第一件春花第一炮打响了,竖[树]起了群众的雄姿,春花丰收,可以储备、备战。第一条,总的要春花高产,首先思想高产。第二条,各级搞好试验田,总结经验教训。第三条,抓增产措施:①不误季节,争季节。②提高质量,带肥下种,种子可粪尿浸种。提高土地利用力[率],精耕细作,精雕细刻。③留好络麻轮头,狭改阔,当中花草要下上,开深沟。

第二个[件]大事,大抓基本建设。要有改天为[换]地思想,要有大寨精神,要有个大局思想。①渠道问题,疏通河塘。②海塘问题,每个生产队付[副]队长〈负责〉。③平整土地,调到排灌需通。

第三件大事,大搞肥料。主要发展养猪,解决肥料。另外花草籽专桑没有的,赶快种上。另外络麻红草,种好管好,没有出的进行翻加补上。

第四件大事,选种问题。要自力更生,自选自种,春花建立种田,晚稻马上进行选种,矮一❸进行专人管理,今后公社还要来调。

第五件大事,绿化问题。

---

❶ 元子,当地土话,意思是悬殊。

❷ 落脱,当地土话,意思是落下来。

❸ 矮一,晚稻品种名。

第六件大事,民兵工作,加强思想工作;卫生,大队应有保健员;文教,扫除文盲,解决教员生活问题。另外,俱乐部〈问题〉、节制生育。

第七件大事,发展副业生产。搞蚕叶、蚕茧、络麻等。

完成以上任务措施是:

1. 组织起来学习主席著作,种田为革命,树立一个改天换地思想,[以]大寨精神来实现"40条"。

2. 实行四大民主。有领导地来发扬民主,统一思想,达到一致,集中制。

3. 依靠贫下中农,特别是〈其〉代表,监督干部,帮助干部搞好农业生产,要奋发图强。

4. 分配问题,分配政策问题。要落实,三者安排问题要弄好,没有大变动,可以定下来。

冯恒兴讲〈如何〉得高产,油菜、小麦、油菜苗秧。小麦要浇芽。晚稻进行选种。

1965.10.9

祝会地区召集开全公社正队长以上会议

重点为绿肥下种。各生产队讨论落实面积如下:

〈单位:亩〉

队别	专桑	络麻	队别	专桑	络麻
1	25	21	8	44	21
2	22	18	9	39	28
3	30	17	10	60	8.5
4	27	18	11	35	28
5	25	13	12	23	15.5
6	15	14	13	26	16
7	7	13	14	22	14
			〈合计〉	400	245

1965.10.10

出席公社宣传会议

联丰支部介绍,如何样把毛选学好。

下午,听报告,郭同志传达:

今日的会议是学习毛主席选集经验交流会议,互助[相]促进提高。我们从一年以来学习毛选越来越多,不但工作上,而思想上也必要学习。毛选是运动的指南,工作的动力。全公社已〈成立〉学习毛选35个小组,参加人数800人左右。通过学习获得认识是主要:①认识种田为革命。②青年们树立了信心,工作有了方向,工作有困难,只叫学习选集,能解决问题。③通过学习,增强阶级斗争观念,向坏人坏事作斗争,援越抗美思想较明确。搞好生产,搞好民兵工作,管理四类分子。④通过学习《愚公移山》,把再困难的工作能够克服。象[像]今年上半年有句留[流]言"三不成":春茧养不成,早稻种不成,春花收不成。⑤发现好人好事,多助人为乐。共产主义风格,方便别人,困难自己,互助为乐,大大发扬。

存在问题:主要不能平衡,不能经常性,要把毛选学好。一定要明确如下三条:

1. 要把革命到底,那就是一定要学习毛选。

2. 一定有阶级感情、阶级仇。

3. 要活学活用,结合起来,一定讲究实效。

今后学习意见:要打破旧坑坑[框框],认为干部要学,有文化好学。群众也要学,要全民学,发扬成绩,克服缺点,不能骄傲自满,要有高度自觉性。

1. 做好学习毛主席选集宣传工作。要大张旗鼓,群众性,全面开展学习,形成群众要求学习毛选的自觉性。不但个人学好,而〈且〉是带动群众来学好。自己要成生产能手、学习上标兵,为革命多〈贡献〉一份力量。

2. 学习要明确目的、方向,要为革命要[而]学,为工作要[而]学,把革命工作进行到底。兴无灭资过程,不能脱离三个问题——立场,最坚定的立场,在社会主义三大革命运动中坚定立场,在阶级斗争中要站在大多数人立场;观点,群众观点,辨真观点;方法,调查研究方法。

3. 带着阶级感情学,带着仇恨学。讲"三史":村史、家史、社史。阶级斗争。

4. 学习要有个思想工作,结合来搞,结合党的方针政策,不学习就是不革命。学习理论结合实际,学用结合,应[因]时、应[因]事、应[因]地、应[因]人,分别对待。

5. 开展比学赶帮竞赛运动。树立先进,推广先进经验,组织广大群众开展学习。

6. 学习讲究实效,而要少而精,重要文章多学,《为人民服务》《纪念白求恩》《愚公移山》《反对自由主义》,解决思想及态度上问题,重点在这四篇较好。

俱乐部问题:俱乐部不是为乐,而是政治问题。

1. 特[突]出政治,扎根到队或到片。活动经常:①学习毛选。②读报。③讲革命故事。④讲[唱]革命歌诀[曲],适当安排文娱活动。

2. 总结经验教训。

3. 业余创作,材料要求下面创造。

4. 办好图书交流。

业余夜校,耕读学校问题:

1. 耕读学校是一个方向问题。

2. 业余教育问题如何样不出文盲。

血防问题:要进行埋钉螺阶段。

工作方法:

1. 党支部要宣传好学习毛选问题。

2. 组织落实好,制度落实好,分组落实好,领导落实好,自学为主。

3. 党支部学习毛选作为党课内容,团支部学习毛选作为团课内容,民兵学习毛选作为教育内容。

贯彻问题:应[因]队之[制]宜,因地之[制]宜。要求广泛一些。

革命的书写
——一个大队干部的工作笔记

1965.10.20

汇报 65 年度灌溉情况

开车日期 5 月 18 日。共开车小时 780.35,折 10 升 1 567 小时。9 月底止共耗电 13 736 度,总出水量 525 816 方,总数量 247 850 方,水费收入 2 284.61〈元〉,已收 2 098.43〈元〉,尚少 186.18〈元〉,应付报酬 528.00 元,上交翻水费 186.30 元。

1965.10.30

大队召开生产队长队务委员、贫农组长会议

贯彻内容如下:

1. 参观许村永福大队的精神。①当前,选种问题,自力更生为主。②春花阔轮深沟密植问题。③油菜散苗,足苗(1 市尺 20 支标准)。④开展积肥问题。⑤为了春花稳产高产,主要一条,降低地下水位,做好排涝渠道,当前首先放掉鱼池水位。

2. 晚稻后期管理问题。①当前对晚稻灌水问题,一般勿些勿灌❶。但是不能过晒,进行浅灌,氽到水就行。②抽好路边稻,少受损失,爱护粮食,今年山茹,尽量少买贸易粮。③早黄豆收好,保管好。

3. 晚秋蚕问题。①善始善终加强后期管理。②留茧问题,按政策办事,10%,不要超过。

4. 加强油菜防止病虫害,要求提高质量,目标打准,因药械很少,不能满足要求。①加强精细管理。②花草问题。③进行施肥。

5. 做好治安保卫工作。①对四类分子加强教育。②进行半月汇报制度。③对四类分子子女问题,表现较好的,可以参加学习。

6. 大办民校问题。大学毛主席著作。

7. 绿化问题。

通知几个问题:

1. 络麻出售问题,可以出售的要求出售,但是未洗的要求提高质量。

2. 又要进行检查一次钉螺。

3. 种痘问题,为了保护人民福利、身体健康,预防百病,因此普遍全面进行种痘,凡是 3 个月以上 100 岁以下〈都参加〉。

4. 救济棉絮问题,如果应救济户需要,被絮问题,届时通知(但钞票自理)。

5. 考丝厂人员问题。①应去人员做好一切,需要用的东西准备好,粮食、油票、杂用品。②1 号上午公社报到,中午乘轮船到硖〈石〉。

6. 开倪桥港问题。经讨论,未定。暂时定不开,决定石跳❷由 2 队负责修好,油车港北段问题,讨论决定如果开,负担问题,由二个大队分开后,有[由]我大队划分各生产队负担地段,

---

❶ 不需要就不灌水。
❷ 用石头做成的跳板,铺在水渠或水沟上,供人们走路。

由各生产队按任务挑土,全大队负担。

1965.10.31

机站召开海塘塘务委员会议

有关小海塘,划分落实到各生产队,讨论按原大队划分土地为基础,再经过合理应[因]队之[制]宜进行评定为准。

出席人员有:周纪衡、邹彐林、朱华宝、邹张根、陈河康、王祖金、朱张林、张家聚、章桂松、陈明丰、贾六金、冯恒兴、冯再兴。

应分配数各生产队如下:

〈各队应分配面积统计〉　　　　　　　　　　　　　　　　　〈单位:尺、亩〉

队别	公尺	折面积	队别	公尺	新面积
1	128	1.30	8	100	1.08
2	100	1.08	9	100	1.08
3	80	0.86	10	100	1.08
4	80	0.86	11	80	0.86
5	0	0.86	12	70	0.76
6	100	1.08	13	70	0.76
7	40	0.43	14	70	0.76
小计	608	6.47	小计	590	6.38

合计 1 198 尺,折实面积 12.85〈亩〉,自给种子能解决到 5 队为止,尚缺 9 个生产队,面积 7.89〈亩〉。

学习文件主要在"60 条"中第 32—38 条,47—50 条,《党内通信》6 条中第三个问题。"40 条"中第 23 条,"十个决定"中第 8 条。

〈汽车时间表〉

往杭州方向		往乍浦	
8:40	杭州	8:20	硖石
10:07	杭州	9:47	乍浦
15:02	杭州	13:30	场前
16:32	盐官	16:18	袁花
9:47	杭州	8:24	西渡
10:19	杭州	10:04	硖石
15:11	杭州	14:29	海盐
16:40	盐官	16:11	乍浦

12 月 11 号实行。

出席新星大队在三里港加工厂开会

沈书记报告：

首先说明今年的分配问题，说是同去年一样。今年的口粮问题，依靠群众决定多少，不够做横杠子❶。今年贯彻搞分配是进行一次整党的社会主义教育，以二条道路斗争及阶级斗争，反对"三光四不留"。

六个具体问题：

1. 肯定去年贯彻分配的准确性。稳定成积[绩]，又不要作价太高。

2. 以人定粮问题，我们意见同去年一样，但群众有意见要动也可以。

3. 在搞分配开始，要求善始善终搞好生产。

4. 大队账目要主动公布。大队报酬开支要布置下去，交上来。大队干部报酬问题，要贯彻实事求是，实际多少就多少。

5. 大队一定要抓后进队，抓问题多的，要摆问题，拿出来教育大家。

6. 一部分小山茹，可以作口粮，也可以作饲料，也可以不抵粮食，但是产量一定要核实（口粮分配看你队实际情况）。当前来看，发现刮减产风比较厉害，认为今年减产了，向上想的借粮。这种想法完全不对，请不必伸手，国家也有困难，自力更生。储备粮一定留足，公共积累要留存，三者安排好。

生产问题：

当前生产为明年第三个年五年计划打好基础，为实现农业纲要"40 条"作出贡献。要以二条道路斗争为纲，要〈有〉创大业思想，产量翻一翻[番]，要看实际行动。我们要加强领导，不能放任自流，要反对大民主。

新星 13 队搞好生产，经验有三条：

1. 干部以身作则带头搞，相信先进、大学先进不动摇，加强领导。

2. 财务清爽，民主公开，月结公布，做到每户公布，而个人工分也分得开，叫全家工分，个人分明，笔笔有着落，张张有证人。

3. 走群众路线，依靠贫下中农。有事，劲[经]商量办事，发扬民主作风。同时还抓季节，争时间，夺取高产。

具体工作：

1. 抓好收种，在 20 号前收好。月底种好（包括种菜）。

2. 抓质量：①阔轮密植深沟（但阔轮多少阔由各生产队因地之[制]宜）。②已下好的发现缺苗迅速补上，不缺一棵苗，确保全苗。③可以种出的菜秧发现虫害，不能带到大田（在移入前消灭掉）。④深沟问题，要标准，横沟底与直沟，首先降下溇浜水位。

3. 选种、留种问题。

4. 蚕桑培育，积肥、兴修水利。

---

❶ 如果粮食分配有缺口，重新划定一个分配的标准。

1965.12.8

记　　录

65 年度机站报酬问题。

12 月 8 日支部会议进行研究决定：　　　　　　　　　　　　　〈单位：分、元〉

	〈时间〉	〈工分〉	〈折合〉	合计	已领收	尚少
周生康	全年	3 007	0.095	285.00	140.00	145.00
戴正华	9 月	2 250	0.095	212.75	185.00	28.75
徐阿三	1 个月	300	0.095	28.50		28.50
				527.25		202.25

1965.12.22

联民 7 队 1966 年作物计划指标表　　　　　　　　　　〈单位：亩、斤〉

小麦 面积 25 单产 230 总产 5 750	早稻 面积 15 单产 550 总产 8 250	黄豆 面积 3 单产 330 总产 1 000
大麦 面积 2 单产 230 总产 460	双晚 面积 15 单产 550 总产 8 250	田络麻 面积 10 单产 650 总产 6 500
蚕豆 面积 2 单产 250 总产 500	秧田 面积 2 单产 55 总产 1 650	地络麻 面积 9 单产 550 总产 4 950
油菜 面积 13 单产 150 总产 1 950	山茹 面积 10 单产 600 总产 6 000	络麻合计 面积 19 单产 605.5 总产 11 450
菊花 面积 1 单产 200 总产 200	蚕茧合计 张数 16❶ 单产 59.7 总产 955	

---

❶　茧以"张"为单位，下同。

春茧 张数 6 单产 65 总产 390	全年总产粮食 30 860 斤 春粮 6 710 斤 夏粮 8 250 斤 秋粮 15 900 斤
夏茧 张数 2 单产 50 总产 100	
秋蚕 张数 5 单产 60 总产 300	

1965.12.24

联民大队 1965—1966 年生产指标　　　　　　　　　〈单位：斤〉

作物名称	65 年实产	66 年指标
春花大小麦	203.4	260
蚕豆	197.6	250
油菜	115.7	140
蚕桑	55	75
夏粮双早	524	600
秋粮双晚	450	600
络麻	526	600
山茹	618.8	700

以上这个指标奋斗，保证完成，为实现农业纲要或提前完成。

1965.12.27

出席公社生产大队长会议

民兵连长也参加。内容如下：

李社长传达生产、征兵。

生产问题，总的叫抓分配、促生产。打基础的情况来对照，我们的生产，有些差距，而是差得多。

但是成绩要肯定，首先：

1. 今年的质量来看比去年好，特别在深沟、阔轮密植程度上比较突出。

2. 培育进度，特别施肥，有些生产队对春花施上二次肥料，抄通水沟，降下水位。

3. 对明年作物水稻、络麻留地问题上做好了准备，推广新品种，已落实在群众的要求。

但是虽在基础较好，不一定稳定，对照高指标、高质量、高产量，存在着不同的距离。特别在思想上满足现状，自满麻痹，认为基础好、基本苗多、群众要吃饭，但是在工作有问题，没有两手准备。当前落雨,等待过年。

如何办? 主要掌握三条:

1. 发动群众总结经验教训(以二条道路为纲)。

2. 在总结基础上订出当前二套工作计划。

3. 在年关前,组织党团员干部在思想上开展学习《三分八厘良地》及《愚公移山》,掀起积肥高潮。

当前几个任务:

1. 积肥。积、施、干。大积肥料,积河泥,发展猪羊,处理政策,络麻面积达到70%。施肥要施腊肥。抄沟,降低地下水位,干浜积肥。

2. 水利问题。修建渠道,任务到队,塘河问题。

3. 培桑问题。

4. 绿化问题。特别海塘种芦竹,四旁绿化。

5. 东片、四联加中新在29号,每大队5—6人到联民。

结合工作:

1. 分配问题,口粮问题。

2. 做公共路,袁宁塘、宁郭塘、上塘河。我们大队:祝会到道院桥止。

3. 新安江招临时工人问题,暂决定一年,要有一定基础。决定后,在29号中午碰头。

下午,贯彻征兵工作

金部长贯彻:

今年征兵最后阶段。今年的征兵意图,出我意外。全社104个初检数,现只有17人(空),1人(海),共18人。

盐官1人,中新1人,联新1人,联民4人,联农1人,联丰1人,新星1人,三星2人,众安2人,城北2人,闸口2人,合计18人。

为啥今年这样? 原因是这样的:

1. 今年首先是合格力[率]高。

2. 地区平衡。

3. 要好中挑好。

贯彻问题:在明天开好入伍大会(民兵16—45岁的大会),要搞得生死[声势]浩大(没有的大小队也要开)。

1. 宣传一人参军,全队、全社、全家光荣。

2. 去者愉快,留者安心,也是搞革命。

3. 这次头次决定4人,今后还是作好准备。

4. 总结一下征兵宣传以来,这一段期间好人好事(只要是应征青年,但是在这次没有入伍的,也要鼓励)。

5. 在会上最好培养应征1人、没有入伍1人作典型,表决心。内容是到部队如何样当一个"五好"战士,留者如何样搞好生产,当一个"五好"社员,为社会主义供[贡]献力量。

6. 发入伍通知书一定要发给本人,应征青年要到齐,时[事]先谈好话。

在这个大会要求大队书记、队长作报告。今后欢送大会大队不搞,由公社开,每个大队一定派再[最]少20人组织队伍,生产队长各部分在2号8时前送到公社。

7. 组织关系办好,专党[转档]意见做好,应征入伍人员,毕业证书带去。

8. 各部分标语,如果落掉,继续贴起,要搞得像样一点,为今后问题。

9. 要艰苦朴素精神,公款不能乱用(像过去摆酒吃一顿)。

10. 凡是生产队里担任工作立即办理移交,手续清爽。

结合工作:

1. 我们贯彻入伍大会后,防止造谣破坏。

2. 应征去后,还是要做好家属工作。

3. 民兵整组工作做好,30号前上报。在改选中,培养后代接班人,付[副]连长可以多两个。同时订[定]出活动制度。

4. 元旦期间:①从31号6时起至1月3号,组织民兵轮流值管大队办公室。②防止四类分子,外出叮哨[盯梢]。实行请假制度,叫治报[保]干部开出一个会议。③四防工作,特别是防火问题。

结合贯彻几个问题:

1. 在民兵整组结束基础上,贴榜公布干部名单,使每个民兵晓得。同时,每个生产队为排单位,建立民兵园地,贴学习各项体会和心得,像学习《毛泽东选集》后,和〈学习〉王杰同志的体会,做好人好事,订[定]出各排学习制度。

2. 发动民兵掀起生产高潮,当前大积肥料,大搞生产,大搞试验活动,争取做一个"五好"民兵。

3. 发动民兵带头参加民校学文化,开展文娱活动,活跃新农村面貌。

4. 号召全体民兵在这次征兵运动中,防破坏,发现谣言立即汇报。怀疑人员叮哨[盯梢]、追查。

1966年

1966.1.6

1965 年度情况（1966 年 1 月 6 日抄） 〈单位：元〉

总共收入水费 2 646.90			
工资	527.25	照存	105.84
办公	54.18	基建费超支	94.51
川旅	8.80	净存	11.33
医务	4.14		
工程维修	92.70		
机械维修	63.13		
火力机油燃费	498.03		
力电费	578.26		
管理费	132.71		
折旧费	187.68		
其他生产费	394.18		
合计	2 541.06		

1966.3.19

出席县召开站长会议

在三星利民大队。上午，听李局长报告。

汽车时间表

往杭州方向		往乍浦方向	
8：17	杭州	8：29	硖石
9：22	杭州	9：14	乍浦
15：42	杭州	14：09	乍浦
16：57	盐官	16：19	硖石

革 命 的 书 写

—— 一个大队干部的工作笔记

1966 年 3 月 22 日起实行。

毛主席语录：有些人读了一些马克思主义的书，自以为有学问了，但是并没有读进去，并没有在头脑里生根，不会应用，阶级感情还是旧的。还有一些人很骄傲，读了几句书，自以为了不起，尾巴翘到天上去了。可是一过[遇]风浪，他们的立场，比起工人和大多数劳动农民来，就显得不大[大不]相同。前者动摇，后者坚定，前者暧昧，后者明朗。

——《在中国共产党全国宣传工作会议上的讲话》❶

学习焦裕禄同志的要领：

1. 为无产阶级彻底革命精神，不为名，不为利，不怕苦，不怕死，一心为革命，一心为人民。

2. 永远保持着劳动人民本色，对劳动人民有深切的阶级感情，与群众同甘共苦。

3. 备[奋]不顾身，深入实际，调查研究，发动群众，依靠群众，向群众学习，以[与]群众一起斗争。

4. 自始至终地突出政治，狠抓机关革命化，善于当班长，善于团结人，充分发扬民主，是民主集中制的模范执行者。

5. 活学活用毛主席著作，特别是用字用得好，毛主席怎样说，他就怎样办。

1966. 3. 20

夜里，典型发言

漳江公登草浜机站李柏洪同志发言：

65 年三大管理：①工程。②用水。③机务。在用水上通过四级会议上揭开盖子。

1. 对机站人员工作问题。

2. 对财务，用水结算没有公开，不明，所以推行水执制。

66 年打算，首先怎[只]有突出政策[政治]，活学活用毛主席著作，当好班长，领导好学习，特别在用字上狠下工夫。

3. 狠抓渠道工程，完成二条渠道。

4. 机务管理带头管好。

5. 用水管理上，在 65 年 5.4 度降低到 5 度，加强管理用水。带好班，学习好，放水员深入田头，调动放水员仔细工作。另外搞好试验田，同时专管员同样要搞，不但搞好水田，而且搞好络麻。

6. 搞好绿化问题，机站带头将渠道两边机站旁边〈进行绿化〉。

要学习毛主席著作，要听贫下中农意见。

三星利民机站姚站长发言：

65 年存在问题：

1. 认为工程问题上，满足现状。

2. 认为用水实行水执制，怕麻烦。

---

❶ 原文如此。下同。

3. 认为搞试验田,形式主义,不重视。

66 年的打算:

1. 突出政治,学习毛选,心红眼亮。

2. 工程问题,做到配套,消灭烂水田。

3. 用水管理上,做到片片田里量水方。

4. 对土地整平,基本上完成今年打算,小块并大块,7 支毛渠现在已经埋好,马上挖出来。

5. 去年水费2 个7,今年2 个6。

6. 搞试验田,亲自动手,自己做。

7. 对配水问题去年已经做到机定[停]水干。

伊桥迎丰机站姚机站发言:

通过这次会议,听李局长报告,明确了水利工作为[对]备战备荒为人民有很大意义,使我大大提高了一步。

1. 要大学毛主席著作,组织放水员学习,活学活用,当好班长。

2. 工程管理,特别做好田间工程,消灭烂水田。

3. 机务管理,学习徐有奎同志硬工[功]夫,带到本机[站]开花结果。

4. 用水管理,拜老农为师,订[定]出用水制度,实行水执制。

5. 搞好试验田。

6. 绿化问题,66 年准备再确[扩]大,渠道两边种上紫材槐❶。

湖塘公社学习《愚公移山》体会:

在学习白求恩同志,外国到中国来,毫不利自[己],专门利人,对工作精益求精,抱极对[端]负责〈精神〉。

〈1966 年络麻、水稻、蚕种计划〉

队别	络麻〈亩〉	早稻〈亩〉	蚕种数〈张〉
1	22	43	16
2	22	26	19
3	20	35	14
4	22	32	15
5	16	25	14
6	20	35	16
7	15	19	7
8	25	42	38
9	32	50	26
10	15	13	12

---

❶ 一种中药材。

队别	络麻〈亩〉	早稻〈亩〉	蚕种数〈张〉
11	27	44	24
12	24	27	23
13	20	43	16
14	18	29	13
合计	289	488	293

1966.3.31

〈1966 年络麻、水稻、蚕种实种统计〉

	早〈亩〉	麻〈亩〉	蚕种〈张〉	晚〈亩〉
1	39	26	16	48
2	26	23	19	32.7
3	35	20	14	43
4	32	22	15	38
5	25	16	15	30
6	34	21	16	41
7	16.6	17	7	21.1
8	42	22	38	50
9	50	32	25	62
10	33	15	52	42
11	42	30	24	51
12	27	18	23	33
13	42	20	16	50
14	29	15	13	36
合计	472.6	297	293	577.70

学习毛选计划

支部委员	17 天	逢 4、14、24
党员	10 天	逢 10、20、30
青年民兵	10 天	逢 7、17、27
社员	10 天	逢 5、15、25
妇女	10 天	逢 1、11、21

纪念白求恩同志：

白求恩同志毫不利己、专门利人的精神,表现[在]他对工作的极端的负责任,对同志对人民的极端的热忱。

我对照他,相差天高地远。我一定要学习他毫不利己,专门利人的这种无限的精神,多为人民做出一些好事。而他对工作极端负责,而我抱不负责的态度,先替自己打算,算确[吃]亏账,他的[对]人民是满腔热忱,巧[可]是我对人民冷冷清清,麻木不仁,漠不关心。所以我一定要改正,老老实实向白求恩同志学习。

白求恩同志是个医生,他以医疗为事业,对技术精益求精。在整个八路军医务系统中他的医术是很高明的。对于一班见异思迁的人,对于一班鄙薄技术工作〈以为〉不足道、以为无出路的人,也是一个极好的教训。

但是我对比,不对头,对自己这个工作没有味道,不高兴专心搞,推客观,无出息,抱着做一日和尚撞一日钟,没有专门精益求精。通过学习对照,认识到是错误,一定痛改前非,真真要做一个为人民服务〈的人〉。我一定要学他毫无自私自利之心的精神,从这点出发,这样才所[可]以变为大有利于人民的人。一个人能力有大小,但只要有这一点精神。群众与干部,像鱼水一样,鱼缺不来水。

愚公移山:

下定决心,不怕牺牲,排除万难,去争取胜利。

我一定要下定决心,把自己应负的工作,不怕牺牲,排除万难,首先把水利工作〈做好〉。①渠道有始有终抓好。②做好一切输水设备,迎接春耕,争取为农业生产,做出有力的助手。有困难,发动群众,决定走群众路线,和群众商量办事。

联民机站66年度修做干渠,根据管委会研究决定,挑掉春粮❶,应该照赔的原则〈单位:亩〉。

8 队 （调头麦）面积 1.075,7 折计算;
9 队 （满轮麦）面积 0.565;
9 队 （蚕豆） 面积 0.255;
13 队 （满轮麦）面积 1.335;
14 队 （蚕豆） 面积 0.346;
12 队 （满麦） 面积 0.291;
　　　　　　　　3.867;估产 250.967 斤。

1966.3.28

记　　录

另外,横河支渠决定按水田面积分摊。处理:9 队蚕 20 斤,7 队 120 斤,6 队 20 斤。

联民机站第五支渠处理情况如下:根据胡才方同志汇报记录,参加人员徐四康、邵左兴、张毛东、陈有松、胡才方。

解决群海小麦 41 斤,蚕豆 145 斤。

各队应负数:1 队小麦 41 斤,蚕豆 15 斤;2 队蚕豆 60 斤;3 队蚕豆 40 斤;4 队蚕豆 30 斤。

---

❶ 意思是,做渠道时损失了种植春花作物的面积。

讨论晒丽❶,等通知,马上交给群海。在这天上午有贫农组长朱宝华也参加。由各生产队自己负责付他〈误工费〉,机站不作再算。

1966.4.1

出席公社党员会议

学习主席著作。毛主席语录:

领导我们事业的核心力量是中国共产党,指导我们思想的理论基础是马克思列宁主义。

共产党员又应成为学习的模范。他们每天都是民众的教师,但每天又是民众的学生。

共产党员的先锋作用和模范作用,是十分重要的。

读毛主席的书,听毛主席的话,照毛主席指示办事。

毛主席的话水平最高,威信最高,威力最大,句句是真理,一句顶万句。

——林彪

结合对照生活,统一几个问题:①早稻秧田问题,3号浸种。②25—26号发蚕种。③络麻、专桑,绿化[肥]可以翻垦下地。

通知:新机手在7号利民报到,带生活用品、7天伙食、毛主席著作。

1966.4.2

上午,召开机站管委会会议

邀请贫农组长参加,贯彻内容如下:

1. 检查干渠道,验手[收]合格情况。
2. 贯彻今后一段工作情况。
3. 结合贯彻大队公布当前工作:①早稻秧田问题,3号浸种。②25—26号要发蚕种。③络麻、专桑里绿肥要翻下去,同时种子要留足。

结合贯彻,所发的盐青籽❷可以下种,办法是将土拉松,播下,紫材槐也要下种。

1966.4.5

记　　录

抄联民7队66年作物落实到位情况〈单位：亩、斤〉:

早稻16.6,估600,计划秧田面积3.50;

双晚21.6,估650,晚稻田面积5.00;

山茹12.5,30担;

---

❶ 原文如此。

❷ 盐青籽是一种作物,籽可以做肥料,高高的秆是质量很好的柴。为了解决肥料与柴的问题,曾经有一段时间,联民村村民种植过这种作物,但种植时间不长。

络麻 17.0,600；

春蚕 8,70；

挖边 3；

小麦实 22；

蚕豆边 2.0,面积 0.6❶。

通过学习,突出政治体会：

1. 对干部起作用。

2. 生产面貌略有改变,特别对秧田问题。

3. 对蚕业、络麻下种准备。

〈联〉民 7 队情况：头批早稻秧田,因落雨断浜,小雨天落谷(催芽后已摊开 5 天)。在 4 月 10 号上午落谷 200 斤,二批早稻秧田在 14 号上午到下午落谷 300 斤,第三次预备秧田在 4 月 28 号上午落谷。

毛主席最近指示：

那些不相信突出政治,对于突出政治表示阳奉阴违,而自己另外散播一套折中主义(即机会主义)的人们,大家应当有所警惕。

1966.4.11

下午,出席公社贫协委员会议

中兴大队出席省代表曹月芬同志介绍：

温岭县有个妇女王小妹,77 岁,学习毛主席著作的体会,当上了饲养员,对集体事业为重,为[用]自己的山茹丝主粮喂牛过冬,现在带动全大队 104 名妇女社员。

嘉兴县董彩宝,70 岁,从 58 年到现在出售 66 只〈肉猪〉卖给国家。去年养 6 只出售国家 4 只,自己杀 1 个。〈她把〉70 多斤白肉分给了五保户,每户 5 斤,结果自己没有。她的婆婆 93 岁,说他[她]分光,他[她]说服婆婆。去年,他[她]大儿寄 50 元,借给生产队解决困难。还搞试验田,非但怎[这]样做,还解决别人困难。

加[嘉]善县钱大保,31 岁,共产党员,担任妇女队长。她对节育问题,去年他男人来了,闹了很多问题[意见],婆婆对媳妇也有多问题。

大队书记深入下到落后队,第 1 生产队,下到第 4 生产队,一年大翻身,产量〈从〉300 多斤达到 600 斤多,家家都增加收入,只有他减少收入,社员决定补给他,他一定不要,像焦裕禄同志那样。

何范华同志没有〈文化〉,带头学习文化,字为[学会]了写字,学为[会]了做农活,对集体拥护,对破坏集体决定斗争,而讽刺打击很多,〈说他〉没眼的专[转]业军人,学习主义。

新星大队通过学习毛主席著作后,去年在分稻谷时每户送到户,过去出了工分还不高兴。

---

❶ 蚕豆边,意思是挖边种的蚕豆面积,如田边、路边、河塘边等,合计 2 亩,安排整片种蚕豆 0.6 亩。

讨论:贯彻分三片,12 号西片;13 号下午中片;14 号东片,下午四联片。

要求:筹备细的,发动好的,全部参加。贯彻的是省贫农代表大会二次会议精神。今年的生产打算,从[同]困难、向[同]自然灾害作斗争,向毛主席请教,排除困难,争取胜利。要在坏事当中取好事,丢了幻想,准备斗争,下决心。

1966.4.12

出席公社水利会议

在利民开。

1. 关于这次机手学习的成果讨论,15 号统一试车。

2. 机站本身要抓四大管理,机械管理及工程管理,也基本上做得好一点,当前来看要转入用水管理。

闸口介绍:报表达到完全,是勿来的。

联新介绍:①按次序放而动员放水,报表并不健全。②实行水执制,但只有头无尾。③有些小的面积,机站负责放。④在放水时,随手核对水方计算,随手登生产记录。⑤在量水上只有砍大刀❶。有时量水深,有饥饿之累且困在渠道上,这样总的怕麻烦情况来看,虎头蛇尾。⑥深入田间,调查掌握明硬暗活,这样解决了及时收回报表。

三里机站:放水员管理上,没有报上来执行制度,多报多放,早报先放,有点报表放到田再报,有些队当讨债。这样量水,特点一块一块量,工作较细,地图带去,有水无水块块检查到。去年偷拔闸门较少,没有发现,放水满足社员要求。水执制先用后来没有结果,做账由机手算掌握。

统一思想:生产队根据放水前一天汇报,机站下一天实行放水。中途要放,按联新办法,在放水时随带量水尺、申报表、水方查对表、金额查对表、铁把。放水专管员来时,随便[带]水执子,管理好落河缺,做好搭水缺。放水员放水结束,将申报表交给机手,记好账,算出水方回收率,每月公布一次。

四联片会议摘要

共有代表 4 931 人,贫下〈中农〉3 422 人,学习主席著作 779 人,先进 673 人,下乡 57 人。

王小妹,温岭县,77 岁,养老好,子子孙孙一大片。他的孙媳妇桂玉香,他就〈叫〉玉香参加学习,头一次学习(白求恩)[《纪念白求恩》]。他有 4 个儿子,大儿子抽壮丁生病,认为命生存,后来死去了。后来把三儿又抽去,后来不知去向。他说我老了,但心没有老。学习《为人民服务》之后,当上生产队饲养员,而在半山里挑水,不怕困难。他[她]孙儿养集体一头牛,在去年冬天,他[她]把山茹丝给这只牛。他[她]二媳妇思想不通,她回忆对比流了泪。儿媳思想通了,也参加学习主席著作。

嘉兴专区钱江大队董彩宝,70 岁,军属模范,二次到北京。14 岁放牛,做 20 年雇工,2 个儿子参加解放军。58 年多做 3 000 多工。58—63 年出售 66 只〈肉猪〉,63 年养 6 只,出售 4 只,自宰 1 只,73 斤肉分给困难户。58 年办牧场,他[她]婆婆不通,[她]搬他[她]去看电影。

---

❶ 意思是工作十分粗糙。

65 年儿子寄来 50 元,她借给生产队,照顾困难户,叫他有了〈再〉还。还搞试验田,组织 6—7 人。他[她]主动照顾,同贫苦农卖凉帽。她带动出主意,把底[低]产田改作高产田,去年收了 1 200 多斤。他[她]不但自己学,带动全大队俱乐部学习。他[她]还 100 多斤挑得去。

嘉善县钱大宝,31 岁,共产党员,去年当选妇女队长,他[她]说我没有文化。他[她]男人是当大队贫协主席,互相帮助是好的。她第一次〈碰〉钉子,节育、晚婚;第二个在种田时不要瞎批评;第三个男女金奎❶讲他,她婆婆讲今后开会〈只〉叫去一人。他[她]在这时被捂住❷,学习反对自由主义,开会问题,碰到钉子,这时回忆对比,教育婆夫。

建穗县共青团员残废姑娘博万华,她在 2 岁时被反动统治所害,有次发〈现〉稻田里捉鱼,有次发现鸡吃谷。

运河县严正文是贫协主席,在 64 年造集体仓库,在紧急时将自己的一间屋〈材料〉给生产队。但是他弟不愿,后来将家史教育弟弟,后来同意,高高兴兴扛到队里,自己不在心上,集体为重。63 年新添一只小牛,把养牛任务交给他,在牛小时抱进抱出,结果养好了二头牛。到春耕时社员要给他工分,他不要。64 年发救济款、救济衣时,他不要。有一次,发现一个〈人被〉蛇咬,他拿钱代[带]他治疗。到冬天,在放牛时,其中一只脱去鼻绳。到临死前还问牛好。叫他去割牛草,草籽一定要做好,分配要搞好。在死时,36 岁。

玉环县陈手馀,1950 年在作战时中了一粒子弹,到 1955 年〈在〉南京拿出来。他的家里很苦,他妈吊死。1948 他家受到解放。

学习毛主席著作要像〈照〉镜子一样,不要像捏电筒那样。

沈书记传达会议精神:
1. 把这次贫农代表二次会议精神要宣传到每一个贫农下中农中去。一定要读毛主席书。〈读〉主席书,好比解渴。
2. 把生产搞好与主席著作对口。①以粮为纲,早稻育秧要算足、够。②蚕桑、络麻、翻花草。特别蚕桑生产,人员落实、计划、消毒等做好。

1966.4.15

记　　录

明日下午召开贫农组长会议。
在会议后通知召开蚕叶[业]训练班。
1. 通过学习政治,毛主席著作。
2. 回忆省委最近召开二次会议介绍的体会。
3. 贫农当家作主、监督问题。现只有监督权,没有撑腰权。认为我是贫农百样好做❸,不认识到自己的立场。
4. 贫农只打算自己,不为全面。

---

❶ 原文如此,应指某一个人。
❷ 被捂住,意思是被监督。
❸ 这句话的意思是,有些人认为自己是贫农,就可以为所欲为,什么样的事都可以做。

据贫协组织条例第二条规定,贫农下中农协会的基本任务是:

1. 积极响应党和毛主席的号召,模范地遵守和执行党和国家的政策法令,坚持社会主义方向。

2. 同资本主义势力和封建势力进行坚决的斗争,防止被推翻的剥削阶级复辟。

3. 团结中农,团结农村中一切可以团结的人,共同走社会主义道路。

4. 协助和监督农村人民公社的各级组织和干部,办好集体经济。

5. 积极发挥生产中的骨干作用,努力发展集体生产。

6. 对贫农、下中农和其他农民群众进行阶级教育和社会主义教育,提高他们的政治觉悟。

1966.4.18

记　　录

夜,对于韩永保解决问题如下:

1. 决定下半年搭一间草棚屋,由邱负责(竹、柴)。

2. 对当前的生活问题,2个月的生活怎样(买铁把[耙]、括[刮]子,由邱购,交他)。负责寄2套衣服,30元,邱负责。

先责己后责人,也是毛主席的话。

没有调查没有发言权,也是毛主席的话。

两种不同情况 ,也是毛主席的话。

对自己要求要高,对人家要宽一些。

联民大队 1966 年粮食络麻面积落实计划表　　〈单位:亩、张〉

队别	早稻面积	络麻面积	蚕种张数
1	39	26	16
2	26	23	19
3	35	20	14
4	32	22	15
5	25	16	14
6	34	21	16
7	16.5	17	8
8	42	22	38
9	50	32	26
10	33	15	52
11	42	30	24
12	27	18	24
13	42	20	16

队别	早稻面积	络麻面积	蚕种张数
14	29	15	13
	472.5	297	295

1966.4.26

传达大队会议内容

1. 今年的生产不比那年,今年的要求高、工作细。以种田为革命的精神,支援革命,为明年实现机械化,奠定良好基础。不是轻慢谈笑❶,真真要做到为群众、为贫下中农实现理想,摆脱劳力的困难。

2. 当前首要抓好早稻,培育好秧田,络麻下种(到月底全部完成),蚕业生产(29 号发种),其他等。首先把早稻田培育好,如何采取办法在不利多雨打扰之下来争取胜利。

3. 小麦选留良种问题(决定面积)。

1966.4.28

66 年本机站初步打算

1. 面积〈单位:亩〉:去年实灌田 543.984,地 27.10,合计 574.84;今年要求田 770.263,地 118.06,合计 888.223。

2. 对于用水管理办法,站管会没有贯彻。

3. 当前工作,早稻秧灌水 2 个队,花菜灌水 1 个队。

4. 基本人员问题,报酬没有决定。

1966.5.2

召开机站管理委〈员〉会

贯彻内容如下:

1. 突出政治,大学主席著作。学用结合,特别在"用"字上狠抓功夫。我要学,而不是你要我学。

2. 四大落实:①组织落实。②人员落实。③财务水费落实。④用水管理落实。

组织落实:主要是组织系统,用水专管员直到机站人员组织。

人员落实:机站人员配齐、机手、站长、放水员,我们这里有 2 只火力机,据讨论,报酬三对头。

水费财务落实:今年的水费预算及收取问题。

---

❶ 意思是轻描淡写。

用水管理落实：按照制度办事，凡坍坝道，找原因，量水方。

3. 维修工程问题：①渠道。②机械。③分节闸。④火力机等。

4. 大搞试验田：每一个管理委员都是农业队长兼，〈因〉更有条件搞好灌溉试验，掌握规律，摸索情况。

5. 绿化问题：大种紫材槐等，管理好芦竹及公路树木。

讨论问题记录：

1. 渠道中作物问题，5市尺以下种多种作物。

2. 要求1—2支渠试车。

3. 火力机处理问题，单独核算，由生产队负责。

4. 人员处理决定，水费按去年予[预]收。

5. 在抗旱，要求夹塘夜里也放。

6. 胡才方为正火力机手，戴正华为付[副]大[火]力机手。戴正华为电动机手，徐德毛为付[副]电动机手，机站管理委员会通过决定（由6月份抽上）。

7. 机站报酬问题：站长机手按去年的工分价暂定0.10〈元〉。造予[预]算，今后不少0.10元。

8. 组织问题，按去年人员，如有调换，在5天内上报。

9. 对机站，在放水紧张季节来不及时，可抽1人〈做〉放水员。

	上交公社受益面积〈亩〉		夏收予[预]收60%〈元〉
1	26.22	1	97.16
2	21.89	2	70.88
3	21.44	3	89.90
5	16.64	4	84.83
6	20.29	5	61.00
7	11.85	6	76.29
8	21.44	7	47.08
9	30.90	8	94.46
10	22.57	9	122.90
11	31.23	10	68.39
12	20.75	11	108.89
13	22.57	12	69.17
14	19.38	13	83.46
20	7.25	14	65.50
21	13.20		
23	25.41		
24	20.07		
合计	375.45	合计	1 139.91

9 队有问题,外面不种,反而种后面。联新 13 队 400 多公尺种上了黄豆。

1. 首先明确护塘的目的、重要意义,来种好绿化,群众来管海塘。国家的海塘主要交给集体管,但是集体要服从国家利益,个人是不行。

2. 对咸青籽问题,主要种植未出毛草的地方。如果有的,不需要再种。私人绝对不允种植。

3. 组织问题,群众管理与专人管理机[相]结合。

4. 毛洞要填一填,野猫洞,要填好❶。

1966.5.5

出席县水利部在公社召开检查海塘绿化问题及护塘工作情况

1. 检查情况汇报。
2. 护塘员落实问题。

挖泥井问题:
1. 号召普遍展开,为身体健康。
2. 粪坑问题,有条件集中(粪窑)。

1966.5.7

摘毛主席语录

凡是敌人反对的,我们就要拥护。

凡是敌人拥护的,我们就要反对。

——《和中央社、扫荡报、新民报三记者的谈话》(一九三九年九月十六日)

什么人站在革命人民方面,他就是革命派。什么人站在帝国主义、封建主义、官僚资本主义方面,他就是反革命派。什么人只是口头上站在革命人民方面而在行动上则另是一样,他就是一个口头革命派。如果不但在口头上而且在行动上也站在革命人民方面,他就是一个完全的革命派。

——《在中国人民政治协商会议第一届全国委员会第二次会议上的闭幕词》

(一九五〇年六月二十三日)(一九五〇年六月二十四日)《人民日报》

人民靠我们去组织。中国的反动分子靠我们组织起人民去把他打倒。凡是反动的东西,你不打,他就不倒。这也和扫地一样,扫帚不到,灰尘照例不会自己跑掉。

——《抗日战争胜利后的时局和我们的方针》(一九四五年八月十三日)

---

❶ 联民村在杭州湾边,原先的海塘上有一道泥土堤坝,毛洞、野猫洞等都指泥土堤坝上的洞,需要填没,以防漏水决堤。

革命的书写

——一个大队干部的工作笔记

1966.5.13

下午,出席公社水利会议

贯彻内容如下:

1. 学习毛主席语录,"顾大局"一文。
2. 当前定[停]电问题(先农中加工,定[停]民用)。
3. 海塘问题。
4. 亦工亦农问题。
5. 铁问题。

讨论:

1. 统一思想,按照停电规定办事。
2. 海塘问题,据情况再作决定。
3. 亦工亦农,定好后上报,同机站订立合同办事。
4. 如何样在困难〈面〉前克服困难争取胜利。首先,第一关抓好用水管理;第二,技术革新,现在联新已取得顺利,我们要支持机手。
5. 造好预算,贯彻按量计费,定额制,我们机站汇报是按照去年办事。

机站讨论:

1. 用水管理: 分级管理,机站管理干线,生产队负责支线。
2. 决定在今夜召开放水专管员会议。

毛主席语录:

我们的同志在困难的时候,要看到成绩,要看到光明,要提高我们的勇气。

——《为人民服务》

停电原因措施:

1. 电高峰负荷时间系 5—21 时(即夜 9 时),其余时间不受限制,可以运行。
2. 各机站加工厂,可以按照本表安排自觉遵守用电,由盐官维护站监督执行。必要时,可抽查运行记录进行核对,不自觉执行者,为了顾大局,得另行处理。
3. 加工用电,一般与机站穿插进行。在保证浇灌的前提下,机站如有多余时间,可穿插安排给加工厂用电。
4. 在高峰负荷时间,必须保证生产用电。照明得根据情况让路。
5. 自 1966 年 5 月 16 日起实行,如上级另有规定,得按指示办理。

我们机站停电时间,每日 5—10 点。

1966.5.14

夜,召开各生产队放水专管员会议

内容如下:

1. 学习政治,学毛主席语录[著作]:《为人民服务》《纪念白求恩》《愚公移山》。
2. 贯彻公社会议精神。
3. 贯彻本机站用水管理制度。
4. 讨论:对今后如何样灌好、用好,为何掌握,是否要接制度办事;明确方向、放水目的,只要对水稻有利,促使发棵,并不要大势[肆]满灌懒灌,要节约用水,分级管理。

1966.6.1

实行汽车时间表

袁杭	6:49	杭乍	8:19
乍杭	9:26	杭硖	9:55
硖杭	13:48	杭乍	14:39
乍杭	16:16	杭黄	17:29

1966.6.3

记　　录

接公社水利办公室徐武臣同志来电:

1. 关于倪桥渡槽[槽]问题,是否要翻做水泥钢筋,如果今冬要做的话,马上要汇报配料等,资金大约800—900元。
2. 关于九里桥问题,上级已批准700元。根据县设计,这个桥建好需要1 200元。自己大队要负担500元,民工归大队负责。

1966.6.11

出席公社水利站长会议

1. 对水,当前来看"二少一多"。"二少"是电、水〈少〉,"多"是早稻、络麻面积大。
2. 发动群众,自力更生,克服困难。不要认为有电、水、机站,依赖主管,认为还有灌满水,溢满水。想尽办法用土法上马,木车、络麻木桶,内河解决。
3. 机站放水问题,由机站合理掌握,坚决不能自由,或偷拔闸门和管塞。
4. 翻水问题,早已翻,目前8台开车。
5. 闸门问题,由公社掌握。

在河北省临西县张三寨公社东留周大队党支部书记吕玉兰同志的这篇谈话中,用"十个为什么"中,对我对照,不大对头。工作上天差相[地]远,他不怕重重的困难,都能解决,我对照他[她],有主要的几条坚决地向他学习。

在第一个为什么:为什么有人说我"傻",怎样看待?

①脑里"我"字是个人主义的头脑,二种算法不同,"公"字挂帅就是共产主义头脑。

②"精"和"傻"？傻于集体,傻于人民,傻于社会主义,你说我傻,我就傻!"精",富人精❶,该"精"损公肥私、个人发财。

第二个为什么:为什么我把革命当作终身大事?

①个人婚姻和国家五年计划联系起来,大多数人的利益是大事,个人利益是小事;争妇女解放是大事,个人的婚姻是小事。不能够光顾眼前,要看到一代人、二代人、几代人的移风易俗。②眼光远大和鼠目寸光。为社会主义大厦,多砌一块砖,多添一片瓦,把青春献给党、献给革命,比过去的缠在家庭、孩子身上,意义要大得多。因此他的终身大事,从个人婚姻移到"革命"二字上来。

第三个为什么:为什么越斗我干得越欢?

①整风不是整我,是我身上的缺点、错误。他说得好:缺点就像身上的疮,不治好要化脓,越烂越大,治的时候疼,以后就好了。但我不是怎[这]样,所造成工作落后。而他说得好,整风运动是大洗澡,洗过了就轻松愉快。人不能不犯错误,只要知错、认错,改正了就是好同志。所以把批评和自我批评当洗澡。②党来整风就像大人爱小孩。先要对整风有个正确认识,抱正确态度,我定向他学习,端正自己的态度,虚心接受群众的批评。

〈第四个为什么:〉当干部究竟为谁?

他说得好,干革命的人不在于领不领工资,不干革命的人领多少工资也干不好;革命者,不拿工资也一样干得好。过去老一辈革命者,流血牺牲,可谁为工资干的吗? 我却对这个问题,对比相反。但是我经常错误,说为人民服务是真是假呢? 真为人民服务还找什么"落头",就是没有出头日,赔本❷。其实,当干部赔本的思想说得穿,就是因为头脑里的思想作怪。当干部认为吃亏,私人的东西看做宝,公家的财产当做草。

第五个为什么:为什么越怕出事越出事?

干革命就不能怕出事。我对这个问题体会深,为什么呢? 发生了问题,不自觉地解决好,总想把矛盾上交,没有主动分析,向主席请教。

第六个为什么:为什么我不怕得罪人?

学习要点:①越怕得罪人,得罪的人越多。②越管得不坚决,得罪的人越多。③越管得不公,得罪的人越多。

第七个为什么:为什么我团结人不怕"吃碰"❸。

学习要点:①团结倪修礼的时候,倪修礼给了我很多难看[堪]。②没有把阶级兄弟团结好,是第一个自己不对。③怕"吃碰",放弃团结,自己爱面子也是不对。④说话他不听,是自己帮助人的方法不对头。

第八个为什么:为什么我带头实干?

学习要点:①没有身教就很难言教。②没有实干就很难实现领导。③不敢闯,就很难得到经验。

第九个为什么:为什么我不讲"人情"?

学习要点:①要公对公不要私对私。②对我好也可能对我歹。③不能用私人感情,理解

---

❶ 意思是,他们觉得应该精,但他们损众肥私,个人发财。
❷ 原文如此。
❸ 这句话的意思是不怕碰钉子。

阶级感情。④在日常工作中锻炼"阶级"眼光。

第十个为什么：为什么我一个心眼地突出政治？

学习要点：①政治时时都有，不突出这种，就是突出那种。也就是说，不突出社会主义，就要突出资本主义。②如何做好思想工作，如何个别谈话。③抓自己的学习，才能领导群众学习。

大字报摘要：

1. 64 年度加工公布问题，要求公布，5 队。

2. 64 年每月 100 多元，后用 10 多人，为啥只有 90 多元？5 队。

3. 机站对做干渠问题，有的队为啥到现在还没有做好？9 队。

4. 放水制度量水深计算，为啥虎头蛇尾？1 队。

5. 水费年年降低，为啥我们队里增加？1 队。

6. 对四类分子管制不严，浪费粪问题，7 队。

7. 对内部开社员会，搞杠子问题。7 队。

8. 种子定要借给四类分子吃，未退。7 队。

9. 做水闸有补贴费 120 元到哪里去了？12 队。

10. 加工公布问题，粉里并假货，数量又少，这是啥道理？6 队。

11. 压制社员敲台子，利用我是民兵连长捆起来，扎起来。7 队。

12. 机站买燃料用到啥地方去，请问 1 队。

13. 56 年当财务队长时，粮票看人头带［戴］帽子。8 队。

14. 请问你当财粮，装出 2 船，你知道吗？利用职权，工分不出，扛 5 块大石头到家里。利用职权，装广播不出钱。加工几十万斤谷，发票不开，不公布。

15. 机站加工厂朱张林出售风箱等东西为什么不公布？13 队。

66 年度基本情况

全大队参加民兵 409 人，其中男 232 人，女 177 人；基干民兵 246 人，其中男 157 人，女 89人；普通民兵 159 人，其中男 75 人，女 84 人；连级干部 6 人，4〈名〉党员，2〈名〉团员；排级干部26 人，14 团员，12〈名〉积极〈分子〉。

1966.6.28

出席社教工作队、民兵干部会议（陈〈家〉老宅）

上午听取报告：

1. 形势。总的来看大好形势，但是革命取得胜利，并不是一凡［帆］风顺，〈而是〉曲折的，波浪式的（例如印尼发生事件来看，就是没有武装）。

2. 看看南越问题。美国侵略军达到 275 000 人。总的来看，他不甘心死亡的，还利用日本侵略面向中国，但是我们下定决心打败美帝，打垮为止。苏联对越南问题，假支援、放空气。另外，蒋介石死不甘心，加紧活动。农村地、富、反、坏也不甘心，造谣破坏。

民兵工作是我国人民武装主要组织部份［分］，在战争中，发挥〈过〉重大作用。两个观点：

①服从运动促进运动,民兵工作要紧跟运动。②树立"好"事[字]当头,质量第一。

做好六项工作:

第一个问题是民兵在"四清"运动中的六项工作:

1. 组织民兵学习毛主席著作,提高民兵的阶级觉悟,提高战备观念。

2. 发动民兵积级[极]参加运动,保卫运动,带头搞好农业生产。

3. 分清好人坏人,纯洁民兵组织。

4. 选拔和培养民兵干部,配好领导班子。

5. 清理调整接班人,把武器交给可靠的接班人手里。

6. 总结党管武装的经验。

第二个问题是当前须做几个工作:

说明来意以后,召开民兵大会。主要基干民兵讲明"五个带头":

1. 带头参加运动、保卫运动。

2. 带头学好毛主席著作,活学活用。

3. 带头揭发坏人坏事,揭开二个盖子。

4. 带头搞好当前生产,现在问题很大。

5. 带头放下思想包袱,解除顾虑,自我革命。

结合调查研究,摸清原因、组织状况、政治状况后进行分析。进行研究(分四类):

1. 民兵组织配套齐全,有组织,有领导班子。

2. 基本落实,有些地〈方〉有名无涉[实]。

3. 民兵工作不落实的。

4. 领导班子、领导权不在我们手里的。

处理类型,分别对待。

1966.6.29

出席社教队部召开福利会议

内容如下:

1. 决定于全公社召开贫农代表、生产队正队长以上包括全体党员会议,各部分参加约1 000多人。

2. 为了把这次会议开好,首先准备工作做得好一些:吃饭问题、时间问题、会场问题、讨论问题等方面。

我们大队如何安排:吃饭预报70人,新洋房,朱春年。

大会场:在工人俱乐部。

讨论:在陈家老宅东听[厅]

时间:上午7:50开始会议,11点吃饭,下午1:30开始会议,5:30回大队讨论。

天气渐热,吃开水问题,自带茶杯。各大队讨论地方,凳子千万不可乱拖,弄掉[坏]照赔。

会议纪律要遵守:爱护公共财产,遵守时间,注意公共卫生,不要随地大小便。

另外,这次社教来的医生的目的:①真正为贫下中农服务。②培养农村医务人员。

向社员们讲讲清,不要误解,认为看病不要药费,久年一时难治的。

1966.6.30

讨 论

检查本身问题：

在大队出售木头时，我也买著[着]2支，是分给5队，他不来买，是我买的。远途运销，在62年装到盛泽山茹500多斤，出售高价。61年大队牧场下放时，卖肉猪，钞票当时不付，到后来出售高价，付给大队。63年度派我到机站，当时结算由大队结算，灌溉结束透支30元左右到〈现〉在未清。64年下半年度加工结存及65年度停止加工，出售风箱，共计35.12元，不上交大队借用掉。现在账上只有数字，没有现金。未记皮带出售，交大队收入。在去年65年做水闸，拿过2〈包〉半袋水泥，后来生产队做粪窑用掉。

思想上检查：

在62年以来态度比较好一些，但没有彻底改掉，没有深入调查听汇报，瞎上。敲过三次台子：一次在陈五毛家为透支户问题；第二次在陈金奎家工分合理不合理问题；第三次在队长家里为轮流记工分问题。不相信群众。另外，对四类分子管制不严，放任自流，乱跑乱偷，对敌观念不强。

1966.7.6

自想过去所做坏事检查本身记录

1. 在65年度，所做的坏事是：①不严[愿]为社员服务，拒绝饲料加工，所以去年对机站很不满意。②去年做水闸时，自私自利，自作主张，叫生产队来捐一包水泥去浇粪窑，到现在还没有同他算清。③对生产队里官僚主义，作风不正派，硬摊任务，敲台子，发脾气，脱离群众，不相信贫下中农，认为有一套。社员反映不满，后来我速信[索性]不管，放任自流。应管的不管，反革命分子韩永保太猖狂，大偷、贪吃懒做，也不进行批判，抱一团和气，严重伤[丧]失自己的阶级立场，没有站起来斗争。④灌溉结束，已年底边，群海24队33.04〈元〉，23队27.63〈元〉，合60.67〈元〉，不交公社（作赊账）。⑤大队双洋河大鱼63—65年共三年，63年中号2条，64年1条大号包头〈鱼〉，65年3条中等白鲢。钞票问题，63—64年都交，65年钞票未付。

2. 64年度〈所做的坏事〉：①在下半年稻谷加工费用开支，认为做得三个月❶，只有大队里公布，没有公布到生产队。通过这次，将64年度继续再公布到队一次。②停止加工后，在账面上照存35.12元，应该交给大队，但是未交，挪用公款，是没有批准手续的。③扇出的砻糠是分给各生产队，但是有的多挑，有的队少挑，总的挑光为止，钞票不算，对照来看是不对的，没有做到平衡，简单粗抄[糙]。

3. 63年度〈所做的坏事〉：①管理不好，5.25匹机船翻掉。②在基建工程使用他人。在吃烟时，叫他同我扛2块条石，铺街沿石，当时付4包香烟。那时邹阿康等人〈参加〉。这年头一年，〈有〉机站人员徐阿三、陈德明、祝林生、戴正华、周生康。③这年机站人员报酬，由大队结算：到年〈底〉透支30.00元左右未清。

4. 62年度〈所做坏事〉：①远途运销，到盛泽出售山茹800斤左右：自留地500多斤，小

---

❶ 这句话的意思是只做了三个月。

队分给部分 300 多斤。和徐维江、贾彐康、戴顺堂〈一起〉出售,单价 12 元左右,卖给市场上。②大队出售木料,我买着 2 根。一根是分给我,一根是分给 5 队,但是 5 队不要,我买出 1 根,其他 6 队松三买。

59 年以前担任高级社长及财务队长,那时我们大队是缺粮地区,发粮食方面有偏差,事实上有些看人头带[戴]帽子,没有做到深入调查。

5. 61 年度〈所做错事〉:大队牧场下放时,我买母肉猪 1 只,当时钞票是不付,后来出售,付给大家。

6. 59、60 年度〈所做错事〉:①生病——神经衰弱、急性肝炎。这时搞迷信活动,到周王庙去问过两次。求神拜佛,叫八个阿太连念两天,送神。②算命,是同两儿子算,是否相克。

通过这次学习,特别这次文化大革命,朱同志祥[详]细分析,使我提高思想觉悟,检查本身以前所做坏事,今向党作交代。

1. 旧封建问题。我在 59—60 年时生病大搞迷信,到周王庙去二次,求神拜佛,念 2 堂百佛,同时同儿子算命,排百事❶是否相刻[克]。在 55 年造屋时叫风水。61 年老婆生病,请土地,搞迷信。同陈进其买了一个马张架子❷,叫邻居大吃一顿,没有考虑到生活问题,那时〈从〉信用〈社〉借 180 多元。

2. 旧思想上问题。想发家之[致]富。在 61 年大队牧场下放时买只小母猪,当时钞票不付,后来出售高价 2.80 一斤,后还大队。

3. 62 年投机贩运装到盛泽出售山茹 815 斤:自留地 516 斤,小队分进 300 斤,同徐和尚、戴顺堂去卖,平价 12.00 元。

4. 向大队买了二根木头,当时我买 1 根,还有 1 根是分给 5 队,他不来买。

5. 63 年在机站基建时,利用他 2 包香烟[换]一块石头,扛了 3 块石头,排街沿石。

6. 为了便利私人享乐,屋脚下一张小河,划给我放水草,我养鱼。

7. 我装的广播是实不出钱,自己想公社广播站同意,但是对照是不对。

8. 去年一年机站加工,认为 64 年度有些意见,所以不高兴为社员加饲料,这也是不对。

9. 多吃多占,从 63 年起吃三年大鱼,二年钞票付,去年还未付。

10. 大队一顶蚊帐,出张借条,随便拿去机站私人用。

11. 对生产队没有帮助,相反压制社员。敲三次台子,没有调查瞎批评,造成脱离群众,不关心群众。

政治方面有:

1. 对四类分子放任自流,没有监督,偷偷摸摸随便上街,反说没有照顾好,失去阶级立场。

2. 陈五毛,复杂分子,来来往往,在 55 年借 35.00 元。

在执行政策方面:

1. 首先财务政策,不执行财务制度,随便拿用。62 年生产队里当经济管理员,大二队(现在 4 队)划来划去,弄错账,贪污 50 元。64 年加工收入拿用 35.12 元,机站上 60.67 元,做好人

---

❶ 排八字,指请算命先生算生辰八字。

❷ 马张架子是盐官地区农民家庭用于请土地菩萨、请诸菩萨及神仙、请祖宗时用于夹住神轴(画有诸菩萨、神仙的画轴)的木制架子。

专[转]借掉,大队透支 30 元,长期借支。

2. 对蚕桑政策,也没有执行,没有问好做,认为老戴做,我们可相边黄豆,增加收入一点❶。

3. 打击贫下中农,发现偷偷摸摸没有好好教育,偷笋、割花草等,贫农与贫农有意见打架,晓得,不去解决。

组织问题:

身为民兵连长,但是做的啥也不知道,自己基本知识全无。会下不开,学习下不学习,当上支委宣传员,去年夜校一楱❷也不去,管下不管❸。负责三个小队去年开会也不去,失去自己是一个啥人。以上所做坏事,对不起党,对不起群众。幸而这次党派工作组同志来搞"四清"、文化大革命,使我明确方向。我已经入泥坑变质,也就是党这次来救出泥坑重新做人,为人民做事,将功补过。

主要原因是:资本主义思想侵入,自私自利(为啥要工人阶级这道理),也就是忘本思想。日本侵略之苦,屋烧光、人杀光、抢光,三光政策。

本身问题:

1. 方向不明,严重的走上了资本主义道路上。从 61 年开始,政治头脑木[模]糊,只顾私,不是"公"字当头。为啥呢?乘国家困难时,混水摸鱼,发家致富,眼睛向下看,只见鼻子。身子进了社会主义,但脑袋还留在资本主义。

2. 阶级不分,坏货出笼。像朱桂龙、张元河到机站画图。再[最]近写语录上有些问题,像自力更生,要放在自己的"力量"的基点上,叫做自力更生。他把"量"字写做"刃"的基点上,这是有个问题。第二,他写下定决心,不怕牺牲,排除不[万]难,去争取胜利,把"决"字加上三点水,这其中有问题。他是人死心不死的。像朱桂龙过去很恶毒,现见了像很客气,但一有机会,就要活动。像今年种绿化,他问队长徐仕金说:"你年纪大了,种来享不着。"他本质是不改的。

3. 大队发现问题,没有及时把邪气压下。

4. 同时明错也不问[闻]不问,特别在 61 年起,有些问题这有你们知道❹。

1966.7.15

生产队全面检查生产记录

生产队长参加。内容是:秧田、共育,络麻、早稻、山茹生长情况。

下午讨论进行评比:全面的 14 队再[最]好的,10 队再[最]差的。

1. 单行是有:水稻 2 队,络麻、共育 8 队,秧田 4 队,山茹 11 队。

2. 讨论对口竞赛 3—14 队;7—12 队;1—13 队;6—11 队;5—9 队;8—4 队;2—10 队。

3. 开始"双抢"日期:1 队 25 号,2 队 22 号,3 队 22 号,4 队 22 号,5 队 22 号,6 队 23 号,7 队 22 号,8 队 22 号,9 队 22 号,10 队 29 号,11 队 22,12 队 22 号,13 队 20 号,14 队 21 号。

---

❶ 没有认真执行蚕桑政策,认为老戴在做领导,我也没有问是否可以在桑园中挖边种庄稼,我自己就在桑园边种了黄豆,只想增加一点自己的收入。

❷ 一楱,当地土话,意思是一次,通常指走一次路到某地。

❸ 这一句话中的"下"是当地土话中的一个助词,无具体含义。

❹ 这里你们几个都知道。

4. 今后回去打算：①开好会议，订出"双抢"一切准备。②工具、人员进行安排。③做好生活安排。④秧田进行治虫在 15—16 号。第二次 21—22 号，每亩 2 斤 666 粉。用法：可以拌泥 30 斤，或者并水 7—8 担。

1966.7.19

出席公社宣传会议

郭同志：

1. 认识问题。总的来说，在队党委领导下，各个方面多很好，特别是贫下中农。活学活用毛主席著作，在革命干部中，在群众中，出现大批积极分子。好人好事大发扬，一心为革命，一心为人民。而且拿出革命精神，拿起毛泽东思想武器，横扫四害，揭发走资本主义思想［道路］的坏人坏事。

2. 在活学活用毛主席著作，形势大多［好］，取得第一件夏茧丰收。

在这学习问题上：

1. 下面学习得好，我们学得不好。

2. 大忙已到，积极做好宣传工作。

不突出政治的害处：

1. 出现变相单干，划死班。

2. 资产阶级思想占领，物质、工分刺激。

3. 坏分子乘机造谣，搞破坏活动。

4. 精神不能变物质。

1. 总的［结］我国几十年的革命斗争经验，千条万条，归根到底是一条：毛主席著作是一切工作的最高指示，毛主席思想是一切工作胜利的根本保证。毛泽东思想领先，我们事业的前进就会势如破竹，无往而不生［胜］。

2. 如何样突出政治。首先，突出毛泽东思想，要活学活用，带着问题学，学了就用，学用结合，立竿见影。有下面几句话：活学活用，力量无穷；学了不用，劳力无功；不学不用，邪气进攻。

出现一片大好景象，出现了好人好事：

1. 像 5 队普通民兵沈大全，像 2 队朱国尧不怕热，在歇热时同［将］生产队集体种子翻身［晒］，同时写毛主席语录，不取工分。

2. 发扬共产主义风格，队与队，有［由］8 队青年民兵带动下开展支援。

1966.8.8

下午，在机站召开支部委员会议

由工作组李同志贯彻公社社工组队党委会议精神。"四个大抓"：①评比。②培育管理。③政治。④抗旱。

讨论今年的"双抢"情况。

今年的"双抢"：

1. 由于通过社教突出政治，大学主席著作武装头脑，特别是青年提高觉悟，明确到种田为革命。

2. 主席语录，深入到田头，有空〈就〉学，真正做到活学活用，有针对性学，提高了战斗勇气，按期完成"双抢"任务。

3. 今年由于面积多、任务重、要求高、季节紧、天气热，又是旱的情况下，胜利地完成。而〈且〉做得了质量好，比任何一年好，也做到了及时管理好，不发现[生]死苗现象。

4. 有的生产队至完成"双抢"后相应地培育管理跟上去，施肥、抗旱抓牢，同时对络麻抗旱，有的二三次，早秋也同样。

5. 思想好。在这次"双抢"中，出现好人好事摸底，通过社会主义教育，像脱皮[胎]换骨，真正老年像黄忠，青年像武松，个个打先锋。

存在问题：

1. 自满松气、休息思想。

2. 盲目乐观，不明确季节紧。立秋一过，处暑将到。

3. 靠天思想，特别天气灾旱，如何样夺取全面丰产，还是一个问号。

初步提出评比委员会名单：

1 队	叶文浩	8 队	王张堂
2 队	沈妙心	9 队	陈张兴
3 队	李淑梅	10 队	陈夫堂、王宝芬
4 队	邹彐庆	11 队	顾秋明
5 队	周福章	12 队	贾林华
6 队	周志华	13 队	冯恒兴
7 队	沈松宝	14 队	冯生康

初步决定这段工作的步骤：

9 号下午 1 时在机站召开生产队长、贫协委员〈会议〉；

9—10 号夜里，讨论评比，从总结生产着手，比出"五好"社员名单；

12 号下午上来汇报，同时评出先进生产队，夜里回去召开小队会通过；

13 号夜里，各系统到大队开始评比；

14 或 15 号召开大会，要培养典型介绍。

支部委员分队：陈夫堂 11 队，戴顺堂 4 队，王继福 1 队，周生康 2 队。

评比"五好"条件是：

1. 政治思想好，比突出政治，活学活用毛主席著作，以毛泽东思想统帅一切。

2. 遵守国家政策法令好，比完成各项任务好。

3. 参加集体劳动好，比出勤多、工效高、敢于挑重担。

4. 爱护公共财产好，比爱社队如家，树立集体主义思想。

5. 团结互助好,比发扬共产主义风格,能善〈于〉批评和自我批评。

联民大队据生产队评上 151 名,经评比委员决定 49 名。

1966.8.16

出席公社召开全体党员及正队长贫协组长会议

上午听报告,下午开民兵连长会议。

首先汇报"双抢"一段工作,最后由工作队时同志传达到 9 月 20 日以前的工作步骤问题。

1. 8 月 20 左右召开一个会议,汇报民兵工作如何汇报,布置下一部[步]工作。

学习毛主席著作要掀起一个高潮。学习组织要建立起来,学习制度要制订[定],民兵单独要学习 2 次或讲型会❶,一定要学,"雷打不动"。学习要有计划,要有数,要有针对性。活学活用,立竿见影,主要是基干民兵。

2. 党管武装的盖子来揭深揭透。内容是不是支部当事来抓,要列入整顿内容,毛主席怎么说的,支部怎样做的。

3. 对民兵特别是武装民兵、基干民兵做好审查。政治历史、家庭出身、社会关系审查清楚,重点看表现。在审查时要有的革命干部、工作组、贫协三结合进行审查。

4. 班、排组织要整顿好,有没有错编(例如不应该编的),有没有漏编(例如应该编的),有没有跨编(例如队与队),要准备好班排干部配备工作。

5. 当前任务主要发动搞好生产、田间管理、防台、抗旱等工作。保卫运动,参加运动,学习公报决定。一封信,主要是 16 条决定。

金部长补充结合传达,在开会时带上材料:

1. 评出的"五好"民兵数字多少,拿上来,分生产队。大队审查后,分男、女,基干、普通。

2. 班排级干部进行排出来。

3. 把这次会议向工作组同志进行汇报一下。

全体贫协委员,工作组同志,全体党员干部同志,今天我很欢迎在这次"洗手洗澡"当中,敢于带动群从,相信群众,依靠群众,遵照群众,老老实实、诚诚恳恳放去包袱,自己解放自己,〈交代〉以前所做的坏事。

另外我提出几个意见:

1. 冯书记,大队这个粮票问题,有怀疑一切包办。

2. 装树调肥。

3. 有些大队私分山茹、河沙。

4. 船租费问题。

5. 大队财产随便拿,东西没有了。

6. 大队土地问题。

通过"23 条"学习还是不交来,大包干不加上。

---

❶ 意思是介绍典型事迹的会。

陈队长检查整个支部存在问题：

1. 投机倒把，远途运销。

2. 封建迷信，搞迷信活动。

3. 63年土地到户，把土地一块到户，倒退。9、3、13〈队〉到现在未断❶，造成还有一个队专桑包工到户。

4. 分配问题，大队干部高于社员，从去年开始降低，干部算吃亏账。

5. 造成与北片召开分列［裂］会议，过组织生活很少，放松领导，党员结婚与富农〈联姻〉。

6. 领导方面，变作叫掉［教条］主义。没有下入生产队，高高在上，支部委员各搞一套，思想不统一。

7. 党政一把抓，有［由］支部书记一把抓，没有分立。

8. 对各部门，没有统一抓。

9. 大队粮食问题，的确很不清爽，很严重。

另外要求同志对支部再提。

贾会计对支部有些意见：

1. 统购私购调运木头3立方。

2. 用竹垫去调氨水。

3. 对财务没有支持。

李同志报告生产问题：

谈形势，总的联民大队是好的，但是在大好形势下存在问题。

1. 自满麻痹思想。

2. 抗旱认为下雨，消除［极］抗旱。

3. 做客交［较］多。

4. 找付叶［副业］交［较］多。

我们通过无产阶级文化大革命运动，游行，搞好"四清"运动，同生产上要挂钩起来。生产要高标准，生产上要好好抓一抓，季节很紧。

1. 要全力工富［夫］大搞肥料，出空五棚❷，统统下田。

2. 多耘田。头次完成第二次接上去。

3. 除虫。当前比较严重，土洋结合，推广新农药。

4. 晚秋茧问题。1、2号发种，做好准备工作，抓紧消毒，人员落实，专人负责，饲养员落实。

5. 络麻。拔岔头麻，也是增产措施。

6. 发展多种经营，下洋花萝卜，多种蔬菜，田间管理，水勤灌浅灌，促使水稻增产。

崔同志谈：文化革命委员会未成立，仍旧按照贫协委员决定。

1. 64年起搞山茹窑［窖］问题，实际上从62年开始露头。

---

❶ 未断，指土地上的作业包工到户的事还没有了断，即还没有结束。
❷ 即把五种棚里的粪肥全部出完。五棚指猪棚、羊棚、鸡棚、鸭棚、兔棚。

2. 由于本身思想作怪也走上了资本主义道路。

3. 土地问题(吃了一些苦头)。

4. 大队财务问题、齿轮问题。

5. 对戴顺堂,蚕桑问题,影响很大。4队问题。

6. 对戴顺堂,划死班问题,主要是方向性。

7. 对戴顺堂,生产队夜里出售粪问题。

8. 我在检查中,还没有尺[彻]头大[彻]脑挖清对党危害,对支部危害性。

王继福提对老戴问题:

1. 对出卖粪问题,老戴也知道的,确实是方向信[性]问题,公家出售私用。

2. 看样问题,特别是蚕桑问题。

3. 对挖根不透,特别是方向性问题。

对老周问题:

在机站上放水,自私自利思想有的,没有大公无私,认为手脚长。

对老冯问题:

1. 出身有些问题,这次运动是装假准备下队,不愿当干部。我们犯的错误有些地方还是他所害的,像这笔山茹款。

2. 私分洋纱问题,真叫拖牛落水。

老戴提冯茂才:

1. 他说当干部走弄来才自己人,走开才是别人,当干部没有长当。

2. 对思想交风[锋],没有交风[锋],一团和气,叫他解决不来,反说大家是书记。

3. 本位主义比较大。5队要求前去解决思想问题,几次三番他不去。后来他9队发现弄掉络麻,他到5队连去三次,这种啥作风。

毛主席说过,一切革命队伍,都要互相关心、互助爱护、互相帮助。我对不起来。

政治观点不明确:

毛主席说,没有正确的政治观点,就等于没有灵魂。

我觉得过去一段,就是没有这个方向。

毛主席说,我们的同志在困难的时候,要看到成绩,要看到光明,要提高我们的勇气。

毛主席说,在拿枪的敌人被消灭以后,不拿枪的敌人依然存在,他们必然地要和我们作拼死的斗争,我们决不可以轻视这些敌人。

毛主席说,什么叫工作,工作就是斗争。那[哪]些地方有困难、有问题,需要我们去解决。我们是为着解决困难去工作,去斗争的。越是困难的地方越是要去,这才是好同志。

毛主席说,艰苦的工作就像担子,摆在我们的门前,看我们敢不敢去承担。

毛主席说,一个共产党员,应该是襟怀坦白,忠实积极,以革命利益为第一生命,以个人利益服从革命利益,关心党和群众比关心个人为重,关心他人比关心自己为重。这样才算得一个共产党员。

他们提出的好多意见：

1. 明晓得,勿晓得。

2. 有些相互有关系的。

3. 有的亲手做的而不晓得。特别是粮食问题,大问题,私分粮食。

4. 推三阻四,遮盖自己。

　　毛主席说,在阶级社会中,每一个人都在一定的阶级地位中生活,各种思想无不打上阶级的烙印。(《实践论》)

　　毛主席说,资产阶级的捧场则征服我们队伍中的意志薄弱者。可能有这样一些共产党员,他们是不曾被拿枪的敌人征服过的。他们在这些敌人面前不愧英雄的称号,但是经不起人们用糖衣裹着的炮弹的攻击,他们在糖弹面前要打败仗。我们必须预防这种情况。(七届二中全会说,1949.3.5)

　　毛主席说,我们是站在无产阶级的和人民大众的立场。对于共产党员来说,也就是要站在党的立场,站在党性和党的政策的立场。(《在延安文艺座谈会议上的讲话》1942.5)

　　毛主席说,发挥党员的模范作用。党员要在政治上、思想上和运动上,处处作群众的表率,做到吃苦在前,享受在后,多做工作,不计报酬,见困难就上,见荣誉就让,见先进就学,见后进就帮,把方便让给别人,把困难留给自己。关心群众的政治进步和生活疾苦,虚心向群众学习,成为群众的知心朋友,团结带领群众完成一切任务。

　　毛主席说,因为我们是为人民服务的,所以我们如果有缺点,就不怕别人批评指出。不管是什么人,谁向我们提出指出都行。只要你说得对,我们就改正。(《为人民服务》)

　　毛主席说,不同性质的矛盾,只有用不同性质的方法才能解决。无产阶级和资产阶级的矛盾,用社会主义革命的方法去解决,人民大众和封建制度的矛盾,用民主革命的方法去解决。

　　毛主席说,我们的责任是向人民负责。每句话,每个行动,每项政策,都要适合人民的利益,如果有了错误,定要改正,这就叫向人民负责。

互助进行批判:

对陈世福:去了"怕"字,向他提出意见。

1. 改与不改作风问题,要看实质、表现。在这段时间,如果真真改进作风,生产队有问题,积极参加解决,为啥不管账。

2. 主管[观]当权太强,通过运动改得不够,仍旧主管[观]决定。没有发扬民主,对生产队里贫协委员叫搭搭味道❶。

3. 大队里有些事情到底知道不知道,这是个问号。

4. 卖老资格,骄傲自满。认为是上过战场,上过考场,态度生硬,三句话不对,马上现开销,甩纱帽,挪[你们]去做好了。开会一个没有达到,到中路开小差。

挖根子自我批判:

我标准翻身忘〈本〉,严重迷失方向。毛主席说,有些人甚至敌我不分,互相勾结,被敌人

---

❶　搭搭味道,当地土话,意思是尝尝味道,引申义是做什么事,如当干部,让他自己做着试试,才知道做这种事的滋味。

腐蚀侵袭,分化瓦解,拉出去,打进来。许多工人、农民和知识分子也被敌人软硬兼施。照此办理,那就不要很多时间,少则几年、十几年,多则几十年,就不可避免地要出现全国性的反革命复辟,马列主义的党就一定会成修正主义的党,变成法西斯党,整个中国就要改变颜色了。

多么危险,没有认识到过去,政权落在啥人的手中。

通过学习,在提高觉悟基础上:

1. 对粮食问题。的确是62年度我经手是收进,但付出,我不经手。账目会计是有的,我私拿粮食是勿拿的。

2. 64度机站加工,企图是不良,为自己便利起见。

一共加工稻谷181 618斤,需881.91元。包括一些饲料在内。开发票才是我一个人开,9月18日开始,11月21日止。

3. 对贾会计,前天夜里在讨论中,我们要求你迅速弄清粮食账,你说还要看我们明浪不明浪❶。这句话有文章,请你在今天向我揭发,62年这批现粮啥去路。

1966.8.26

记　　录

顾秋明谈谈会议内容:揭露问题,帮助解决分析问题,批判问题。

陈德明谈:整个从60年起开始,资本主义露头,方向问题。

特别是冯茂才:

1. 搞山茹窑[窖]。手法是巧妙。

2. 搞长途运销。

3. 分土地到户,13.2亩多田分到户。

4. 借队名,搞肥粉。

5. 对畜牧政策问题,压制民主。他的粮占全小队7%—10%。

6. 叫生产队把农大的土地不上报。

7. 说打击积极干部,下放人员。

8. 叫管子份子❷张富贵搞投机,还把外来户口香港迁出来。

9. 大兴"四旧",大兴封建,压制民主。

10. 63年兄弟做亲,大摆酒席。

11. 把大队木头交张富贵出售上海,破坏公共财产。

12. 细揩集体油,将自己山茹苗❸。在64年畜牧发粪拼水出售生产队。

13. 粮食问题。贾维清亲自做账,61、62、63年是有账的。拉人落水400元,借给徐杏林做投机买卖。

冯茂才祖孙三代剥削出生,抗战时间顾[雇]二个长工,解放后积极起来,混进内部,搞资本主义复辟,造屋,弄得家庭很漂亮。

---

❶　态度明确不明确。

❷　管制分子。

❸　这句话没写完整。存在两种可能性:其一,把自己家培育的山茹苗以当天最高市场价卖给集体;其二,把自家的山茹苗搭在集体的山茹苗里,一起去市场出售,再以当天最高价与集体结算。

周志华讲冯茂才：

1. 反对突出政治，〈他〉只讲生产好就是政治好。

2. 当干部不当一世。

3. 在社教工作队来出村时，散播谣言，认为……

4. 对杨进才说：老羊注意的要注意。

5. 工作队高速度，认为四个月。

6. 在青年会讲：党关门，党内有很多问题。

7. 革命干部是拍手上台，斗争下台。

拿毛主席说，恰恰相反，重用私用张富贵到上海采办花 1 万多元。在 61 年度全年 600 多元，62 年一人借 1 800 多元。私发土地 16 亩。

揭发冯茂才：

1. 家里有子弹藏，还有刺刀。

2. 高于上级干部。公社沈书记多［都］怕他。

3. 抗拒运动，破坏运动。

〈揭发〉陈世福：在"小四清"，压制群众。在民兵集训，他放多少。

王宝芬〈揭发〉陈世福：

1. 打人，陈正名，捆他，打、吊、骂、捆。

2. 压制社员，敲台子，说你告好了。有一次纲岸❶，三个小姑娘吓了一顿，吓得回不了家里。

3. 我们王栋明，将陈世福要甩河里❷。

4. 挑拨社员，打击下放人员，特别是祝林生。

对冯茂才：

1. 抓民校问题。同他联系，他说当干部不当一世。

2. 在"小四清"时，同我讲，你看当干部下场。

3. 开会、学习敷衍了事。

陈德甫：联民支部冯茂才、陈世福，他是走资本主义当权派，而企图复辟"四旧"。

1. 思想态度，他对党不满，对这次运动，装聋作势，逃避运动。

2. 领导方向不明。领导社员走弯路，没有支部直接参加劳动。

3. 对下面社员疾苦漠不关心，不参加劳动。公社开会贯〈彻〉没有好的贯彻，开支部会只搞私分。

4. 生活作风，贪污腐化，投机倒把。敌我不分，不敢参加劳动，算吃亏账，脱离群众，脱离党群关系。他反对毛泽东思想，不相信群众。

---

❶ 原文如此。

❷ 王栋明是王宝芬儿子，有一次吵架，陈说要把王栋明丢到河里。

革 命 的 书 写
——一个大队干部的工作笔记

胡少祥：

通过这次交代来看，特别是冯茂才、陈世福，你们搞的到底啥花头，土地到户把我们引到啥地方去。

冯茂才在65年带头山茹窖，挖七遍地。63年带头把集体粮食出售高价。瞒编土地。出售蚕桑卖高价。缺叶，把集体桑叶出售到亲戚。带头发展畜牧发家致富，做投机倒把，样样做。另外，拉干部下水。但是，陈世福也很多，出售高价，有粮票、山茹。木头做棺材。儿子摆酒。私打鱼。把田分到户，包工到户，搞单干。少数人发财，支部很严重。

冯恒兴提冯茂才：

投机倒把，挖社会主义墙角。反社会、反党，牛鬼蛇神，把他拉下来。主要他企图不良，逃避运动。他是我们的绊脚石。坚决向群众坦白交代，他利〈用〉张富贵做投机倒把。陈世福是反党、反社会主义的黑帮，反对工作队说了很不好的话：

1. 有一天，叫陈明德向工作队讲，对日里劳动、夜里开会不满，想逃避。
2. 这次运动说工作队人员，说不好话，说崔同志是俘虏兵。
3. 他还说工作队只有4个月要去。
4. 反对办民校，实质搞男女关系。
5. 认为说我老面皮，唱歌老面皮。

彩仙说陈世福：

他卖过壮丁，自为有功，卖老资格，上过战场。〈说〉冯茂才长期不过组织生活，隐瞒出身，逃避运动。

李淑梅批判陈世福：

打击贫下中农，打陈望元。50斤粮食50个工分。打击贫下中农，拥护的是资本主义。

有一次将我整二次。

王张堂谈揭发坏人坏事：

存在阶级与阶级斗争问题。陈世福问题：

1. 国民党作风，打、骂、吓、罚、抢，个人挂帅。称青年邪头五生❶，打击贫下中农。骂陈福颐养很多小孩，将来有苦无甜。他说崔同志俘虏兵。敌我不分，叫陈地主回来。
2. 陈家祠堂，应该是全大队财产，要弄弄清爽。
3. 白市买进，黑市卖，后来还加价几百元。主要他作风是国民党反动党[派]的作风，走的是修正主义道路，主要你认真检查，向群众坦白，才有出路，在运动中一定要"敢"字当头。

对冯茂才：破坏集体主义，大搞资本主义。利用张富贵投机倒把，黑的户口迁出来，〈收〉受赃款。他企图想逃避运动，他并不是胆小，主要是反共投敌。并且要求全体支部委员彻底交代。

---

❶ 邪头五生，当地土话，专用于描绘那些不务正业的行为，头斜着，没有一种行为是端正的。

张介金：

把我家拆掉做牧场。冯茂才，反党反社会主义思想。

周福章：

1. 冯茂才把集体土地进行私分块。

2. 把木头无影无踪卖掉。破坏性质，搞光。

3. 敌我不分，利用张富贵、董宝章，投机贩运，搞资本主义，搞山茹窖问题。

4. 社会教育运动开始放空气，还说工作组来了，你叫生产搞好。

1. 陈世福打人骂人，群众反映这个支部叫贩子，群众有苦无甜。

2. 打击贫下中农，打击群众，对支部委员一行一次彻底交代。

沈尧兴谈陈世福打击青年：

1. 现在青年一代不是［似］一代。

2. 办夜校他一天不到。

3. 民兵训练等，办公室指手划［画］脚。

4. 经常批评青年，没有政治。

陈建民：

陈世福走资本主义挡［当］权派，搞投机贩运，在 62 年出售高价山茹。他骂我们是死人。大山茹给他卖，小山茹分给生产队里当口粮。叫张富贵出售粮票调换全国粮票 2 000 斤，到上海出售。破坏畜牧生产，出售高价绵羊。敌我不分，同李芝宝勾勾搭搭，为粮食。

李叙康：

冯茂才私分散土地，搞单干，不敢彻底搞革命，分土地到户，影响到我们的队，也同样搞分土地到户。

陈世福路线不明，利用国民党进蚕室，排挤共产党员。顾秋明，三青团❶当会计，方向不明。

陈明德：

陈世福问题，打人骂人。

顾余德：陈世福大搞迷信。

1. 求神拜佛，拜土地菩萨。

2. 妻子做媒吃订亲酒。

3. 大摆酒席。

4. 还叫岳家也大摆酒。

5. 64 年摆青苗酒。

---

❶ 三青团，中国国民党下属的青年组织，三民主义青年团，简称"三青团"。

6. 大量宣传迷信,佛要念。彻底交代,老老实实交代。

陈双明:陈世福问题。
1. 作风不对头,打击青年。
2. 过去摆赌场,现在他家排[打]扑克,讲下流话。

陈明初:陈世福大打大骂。

陈小柳谈:
1. 陈世福打骂小孩,叫他坐在水里。
2. 对生产队破坏政策。
3. 没有以身作则,自己带头不执行。猪问题,自家吃亏,经常为自己打算。大队借粮出售。

王海章:
揭穿冯书记、陈世福。根本违反党政策,打击贫下中农,排挤下放人员,主要不吸取外面人员。他对生产队长宣传,缺点叫人家犯。送韩永保5斤粮票,但是对下放人员没有这样做。只顾自己发家之[致]富,把公共木材全部出售了。破坏集体财产,钞票做投机倒把,移花积[接]木,有花样。

沈纪松:
1. 冯茂才大搞投机倒把。
2. 做山茹窖问题。
3. 对青年说反革〈命〉集团,说李叙康为首,把贫下中农子女当三青团。
4. 对自己[别人]马列主义,对自己采取自由主义。要支部委员彻底交代。

王继福:
1. 陈世福学习态度不良,准抓支部叫我们,从支部检查,找头个人他就跳出来❶。
2. "四清"工作组到我们这里,认为没有啥花头。现在老实的,今后有我手里❷。
3. 主管[观]情况仍旧不改。
对冯茂才:
1. 土地分到户。
2. 阶级不分。
3. 大搞私有。
4. 把集体材料分光。
5. 主管[观]决定好,通过就算。动修正主义计划,订[定]资本主义道路。61年交粮食问

---

❶ 这句话的意思说,陈世福学习态度不对,叫我们去抓支部的事,让支部检查,要说个人的问题,他就跳了出来。
❷ 这句话的意思是,你们现在老实一点,如果不老实,今后你们都在我们手掌心中,谁也逃不了。

题,秋粮问题,冬季在结算时,没有权,有[由]大队结算。

6. 土地问题,特别在搞三包政策。

7. 户口问题。

8. 搞迷信,大摆酒席,同他做相帮,送客人,扯我们支部委员下水。

9. 挑拨是非,闹不团结。

10. 逃避运动,假装疯子。

11. 他的出生[身]有问题,是好有关系,子孙三代有剥削。他卖房子有企图。玻璃没有,拿去用了。机站上黄砖头,公社财产也拿了去。只为自己,不为别人。

12. 贩卖小麦,做投机倒把市场。

沈继松:

1. 戴顺堂等待上门思想。

2. 攻守同盟,包庇支部,犯错误,不老实。在64年搞分班、搞双抢时,工分他掌握,后来下半年,将肥料等,统统分到班,直接影响生产。清水粪出售生产队,提出52元作奖励。将开塘河去我们分掉,他回来大骂。到秋收撤消[销]这个班。这个班工分大,产量低,他还复缺去❶。在三八牧场买猪做投机,他养40多只,经济收入10%。他养的猪,自己屋后头开一只粪窖,但是粪窖朝天。没有吃不开,推翻包屁股❷。

今年春天看蚕,自己的队不照顾的,也不到。种种办法,打击贫下中农。不管蚕叶,但是误工很多,超过同等劳力。高潮积极,低潮不积极。在财务上他自己随便拿拿用用,因为全部掌握在生产队长手长脚❸。借生产名修购8支木头。他玻璃窗公家。增加自留地。带头破坏政策,破坏蚕桑生产。另外来煽动社员,对社教也勿满,只有3个月。从运动开始脱离群众,抢时,种1天半。在做海塘〈时〉,朱宝华说得一声,他连开三个小队会压迫社员。

大队支部:

1. 在1962年拿用公款买公猪。

2. 冯茂才、戴顺堂母猪卖3.96〈元〉给大队。

3. 竹匠。

4. 对张富贵出售山茹,难道你不知道吗?

5. 出售山茹苗头。

6. 大搞投机,借用公款。

7. 粮食,领粮食不合理。

8. 出差买老K牌报销。

李绍堂〈揭发〉冯茂才:

1. 在60年生浮肿病,没有吃。但是给联新1万斤有。

2. 装去21支木头、200斤桐油换掉800元,做2次装去。

---

❶ 他还复缺去,当地土话,意思是,他实际上已经得到便宜,还嫌吃亏。

❷ 他做的事,都硬要让别人接受。过去生产队按猪的头数算工分(包屁股),现在,他家粪窖朝天,粪的重量因雨水而增加,他就推翻包屁股的做法,要按猪粪担数计工分。

❸ 原文如此。

3. 粮食方便用,贩树不知赚得木老老❶。

4. 生产搞得好的他还好,如果搞得不好,括[刮]胡子面孔都括[刮]光❷。

5. 分掉奖励钞票,后来看压拉❸。

6. 土地少还要吃批判。

王海章:

1. 戴顺堂搞分裂会议。

2. 把集体套购造私人房屋,损公利私。

3. 参加偷窃大集体桑叶,还行贿。

〈揭发〉贾维清:

1. 粮食帐[账]你完全晓得,把问题揭露。

2. 下面出问题,向你问,请你没有认思[识]。

对陈德明:

你当时当陈秘书,比一班[般]要灵光❹。你可以详细,你块照牌❺也很响,你应该有责任把支部整好。

陈彐生〈揭发〉周生康:

1. 为土地问题,加上 22 亩土地,加上余粮,卖出 1 万斤。全大队恶毒,全夜交出,全年夜吃不成❻。弄 62 年借粮。生产队上交粮食全部要。63 年更进一部[步]。上交粮食交[叫]周生康给一个答复。因为对共产不满,4 年 3 万斤要他弄好。

2. 64 年加工问题,收费每百斤 0.60〈元〉,加了好几天不开票。收入支出对不了头,腐化贪污。为人民,大队救济。

陈德明:

冯茂才从土改后,隐藏自己成分。29 亩,养鱼池 9 亩多,他是买香烟送给人家。他伪装疯,逃到章永堂屋里间,第二掼了金伯成家门口,叫他救救。他用章默兴当上会计,帐[账]目是不清的,我们都不满意。借装电灯问题,已勾 9 队化[花]1 800 多元。他从 60 年开始起发展起投机贩运。三八牧场。61 年私用张富贵调全国粮票有好几次。他贩运我不晓得的,当时当秘书是买吃相[香],要看帐[账]。在 61 年到那里去,办下来有的。交周生康弄清楚。

对周生康问题:不够老实,不由[有]虚心,交代不够老实,当时管理财务、粮食问题多是你,转移目标,你一定要弄好。

戴顺堂的做法同冯茂才一模一样:

---

❶ 木老老,当地土话,意思是很多。

❷ 意思是骂得别人脸面都没有。

❸ 压拉,又写成阿拉,当地土话,意思是我们。

❹ 这句话的意思是,你当秘书比其他的人要机灵一些。

❺ 照牌,应写成招牌,指的是一个人过去的经历或者得到过的某些标志性的证书、荣誉等等,这些东西成了他可以炫耀的东西。

❻ 原文如此。

1. 修正主义,现金打击。

2. 粪窖并水,土地到户,瓜田到户。

3. 兄弟结婚,大摆酒席。

4. 蚕桑场书记带头偷桑叶,行钞票。

5. 联民大队财务队长,钞票没有弄起来,要求这批钞票弄清爽。

贾维清,你是老会计,难道你不知道吗?帐[账]目没及时公布,把粮食帐[账]彻底要检查,站稳立场。

王继福:还是口头派,在运动当中做一个彻底革命派。

徐杏林、徐维江:你们也知道,站前门来,冯茂才军属,钞票,打要拿去,捞进就算。

扯开支部看真相,阳奉阴违促洋抢;铲除保皇派,坚走革命派。

1966.8.28

下午,揭发

我们支部那些混进党内的走资本主义道路的当权派,企图用剥削阶级的"四旧"——旧思想、旧文化、旧风格、旧习惯来腐蚀我们,拉下水。根据"16条"中,毛主席在八届十中全会上说过:凡是要推翻一个政权,总要先造成舆论,总要先做意识形态方面的工作。革命的阶级是这样,反革命的阶级也是这样。实践证明,毛主席这个论断完全正确,具体列下几方面:

冯茂才:

1. 带头大兴搞迷信活动。至61年那时我见生病,他亲口介绍说周王庙小盲子,实才[在]真灵。我父亲吃药无效,到周王庙问一问,做一做就好,吃上药去就灵,真不可不信,不可全信,我就照此办理。

2. 搞投机,手法高妙。特别61年起,利用小开身份,张富贵搞树调肥粉,搞肉调电丝。私用大队名义买桐油到上海出售高价。粮食随便私用,难道你通过支部委员吗?有些受形势所逼也敷衍了事。首先他做好方案,通一通就算,有人反抗,他就掼纱帽。还说我们大队搞不好,给你们倒反。

3. 瞒报三包面积,不上报,增加供应粮,私分面积地13亩多,田2亩多分到户。却是对我们,在64年,5队的土地不对头。我问他,他说你叫老老实实,自己有数,后来群众起来了,弄清这事情。

4. 敌我不分,汇报不睬。对我反说是否其他实际情况,政治上已犯法。工分、粮食要照顾好。

5. 党管武装问题。从61年开始到现在,没有很好当桩事来抓起来,没有专职搞起来。

毛主席说,帝国主义者如此欺负我们,这是需要认真对付的。我们不但要有强大的正规军,我们还要大办民兵师。这样,在帝国主义侵略我国的时候,就会使他们寸步难行。

6. 不突出政治,下不学习,没有帮助干部,改进缺点,相反宣当干部的场❶。

7. 高于上级干部,公社干部都说他能干,称机动灵活。莽将、军师,不管帐[账],没用场。

---

❶ 原文如此。

8. 借泥水木匠组织起来,企图划自留地。

9. 打击威吓贫农冯见清。

陈世福,去了怕,向他提:

1. 交代皮毛不彻底,采用转移目标。认为所犯错误,支部找,支部清,干部也清。难道金子掉船三个分❶,是支部不清,难道个人做事,支部找?

2. 骄傲自大,认为是上过战争[场],上过考场,立过功劳,受过伤,态度生硬。三句话不对,马上现开销,掼纱帽,那去做❷。开会半途开小差,报复严重。

毛主席说力戒骄傲,这对领导者是一个原则问题,也是保持团结的一个重要条件。就是没有犯过大错误,而且工作有了很大成绩的人,也不要骄傲。

3. 当权,主管[观]继续存在,还没有改掉,例如施农药、抽人出去等。

贾会计:粮食帐[账],你亲手弄,前天讨论你主动弄清,你的还要看我们明浪[朗]不明浪[朗]。这句话有文章,请你在今天向我们大胆揭发,是帮助我。

这场无产阶级文化大革命及"四清"运动,是一场触及人们灵魂的大革命,是痛击资产阶级在意识形态的一切挑战。用无产阶级自己的四新,来改变整个支部的精神面貌,坚决斗垮走资本主义道路的当权派,坚决把"四清"活动搞彻底,保卫党中央,保卫毛主席,坚决彻底做一个革命派。

毛主席说:因为我们是为人民服务的,所以我们如果有缺点,就不怕别人批评指出。不管是什么人,谁向我们指出都行。只要你说得对,我们就改正。你说的办法对人民有好处,我们就照你的办。(《为人民服务》)

毛泽东思想代代相传,代代红,毛主席著作时时学习,时时用。

毛主席说:我们共产党员,无论在什么问题上,一定要能够同群众相结合。如果我们的党员,一生一世坐在房子里不出去,不经风雨,不见世面,这种党员,对于中国人民究竟有什么好处没有呢? 一点好处也没有的,我们不需要这样的人做党员。我们共产党员应该经风雨,见世面:这个风雨就是群众斗争的大风雨,这个世面就是群众斗争的大世面。(《组织起来》)

今后一定听主席的话,按毛主席指示办事。

毛主席说:我们决不能一见成绩就自满自足起来。我们应该抑制自满。时时批评自己的缺点,好比我们为了清洁,为了去掉灰尘,天天要洗脸,天天要扫地一样。(《组织起来》)

1966.9.4

夜里,党员会议上交代

各同志提出宝贵意见如下:

胡少祥提:

1. 对于主要来看,以前管粮食为啥不知道,有怀疑很大。

2. 机站加工社员反映不记账,这个要负责。

---

❶ 意思是,用金子换船,(获利)三个人分。整个句子是说,你们个人犯的错,要个人负责任,不能转移目标,把错误推到支部。

❷ 没有讲几句话,感觉有矛盾,马上对着发火,说干部不做了,你们去做吧。

李叙康提：

1. 特别5、6、7队土地问题,没有做到解决。

2. 机站加工,机站人员特别是你两头拿工资。

3. 生产队对王灌问题的做法较凶一些,因为他讲,要哭起来。

4. 机站加工公布,群众反映只有三分之一。

徐杏林提：

1. 本身业务工作做得不够,分布闸因[应]该在冬季机站人员可以维修,为啥每年三春头抽人做。

2. 在63年在机站做,你生病请假,工分为啥不除掉。

3. 态度不明浪[朗],向他提意见,自提在63年。

陈夫堂提：只要机站加工账弄弄清楚。

1966.9.28

记　　录

毛主席说：在一切工作中,命令主义是错误的,因为他超过群众的觉悟程度,违反了群众的自愿原则,害了急性病。(二段)我们的同志不要以为自己了解了的东西,广大群众也和自己一样都了解了。(三段)群众是否已经了解并且是否愿意行动起来,要到群众中去考察才会知道。如果我们这样做,就可以避免命令主义。

——《全党团结起来,为实现党的任务而斗争》(一九四五年四月二十四日)

我以前所犯的错误,就是不听毛主席这一段话,脱离群众,脱离党群关系。今后决心纠正,再[最]近像并队问题,又要犯急躁,认为搞得慢,不迅速,在别人队后面,是不应该,通过学习,认识到自己不对头。

我在这次运动中,有些地方认为提得太不对头,因为有些事情,我晓得不知道,而不做着,也提了我所犯,不十分满意。我通过。

毛主席说：对于我们,经常地检讨工作,在检讨中推广民主作风,不惧怕批评和自我批评。实行"知无不言,言无不尽","言者无罪,闻者足戒","有则改之,无则加勉"这些中国人民的有益的格言,正是抵抗各种政治灰尘和政治微生物侵蚀我们同志的思想和我们党的肌体的唯一有效的方法。

——《全党团结起来,为实现党的任务而斗争》(一九四五年四月二十四日)

1966.10.10

关于当前生产问题

1. 水稻问题：①水源问题。②插好稻,管好鸡鸭。③选留良种,特别在明年做秧田的田,拔掉杂草或剪掉杂草穗头。④防止病虫害,用好除虫工作。

2. 冬种下种问题：①大小麦在适时下种。②培育好油菜秧,要壮秧,但秧与面积对口,是否缺,如缺,马上采取办法。③花草下种,专桑下黄花菜,种子自力更生,上面没有货。④培育好专桑,削好冬地,大搞积肥运动。⑤抓好蔬菜,发展养猪,饲料也要自力更生为主。⑥抓好秋收试算,评好工,造好方案。

公社召开贫农代表会议

讨论机站加工问题。

1. 人员：暂时有[由]机站人员负责。

2. 财务开支：凡是 5 元以下，经大队行政批准；5 元以上者，通过贫协委员批准。特殊情况发生，按实际支出。

公布：每 10 天一小结，每小队一份。一个月大公布。每月公布并向贫协委员会进行汇报。要求社员一律现交，没有欠账。

3. 开发票问题：要求社员们监督，一定要取，一定要拿。机站应该如数照开，坚决要开给他们，坚决照办。

4. 工作问题：方法上，手续要清楚。要求来加社员加好后，再称给他看一看。不能才[随]便，并关照出门后自己负责。

我们一定要努力活学活用毛泽东思想，抵制资产阶级思想，加速思想革命化。特别要从"老三篇"中吸取力量，遇到困难时想《愚公移山》，有私心杂念时想张思德，在工作中要像白求恩那样精益求精。学一点，用一点，反复学反复用。狠抓落实，将农村人民公社办成毛泽东思想大学校。特别首先要学好"老三篇"，做到天天学，天天用。

通过自学"老三篇"，对照自己在这次运动，到现在认为当了干部，样样做得对人民不利。社员群众，在这次批评这样狠，消极不当干部。对照自己，终是一个社员，整下整不着。对照为人民服务有一段话，"因为我们是为人民服务的，所以，我们如果有缺点，就不怕别人批评指出"。不管是什么人，谁向我们指出都行。只要你说得对，我们就改正。应当相信党、相信群众，提出批评是对，是帮助今后工作少犯错误，是真真做到了对同志之间帮助。我体会学主席著作要经常，时时有空就学。为啥道理？因为人的思想司令部时时变化，特别我的思想私心杂念多，认为这次运动，对照自己问题这么多，并不是小，群众意见大，懊悔来不及。为啥要做出做官当老爷，看成自己全身赤黑，又要想到不当干部种[总]要少犯一些。一心在这次弄清爽后，还是到走生产里。种田也是革命，在生产队改造自己，重新做人。又糊里糊涂看到毛主席在《为人民服务》有一段话：我们的同志在困难的时候，要看到光明，要提高我们的勇气。这样一来，所以提高自己，人家提意见或批评多好，我主要把党当前交给我做的工作做好。但是在工作中有时冷热病，就学习《愚公移山》中有一段话：下定决心，不怕牺牲，排除万难，去争取胜利。有时想想这行工作总管[归]不是熟手。

本身检查：由于以前没有突出政治，所以犯了很多错误，特别在工作上没有真真为人民服务，只在为个人打算。

1966.10.24

联新沈鹤金反映徐杏林

张阿芬做寿材向徐购好几〈根〉木头，钞票是付给徐的。看起来价格很高，是议价。这批木头是徐用油、粮票向木材供销处的陆明亏克扣下来，油票、粮票是陆明亏私人拿去，钞票是付徐杏林。请问徐油票、粮票啥地方来？

1966. 11. 14

大队组织情况

经三次讨论推荐候选人,最后决定:

贫协组织		管理委员组织	
胡少祥	正	王张堂	正
冯生康	副	周福章	副
周彩仙	副	杨六珍	副
沈继松	委员	冯恒兴	副
陈长兴	委员	贾维清	会计
邹松坚	委员	周志华	委员
杨月娟	委员	李尚林	委员
叶文浩	委员	邵左兴	委员
邹子明	委员	贾洪林	委员
		顾秋明	委员
		陈德夫	委员
		周生康	委员
		王宝芬	委员
		李淑梅	委员

1966. 11. 17

出席大队毛泽东思想大学校开学典礼记要[1]

学习毛主席著作:

1. 不学是翻身忘本。

2. 不认真学习革命意志衰退。

3. 不坚决学,是革命逃兵。

4. 学了不用,对党对人民不忠诚。

学习态度:

1. 细心听。

2. 虚心问。

3. 专心记。

4. 细心想。

5. 决心做。

在这夜会议上开展学习,介绍的有下面几位同志:

贾克勤:背毛主席语录63条。

徐培征:背毛主席语录60条。

---

[1] 本书中"记要"与"纪要"有混用现象,属于通用类词汇,不再统一。

革命的书写

—— 一个大队干部的工作笔记

邹金法："讲用"通过了学习体会。

沈秀珍：背"老三边[篇]"中《纪念白求恩》。

贾恰英：背语录79条。

陈小柳：介绍生产队如何开展学习的经验。

周彩仙：背"老三篇"——《为人民服务》《纪念白求恩》《愚公移山》。周彩仙背语录66条。

联民油车港机站10月30号结水费公布　　　　〈单位：元〉

	水费	上交公社	两项合计	多或少
1	176.67	26.22	202.89	−102.89
2	94.21	21.89	116.50	−45.62
3	117.35	21.44	138.79	−28.79
4	116.56	22.35	138.91	−38.91
5	106.49	16.64	123.13	−63.13
6	117.80	20.29	138.09	−58.09
7	46.61	11.85	58.46	−8.46
8	171.58	21.44	193.02	−43.02
9	157.25	30.80	188.15	−38.16
10	170.91	22.57	193.48	−93.48
11	93.64	31.23	124.87	−74.87
12	82.20	20.75	102.95	−42.95
13	177.90	22.75	200.65	−50.65
14	137.79	19.38	157.17	−107.17
20	59.02	7.25	66.27	−16.27
21	67.63	13.20	480.83	−6.77
23	130.73	25.41	156.14	−9.14
24	115.17	20.07	135.24	−35.24

今后任务：

1. 高举毛泽东思想，办好毛泽东思想大学校。

2. 执行政策和策略，要认真对待。

3. 党员一定搞好三大革命运动。

4. 干部要劳动，参加生产，多批评。

党支部大会提出意见：

王宝芬：希望把机站账弄弄清楚。

王张堂：作风不够好，抬杠。接受意见不虚心，有群众讲过，有多少退多少，在机站不安心,要求机站账目弄清楚作一次公布。

陈德夫：主要态度问题,说话要场所,再做一个检查。

冯恒兴：机站加工弄弄清爽。

陈德明：二面讲,今后要改正。放水发现问题要调查清楚。应该注意一下。

王继福：加强党性问题,面子观点比较严重,今后改正。服从分配,他推卸工作。

贾洪林：对机站人员加强领导。

王海章：按虚心,不明浪[朗],认为黑络麻水一样。应该保持分配。对加工问题要细心。

李叙康：态度今后要改,不要和群众争吵,要求今后改过。

胡少祥：态度问题决心要改,机站上弄弄清爽,今后很好工作。

1966.12.1

夜7时,收听县广播,毛泽东思想大学校上课

摘要内容如下：

介绍出席南京军区学习毛主席著作积极分子代表大会报告队的名单,9位同志。

1. 大会的意义,这次大会共开12天。

2. 主要经验：深、高、大、好、多。

总的来说,蔡永祥是毛泽东思想哺育下成〈长〉的,是毛主席的好战士,人民的好子女。蔡永祥主要特点,他处处学习毛主席著作,处处〈热〉爱毛主席思想,处处听毛主席话,处处爱读毛主席的书,处处按毛主席指示办事。他服役后第一处就用了毛主席著作《为人民服务》；新华金笔厂工人陈金浩同志失去双手,他想到没有双手照样为人民服务。他在医院里,叫护士读给他听,他听到了读了白求恩同志：一个人能力有大小,只要有这样的精神,是一个有利的人。他说一定学习毛主席思想,听毛主席的话。他在医院治他没有喊痛,他说头可落,血可流,毛泽东思想不可丢,一定要学习毛主席的书。在困难的时候,叫护士念毛主席语录,听毛主席的教导,练得一身硬骨头。对学习主席更坚持毛主席一个字比泰山要重,句句是真理。他在写不〈成〉字时,又学习著作。毛主席说,我们同志在困难时要看到成绩。终于学完写字,写了毛主席万岁,共产党万岁。他经常习老三篇,完全、彻底二句话。老工人蔡桂珍,49岁,她无限热爱毛主席。她不识字,她划[画]着一个红太阳,这个红太阳就是毛主席。她的出身很苦,受旧社会之苦,她妈妈在21岁死了丈夫,到了娘家很苦,后来他妈生病没有吃,她剪了二块自己身上的肉给了妈妈吃,她妈也不晓得,后来仍旧死了。他流浪出外,受尽千般苦,她想到那[哪]一天见天。只有共产党,才有翻身,有党培育了他的儿,现在参了军,在北京。她到北京见儿子,无限热爱毛主席。她家里挂像换上了毛主席的像,爹亲娘亲不似毛主席的亲。无限学习毛主席著作,听读毛主席的书,千书万书,不似毛主席宝书。她学习老愚公,下定决心,学习叫人读,她"极端"二个字不认识,睡多[都]睡不着,半夜到她的弟媳妇去问弄懂为止,做了很多好事,关心别人。

1966.12.2

夜里,听县毛泽东思想广播大学校听课记要介绍

张洪彬：如何样斗私杂念,把"私"字扫地出门,把"公"字安家落户。他在抢救火灾〈时〉,

壮烈牺牲了了,为了保卫国家财产、人民的利益。

在斗争中学,在斗争中用。这个活学活用毛主席著作。

张红彬,23 岁,出身很苦,他有一个妹妹活活饿死。解放后,翻了身,在 63 年参了军,开始学习毛主席著作。他在部队,多次评为"五好"战士,他处处按照毛主席指示办事,他在困难时候就去看毛主席著作。有人问他,他回答说,一天不吃饭可以,一天不学毛主席著作,好像鱼脱水。

1966.12.10

下午,陈松林同志总结

今后这一段工作任务:

我们以前取得"四清"运动成绩,需要巩固下来,首先要高举毛泽东思想红旗。

1. 大学毛主席著作,把"老三篇"作为座右铭来学,活学活用。各生产队多要办成毛泽东思想大学校,向盐官大队庆丰生产队学习。我们贫下中农要〈把〉工作队的任务接下来,巩固下来。

2. 贫下中农要以[在]党的领导下进行工作,相信群众,发动群众。相信群众首创的精神,一定要斗垮牛鬼蛇神,进行开火。

在 9 号召开会议研究❶:

1. 大队干部报酬问题,有关新支部。

2. 以前大队干部报酬问题。

3. 军属问题,照顾问题。

4. 丝棉问题,分不分问题(老队掼断为止)。

1966.12.12

下午,听介绍

荆山大队介绍机械化经验,由邵同志介绍:

在三大特忙时间总是夺不过来,在今年 3 月份,有[由]省委县委帮助制订一个机械规划。

思想问题:①否认装电灯。②靠国家经济。③机械不让我们使用。

十大害处:

1. 脑子里有私心,毛主席著作用不出。

2. 脑子里有私心,阶级敌人认不清。

3. 脑子里有私心,工作不起劲。

4. 脑子里有私心,集体生产无干劲。

5. 脑子里有私心,群众面前无畏心[威信]。

6. 脑子里有私心,二条道路分不清。

---

❶ 原文如此,此部分可能是补充内容。日记中多出现此类情况,不再一一注解。

7. 脑子里有私心,骄气。

8. 脑子里有私心,政策法令不在心。

9. 脑子里有私心,见了困难不改去。

10. 脑子里有私心,名誉地位都要争。

1966.12.15

上午,机站开学习会

讨论今后如何开展学习问题,结合进行研究加工业务工作问题。

1. 3-6-9❶专业单行学习主席著作,并用主席的话对照总结前段工作。

2. 特殊情况另行召开。

3. 决定机站不脱人,做到轮流制度,10 天一轮,起早也同样。

4. 请假问题,按规定办事。

1966.6.19 检查生产队长自报的实种面积 〈单位:亩〉

队别	早稻	络麻	秧田面积
1	39	26	8.5
2	26	23	6.8
3	35	20	10
4	32	22	10
5	24	16	5.5
6	34	19	7.5
7	17	17	5.25
8	42	22	12
9	45	33	14
10	33	15	10
11	41.5	31	10.5
12	27	18	7
13	42	20	10.5
14	29	16	8
	466.5	298	125.50

---

❶ 每月逢带 3、6、9 的日子。

1966 年度油车港机站全年水费收入情况 〈单位：元〉

队别	上交公社管理	水费	二项合计
1	26.22	176.67	202.39
2	21.89	94.21	116.10
3	21.44	117.35	133.79
4	22.35	116.56	138.91
5	16.64	106.49	123.13
6	20.29	117.80	138.09
7	11.85	46.61	58.46
8	21.44	171.58	193.09
9	30.80	157.25	188.15
10	22.57	170.91	193.48
11	31.23	93.64	124.87
12	20.75	82.20	102.95
13	22.75	177.90	200.65
14	19.38	137.79	157.17
群 20	7.25	59.02	66.27
21	13.20	67.63	80.83
23	25.41	130.73	156.14
24	20.07	115.17	135.24
合计	375.63	2 139.41	2 515.14

摘抄十个想一想

十个想一想：

1. 在大是大非面前,要想一想：谁是我们的敌人？谁是我们的朋友？

2. 个人利益和集体利益发生矛盾的时候,要想一想：全心全意为人民服务。

3. 纪律涣散的时候离要想一想：《反对自由主义》。

4. 受到批评的时候要想一想：有则改之,无则加勉。

5. 有了成绩的时候要想一想：虚心使人进步,骄傲使人落后。

6. 遇到困难的时候要想一想：排除万难,去争取胜利。

7. 工作没有办法的时候要想一想：三个臭皮匠,合成一个诸葛亮。

8. 碰到挫折和失贩[败]的时候要想一想：《愚公移山》《将革命进行到底》。

9. 见到别人有困难的时候要想一想：毫不利己、专门利人精神。

10. 帮助后进同志的时候要想一想：一分为二。

1966.12.18

大队队长以上会议

摘要如下,下午讨论:

1. 一切制度问题。
2. 土地问题。
3. 教师问题。
4. 机站问题。

一切从人民群众的利益出发,全心全意为人民服务。(毛主席关于群众路线的语录十四条)

我们应该谦虚、谨慎、戒骄、戒躁,全心全意为中国人民服务。(《两个中国之命运》一九四五年四月二十三日)

我们这个队伍完全是为着解放人民的,是彻底地为人民的利益工作的。(《为人民服务》一九四四年九月八日)

我们共产党人区别于其他任何政党的又一个显著的标志,就是和最广大的人民群众取得密切的联系,全心全意地为人民服务,一刻也不脱离群众;一切从人民的利益出发,而不是从个人或小集团的利益出发;向人民负责和向党的领导机关负责的一致性;这些就是我们的出发点。(《论联合政府》一九四五年四月二十四日)

共产党人的一切言论行动,必须以合乎最广人民群众的最大利益,为最广大人民群众所拥护为最高标准。(《论联合政府》一九四五年四月二十四日)

白求恩同志毫不利己专门利人的精神,表现在他对工作的极端地负责任,对同〈志〉、对人民的极端的热忱。每个共产党员都要学习他。

我们大家要学习他毫无自私自利之心的精神。从这点出发,就可以变为大有利于人民的人。一个人能力有大小,但只要有这点精神,就是一个高尚的人,一个纯粹的人,一个有道德的人,一个脱离了低级趣味的人,一个有益于人民的人。(《纪念白求恩》(一九三九年十二月二十一日))

鲁迅的〈一〉句诗,"横眉冷对千夫指,俯首甘为孺子牛",应该成为我们的座右铭。"千夫"在这里就是说敌人,对于无论什么凶恶的敌人我们决不屈服。"孺子"在这里就是说无产阶级和人民大从[众]。一切共产党员,一切革命家,一切革命的文艺工作者,都应该学鲁迅的榜样,做无产阶级和人民大众的"牛",鞠躬尽瘁,死而后已。(《在延安文艺座谈会上的讲话》一九四二年五月)

要奋斗就会有牺牲,死人的事是经常发生的。但是我们想到人民的利益,想到大多数人民的痛苦,我们为人民而死,就是死得其所。不过,我们应当尽量地减少那些不必要的牺牲。(《为人民服务》一九四四年九月八日)

人总是要死的,但死的意义有不同。中国古时候有个文学家叫做司马迁的说过:"人固有一死,或重于泰山,或轻于鸿毛。"为人民利益而死,就比泰山还重,替法西斯卖力,替剥削人民和压迫人民的人去死,就比鸿毛还轻。(《为人民服务》一九四四年九月八日)

一个人做点好事并不难,难的是一辈子做好事,不做坏事,一贯地有益于广大群众,一贯地

革 命 的 书 写
——一个大队干部的工作笔记

有益于青年,一贯地有益于革命,艰苦奋斗几十年如一日,这才是最难最难的呵!(《吴玉章同志六十寿辰祝词》一九四〇年一月十五日)

我们一切工作干部,不论职位高低,都是人民的勤务员,我们所做的一切都是为人民服务,我们有些什么不好的东西舍不得丢掉呢?(《一九四五年的任务》一九四四年十二月十五日)

我们的责任,是向人民负责。每句话,每个行动,每项政策,都要适合人民的利益。如果有了错误,定要改正。这就叫向人民负责。(《抗日战争胜利后的时局和我们的方针》一九四五年八月十三日)

共产党人必须随时准备坚持真理,因为任何真理都是符合于人民利益的;共产党人必须随时准备修正错误,因为任何错误都是不符合于人民利益的。(《论联合政府》一九四五年四月二十四日)

以中国最广大人民的最大利益为出发点的中国共产党人,相信自己的事业是完全合乎正义的,不惜牺牲自己个人的一切,随时准备拿出自己的生命去殉我们的事业。难道还有什么不适合人民需要的思想、观点、意见、办法舍不得丢掉吗?难道我们还欢迎任何政治的灰尘、政治的微生物来玷污我们的清洁的面貌和侵蚀我们的健全的肌体吗?无数革命先烈为人民的利益牺牲了他们的生命,使我们每一个活着的人想起他们就心里难过,难过[道]我们还有什么个人利益不能牺牲,还有什么错误不能抛弃吗?(《论联合政府》一九四五年四月二十四日)

努力办好广播,为全中国人民和全世界人民服务。(《为中国广播事业创建二十周年的题词》一九六五年十二月九日)

1967年

1967. 1. 16

记　　录

挑土：陈子兴、陈益环、陈笑丰、陈利丰、祝建龙。

1. 水利系统要突出毛泽东思想，要专职抓政治。

2. 前灌溉40条❶是修正主义、资本主义黑纲领，是抵制毛泽东思想。

3. 我们革命目的是要建立社会主义、共产主义，我们强烈要求，把机电排灌站改为国营站。

4. 彻底清理电管会仓库，逐笔向我们公布。

5. 为了正确合理负担政策，根据国家政策，10瓦以上线路退还给群众。

宋主任代答复一些问题：

1. 水利问题，没有突出政治。提出三个意见：要求学习毛主席学习资料；67年逐步达到每个人一本；151条相［想］办法。

2. 答制定40条，表示同意废掉，同志们提出〈的意见〉很正确，没有突出政治。

3. 对机电化问题，机站体制问题。

4. 彻底清理电灌仓库，张［账］目公布。

5. 机边线问题。

6. 贴损费不合理，还给机站大社。

下午，马县长检查：

他说，我领导水利方面主要有四个方面：对突出政治，以二条道路斗争为纲，认识不够。在政治与业务位置摆差，以业务为主，过去开会讲的是业务，所以在评比上以业务为主，没有看到思想这么样，都不同。另外，不重视对水利上，也就农业没有在政治管好、教育好，没有做好思想工作，造成发生有些好的同志犯了错误，在搞专用物资刺激。

---

❶ 原文如此。

朱秉英检查:

1. 政治:不突出政治工作。

① 政治与业务位置摆差。

② 认为业务好就是政治好。

③ 认为政治是软任务,业务是硬任务。

在制订 40 条中,从头至尾没有提到"三个为纲"❶。

2. 关于执行上级政策问题存在着问题。

3. 关于对下面控制过严,阳奉阴违,没有深入检查,调查在上面。

4. 工作态度作风问题,存在问题很大:①看圈子定条[调]子代替调查研究,代替群众,高高在上。②在物资分配上,采取简单粗暴态度。③关心生活,采取回避制度,认为自己两面。④处理相互关系上"怕"字当头,再[最]好不找上来,推得掉就推,不管顶好。⑤蹲点少,调查少,劳动少,深入群众少。只东溜西溜,认为自己不错,不相信群众,没有认识到群众是主人,想当群众老爷,看不起群众,当阿斗。自己认为是诸葛亮,不信任群众,只教育群众,未接受群众意见。

毛主席说:共产党员决不可自以为是,盛气凌人,以为自己是什么都好,别人是什么都不好,决不可把自己关在小房子里,自吹自擂,称王称霸。

1967.1.28

三星公社造反组织召开批判资产阶级路线猛力开火大会

1. 工作团委帅书记检查,帅正光。

2. 工作团委钱团长检查,钱子兴。

3. 三星党委书记沈长宝检查。

下面揭发:

1. 众安大队。

2. 三星大队。

3. 机关金关林发言。

4. 联农周炳烇。

5. 新星大队发言。

6. 闸口发言。

7. 中兴张福良发言。

8. 联新发言。

9. 联民胡少祥发言。

10. 机关徐夫寿发言。

11. 祝会卞子明发言。

---

❶ 即以粮为纲,以钢为纲,以阶级斗争为纲。

1967. 1. 29

记　　录

继续揭发：

1. 三星大队揭发。

2. 众安大队。

3. 盐官大队。

4. 三里港发言。

5. 中星大队发言。

6. 机关沈兆坤发言。

7. 联农大队发言。

8. 新星大队发言。

下午揭发：

1. 中新张苗良。

2. 联民顾秋明。

3. 城北朱百堂。

4. 学校朱发明。

5. 利民代表发言。

1967. 2. 4

下午,马汉民同志答复问题

1. 机站学习资〈料〉问题。

我们意见,重要的学习资料,公社、生产队有的应该由县发到公社,专发到机站。开支有[由]公社电管所支付,专发到机站。毛主席著作,毛主席语录,还少多少,统计一下。

2. 中央决定治水方针从哪一方去抓,是否要抓。

①把活学毛主席思想为动力推动生产。②以[依]靠群众,发动群众。③在批判旧制度基础上推行新的管理制度,发展新的经验,创造新的管理制度。

3. 广大贫下中农迫切要机械化、电气化,你们泼冷水问题。

①我们坚决支持,我们初步意见。②地方工作,根据现有条件,工业为指导,农业为基础。在这个基础上来实现机械化和电气化,为农村增添设备。③为今后搞好典〈型〉创造条件。④为农业电气化、机械化倡基计划,极力向上级反映,努力争取早实现。

4. 新港塘疏浚问题,新塘河有2个具体问题。新塘河我个人意见要开的。

5. 综合的加工厂,厂如何管理：分系统来管理,按性质主要根据"60条"办事。

6. 农村的建设桥梁问题,县有工交局、水电局,公社由管理所负责施工。

7. 水电局。现在除[滞]纳金不收,并要求水电局出份作废除❶。

8. 根据上级的规定,变机[县级]以上的线路收国家,你为何明目张胆对抗,如何解决？有

---

❶ 原文如此。

具体矛盾的,在运动后期处理。

9. 物资局问题。

1967.2.6

上午,向大队支部顾、王、胡汇报关于倪桥基建问题

当前季节紧、任务重、工作多、时间紧张,这座桥要动,即日施工开始。

具体问题:

1. 资金440〈元〉,人员落实,要求指定专职。

2. 组织分工。

3. 大队支部对水利加强督促并指导。

4. 修建渠道及塘南火力机埠,维修负责问题也要开始。

5. 机械要进行检修。

6. 修建1—2座顶桥,要将这座完成后开始,同时要将架木装回去。

九里桥:

1. 多用机站7包水泥,河沙1吨。

2. 张介木桥问题(2并1)。

倪桥改制建两用桥基本情况:

1. 原有石桥1孔,现改为梁板式两用桥(1孔桥宽度净为6公尺,桥面宽度为1.8公尺)。

2. 该桥材料钢材0.32吨,水泥3吨,黄沙15吨,石子17吨,以上各种物资由交管所安排平衡。本工程预计大块石40吨,由生产队负责购运到工地。

3. 该桥预算总经费1 100元,其中自筹经费40%,440元,待竣工结算多还少补(预交交管所150元)。

1967.3.10

上午,听报告

抓革命、促生产问题。

1. 文化大革命形势。

2. 文化大革命是破"四旧"、立"四新"。

也就是说,苏联没有搞第三线问题,第一政治,第二经济,第三思想。

促生产:大学毛主席著作,武装思想,武装一切做好工作。政治工作放在首要地位,不突出政治,是方向性问题。一定要学习毛主席著作,放在第一位,在67年,向[像]解放军那样学习主席著作。

大破"私"字,大立"公"字,改造世界观问题,狠学"老三篇",改造自己脑里的"私"字。

出席水利会议

和公社范同志接洽多余的奢糠,是照顾红卫兵烧的,现不烧了。经研究出售给没有粮食地区。照顾蚕业需要出发起见,我报了1 000斤。汇报大队由王张堂同志分配各队如下:

东方红200斤,胜利200斤,红旗200斤,向阳200斤,红星200斤,共计1 000斤。1967.3.11发出,记录。

1967. 3. 18

记　　录

抬块石人员〈单位：工分〉：

陈彐兴 10、陈夫堂 10、际明德 10、顾权康 10、贾树生 10、勤海 3、袁宝林 10。

1967. 4. 25

夜，召开研究会议

顾秋明、王张堂、王海章、周生康。

内容如下：

1. 关于今后机站加工问题，决定 5 月 1 日开始旧机站统一管理，加工厂决定负担 3 人：专职 1 人，2 人由机站安排。工资每月 34 元。

2. 上交公社机械折旧费，各负 50%，修理费各负 50% 照算。

1967. 4. 27

上午，讨论今后工作

机站人员学习：

1. 讨论今年预算情况。

2. 讨论今后学习问题，每月三次。

3. 讨论 5 月 1 日集中问题，安排好。

4. 今后工作进展：①维修扫尾，做好一切放水准备。②打扫机房，做清洁工作。③渠道上再进行一次检查。④加强对机站上东西管理好。⑤清理一下机站上物件。⑥分工负责与统一相结合。

1967 年大队作物计划（4 月 26 号到贾会计处去抄的）〈单位：亩〉

队别	早稻面积	双晚面积	络麻面积	合计
东风	71	87	49	207
红星	67	85	42	194
红江	56	68	35	159
立新	64	79	39	182
东方红	60	75	33	168
红旗	43	53	15	111
向阳	70	90	49	209
胜利	70	90	40	200
	501	627	302	1 430

革命的书写
——一个大队干部的工作笔记

1967.5.10

上午,李元林介绍经验

如何样开展抓革命、促生产:

1. 排任务、排季节,任务重、秧矮。
2. 算秧龄,本队分批做每亩秧板,种了 9 亩大田。
3. 向社员讲明理由。
4. 展开学习毛主席著作,社员三七六❶,干部逢会学。

早稻面积,每亩田达到一塘河泥,加粪肥,全队现有 76 头猪。

下午,董部长报告

1. 贫下中农不学是翻身忘本。
2. 学习不用口头革命派。学习毛主席著作是思想上磨刀。

1967.5.12

下午,召开机站委员及放水员会议

摆摆今年的任务:

1. 内容:特点主要是季节紧、要求高、面积足、任务重,同时还需为社员加工。
2. 输水设备差,机站管理水平差。
3. 人员少,要求相互配合。

今后工作意见:

1. 大学主席著作,推动本机站一切工作。
2. 按照制度办事,双方执行灌好,今年的水利工作。
3. 监督机站人员,并检查机站人员执行情况。
4. 启闭闸门板管塞一定要机站人员,坚决反对乱拔或偷拔现象,互助做好这个工作。
5. 放水申请报表,一定要求上一天来报,按照计划放水。种田水随报随放,但是也要按机站上次序具体安排,反对自由主义。
6. 今年收费问题,据予[预]算收 50% 办事。
7. 对公共财产问题一定要爱护管理,如有发现,立即汇报大队或机站,按照放水管理制度处理进行,立即制止。
8. 协助机站在放水季节时,对加工问题向社员说明,按当时实际情况,不能满足要求。

1967.5.14

下午,王张堂传达关于当前的任务

当前生产进入紧张阶段,当前生产决定全年命运。今年任务重、季节紧、要求高,农活集

---

❶ 原文如此。社员群众每逢 3 号、7 号、6 号学习毛主席著作。

中、复杂,为此需要进行讨论研究。生产队办得好坏,决定在生产队务委员一级,也就是说是决定因素。所以需要安排好,在大忙季节更要突出政治,大学毛主席著作。生产好,首先要学习毛主席著作放在首位,突出无产阶级政治,必须"三个带头":

1. 高举毛泽东思想伟大红旗。

2. 突出政治。

3. 队务委员统一思想,互相支援。

①有的认为早稻种得迟一点有得吃。②过联新对口检查他们完成30% 。③有的认为粮食减一点不要紧,吃借粮。有的讲人做天收,有的说,天错脱是不要紧❶。④无组织、无纪律,等于无政府主义,不要领导。⑤连塘早、密的矮脚稻可以稀一点,(4×5×3)8—10 根,(4×5×4)6—8 根❷。⑥工作计划,5 月以前把早熟作物全部收入,胜利菜收一部分。结束蚕叶。种田要求不少80% 。络麻施出肥料,培育一次要抓牢,桑树除草同时抓牢。如果天转晴,突击抢络麻除草、施肥,桑树除出草,突出 3—4 天完成。⑦选种留种问题,经讨论决定留好良种,在今日定下来进行选种。⑧绿萍问题,要求管理好。联新200 斤,现已放了400 亩,预计还可以放400亩。⑨分配问题,比去年有所增加,经济收入突出,粮食幅度不高,信用社还款也要回笼4 000多〈元〉的。

67 年度成立机站管理委员会委员名单:

王张堂、周生康、邵祖兴、张毛江、周富康、沈丙生、章桂松、陈青丰、贾召庭、冯祖山,群海 1人。共计 11 人。

夜,机站学习

1. 学习毛主席语录〈单位:条〉:98,104,128,146,147,148,156,157,169,170,192,207,222,223,228,229,269。

2. 当前工作对照过去一段。

3. 进行小组讨论。

4. 下一步工作意见:①今年任务。②分清情况。③工作措施。

放水问题记录❸

5.29 红旗队顾新庭放水,放得很满,沉轮,结果坍光(大溇老❹)。

5.30 上午正在放到群海,已放 3 小时,他偷拔闸门,损害 3 个生产队。

5.31 红旗队放 2.00〈亩〉,连放 3 次。

7.25 东方红顾书记自放水,先底[低]后高,前放出后放出,放种双晚,串连迟割稻❺。迟

---

❶ 这句话的意思是,由于天气的原因,农时季节错过了,这没有什么关系。

❷ 农民们在插秧时,先用秧田绳把水田拦成一个个长长的格子,每一个农民必须把秧插在格子里。4×5×3 是插秧的规定,意思是每个格子横向插 4 棵秧,每棵秧的横向距离 5 寸,纵向距离 3 寸。"8—10 根"意思是每棵秧包含 8—10 根秧苗。下同。

❸ 此处日期混乱,原文如此。

❹ 大溇老,大溇是一条河的名字,大溇老就是大溇旁边。

❺ 这句的意思是,在向双季晚稻田放水的时候,连带着把水放到了季节较迟的晚稻田中。

革 命 的 书 写
——一个大队干部的工作笔记

割稻不需要,放掉。结果放 4.5 亩,放水 1 小时。徐阿三发现放落河,向他提出,该队社员说,原要放掉点❶。到明日,即 26 号,秧田里没有水,一定要拿只小水泵去抽了 1 天,所以这个小队水费较大。

1967.6.13

出席公社开会

内容如下:上午听批判全县关于资本主义当权派斗争大会。下午在公社礼堂开水利问题〈会议〉,由陈社长、徐武臣同志传达。

徐武臣同志传达,出席县会议精神,内容有:当前文化大革命形势出现了新问题,发现了新情况,正像毛主席所说的,斗争有反复,死不甘心。在两条道路斗争,可能出新问题。他提出有四个方面来避峰❷:①做好拥护工作。②加强用水管理。③修理好渠道。④尽量安排夜间。

1967.6.18

下午 12—15 时,在机站召开各生产队放水员会议

邀请副队长参加。机站提出几点意见和要求:

1. 渠道问题,坍掉如何办?
2. 分组定时轮灌,是否要做?
3. 按时分渠计费,还是大肆满灌?
4. 停 5 个小时电,这样安排是否还有意见?
5. 还是按制度办事,还是大家乱拔乱放?
6. 民主管理,爱护机站财产,对机站人员加强督促,帮助我们机站人员做好工作。

1967.7.8

下午 5 时半,召开广播大会

怎样使用新农械问题。

全公社 33 万斤[亩]水稻,单产 678 斤,粮食施 666 粉,据县预测,杀虫率 50% 以下。

1967〈年〉双抢进度情况表　　　　　〈单位:亩〉

队别		7 月	22	23	24	25	26	27	28	29	30	31	8.1	2	3
东风	收	70	35	35	35	35	/	35	35	35	62	62	70		
	种	88	17	35	40	40	/	40	40	40	45	67	78	88	/
红星	收	74	25	25	25	25	/	49	49	49	49	74	完成		
	种	94	26	31	31	31	/	31	62	62	62	62	82	92	2

---

❶ 原要放掉点,意思是,就是要放掉一些水。

❷ 避峰指避用电高峰。

244

续表

队别		7月	22	23	24	25	26	27	28	29	30	31	8.1	2	3
红江	收	56	25	25	25	25	/	29	39	46	56	56	完成	70	1
	种	71	9	20	25	30	/	37	45	46	51	61	66		
立新	收	64	29	32	32	32	/	32	32	32	62	64	完成	74	7
	种	81	18	25	41	41	/	41	41	41	42	52	62		
东方红	收	50	21	21	21	21	/	29	32.5	32.5	41	58	完成	73	/
	种	73	23	23	23	23	/	30	32.5	35.5	46	56	65		
红旗	收	43	未动	未动	10	20	/	20	20	85	43	43	完成	55	/
	种	55			4	12	/	12	12	12	30	40	50		
向阳	收	70	22	24	24	24	/	24	24	44	57	70	完成	88	2
	种	90	5	15	27	30	/	30	30	30	50	60	80		
胜利	收	70	30	30	30	30	/	30	30	36	44	60	60	73	
	种	86	35	37	37	37	/	37	37	43	53	61	68	73	
合计	收	505	187	192	202	212	/	258	261.5	219.5	414	487	495	495	
	种	638	133	184	228	244	/	258	302.5	319.5	379	459	551	613	

1967.7.27

上午,顾书记报告

关于小水泵抽水问题:原则上先放高地,后从地田。

1. 根据先报先放。

2. 本大队出租,1 元计算,借钱归队。

3. 外大队如借,租费每天 2 元,人工外加。

4. 首先服从抗旱为止[重],后服从需要。

5. 从 7 月 27 号开始实行。

关于机站需管的 2.8[匹]小水泵,经生产队长,讨论定管理办法。

这台小型水泵原则上受机站掌握,统一按[安]排,决不能随便放任自流,无管宿[束]及乱拖现象发生,为了保障有次序地用,经讨论原则如下:

1. 这台抽水机是解决高地无办法地方,不能解决的可以施[使]用这台机器,先放高田地,后放底[低]的,据各队汇报先报先放,后报后放,先急后缓原则,由机站掌握。

2. 关于机械出去折旧问题,据讨论决定,本生产大队内需要,一律计算每日 1 元。如下午出门夜里也抽的统算一天。地雷线 200 尺作为固定,如缺,生产队自己负责去借。租用或折旧统一由生产队负责,机站负责人工。外大队每天 2 元,根据借出这天计算,但是先服从本大队,后解决外大队,不能违反。

3. 结算问题,需计算清楚,上报大队,决不能自收自用,减少铺张浪费,需购东西,实行审批手续。

4. 从 7 月 27 号开始,机站照此执行,如有更动,需向大队汇报。以前各生产队已经借用了,按照这个原则去处理,要实事求是,付一定的折旧费。

5. 爱护机械问题,大队暂定戴正华负责,如有损坏,需追原因,正确对待。

6. 物资登记造册,经过检查,防止浪费掉。

革命的书写
—— 一个大队干部的工作笔记

1967.8.8

摘　抄

本站今年的灌溉情况（大概数）〈单位：亩、方、元〉：

今年到现在 8 月 8 号止，现耗电 9 212 度，面积 3 330.737，出水量 285 571，回收率 154 757 方，占 54%，水费收入 923.52，已开车 518 小时 10 分。去年 8 月 8 号止，9 136 度，面积 2 846.067，出水 283 216 方，回收 179 517，占 63%，水费收入 1 257.84，对比差减少 334.32，开车 499.53 时。

1967.8.21

下午 6 时，出席公社召开的站长、大队长、生产领导小组长会议

主要内容：

单项是为水利问题进行讨论。首先有［由］董德兴同志讲，有［由］陈社长传达旱象情况、县里情况。徐武臣同志补充几点意见。贯彻后进行研究问题，并提出初步意见。

1. 按 65 年平安桥进行翻水来解决。
2. 启海塘闸，放海水来解决。
3. 自己车溇❶，克服困难来解决。

到后来大家不能下决定，到 10 点散会，明日 8 时前汇报公社。

1967.8.27

出席公社会议

关于研究水利问题，内容如下：

1. 有陈社长关于气象预测问题、平安桥翻问题。
2. 同时做好防台抗涝准备。
3. 水文化验负责同志传达关于 25 号 8 时至 26 号 7 时止海水化验情况汇报。24 小〈时〉的变化，高的 8.8‰，底［低］的 1.4‰。在昨天又进行化验，结果同河水一样。还是正在进行化验，据初步确定好［可］灌〈溉〉使用。
4. 陈社长关于治虫问题作贯彻。①28—29 号除虫期作好安排，进行除虫，如果水源困难，可以到 30 号。②在这次除虫中，需做到"安全有效"四个字。防止粗心大意，不能赤膊上阵。例如，新星死去 6 个［只］鸭，联丰鱼荡中毒，郭店也发现。切不能大意，安全第一。③不能依懒［赖］有海水灌，自己解决为主体。④要做到"三个当天"：取、使、还。

---

❶ 溇是遍布于盐官地区的小水潭，车溇指抽溇中的水。

1967.9.18

本站到 9 月 17 号止各队尚少水费 〈单位：元〉

队别	水费	管理费	合计	尚少
东风	55.15	49.79	104.94	27.90
红星	53.83	45.31	99.14	21.66
红江	43.95	38.23	82.18	
立新	61.66	34.46	96.12	10.18
东方红	11.34	32.10	43.44	8.85
红旗	35.31	23.36	58.67	11.78
向阳	18.21	53.81	71.82	
胜利	119.17	43.42	162.59	17.26
勤 10 队	62.91	25.50	88.41	11.09
勤 11 队❶	61.25	30.60	91.85	20.63
〈合计〉	522.58	376.58	899.16	

1967.10.5

上午，汇报公社

石秘书接电。

汇报关于本大队低压网初步规划如下：架设干线一条至倪桥，预计 650 公尺；架设支线 7 条分布各队，预计 5 500 公尺；合计 6 150 公尺。受益面积是 1 968.171〈亩〉。算法是这样的：总土地面积除去自留面积，本想除去专桑，因如果专桑旱年，也要进行抗旱，为此是不除去。另外考虑到这项是初步打算汇报的，略为[微]不确实也可以。

1967 年 9 月底止各生产队尚少水费情况 （10 月 1 日摘抄）〈单位：元〉

队别	尚少水费	管理费	合计	
东风	83.05	49.79	132.84	收 150 元
红星	93.40	45.31	138.71	已收 100 元
红江	56.93	38.23	95.16	已收 100 元
立新	75.07	34.46	109.53	收 100 元
东方红	26.07	32.10	58.17	已收 25 元

---

❶ 勤 10、11 都不是联民大队的生产队，而是隔壁丁桥公社勤海大队的生产队，这两个生产队有时用联民大队机站渠道提供的水。

革 命 的 书 写

——一个大队干部的工作笔记

队别	尚少水费	管理费	合计	
红旗	50.35	23.36	73.71	未收
向阳	34.62	53.81	88.43	收50元
胜利	136.43	43.42	179.85	收
勤10队	24.00	25.50	49.50	收
勤11队	81.88	30.60	112.48	收50元
合计	661.80	376.58	1 038.38	

1967.10.8

记　录

塘南会议内容如下:10.8下午开会。

东风:徐国桢　　红星:李叙康

红江:周福章　　立新:陈进其

东方红:章桂松　红旗:顾余德

向阳:徐维江　　胜利:冯恒兴

王张堂、顾春光。

讨论原则:

1. 出口上南归东方红、向阳;出口过西归红旗15公尺、立新15公尺;出口过东归东风20公尺,其余按照原来各队为单位。

2. 低压网,提存打算。

67年5 000元,68年10 000元,69年10 000万元,70年10 000元,共计35 000元。

1967.10.19

记　录

本机站10.9上午访问张其清同志,塘南这段期内抽水情况如下(30匹头):

从9.29下午开始抽开放立新队;9.30东方红——红旗;10.1红旗队;10.2红江——向阳;10.3红江队;10.4东风队;10.5东风队;10.6东风——胜利;10.7立新——东风;10.8无,停机。

10.9上午来机站,下午回生产队工作。(计10天开出工分124分,戴正华经手)

1967.10.15

联民大队 1967 年塘南大力机抗旱结算表

队别	塘南络麻抗旱		5 匹 25 火力机		代付油〈元〉	合计金额〈元〉
	面积〈亩〉	金额〈元〉	时间〈时〉	金额〈元〉		
东风	26.230	33.57	111.5	22.30	5.93	61.80
红星	22.760	29.13	77	5.40	/	44.53
红江	17.800	22.78	28	5.60	6.86	35.24
立新	10	12.80	13.5	2.70	/	15.50
东方红	20.300	23.57	24	4.80	/	28.37
红旗	7	8.96	/	/	/	8.96
向阳	20.183	25.84	/	/	/	25.84
胜利	14.960	19.15	/	/	/	19.15
合计	139.233	175.80	254	50.80	12.79	239.39

注：此结算表与机站电灌水费无涉,款要交大队,由大队开收据。

以上摘记是在 10 月 15 号到大队抄来的。

1967.10.23

下午,摇索〈子〉●

红江:陈四康、沈大全、邹子达、陈和尚、沈云松、朱见康。计 18 分。

(4:35 歇工,据生产队同歇的)

东方红 4 人到 3 时回去,补贴 12 分。

向阳 4 人到 3 时回去,补贴 12 分。

1967.10.24

24 号抬石人员　　　　　　　　　　　　　　　　〈单位：人、分〉

东风	10	100	东方红	10	100
红星	6	60	红旗	10	100
红江	6	60	向阳	10	100
立新	10	100	胜利	10	100
			合计	72	720

● 索子是很粗的绳。

1967.11.2

1967 年度各生产队水费情况　　　　　　　　　　　　　　　〈单位：元〉

队别	全年总水费	已收水费	尚少或多	公社管理费	结算多或少
东风	205.52	250	余 44.48	49.79	缺 5.31
红星	212.34	200	缺 12.34	45.31	缺 57.65
红江	165.86	200	余 34.14	38.23	缺 4.09
立新	193.40	200	余 6.60	34.46	缺 27.86
东方红	135.84	125	缺 10.84	32.10	缺 42.94
红旗	169.61	100	缺 69.61	23.36	缺 92.97
向阳	146.53	150	余 3.47	53.81	缺 50.34
胜利	260.10	200	缺 60.10	43.42	缺 103.52
勤 10 队	122.47	90	缺 32.47	25.50	缺 57.97
勤 11 队	178.01	130	缺 48.01	30.60	缺 78.61
合计	1 789.68	1 645	余 88.69 缺 233.37	376.58	521.26

1967.11.10

记　　录

根据各生产队讨论决定分配原则是据因地制宜，合理安排，进行民主评定。

出席人员有：周纪衡、邹彐林、朱宝华、邹张根、陈阿康、王祖金、朱张林、张家聚、章桂松、陈明丰、贾六金、冯恒兴、冯再兴。

应分配各队如下：

〈联民各队应分配土地面积〉　　　　　　　　　　　　　　　〈单位：亩〉

队别	公尺	面积	队别	公尺	面积
1	128	1.30	8	100	1.08
2	100	1.08	9	100	1.08
3	80	0.86	10	100	1.08
4	80	0.86	11	80	0.86
5	80	0.86	12	70	0.76
6	100	1.08	13	70	0.76
7	40	0.43	14	70	0.76
小计	608	6.47	小计	590	6.38

共计 1 198 公尺，折面积 12.85。

东风队到临平装石 3 人,40 分;王张堂负责扒坝;王张堂扛到 10 队;塘南放水少开 40 分。

记　　录

1967 年度大体天气摘要:本年度旱象很严重,从 6 月 20 号(即初六)起至 11 月 8 号夜落雨。

连放 2 次海水解决困难。

1967.11.26

夜里,听 6546 部队张同志报告

不学著作,翻身忘本,学了不用,对党不忠实。

1. 完全、彻底为人民服务观点。

2. 正确对待生死的观点。

3. 认识批评与自我批评观点。

4. 团结友爱的观点。

5. 完全彻底衡量自己。

第二个形象:

白求恩同志:

1. 毫不利己,专门利人。世界上四大名医❶。

2. 对工作、对同志极端热忱。

3. 国际主义、共产主义精神。

第三个形象:

1. 革命雄心壮志。

2. 高度的群众观点。

3. 人民必胜,敌人必败。

1967.11.28

上午,各公社小组听介绍

学习前的思想问题:

1. 认为机站工作主要业务。

2. 时间太长。

3. 经济问题。

4. 形势不明确。

学习后通过体为[会]解决了以上不正确的看法,认清当前形势,思想很大转变。

讨论题:

1. 你认识到"私"字有哪些害处,"公"字有哪些好处?

2. 以"老三篇"为座右铭,你有哪些"私"字?

---

❶　原文如此。

3. 如何与[以]斗私批修为纲,掀起革命大批判,实行革命大联合,促进革命三结合?

谭家埭:

1. 毛主席说:水利是农业生产命脉。国家投资 4 万元。

2. 原有水闸流量 20 个。

3. 原有支港 9 条,流通确[扩]大受益面积。

4. 应当发挥海水作用,减轻负担,涝旱作用。

5. 开工程目的,摆脱上塘河旱涝灾害。

引水河主要引海水,受益 8 个公社,面积 106 000 亩土地,长达有 6 000 公尺左右。要求底 4 公尺,比例 1 比 1 分;总土方 153 593 方土(包括杂工);净河道 134 193 方土(杂工不计在内)。拆掉平房 2 间、楼 3 间、草屋 7 间,拆修桥 17 座,需投放劳力 10 万多个。损失桑树 5 000 多枝,压掉春花 170—180 亩。

施工计划打算:

1. 计划上塘民工 12 000 名,安排天数 8.5 天,平均 12.5 方每人。

2. 动工时间:7 号封坝,11 号报到,12 号开工,19 号完成,20〈号〉扫尾。

三星公社:土方 4 812 方,长度 284 尺。地点:大荆场后头。

平安桥——吊桥 4 公尺;吊桥——大东门桥 3 公尺;大东门桥——油车港 2.5 尺;油车港——丁桥 2 尺。

1967.12.5

在公社召开水利会议

沈书记:谈今年的水利任务重,据全县来说是第三位,第一任务重。王店东马王塘桥至碶石这条河是严重[峻]任务。

工程组:朱有根、张阿方、刘云仙、徐汉忠、周生康、江进康、伍建清、江金法。

后勤组:周正华、徐惠康、徐才华、杜生龙、张阿仙、施庆宝。

按 1967 年交公粮面积〈计算应负土方〉 〈单位:亩、方〉

	田	地	专桑	合计	应负土方
联民	603	554	606	1 763	9 268
联农	506	577	454	1 537	8 080
联新	409	573	412	1 394	7 328
联丰	733	714	403	1 850	9 725
中心	427	710	307	1 444	7 591
新星	1 092	863	685	2 640	13 878
盐官		953	276	1 229	661
三星	250	700	255	1 205	6 335

	田	地	专桑	合计	应负土方
众安	513	309	300	1 122	5 898
城北	569	358	333	1 260	6 624
利民	578	273	334	1 185	6 229
闸口	408	234	175	817	4 295
蚕桑场			600	600	3 154
				18 046	944 467
	折 5 257 方				94 883

讨论：

1. 堆土及开掉问题,每亩多 100 斤。

2. 竹园问题,贴 70 工,稀的打 60%。

3. 4 点半歇工,11 点吃饭,12 点动〈工〉,14 时休息。

1967.12.10

新塘河抽水人员

11 号　戴正华

12 号　戴正华、胡子祥、顾权康(拖线工作)

13 号　戴正华、胡子祥、顾权康(外加 4 人借线 40,信康、邹根如、朱见康、邹丙生)

14 号　戴正华、胡子祥、邹根如、羊仲明、顾权康

15 号　戴正华、胡子祥、邹根如

16 号　戴正华、胡子祥、邹根如、王张堂 抽水打坝
　　　加上：袁荣荣、陈树丰

17 号　戴正华、胡子祥
　　　加上：袁荣荣、陈桂松

18 号　戴正华、胡子祥、陈树丰、袁荣荣

19 号　戴正华、胡子祥、陈树丰、袁荣荣

20 号　戴正华、胡子祥

21 号　戴正华、胡子祥(每天 10 分)

22 号　戴正华、胡子祥

在 12 月 22 号汇报公社,折合 54 天。

1967.12.31

记　　录

叶彐康,年纪大,不休息,质量高,扒坡。

贾阿二,15 岁,下脚下水。

徐金仙、张美华二位妇〈女〉,通过,装满挑。

沈永和,青年团带头下定决心,不怕牺牲,带动全队青年进度很快。

红旗队为了提前〈完成〉任务,出工早,下工迟,吃饭迟,歇工迟。

1968年

1968.1.1

记　　录

油车港开始抽水。联民 3 人:周生康、胡子祥、戴正华。2 号起联民—联新对抽人员至 7 号止。

1 月份工作摘要

8 号开始基建,河坡挑土:戴正华 10、周生康 10、胡子祥 10、江志成 20、贾六金 10、贾仁夫 6、徐祥先 6❶。

9 号清底工作挑土:戴正华 10、周生康 10、胡子祥 10、江志成 10。

10 号到盐官装水管、水泥等工作:戴正华 10、周生康 10、胡子祥 10、江志成 10。

11 号开始重修火力机埠工作:戴正华 10、周生康 10、胡子祥 10、江志成 10。

12 号打椿及落底坡工作:戴正华 10、胡子祥 10、江志成 10、周生康 10、邹子明 10、胡方方 6、陈德荣 10。

13 号做火力机河坡工作:周生康 10、戴正华 10、胡才方 10、章永堂 10、邹子明 10。

14 号机站挖底挑土:周生康 13、戴正华 13、章永堂 13、胡子祥 13、邹子明 13。

15 号浇底脚:周生康 10、戴正华 10、章永堂 10、邹子明 10、胡子祥 10。

16 号底挑土:胡子祥 10、戴正华 10、周生康 10、章永堂 10、邹子明 10。

17 号摆底面(开始):戴正华 10、周生康 10、胡子祥 10、江志成 10、章桂松 10、邹子明 4、邹子浩 6、章永堂 10。

18 号上午挑石摆河坡,下午 3 人摆南面坡:徐阿三 4、贾六金 4、陈德夫 4、章永堂 4、戴正会 4、周生康 10、胡子祥 10、江志成 10、邹子浩 4。

19 号沟逢下坡:周生康休息,王张堂 6、江志成 10、胡子祥 10、戴正华 10。

20 号砌北侧石坡:江志成 10、胡子祥 10、陈德夫 10、章永堂 10、邹子浩 10。

21 号沏[砌]北侧石坡:江志成 10、胡子祥 10、陈德夫 10、章永堂 10、邹子浩 10。

22 号沏[砌]北侧石坡:江志成 10、胡子祥 10、陈德夫 10、章永堂 7、邹子浩 10。

---

❶　此处数字为工分,下同。

23 号挑河沙浇平台(到东风桥):江志成 10、胡子祥 10、陈德夫 10、章永堂 10、邹子浩 10。

24 号浇明沟插竹连:江志成 10、胡子祥 10、陈德夫 10、章永堂 10、邹子浩 10(在这天塘南石头抬掉,东风桥抬去,大队专通知)。

25 号插竹连:陈德泉 10、章永堂 10、邹子浩 10。

26 号插竹连,到盐官装水泥:章永堂 10、江志成 10、戴正华 10。

1968.2.24

向顾、王书面汇报

叫顾其荣去。大队开队务委员以上会议,内容如下:

1. 关于修理机站河坡问题基本完成,化[花]费 122.27〈元〉,塘南火力机埠不在内,今后如何办。

2. 机站问题。管理问题,机械问题,如何分工管理。希决定交机站人员执行,否则放任自流。

3. 渠道问题。据 67 年度灌溉情况,需要大修理,我在去年早汇报过你们。今后把这工作可以列入一项工作来抓,否则影响灌溉。

4. 急需大修的有塘南干渠、机站落北❶一条。总的凡是支渠普遍大修一次,作出决定。

2 月份

工 作 记 要

1 号上午在机站,下午在家。年初三。

2 号上午在机站,下午在家。年初四。

3 号上午在机站,下午在家。年初五。

4 号上午到机站后到街,下午在家。年初六。

5 号上午到机站一走,下午在家。年初七。

6 号在机站,公社月底公布送到大队。年初八。

7 号上午和江志成商量做闸门,渠道走一走,下午到东片走一趟。年初九。

8 号上午和胡子祥挑坍泥。下午我一人挑 1 时半到南松山伯去,胡子祥不来。初十。

9 号吃酒,志华。十一。

10 号吃酒。十二。

11 号在机站。十三。

12 号在机站。十四。

13 号在机站。十五。

14 号踏雪,上午到大队,下午在家里。十六。

15 号上午到盐官购大麦,下午在机站。十七。

16 号在机站到盐官。十八。

17 号王六彩处吃喜酒。十九。

---

❶ 落北就是向北面。

18 号吃喜酒。二十。

19 号在机站,下午在塘河边。二十一。

20 号在机站,下午在塘河边。二十二。

21 号在机站,下午在塘河边。二十三。

22 号在机站,下午在塘河边。二十四。

23 号在机站,下午在塘河边。二十五。

24 号在机站,下午在塘河边。二十六。

25 号出席公社抓革命促生产会议。二十七。

26 号出席公社抓革命促生产会议。二十八。

27 号出席公社抓革命促生产会议。二十九。

28 号出席公社抓革命促生产会议。二月初一。

29 号出席公社抓革命促生产会议。二月初二。

3 月份

工 作 摘 要

1 号到盐官购物,机站和戴正华。初三。

2 号下午到盐官看外甥毛病。

3 号外甥病死。

4 号到盐官装冲板。

5 号在干渠道修,插补(树条)。

6 号到盐官挑水泥管 20 只,寄出❶。

7 号机站召开管理委员会会议,在下午。

8 号沏[砌]小口闸。

9 号沏[砌]小口闸。

10 号沏[砌]小口闸。

11 号沏[砌]小口闸。

12 号沏[砌]小口闸。

13 号沏[砌]小口闸。

基 建 工 记 账❷

3 月 3 号到戴正华处挑砖头:章默兴 10、章桂松 10、冯奎涛 10、陈乔生 10。江志成到盐官冲板(7 点多回转)。

3 月 4 号到盐官装板:江志成 10。

3 月 7 日开始做闸门板:江志成 10;周和尚讲分节闸问题,4 只管;立新队,10 只;东风队,4 只,23 公分。

---

❶ 寄出指暂时放在别人处。

❷ 单位为"分"。

机站基建维修开始。

3 月 8 号做闸门:江志成 10、沈国良 10。

9 号扛河沙,做闸门板:徐林浩 10、贾仁甫 10、徐国荣 10、江志成 10、沈国良 10。

10 号做小口闸等(毛 2 只):徐林浩 10、贾仁甫 10、徐国荣 10、江志成 10、陈乔生 10、冯见清 10、陈清丰 10(下午 2 点半落雨歇工)。

11 号沏[砌]小口闸等(毛累计 3 只):江志成 5、陈清丰 10、贾仁甫 10、徐林浩 10。

12 号沏[砌]小口闸工作:江志成 10、陈清丰 10、贾仁夫 10、徐国荣 10、徐林浩 10、陈乔生 10、冯见清 4。

13 号沏[砌]小口闸工作:江志成 10、陈清丰 10、贾仁夫 10、徐林浩 10、陈乔生 10、陈德夫 10、徐国荣 10。

14 号沏[砌]小口闸:江志成 10、陈清风 10、贾仁义 10、陈德夫 10、陈乔生 10(沈国良头 1 天修船)。

15 号做闸门板人员:江志成 10、邹春林 10。修船:沈国良 10、红旗 2 队陈树丰 10、顾权康 10。修分节闸人员:邹才康 6、陈夫堂 10、陈德夫 10、陈乔生 10、贾仁义 10、徐林浩 6、陈清丰 10。

16 号做闸门板人员:江志成 10、邹春林 10。修船:沈国良 10、红旗 2 人陈树丰 10、顾权康 10。修倪桥东闸人员:陈德夫 4、张汉江 10、袁宝林 6、徐林浩 10、王友松 10、陈清丰 10。

17 号做闸门板:江志成 4、邹春林 4。修船:沈国良 10、陈清丰 10。到盐〈官〉,顾权康 10,至盐官冲板,章永堂 6、李大毛 4,工作三人到盐官冲船板。江志成下午大队开会。

18 号做闸门板:江志成 10、邹春林 10。修船:沈国良 10、陈清丰 10、章永堂 10。

19 号做闸门板:江志成 10、邹春林 10。修船:沈国良 10、沈国良弟 10。

20 号做闸门板:江志成 19、邹春林 10。修船:沈国良 10、弟弟 10。

21 号做防护栏人员:江志成 10、邹春林 10。

22 号做防护栏人员:江志成 10、邹春林 10。

23 号做管塞人员:江志成 10、邹春林 10。修船人员:沈国良 10。

24 号做管塞人员:江志成 10、邹春林 10。修船:沈国良 10、弟阿五下午 6;下午又抽 1 人到盐官挑油灰。

25 号修船人员(打麻板、嵌油灰):江志在 10、沈国良 10、陈双世 10、邹彐文 10。

26 号修船人员:江志成 10、沈国良 10、沈阿六 10、陈双升 10、邹彐文 10、邹张根 10。

27 号修船人员:江志成 10、沈国良 10、沈阿六 10、陈双升 10、邹彐文 10、邹张根 10。

28 号修船人员:江志成 10、沈国良 10、沈阿六 10、陈双升 10、邹彐文 10、邹张根 10。

29 号修船人员:江志成 10、沈国良 10、沈阿六 4,这天有[由]戴正华下午来装换配电板。

30 号修船人员:江志成 10、邹张根 10。

31 号洗水闸、门板油工作:江志成 10。

周介河北过西 35〈米〉,落北 50〈米〉,有紧口;张文宝后头过西 40〈米〉,落北 48〈米〉,无紧口。

联民大队 4 月 1 日去问:收到公社误工票只有三张。戴正华量塘河,周生康量塘河,保健员 2 人。27 号开塘河 27 天,周生康等 54 天。

1968.3.7

<h2 style="text-align:center">第一次召开机站管理委员会议（时间半天）</h2>

内容如下：

总结 67 年度灌溉情况：

1. 关于历年来无有这样的灾旱[害]，取得丰收，特别是水稻一项较大。

2. 全年耗电量及开支情况。

3. 丰收来源，归根结底靠毛泽东思想武装头脑，通过这次史无前例〈的〉文化大革命，奋发起来的革命敢群[干劲]，实际用到生产上去。

4. 在 67 年度，虽〈然〉取得一些成绩，但是还〈有〉不少的缺点：①由于机站人员学习毛泽东思想不够，缺乏认识，错误地实行大民主，放任自流，对集体不负责任，造成输水设备损失比以往多。闸门板偷掉、搞破，共有 18 块。连紧口多[都]搞掉。②民主管理不够。③加强教育宣传不够。④对生产队缺乏联系。

今后任务：

68 年的灌溉初步计划意见，希各管理委员认真进行讨论定案。

1. 输水维修问题：①干、支、毛立即修理好，要求灌水畅通。②整修好闸门板、分节闸等。③机械维修好，配好零件等。④排好落田管，做好滴水池。⑤公共财产人人负责，划段负责。⑥机船及塘南火力机问题。

2. 经济问题：①目前透支。②如何办。

3. 人员问题：讨论决定。

4. 当前任务：①进行春花抗旱。②维修开始工作。

讨论纪要：

1. 渠道，立即开始动工，要求大队大力支持。

2. 落雨不要抗，不落雨一定要抗。

3. 机站与加工厂隔开，再不要混合。

4. 分节闸分队分人负责。干渠上管理，支渠放水员管理。

5. 机船决定修理，钞票大队取。

6. 人员处理问题，与去年一样，由你们进行分工。报酬问题，按照四联其他机站人员一样处理，结算按 66 年以前办法，全灌区结算标准。

7. 放水员问题：回去商量决定，汇报机站，要求要固定下来。

参加会议人员有：东风徐国桢，红江陈河康，红星张毛东，立新沈丙生，胜利冯恒兴代，外加贾维清。

1968.3.9

<h2 style="text-align:center">记　　录</h2>

在渠道上，倪桥西、新坟东中，我在收树条，王队长东风队回来。

在这时间，向他汇报如下情况：

1. 汇报 7 号管理委员讨论几件工作,首先主要大修渠道,到东风队这条最要紧,其他同样要修。

2. 抗旱问题,大家讨论一下,最后如果下雨不抗,不下雨首先抗立新[在立新抗]。沈丙生说回去再商量一下,渠道没有修好,回去讨论再来汇报。

3. 机船决定要修,已开始叫沈国良,他已答应,明日开始。

4. 维修工作,今日开始。抽人员有东风 1 人、红星 1 人、立新 2 人、东方红 2 人、胜利 1 人、红旗 1 人、向阳 2 队,共计 10 人。

5. 工作步骤:①抬运材料。②彻[砌]小口闸门做闸门板。③修机船。

1968.3.26

记　　录

中午,顾秋明来叫我去,为了机站落北这条支渠问题。有王张堂、陈建民、陈清丰、陈进其参加的,解决问题如下:

1. 决定这条春头小做,补去年要漏的地方修好,低的地方补好,到冬季下定决心好好交大做❶。填平挖土,符合质量,一定做好。

2. 王张堂同志说今年凡是啥人队放水时发生伴❷、漏等,由所属做的队立即修好,不拖延。

3. 对现有的春花双方爱护。因为今年看起来很有问题,互助照顾,尽量避免,减少损失。

1968.3.27

记　　录

下午,叫我到南面火力机埠参加会议,听取讨论决定,主要是为塘南渠道问题。

最后讨论决定如下:

1. 大家一致决定一次做好做足,按照标准办事。

2. 原来 3、4 队所做的地段,东面由自己红星队做,西面有[由]向阳、东风、红旗、东方红 4 个队〈做〉,上南❸有[由]立新、胜利〈做〉。红江队因自己任务重,负责自己的任务(详细分是讲椿号。向阳 1 个半,东风 1 个半,红旗 1 个,东方红 1 个,上南地段是立新 1 个半,胜利半个,东面地段归红星)。

3. 挑土地段有[由]原红星队队长邹伏元指定地点挑。今后再开工挑,有[由]今日到会人员参加负责,不能随便乱挑。

4. 顾秋明、王张堂同志也参加决定的,会议后统一执行。

4 月份

工 作 摘 要

1 号塘南渠道上放样工作。

---

❶ 好好交大做,当地土话,意思是好好地大干一场,这里指大规模地把渠道修好。

❷ 伴,指渠道放水时水溢出来。

❸ 上南,当地土话,当地人以这样的方式讲四个方面的延伸,即上南、落北、过东、过西。

2 号塘南渠道上放样工作。

3 号塘南渠道上放样工作。

4 号修五河渡桥漏处工作。

5 号修五河渡桥漏处工作。

6 号开始放双早秧田水,胜利队。

7 号开始放双早秧田水,胜利队。

8 号开始放双早秧田水,胜利队。

9 号开始放双早秧田水,胜利队。

10 开始放双早秧田水,胜利队。

11 号出席公社会议,上午听朱张铭报告,下午听生产队长。

12 号章永堂、胡子祥和我到盐官装瓦,每人 1 天。

13 号胡子祥挑瓦到机站,章永堂小队落谷❶勿来。

14 号章永堂 1 天、张汉江和姓冯的 2 人上午扛水泥,只上半天。

15 号自己一个维修机站出口分水糟[槽]。

17 号参加四联片毛泽东思想学习班。

18 号参加四联片毛泽东思想学习班。

19 号参加四联片毛泽东思想学习班。

20 号上午在大队协助宣传活动,下午在机站。

21 号放秧田水。

22 号上午放水,下午在机站开会。

23 号在机站工作。

24 号在机站工作。

25 号在机站工作。

26 号在机站工作。

27 号在机站工作。

28 号在机站工作。

29 号在机站工作。

30 号到公社报账开会。

1967 年度上交公社管理费,各生产折旧费　　　　　　〈单位:亩、元〉

队别	面积	应负
东风	211	49.79
红星	192	45.31
红江	162	38.23
立新	146	34.46

---

❶　落谷,谷子下种。

革命的书写

——一个大队干部的工作笔记

队别	面积	应负
东方红	136	32.10
红旗	99	23.36
向阳	228	53.81
胜利	184	43.42
勤10		25.50
勤11		30.60
合计	1 358	376.58

联民大队各生产队生产计划表

队别	蚕张〈张〉		早稻〈亩〉	秧田〈亩〉	种谷〈斤〉	络麻〈担〉
	1967年	1968年				
东风	34	27	73	16.60	2 500	49
红江	30	26	55	11.50	1 700	36
红星	30	30	70	16.50	2 000	42
立新	38	32	64	15.00	2 280	39
东方红						
红旗						
向阳						
胜利						

歪风邪气九种：

1. 买卖婚姻，才红❶，购毛货，摆酒20桌以下[上]，最多的用9人厨师。

2. 封建迷信活动，念佛、送更[羹]饭等。

3. 投机贩卖。

4. 赌博也出现。

5. 翻坟，掘斗。

6. 拔椿〈管〉。

7. 生产无计划，为经济收入。

8. 分配少留或者不留积累。

9. 干部无肩格[胛]❷，处理问题推大队。

---

❶ 才红，又称传红，当地土话，意思是送彩礼。

❷ 无肩格[胛]，当地土话，意思是不负责任，不挑担子。

1968.4.19

1968 年各队落实面积

〈单位:亩〉

队别	集体可耕面积	专桑面积	络麻面积	早稻面积	秧田面积	花草面积	大小麦面积	油菜面积	蚕豆面积
东风	168.684	69.95	49	73	17	18	88	54	21
红星	269.047	87.472	42	70	18	15	78	58	20
红江	204.345	56.556	36	55	14	12	64	39	18
立新	218.663	78.330	39	64	15	10	62	38	17
东方红	188.418	56.185	35	60	12	15	57	35	15
红旗	178.044	93.177	15	48	9		37	24	16
向阳	296.213	88.410	49	70	18	15	92	55	24
胜利	244.605	76.393	40	69	17	15	74	47	19
合计	1768.020	606.473	305	509	120	100	552	340	150

1968.4.22

记　　录

下午,由王张堂和顾秋明二位同志前来机站召开机站人员会议,贯彻如下内容:

首先有[由]王张堂同志传达摘要:

1. 总结 67 年度一年来对水利方面成绩和体会,及还存在不够的地方。

(1) 由于 67 年通过文化大革命,为大学主席著作,特[突]出毛泽东思想武装,在 67〈年〉度,粮食取得丰收,这是毛泽东思想胜利。

(2) 由于机站人员努力做到勤俭办社、勤俭办一切事业,减低开支,去年的水费比任何一年低,得到社员的好评。

(3) 机站人员对机械保养还是好的,全年不出事故,达到安全运转,这是毛泽东思想武装头脑的结果。

存在问题:

(1) 互助关心做得不够。财务问题,执行制度不严格。

(2) 同时一些问题没有通过一定手续。

(3) 机站人员思想不安心在机站,认为机站是临时性,用得着在机站,用不着一跌脚❶,没有安心落户。

2. 68 年度的工作打算。

(1) 从现在来看,比去年要做得好一些。情况是不断地变化,农业形势越来越好,农业学大寨的形势不可阻挡。学大寨深入群众,机站正在进行烦[繁]忙阶段。68 年如何灌溉好,做到社

---

❶　当地土话,意思是用不着就不做了。

员满意？在这方面还需要做很多细微的工作,对人员要落实;放水做好轮灌,分次序进行;对机站人员轮息[休]问题,一定要安排好,保养身体也是要紧的,特别对老周身体方面相互照顾,在特殊情况下实行请假制度;〈水〉费计算问题,造出预算进行研究,通过机站管理委员会后进行收费。

(2)机站人员报酬意见。不少与[于]去年。有些问题大队可以安排,不使机站人员减少收入。今后大队在去年的基础上进一步研究对〈机〉站人员生活问题,照顾好。

(3)对加工厂处理问题。①从5月1日起实〈行〉各归各,机站与加工不管,不像去年那样。②对机械新旧问题。凡是抽水期间折旧费及修理费按照对折50%计算。结束灌溉后经交接手续,全部归加工厂负责。③对损坏问题。如果超负荷烧掉的,啥人家用,啥人家赔,如果不超负荷特殊损坏者,按照50%负担。④人员问题。加工厂需要我们一人,如果德民同意,大队同意,可以留存在厂工作,不同意者可以抽换,另外抽一人到加工厂工作。⑤财务问题。由于去年在财务方面,主要还是我为主,对执行问题,首先不按制度办事,在68年一定要按制度办事,决不违反,互助督促。

(4)机站人员学习问题,一定要学。①首先政治第一位,用毛泽东思想统帅一切工作。②机站也要办学习班。③建立学习制度。

顾秋明同志传达摘要:

1. 他表示在67年度对机站领导不够,做得比较差,没有做到处处为站打算或安排一系列工作等,今后改正。

2. 68年度根据67年度更加好一点,水利直接为农业生产服务。

3. 财务制度执行,检查工作做得不够,很差。

4. 人员问题,须商量定案。

报酬问题,去年确实低的,在今年是否算工分制,大家商量一下。

周生康根据以上二位同志意见,补充几点如下:

1. 表示两同志对机站67年成绩总结过高,但是这些成绩归根到底是我们伟大毛泽东思想武装结果,多[另]一方面和大队支部支持是分不开的等等。

2. 找出本机站尚存在问题。

3. 提出68年工作意见和收费草案。

4. 要求大队支部在68年对机站加强领导,及时向机站人员提出问题、改进意见。

5. 对公共财产、输水设备管理工作,要求大队每次召开会议时宣传爱护。

6. 塘南火力机埠人员落〈实〉问题,要求及时解决。

7. 渠道问题,要求协助各生产队立即修好。

开展讨论记录:

1. 人员落实问题。

①戴正华因造屋,本人要求在5月1号来机站。②塘南火力机手决定徐阿三负责,如忙时他们亲自出动,管理由机站来管。③徐德毛同志准备抽回。

2. 对于人员报酬问题。

①机站人员提三种处理意见。这三种意见根据68年3月7日管理委员会提出的,作他参

考。②书记发表〈意见〉,〈人员报酬〉按工分补贴,管[归]大队〈负责〉。③最后暂决定每月30元,今后参照公社水利部分,统一处理。补贴问题,今后大队再进行研究。

3. 68年收费问题。

①机站将情况进行汇报。②决定按去年方案夏收予[预]收50%。

4. 财务问题。

①开支一定经过一定手续,坚决不能违反。②继续开展勤俭办站,节约不必要的开支。③审批制度,严格掌握。④不能随便借支,做到先紧后宽。⑤实行有事请假制度。

5. 学习问题。

①公社决定每月二次。②机站决定每一星期一次,星期日。特殊会议另行处理。③在学习〈时〉要求〈做〉到五个坚持。

6. 各人表示态度。

戴正华讲:①确定月底前来报到集中。②按照讨论执行没有意见。

徐德民讲:①表示二位同志今日来开会,对机站人员重视,这样做是好的。②表示去年工作做得不够,有些地方不负责。③我认[任]机站工作不长,要叫我来,不要走,所以抱不安心态度。④要抽回没有意见,不过今后抽上来的人也活落[络],到灌溉结束,如要调他去,还是我回农业生产。另外我没有什么意见。

今年全灌区面积对比 〈单位:亩〉

	早晚络麻面积				早晚络麻面积		
东风	67年	207	68年	212	东方红	67年	168	68年	167
红星	67年	194	68年	200	红旗	67年	111	68年	120
红江	67年	159	68年	160	向阳	67年	209	68年	207
立新	67年	182	68年	182	胜利	67年	200	68年	195
					合计	67年	1 430	68年	1 443

1967年度计划与实用对比纪要 〈单位:元〉

	〈计划〉	〈实用〉
电费	504.00	850.30
设备维修	140.00	285.51
机械维修	118.31	51.63
管理费	43.20	36.69
杂项其他	50.00	280.14
川旅补贴	10.00	15.92
油燃料	100.00	
夏令药品	4.00	0.46
上塘翻头	152.70	

续表

	〈计划〉	〈实用〉
人员报酬	900.00	689.00
小计	2 022.21	
折旧费	187.68	187.68
管理费	132.31	149.44
小计	319.99	
两项合计	2 342.20	2 546.77

据初步决定,68 年度按照 67 年度预算在夏收回收 50%,各队应交数如下:

东风 171.13 元;红星 160.24 元;红江 131.52 元;立新 146.09 元;东方红 135.27 元;红旗 90.76 元;向阳 175.05 元;胜利 163.87 元;合计 1 173.93 元。

横河渡桥:垮[跨]河 12 公尺,加 2 公尺,共需要 14 公尺。

1968.5.2

出席大队召开支部委员及管理委员会议

首先有[由]顾秋明同志报告:

1. 谈谈当前形势情况。

①大办毛泽东思想学习班。②狠抓革命,搞好大联合。③全面开展学大寨。

2. 在今日要进行研究的问题。

①对 68 年春花分配问题。②审查各项制度问题。③机站人员问题及塘南渠道问题。④大队本身问题,大队干部问题。

下午,展开讨论摘要如下:

1. 对分配问题。工分问题统一由 4 月底照结。现在马上开始清账理财,核对社员账目。10 号上来学习,生产队里估好产,做好一切准备。要求 5 月 15 号前全大队造好。

2. 对机站问题。

①人员决定 2 人:机手、站长固定全年。塘南火力机当时抽上徐阿三上来,由大队负责抽上。今年决定 2 人,到农忙时临时再抽放水员。总的看情况,决定徐德毛加工厂不抽回来,仍旧在加工厂,机站艰苦些有算❶。②对于报酬问题,再后讨论决定,净每月 30 元,休息按照规定,实行请假制度。③最大,对戴正华问题很大,特别对钞票问题。要加强教育,使他改正,再看一段期间。冯恒兴提出调换。

3. 塘南及塘北渠道问题,不提出讨论,敷衍了事说一番,也不严肃,过去了。

4. 对大队干部结算问题,讨论按照去年作标准。

后来周福章贯彻他去县学习治虫会议〈精神〉。今年的治虫办法,每个生产队要推选出专业人员,报告大队。

王张堂讲当前生产问题。

---

❶ 这句话的意思是,机站工作艰苦一些,但是,大家都知道,在考虑报酬时也会算进去。

最后我提出机站意见,召开机站管理委员会。问他们,王、顾说今后再安排。

1968.6.14

第二次参加大队召开的生产队队务委员会议(1 天)

贯彻通知是:学习"三忠于"及检查生产和研究生产。

上午有[由]顾秋明及王张堂报告。

下午讨论订出计划,至四点多点散会。

1968.6.17

公社学习第三天内容摘要

沈书记传达"三忠于"活动。

首先讲形势问题:

1. 经过二年来文化大革命,空前大好。"三忠于"活动多[都]在广泛展开。活学活用毛主席著作深入展开。无产阶级革命派、革命群众、革命干部,大抓阶级斗争,好人好事不断出现。例如,中新大队东风生产队介绍,展开斗私会;众安生产队,错进❶了 100 斤茧;盐官庆丰出售桑叶时不超过 7 元,出 14 元不要。

2. 下一步的工作任务。以"三忠于"活动为统帅,以门合同志为榜样,以阶级斗争二条道路为纲进行大批判。狠斗狠批翻案妖风,发动群众挖掘暗藏的阶级敌人,进一步巩固革命大联合、革命三结合。抓革命,促生产,以"三忠于"来学大寨。

①在开展"三忠于"活动中,狠抓对毛主席的态度,对毛主席、对毛主席的革命路线无限忠于的深厚感情。大搞回忆对比、忆苦思甜的方法,对伟大的毛主席无限热爱。通过回忆对比,提高掌权重要性、失权的危险性〈意识〉。②大立对毛主席的革命路线一个"忠"字,推动活学活用著作群众运动高潮。活学活用毛主席著作,方向要广,要深入向社员家庭当中发展。使社员、干部一切运动往忠于方向想〈和〉用。出工做早请示、晚汇报。要认为〈是〉干部、社员政治生活需要。有许多生产队已经做到每天早晨社员拿着语录本、毛主席像。③把毛主席最新指示落实下去,全面落实大办毛泽东思想学习班,表现好人好事。④在开展"三忠于"活动中,要向无限忠于毛主席的革命路线的门合同志学习,这是全党、全国人民的政治生活的群众运动。

1968.6.20

记　　录

我本人上南机站去看一看。关于塘南渠道有问题,特别是红星队多数不合质量,只有东风队较好些,尚未挖出。我即下生产队,通知了各生产队,叫他们马上挖出。

通知人员:东风徐仕康、徐国桢;红江毛亩元;红星邹伏元,在下一天通知;立新陈进其;东方红章桂松,在下一天通知;红旗陈康德,在下一天通知;向阳徐维江,在下一天通知;胜利冯恒兴,在下一天通知。

---

❶ 错进,指出售蚕茧时搞错了,生产队多拿到了(100 斤茧的钱)。

革命的书写

——一个大队干部的工作笔记

1968.7.21

联民大队革命领导小组成立

13 人,暂缺 3 名。

7 月 22 号上午召开第一次会议,研究事项如下:

1. 进行分线问题。分三条线:政宣组,王张堂、周志华、周彩仙;生产组,周生康、王继福、王宝芬、贾维清、冯恒兴;人保组,章默兴、李叙康。

2. 决定分线人员安排。

政宣组有:王张堂(组长)、周志华、周彩仙、顾秋明、陈德甫、邵大明、袁阿培。王张堂、顾秋明负责政宣,周志华、袁阿培负责青年,周彩仙负责妇女,陈德甫、邵大明负责搞大批判。

生产组有:王继福、周福章、徐和尚,负责抓农业生产;王有宝,负责蚕业;周生康、冯恒兴、贾维清,负责经营管理、财务分配、副业。

人保组:李叙康、沈尧兴,负责民兵;章默兴、贾洪林、陈望元,负责人保治安。

下午,召开正付[副]生产队长会议

1. 贯彻领导小组会议精神。

2. 夏收分配问题。有[由]冯恒兴同志出席公社会议,传达精神。要学大寨精神,搞好分配。口粮采用自报评议定粮,坚决消灭按劳分配粮食。

介绍了联新大队红旗生产队搞的定粮方案〈单位:斤〉:

1—2 岁 100 斤,3—4 岁 140,5—6 岁 210,7—8 岁 270,9—10 岁 320,11—12 岁 380,13—14 岁 450,15—16 岁 530,17—18 岁 600,19—55 岁 570、700、800 斤,56 以上 570、500、450 斤。

羊肥粮食取消,羊不需吃粮食。

3. 王继福、王张堂谈谈生产问题。

4. 开展学〈大寨〉问题。

1968.7.22

生产领导小组第一次会议内容

生产组、政宣组、人保组。

政宣组:王张堂、周志华、周彩仙、顾秋明、陈德夫、邵春明、袁阿培。

生产组:冯恒兴、王继福、贾维清、王有宝、周生康、徐和尚、周福章。

人保组:李叙康、章默兴、贾洪林、陈望元、沈尧兴。

下面关于下一步工作问题:

1. 学习汇报前一段工作情况,抓好人好事情况。

2. 狠抓夏收夏种,狠抓分配问题,冯恒兴同志介绍。根据旧制度不适合,要改革新制度,首先批判旧制度,新制度就是要学大寨。

3. 饲料问题,羊取消。按劳分配,坚决执行。

4. 上交问题,外来收入问题。

首先搞大批判开始,据联新红旗队介绍经验。

1968.7.25

大队召开生产队正付[副]队长会议记要

有[由]王组长传达浙〈江〉省〈委〉给农村贫下中农、革命干部的一封信,贯彻漳江公社新丰大队培育经验。11 队 652.50〈亩〉,单产 864 斤。

早发经验:

1. 抓住适种,分施起身肥,早种 30—35 天,延 40—45 天,秧田与大田对头,施起身肥,争取早发。专人负责。

2. 提高整平,三点前做好准备工作,三点后全力插秧。浅插,插行、插直。

3. 边种边管,促使早发,活棵后轻抚一次。

为了把"双抢"工作得胜:

1. 要把毛主席著作采取多方面来学习,要多学,准确性学,做到五坚持:毛主席像、红旗、大批判、文娱、记录牌。好人好事到田头,大队准备出快报,内容有进度、好人好事及其他等。在"双抢"时越忙越要学。

2. 展开彻底大批判,批嗅[臭]中国的赫路瞎火[赫鲁晓夫]。

3. 革命带动生产,把革命、生产双胜利。

4. 到组[稻谷]细打,精心细打,不浪费,颗粒归仓。

具体安排:

1. 桂花黄不能超过 30 天秧龄。

2. 一定要施起身肥,好处多。

3. 抓住插秧质量关。开始 6—8 根,据情况适当增加根数。插秧季节,要求不要超过立秋。插秧要求在三点后插秧,夜落滋❶。面肥问题,有的种了施是不好的。

4. 在"双抢"出快报,促使生产增快速度。三天汇报,交给机站,〈逢〉3、6、9〈号汇报〉。

1968.7.29

大队会议摘要

〈双抢情况汇总❷〉 〈单位:亩〉

队别	收	种	达	共种	
东风	13	17	4	21	平
红星	21	6		27	多 1 亩秧
红江	27			34	平
立新	32			32	平

---

❶ 当地土话,下午 3 点以后插的秧,可以得到晚上露水的滋润,所以,这时插秧叫夜落滋。

❷ 此表是"双抢"过程中的情况汇总,因抢收抢种处于动态过程中,数字并不准确。此表最后一列十分重要,是各个生产队的秧苗情况。平,指秧苗正好够;缺,指秧苗不够,需购买;多,指秧苗有余。

续表

队别	收	种	达	共种	
东方红	23		7	28	平
红旗	17			21	平
胜利	26	7	3	35	缺
向阳	23			30	平

红江:学习内容是大寨进行自报,五坚持照做。记工,上午记4〈分〉,下午记6〈分〉,延半小时自报扣多少。

立新:在分谷时学习一下,五个坚持是做的,质量比去年要好。

东方红:全日加早日算13成,学青年,粮食弄好,质量要好。

红旗:分配问题。3个组已经组织好。坚持做,学习逢二,5×4。

胜利:五坚持不做,学习不学习。

向阳:五坚持不做,学习不学习,早工不开。分配上粮食自结[觉]评议,男给750—800斤;年轻妇女650—700斤。

1968.8.1

开始灌塘南络麻

做的渠道不符合质量,全部坍光,群众不满,责问机站。这安全准确,我们机站没有及时做到家,半途而费[废],造成很大损失。但是据我本人尽自己一些工作,在去年(67年)因受大旱的教训(6月20号起直到11月8号夜里落雨,4个多月),在灌溉后期将结束时第一次汇报;二次1968年2月24日大队召开队务委员以上会议,书面向二位汇报,托陈进兵带去;三次在3月27号下午到塘南渠道上开会,早项研究这条渠道问题;四次1968年4月22日,顾正来机站召开会议,又向他汇报四渠道问题。

1968年10月5号,后在10月8号下午开会❶。

讨论决定原则:

1. 出口上南归东方红、向阳;出口过西归红旗15尺、立新15尺;出口过东归东风20尺。其余按照原各队负担。

2. 低压网问题,提存打算。67年5 000〈元〉,68年1万元,69年1万元,70年1万元,共计35 000元。

最后决定(很硬石❷):

1. 一定要做得符合标准,统一填满,由机站统一放样,统一挖宝做❸。

2. 原来3—4队地段出口,东面归自己红星队负责做好;出口西面有向阳、东风、红旗、东

---

❶ 此处时间混乱,原文如此。

❷ 很硬石,当地土话,形容某个人、某个决定像硬石头一样坚定。

❸ 统一挖宝做,统一划分、承包并做好(完成任务)。

方红四个队;上南干渠 1/3 归胜利,2/3 归立新队;红江队负责自己队,因任务比较重。

1968.8.3

召开各生产队正队长、政治队长和革命领导小组人员会议(在机站)

内容摘要如下:

1. 如何做好拥军工作。

2. 对大批判在生产中搞起来。

3. 把"双抢"工作同大批判结合起来。

今后工作如何进行:

1. "双抢"工作要不误农时,适时收种,安排时间。防止割青,但又要提前完成。做到早簇❶一片割一亩[片],看成熟收种,注意防止割青。做到边收边种边加强培育。化肥少,大约每张蚕种 12 斤,总的还要靠自力更生,在种时一定施油防虫。

2. 络麻抗旱问题,要求全部放上❷。当前旱象趋势,做好打主动战,塘南打算明黑放好。队与队要做好团结友爱,管理好渠道,相互帮助。

3. 组织问题:生产组、评议组、政宣组。

4. 讨论分配问题。红星队汇报,社员意见:实行粮食自报分配加重透支户如何办?红江队汇报社员意见,情况同红星一样,他们钞票不交自用如何办?红旗队汇报也是这样问题。

红江周福章提出,特别是对半工半农问题。三里港加工厂,冯见兴经常在家搞私有,粪多[都]挑来。还有王海章,也同样。讲讲起来都精通,多[都]是教条,执行不执行看你们,等等。社员对他们意见很不满。后来有陆季文同志和董部长补充了几点意见,才安静下来。而红江队长还责问领导小组到会人员问题和领导小组人员对半工半农态度问题。

(这次会议领导小组人员王张堂、周生康、贾维清、周彩仙四人)

1968.8.9

召开生产队正副队长会议

治虫人员也参加。内容如下:

1. 当前生产问题及治虫问题。

2. 分配问题。

首先有[由]贾会计传达公社会议精神。

分配问题:

1. 首先要大学毛主席著作,活学活用。农业根本要学大寨,狠斗"私"字,大立"公"字。像大寨人那样活学毛主席著作。

2. 分配问题,群众讨论,留好三者安排问题。储备粮,要留现金,还要留储备金。对于储备粮,以前借掉一律归还补足。向国家借粮问题,如果真真困难,可以还一部〈分〉或减免一部分,如果借来浪费或投机,一律如数追还。

---

❶ 早簇,即早熟。

❷ 要求络麻田或地里都放上水。

饲料问题,据社员讨论;口粮问题,按每户结算,"老三定"增加15%,不能超过15%这个数字;公共积累问题,考虑到公共发展潜地[前提]下留足,但有[由]群众讨论决定;对造反派工分问题做好;实物分配问题,在四个有利之下可以按需要分配,对奖励品可以一部分按需分配,据社员讨论;对超产问题,增产增购,据三年不变,明年再讲。

3. 生产肥料问题,看起来很紧张,开展积肥运动。

4. 除虫问题,时间(11、12号)。但是施新农药一定要重视。桑树普遍施一次。抗旱问题,一定要自立[力]更生。

5. 定中秋蚕问题(到12号为止,过期一律不定),一定要在12号前定好。发种问题,交群众讨论提上去,决定日期。

王张堂同时贯彻当前工作意见:

1. 形势问题:一片大好,越来越好,今年夏粮丰收,是毛主席的革命路线胜利。

2. 把毛泽东思想来武装,统帅双抢顺利进行。做到五个到田头,坚持活学活用,各生产队开展互相竞赛运动。特别东方红生产队上街宣传"七三"布告❶,不怕疲劳。出现不少户做到五坚持,为"双抢"做出不少成绩,主要是毛泽东思想胜利。

当前生产问题:

1. 晚稻播插基本完成,及时加强田间管理,敌情观念。

当前除虫要引起重视。今年施用农药是甲季[基]1605,是相当好效果,死虫效率较高,对蚂蟥、钉螺杀死〈率〉比较高。不误农时,打一场歼灭战。为了把这场除虫工作胜利进行,首先要用毛泽东思想统帅,武装头脑。

2. 防止麻痹轻敌、思想大意、粗心,反说别人多管,不相信。如果有这样思想,后果不良,可能发生事故。要在战略上藐视敌人,在战术上重视敌人。要深入群众,教育群众,做到家喻户晓,人人皆知。不出事故,操作人员一定照规定保护。在施用新农药〈方面〉,加强对四类分子管制,只许他老老实实,不许他乱说乱动。如有发现,立即取缔,实行专政。同时在施用新农药前做好除草、施肥一切工作,抓紧做好。因为晚稻季节紧张,加强培育管理,下定决心,夺取晚稻丰收。

放好2寸水,塞好漏洞,打好落河缺❷。有[由]放水员检查好,反对干板田施用,因死力[率]达10%—15%,所以要反对❸。教育好群众,备足吃水一星期,再[最]少备足5天,同时教育子女不要下水,特别是五六岁的小孩,再[最]容易中毒。施田面积凡是4号前的稻都要施上,时间(11—12)多除❹。这次是甲季[基]1605,每亩2两,单季稻3两,新样。施好工具严格掌握,不要随便河内淘汰❺。

---

❶ 1968年7月3日,中共中央、国务院、中央军委等针对广西地区发生打砸抢事件颁布的公告。

❷ 落河缺是水田通向河内的小缺口,用于放掉田里多余的水。打好落河缺就是封住水田落河的缺口,保持水田的水不流失。

❸ 这里讲新农药甲基1605十分毒,杀伤力十分强,水田需要放水后才能施用。

❹ 在11号、12号都做好除虫,施好1605。

❺ 新农药甲基1605是从德国进口的剧毒农药,当时第一次使用。由于对于人、畜的危害都很大,所以当时各级都十分重视。这里几段讲的都与新农药相关。

1968.8.10

召开领导小组第二次会议

内容如下:

上午,各人汇报前一段情况及存在〈问题〉,当前的情况及二条道路斗争反映。

下午,进行研究问题:

1. 开展学习问题,同时展开革命大批判。13 号召开生产组会议改为队务委员会;14 号、15 号组织搞宣传活动;16 号召开政宣组会议。

2. 领导小组人员学习每月三次,10 天〈学〉1 天,逢一(下午 1 时至 6 时)。

3. 分配问题,猪羊问题,据原来,社员没有意见照办,过高适当调正[整]。

4. 生产问题:①山茹翻藤施肥。②晚稻加强田间管理,除虫积肥。③络麻加强后期管理。现开通放水,凡跌倒涝好❶。

5. 对外出人员问题:①适当交公积金。②照这次自报口粮,除补贴,全部交生产队。

6. 关于立即制止歪风邪气,乱弄络麻叶及山茹叶、黄豆叶。

1968.8.14

大队召开生产队队务委员以上会议(摘要)

上午,当前形势报告。

1. 当前形势一片大好,越来越好,群众性展开大学毛主席著作,活学活用,一切照毛主席指示办事。

2. 开展揪斗坏人,生产队也搞起来了。

3. 狠判[批]农村中流毒:“三自一包,四大自由”❷。大批判到田头,在休息时唱革命歌曲,田头宣传。

讲讲任务要求:

1. 深入展开“三忠于”活动,以“七三”“七二四”布告❸为重点,以阶级斗争为纲,狠狠打击敌人。

2. 通过回忆对比,大办学习班。亮思想,新旧对比,想想过去,看看今天,望望将来。

3. 对生产问题,晚稻加强田间管理,除虫拔草、施肥;络麻加强后期管理,插好路边;山茹施肥翻藤;蚕业做好一切准备,人员落实,桑叶除好虫,使桑叶增加产量。双季蝗虫❹,损失很大,希立即运动。

4. 分配问题,讲明前段的分配情况。主流是好的,大方向还是对头的,但支流是难免的,是细节问题。我们走大寨道路、共同富裕的道路。不是搞大民主,无领导。但是也不是干部做

---

❶ 把跌倒的络麻扶起来。

❷ 在周生康笔记(1967.6.24 至 1968.7.25)的结尾页中记录:四大自由即放高利贷自由、雇工自由、土地买卖自由、经营自由。“三自一包”即多留自留地、多搞自由市场、多搞自负盈亏企业,包产到户。

❸ 1968 年 7 月 24 日,中共中央、国务院、中央军委等发布的制止陕西等部分地区武斗的布告。它是继“七三”布告后,又发布的一个制止武斗的布告。

❹ 双季稻中出现蝗虫。

框框。只提出意见,共同讨论决定。对畜牧报酬问题,根据前定,社员无意见一般不去多动。如果相差大,作出重申,纠正一下。

对于外出人员,都统一通过双方协商办法。现在出现有两种思想:①高工资。②低工资问题。

5. 狠抓革命,猛促生产。①为了适合当前需要,同时参观郭店、联丰大队经验,成立必要的组织。这些组织是生产队队务委员会领导下,并不是取消队务委员会一级,要明确,生产队不夺权。②进行组织宣传组,各生产队要组织,大队也要组织。这个宣传队伍,首先由生产队做好充分准备,大队首先办一期学习班,培训好骨干。生产队搞得活泼,在会前会后进行宣传。

6. 各队召开好积代会,选出学习毛主席著作积极分子代表,每一个生产队 3 人参加。

7. 关于当前制止歪风,大队贫联会及专〈政〉小组发出的通告,希各生产队认真学习执行。

下午,王继福同志关于生产问题提出意见:

抓住除草、耘田,希各生产队经常检查一下,看田耘、除草。

对肥料问题,发挖肥源,开展积肥号召,社员投肥,想办法解决肥料关,来夺取晚稻超早稻。开始罱河泥。山茹除虫翻藤。其他还有多种经营,多种蔬菜,洋花萝卜、青头萝卜计划一下。

1968.8.16

出席公社召开各大队领导小组人员等会议

内容如下:

上午,陈福才同志讲会议开法:

1. 当前形势。

2. 关于清理阶级队伍几个问题。

3. 分配问题、生产问题。

接着有[由]陆纪文同志宣读文件:

1. 《人民日报》编者的话。

2. 统一意志,统一步伐,统一行动。

3. 南萍在省革委会第二次扩大会上的总结发言。

下午,陈福九同志宣读:

1. 新华社清理阶级队伍经验。

2. 进行分组讨论。

1968.8.17

公社会议第二天

上午,陈福才同志传达关于公社党委研究意见:

1. 通过学习文件,展开大批判,进一步团结在毛主席周围,统一意志,统一步伐,统一运动。看形势要树立三个观点。

2. 明确当前敌情观念。

3. 在当前形势下,进行清理阶级队伍为中心,以这个中心带动各项任务。进一步落实毛主席最新指示的贯彻执行。

首先如何样用毛泽东思想武装群众。放手发动群众,认清当前敌情,边做什么就学什么,并且对照。如果离开毛主席政策就要犯错误,在工作中经常边做,边学,边对。

关于清理阶级队伍问题。首先谈形势看法(本公社):省、县、公社形势一片大好,我们公社也是一样。表现有:①"三忠于"普遍开展,广大群众、革命干部活学活用毛主席著作,从来没有这样广泛,这样深入,例如桑叶问题。②广大群众、革命干部、造反派执照[行]毛主席最新指示,开展对敌斗争,在现在来看基本上刹止了歪风邪气。③革命三结合、大联合巩固发展,在这个组织领导下狠抓革命大批判(例如很多面形象化)。④抓了革命促使社员革命化,在"双抢"中,以政治统帅"双抢",所以,今年"双抢"用毛泽东思挂帅,天天做到五坚持,做到五到田。

今年真真做到群众性,社员政策觉悟高,劲头高,所以进度快,质量好。发扬大寨式互助协作精神,舍己救人,好人好事好风格不断出现。有的生产队白天搞生产,夜里搞革命,揪斗坏人。各部份[分]也同样❶。

但有个别生产队:①到现在没有开展,这是对毛主席态度问题,还是属于生产领导问题。②还有个别生产队质量不能〈过关〉。③肥料问题一松,二难,三等,四看。

关于清理阶级队伍问题,分四个问题:①清理阶级队伍意义问题。②放手发动群众。③清理中界线问题。④在清理阶级〈队伍中要〉注意问题。

1. 清理阶级队伍意义问题。

就是当前文化大革命重要步骤,是毛主席的战略步骤,就是毛主席说的"两个继续",也就是当前形势所需要这项任务。现不但在明的揪斗,而〈且〉把暗藏的挖出来。

①有些是明死暗活,还在后边搞破坏,搞阴谋。目前还是有三股势力。也就说,形势大好,敌情严重。②有的公开地指向红色司令部。有的公开不来,拉弄[拢]一批贫下中农、小人❷(例如最小6岁)搞阴谋破坏。③有的用金钱、美女,拉拉拍拍。④有的挑拨离间,指向红色政权、委员会委员,挑拨内部关系。有的指向人民解放军,有的挑动战斗,有点[的]直接与台湾联系(例如长安)。所以当前来看,总[重]点指向三红❸,反对三红,有关[的]指向造反派。清理阶级队伍,是文化大革命中重要战略步骤,是纯洁阶级队伍,纯洁党的组织,清理阶级队伍问题。

公社问题。要在连海地区国民党统治要地,从封建王朝看,日本鬼子看,美国老[佬]来时看,大的建筑物也在海宁,还有反动道会问题。封建迷信活动比较多的地方,说明毒素很多的。这一些问题,有问题的,也有国民党特务、委员。有的在外地杀过共产党员,现在混入贫下中农,造反出来很多证据。有的在台湾当司令的,有的在反攻倒算时,出现新生反革命。在62年苏北来了一批女人,其中一部分有问题。

2. 放手发动群众问题。

发动到像上下分布天罗地网。要求要准确贯彻党的政策,就是要发动群众,区别敌我,稳、

---

❶ 各部分指大队里的民兵、妇联、治保等组织。

❷ 此处指小孩子。

❸ "三红"是"文革"时期的专用名词之一,指的是毛泽东为首的红色司令部、新生的红色政权——革命委员会、红色的中国人民解放军。攻击"三红"的人都会被处以从监禁到死刑等不同程度的惩罚。

准、狠打击敌人。狠就是把反革命活动交代群众,就地把他监督。要办学习班,要三意[忆]三苦,也可以办三老学习班,这些人要真真的贫下中农出生的。当前来看,开展学习毛主席阶级斗争论述,另一方面要大摆敌情,分析敌情,还要分析敌人的动向,他们想什么、做什么,防止敌人造谣破坏。

清理阶级队伍,从组织上清除。要纯洁队伍,就是要清理队伍,清理混入党内、混入造反派内〈的敌人〉,就是要纯洁组织。在清理中防止乱揪乱斗,搞乱阵线。

要成立二支队伍。在清理中,干部当头,敢于放手挥[发]动群众。领导上首先要解决思想障碍:一怕、二等、三看、四要。这个运动要依靠自己发动。各级订出运动计划,各级领导来说,〈要〉善议[于]领导,善意[于]革命。

3. 清理中界限问题。

要掌握党的方针政策,严格执行二类不同性质矛盾:①犯过错误的干部与走资派。②划清一般政治历史与特务叛徒,划清一般政治历史与反动历史。③四类分子与子女区别看待,四类分子当中也有不同情况。④历史反革命与现行反革命。阴[隐]藏、暗藏与交代;活动与不活动情况;在活动中程度如何。⑤反动组织问题。各级区别问题;名[民]愤大小问题。⑥划清一般性错误缺点与政治性。⑦在群众组织中混出坏头❶。⑧在清理中严格处理二类区别,内调外查,重证据轻口供。不能搞逼供信,防止坏人害好人。坏人揪斗后还是交代政策,指明出路。

4. 注意几个问题。

①很好地学习新华印刷厂经验❷。②掌握群众专政(不要一揪二斗三定)。③不要重送,把矛盾上交。④严格做好保密工作,特别要注意。⑤凡属于各级领导多要通过批准才可动,不准乱动。

八个查问题:①解放前后国民党组织、三青团、反动道会。②来历不明,成分不清。③解放后外逃与目前家庭关系。④现形[行]反革命破坏活动。⑤解放后发生反动事件(政治)。⑥干部长期包批[庇]坏人。⑦敌人在文化大革命中破坏情况。⑧62 年反攻大陆敌人活动情况,"四清"运动中发现敌情未查。

下午,陈福才同志传达教育革命问题:

1. 对于毕叶[业]生分配问题,四个面向,根据毛主席最新指示办事。

2. 普及中学问题,以公社为基础,使贫下中农进入中学,彻底改变洋教调[条]。这个问题,时间紧,任务重,争取 9 月 1 号开学。

关于分配问题:

1. 在分配上加强政策思想工作。对分配上两条道路、二种思想斗争很尖锐,深入开展"三忠于"。现在来看,有些生产队没有学大寨,没有像大寨人那样这种高度:①热爱国家、集体。

---

❶ 这句话指,在清理阶级队伍过程中要"揪出"混进群众组织的"坏头头"。

❷ 1968 年 5 月 25 日,中共中央、中央文革小组发出《转发毛主席关于〈北京新华印刷厂军管会发动群众开展对敌斗争的经验〉的批示的通知》,总结新华印刷厂的主要经验是:建国 18 年来,这个厂的阶级斗争一直极其尖锐、激烈,军管人员进厂后,狠抓阶级斗争不转向,放手发动群众开展对敌斗争。具体做法是:对于广大革命群众,必须坚决依靠,也要善于引导;对于犯了严重错误的人,必须从严要求,也要注意团结;对于一小撮阶级敌人,必须狠狠地打击,也要分化瓦解,指明出路。各地照此经验开展清理阶级队伍的斗争,错整了一大批好人。

②勤俭过日子,忙干闲稀,搭配粮吃,计划用粮。现在来看,学了大寨经验办法,没有学大寨人思想精神。

2. 在执行政策上继续贯彻"老三定"增加 15%,按户为单位。继续加强提倡大寨经验办法,按需为主办法,三者按[安]排好。在这个潜地[前提]下,社员要求提出一点,按劳分配,但是少量,已经定好,一般不要多动(发现有错误说法,认为县里按劳分配,土办法❶需要推翻过来)。

在分配上需要明〈确〉几个指导思想:

1. 很多地支援国家集体为主。

2. 对外出人员处理问题,照马陆公社❷经验,一种多积累。在这两个办法需要通过双方协商定案。

3. 在这次分配中,对大队干部及造反派误工,一定解决好,落实〈好〉。生产队应该交的,即交上来。有的停留在大队,没有落实到生产队。对造反派误工问题,向生产队讲明造反意义。对摊派问题,67 年度定案,68 年可以修正一下。另外对大队干部也要同样解决好,争取 25 号前做好。另外,对于个体手工业问题,有些参加综合社。这部〈分〉人,公社进一步组织起来。

抓革命、促生产,注意两个偏向:

1. 抓了革命不促生产。

2. 促生产,不抓革命。要同时进行,批判那种抓不好革命不得了,促不好生产不要紧。要以大寨人对照自己,加强晚稻田间管理,络麻收剥准备,秋蚕饲养准备,蔬菜准备。

加强晚稻田间管理。

加强除草治虫,特别是施肥。千方百计动脑筋,挖肥料。有的生产队有两种思想:

1. 计划施肥〈只是〉搭配化肥,积土肥代替化肥,到现在还很多。

2. 无计划不想积土肥,不搭配好,现发现没有化肥。

解决办法:通过大寨精神,相互解决。蚕业准备办学习班。在畜牧上尽量发展集体为主,现在还是要私的。

〈做好毕业生分配工作有〉很大意义问题:

1. 关系到面向农村问题。

2. 关系到国家变色问题,养儿防老还有养儿防修问题。

3. 关系到无产阶级全面胜利问题。这个中央指示,在很早说过,到艰苦的地方去工作。做好毕业生分配问题,是执行不执行毛主席"五七"指示问题,也就是执行毛主席司令部命令,关系到忠不忠〈于〉毛主席问题。

李炳松同志:当前工作指导"三忠于"为统帅,阶级斗争为纲,大寨精神为榜样,清理阶级队伍为中心,带动一切工作。

1. 摸底排队。

2. 召[造]声势,内容读形势,摆敌情。如何提高觉悟,揭发。在同时各队搞标语,发动揭

---

❶ 这里的"土办法"指大寨人的按需分配办法。

❷ 上海郊区的一个人民公社,当时十分著名。

露,讲政策。

3. 办"三老"学习班,大队办为主:①老贫农。②老干部。③老造反派。掌握五个字:学、忆、批、斗、揭。

1968. 8. 22

下午,出席大队召开生产队队长以上会议

章默兴同志传达县学习班精神:

1. 当前形势。

2. 当前敌情。

3. 清理阶级队伍步骤。

讨论问题:

1. 总结经验。

2. 大队办学习班,决定 24 号召开,每队出席对象:队务委员、老农、专政人员 7—8 人。

3. 生产问题,为了当前旱象严重,提出需要络麻进行抗旱。结果讨论后,塘南的络麻首先检查再决定。明日(23 号)各队队长进行复查,各队表示岔好络麻放〈水〉,予[预]计 28 号左右进行灌水。

1968. 8. 24

上午,听报告

革委会主任沈长宝同志报告。

形势问题:总的说形势大好,敌情严重。

1. 关于形势问题,全国有 26 个省〈和自〉治区都建立了革命委员会。全省已有 33 个县成立了革〈命〉委员会,我们公社也同样。"三忠于",普及展开学习毛主席著作,6、7 两个月,大队办学习班 256 期,98 生产队有[与]97 生产队多[都]做到五坚持。

2. 广大无产阶级革命派,紧跟毛主席最新指示,狠抓阶级斗争。

3. 做到形象化大批判,也做到了田头。

4. "双抢"时社员觉悟高,速度快,质量好。共产主义风格不断发现。看起来下半〈年〉没有特大灾害能大丰收。

当前敌情严重,存在最大问题:麻痹大意。

解放前 10 大组织:①国民党组织。有区党部 1 个,区分部 6 个,国民党〈员〉几百人。②三青团组织。三青团员不计其数。③伪维持会。④日伪军组织。⑤太湖别动队、水巡队。⑥反动青年救国军。⑦伪警察所 2 个。⑧海匪组织。⑨地头蛇。"十兄弟""七星队"。⑩反动道会门。非常严重的。

任务问题:

1. 狠抓清理阶级队伍。

2. 宣传"七三""七二四"布告。

3. 做好分叶[毕业]生分配。

4. 抓革命、促生产。

当前中心的中心,重点的重点。当前的大方向,毛主席的战略部署,清理阶级队伍。不搞这场清理阶级队伍,这场无产阶级文化大革不能全面胜利,政权不能巩固。是反修防修的需要。

1968.8.26

金关林同志政策报告

1. 对敌情看法和分析。

2. 政策策略上级规定。

3. 回去应该抓哪些工作。

政策问题:

方针稳、准、狠地打击敌人。

1. 犯错误干部与死不悔改走资派区别。

2. 一般历史问题与现刑[行]反革命区别。

3. 历史反革命与现形[行]反革命,打击现形[行],新账、老账一起算。交代与不交代要区别,罪恶大〈与〉罪恶小区别。

4. 反动党团骨干与反动党团员区别,打击骨干,稳满[隐瞒]的。

5. 政治问题与生活问题区别,主要搞政治问题。

6. 就蒙别[受蒙骗]群众与坏人坏事区别。

7. 四类分子与四类分子子女不同。如果继存[续]反动的,看他是不是划清界限。

8. 犯一般错误与现形[行]政治区别,讲〈错〉误话也应该批判。

9. 反革命分子〈与〉有血债、民愤大的要区别开来。

10. 历史反革命戴帽子、无戴帽子要区别,看他交代情况,清楚不清楚,从[重]新清理交代。

四摆、四查:①反动社会基础,查历史事件。②明的反革命,查暗藏敌人。③现形[行]反革命分子,查黑班点[底]、黑后〈台〉、黑线根子。④明献[显]地头蛇,查外逃户。

三查三忆:①查敌动态。②查本单位阶级斗争。③查列[历]次〈运动情况〉。

工作方法〈和〉任务:

一个高举——高举毛泽东思想伟大红旗。

一个纲——以阶级斗争为纲。

一个统帅——"三忠于"为统帅。

一个依靠——发动群众,依靠群众。

一个放手——大担放手。

一个方针——稳、准、狠。

一个政策。

一个武器——大批判。

一个决心——不彻底、不收兵。

一个班子——革命领导班子。

公社革委会沈张宝同志谈谈:

1. 关于这次学习班情况总结。

2. 关于这次学习班体会问题。

3. 谈谈任务:①清理阶级队伍,是中心的中心。②宣传"七三""七二四"布告,第二次发动。③办好学校,中学校,办校问题,公社已经定下来,就地办学校,便利群众,入学方便,个人经济负担轻,劳动照顾,家务照顾,贫下中农干劲高。建立农村文化阵地:A.需要解决一个洋思想;B.随[谁]办学随[谁]出钱思想;C.怕负担、不负担思想。对办学中,解决加强领导。

抓革命、促生产:

1. 除虫1—2号打歼灭战。

2. 秋蚕饲养管理。

3. 晚稻加强管理。

庆祝人民公社成立10周年。在58年,毛主席在山东发出"人民公社好"〈的评论〉。同年中央发布了迅速办人民公社〈指示〉。希各大队在28—29号开展活动,大谈10年来的人民公社成绩。

明确几个方向:

1. 干劲大、贯彻快、政策稳、打得狠。

2. 大队大办特办毛泽东思想学习班,发动群众。在发动群众只大摆敌人(不要急于调查)。

3. 挖出来,边挖边斗,防止灭口,在斗争中注意策略。

4. 立场观点要稳,防止糖衣炮弹。

5. 注意落后队,加强领导。

6. 大队里值班不要脱离人,领导小组需要插手。

各生产队群众专政小组人员:

东风:正组长徐国桢;副组长徐阿仙、邵祖兵;委员韩仁才、羊仲明。

红星:正组长葛仁生;委员邹爱金、王根良。

红江:正组长沈松宝;委员朱杏生、陈惠康。

立新:正组长胡树丰;副组长陈进其、冯祖福;委员沈炳生、沈善康。

东方红:正组长袁阿培;副组长陈德荣、王金玉;委员陈乔生、冯鹤全。

红旗:正组长陈祥风;副组长陈利英、陈康裕;委员钱奉先、陈望炎。

向阳:正组长贾国兴;副组长徐菊仁;委员张美兵、徐林浩。

胜利:正组长冯生康;副组长张丙松、冯新初;委员张其清、冯召兵。

外调追案组:组长贾洪林、李叙康;周志华、顾新堂、王继福。

材料组:章默兴、陈德夫、周生康。

1968.9.8

关于土地及成分档案情况

在1968.9.10清理阶级队伍中由李叙康、周生康、贾洪林、陈德甫前往碶石财政局,摘抄如下〈单位:亩〉:

朱敏惠:成分,自耕农。田0.901,地6.898,杂地0.500,荡1.192,共计9.491。加宅0.459。

朱敏忠:成分,小土地出租者。自耕地6.448,杂地0.101,荡0.581,共计7.130。加宅0.465,出租地0.638,管叶[业]户朱荣堂地0.638。

朱秋堂:成分,中农。自耕田1.383,地4.075,杂地0.094,共计5.552。加宅0.829,出租田1.674,管业户葛炳文0.837,沈松山0.837。

王诗南:成分,小土地出租者。地1.210,杂地0.639,薄0.375,共计2.224。加宅0.039。出租田4.966,地0.756,共计5.722。管业户有顾子松1.279,沈文浩1.176,沈广云1.411,胡富东0.735,沈仁丹0.365。

王益堂:成分,中农。自耕田6.847,地8.544,杂地2.728,薄1.889,共计20.008。加宅出0.117,0.888,出租田3.206。陈顺堂1.067,许三毛0.694,许才康0.695,黄惠宝0.750。

王金财:成分,中农。自耕田9.206,地7.697,杂0.368,薄0.895,共计18.166。加宅0.400,出租合计1.253,田0.900,地0.353,管业户周洪章100.900,周财安地0.353。

王金福:成分,富〈裕〉中〈农〉。自耕田8.421,地8.472,薄0.895,人口4人,共计17.788。出租田2.107,管业户沈积三1.079,陈金福1.028。

(5人)周建初,共计11.526,成分贫农。

(6人)周福章,共计11.03,成分贫农。

(5人)周生康,共计6.999,成分贫农。

(4人)周和尚,共计5.854,成分贫农。

(3人)周阿松,共计9.297,成分中农。

冯云龙:成分,商。自耕田5.522,地11.768,薄0.338,合计17.628。加宅0.720。

顾觉微:成分,商。自耕地4.980,杂地1.246,合计6.226。加宅0.870。

徐恒甫:成分,商。自耕田2.841,地8.208,杂地0.489,薄0.884,合计12.422。加宅0.389。

金百顺:成分,商。自耕地4.488,杂地1.683,合计6.171。加宅0.560。

冯桂松:成分,中农。自耕6.842,地11.824,杂1.927,薄0.424,合计21.017。加宅0.700,出租2.336。

顾礼忠:成分,富〈裕〉中〈农〉。自耕地6.956,杂地1.361,共计8.317。加宅1.779,出租1.864。

冯民生:成分,中〈农〉。自耕田2.408,地2.395,杂0.510,薄0.834,合计6.147。加宅0.20,出租有5.109。

冯民康:成分,中〈农〉。自耕田3.436,地2.121,杂1.050,荡1.346,合计7.953。加宅0.20,出租有3.039。

冯茂方:成分,中〈农〉。自耕田3.002,地2.307,杂0.800,荡0.350,合计6.459。加宅0.200,出租2.899。

1968.9.12

调 查 博 儒 桥

对于朱敏惠土地问题(陈祥松反映):关于朱敏惠,确实是本镇油车工作。做过管帐[账],

是学徒出生[身],人是老实。对于土地面积确实没有。这块土地是有的,但是这土地是朱有庆(敏先),小地名白墙里,预计17—18亩,我是知道的。同他摇过收租米(现在是五星大队,原6队)。反映人:陈祥松。

对于朱有庆(即朱敏先)博儒桥查核对情况如下:徐连庆1.50亩;徐子远1.50亩;徐连春5亩;徐才荣1亩;徐茂才即宝寿4亩;徐士其3.30亩;徐宝福2亩。共计18.30亩。(每亩收租七斗)收租态度还是老实。

红星大队第四生产队徐明康。反映人:徐才荣、徐金华。

1968.9.12 下午摘抄

1968.9.18

上午,召开各生产队群众专政组正组长会议

商量下步开展工作:

1. 口株[诛]笔划[伐],迎接新任务。毛主席教导:认真搞好斗、批、改。

2. 当前存在问题。

王继福同志提出,当前有些问题,没有从行政上发动。当前来看,连学习毛主席著作,认为清理阶级队伍高峰已过,造成二种思想:①前次学习班回去问题较小,八腿稍效❶。②漏划户,心事重重。

当前主要来看,行政支持这个运动很少,没有当中心的中心工作。抓生产,放去[弃]这项工作。

1968.9.19

召开大队领导小组会议

参加人员有王张堂、章永白、王有宝、王继福、贾维清、周志华、周生康、马恒兴。

1. 有[由]王张堂同〈志〉宣读报刊,学习一篇《全国一片红》,(除台湾省外)形势越来更[越]好;学习一编[篇]《先进地区分配情况》。

2. 关于清理阶级队伍几个问题:①对于清理阶级队伍,是无产阶级文化大革命取得全面胜利的一项重要任务,是毛主席的战略部署。明确当前任务,明确方向,以"三忠于"运动为统帅,以阶级斗争为纲,以清理阶级队伍为中心。大寨精神好榜样,带动一切工作。②抓住重点,突破缺口,挖一个,批一个,斗一个,不要手软,要狠抓,又要掌握政策。谁是贫下中农,谁是革命派,据毛主席的教导,是能够看出,但是,一小撮混乱[淆]二类不同性质,向内部攻击。③严格掌握政策,对地、富、反、坏、右及现形[行]破坏〈分子〉,查清狠打。掌握8种人表现,现形[行]从严。④抓重点关键,查清问题,掌握先近后远,先轻后难,核实材料(不能莽模[盲目]定案)。

毛主席发出的对农业生产指示:以粮为纲,多种经营,全面发展。

---

❶ 八腿稍效,又称八腿逍遥,当地土话,指一个人没有心事,自由自在,行动洒脱。

1. 迅速落实冬种计划。
2. 一定要按照国家计划,多种粮食。
3. 加强晚稻后期管理,时刻观察虫情,预防括[刮]青虫。
4. 提早排好出水,有利春花下种(早簇田)。
5. 当前抓好秋收冬种,首先育好油菜秧。育好油菜秧,提高产量重要措施:掌握40天,不超过45天秧龄。土油菜30天,不超过35天。做好稀播散苗工作,培育壮秧。

研究分配问题:
1. 决定日期,成本10月底,工分11月底。
2. 误工结算问题,每10分0.90〈元〉计算。
3. 大队提存:管理费500元,基建费800元,军属420元,民校700元。
4. 大队干部。
5. 从1号开始,5号结束。

1968.9.30

红江生产队社员讨论摘要

关于对周福章是否进行开批判会。

社员一:他在生产队分配工作,到现在还是分班、包工、工分挂帅、物质刺激,完全站在资产阶级立场,要求及时要开这个会。

社员二:他刘少奇路线再[最]相信❶。搞挖边,搞定额,分死班。还说向小队宣传分班能够搞好生产。如果不同意的人,就进行压迫,使不提意见。要求及时要开这个会。

社员三:关于周福章偷窃木头,走我们场上走过。他很堂堂汪汪[皇皇],捎来放在我竹杠里,同我翻几支竹。捎了二夜,用铅丝搞牢❷。偷水泥用在石炭里。我在"四清"时〈要〉向钟同志交代,他说,我交代后要吃三年官司,所以我不去交代。〈关于〉顾大元。日本人在时,在吃早夜饭时,有个戴烟占[毡]帽,化装来,后来我问,春荣伯啥人?他说大元先生(一共来两次)。头一次约秋没[末]冬初,每隔15天。破地板,是水泥板。是西面两间,是松板。

社员四:他是标准反党、反社会主义,说毛主席靠刘少奇,连二万五千里靠刘少奇。说林彪是叛徒,毛主席上当。(说)毛主席牙齿又脱掇,要死了(并队这年讲,秋天讲)。

社员五:反对三红。选举革命委员〈会〉,他公开讲选委员有意见。土改担任分配主任,他全部晓得的。

社员六:选专政小组,自己包办,指示几个人。陈惠康根本不知道,朱杏生主要亲眷,沈松宝完全不知道。像这次开会,首先压制群众,一个一个问,迫使群众不要开口。三代作恶。朱丙荣上蚕,他柱上搞扎钉。他父讲不要你上,吓得我有口难说,怕得不了。

---

❶ 当地的表达方式,意思是最相信刘少奇路线。
❷ 周福章偷窃木头,大模大样地从我们家门口的场地上走过,捎的木头放在我家的竹园里。他还要我掘几支竹给他。他捎了整整两夜的木头,捎的木头用铅丝扎住。

革命 的 书 写
——一个大队干部的工作笔记

社员七:住五队,称小霸王。照佬❶老我和陈彐生两人,为阿康只养[羊],说我药死❷,说我破坏发展畜牧。

1968.10.14

上午,领导小组人员及专政组人员会议

王张堂同志传达今日会议内容:

1. 对昨天发生问题,胡士丰这个问题。
2. 对造反中有些问题进行研究。

1968.10.23

下午,召开各生产队农业队长加老农参加会议

首先有[由]王继福讲关于当前生产几个问题:

络麻收割比较快,进度快,生产抓得快。立新队黄豆收好,专桑削出,准备收割晚稻。有些生产队坏[畏]难思想出现,认为现在千头万绪,难字当头。主要来看是思想问题。

为了有利当前生产提出如下几点意见:

1. 大小麦迅速下种。
2. 油菜秧要加强培育,抓好油菜秧。
3. 水稻选良种问题(对桂花黄品种留种问题)。
4. 收割问题,主要鲜山茹出售,要求及时出售。

清理阶级队伍问题:

1. 当前来看清理与反清理现象出现。
2. 这次建造大队几个问题:①工作进度问题。②当前的工作存在部分问题。③今后打算。
3. 关于分配问题,三者安排。全大队只有红旗队未算好。

1968.11.1

召开领导小组专政组会议

讨论记要:

清队小组:贾洪林、章默兴、李叙康、陈德夫、周生康。生产小组:贾维清、王继福、冯恒兴、王宝芬。

毛泽东思想学习班:周志华、周彩仙。

---

❶ 照佬,当地土话,意思是紧紧盯住。
❷ 这两句意思是,(周福章)说我药死了陈阿康的那只羊。

1968.11.6

下午,在机站召开会议

上午参加联新现场收割机会议,下午开展讨论。

1. 王继福谈:①生产问题,关于当前需抓那[哪]几样工作,油菜秧管好,抢收割下种。②分配问题,红星队邹金铺户。

2. 抓清理阶级队伍方面几项工作:①现有反清理现状[象]出现。特别是东风队,地主户张月英暴露出来了。起先大队认为他老实,他还拉拢。②胜利队做五坚持不做,认为忙。

3. 宣传队。

1968.11.13

下午,召开大队领导小组及大队专政组人员会议

首先有[由]章默兴宣读《浙江日报》社论(三篇文章),贯彻公社会议精神。

讨论:各人谈前一段工作情况及看法。当前大队情况纪要。

王张堂谈当前任务及看法如下:

1. 目前展开各队大〈力〉宣传党的八届十二中全会公报,做到家喻户晓,人人皆知。

2. 清理阶级队伍,各生产队多[都]要开展。大反右倾,鼓干劲,紧跟毛主席的战略部署,落实毛主席最新指示,狠抓阶级斗争。

3. "三忠于"为统帅,阶级斗争为纲,大寨精神为榜样,清理阶级队伍为中心,带动一切工作。

出售粮管所茹干分配 〈单位:斤〉

〈队别〉	〈数量〉	〈队别〉	〈数量〉
东风	12 000	东方红	14 000
红星	25 000	红旗	20 000
红江	16 000	向阳	20 000
立新	12 000	胜利	10 000
		合计	129 000

1968.11.15

公社分配工作(毛泽东思想学习班)

上午陈福才同志报告:

这次学习班是嘉兴地区革命海宁县革命委员会召开的。经过公社革命委员会进行研究,贯彻到各生产队。我们经过大队领导小组研究进行召开的。这次学习班是在全国亿万军民热烈拥护党的八届十二中全会大宣传潜地[前提]下召开的,也就是亿万军民彻底批判刘少奇的

革 命 的 书 写
——一个大队干部的工作笔记

形势下❶,也就是我们公社清理阶级队伍纵深发展召开的。这次学习班进一步贯彻毛主席最新指示,条条落实毛主席司令部的政策。我们进一步按照毛主席司令部政策,合理安排好三者关系,扩大再生产。

着重解决四个问题:

1. 主要落实毛主席对粮食一系列指示、无产阶级司令部分配政策规定。

2. 狠批刘少奇在农村推行在分配上一切罪刑[行]流毒(举例很多)。

3. 要依[以]大寨为榜样,对照体现大寨精神,正确处理三者安排,进一步搞好口粮分配。

4. 解决一个群众当家问题,贫下中农当家。

又谈关于三秋工作扫尾问题。会议打算三天:

第一天是学习公报,《红旗》杂志社论,关于毛主席粮食工作中指示。

第二天参观盐官大队,交流。

第三天传达县委精神,今后打算。

具体问题,这次会议靠自己解决,过去想法完全错误的。不懂的,向群众请教。在这次教育可以看出,分清根本,主要听毛主席的话,群众是真正英雄,而我们往往是幼稚可笑的。在这次年终分配具体问题,克服老观点,队长说说,会计算算。

现在情况来看,存在有如下几种情况:①收起后,只叫分分好了,有什大惊小怪。②现已分光了,还要什么学习呢? ③分配问题早已定好,还要开什么三天会呢,今天开会,已经迟了。

1968.11.16

上午,交流会议

有[由]盐官大队海滨生产队张关庆介绍:

在蚕桑场会议夏收分配起[时]进行分配的,从按劳分配转移到按需分配的。我队人口206个,今年估产山茹 60 万斤。经社员讨论,退库供应粮 1 万斤,现总产收 619 675 斤,增加40% 左右。从参观新江光明四队回来后,根据毛主席教导,粮食要抓紧指示。他们主要经验是:①首先学习毛主席指示。②进行大批判,进行清理阶级队伍。③群众讨论进行三秋分配。肃清过去干部说说、会计算算,少数人决定进行分配。我们根据这个经验,举办毛泽东思想学习班。

在这基础上群众决定今年的分配,今年总收入原粮 17 万多斤(去年 12 万多斤)进行安排。口粮 117 500 斤。饲料粮,肉猪 10 斤,母猪 20 斤,安排后还多 5 000 多斤,进行储备或再出售给国家。

东风队介绍,张民先介绍:

他说生产队受刘少奇流毒很深:

1. 在留储备粮上 63 年至今留得几千斤,每人平〈均〉20 斤。积累也同样,与大寨对比,要157 年能达到。

---

❶ 刘少奇同志是伟大的马克思主义者,伟大的无产阶级革命家、政治家、理论家,党和国家主要领导人之一。刘少奇在"文化大革命"时受到错误批判和迫害,于 1969 年 11 月 12 日病逝。1980 年中共十一届五中全会为恢复其名誉作了专门的决定。此处照录原文。下同。

2. 生产队规模问题,小小队流毒,没有很好地土地建设,特别对水利上、剥络麻上。

3. 按劳分配流毒,样样按劳,连续这样。

4. "三光四不留"流毒,不能搞基建。

胜利队介绍:他说我们生产队6、7、8队并起来的,43户,人口263人,可耕土地100多亩,劳动力100多个,受到刘少奇流毒害处很多。

1. 积累只有六七千元。粮食只有2 800多斤,吃能十几天口粮。

2. 三光四不留。储备粮每人63年起只有4.5斤。今年收入有40多万斤,估产28万多斤。

鲁福太同志谈,首先谈出席县会议想法:

1. 学习大寨分配。

2. 公共积累10%,储备粮多点。但是会议治[自]始至终贯彻政治统帅。

清理阶级队伍为中心,狠抓阶级斗争为纲,肃清狠批刘少奇在农村流毒。活学活用毛主席著作。回来后:首先学习公报为动力,学习毛主席对粮食问题上指示。积累63年起只有每户平均85元左右,对比大寨,〈大寨〉现有80多万元。

下午,陈福才同志谈两个问题

谈上午盐官大队介绍经验,如何展开举办毛泽东思想学习班,学习毛主席指示。生产队普遍地办起学习班。首先学习对粮食上指示,在丰收地区年年蓄备、逐年增多的指示。对照留粮,距离很远。他全大队摆家底只有6万—7万斤,平均22斤(五年当中)。其中胜利队每人平均4.5斤,这样一对比,大吃一惊。

1968.11.17

上午,陈福才同志传达县会议精神

县里开这次会议是在本月4—8号,召开分配工作会议。首先参观农业学大寨的先进单位,后来张觉天同志报告,纪要传达:

搞好今年年终分配指导思想问题。

高举毛泽东红旗,突出毛泽东思想,紧跟毛主席指示,全面落实,条条落实,毛主席指示以"三忠于"为统帅,狠抓阶级斗争为纲,二条道路、二条路线斗争,清理阶级队伍为中心,揭发阶级敌人在分析[配]问题上的破坏活动。继续深挖阶级敌人,深入持久展开革命大批判,向阶级敌人更猛力[烈]发动阶级斗争。发动群众,按照毛主席指示,按照无产阶级司令部政策规定办事。正确处理好三者关系,搞好三秋分配工作,夺取无产阶级文化大革命全面胜利。为大农业生产打好基础。肃清定粮底[低]标准,超产劳力。

抓好四个方面:

1. 抓好活学活用毛主席著作,有了毛泽东思想才能搞好分配。

粮食:集体留粮,个人留粮用粮,多[都]要照毛主席指示办事,是个很严肃问题。忠不忠于毛主席问题,真忠于还是假忠于问题,这是忠字态度问题。一定要执行毛主席对粮食问题上

革 命 的 书 写
——一个大队干部的工作笔记

指示问题,我们要开展回忆思苦,深入开展"三忠于"活动,心望[往]"忠"字想,运动望[往] "忠"字上落实。

2. 要宣传:落实公报为动力,狠抓阶级斗争。认真做好清理阶级队伍工作,把清理阶级队 伍〈往〉纵深发展,把隐藏在财务战线上的阶级敌人挖出来批倒批臭。积极宣传公报,全面落 实,坚决执行。生产队里办学习班,家庭办学习班,深入家喻户晓,人人皆知。放手发动群众, 全面开展大批判,要求会计不能单纯观点。

3. 依靠谁问题? 毛主席教导我们,群众是真正的英雄,而我们往往是幼稚可笑〈的〉,不了 解这一点,就不能得到起码知识的教导。我们放手发动群众,依靠群众,相信群众,搞好三秋分 配工作。有问题向毛主席指示找答案,向群众找办法,只有按照毛主席一贯指出的群众路线去 做,工作才能做好,否则脱离群众。

今年的总方案要有[由]群众自己来搞,贫下中农当家作主,留粮安排多[都]要有群众来 搞,坚决肃清过去少数人搞,干部说说,会计算算(防止一个放任自流大民主无原则,我们的民 主是有阶级性)。

要注意几个问题:①干部责任问题,宣传无产阶级司令部政策,抓好学习毛主席著作,开展 "三忠于"活动,献忠、表忠心持久地展开。②回忆诉苦,新旧社会对比,抓好大批判。③抓好 活思想,分别进行教育。防止放任自流,要主持正确意见,树立榜样。④向群众交代分配底子, 〈使群众〉清楚有多少。

4. 大寨为榜样。要从[以]大寨为镜子进行对照,明确方向,走大寨之路,周总理对大寨总 括三句话:①政治挂帅、思想领先原则。②自力更生、艰苦奋斗的作风。③热爱国家、热爱集体 的共产主义风格。

在对照同时讲明在这次分配,还是真学,还是假学,还是不学。真革命派,还是口头革命派 (例如,沈荡新星大队真真走大寨之路,留存公共积累对照大寨精神长远利益出发,没有杠子, 群众讨论提存)。如果计算的话,要24%。所以我们也发[该]怎样做,要以长远打算,大农业 生产,实现毛主席指出的农业根本的出路是实现机械化,走向共产主义。不能只涂[图]眼前 问题。

下面谈谈分配中几个具体问题:

1. 口粮分配政策问题。按照无产阶级司令部发出的丰收地区按照"老三定"增加15%, 每户计算标准必须坚决执行。

2. 爱国粮、储备粮处理问题。按照毛主席指示,备战、备荒、为人民。多卖爱国粮,多留储 备粮(今年没有数字)。

3. 饲料粮问题及肥料粮问题。这笔粮食分开来,不作口粮计算。按照原来讨论决定办 事。如果原来过高带有物质刺激毒素,可以进行调整。集体饲料粮必须留足。

4. 改革口粮问题。口粮自报是大寨的好形式,我们必须正确引导,全面推行。但在具体 工作上,在口粮自报问题上,必须注意掌握几个问题,掌握"一祝、二忆、三讲、四报、五议"。就 是说:①祝毛主席万寿无疆,忠于毛主席,忠于毛主席思想,忠于毛主席革命路线。②回忆过去 旧社会之苦,受尽压迫,在粮食问题上。③讲,是讲用。开讲用会议,抓好活思想。④报,从通 过学用毛主席对粮食问题指示,节约用粮基础上开始自报,是破私立公过程。⑤议,进行群众 评议,克服单纯观点。

在自报问题上干部要注意几个问题:①干部不要硬带头,要毛泽东思想武装头脑,实事求是带头,也不要过高,也不要过低。掌握政策:按"老三定"增15%,以户为单位计算,如有个别问题进行群众讨论。②对于阶级敌人(明的,包括现已定性的)要掌握严格审查,如有严重性的提出批斗。但是一般的口粮给他吃,我们也要按政策办事。③注意前吃空户或久债户,这个问题我们要分开区别对待,也就是分情况对待:借粮问题,在丰收年景下,一般多[都]要归还,但是实际前吃后空,无浪费现象,群众讨论,免部分,还部分,或者分期归还;如果借粮来浪费,或者人家借,我不借吃亏这种户,应该归还,如借来做投机行为,按情节轻重进行批判。

5. 关于改革经济分配问题。推行分季自报,年终决策,按劳分配。

6. 消费与积累问题。也就是说三者安排问题:国家税率、集体公共积累、社员分配。对社员分配问题在增产情况下逐年增加收入。对积累问题上向社员说明眼前与长远利益问题,在增产丰收年景下尽量多留公共积累(克服一个满足现状)。

7. 还贷款问题,也要安排好。

关于三秋生产工作问题:

1. 今年冬季农地[田]水利建设,大的不办了,县里没有投资。公社提出一条袁花塘问题。对于春花下种问题,据讨论决定现种下去。如果今后要开的话,只损失种子,现在没有定下来。今年中小型为主,大队里可以安排一下,也就是大队为主,开那条河港。平整土地问题,各大队要狠抓一把,为今后适合大农业生产,实现机械化生产做出规划。

2. 冬季种桑问题,大队及时规划,做好统计,25号前汇报公社。在种桑中注意两个问题:今后机械化生产问题,要成连块种;补种为主,把现有专桑补植。剪梢问题立即抓一把。

3. 选留良种问题。前几天在联丰召开现场会议,同联丰挂购调种的,各生产队准备好谷。但是要求去调的队谷也要弄得清洁些,再[最]好农垦58,不要拿早稻谷去。预计在一星期内可以去调,具体日期等通知。

4. 积土肥问题。积河泥、培育好花草,发展猪羊,集体为主。

5. 抓好三秋扫尾工作。当前油菜、小麦虫情严重,要进行一次防除。

讨论纪要:

回去打算:首先办学习班,大队先办。

参加人员有:到公社学习人员,加上各生产队队委员、造反派代表、贫下中农代表。

内容:①彻底肃清农村中一切流毒。②贯彻公社社会主义精神。

后来集中,陈福才同志补充意见,存在一些情况:

1. 粮食分来差不多,政策早已讨论过,要动很困难,红杠子❶田里弄掉。

2. 如果现在再去自报的话,数太大了,要倒找给社员,田里估产减产,难做工作。

3. 增产好办,减产如何办。

4. 上次做好大体按照大寨式,只有个杠子数(年龄一样,口粮两样),再要去做困难多,工作量多,不能做好。

以上这些问题如何解决:只有向毛主席著作请教,一种向群众请教。

---

❶ 杠子、红杠子都指按年龄规定的粮食分配标准。

1968.11.19

下午,大队召开三大组织人员会议

出席人员有:王张堂、章默兴、冯恒兴、王继福、周生康、周志华、周彩仙、贾洪林、贾维清、王金玉、冯锦良。

1. 章默兴同志宣传学习八届十二中全会公报。
2. 王张堂同志宣传报刊,展开学习。
3. 周生康汇报公社之秋〈季〉分配会议精神。

开始讨论:

1. 决定贯彻公社会议精神,在 22 号 1 天。

上午,政治报告,有[由]章默兴同志。上午,谈谈当前形势问题,有[由]王张堂同志。下午,贯彻公社会议精神。有时间进行讨论,无时间回生产队办学习班讨论。

2. 决定转入清理阶级队伍为中心。明夜商量如何开展。

1968.11.20

夜里,召开大队三大组织会议(革命领导小组、群众专政组、造反总部)

内容摘要如下:讨论清理阶级队伍工作步骤。

总负责人章默兴,日常工作陈德甫同志。

分组情况:

红旗 1 组:李叙康、徐国桢、王庭方、王根良、王张堂、王金玉。

胜利 2 组:王有宝、冯恒兴、陈望元、顾新堂、陈德甫、袁阿培。

向阳 3 组:章默兴、贾国兵、陈德案、冯生康、冯锦良、张丙松。

东方红 4 组:贾洪林、周生康、胡树丰、朱杏生、周志华、周彩仙。

下去第一步工作办学习班,宣传公报为动力。

1968.11.21

各生产队逐年储备粮提存数(摘抄) 〈单位:斤、天〉

生产队	1962—1967 年 累计亩粮数	现有人数	平均每人 (原粮)数	可吃天数	储备
东风	9 611 8 243	180	53.4 45.8	36.8 30.5	
红星	7 783 6 571	189	35.7 34.2	24.6 22.8	
红江	8 396 6 374.5	138	60.8 46.2	41.9 30.8	

续表

生产队	1962—1967年 累计亩粮数	现有人数	平均每人（原粮）数	可吃天数	储备
立新	9 106 7 558	184	49.1 41	34.1 27.2	
东方红	9 044 5 890	154	58.3 38.2	40.2 25.4	
红旗	6 100 4 868	181	33.2 26.9	23.1 17.9	
向阳	9 393 7 892	211	44.5 37.4	30.7 24.9	
胜利	7 236 6 036	200	35.8 30.2	24.7 20.1	
合计	66 668.5 53 332.5	1437	46.2 37.1	31.9 24.7	

据今年平均口粮 538.5〈斤〉，每月平均口粮 44.87 斤（原粮），每天平均 1.5 斤弱点。

各生产队逐年储备粮提存数（大队摘抄） 〈单位:斤〉

队别	1962年			1963年			1964年			1965年			1966年			1967年 合计	合计 总数
	原老队	原老队	合计	原老队	原老队	合计	原老队	原老队	合计	原老队	原老队	合计	原老队	原老队	合计		
东风	640	400	1 040	593	500	1 093	666	531	1 197	769	686	1 455	1 637	587	2 224	1 234	8 243
红星	339	430	760	538	564	1102	579	575	1 154	500	604	1 104	610	590	1 200	1 151	6 471
红江	360	519	879	370	543	913	523	789	1312	478.5	572	1 050.5	498	642	1 140	1 080	6 374.5
立新	360	500	866	250	670	920	398	707	1105	424	682	1 106	701	1 660	2 361	1 200	7 558
东方红		600	600		871	871		773	773		841	841		1 852	1 852	953	5 890
红旗			/		760	760		1 112	1 112		750	750		1 173	1 173	1 073	4 868
向阳	700	440	1 140	400	440	440	700	817	1 517	680	508	1 188	1 358	608	1 966	1 241	7 892
胜利	400		400	514	427	427	600	495	1 095	856	471	1 327	427	796	1 223	1 050	6 036
合计	2 796	2 889	5 685	2 665	4 775	4 775	3 466	5 799	9 265	3 707.5	5 114	8 821.5	5 231	7 908	13 139	8 982	53 332.6

注:以上表62—67年汇总表。统一现粮数计算。

革命的书写

——一个大队干部的工作笔记

1968.11.22

（1968年）各队积累与财产摘记（累计数）

〈单位:元〉

队别	积累		合计金额	固定财产	公积金——财产	
	公积	公一			余	缺
东风	9 100.77	648.41	9 749.18	7 638.53	1 462.24	
红星	7 999.06	315.15	8 314.21	8 220.14		221.08
红江	8 165.64	577.16	8 742.80	5 329.56	2 836.08	
立新	8 528.63	89.22	8 617.85	6 576.36	1 952.27	
东方红	7 689.05	755.33	8 444.38	6 509.31	1 179.74	
红旗	10 484.80	593.61	11 078.41	9 294.10	1 190.70	
向阳	11 208.83	1 339.93	12 548.76	12 305.92		1 097.05
胜利	7 406.22	347.51	7 753.73	4 458.43	2 947.75	
合计	70 583.00	4 666.32	75 249.32	60 332.35	11 568.78	1 318.13

每户 230.82 元,每个平均 52.29 元。

王继福同志讲〈话〉

1. 除虫问题:防止大小麦虫情严重,如果这次不除掉,损害明年早稻,压速病❶,使早稻严重〈受〉影响。

除虫方法:并水划❷,严格操作过程,像水稻除虫一样(领药按照原来办法来领)。这药只施用〈于〉大小麦,不作其他施用。施用数量,每亩用 1.5 两量,用料子泼浇❸,不能用喷雾机。日期 24、25、26 号,过期不管。

2. 今冬明春打算:①整平土地(联民最差)。②水利问题,倪桥落北渠道加高,新坟头上南加高。

1968.12.15

出席县抓革命促生产会议(在云龙大队)

上午,宋同志讲这次会议内容:

1. 以中央十二中全会公报为动力,打好明年〈基础〉,夺取农业生产大飞跃。
2. 学大寨推向最〈高〉形式。
3. 今冬明春水利农业生产计划。

下午讨论。

---

❶ 原文如此。

❷ 并水划,当地土话,意思是把农药掺水以后,用勺子洒到庄稼上。

❸ 料子是一种施肥用的勺子,泼浇是一种洒掺水农药的方法。

1968. 12. 16

上午,听介绍

1. 云龙大队代表谈,通过学大寨后,大队到目前搞了一些工作体为[会]。全大队 583 户并 5 个生产队;全大队 3 000 多亩土地现平整了 700 多亩;全大队还继续进行,夜里同样干。

为了 69 年夺取农业生产大飞跃打〈下〉好良好基础,当前抓好五项工作:①轰轰烈烈开展积〈肥〉工作。②春花加强培〈育〉管理。③做好水利工作。④平整土地。⑤发展副业,大办牧场。

2. 荆山代表介绍。①通过学大寨,改革 15 个队,平均 108 户。②建立新制度,大寨式管理制度。③毛泽东思想大普及。④清理阶级队伍。⑤学校办到生产队。

二条道路斗争方面:①出现在十大自由方面。②在合作化运动中。③人民公社化。特别在 61—62 年撤队问题上。④在农业学大寨方面。

今后打算:2 年内搞好机耕、道路绿化;3—5 年内搞好平整土地,为大农业生产打好基础;10 年内搞好新村。

3. 双山公社利民大队介绍。

4. 祝场东方红公社红卫兵大队介绍。

1968. 12. 17

上午,听介绍

1. 黄湾群陆大队代表介绍。

(1) 通过学大寨,对手工业、外出人员方面〈处理办法〉。

(2) 通过学大寨,从原来 605 户 24 个生产队改为 9 个生产队。

(3) 办起小型工厂(窑厂、盐厂、加工厂等)。

(4) 全大队已办牧场,各生产除 2 个外多[都]办牧场。

谈了过去该大队对手工业处〈理〉办法比较好。从 62 年起,工业上要退购,自修自收。害处:出现了透支户多。出现剥削人,阶级分化,不利于培养接班人。国家与集体不利,出现了包工制,无质量。公家与私人出现矛盾。

在这次无产阶级文化大革命,学习大寨精神,进行重新改革。通过举旗、抓纲,首先大办毛泽东思想学习班,大学、大忆、大批、大改,掀起大批判高潮。

方法上五先五后:

(1) 先搭架子(成立组织),后分配。

(2) 先突出政策,后业务。

(3) 先行动,后处理。

(4) 先主要,后一般性。

(5) 先上马❶。

2. 长安公社、水产大队(连家船渔民大队)介绍。

---

❶ 原文如此。

3．漳江公社建立大队介绍(狠抓根本)。

(1) 政治挂帅,思想领先,5月1日开始学大寨。

四个到田头。出现当前生产进度快、质量好。现已经积好了早稻肥料。络麻已积156亩,已干了9只浜、6只鱼池。

(2) 突出政策,做好大寨式管理制度。①哪个地方批判得臭,哪个队最好。②在评工记〈分〉、分配上出现斗争 。

(3) 大寨为榜样,大寨式搞分配。①在分配中,有阶级斗争,花样百出,挖出了很多敌人,少留多分,发现透支原因。② 通过斗争,我们大队单为❶分配上搞了9次批判会。③取得今年的积累。去年留5%,今年留14%—16%。④在粮食问题上根据大寨精神办事,听毛主席话,计算用粮,多卖爱国粮。

(4) 走大寨道路,自力更生搞建设。①自力更生,搞基建(晒场、共育)。②自力更生搞三条机耕路,二条大的路。③愚公移山精神,搬岗,并大田垟。

4. 石路公社长联大队介绍。

内容主要有:

(1) 在61—62年推广"三光四不留、粮食按劳分"的害处。

(2) 通过学习大寨,实现大寨分配好处。

下午,听取县革命委员会生产组宋绍宗报告

内容摘要如下:

他说我今天讲三个问题。①全县通过二年来的无产阶级文化大革命,抓革命、促生产的情况。②今冬明春的任务。③当前的工作。

首先谈谈第一个问题。

1. 二年来的无产阶级文化大革命,已经取得彻底的伟大胜利,是毛主席的革命路线的伟大胜利。

2. 从今年3月份以来,开展"三忠于"❷活动,毛泽东思想大宣传,大学习,大普及。家家户户都有毛主席著作,多[都]挂上了毛主席像,深入心中。人人读毛主席书,听毛主席的话,照毛主席指示办事,做毛主席的好战士。这是一件不得了的大事。人人有了毛泽东思想这个威力无穷的武器,用毛泽东思想来武装,自觉地斗私批修,提高阶级觉悟,改造世界观。从城镇到农村多[都]出现新的局面,多[都]做到了早请示、晚汇报,多[都]做五坚持。这个变化都[多]么伟大。无限忠于毛泽东思想,为革命种田。过去站在家门口看到猪棚头,现在呢? 通过学习不是这样了,站在家门口,看到全世界。处处为公打算,处处为公设想,处处为了集体,失[舍]己为人,好人好事不断出现,都做出实际运[行]动(例如桑叶款、秧苗款等)。

3. 无产阶级专政大大巩固。通过几次的坚决大搏斗,终于取得了伟大胜利,实现全县一片红。在分配上推行按劳分配、三光田不留等等流毒。在田横头❸、公房前等,形像[象]化到田头,大大促进了生产。通过大批判,使广大革命群众明确了什么是毛主席的革命路线。在深

---

❶ 单为,指专门为了。

❷ "三忠于"是"文革"初期的政治术语之一,指忠于毛主席、忠于毛泽东思想、忠于毛主席的无产阶级专政路线。

❸ 田横头,当地土话,意思是田的边上。

入开展二条路线斗争中,做到了把清理队阶级队伍纵深发展,挖出很多敌人。全县已挖出 4 000 多人,这些人多是罪恶累累,特别是隐藏得很深、很久的敌人多挖了出来。有的已经混入我们重要岗位、重要职务。当前还继续纵深清理好阶级队伍工作,挖出来的敌人,实行群众定性,实行群众专政。放手发动群众,进行批斗。

4. 农业学大寨行动,全面开展。大寨是毛主席亲自树立的农业上第一面红旗。从省成立革命委员会以来,组织了人员,一批又一批地到大寨参观学习,将大寨可贵的精神——毛泽东思想带回来,全面传播。现全面开展学大寨,家喻户晓,人人皆知,多要走大寨道路,学习他们三条经验:①政治挂帅、思想领先原则。②自力更生、艰苦奋斗的作风。③热爱国家热爱集体的共产主义精神。总的一句话,紧跟毛主席就是幸福、光明、胜利,要步步紧跟毛主席战略部署。我们可以体会一下。

通过农业学大寨,社员破私立公,种田为革命思想大发扬。所以在生产管理上,财务分配上,多[都]发扬大寨精神。口粮自报,工分自报,共产主义风格,相互照顾,互相帮助,共同提高。巩固集体经济,发展农业生产。特出[突出]的表现有:①活学活用毛主席著作,在"用"字狠下工夫。②能自觉地"斗私批修,改造人的世界观,一心为公"。③自觉地爱国家,爱集体,为革命种田。④社员与社员团结,社员与干部团结。能做主人翁态度,大家出主意、想办法,敢说、敢想、敢干、敢创造。⑤能更好巩固集体经济,走大寨之路,创大寨之业。

5. 政治大革命,大大地推动了农业生产,促进思想革命化。今年克服了大大小小自然灾害,取得丰收,超过了任务的一年。早稻增 4.3%,秋粮〈增〉6% 左右,蚕茧增 4.4%,络麻平产,棉花增一成半,猪羊基本平衡,全县 25 万—26 万头。这个胜利是无产阶级文化大革命伟大胜利。

但是在这大好形势下,我们要看到问题,看到阶级斗争新动向、新特点。有如下几点表现,大家可以参考:对照对照最高指示,清醒自己的头脑,紧跟毛主席战略部署,领导好当前的一切工作。

今冬明春工作意见:

1. 什么叫无产阶级文化大革命进行到底呢?要根据毛主席战略部署,据毛主席教导,林副主席指示。大海航运靠舵手,干革命靠毛泽东思想,紧跟毛主席战略部署,搞好斗、批、改。首先认真学习、领会、坚决贯彻党的八届十二中全会❶公报,以公报〈为〉中心的中心,抓好革命,促好生产,为明年夺取大飞跃而奋斗。

毛主席说:建立三结合的革命委员会❷,大批判,清理阶级队伍,整党,精简机构,改革不合理的规章制度,下放科室人员,工厂里的斗、批、改❸,大体经历这么几个阶段。

---

❶ 1968 年 10 月 13 日到 31 日在北京召开。这次会议是在 71% 的八届中央委员和候补委员被打倒的极不正常的气氛下召开的。在毛泽东的主持下,会议通过三项议程:为九大做准备,拟定代表产生的原则和办法;准备修改党章;审查刘少奇专案,将刘少奇开除党籍,撤销其党内外一切职务。

❷ "革命委员会"是"文化大革命"期间中国各级政权的组织形式,简称"革委会"。从上海 1967 年一月夺权风暴开始到 1968 年 9 月全国各级政权,从省一级到工厂、学校的政权机构全部改名为革命委员会。革命委员会实行一元化管理方式,取消中国共产党和政府的分别,合为一体,人员采取"三结合"方式,即包括部分没有被打倒的革命干部,群众组织代表,和工宣队、农宣队或部队军管代表。革命委员会的组织形式一直延续到 20 世纪 80 年代才撤销。

❸ 斗、批、改最初是作为"文革"的目标提出的,主要内容是斗垮走资本主义道路的当权派;批判资产阶级反动学术权威;批判资产阶级和一切剥削阶级的意识形态;改革教育,改革文艺,改革一切不适应社会主义经济基础的上层建筑。中共九大以后,这一运动在全国大规模展开,具体任务是建立三结合的革命委员会,大批判,清理阶级队伍,整党,精简机构,改革不合理的规章制度,下放科室人员。

革命的书写
——一个大队干部的工作笔记

按照这段指示:项项多[都]做好了,那就是文化大革命进行已经到底。

2. 狠抓根本不转向。今冬明春深入持久开展"三忠于"活动,掀起一个活学活用毛主席著作新高潮,深入人心,使贫下中农自觉地学习毛主席著作,用毛泽东思想统帅一切,武装一切,指导一切,改造一切,不断地改造思想革命化。

①深入持久把"三忠于"坚持下去,早请示,晚汇报,经常坚持下去,不动摇。在同时召开学习毛泽东思想积极分子讲用会议,交流经验,经常不断地比忠、讲忠、表忠、献忠。坚决把"三忠于"坚持下去,人人做到〈心〉往忠字上想,劲往忠字上使,血卫[往]忠字上流,命往忠字〈上〉献。只有突出毛泽东思想,才能做好一切。②世界观的改变是根本的改变。毛主席说,在阶级社会中,每一个人都在一定的阶级地位中生活,各种思想无不打上阶级的烙印。人的世界观,通过活学活用毛泽东思想来改造好。根本的改变,首先抓思想革命化,经常不断地向自己头脑里〈的〉"私"字开火,自觉地斗私、批私,狠抓破私立公,为共产主义事业献出自己的一切。③对毛主席每项最新最高指示,要闻风而动,迅速传播,想尽办法〈以〉最快速度,使群众更快听到毛主席的声音。对毛主席战略部署步步紧跟,一丝一毫不走样,坚决照办。④大学习、大宣传、大贯彻、大落实党的八届十二中全会公报〈是〉当前政治的政治、中心的中心。你学不学,宣传不宣传,是对毛主席战略部署〈的态度的〉大问题,对毛主席忠不忠的态度问题。⑤深入开展批判,内容各方面、多花样开展。

3. 对于毛主席指出的农业学大寨的号召,在学习党的八届十二全会公报鼓舞下,乘东风,同时结合更进一步学习大寨,坚决听毛主席的话,走大寨之路,走共同富裕道路。学习大寨,要掌握根据,首先树立大寨人坚定不移〈的决心〉,树立毛泽东思想红心,走自力更生道路。通过学习大寨,认识目的,落实规划。

发展集体经济,大办畜牧场为农业生产服务。注意原则有:①国家与集体问题。②别人与集体问题。③个人生活与集体问题。

关于砖瓦厂问题,不要办了,据当前来看是不利于农业。为此县不欢迎,不支持,要反对。

4. 学习大寨,干部什[怎]么办。

① 带头活学活用毛主席著作,带头破私立公,不断地、自觉地改造自己的思想,使思想革命化,把自己当革命的力量,又是当革命的对象,不断自觉斗私批私。②带头参加集体劳动。我们犯错误,从不劳动开始,懒、暂[谗]、偷、贫[贪]、变,走上犯法道路(明年要求大队干部劳动 200 天以上多一些)。③坚持相信群众,依靠群众,有事同群众商量,不要包办团体[代替]。④坚持自力更生,艰苦创业,发扬艰苦朴素的优良作风。

对社员来讲,深入开展"三忠于"活动,狠抓根本不走样,破私立公,实现思想革命化,为革命种田。

附注:要求大队主要负责同志抓好一个生产队。

5. 机械化问题(国家投资重点放机械化,永康、杭州)。

在 68 年的基础上要逐步实现农业机械化。毛主席早就教导我们说,农业根本出路是实现农业机械化,解决工农之间差别。由于以前中央出现二个司令部,反对毛主席对农业上提出的指示,把毛主席的声音封锁起来。这次无产阶级文化大革命摧毁了这个黑司令部,最近浙江富阳召开了二省一市农业机械现场会议。他们也做出打算,按照毛主席指示 10—15 年逐步实现机械化。首先我们人的思想革命化,才能带动机械化。人有了革命化思想,(才能)迎接机械化。当前首要任务是如何样〈发扬〉愚公移山精神,平整土地,做好一切机械化整备,迎接机械

〈化〉到来。

现有机械的地方把机械队伍清理好,如果混入队伍,清除出去。

6. 加强今冬春花培育管理。

①当前出现有的地方自满麻痹思想,有的地方怀〈畏〉难情绪,船到桥门自会直。这两种思想迅速纠正,加快步伐,加强培育,好的苗加强防冻,次的苗加强施肥,〈施〉杂肥。②蚕桑管理。加强加土,积肥,挑稻干[秆],培育新桑园,注意今后大农业生产打算。有些地方现有为了有利与[于]进行机械成方[块]生产,要倒伐。要有计划培育好幼桑,自己解决,因明年没有桑秧面积,只是自力更生为主。

7. 水利问题:①全县打算开四条大型的,小型的公社自己规划。②水利电灌设备机械没有了,重点为农业机械化打算。③电灌机械要修的就可送厂。

附注:绿化造林问题,四边搞一搞,三到五年可以解决。

8. 积肥问题:①大打人民战争,积好肥料。干浜、罱泥,积足肥料,为明年农业大飞跃打好基础。②大力发展集体牧场,解决肥料。

9. 渔业生产问题。

10. 收贷回笼问题。

要扭转社员收入年年增加、货[贷]款年年增加〈局面〉。在这次大搞声势,大搞增产节约,精打细算,不要大手大脚。勤俭持家教育,节约人人敬,浪费可耻,反对铺张浪费。大摆酒席,复旧思潮,坚决压下来,进行一次封建大扫除,肃清其流毒。

11. 分配问题:①迅速按[安]排好三者关系,要求 1 月 15 号结束。②要求各大队黄豆出售问题,现实验油厂 60% 开工,其余停工。③今年的品调❶有问题,明年要纠正,缺粮可调,余粮一律不调。

明年的任务,总的方针:高举毛泽东思想红旗,突出政治。以阶级斗争、二条道路斗争为纲,认真贯彻毛主席亲自制订[定]的鼓足干劲,力争上游,多、快、好、省建设社会主义总路线。贯彻以农业为基础,工业为指导,全面发展的总方针,贯彻备战、备荒、为人民的战略方针,努力争取农业上有更大的飞跃。在农业上贯彻以粮为纲、多种经营、全面发展的方针。

奋斗目标:全省要求达到农业《纲要》,实现 800 斤。

全县初步设想:粮食产量达到 41 014 万斤,在 68 年 37 400 万斤增加到一成❷。

1968 年各队落实面积　　　　　　　　　　　　　〈单位:斤〉

	1969 年	1968 年	
春花亩产	230	212	增 8%
早稻亩产	600	563	增 6.6%
晚稻亩产	619	550 预计数	增一成
山茹亩产	550	500	增一成
黄豆亩产	160—170		增一成

---

❶ 品调指粮食品种的调换。例如,盐官地区可以用小麦、蚕豆、山茹干等向国家粮站调换大米。

❷ 此处应理解为在 1968 年基础上增加一成。

革命的书写

——一个大队干部的工作笔记

	1969 年	1968 年	
油菜籽亩产	140		增一成
络麻亩产	600	530—540	
棉花亩产	137		

蚕茧 20 万张,〈张〉产量 60 斤,总产 96 300 担,超过战前(1937 年)水平。

〈1968 年蚕茧生产统计〉

	产量(万张)	〈张〉产量(斤)	〈1937 年张产(斤)〉
春	7	75	72
夏	3	60	57
秋(早、中、晚)	10	50	45

畜牧,大力发展集体牧场 1 500 个,平均 10—15 头达到存栏,年底除宰掉,净 23 万头。

羊达到 27 万头,在 68 年 26 万头〈基础上〉增加 1 万头。水产 2.5 万担,在 68 年 2 万担〈基础上〉增加 5 000 担。

1968.12.18

记　　录

上午讨论,下午讨论到 3 时集中听介绍。

夜里总结,县革委会宋同志报告。

他说,总结同志们早已总结好了,我想向同志们提几个意见,回去的工作:

1. 大海航运靠舵手,干革命靠毛泽东思想,开展大办毛泽东思想学习班,活学活用毛泽东思想。抓住党的八届十二中全会公报,落实公报,提高二条路线斗争觉悟,进一步清理好阶级队伍,抓好革命,促好生产。

2. 抓住全面规划,加强领导,在狠抓革命基础上抓好基本建设、畜牧场蚕桑等。

3. 根据你队、社具体情况,逐步贯彻,结合贯彻,高举毛泽东思想伟大红旗。

海宁县革命委员会扩大会议:

1. 必须高举毛泽东思想伟大红旗,自始至终把会议开好。

2. 会议期间万难会客,不准通电话,不准迟到早退。有意见不准把大字报[贴]上街,有意见可用小字报上交。

3. 注意机密,不准向任何人告诉会议精神。

4. 注意保卫工作和卫生工作。

1969年

1969.1.2—1969.1.3

记　　录

1969 年 1 月 2 日报到,3 号上午开始。

大会听军政委关于八届十二中全会内容报告。毛主席提出三个问题:①是否要搞文化大革命。②成绩是主要的还是缺点主要。③是否要把文化大革命进行到底。

八届十二中全会❶代表 133 人,正式党员 131 人,其〈中〉委员 97 人,中央委员 50 人。

参加九大代表条件:

1. 正式党员。

2. 要坚定不移地站在毛主席路线一边。

3. 政治清楚。

1969.1.6

记　　录

上午,讨论二条道路斗争的历史;下午,继续找成绩,文化革命是否要搞到底。

记要:不搞无产阶级文化大革命是不到[得]了,又要出现上无顶天,下无立地,三无妻子,四无吃穿;又要家破人亡,人头落地。

1969.1.7

上午,集中听发言

摘要如下:

工厂代表谈:

1. 在学习毛主席著作,深入人心,家幼[喻]户晓,毛泽东思想大普及。

2. 大锻炼了广大革命干部、革命人民,夺取政权。

---

❶　1968 年 10 月 13 日到 31 日召开。出席会议的 133 人,其中八届中央委员和候补委员仅 59 人。其余为中央文革小组全体成员和各省、直辖市、自治区革委会负责人和解放军的主要负责人,共 74 人。

3．毛主席最新指示,畅通无阻,闻风而动不过夜。

4．进一步强化无产阶级专政,巩固无产阶级专政。

5．全国亿万人民更加大团结,人人关心国家大事。

6．革命的历史火车头,带动各方面生产出现了跃进局面,"抓革命,促生产"达到了空前大丰收,多[都]提前完成68年任务。

7．把马列主义发展到一个最新阶段。

8．挽救了许多的革命干部,提高认识,明确方向。

9．中国共产党更加纯洁,更加巩固团结。

10．毛主席的革命路线,取得了决定性胜利。

红星公社代表发言。〈认为〉形势大好,表现如下:

1．毛泽东思想大普及。

2．毛泽东思想大传播全世界。

3．对广大干部更加坚定。

4．对红色接班人培养,多经得起风浪考验。

5．巩固了国防大发展,最近爆发了氢弹上天。

6．对工农业生产大发展。

7．对交通事业大发展(例如长江大桥)。

8．新安江(水电站)提前完成任务。

9．对一小撮阶级敌人实现无产阶级专政。

10．军民大团结。

11．对农业生产出现了跃进局面,一片大好形势。

1969.2.28

下午,召开生产队长会议

内容如下:

1．贯彻昨天会议意见。

2．送兵准备,生产队的打算如何。

3．生产问题,当前需抓好几项工作。

意见:①开沟排水,降低地下水位。②大力加强春花培育,施上重肥料。③对油菜加强培育。④做好蚕业准备工作。⑤做好早稻备耕准备。⑥做好山茹窖工作。⑦财务工作意见。

1969.3.12

下午,大队召开出席公社"抓革命,促生产"会议筹备会

内容如下:

王张堂同志传达公社会议精神,并谈当前生产,提出几个问题:

1．对春花加强培育、降低地下水位、施肥等工作。

2．做好共育室准备工作及早稻问题、山茹窖问题。

3．水利问题。提出水利当前必须抓紧。经讨论后决定各队负责应做的地段立即修好。

对王河坝问题,章桂松提出一系列问题。后来解决该队 15 工,在 13 号开给他工票。赔偿春花问题,我在 13 号量好交给大队。

王河填坝损失春花面积如下:

南面小麦地长度 26 尺,阔 16 尺,416〈平方尺〉,0.624〈亩〉(一类麦)。

北面岗小麦地长度 24.4 尺,阔 11.3〈尺〉,27.572〈平方尺〉,0.414〈亩〉(三类麦)。

南油菜田踏掉长度 18 尺,阔 6.4 尺,115.2〈平方尺〉,0.173〈亩〉(三类菜)。

(当时在挑泥时社员们评定类型)

1969.3.18

夜,召开四大组织会议

首先有[由]周胜林同志传达人员分工问题,其次有王张堂同志谈开展下一步工作意见。

东方红:陈利英、陈双世、胡如丰、邹子明、周生康。

工作步骤:元旦讨论,二条路线斗争史学习。

1969.3.22

夜,东方红生产队四大组织会议

以下记要是 22 号夜东方红队打算老农谈心会人员:陈阿臣、英七宝、陈子华、陈彐臣、冯荣涛、王新章。

如下前段清罪人❶:章有仁、冯子山、袁宝林、陈德明。

开一个谈心会。

陈才明同志:谈以前对章有仁问题,弄得半巨不怪,有些人怕嘈怪❷。

陈德明讲:对章有仁问题,对弄死章松林问题。①章松林母亲同杜进宝做奶娘。章松林一贯赌,后来偷了杜家东西,放在章家。结果章有仁出钞票抽手❸,抢杀章松林在长生路。时间 6 点半左右,我是看见的。②过去区分部是有的,这里是第三区分部。长春庵做和尚。是杜小毛奶母一批钞票给他,骗来了。王金春、李征良、朱七毛、徐国昌、徐三男、贾维林、祝纪庭、陈林宝、沈丙故、冯全庆、冯农林、冯劳林、章有仁、章供彬、冯纪荣、沈兆康当时是地报[保](称地脚鬼)❹。

章桂松讲:①"四清"时吃过苦头。②弄弄还是不弄好,日日碰头❺。以前段弄过的,只有一个老实(冯子山)。其他的反而猖狂,继续弄桑柴❻。(袁宝林)政治问题,"三忠于"搞不起来,卸掮架❼。

---

❶ 下面是前阶段清理阶级队伍时清出来的罪人。

❷ 当地土话,意思是事情做得上不上,下不下,做一点儿就没法做下去了,因为有些人怕得罪人。

❸ 出钱请人(帮忙)。

❹ 地保、地脚鬼是指当地 1949 年以前替国民党政府在地方上办差的那些人。

❺ 当地土话,(在"四清"中),与其参加揭发批判,还不如不参加,大家天天都见面(面子上过不去的)。

❻ 这句话的意思是,以前受到揭发、批判的,只有一个冯子山是老实的,其他的人反而更加猖狂,他们继续把集体地里的桑树弄到家里当柴烧,损害集体利益。

❼ 当地土话,意思是不负责任,不挑担子。

陈德荣讲:对以前揪出的,按照以前执行。到现在没有老实,如果不老实,实行群众专政。

1969.3.23

夜里,召开老农座谈会议

参加人员有陈子华、陈彐成、陈阿臣、王新章、莫七宝、冯荣涛、王金五、周生康。

冯荣涛讲:虽在大队干部多,政治空气薄弱。生产队里社员来看,见党怕,特别是陈德明。对陈德荣问题,说他父做什么,他对准新干部,对清理阶级队伍分散,对准大部分,在这次会议可以看出。他自己站错过队,而到现在还没有站过来。有人向他提了意见,他吃酒装醉骂人。对三户成分问题,冯茂才、冯柏林。

用长工。冯金城长工不用,丝棉厂都开的。当前生产不求质量,桑树三年不施肥。

陈阿臣讲:对冯茂才,大队走资派。对生产队到现在来看未清,有时反而倒算翻案。开展"三忠于"以来,没有参加过,宝书没有带过,没有喊过毛主席万岁,开会勿参加,及[极]少参加,表现及[极]为不好。对国家忠字粮不满,大发老哨[牢骚],报少50斤。后来他减了20斤,出售30斤。

王新章讲:冯茂才虽在他垮台,心不死,生产队里势力还很大。

陈阿臣讲:冯茂才负责造这只共育室,社员个个很心痛,有口难说。陈德明在成立贫宣队时装醉骂人。

王金五说:对章洪彬,要求弄弄清楚,不弄清楚也是不好的,他问题,我晓得,没有大问题。弄弄好。

张召享讲:陈德明在割双季稻时,自称我就是黑里头❶,你要揪叫揪好了,我就是要2条。

陈彐成讲:在土改时是评老❷富农。南面王益堂、北面冯茂才,为什么不评老〈富农〉呢?其中,有7亩多点荡面积除掉,评不老。当时,评牢富农,他生病不知道。后来他好了,发觉是富农,他来一个办法,变为中农。总家有祭产,本当各户应分,后来冯子欣评了地主,多推他身上(应该三房分)❸。

王新章讲:冯茂才在64年左右和他妻在上海歇过夜,姓陈,父在香港。

1969.3.24

夜里,召开老农座谈会议(第2天)

参加人员有冯荣涛、王新章、张绍亨、陈阿臣、陈彐成。

冯荣涛讲:当前为何发动不起,主要原因冯茂才为首,他的心腹人陈德甫、冯树康、陈德明、陈德夫负责政治队长。物资保管一样不负责,物资浪费现象很严重。特别是蚕业问题上,去年损失最大。例如,防干纸。

---

❶ 黑里头又称黑鱼,河鱼的一种。黑鱼喜欢钻在河底的泥里,一旦游动,就会把水搅浑,在"文化大革命"中,浙北一带把那些会把事情搞得一团糟的"坏人"称为黑里头。

❷ 评老,又写成评牢,当地土话,意思是评上,被评为。下同。

❸ 这句话的意思是,上辈有共同财产,传到下一代应当按规矩分,但是,冯子欣评了地主以后,冯茂才就把他的那一份都推到冯子欣的名下(这样,他家的土地就少了,就评不上富农了)。

陈阿臣:讲冯茂才表现,可以看出从他上台后一贯走资本主义路线,自发富农经济。特别在无产阶级大革命以来,对毛主席一点不忠,抵制毛主席革命路线,不服气。"四清"时退200元要倒转来。再[最]近同评议组大闹意见,明明不实,7.5分,硬要评上。冯茂才吃坟酒。

1969.3.26

出席大队会议摘要

对敌斗争中,必须注意政策。

1. 利用矛盾,各个夺[突]破,争取多数,反对少数。

2. 要认真注意政策。戴帽不能随便戴,按党政策办事。九种人对照,人证、物证、旁证。下去干部同生产队四级干部,掌握心中有数。开会要有计划。听话要好话、坏话,特别是反对的话多听。

3. 坚决执行坦白从宽、抗拒从严。在坦白一分钟以前,还是按照坦白从宽。如戴上帽子的,也要从宽,但是需要准备好确实材料。历史从宽,现形[行]从严。〈初犯从宽〉,再犯从严,新老账一起算。

4. 重证据,轻口供。要有人证、物证、旁证。标准〈是〉不放过一坏人,不冤枉一个好人。

5. 坚决执行毛主席指示,打击面要小,教育面要宽。批斗从严,处理从宽。肃清其流毒,确[扩]大改造面。不能用感情来代替政策,〈否则〉是错误。

清理定案有那[哪]几个:

地、富、反、坏、右、叛徒、特务、死不悔改走资派、现刑[行]〈反革命〉。走资派看他四个方面:

1. 要有要案部分,是否反对毛主席。

2. 所犯错误是历史,一贯,〈还是〉偶然。

1969.4.13

祝会完小开会

省核心小组王子达传达:4月4日在地区革委会讲话。

北京来电,讲两点:①准备打仗备战。②要认真总结经验,落实一系列的党的政策,并说浙江落在形势后边,加紧落实。

当前落实各项政策的基本情况,毛主席今年发最新指示中,不断反复指出了政策问题,省革委会多[都]作了贯彻,做出了不少成绩:

1. 狠抓了学习班,反复认真学习了毛主席指示,批判了执行中各种错误的思想。各地多出现典型。永康县总结"四靠四不靠"的经验:①靠党政策,不靠逼、供、信。②靠广大群众,不靠神秘化。③靠证据,不靠口供。④靠调查研究,不靠材料挂帅。

当前有些地方搞逼供信,采用关牛棚、挂牌子〈的办法〉。

2. 能够区分两类不同性质的矛盾,认真搞好定案工作。上虞县在清阶〈工〉作中抽[揪]出85个,22个作了敌我矛盾处理,其余作了内部矛盾处理。全省不少地方召开了宽严大会。

浙大、农大,通过大会有200多人交代了问题,各地进行调查研究,发现问题,正确对待。

义乌县清阶工作中,有个大队抽揪出了45名,按照敌我矛盾〈处理〉36名,〈后〉经过调查研究,落实政策,处理了 22 个敌我矛盾。

全省有些地方还存在着问题:

1. 对党的政策只停留在一般号召,没有落实下去。没有原原本本落实到群众中去,也就不可能被群众所掌握。省革委会据调查组汇报:兰区县有个公社,1/3 群众不了解党的政策。

2. 有的地方对毛主席提出打击面小、教育面要宽〈的政策〉有几种反映:有的说先抽[揪]出来再说,不管大鱼小鱼捉了再讲;有的地方混学[混淆]了二类矛盾。

德清县有个公社〈的〉红旗大队在清队工作中,抽[揪]出 30 多名,其中有 16 名没有证据,15 名没有旁证材料。

3. 还有地方提出抗拒从严,坦白也从严。杭州皮夹厂打一个贪污犯,关起来不给他吃饭,不给他大小便,叫他吃便饭❶。有些地方把抽[揪]斗对象,半夜起来叫他跑步。有些地方轮流打揪斗对象。再[最]近省革委会收到不少来信,过去站错队,参加保守组织,被关被揪,有些跑出去不给出路,来信要给出路。

4. 有些地方认为落实党的政策,过去所搞清队工作认为多[都]搞错了,揪出的人多[都]弄错了。认为党的政策宽大无边。新昌县一个红旗大队揪出 45 名,当前要落实政策,错误地认为多[都]揪错了。阶级敌人乘机钻空子。大队领导小组有 10 人,9 个人被揪斗或准备揪斗。

5. 表现在执行农村经济政策问题。前阶段开展学大寨,学习好的取得了不少成绩。但不少地区搞了并队,搞了新的核算单位所有制。有的出意[出于]群众有[自]愿,但也有提法是错误,说什么不搞大队核算,就是反对毛主席。富阳有个大队搞得分而不合。新昌县搞了 84 个大队核算。

平湖县 70% 自留地交还归公。母猪减少 1 万多头。竹园地也破坏了一部〈分〉。67 年统计 3 537 个大队,现在改为二级所有 163 个大队。安吉县减了 68 个大队。

全区生产队有 36 361 个,据汇报,除长兴、桐乡外,8 个县也并了 15 406 个生产队。吴兴县并了 1 585 个生产队。

(省五讲)

上述情况落实,政策有些阻碍了。当前落实政策问题,有的说领导做好人,我们做坏人。领导上"怕、难、偏"。怕字当头,不敢讲政策。明知不对,不讲政策。偏字,忽左忽右。当前有些落实政策有形左实右不良情况。

当前贯彻落实毛主席一系列政策时要注意几个问题:

落实政策时,认识不统一,影响红色政权,直接关系到新型的政权巩固发展,影响斗、批、改任务的完成,影响 69 年无产阶级大革命全面胜利。因此必须统一认识,加紧落实政策,是当前形势的需要,是备战的需要。

1. 首先思想认识上高度认识政策意义。伟大领袖毛主席所订[定]一系列政策是代表广大革命群众根本利益。落实不落实党的政策,是对毛主席忠不忠态度问题。路线与政策关系问题,首先决定于路线问题。但政策落实不落实,如果落实不好,将干扰路线。如果不了解这一点,同样是路线觉悟不高的表现。毛主席无产阶级政策是:路线决定政策,政策体现路线。这是不可分割的整体。增强落实政策,特别是当前无产阶级文化大革命发展到斗、批、改阶段,

---

❶ 吃便饭,当地土话,意思是不为客人专门准备饭菜,有什么吃什么。

我们每一项工作,每一个步骤,多[都]带有很强力的政策性。毛主席教导我们说要注意政策,必须注意政策,认真注意政策,有重大意义。毛主席革命路线,毛主席政策思想是我们执行各项政策的灵魂,因此落实政策是路线斗争的继续。如果不认真落实政策,执行政策,就有可能被敌人有机可乘,一小撮阶级敌人,多[都]是要利用我们队伍中的错误倾向,从右的方面或极左方面。

2. 必须严重批判不正确执行政策错误。认为落实毛主席各项政策是革委会的根本任务,也就是无产阶级政权与资产阶级政权区别的根本标志。但要看到不少地区和单位,还没有落实政策。已经开始落实政策,还存在着落实与反落实,存在着形左实右的坏现象。无产阶级政权,必须执行毛主席各项无产阶级政策,离开了毛主席各项无产阶级政策,就不能为无产阶级掌好权。无数事实证明,凡是认真落实党的政策就是胜利,如果不落实政策就是失败。我们清醒地看到,我们所做的每项工作多[都]是实行政策,不是实行正确政策,就是实行错误的政策。无产阶级文化大革命发展到斗、批、改阶段,不去高度认识落实政策的重要意义,就会不执行政策,自搞一套,就会干扰革命,就会走到邪路上去,就会被敌人钻空子。因此,落实不落实党的政策,是忠不忠于伟大领袖毛主席〈的〉态度问题,是大方向问题。

我们必须同一切破坏落实政策的现象做不调和的斗争,坚决捍卫毛主席的政策。在政策上,态度必须鲜明,立场必〈须〉坚定,要求必须严格。决不能调和,决不能手软,决不能自由主义。不要怕以[有]极左的思想的人说我们右倾。

3. 必须在运动上实行政策。当前落实〈政策〉是斗争的大方向,是搞好斗、批、改的关键。毛主席的革命政策,是代表了广大革命群众最根本的利益。广大革命群众对毛主席政策,理解得最好,适[运]用得好,执行得坚决。因此认真正确落实政策,是团结广大群众,战胜敌人的法宝。

①区分二类不同胜[性]质矛盾。这[只]有正确处理二类不同性质矛盾,才能团结二个95%。在二类不同性质交叉一起时候,能不能处理区分不同性质的关键。②必须认真执行毛主席的干部政策。从我们省情况来看,存在着距离是不少,有些是立场,有些是认识问题。当然认识问题,也是立场问题。特别正确对待,推一推推下去、拉一拉拉上来的人要处理好。③必须注意正确处理群众组织问题。无产阶级革命派立下了不朽功〈勋〉,但是,还要立新功。应该听毛主席教导,不要吃老本,要立新功,对枝节问题要让步。下面不记下去。

对认真落实政策,提出"五个不准":

1. 不准打人,即使敌我矛盾也不准。
2. 不准随便揪斗。
3. 未经批准,不准随便隔离审查。
4. 不准搞逼、供、信(即使叛徒、特务)。
5. 不准乱扣工资(个别应该扣,批准)。

有关农村经济政策省有通知。

1969. 4. 22

在大队召开领导小组人员会议

贫宣队负责人周胜林、陈德荣也参加。

有王继福、李叔康、王红堂、章默兴、冯恒兴、贾维清、王宝芬。

上午,学习报刊问题,小组讨论发言,各[个]人看法与个人的体会。

下午,首先谈全大队情况,为何样开展工作,特别领导小组人员取[起]到带头作用,如何改变联民大队面貌。

1. 关于继续深入持久开展"三忠于"活动。"三忠于"行动促进各项工作,威力无穷。我们体会前一段总结一下,更进一步,突出表示对毛主席无限忠心。

2. 大队抓典型问题。现在来看红江生产队比较好,可以看一下现场取经。各队开展举办学习班。关于统一领导问题,生产队发现小问题,可以当即[机]立断解决问题,组织建设问题,大的生产队可以搞一下。

3. 对83工地问题,暂决定周祖林、袁阿培。

4. 对教育问题。

1969.4.27

夜 8 时,听广播报告

1. 关于无产阶级文化大革命的准备。

2. 关于无产阶级文化大革命的过程。

3. 关于认真搞好斗、批、改。

4. 关于无产阶级文化大革命的政策。

5. 关于我国革命最后胜利。

6. 关于党的整顿和建设。

7. 关于我国和外国的关系。

8. 全党全国人民团结起来争取更大胜利。

1969.5.3

夜 10 点 30 分,听广播,中央电台重要广播

五四运动50周年,青年运动的方向❶。1919年5月4日

谈谈几个问题:

1. 中国的革命是反对什么呢?

2. 我再谈到青年运动。

3. 抗日战争。

4. 我要说到延安的青年运动,延安的青年运动是全国的方向。

1969.5.12

大队学习班发言

领导组人员思想建设学习班,参加人员有公社陈张金同志、工宣队沈同志、大队造反总部、

---

❶ 《青年运动的方向》是毛泽东在延安青年群众举行的五四运动20周年纪念会上的演说,编入《毛泽东选集》第2卷。

贫宣队组织人员。

1. 由于我思想没有改造好,在去年 7 月 21 日成立领导小组以来,一贯抱着不负责任的态度,推一推,动一动,怕再出问题。

2. 在有一次领导小组会议上提出新、老账一起算,对工作更消极。

3. 在这次又听了新情况,所以抱着在这次整顿组织上,整掉最好,不整掉也不高兴。这样下去,今后没有好下场。私是[心]大作怪。

1965.5.17

出席大队召开"抓革命、促生产"会议

参加人员有:大队革命领导小组人员、生产队队工、贫宣队负责人、专政组负责人、造反总部负责人。

有章默兴同志宣读搞好斗、批、改。王继福传达公社会议〈关于〉分配问题:①开展"三忠于"活动。②生产问题。③分配问题。

1. 突出政治,掀起一个新高潮,展开大批判。

2. 生产问题。狠抓早稻插秧,特别是早熟品种矮一、连塘〈早〉立即要插好。现在来看,最好东方红队,因早熟品多,形势所迫;胜利队再[最]差的。早种这批要求肥施下去。络麻生长同样跟上。山茹育苗问题,油菜防止浪费,桑叶调配不超过 7 元。

3. 分配方面。特别粮食分配总的是学大寨,以大寨精神进行分配,自报公议。以"老三定"为标准,不超过 500 斤。菜按需分配。油可根据讨论办事。畜牧报酬,可根据去年参考,猪不能下降。公积、公益按讨论办事,以大寨为榜样,多留公共积〈累〉。

油菜籽任务根据去年办事,现暂不动。新政策未来,仍旧按原来办事,明年不能调正[整]。

茧子收购,自留茧仍按去年。但是说明,春茧要求出售,自〈留〉在下半年的茧。

增购粮问题,能够出售的话,要求出售一部分。

化肥料问题,即将分下来,现已在县里。

4. 教育问题。对教师自留地应该划给他,根据生产队情况,柴草、食油同样处理,粮食 500 斤,但看情况决定。

张堂补充意见:

1. 要求 20 号前施足肥料,做得勤灌浅灌。

2. 要求质量问题,一定从头到尾抓住质量,到后来做得更好一些。

3. 掌握虫情,多检查,发现即除。

4. 要机站开一个放水员会议,多检查,总结经验,吸取教训。

1969.5.19

下午,听公社召开广播大会

内容:有关蚕业问题。

1. 做好春蚕后期管理。大〈家〉知道,大眠后吃一口叶吐一口丝,要吃饱吃足。稀放 26 只匾[籭],但是看情况。要做得稀,吃得饱,吃得好。提高茧子质量,要 200—220 棵,公社要求

不超过 250 棵。

2. 注意防止高温,有效措施的根本办法是稀放。

3. 注意节约桑叶,我们口号:节约一张叶,多吃一只蚕,多采一个茧。

1969.5.26

出席公社报账及开会

陈同志传达,内容摘要:

1. 机站工作如何更高举毛泽东思想红旗,认真学习"九大"精神,落实指示。组织"九大"文献学习,当前最大政策。

2. 今年的指导思想要二手准备,旱、涝打算。备战、备荒、为人民。

3. 人员问题要落实。领导关系问题。

总的来看,狠抓根本:

1. 狠抓活学活用毛主席著作,学了就要用。

2. 狠抓毛主席一系列政策,落实政策。

3. 狠抓阶级斗争,不忘阶级苦,回忆对比大批判。

4. 狠抓领导班子革命化,做样子,推全面。

1969.5.27

夜里,出席四大组织人员会议

首先有[由]王张堂同志谈今夜会议内容:

1. 这次听九大录音人员。

2. 清队。这次发到生产队后,情况如何,大家汇报一下。

3. 这次公社隆重庆祝红江公社革委会成立一年庆祝大会,在 30 号夜里召开。出席人员:四大组织人员,每个生产队不少〈于〉10 人,提早歇工,大队集中出发。

4. 生产情况:插秧情况、蚕业情况。

5. 学校开学问题。

6. 分配问题。

后来进行讨论,10 点多散会。

1969.6.2

下午,机站召开各生产队用水管理员会议

贯彻如下:

1. 学习王根凤同志先进事迹:一不怕苦,二不怕死。

2. 总结去年用水情况,汇报。

3. 提出今年用水的意见,同时贯彻公社会议精神,并提出要求:①今年的气候情况。②当前灌溉情况,在 6—7 号除虫。③今年结算的意见。

1969.6.23

听公社广播大会记要

冯百全同志讲话。

为投售麦秆印制宝书广播大会。联新大队李继成同志讲讲大队出售麦柴情况:红星生产队超额完成任务。有[由]王生康同志学习班回去立即运动起来。我们贫下中农热爱红色宝书。有朱小毛同志分进了柴,超额完成任务。

1969.6.26

出席公社水利会议摘要

徐武臣同志传达:

1. 学习问题。

2. 停电问题(总数 170 千伏)。

3. 谈家塘开坝问题。

总结 1967—1968 年收费记录　　　　　　〈单位:元〉

队别	67 年	68 年
东风	205.52	150.24
红星	212.34	159.70
红江	165.86	147.35
立新	193.47	170.14
东方红	135.84	130.54
红旗	169.61	146.43
向阳	146.53	159.41
胜利	236.43	209.29
合计	1 465.6	1 273.10

上交公社折旧费 187.68,管理费 185.78 不在其内。

1969.6.30

夜里,中央电台广播

最新指示:九届一中全会教导我们,无产阶级文化大革命,还有些事没有做完,现在还要继续做,譬如讲斗、批、改。

毛主席谈到整党建党,指示我们每一个支部,都是要重新在群众里头进行整顿。要经过群众,不仅是几个党员,要有党外的群众参加会议,参加评论。

革命的书写
——一个大队干部的工作笔记

1969.7.8

下午,出席大队会议

参加人员:王阿全、周胜林、李叙康、周志华、周生康、王张堂、章默兴、陈德荣、冯锦良、王有宝、贾维清、陈望炎、冯恒兴、贾洪林。

贯彻会议内容:办学习班形式,时间 4 天。

联民大队毛泽东思想学习班。高举九大团结大旗争取更大胜利,破革命到顶思想,立继续革命思想。

1969.7.9

上午,听报告

首先有[由]章默兴同志〈致〉开幕词:

1. 学习班的主要内容:贯彻中共"九大"会议重要讲话,同省、县党代会议精神。

①贯彻重要讲话。②讨论生产队里从团结出发。③以斗私批修搞好团结。④农业学大寨,主要分析问题。

2. 大会作息时间要求遵守。

王张堂同志传达公社精神:

1. 公社会议精神。

2. 高举九大旗帜,争取更大胜利。

3. 怎样来搞好团结。

1969.7.10

上午,听发言

陈望元同志谈出席公社党代会议过程、自己的体会。

参加向阳队讨论。

提问:徐觉夫,透支户不交,公共积累不交,人口 4 人,口粮要拿,柴草要拿,如何办?

1969.7.11

大队会议记要

上午典型介绍,下午讨论,集中结束。

东方红生产队陈德夫介绍:

1. 关于 69 年分配问题,在大队召开分配会议,按照大队工作会议精神。回去首先召开队务委员会,畅读了这年的分配问题。有的讲今年多分少留,有的说少分多留。主要来看流毒未清造成。

2. 粮食分配问题,也再现了一些思想问题:①大寨自报,我报了后仍旧不吃饱。②粮食自报,出劳动也自报。③劳少吃口重,很多顾虑。

在统一认识基础上首先要抓:①学习毛主席著作。②领导要有个数账,计划好种子、饲料、口粮,交底再进行安排,再办学习班。

在办学习班作了一个充分准备,目地[的]我们分:①学习九大公报,二报一刊社论。②回忆思苦。③三者安排问题,口粮、经济。④分人自报,大会评议。

第二过程,出现活思想,超过五六千斤。

在评议上问题很大:①鸦雀无声。②认为我少不来❶。

在这种情况下如何办呢? 主[只]有学习毛主席著作求答案。

①解决矛盾。②干部路线。进行组织一个评议组,评议组统一认识,进行公布。有[由]下到上,有[由]上到下进行公布,下去听取意见,再回上来,吸收代表参加,进行研究。

1969.7.13

出席胜利队召开的社员大会记要

王张堂讲:关于团结问题。

当前胜利队发现一些情况:

1. 生产队目前生产问题。

2. 思想问题。

3. 今年到目前止,借出储备粮 4 138 斤这个问题,要订出计划,归还生产队。

张丙松讲:对于这房子问题,到目前为止,照我看法是少数人负责。我早就发表二句话:造共育室我没有意见。用钱要看蚕,吃饭要施药,对养不利,所以,我提出造到这里是不合适❷。我认为:造共育,我反对。造仓库,我完全同意。我认为大溇底,高低合适。

阿四讲:这公共育室造到这里是完全不合适,造仓库,挑来东西便当,就合适。我认为大河摊老路西。

冯子康也同意。冯荣坤也同意落北。

冯再兴:我个人意见上南的,理由是造在这里,挑来东西便利。

沈永顺:照我个人意见也同意造南面原处。

冯恒兴:我个人意见同意造南面。

冯生康:我个人发表造南面。

杨六珍:我个人同意造北面。

冯召兴:我个人同意造北面。

张绍根:我个人同意造南面。

张利民:我个人同意造北面。

冯子兵:我个人同意造北面。

冯阿仑:我个人同意造南面。

周桂宝:我个人同意造南面。

美芬:我个人同意造南面。

---

❶ 在评议时,或者大家不说话,或者争着说,我一点也不能少。

❷ 这句话的意思是,蚕室造在这里,水稻田里施农药,农药会随风飘到蚕室,影响养蚕,所以,提出反对把蚕室造在这里,应当另选地基。

文宝:我个人同意造南面。

下午,继续召开筹建组会议

1. 选出组长冯生康,记录员冯子坤。

2. 总结前段队务委员成员成绩与缺点,原来有队务委员 7 名。总的来看成绩七分,缺点三分,是有成绩的。

子康讲:对恒兴,上下没有联系,对群众也是这样,看会讲没有几声,脱离群众在大队开会,东跑西走不安心,也不记不听下来,劲头高。对子坤,工作比较好,小队里比较关心,确实是好的。对再兴,账目确实乱七八糟,乘自己高兴,没有灵灵清清❶,要帮〈助〉教育。对政治队长,这是出席蚕桑会议,社员有些意见,恒兴反说大队指定,但是也要通过群众。但是,生康工作是好的,带动青年很积极。对祖之,对工作是好的,硬过头了点,有点压倒,有点是压不倒。

明富讲:前一段我们队务委员是有成绩的,具体例子很多。巩固发展集体经济,成绩是七成,三成缺点。①最大缺点是没有用毛泽东思武装,政治与生产位置摆得不准。没有用毛泽东思〈想〉,没有用根本去抓生产。②没有集中起来抓好工作,各个[人]各样,没有统一发言,三个一商〈量〉,好比诸葛亮。③我自己这点工作——保管工作,没有全心全意为人民服务思想,要带头。

恒兴讲:主要我叫大方向准确。叫我不负责,我落实的。80% 落实,20% 不负责,你不高兴我去。对再兴工作不清。对阿三工作是好的。

讨论胜利队决定新班子人员 7 人:政治队长冯生康;农业队长沈永顺;正队长张丙松;会计冯子坤;出纳冯明富;物资保管员冯再兴;妇女〈主任〉杨六珍。

1969.7.17

出席东风队会议记要

1. 选举过程。
2. 宣读大队革领组批复。
3. 对新的领导班子提出几点意见。

①团结问题。主席教导:如果这一班人动作不整齐,就休想带领千百万人去作战,去建设。因此,必须加强团结,有问题必须放到桌子上来,不要在背后议论,再不要在背后做小动作。②毛主席教导我们,领导者的责任,归结起来,主要的是出主意、用干部两件事。正确的主意哪里来了?就要从群众中来,就要善于听取各种不同的意见,用毛泽东思想去集中正确的意见。有了正确意见,还要团结广大社员,推动他们去做。团结起来,高举毛泽东思想伟大红旗,下定决心,下怕牺牲,排除万难,去争取胜利。学习王根凤同志"一不怕苦,二不怕死"的精神。当前要抓好加速落实毛主席一系列最新指示和各项无产阶级政策的步伐,完成九大提出的各项战斗任务。为着一个共同的革命目标,巩固无产阶级专政,团结战斗,奋勇前进! 最后让我们共同高呼口号。

---

❶ 灵灵清清,当地土话,意思是清楚。

1969.7.18

下午,大队召开生产队正付[副]队长、会计会议

主要解决二个问题:①"双抢"准备工作。②分配工作问题。

"双〈抢〉"准备工作:

1. 选种。

2. 积肥。

3. "双抢"前除好秧田杂草,大田除草。

4. 施好起身肥。

5. 秧田、对口大田搭配好,品种搭配。

6. 做好"双抢"一切准备工作,人员安排。

分配工作:

1. 口粮问题,一定下决心搞。

2. 关于早稻予[预]分问题,及时分出。

3. 经济分配问题。

4. 早稻收入后,上交国家部分要出售。

听陈福才同志传达:

1. 认清形势,继续革命问题。正在全国学习九大强力东风,落实九大提出的各项政策,各条战线,形势一片大好。接着中央发表了"七一"社论,传达毛主席最新指示。传达了当前的一系列工作,开头就登了党的 48 年历史,我们的政权来之不易,牺牲了多少烈士,取得了伟大胜利。在社会主义革命,经历了多少斗争,特别在无产阶级文化大革命运动中。当前在大好形势下出现一种危险:①骄傲情绪,功臣自居,不求上进。②怕字当[头],准备掉班❶。

2. 高举九大旗帜,抓好革命,促生产,抓好"双抢",创造出色成绩。五抓:①抓学习。②抓批判。③抓计划,不超立秋关,8 月 8 日。④抓组织。⑤抓关心群众生活。

3. 搞好早稻分配,储粮建仓:①在早稻分配工作时,订出今年的储粮计划(留票留粮问题、留粮建仓问题)。②同时,户里也要订出计划,逐年储粮,3 个月到 1 年的粮食。③建设仓库,自力更生。

1969.7.20

联民大队各生产队 1962—1968 年止提存,储备粮累计数　〈单位:斤〉

队别	累计数	每人平均	可吃天数
东风	9 611	53.4	36.8
红星	7 783	35.7	24.6
红江	8 396	60.8	41.9

❶ 换班。

续表

队别	累计数	每人平均	可吃天数
立新	9 106	49.5	34.1
东方红	9 044	58.3	40.2
红旗	6 100	33.2	23.1
向阳	9 393	44.5	30.7
胜利	7 236	35.8	24.7
合计	66 668	46.2	31.86

1969.8.5

上午,参加大队召开各生产队长治虫人员会议记要

首先有[由]王张堂同志传达公社会议内容:

关于治虫问题,当前来看虫情比较严重,需要抓好,晚稻害虫有八种:①二化螟。②三代泥螟。③稻飞蚤。④浮尘子。⑤括[刮]青虫。⑥稻饱[苞]虫。⑦稻明令[螟蛉]。⑧稻热病当前很严重。而老口❶,比往年增长,其他虫比往年多,不能省除这个工作。

东风38;红星35;东方红65(其中单17);红江45;立新53;红旗24;向阳38;胜利45。共计343亩。其中单17,双326亩。〈单位:亩〉

1969.9.9

听 报 告

沈张宝同志谈今后工作意见:这次召开的会议收获;今后的工作意见。

1. 这次通过三天的学习,大家都认识到三个文件是十分重要的文件。在全国亿万军民在落实九大精神大好形势下,有毛主席为首的党中央的命令下,这几个文件是加强无产阶级专政下〈继续革命的〉重要武器,加快无产阶级文化大革命步伐,是伟大的战略措施,加快斗、批、改步伐。在大好形势下,全国亿万军民,落实九大精神,但是国内外阶级敌人不甘心,对各项工作进行破坏。一小撮阶级敌人,反动思潮,破坏文化大革命。

2. 通过这次学习后,对"八二八"命令❷,明确到我们继续革命的方向,提高革命勇气,充分做好反侵略准备。同时,在讨论中检查到以前存在麻痹轻敌思想,检查到领导班子存在着不团结现象,再不能搞摩擦了,提高了觉悟。

下一步工作:

整个思想,高举毛泽东思想伟大红旗,以阶级斗为纲,以"八二八"公告为强大的政治动

---

❶ 原文如此。

❷ 1969年8月28日中央发出了《中共中央命令》(时称"八二八"命令),其中提出:一切革命群众组织,必须坚决执行伟大领袖毛主席的指示,实行按系统、按行业、按部门、按单位的革命大联合。所有跨行业的群众组织,要立即解散。任何另立山头,重拉队伍,都是非法的,要强令解散。

力,以"八二八"命令推动一切,进一步落实"七二三"布告❶。深入开展革命大批判,把反革命修正主义路线,下联本单位、本地区各种非无产阶级思想(三个主义)和社会上资本主义倾向,要批深、批透、批倒、批臭。不断地提高广大群众阶级斗〈争〉觉悟和路线觉悟,进一步推动清队整党为重点的斗批改任务,落实"九大"精神,发展大好形势,巩固无产阶级专政,准备打仗。

根据以上意见:

1. 各级领导班子要加强自身对中央三个文件学习,深刻理解命令、布告、批示的伟大意义,进一步提高对革命大批判的认识:搞不搞大批判是忠不忠于、紧跟不紧跟毛主席的战略问题,领导班子要提高革命自觉性,排除一切干扰,去争取胜利,克服××❷情绪。

2. 贯彻三个文件要一个一个战役地打。首先认真贯彻"八二八"命令,全面发动,家喻户晓(要知道三个文件的伟大意义),到队到家。达到五个要求:①要批臭三个主义,重点无政府主义。②要打击歪风邪气,提高阶级和路线觉悟,增加党性。③要进一步巩固革命委员会、革命领导小组、各级领导班子,解决老大难问题,自力更生。④要推动清理阶级队伍、整党的斗批改任务。⑤狠抓革命,猛促生产,做出出色成绩,向国庆 20 周年献礼,大力支援前线。

1969.9.13

下午,联民大队学习班

第二天有[由]章默兴同志〈作〉关于今后的工作报告:谈这次二天会议收获情况;谈下一步工作问题。

高举毛泽东思想伟大红旗,以"七二三"布告为推动,阶级斗争为纲,"八二八"命令。

1. 对各生产队群众组织要认真学习落实文件精神(生产队可以订一份报)。

2. 对各生产队各组织带头大批判。

3. 要贯彻三个文件,家喻户晓,人人皆知。

生产问题:

1. 络麻生产。尽量抓紧时间,早剥精剥细。

2. 水稻问题。加强后期管理,特别昨天、今天除虫,要防止种[中]毒,要注意。

3. 黄麻收购任务问题。要求把任务完成。这是战备实际问题,对这次战备态度问题。

4. 冬种规划问题。生产队要有个数,做好准备工作,今后对冬种规划要大搞。

5. 秋收试算工作。要跟上去,做好一切工作。

6. 蔬菜问题。要有计划多种。

7. 加强鱼荡管理好,鸡要管好。

8. 机站交水费问题,可以有计划交清。

---

❶ 1969 年 7 月 23 日,中共中央发出《布告》(时称"七二三"布告),对山西两派群众组织仍在进行的武斗提出严厉谴责,称之为"反革命罪行",在布告作出的八条决定中指出:"凡分裂革命大联合、破坏革命三结合的行动,另立的山头,一律都是非法的,中央概不承认。重新拉起的队伍,都要立即解散,实行归口大联合。"

❷ 原文如此。

革命的书写

——一个大队干部的工作笔记

1969.9.18

在大队召开订计划会议

参加人员:王张堂、章默兴、陈望炎、王继福、周子华、周生康、周彩仙、贾会计、王宝芬、郭鹏飞、冯恒兴。下午,增加贾洪林,减少周彩仙。

70 年规划:小麦 500 亩;芋艿 18 亩;大麦 100 亩;络麻 300 亩;蚕豆 80 亩;药材 50 亩;油菜 330 亩;红花菜 180 亩;早稻秧田 145 亩;双早 580 亩;双晚秧田 170 亩;双晚 750 亩;山茹 245 亩。

套种作物:榨菜 15 亩,其他菜类 150 亩。

关于 69〈年〉度的分配问题〈单位:元〉:

现在来看,有关政策性问题迅速处理好。大队里来看,误工问题相差比较大,如何办?

1. 对机站人员 50% 开误工,50% 领工资交生产队。

2. 各生产队摊负,折价为 0.85,为计算到生产队。

3. 大队提存基金:基建费 1 000 元,管理费 600 元,公益金 800 元。本当上交总计 2 700 元。其中除八三收入 300 元,所以下收上来 2 400 元。

学校老师:郭得芬 2 520,王惠琪 2 600,溥林芬 2 600,顾达夫 2 700,顾兰新 2 600,俞秀娥 2 600,徐贞宝 2 600,管理费 12 元,超支不付。

收费问题:初级班 0.40,高级班 0.60。

机站人员补贴 24.00 元。

水利问题来不及,下次会议再讨论。

其他几个问题:

明日开始打防猪瘟针、羊肝籽。希通知各生产队说明这次防止[治]重要性,发现这毛病十分危险的。收费问题,每头收 5 分。

新仓修大塘需要抽部分民工,规划全大队 16 人,丝棉厂 10 人。

今年出售山茹:鲜山茹总数 4 500 担。10 月上旬完成 300 担,下旬 1 000 担,11 月上旬完成 2 700 担,下旬 500 担。

长安大粪,胜利队不要了。大队接收,由大队安排进行分配。

合作治[医]疗,明日要出席 1 人,落实东风队。

1969.9.20

下午,大队召开革领组人员扩大各生产队正队长会议

参加人员有:东风队王继福、徐仕康;红星队李叙康、邹伏元;红江队周和尚;立新王张堂、陈进其;机站周生康;东方红章默兴、章桂公;红旗陈望炎、陈双明;向阳队贾维清、徐敬天;胜利冯生康、冯恒兴;公社郭鹏飞。

内容解决二个问题:关于 70 年作物规划;当前关于分配上几个政策问题。

首先有陈望炎同志传达了浙江日报调查报告。着重领会三个方面：

1. 在种植计划上分清两种不同的方针。

2. 在产品出售上分清两种不同的目的。

3. 在收益分配上分清两种不同的思想。

第二有[由]王张堂同志总结前几年按国家计划面积问题上存在一系列问题：

1. 蚕桑上间种作物多,对蚕桑不重视。

2. 对备[蚕]桑不重视,粮食占蚕桑。

3. 蚕桑面积只有砍伐,没有很好培育,逐年来下降,看到问题,无法解决。

1969.9.26

记　　录

26号我出席公社检查目前的虫情观尺[察],同时听取联农大队成远同志的介绍后,摘要如下：

最高指示:抓革命、促生产、促工作、促战备;备战、备荒、为人民。

对两病、两虫、一虱的主治措施。

两病:穗颈稻瘟病,又名稻热病(土名控颈死);纹枯病,下颈上有一块黑班[斑]形。

两虫:刮青虫、打包虫。

一虱:褐稻虱。

1. 首先谈刮青虫。

（1）目前刮青虫对晚稻危害比较严重,对增产方面带来严重影响。所以,上次除虫不彻底的生产队,这次看来比较严重。只有立即采取紧急措施,向虫口夺粮。

（2）刮青虫的生长发育已是后期了,虫形侧已发白点,将要变蛹,所以特别要抓紧时机,立即行动,做彻底除一下。

防治方法和用药量：

（1）敌百虫,每亩用量(新秤)2两加水150斤,用喷雾器喷射,喷细。

（2）"二二三"乳剂和6%〈浓度〉666粉混合液,每亩用量半斤,各一样[半],拼水150斤喷雾。如果有些水稻生长特别旺盛的田,适当增加施药量。

2. 褐稻虱。

（1）目前褐稻虱即将爆发时期。根据去年的教训,严重影响水稻产量(特别生长旺盛的田),必须加强田间检查。如发现,立即、迅速、及时防治。

（2）防治方法和用药药量。

每亩用6%可温性666粉1斤半,拼水8—10担,进行拨[泼]浇。或者拌泥20—40斤散匀。也可以用"六股"❶马拉松拼1 000倍进行喷浇。

3. 穗劲[颈]稻瘟病(土名控颈死)。

穗颈稻热病现在开始发生。根据去年晚稻(特别是桂花黄)的减产教训,必须引起重视。

（1）防治方法和用药量:①对刚刚发生的水稻,用西立生1斤,拼水500斤,加中性皂1斤

---

❶ 乐果,这是一种常用的农药。

（即面油皂）（但中性皂必须用开水溶化后拼入）。具体来说:就是 500 斤水——5 担——10 桶。中性皂计算 1 斤,就是 10 两,每桶可放 1 两。怎样合匀:每亩喷射稀释液(即已拼好的) 120—150 斤,喷射时随时搅拌以防沉落。②已发病严重的田,可用西立生 1 斤,加中性皂 4 两 (新秤),拼 2 000 斤水进行喷射。在操作注意质量,要细心周到,不麻痹大意。

（2）注意事项:①在配制时西立生先用少量水调成糊状,再倒入水中,不可用手搓,以防中毒。②对人畜有害,因该药含有机汞。特别是对羊吃进去以后,对羊肝发生硬化。以防万一发生事故,在搅拌药时,需离开些,因此味有积血之害❶。

4. 纹枯病。

纹枯病现在已经开始发生,该病对水稻产量影响也很大,能使整棵枯死。它是在生长茂密的田,通风透光不足,温度较高的田容易发生,所以必须引起重视。

防治方法和用药量:

（1）农药防治每亩用稻脚青 1 斤拌细泥 30 斤,撒施田中。

（2）农业防治,放出田水,降低温度。

以上情况,我回大队后当即到每个生产队向生产队治虫员进行贯彻。这天夜里进行值班防台风,在九里桥。

结合在 26 号这天的工作摘要:

1. 公社会议提前结束,不到三天计划。因有台风紧急任务。

2. 我在下午就回大队。首先进行海塘检查毛洞,发现有 18 个小的毛洞。当时东风队抽 2 个,由徐四康负责完成工作,时间半天。

3. 完成这个任务后,走各个生产队贯彻治虫内容。

4. 夜里在九里桥值班防台风,全夜。人员有公社陈松林、陈长金同志参加。联新 6 人分两班调换,上半夜、下半夜值班。

1969 年 4—8 月底结各队水费情况　　　　〈单位:方、元〉

队别	累计		上交公社	合计	已收	结算（缺）
	水方	金额				
东风	21 005	138.57	49.79	188.36	150	38.36
红星	21 062	144.12	45.31	189.44	147	42.44
红江	17 839	129.41	38.23	167.64	100	67.64
立新	17 721	124.60	34.46	159.06	133.79	25.27
东方红	21 584	141.61	32.10	173.71	100	73.71
红旗	21 205	139.07	23.36	162.43	100	62.43
向阳	21 856	142.24	53.81	196.05	100	96.05
胜利	22 282	145.71	43.42	189.13	100	89.13
合计	164 554	1 105.34	320.48	1 425.82	930.79	495.03

1969.9.26 摘抄。

---

❶ 原文如此。

1969.9.27

防 11 号台风第二天记要

1. 这天白天有我和志华同志 2 人,中午的潮水特别大,东风队对头,塘面预计 200 尺左右,海水侵入塘上面,离塘只有 3 尺了。九里桥对头,平塘面水位,潮浪不稳定。

2. 在中午天气变化很不好。到晚上领导决定夜里需要增加人数,做好前后方人力、物资思想准备工作,一声令下,立即行动。

3. 我们大队和联新大队根据情况决定每一个生产队抽一个队长或突击人员上塘集中,随带土箕、铁巴[耙]。我大队有下列人员:徐汇桢、邹彐夫、王洪章、沈尧兴、袁阿培、陈一环、张晋良、冯再兴。台风在 28 号早报告解除。

1969.9.28

联民大队鲜山茹、山茹干出售分配表 〈单位:市担〉

队别	面积	分配鲜山茹出售数				分配售山茹干
		10 月中旬	10 月下旬	11 月上旬	合计	
东风	54	90	270	360	720	360
红星	42	70	210	280	560	280
红江	35	59	175	236	470	236
立新	24	40	120	160	320	160
东方红	28	47	140	188	375	188
红旗	20	34	100	136	270	136
向阳	55	90	275	360	725	360
胜利	42	70	210	280	560	280
合计	300	500	1 500	2 000	4 000	3 000

注:要确保完成鲜山茹任务,再来完成山茹干。1969.9.28 摘抄。

1969.10.2

上午,大队召开各生产队正付[副]队长及治虫会议

内容如下:

1. 关于当前治虫问题。

2. 选留良种问题。

3. 分配工作,当前做好几个工作。

王继福讲关于治虫问题。宣读治虫通知,3—4 号全面除虫。58 号早稻,其他迟簇❶品种。来势凶凶[汹汹],损失面广,数大。掌握:施及毒药一定要一个月以下。早簇品种可施 666

---

❶ 迟簇即迟熟,早簇即早熟。下同。

粉,拨[泼]浇。

王张堂谈如何选留好良种问题:选留良种是增产的主要关键。现在来看到底那[哪]一只好,还是心中无数。各生产队对选留良种这项工作没有重视,也没有专人搞样子。搞试验,摸速规律,要做到掌握水稻的特性过程是很不容易。我们要把这项工作应该引起重视,在三大斗争中也是一项。看几个样子:日本红糯、农丰5号、未仙19号、农团5号。

70年的秧田问题留地问题,要求拔掉杂草。络麻收割要抓紧时间,迅速完成细麻,开好剥大麻。

油菜下种可以算一算,进行下种(现在到立冬只有35天,最迟不能超过5号。油菜秧令40天)。

分配问题:去年造好方案过国庆,今年到现在还未动,要求迅速落实一系列问题:①工分问题。②公共积累问题。③畜牧处理问题。要求在6号前造好试算方案。

我补充对分配问题上提〈两〉个要求:①对储备粮问题,按照最高指示办事,备战、备荒、为人民,必须粮食抓紧。②公共积累问题,一定要留足。据公社不久要求各大队汇报机械打算。

1969.10.5

1969〈年〉各生产队10月5日止应欠水费数 〈单位:元〉

队别	4—8月底应欠数	9月—10.5止应欠数	合计应欠数	10.15止应欠数
东风	38.36	9.95	48.31	+4.97=54.28❶
红星	42.44	29.20	71.64	+9.21=80.85
红江	67.64	13.37	81.01	+10.23=91.24
立新	清	21.69	21.69	+0.66=22.35
东方红	73.71	11.02	84.73	+6.88=91.61
红旗	62.43	20.27	82.70	+4.95=87.65
向阳	96.05	20.58	116.63	+19.74=136.37
胜利	89.13	27.23	116.36	+6.34=122.70
勤海	15.77	3.79	19.56	19.56
合计	485.53	157.10	642.63	706.61

1969.10.5结摘抄。

邱洪奎介绍:

1. 龙虎5号,6—18〈号〉落谷。抗病强、吃肥力强。

2. 日本红糯,吸肥强、成熟早、米质好。

3. 代中糯,吸肥底、抗虫差,适用与[于]旱田。

4. 农573,前期生长比较慢,后期比较快,抗虫病比较强,穗头比较紧密,粒粒饱,出穗迟,成熟早,归浆快。

5. 广选3号,据外地经验叫籼稻称王。这只品种早,抗虫病差,特别是打包虫、刮青虫。

6. 禾籼19号,是58号选出来的。抗病虫比较差。

---

❶ 与合计应欠数栏相加所得。下同。

7. 农台 10 号。

8. 早农［垦］。

9. 矮秆 22 号。

10. 丰选 1 号。

1969.10.9

<h1 align="center">夜,公社召开〈会议〉</h1>

通知:

1. 明日下午 12 点半到达联丰大队。

2. 出席人员:大队领导小组人员、各生产队付［副］队长或组员。

3. 明天下午紧急主治穗劲稻热病的通知会议。

4. 如果前天会议未贯彻,明日上午贯彻,下午出席会议。

(以上是陈松林同志传达)

1969.10.17

<h2 align="center">大队举办清队纵深发展学习班</h2>

参加人员有大队三大组织全体人员;生产队有正队长、政治队长、专政组长、〈民〉兵队负责人。张堂传达:

1. 怎样对〈待〉过细〈与〉抓紧的关系问题。就是踏踏实实地抓紧做好工作,执行政策,落实政策,照政策办事。

抓紧落实政策,就是落实"八二八"命令。要深入人心,家喻户晓,人人皆知。提高警惕,保卫祖国,要准备打仗。清理阶级队伍是最大的备战需要:千战备,万战备,清理阶级队伍是最大战备。

2. 重点与一般的关系。林付［副］主席指示:任何工作千头万绪,不能忘记中心。所以,"清队"是斗、批、改中心,所以我们抓住根本。清队就是抓阶级斗争,清队就是最大的阶级斗争,重点就是清队,推动一切工作。经常注意阶级敌人的新动向,不断地开展抓阶级斗争,抓好革命,促好生产。又［有］个别生产队在意识形态里已经被阶级敌人控制,革命意志衰退,邪气压倒正气,在工作受到一定损失。在工作中一定要注意,多想几个为什么,处处要抓阶级斗争这个纲,不而［能］忽视。照毛主席指示,我们千万不要忘记阶级斗争的教导,时刻要注意阶级敌人的新动向。现在有的反映到我们领导班子内部,错误认为生产〈是〉硬任务,清队是软任务,只抓生产指标"山茹水稻",不管"土匪强盗",忘记了阶级斗争,忘记了清理阶级队伍。当前是清队为重点。

3. 落实政策〈与〉发动群众深挖敌人的关系。政策和策略是党的生命。我们在深挖敌人时必须注意政策,要过细地执行政策,因为政策的武器是清队中最大武器,要认真落实政策,对敌狠对己。但是有些同志看成清队像水泥钢筋,像皮膏布,又软又硬,工作难做。确实的,但是要用毛泽东思想武装而克服困难,毛主席指出认真学习。

4. 抓阶级斗争与反映到领导班子内部关系。这个问题客观存在,一定要反映到内部来,不奇怪的。清理与反清理也一定存在。

5. 清队为重点,推动一切工作关系。在 10 月份打好第一个战役,清队深挖,把各项工作带动起来,彻底批判阶级斗争熄灭论。抓好战备工作,应该提高警惕,防止敌人突然袭击。

6. 清理阶级队伍与挖黑抢[枪]黑弹的关系。这个问题是非常危险的问题,一定要清查出来,一定要收缴,发现线索一定要追查出来。

1969.10.18

上午,听陈望炎同志报告

1. 总结前一段清阶[队]工作情况。总的来看成绩肯定,但缺点存在。

2. 摆敌情。海宁县反动基础比较大:少将以上有 14 名,县长顾达元逃往台湾,少校以上有 38 名,科长以 26 个;反动组织比较多。

今后主攻方向。

1. 认真发动群众〈清查〉:①外逃反革命分〈子〉、刑事犯罪分子。②出生农村,解放前在外地工作,是否参加反动组织。③解放前在外地担务[任]组织职务,现在外地。④屡次运动有问题回来人员。⑤解放前在这里担任工作,解放后迁出在外人员。

总之,有以下组织和情况:国民党、三青团、民善[社]党;中统特务组织下属机构;开来特务组织❶;现刑[行]反革命组织、偷听敌台;土匪组织活动范围、罪恶情况;伪政权、伪行政、伪军队系统换班情况和下落;道会组织;青年和尚训练班。

2. 要掺线归口❷,逐个查清。

1969.10.21

出席公社除虫会议

在三里港召开。参加人员:大队负责生产线、除虫员代表。

首先,陈松林同志谈谈今日会议内容。对当前除虫分二方面:水稻、油菜。

钱仁发同志传达出席县革委会召开的除虫会精神:当前气候回升,发病、发虫继续发展。

1. 第六代褐稻虱发生,主要影响谷粒不饱满,要求进行一次全面检查。如有,用 1.5 斤 666 粉拼 8—10 担水拨[泼]浇。这样施后同时减少下一代作物〈病虫害〉。稻飞虱、浮尘子也可消灭。

2. 油菜发生蚜虫比较严重。现在发现二种:蚜虫、地老虎。施药:用乐果 1 斤,稀释 1 200—1 500 倍。"8890"或"二二三",拼 666 粉(2 斤 666〈粉〉拼 1 斤"二二三")。要求普遍检查一次,全面除虫。

3. 小麦黑穗病处理:每百斤小麦放 2 两西力生……一定晒燥拌匀。100 斤水放 1 斤块石炭,浸标准不露出麦为宜。68 度以上浸 48 小时,68 度以下浸二天半。

①狠抓根本,贯彻备战、备荒、为人民〈和〉继续革命思想。②执行认真总结经验,抓好大批判。③开展全面检查一次,要过细做工作,特别对〈之〉前未除的田。④这次要求各级革委

---

❶ 原文如此。

❷ 掺线归口,即串线归口,意思是把一切都搞清楚,安放在正确的位置。

会统一贯彻,而要对后期除虫重视。

(附上)地老虎,施敌百虫,拼400—500倍〈水〉。小麦黑穗病,如有要这样做,如无者不要做。大麦也同样进行。

陈松林同志传达当前工作问题:

1. 鲜山茹问题,要照计划出售。当前看来,有些问题,可能计划落空,危险,但是计划一定要完成。

2. 种谷问题:对各大队矮一,早翻早,如有的,希妥当放好,国家收购支援山区。

3. 双蛀虫用敌百虫,拼400培[倍],用针打进去。

1970 年春季作物面积规划表　　　　　　　　　　〈单位:亩〉

队别	小麦	大麦	蚕豆	油菜	早稻秧田
东风	78	16	13	54	20
红星	70	15	12	48	20
红江	58	11	10	39	17
立新	57	11	8	38	18
东方红	52	10	8	35	16
红旗	37	7	4	27	13
向阳	80	17	15	55	22
胜利	68	13	10	44	19
合计	500	100	80	340	145

1969.10.24

夜里,召开革领组人员会议

参加人员有王张堂、李叙康、周志华、王有宝、冯恒兴、章默兴、周生康、贾维清、沈长宝,信用社2人。

有[由]银行同志汇报检查财务工作。

总结前段成绩:储备粮变成机动粮。68年累计6万多斤,69年留3万多斤,共10万多斤。胜利队分掉5 500多斤,55户,40户借粮;公用粮1 300多斤;张德龙550〈斤〉,冯祖熟300多斤;红星队一次分掉了4 500多斤。生产队留成本不足。造成农民种田,国家出钱。办集体牧场。

关于倪桥新做干渠。上南、向阳、胜利队灌地改田。据初次到地现场,需要二道涵洞:南面长度15公尺加二土头;北面长度17公尺加二土头。

需23公分〈水泥管〉17只,每只2.30〈元〉,计39.10〈元〉;20公分〈水泥管〉15只,每只3.60〈元〉,计54.00〈元〉。合计93.10〈元〉。

设制[置]:南面30公分〈水泥管〉15只,北面15公分〈水泥管〉17只。

革 命 的 书 写

——一个大队干部的工作笔记

金卫公社:82 大队负责同志介绍抓革命、促生产〈经验〉。8 个生产队 1 个畜牧场,289 户,1 702 人,1 839 亩。

1. 狠抓根本,高举毛泽东思想,以"老三篇"为武器。像第 7 生产队在各方面多[都]用"老三篇"武装头脑,三麦 268 斤,早 1 088 斤;第五生产队 8 姑娘保护集体稻谷 1 万多斤;第四生产队老贫农家庭学习班,先进事绩[迹]。

2. 狠抓阶级斗争:①忆苦思甜,阶级对比。②通过学习毛泽东思想坚持到底,主要内容"老三篇",大队办学习班、生产队办、家庭办,学了就要用。在"三抢"中农忙坚持学。③抓典型,立标兵。队队展开活学活用讲用会、回忆对比讲用会,接受阶级教育。各生产队多[都]坚持下去。今年这样的会开 80 多次。"四好"生产队 4 个,六好家庭 17 户,积极分子 281 名。

3. 狠抓高产再高产,科学种田。农业"八字宪法"❶:①抓住水、肥、土等。57 年开始,搞水利建设 802 亩。3 年有 82 条灌浜,挑填 5 米土,家家吃薄粥。②展开大积肥料,提出口号,定出常年积肥制度。现已 60—70 亩草塘泥可以用到春花。③种子问题,实行四选,28—30 斤。农垦 58 要年年选,红糯、矮南早、矮与特。④"密"字,合理密植方面。4 × 4 方形。毛主席教导:不稀不密真好。40 万—45 万〈枝苗〉。

4. 以粮为纲。

早稻:"三早一管"。

"三早":①早用稻。②早施肥,施足基肥,70—100 担,后期看长施肥。③早防御除病虫。首先武装思想,防病防虫 16 次。到底防治几次,没有一定,主要见虫就除,见病就防。除虫关键就是人的思想决定,我们多是泼浇。

"一管":管理好水浆。分三个时间:上、中、下。一般不用天落雨。连早种 20〈天〉左右为中期,要搁田。不能一次搁硬后,进入后期灌水管理,主要长穗。

注意:①防止白田。②使后期晚稻不能早,要做到一个及时,就是开沟。特别渠道边。

管理好有四大好处:①促使肥料蒸发。②控无效发叶。③减少病害。④能减少伏稻,减少瘪谷。

水、肥 、土、种、密、保、工、管,人的因素第一,政治思想第一,活的思想第一。

1969.10.30

参观人民粮站(松江县)

新五公社红星大队黄桥生产队张庆淮介绍:

全大队人口 1053 人,总土地 1786 亩。黄桥队 28 户,人口 128 人,总土地 230 亩。集体养猪母 6 只,仔 42 头。

1. 三靠国家的队,在 67 年已达到自给,现在蓄粮全大队 60 000 元[斤],转售 8 000 斤。

2. 在 59—60 年,干部多是调来。62—64 年,社员一年借三次粮。

3. 在 64 年 5 月 1 日开始举办"四无"粮仓,后来经过 4 个月左右垮台。文化大革命中,又办起来,实行"三不管三管"。

---

❶ 1958 年,在"大跃进"和人民公社化运动的高潮中,中共中央和毛泽东提出我国农业的高速度发展,必须抓好"土、肥、水、种、密、保、管、工"八个方面的工作。这八项措施被概括为农业"八字宪法"。之后,在长达 20 年的时间里,"全面贯彻农业'八字宪法'",是一句非常响亮且十分流行的口号。

存放:14 000 斤,直径 2.6 尺,墙厚 20 公分,高 2.6 尺❶。

存放:50 000 斤,直径 4.6 尺,墙厚 22 公分,高 3.3 尺。

小麦 40 万穗,手里有粮,心里不慌。油菜 1800 枝,脚踏实地,喜气洋洋。

夜里,讨论

8 个生产队,389 户,1702 人,土地 1 839 亩。三麦 653.40 亩,蚕豆 181 亩,油菜 449.9 亩,早稻 799.8 亩,单晚稻 220 亩,连晚 1 009 亩,棉花 565 亩,西瓜 45〈亩〉,集体养猪 1 665 头,其中母猪 87 头,社员饲养 440 头。

产量年年增加,68 年单晚产 1 067〈斤〉。

年产量 1 614 斤;606 亩棉亩产 187.2 斤。69 年三麦产量 493 斤,其中 7 队 599 斤。蚕豆 172 斤,油菜 325 斤,早稻 1 004 斤,其中 7 队 1 088 斤。

今后打算问题:

公社打算抓二条,平整土地〈和〉春花高产。

对大调种问题要批判。要自力更生,自选、自留、自保管、自用。

1969.11.3

大队召开会议

冯恒兴同志谈中曲饲料经验。

50 斤夫[麸]皮,50 斤统糠,10 斤小麦粉,10 斤黄豆,大麦 10 斤。黄豆没有,豆腐糟代,1 斤代 5 斤。

在 4—5 小时敞开检查一次,36—40 担,45 度左右,不要超过 50 度。100 斤山茹藤,2—3 斤曲。

公社李炳松同志〈于〉我站检查机械设备过程情况。

水泵:坏的是叶轮、套洞、轧篮。

电动机:需调轴承。

小水泵:2 号牛油杯一只,水钟调换。

1969.11.25

摘自《浙江日报》1969.11.25 刊

学习北京厂六厂二校经验❷。上靠毛泽东思想,下靠革命群众监督帮助,主要遵照三条政

---

❶ 这里讲的是建设圆形土粮仓的规格。

❷ 六厂二校,指北京针织总厂、北京新华印刷厂、北京二七机车车辆厂、北京南口机车车辆机械厂、北京化工三厂、北京北郊木材厂和清华大学、北京大学。这些单位是"文革"中毛泽东亲自抓的"斗、批、改"典型,其经验被全国效仿,主要是以阶级斗争和路线斗争为纲,坚持无产阶级专政下继续革命。"文革"后证明其许多典型都是假的,且指导思想是错误的,党中央对其中造成的冤案进行了平反。

策原则。

1. 凡是符合毛泽东思想的言行就坚决支持。

2. 凡是违背毛泽东思想的言行就批评教育。

3. 凡是反对毛泽东思想的言行就坚决斗争。

1969.11.30

大队召开革领组人员会议

参加人员有：革领组人员、造反总部负责人、群专组正付[副]组长。首先有[由]王张堂同志读报学习。王张堂贯彻当前工作，有一些工作意见如下：

1. 当前战备工作。

2. 清理阶级队伍。

3. 抓好革命大批判。

4. 抓革命、促生产、促工作、促战备。

5. 分配问题试算结束，秧苗马上继续搞。特别在三者安排问题，还存在问题比较大。多分少留，在留存生产成本上不够。像红江队、东风队对政策上比较严。

1969.12.19

家　　里

记最幸福的一天里，我次儿金龙在今天上午 7 时 25 分〈参军〉，我们生产队里全体队务委员人员来我家欢送，还有大队人员贾洪林同志前来慰问。这期间，非常高兴。这一切，归功伟大领袖毛主席，我们永远紧跟伟大领袖毛主席，敬礼[祝]伟大的领袖毛主席万寿无疆！万寿无疆！

1969.12.22

上午，书面汇报

王张堂、章默兴二同志：关于放样过程。摘要如下：

1. 塘南新渠过西全长度（18 个号），其中 17—18 号 20 尺，共计 530 公尺。过东全长 540 公尺。合计全长度 1 070 公尺。

2. 新渠坐落在公路边，多塘、溇、潭，初步预计，比原来的渠多 2/3，取土困难，地势底。

3. 建议二位同志前往现场看一看，进一步深入，为有利今后开展工作。

1970年

1970. 2. 17

塘南土地分析 〈单位:亩〉

队别	原队别	海塘下面积	新塘下面积	老新塘面积	英塘下面积
东风	1 2	5.301 1.910	14.830 16.885	1.540 /	/ /
红星	3 4	2.390 4.960	14.535 11.530	1.627 1.720	2.363 1.450
红江	5 6	5.265 10.860	11.689 5.250	/ 2.50	/ 4.326
立新	7 8	/ 3.215	5.315 6.344	/ 0.809	/ 1.438
东方红	9	/	21.103	0.958	/
红旗	10	5.129	13.472	1.205	1.465
向阳	11 12	5.147 2.640	11.627 7.957	0.548 0.700	0.767 0.414
胜利	13 14	2.213 2.374	7.637 6.483	0.567 0.373	0.120 0.378
合计	总面积 231.329	51.404	154.657	12.547	12.721

〈单位:亩〉

东风	原1队 原2队	新塘下 新塘下	14.830 14.400 2.485	31.715	31.715
红星	原3队 原4队	新塘下 新塘下	16.115 12.98	29.095	26.065
红江	原5队 原6队	新塘下 新塘下	11.698 9.576	21.265	16.939
立新	原7队 原8队	新塘下 新塘下	5.315 8.491	13.806	11.659
东方红	原9队	新塘下	21.976	21.976	21.103
红旗	原10队	新塘下	16.142	16.142	13.472
向阳	原11队 原12队	新塘下 新塘下	12.956 9.139	22.081	19.584
胜利	原13队 原14队	新塘下 新塘下	8.224 7.234	15.458	14.120
合计				171.538	154.657

(1970 年 2 月 17 日,摘抄自贾会计所记)

1970.3.13

联民大队 1970 年作物面积规划表(摘记)　　　〈单位:亩〉

队别	小麦	大麦	蚕豆	油菜	红花草	早稻秧田	早稻面积	双晚秧田	双晚	山茹	络麻	药材
东风	78	16	13	54	13	20	75	23	98	49	49	9
红星	70	15	12	48	11	20	75	24	99	41	42	9
红江	58	11	10	39	10	17	60	19	79	33	35	6
立新	57	11	8	38	9	18	73	22	95	25	39	8
东方红	52	10	8	35	10	16	60	19	79	26	33	7
红旗	37	7	4	27	4	13	50	14	64	17	15	6
向阳	80	17	15	55	13	22	80	25	105	49	49	9
胜利	68	13	10	44	10	19	73	24	97	39	38	6
合计	500	100	80	340	80	145	546	170	716	279	300	60
单产指标	160	160	160	100			600		580	650	550	120

蚕茧:春 78 张,夏 60 张,秋 50 张,合计 188 张。

1970.3.18

下午,摘记

今天有贾洪林同志和戴正华同志在下午 2 时多点来我家探望,并听取戴正华同志的工作安排。

他说:闸门板已经修好,准备马上油。机械维修明日开始,东风队抽 4 人,5 天全部完成,准备出水(进水管油好下水,水泵装好,补偿机弹簧,叫朱德龙做,他已经答应我)。外面打算,大队拨给❶水泥 10 包,河沙马上去装,已经同王张堂联系。他开会回来,马上抽人去装。塘南埋管,准备机站抽人去埋,这样有利。外面塘南渠道有[由]贾同志负责,明日有的队开始做。

我的工作意见是:首先集中思想把机站上当前的问题摆一摆,先把机械维修立即做好。有很多事情,希你要出主意,想办法,立即叫他们去做。特别我儿建明是小孩,更加强帮助叫他去做,不要松紧[劲]。我们要做好一切工作,提前完成各项维修工作,准备迎接春灌。现在来看,离"清明"已有 19 天了,吃了清明饭,做早稻秧田忙时,所以很紧张。要求你把工作抓紧。在这段时候下雨天也可以安排工作。以上我个人意见。

1970.3.18 下午 3 时 50 分记录

1970.3.24

联民大队 1970 年作物面积规划表(抄录) 〈单位:亩〉

队别	集体可耕面积	专桑面积	春季作物						早稻面积	秋季作物						套种作物、绿肥		
			小麦	大麦	蚕豆	油菜	花草	早秧田		双晚秧田	双晚	山茹	络麻	芋艿	药材	榨菜	络麻	桑地
东风	268.684	69.950	78	16	13	54	13	20	80	23	101	44	49	3	7	2	16	23
红星	269.047	87.472	70	15	12	48	11	20	81	24	105	35	42	3	7	2	14	29
红江	204.345	56.556	58	11	10	39	10	17	65	19	84	28	35	2	5	2	12	19
立新	218.663	78.330	57	11	8	38	9	18	78	22	100	20	39	2	6	2	14	26
东方红	188.418	56.685	52	10	8	35	10	16	63	19	82	23	33	2	5	1	10	18
红旗	178.044	93.177	37	7	4	27	4	13	50	14	64	17	15		6	2	5	30
向阳	296.213	88.410	80	17	15	55	9	22	85	25	110	44	49	3	8	2	16	30
胜利	244.605	75.893	68	13	10	44	4	19	78	24	104	34	38	1	6	2	13	25
合计	1 868.020	606.473	500	100	80	340	80	145	580	170	750	245	300	18	50	15	100	200

说明:这表作参考,可根据上面这表为准❷。上面这表是 70 年 3 月 13 日后的。

主要作物面积要按规划面积完成,蔬菜、其他作物面积,可因队因地之[制]宜安排。

---

❶ 拨给,即拨给。

❷ 即 1970.3.13 篇所作表格。

革命的书写

——一个大队干部的工作笔记

1970.4.2

联民机站 1970 年各队水费预算夏收预收通知报告表　　　〈单位:亩、方、元〉

队别	应收水费分析					三项合计金额	夏收预收 50%	附明灌溉面积分析		
	按量计费部分			上交公社部分接受益面积负担						
	预计灌水面积	预计需耗水方	小计金额	面积	金额			早稻	晚稻	络麻
东风	222	44 400	310.80	211	49.79	360.59	180.30	75	98	49
红星	216	43 200	302.40	192	45.31	347.71	173.86	75	99	42
红江	174	34 800	243.60	162	38.23	281.83	140.92	60	79	35
立新	207	41 400	289.80	146	34.46	324.26	162.13	73	95	39
东方红	172	34 400	240.80	136	32.10	272.90	136.45	60	79	33
红旗	129	25 800	180.60	99	23.36	203.96	101.98	50	64	15
向阳	234	46 800	327.60	228	53.81	381.41	190.71	80	105	49
胜利	208	41 600	291.20	184	43.42	334.62	167.31	73	97	38
合计	1 562	312 400	2 186.80	1 358	320.48	2 507.28	1 253.66	546	716	300

> 说明:1. 以上预计水费根据今年三项面积与出水量回收 70% ,总数摊负到田应负水方数。
> 单价预算每方 0.007〈元〉计算列队。但说明并不正确,作预收部分年终结算为准。
> 2. 上交公社部分,根据去年一样,按受益面积摊负(总土地除专桑)。
> 3. 以上如有不妥当的地方,提出纠正后实行收费,并交给大队革领组负责同志审查
> 后为准。

1970.4.23

根据戴正华同志汇报

红星队的石头,长度 9.8 尺,阔度 1.3 尺 = 14.014 方,高度 1.1 尺❶。根据戴正华汇报已联系王张堂指示。对于塘南基建水泥、河沙,由机站付给。我们按照他们意见,在 4 月 26 号拨到塘南物资如下:水泥 10 包,河沙约 2 000 斤,15 公分水泥管 50 只。由戴正华、贾洪林同志负责分给各生产队。

1970.4.24

机站召开各生产队用水管理员会议

参加人员如下:章永堂、沈丙生、张毛东、沈阿六、冯苗、邹松坚、周生康、贾洪林,缺席 2 人。

---

❶ 原文如此。此处长度、阔度、高度相乘为 14.014 方。

贯彻会议内容摘要：

1. 汇报去年的灌溉情况。

2. 汇报去年的灌溉要求。

3. 汇报去年的计算意见。

4. 汇报今年的灌溉办法。

5. 汇报今年的管理意见。

6. 汇报讨论。

7. 统一思想意见记要：一致讨论决定机站提出的意见，结算仍按去年办事。

关于水利问题，一定要管好。各队之间相互关心。闸门板，分队管理好，如有损坏，自己修理。渠道立即修理好。都表了态，决心为农业生产立新功。对结算问题照计划予[预]算收费。每天结算水方数及金额。如今后决算时发生特殊情况或少或多，到那时再开一次会议商量决定，或者缺照摊到队，多也照摊到队。分工管理问题，机站负责干渠，生产队负责支毛渠。埋设涵管一定要精打细算，节约开支。

1970.4.28

记 录

今天是本大队第一年搞早稻小苗带土移植。全大队完成任务这天，全大队共计面积128.5亩。最多的是胜利队，40亩，完成早稻面积50%。

出席公社小麦治虫会议

郭仁元同志介绍汇报情况：

1. 革命加拼命，夺取全县粮食〈亩产〉1 200斤。小麦出霉病、瘦病。要把治虫、防病工作要抓起来，进行防病、治虫。

2. 要批判"重洋轻土""重治轻防"，发扬人的因素第一，例如漳江公社发现矮黄病，请教"洋"专家，无办法。

3. 今年病虫害起势：可能比去年要严重。去年第五期刮青虫影响，今年可能要早发现。研虫对小麦损害也比较大。办法：用面盆搞一搞，可发现（早晨）。可用66粉❶或"二二三"，敌百虫也可以。桑树地要留心纹估[枯]病，可用稻脚青进行治病。

赤霉病，特别是矮秆红小麦，就是烂麦头，主要地下水位高、水份[分]多所发现[生]的。防治办法：用"夫民龙"[富民农]500倍，拼肥皂（每桶半两）。或少也也可以，如放酒精麦（八二大队用散立散，拼酒精）。

每一亩打150—200斤左右。

第一次治虫穗80%，10%阳花；第二次每逢7天遇雨火喷，宜早不宜迟。早防比较好，特别是小麦要及时防为止。

在防小麦赤霉病时，先检查一下有否蚜虫，用乐果1 000倍。可以进行试验一下，两样并入是否可以施。

---

❶ 在当地农民的口语中一直把666粉叫成66粉。

麦全病:要进行检查一下,要防治。"半旱体本行算纳"❶250 倍,必须用开水冲样❷,再放到所施的水内。

油菜颈核病,就是搭叶死,可以打黄菜叶,不能打到上面。

稻田地防治问题。在恳[垦]专后❸,发现水面上肮脏物,捞去埋掉,减少病传染。春花田地里,抄通水沟,降低地下水位。

要想夺高产,各项操作过程要均匀(施肥、用量、平整土地、施药等)。

今年小苗移植问题:要治虫,防止发现。灌水,浅水勤灌。

花草留种面积,需前去检查一下,如有发现病虫害,要治虫。用"二二三"、66 粉或乐果 200—250—300 倍,如药重了要引起药害。

要注意几个问题:

1. 用药时用木桄,不能用手拌(先少量水小用具拌好再并长❹),要随打随拌、喷匀。

2. 在喷时,雾水干后进行喷。如下雨,要雨后速喷。来去喷,不要多喷,预防药害。不要开大龙头,开得越细越好。早晨不要施。蚕叶上问题,要防止中毒。

郭关荣同志谈关于如何抓好早插问题:

当前春耕大忙季节到了,全年增产关键也是当前,当前活思想很多。培育苗秧问题。今年主要原因,气候不正常。15 天以上烂秧比较多,以下比较少。〈要坚持〉三个不动摇:①今年早稻计划面积不动摇。②小苗带土移栽不动摇(新生事物)。③全县实现 1 200 斤〈亩产〉不动摇。

提出意见:

1. 采取抢种,抢季节,避免死苗,加强管理培育,促使早发。要求耘三次田,搁三次田,种一块管一块。在种时宜短不宜长,宜早不宜迟。

2. 保证质量的全地[前提]下要狠抓计划用秧、节约用秧。

3. 对秧田检查一下,与大田对口。如果缺少,要采取措施进行调剂。

4. 早三熟播种问题,一般在 5 月初。把现有秧苗培育好。

5. 种棉花问题。

药除草:每亩 1 市斤,但看情况,热少一些,冷多一些。方法:1 斤药拌 40 斤泥,标准〈以〉不干不温为宜。秧田推平,放上 1 寸左右水,等 4 天,在 4 天内不能动。种大田保持 1 星期水。

1970.5.3

大队召开革领组人员会议

到会人员有王继福、贾维清、周生康、周彩仙、冯恒兴、王张堂。会议由王张堂同志贯彻如下内容:

1. 学习金锦根同志光辉一生,先进事迹。

---

❶ 原文如此。

❷ 冲样,即冲漾,当地土话,即用液体把固体或者准固体化开。

❸ 恳专,当地土话,意思是水田的土被翻了个身。

❹ 先用少量的水拌药,用一个小的工具搅拌均匀以后,再加入大量的水掺和。

2. 当前工作情况:①对三个文件落实情况。②认清形势,明确方向。

3. 当前存在问题:①对三个文件贯彻不深不透。②对清队工作没安排好。③无政府主义比较严重。目前出现了一些歪风邪气。特别有几个生产队,如立新队、向阳队、胜利队发现人事纠纷。

4. 分配问题:目前首先核对好各队误工及机站开工票。决定开 15 000 分一个。贾洪林同志实报实销,开好工票。

1970.5.4

下午,大队召开各生产队正副队长会议

因我在机站放水,不能出席。在下午放水时,到大队向王张堂、章默兴汇报了有关水利问题:①塘南火力机抽水情况。②塘南过西的渠道,到现在有关队一动不动。例如胜利队。希你们今日会议上结合贯彻,研究一下。

1970.5.13

出席公社工作会议

第二天内容记要。陈福才同志传达 5—6 月份工作意见、指导思想;5—6 月份几项工作任务;5—6 月份几项工作如何安排。

1. 指导思想。

高举毛泽东思想伟大红旗,紧跟毛主席伟大战略步骤,遵照毛主席一系列最新指示办事。继续贯彻中央 3、5、6、17 号文件为武器,狠抓两个阶级、两条道路斗争,狠抓大批判。……用毛主席的提高警惕、保卫祖国、备战备荒为人民的战略方针抓革命、促生产,向全国人大献礼。

2. 5—6 月份工作。

(1) 关于狠抓根本问题。更加深入地〈开展〉活学活用毛泽东思想群众运动。省委指出:狠抓根本是各级革委会、党支部首要任务,头等大事,内容学毛主席在"九大"的讲话,整个 70 年代时间多[都]要学。学习新党章,进〈一〉步掀起学习、宣传群众性的高潮。要抓好对学习的态度问题。学不学毛主席著作、学不学毛泽东思想是对毛主席态度问题,总的是"紧跟""照办"问题。要使群众学得好,主要是狠抓学风问题,"理论结合实际""活学活用"要狠抓,加强领导,开展下去。要普及政治夜校,普遍展开下去。"五七"政治夜校,要求大队建立校委会,生产队里建立起小组,要选好领导,建立组织,定期讲用,定期评比。双山公社好经验,出工天天读,田头休息学。开展学金锦根同志为榜样,无限忠于毛主席,学一点,用一点,把学习毛主席著作推向新高潮。

(2) 狠抓阶级斗争,二条道路斗争。贯彻 3、4、6 号文件为武器,同时要贯彻 17 号文件,这四个方面是当前、今后的长期打算,是战略的需要。要把四个文件深入下去,要批判右倾思想,总结新动向。在四大中,中心是大批判,但是我们这项是薄弱环节。要使运动深入下去,就是还要抓"二忆""三查"❶。〈这〉是毛主席亲自创造的阶级斗争必修课,阶级教育的基本课,继

---

❶ "文革"时期在全国开展的思想教育运动。其内容是:忆阶级苦、忆民族苦、查思想、查作风、查工作。

续革命的必修课,特别是对年轻人。

(3)整党建党。每一个支部,都要重新在群众里头进行整顿。当前首先抓好几个问题,首先开展一次加强党的观念的教育,〈这是〉基础问题。在清队的基础上,在贯彻四个文件〈基础〉上火线整党。指导思想:以毛主席"五十个字"❶为纲领。在九大讲话中,〈要求〉每个支部都要在群众里头进行整顿。

(4)抓革命,促生产。总目标全社粮食〈亩产〉1 200 斤,油、麻、茧全年跃进。革命加拼命,抓好5—6〈月〉份生产。①继续深入抓好农业学大寨。首先学习大寨人活学活用毛泽东思想。学习好的队,要发扬成绩。②学习下高桥,狠抓经济领域里阶级斗争,狠抓好"三关"。③狠抓"八字宪法",一管、二防、三推(防病、防虫;推广室外养蚕、小苗带土移植、科学实验)。④抓好季节关,及时收种。

(5)加强合作医疗。

(6)做好知识青年接收工作。

(7)建立治保委员会问题。

抓紧革命大批判:当前批判右倾思想、极左思潮,资产阶级派性、农村资本主义倾向。

3. 5—6月安排问题:分三段,第一段从现起至20号止;第2段20〈号〉起至6月10号止;第三段10〈号〉起至31号止。

第一个阶段:①狠抓根本问题,首先抓好组织建立,开展群众性活学活用毛主席著〈作〉群众动[运]动。学习金锦根英雄事迹。抓好学习学风问题、制度问题。②在贯彻四个文件中,首先总结前一段情况。以前的工作要总结,处理一批,应该外调的迅速进行外调。③在整党问题上,首先学习三个文件,揭开阶级斗争盖子,进行学习新党章。④深入开展大批判开路。

第二个阶段:狠抓二条道路斗争,阶级斗争。各大队要开一个对敌斗争大会。批判社会上资本主义倾向,把住"三关",不能出售高价,要爱国家。分配问题:按照党的政策,统筹兼顾。

第三个阶段:把新支部建立起来,开好成立大会。

1970.5.15

工 作 记 要

下午5时塘南工作回来,机站王华同志汇报,王继福已来过,说小麦已发现蚜虫,很严重,要采取措施。

我们根据他汇报情况和洪林商量一下,当机立断走访联新大队。他们全大队明日普遍除虫一次,全面开展。我们按照这情况,同我大队一样,所以立即运动,分工通知各生产队,也明日全面进行除虫。用药方法,乐果拼1 000—1 500倍;富民农,希问一问供销部。每亩施量据小麦面积来决定。"二二三"、敌百虫暂不能施用,预防蚕叶,但是用以上药品也要内外结合。

据全大队初步情况,小麦发〈病〉较严重的队较多,越是黑越是严重。红星队小麦较好些。秧田也发现。

---

❶ 这是"文革"时整党建党的纲要。1967年10月27日,毛泽东指出:"党组织应是无产阶级先进分子所组成,应能领导无产阶级和革命群众对于阶级敌人进行战斗的朝气蓬勃的先锋队组织。"这是毛泽东在中共中央、中央文革小组《关于成立了革命委员会的单位恢复党的组织生活的指示》文件上的批示,共五十个字。这段"最新最高指示"当时被称作"五十字建党方针""建党大纲"。

提出几点意见:①除虫人员要高举毛泽东思想,要过细做工作。②全生产队检查一下。③药量用量问题。④专人负责。

地老虎:用乐果拌菜饼,3 两〈乐果〉、3 斤水、10 斤菜饼;用敌百虫 100 倍拌菜饼,1 两〈敌百虫〉、10 斤〈水〉、30 斤菜饼。注意蚕桑问题,虫要药死,蚕要保牢。队与队关系要搞好。

潜叶鹰:当前发现很严重。施药量乐果 1 000 倍,敌百虫 1 000 倍,喷。

摘抄供销部除虫宣传报

1. 粘虫:在离桑叶较远的地方可用敌百虫 1 000—1 500 倍喷雾,每亩 100—150 斤。桑树地和桑树边上如粘虫多的话,可用面盆来泼办法。

2. 蚜虫:可用 1 000—1 500 倍乐果喷雾,但必须注意安全。

3. 麦锈(即麦经病):可用氨基笨磺酸钠 200—250 倍喷雾,或用 200 倍二硝散喷雾,可兼防赤霉病。

4. 赤霉病:用 500 倍富民农加肥皂或肥皂粉 1 000 倍,即每百斤水放富民农 2 两,肥皂 1 两。

1970.5.21

参观金山县金卫公社八二大队

参观春花丰产的经验,为 71 年春花增产打好基础。我们大队出席人员有沈大全、祝永乐、章桂松、沈永仁 4 人。在 22 号上午 9 时听取了八二大队领导同志介绍,内容摘要如下:

1. 基本情况。

全大队有 8 个生产队,总户数 389 户,总人口有 1 716 人。总土地面积 1 839 亩,折实面积 1 768 亩。大队集体牧场 1 个,都养母猪。8 个生产队都有饲养场,60% 以上是集体,30% 以下社员饲养。全大队共养头数 2 063 头,平均每亩 1 头多一点。大队办一个加工场,多加饲料,供应集体牧场。

2. 去年的分播情况及产量情况。

总的来的[说],70% 以上种上粮食,20% 左右棉花。去年三麦产量平均 493 斤,油菜 325 斤,早稻 1 224 斤,单季稻 1 123.5 斤,棉花 186.4 斤,蚕豆 172 斤。去年都按原来指示实现,只有棉花对比减少 2.7 斤,其他都是增产的。

年产量:二簇 1 869.1 斤,三簇 2 335 斤。全大队有个 7 队年产达到 2 021 斤,超出 2 000〈斤〉关。

丰收增产来源,我们体会有下面几条经验:①狠抓根本不转向。我们始终坚持活学活用毛主席著作,用毛泽东思想统帅一切。坚决紧跟毛主席最新一系列指示,坚决执行,坚决照办。天天学用"老三篇",不断斗私、批修,改造世界观,自觉不断地继续革命,为国家作出贡献而奋斗。②以粮为纲,按照主席指示办事,合理安排好种植面积。狠抓阶级斗争,落实粮棉面积。开展二条道路斗争,明确种田为革命,不是为了活命。③狠抓农业学大寨,〈树立〉自力更生、艰苦创业的思想。全大队从 62 年起至 69 年止,现有蓄[储]备粮 50 多万斤,集体资金有 40 多万元。④狠抓农业"八字宪法",实行科学种田。

我们在春花上主要抓了几个方面的措施:①保证播种季节。三麦在立冬前播好,最迟不超过 12 号。②保证补种质量。首先施足基肥(即底肥)。我们都进行翻垦过下种。下种量:小麦 20—22 斤,大麦 25—28 斤,菜苗达到 8 000—1 万枝。要精耕细作,阔轮头(鲫鱼背脊形)。首先开出水沟,再进行播种,这样比较好。③狠抓早管理、早开沟、早全苗、早施肥(河泥 80—190〈担/亩〉)、早除虫、早培育。

三麦要在冬季 80% 以上达到早发,40 万—50 万支,这样达到有效穗率 90% 以上,否则不能高产。油菜要在春季多施〈肥〉料,要有基[机]质肥料,"麦浇芽,菜浇花"就是这个道理。

在管理上首先降低水位,做好水利管理,一定控制水分过多。我们有教训的,为什么过去春花、油菜得不到增产,水源是主要关键。

另外松土削草,特别是油菜,我们搞了 5 次,冬季 2 次,春季 3 次。这么促使早发壮粗,减少病虫害,增加抗病力。及时打好老叶。

除虫问题。油菜主要是防止蚜虫,用乐果除虫。随时观察虫情,除病虫要及时。特别是三麦,我们到目前止已经搞了四五次,防出穗病,除粘虫等。防出穗病,在出穗 50% 可以防了,用散立散 2 两并 1 两半酒精拼水不少于 100 斤进行喷雾。下了雨后要补防,一般 1 星期左右。

再谈谈三麦、油菜。主要是掌握"水",是个大问题。我们冬季抗旱都是浇的,每亩要挑 100 多担。因为用大水灌溉,对三麦很不利,损害三麦发育极大。

同志们,我再谈谈关于水稻方面问题:

1. 早抓管理培育。"落支三分熟,七分靠培育",就是要早稻产量高,早培育能早发棵。在抽秧后 20 天内分叶发好棵。同时要随时观察虫情。我们去年早、晚二季搞了 20 多次,单季稻搞了 16 次,除病虫害。

2. 早管好水。"有收无收在于水,增产无增产在于肥",水能促使早分叶发棵。但是及时搁好田,第一能使肥料蒸发;第二能控制无效分叶;第三能防止倒伏。看苗生长情况来决定,不能普遍一律。我们每个生产队专人负责水源,放水员从 64 年开始到现在,大有好处。

3. 适时收割。获得增产丰收,这一关要抓牢。我们的春花、油菜都要成熟收割,精收细打,月底遍收油菜、大麦。早稻种,过 6 月关,要到 10 号左右。夏收夏种时,双晚最迟要到 8 月 15 号完成。

我们这次去参观的体会:

1. 八二大队首先是狠抓根本自始至终,处处时时都是按照主席指示办事。学用结合,发现问题及时总结对照。狠抓"老三篇",突出表现在:"紧跟""照办"毛主席一系列最新指示,所〈以〉取得伟大成绩。

2. 狠抓大批判,狠抓二个阶级、二条道路、二条路线斗争。抓得狠,抓得准。

3. 八二大队干部思想革命化。特别是大队领导,毛泽东思〈想〉一元化统一领导,抓典型、立标兵,带头做出样子推广全大队。全大队(例如 7 生产队)样样走在前头。

4. 全大队社员都自觉活学活用毛主席著作,做到天天读,出现不少的好人好事。

再谈谈当前促进早稻早发的措施,要大做"管"字文章。照毛主席制订[定]的农业"八字宪法"办事。

早稻早发抓什么呢? 农业生产贵在农时,在某种意义上来讲,时间就是粮食。早插是现象,早发是实质,早插早发才是真早,迟插早发才是迟中争早。因此早稻早发要抓在一个"管"字上:

1. 早管耘田。耘田能除杂草,而更重要的是松土通气,促进水稻早发新根、早转青、早发棵。因此,插下后6—7天,就应该抓紧耘头遍田,结合做"点兵补苗",就是补好棵。插下13—14天耘好第二次田,叫做"二遍紧",精益求精拔掉稗草。25天左右结束三遍耘田,叫做"精雨[益]再精,三遍平"。

2. 早管肥。在施肥技术上必须大破"一月肥",大立"半月肥",做到头次耘田发棵肥,二遍耘田平衡肥,三遍耘田长穗肥。俗言说"种田容易搞土难,大稻容易高产难",这说明在施肥上要充分合理施肥的重要性。水稻发黄不一定都是缺肥,必须透过现象看本质,一般来说水稻黄有四种原因。"缺肥黄",表现在水稻新根多,这说明水稻胃口开,因肥不足而黄,措施是马上施上追肥。小苗带土栽的早稻,因发得早,发得多,后期容易脱肥,应该注意施穗肥。"发洪黄",就是"水经田",措施是及时搁田,断水通气。这说明水稻胃口不开,要施用明矾或蛎灰,促进水稻长新根。"病理黄",由病虫害引起水稻发黄。措施〈是〉及时防治病虫。"生理黄",水稻从营养生长期转入生殖生长期,即"做胎",这是自然落黄,这是正常的生理现象。但是落黄特别严重的田,适施少量的吊头肥,有利谷粒饱满。

3. 早管水。科学管水,合理灌溉。根据水稻既要水又怕水的特点,紧紧掌握水稻各个生长发育期,进行合理的灌水,促进水稻青秀壮健生长。因此,必须做到每个生产队都有高举毛泽东思想的专人管水员,这样才能做到片片做到"平水缺",才能真真做到发棵泥皮水。分蘖末期,即三遍耘田后进行断水搁田。特别是小苗带土移栽更加重要。促使稻根深扎,防止大稻倒伏,做肚抽穗灌浅水,齐穗黄熟期干湿灌水。有利于控制纹枯病,促进水稻青杆[秆]黄熟产量高。

4. 早管病虫。历年来的"三病三虫"(即纹枯病、矮缩病、稻热病,响虫、卷叶虫、螟虫)是水稻增产的大敌,也是早稻增产的要害问题。要充分注意观察虫情,及时防治,充分发挥"赤脚植保员"的作用。坚持"防重于治"的方针,做到"巧、准、狠"地歼灭病虫害。特别重视经常检查,及时防治。

1970.6.12

出席公社(除虫会议)记要

陈福才同志报告,主要双早除螟及晚稻带土移植。

1. 首先要认清当前形势。从国际上来看形势大好,毛主席所讲的,帝国主义一天天烂下去,我们一天天的[地]好起来。美国军事危机,苏修物资紧张糟糕,没有东西供应,政治上斗不过我们,工业上不好向日本贷款。美帝国主义内外交困,他们多是不行。我们在战略上藐视敌人,在战术上重视敌人,如苏联要〈达〉到斯大林时代〈水平〉,非要15—20年左右。在国内形势也一片大好。在九大会议以来形势更加大好。在各个方面,多是大好形势,都是更大跃进。我们公社也是大好。革命、生产都是大丰收,现全面开展整党。

2. 认真总结经验,抓好早稻除虫和晚稻带土移植。抓好这二项工作是主要的关键。我们在早稻除螟中要抓好"安全有效"这个问题。首先要总结经验,防止麻痹大意,在施药中有的赤膊上阵、赤脚下田等等。一个要严禁用喷雾机。现据全省统计,死者都是使用喷雾机而死,所以要认真地抓,做好这项工作。

3. 抓好这二项生产,据全年粮食 80% 左右❶,所以认真把这项工作抓起来。

陈松林同志报告:关于双稻、小苗带土移植的几点意见。

1. 当前来看小苗带土移植的田,生长特别好:专[转]青快、发棵大、长生好、杆支[秆枝]壮。发现纹枯病、稻热病比较严重。

2. 小苗带土移入是晚稻丰收主要关键。

3. 小苗带土移入挑秧种问题。

下午,郭仁元同志介绍双早除虫经验。

14—15〈号〉除早批,22—23〈号〉除未返青的稻。用药:1 季[乙基]1605,用 1.5 两拼 6—7 担水拨[泼]浇。但不宜过多! 注意事项:①要按照规程来施。②灌水问题。需灌浅水,如有苗茂盛的田,采取拼淡一点,多浇几担水。③如河塘水荡,吃水,用 66 粉除虫。④在施药过程中,要特别注意的是预防中毒,一定按照操作规定,不要粗心大意。这次县里也提出要求,“死人还是死稻”,所以特别注意。我们要听毛主席教导办事,在战略上貌[藐]视敌人,在战术上重视敌人。按照章程办事,是不出问题。⑤在施药过程中要均匀,撒散一点。教育社员对工作要极对[端]负责任。

防病:①纹枯病。目前苗茂盛的田都可能发现。可用稻脚青 2—2.5 两,6—7 担□[水];稻宁半斤,干细泥 50 斤拌匀。这次也可拼新农药内拨[泼]浇,省工。不得随时增加药量,都撬[搅]匀。如果桶底有脚,一定要再拼水浇。稻如“定子头”不能再施❷。在施药时戴口罩,不能用手拌,用好后用肥皂洗手洗净。另一方面,可以放水搁田。②稻瘟病。就是稻热病。起病时:穗颈、塞叶、病班[斑]。防治方法:先检查 1—15 倍石灰粉,1 000 倍西立生进行喷或拨[泼]浇。散立散不能施用,福民农也不可以。需防止无效分叶。进行搁田,也可以防病。

除草药问题,可以进行试验。

下午,参加水利会议摘要

徐武臣贯彻县委会议精神:

1. 电源避峰原因。新安江输出的电回收率 59%。

2. 出现非法接电。

3. 防汛抗旱问题。

4. 合理安排用水。

1. 今年的停电措施是按线路停电,我们是长安线,为单双日标准。从 6 月 15 日实行单日 10—14 点停电,双月[日]6—10 点停电。

2. 取缔一切不合理的线路,停止通电。

4. 海塘上种入作物坚决削掉。

---

❶ 原文如此。

❷ 同上。

4. 停电时要注意两个方面,"原则"、"操作"。

5. 保卫工作。机站上要歇人。

6. 海塘上种入之咸青籽要离塘 2 公尺。但这作物是过渡,今后发展用鸡冠草、紫材槐。

7. 淡[谭]家埭各大队抽 3 人,明天在 7 时前自往报到,随带锄刀、一餐中饭。

8. 目前水泥渡糟[槽]半圆形 80 公分,10 公尺 300 多元,9 公尺 200 多元。

9. 造桥、修桥,是否要做,但必须有群众要求的,必要修理的。

10. 对拉毛问题❶,借后立即归还。

附停电表:每逢单日(即 1、3、5、7、9、11、13、15、19、21、23、25、27、29、31),停电 4 个小时(即 10—14 时,就是下午 2 时)。

每逢双日(即 2、4、6、8、10、12、14、16、18、20、22、24、26、28、30),停电 4 个小时(上午 6—10 点)。

70 年 6 月 15 号实行照办。

1970.6.27

下午,出席公社召开水利会议

主要是防汛抗涝抗旱问题、防洪抗涝问题。

1. 省号召全省人民动员起来,打一场防洪抗涝的人民战争。

2. 嘉兴地区同时提出,28、29 号还有大雨出现,达 80 毫米。

3. 县里提出当前情况:6.18—6.26,天降雨 113 毫米。现上塘河水地[达]14.85〈米〉,下河 3.75〈米〉。

4. 7 月上旬还有大雨出现。作物生长受到极大损失,早稻出穗,络麻、早稻发病,小麦脱粒。

5. 自力更生,开展排涝。全县有五个公社开始。

提出要求:①放水搁田。②检查仓库。③禁止捕鱼。④海塘种植处理。防空洞。⑤发扬共产主义风格,互相支持。⑥预防阶级敌人破坏。⑦机械事故问题。今后不要发现,如发现要追查原因。⑧注意安全,防止触电事故。

农业机械规划问题:公社提出,今冬明春,狠抓平整土地,机耕道同时并进。

1970.6.28

出席公社会议

上午听取陆季文同志传达县扩大会议精神。下午开始讨论。在 2 时出席治虫会议,记录如下:

当前发病情况。由于多雨发生,现发现"二虫二病":卷叶虫、响虫;纹枯病、稻热病。

防治办法:纹枯病每亩用二三两稻脚青加 7—8 担水进行拨[泼]浇,或用三四两稻宁并水 7—8 担进行拨[泼]浇。如抽穗时或破肚的早稻,不宜使用,可用 3 两西立生,并 7—8 担水进

---

❶ 原文如此。

行拨[泼]浇,但是一定要撬匀拨[泼]匀。

稻热病:有慢性(空形),急性是绿色。防治办法:用 500 倍西立生并肥皂,进行喷雾。

卷叶虫防治办法:6% 可温性 666 粉 2—3 斤,拌细泥 20 斤进行撒匀。看情况来决定药量。

响虫防治办法:①全面彻底清除杂草。②用柴油 1 斤。

1970.7.2

大队召开整党建党第一期学习班摘要(暂定三天)

1. 学习毛主席在 5 月 20 日发出庄严声明❶。

2. 学习"九大"报告中关于整党建党问题。

3. 学习新党章中总纲。

王张堂同志传达县召开整党建党精神,〈要求〉以整党建党为重点来推动一切工作。

下午分四个小组进行讨论,各小组负责人:

东风、红江小组,周生康;

红星、立新小组,王张堂;

东方红、胜利小组,陈德甫;

红旗、向阳小组,王继福、徐维江。

内容:谈体会,谈认真提高继续革命觉悟,认清当前形势,识别目前阶级斗争的新动向。

1970.7.3

下午,典型发言摘要

陈德甫同志通过学习后谈谈体会,分四个方面:

1. 关于党的历史。党从 1921 年诞生,到现在已有 49 周年。才[在]初期只有几十成员的共产主义小组,发展到今天领导着强大的中华人民共和国的伟大的、光荣的、正确的党。中国共产党的历史,就是毛主席的马克思列宁主义路线同党内"右"的和"左"的机会主义斗争的历史,战胜陈独秀等人,特别最大陈独秀、王明。

2. 关于整党重要性和必要性。总的这次无产阶级文化大革命本身就是开门整党。通过整党把混入党内的九种人❷全部整出去。

3. 对整党认识问题。目的就是通过整党,〈建立〉朝气蓬勃的先进组〈织〉,才能掌握真真印把子❸。先进,就是先进学习毛泽东思想。

4. 党员和群众的关系。是党领导群众,就是联系群众、尊重群众的首创精神。党员要处处带头,走在前头。党员的任务就是领导群众进行阶级斗争。党员的风格问题。根据主席教

---

❶ 1970 年,美国策动柬埔寨朗诺集团发动政变,并出兵柬埔寨,恢复对越南北方的轰炸,激起了印度支那三国人民的愤怒反抗。中国政府和人民对美帝国主义的侵略行径表示了严正的反对立场。5 月 20 日,毛泽东发表《全世界人民团结起来,打败美帝国主义及其一切走狗!》(又称"五二〇"声明)一文,抨击美帝国主义的野蛮行为,支持印度支那三国人民的正义斗争,并相信他们一定会取得最后的胜利。

❷ "文革"期间,所谓混入党内的九种人是指地主、富农、反革命分子、坏分子、右派分子、走资派、叛徒、特务、反动学术权威。

❸ 指行政机关的印信的把儿,喻政权。

导相差太远,没有展开批评和自我批评,怕做难人糟怪❶。

徐仕康同志发言:回忆过去之苦。谈 30 年以前受三座大山压迫之中,房屋日本鬼子烧光,妻离子散,无家可宿。在五月初四,炮弹打死。"晴天三家叫,落雨无人要。"当时物价飞涨,出售一只毛猪只好买一刀草币。

周和尚同志发言:回忆过去之苦和新社会对比。解放前,在旧社会 15 岁当学徒,米店剥削很重,卖出赚,去买就要加价能价❷。桑叶相差 2 个月要相差 1 半。做牛马生活。解放后,对比天与地,相隔万里,贫下中农翻了身,当家做了主人。红江队陈惠康生病是实例子,没有共产党,没有这样幸福,生活逐步提高。

李惠康同志谈体会:

1. 这次来出席会议,应当抱认真重视〈态度〉,不能当作客人一样。

2. 中国共产党是〈经过〉几次考验的党,是伟大光荣正确的党。劳动人民掌握政权。(整党建党是)因广大党员深受流毒。

3. 要求全体党员领导群众积极展开阶级斗争。

4. 要求全体党员自觉斗私批修,建立一个朝气蓬勃的党支部。

胡少祥同志:通过学习后体会。今后一定听毛主席的话,跟共产党走。

休息一下。

金秀林同志:谈我的奶奶是给日本鬼子弄死,爸爸没有很好看弄死,管租田除还债❸。现在解放后大不相同。

章桂松同志:我在 13 岁就出去放牛,由于年纪小,拉牛不上。学骑管五年❹,有规矩,春[清]明时半夜起来,跌下去死去活来,半夜捆在背上。

王宝芬:回忆过去自己的出生[身]。结婚时床不买一张,一个赤人到王家。回想到今日共产党给买了寿材。过去母亲同金祥❺讨饭度日,吃过施粥❻。小伯靠共产党,切去 7 根骨头还很好,是靠共产党。

王张堂同志讲话。

1970.7.4

上午,听报告

王张堂同志讲话:

1. 党章党纲的重要性和必要性。毛主席提出"五十个字"为标准。

2. 整党不是一股风,而是要经常性。不断地整掉违反主席的革命路线〈的人或思想〉,不断地整掉不良影响,反坏的赃[脏]东西。〈现〉在,二个阶级、二条道路、二条路线表现很突出。

---

❶ 糟怪,即找怪。

❷ 能价,指讨论价格。

❸ 这句话的意思是说,那时候,爸爸没有看好奶奶,奶奶被日本人弄死了。爸爸管理着租来的田,但是,租来的田里的收入除了还债以外,所剩无几。

❹ 原文如此。

❺ 王宝芬的丈夫家很苦,丈夫的母亲与弟弟解放以前都讨过饭。

❻ 遇到灾害或者某些节日,庙里会烧粥给穷人吃,称为施粥。

下午,开始讨论

东风队代表发言:这次对借粮问题有意见,缺180多斤粮票没有解决。开会工分问题,要扣2分。

下午又发言。王张堂同志谈谈出身问题。丰镇全石大队王家场佬❶地主、富农占优势。

1970.7.5

上午,讨论发言

徐杏林同志谈:存在问题,特别"四清"以来,流毒很深。通过学习对照,完全对不起头来。由于流毒很深,对生产队不闻不问,一切不管,思想模糊。

冯生康:①回忆过去时代,有些忘本思想。②回想到现在的甜来源。

王张堂同志补充意见:

1. 整建党〈中存在的〉活思想,认为这次挨整。
2. 整党运动,听后处理,准备"吐过[故]"❷。
3. 由于以前同一般社员犯了错误,今后难做。
4. 整党以后怕挑重担。
5. 有些党员讲了后,怕群众通不过。

下午,继续发言

李叙康同志发言:

1. 未参加学习班前后情况。
2. 回忆旧社会情〈况〉。
3. 作风问题。

陈德夫同志总结今后任务:

1. 把学习班的精神带回队自己搞。
2. 以6—10日这段时间发动搞"四大",党内党外一起揭。在开展"四大"时,特别要注意阶级斗争。
3. 要用[以]整党建党为中心,推动生产。

结束散会。

1970.7.6

下午,出席大队生产会议

内容摘要:双晚小苗带土移植问题;加强对双早除虫管理;双晚秧田加强管理;秧田与大田对口。

王张堂同志传达县召开电话会议精神:

---

❶ "佬"字是一个语气助词。
❷ 1970年整党中有一个专用概念"吐故纳新",意思是开除或者劝退不合格的党员,吸收新党员。

1. 当前农业生产形势。

2. 今年的"双抢"如何搞。

任务重、要求高、季节紧。在这种情况下,要看到新问题。为了保质保量,首先从现在开始做到准备。把"双抢"前所做的工作提前抓紧做好,同时关心群众的健康,还有生活,生活就是粮食问题。同时要求办好托儿所,把全部劳力投入"双抢"。同时进行早稻收割,逐块排队。另一方面要合理调配好劳力。在"双抢"运动中注意的问题。在"双抢"中,干部带头投入"双抢"。工具同样准备好。我们领导人员要做。另外,对海塘做好防护工作,因 7—8 月份是台风季节,如有发现立即抢好,同时防止破坏,如有发现马上作出处理。当时[前]来看,工作还是非常紧张,专桑除草等工作,要求 10 号前除好。络麻草施重肥。15 号前山茹苗削好,施上肥,专桑削通。有利条〈件〉是生产队开展大辨[辩]论,把生产弄上去。早稻加强田间管理,桑园基本建设。有些烂水田采取一些措施。

3. 分配问题:①按照分配政策,把好三关。要统筹兼顾,合理安排,先交国家任务,第二集体储备,再后社员。今年国家任务早稻一季完成。②集体问题:留足种子;留好储备,如动用储备粮一律收回。③社员留粮问题,掌握先紧后宽,原则留好口粮。④各行各业多[都]要支援农业,预先做好准备,特别公社农具厂、合作社。

补充:对早稻选种问题,要抓好这一关键。要进行选好,专人保管。

1970.7.10

上午,出席大队会议

参加人员:领导小组全体人员及整建党人员。

王张堂同志贯彻如下:当前来看,办好党员学习。是否在 12 号左右。通过学习,下去参加生产队斗私批修。

全大队双晚带土移栽面积〈单位:亩〉:东风 30,红星 42,红江 30,立新 40,东方红 30,红旗 30,向阳 50,胜利 40。合计 265 亩。

1970.7.11

上午,建党小组人员研究会议内容摘要

12 号上午学习,下午讨论;13 号上午发言,下午四大代表〈发言〉;13 号写大字报;14 号夜里对照差距,对照新党章;15 号斗私,社员代表;16〈号〉上午汇报,社员代表。

1970.7.12

上午,在第二期整建党毛泽东思想学习班发言稿

最高指示:党组织应是无产阶级先进分子所组成,应能领导无产阶级和革命群众对于阶级敌人进行战斗的朝气蓬勃的先锋队组〈织〉。

要斗私批修,团结起来,争取更大的胜利。

党员、社员代表同志们:

今天我的发言,主要来看是同志们一起学习,首先要学习同志们在学习中的好学风,理论

结合实际。今天我想向同志们汇报这样三个问题:①从7月2号,第一期建党学习后一段情况及一些思想问题。②谈谈毛主席的整党建党学说,按照毛泽东思想建设好我们的党。③通过学,谈谈自己的体会,对照自己,斗私批修,亮自己过去肮脏物。

首先谈第一个问题:从7月2号第一期整建党毛泽东思想学习班中的精神,全体共产党员、社员代表认真负责,带回生产队贯彻,进一步发动群众,学习了"七一"社论和新党〈章〉,开展了讨论。同时按照中央3、5、6号文件,展开了"四大",写了很多的大字报,揭发了阶级敌人新动向和新问题。批斗了阶级敌人贾德松,同时又揭发了现形[行]投机倒把〈分子〉周永明,〈对〉盗窃集体菜籽的姚利仙,进行了批判。压下了歪风邪气,树立了正气,为整建党有利开展。第二,特别〈是〉共产党员,从[在]这次大学习、大批判、大辨[辩]论、大办学习班〈中〉,进行了"四对照""两对比""两回忆"。"四对照":①毛主席是怎样教导我们的。②刘少奇怎样放毒。③走资派是怎样贯彻执行的。④自己是怎样做的。我们共产党员通过一对照,更热爱毛主席。同时,"二对比":①新旧社会对比。②毛主席革命路线和刘少奇路线对比。通过对比,我们共产党员的阶级感情,使我们党员更加热爱新社会,热爱毛主席的革命路线,痛恨旧社会。"两回忆":①回忆过去自己在旧社会之苦。②回忆自己解放以来刚入党时的表现。同时学习毛主席五十字建党纲领和建党路线,联系思想,对照检查,找出差距。触灵魂,亮思想,斗私批修。提高阶级斗争和路线斗争觉悟,明确到一定要做一个毛主席的好党员。第三,毛主席教导我们:每一个支部,都是要重新在群众里头进行整顿。要经过群众,不仅是几个党员,要有党外的群众参加会议,参加评议。这次社员代表很负责,很认真,回去后进行充分发动群众,明确到整党的重要意义。如果不把党整顿好,党要变修,国家要变色的大问题,贫下中农要吃第二处[遍]苦大事。思想要变修,政权就会丢。所以,群众为党员互相评议,诚恳地帮助党员改正错误。有的代表开展谈心活动,在帮助党员时,也做到了提意见要热心,帮助要耐心,对党员改正错误有信心。毛主席的建党思想深入人心,大大密切了党员和群众的关系,都表示我们一定要全心全意把党整好。这样对得起毛主席交给我们的任务。总的来看,这段工作,成绩是主要的。也是毛主席的建党路线伟大胜利,我们继续按照毛主席的建党路线步骤,深入展开下去,把我们大队的整党工作切实搞好。

为了有利[力]地进行,当前来看存在一些问题:

1. 对毛主席五十字建党〈纲〉领认识不足,所以产生了在批判修正主义建党路线还没有深入。我们在批判"黑六论"中,比如"驯服工具论",也要批判无政府主义及无组织纪律,缺乏了党的观念现象;批判"群众落后论"也要批判"群众说了算"的尾巴主义;批判"党内和平论",也要反对一切破坏革命大团结的言行和无原则的派别斗争,反对山头主义、宗派主义、资产阶级派性。我们在整党中,广大党员和革命社员注意阶级斗争的新动向和新问题,充分揭露和批判新条件下的资产阶级反动思潮,使我们全体党员、社员代表真正从思想上同修正主义路线划清界限,肃清余毒。

2. 毛主席教导我们:我们主张积极的思想斗争,因为它是达到党内和革命团体内的团结使之利于战斗的武器。每个共产党员和革命分子,应该拿起这个武器,这一教导。正确开展思想斗争。但是我们有些党员同志存在着思想上问题:①认为我到[倒]讲得清楚了,但是群众说找[我]还没有清,通不过。②这次准备整一整,一声不发言,今后群众评论通不过,就算。做个党员没啥好处,每次运动整流毒,还是太平社员好。③在讨论中不说好,不说坏,今后勿见怪。④眼看眼闭的好,免得今后冒风险,怕报复。⑤有的怕群众在评论过程中,"算豆腐账"❶,所以速心[索性]不讲,准备挨整。⑥有的社员代表提了意见,怕今后要报复,所以大家你看我看一声不响,等等。这些问题如何办呢?我们继续学习毛主席著作,用毛主席的整党建党学说来克服这些障碍物。

第二个问题:谈谈毛主席的整建党学说,按毛泽东思想建设我们的党。

首先,我们要〈进〉一步认识,这次整党并不是"吐一批""纳一批",也不是"过关"。问题小的不在乎,问题大的要"吐故";群众中有"卡关",或者"与我无关"。这些思想的共同错误倾向就是忽视从思想上整党建党。这次伟大的整党建党是毛主席的战略部署,要突出从思想上整党建党,不是一项任意的政策,它反映了我们党的性质和任务的要求。我们党是无产阶级政党,是无产阶级的先进部队,只有各级党组织和广大党员真正用马克思主义、列宁主义、毛泽东思想武装起来才能保证。毛主席的无产阶级革命路线和党中央各项方针政策的贯彻执行,才能完成领导无产阶级革命和无产阶级专政的伟大历史使命。毛主席教导我们:我们的党,我们的队伍,虽然其中的大部分是纯洁的,但是为要领导革命运动更好地发展,更快地完成,就必须从思想上、组织上认真地整顿一番。而为要从组织上整顿,首先需要在思想上整顿,需要展开一个无产阶级对非无产阶级的思想斗争。毛主席的教导对整党建党具有十分重要的指导意义,今天我们学习起来感到非常亲切。突出从思想上整党建党,在无产阶级专政下,又反映了阶级斗争的特点和规律。所以思想整顿贯穿整建党全过程。

其次,毛主席教导我们说:人的正确思想只能从社会实践中来。从思想上整党,就是提高党员的无产阶级专政下继续革命的自觉性。正确地总结经验,必须站在无产阶级革命的立场上,以毛泽东思想为指导,用积极的态度去认识问题,否则,就会走上邪门歪道。有的人"摔了一次跤,三年怕走路",教训变成了包袱。有的人由一个极端走向另一个极端,批判了"入党做官论",又走向了"政治工作危险论";批判了"只抓生产、不问政治",来一个抓革命保险、搞生产危险等,就是这样的表现。从资产阶级立场出发,用资产阶级世界观去观察事物,分析问题,那样总结出来的经验,只能是消极的、错误的东西,只能使人走回头路。

毛主席关于"吐故纳新"的教导,正是用一分为二的革命辨[辩]证法从世界观上武装我们,坚持在同资产阶级修正主义的斗争中建设无产阶级的革命党。但是,有少数人在整党中违背毛主席关于既要弄清思想又要团结同志的正确原则,是同他们个人第一主义的立场分不开的。我们如遇一些资产阶级派性严重的人,对待跟自己有不同意见的党员,采取"一批、二斗、三搞臭"的错误做法,想通过整党发展一派一人之私,这样的人,他们把个人同党的关系摆得不对,"老子天下第一"的迷信甚浓。他们的出发点不对,方针也就必定错误。他们口头上喊的是"吐故纳新",实际上想的是"吐疏纳亲",想按照他的或者他们小团体的标准"吐一批、纳一批"。这样的"组织整顿",正是企图按照资产阶级的面貌改造我们的党,无产阶级决不答应。无产阶级党性同资产阶级派性是根本对立的,水火不相容的。不允许任何人用资产阶级派性来对待整党建党,把无产阶级的先锋队变成资产阶级的派别组织。总之,整党建党中贯彻执行毛主席的无产阶级建党路线,必须提倡积极的思想斗争,弄清思想,团结同志。这种斗争哲学就是保证我们党不断前进的哲学,就是保证我们党朝气蓬勃的哲学。只有这样,才能彻底肃清修正主义的流毒,同时又最大限度地团结一切同志,才能"造成一个又有集中又有民主,

---

❶ 算豆腐账,意思是算细账。

又有纪律又有自由,又有统一意志又有个人心情舒畅、生动活泼那样一种政治局面"。这样将使每一个共产党员从思想上更加健康起来,使我们党的组织更加坚强,更加兴旺,更能经得起风险。

第三个问题:我通过学习"七一"社论、新党章后,对照共产党员必须做到的"五条"的认识和体会。

最高指示:有许多党员在组织上入了党,思想上并没有完全入党,甚至完全没有入党。这种思想上没有入党的人,头脑里还装着许多剥削阶级的脏东西,根本不知道什么是无产阶级思想,什么是共产主义,什么是党。要斗私批修。

由于诉苦(诉旧社会和反动派所给予劳动人民之苦)和三查(查阶级、查工作、查斗志),我体会很深。

党员、干部、社员代表同志们,我想这样谈几个问题:①解放前、解放后的情况和变化,对社员犯了很大错误,而头脑里装满了很多肮脏物,准备今日套[掏]出来,用毛泽东思想阳光晒一晒。②未参加这次学习以前情况。③通过学后思想有所专[转]变情况。

现在谈谈第一个问题:①解放前的情况。②解放后的情况。③思想变化。

这样一来,"四清"运动中,受到冲击后没有认识到是应该的,反而出现了怨气、不服气、垂头丧气、温[愠]气。

所以,总结自己的经验教训后,思想也下定决心:

1. 干部一定不当,逐步退索[缩]。

2. 党员也不要,太平社员好。

3. 当了社员轻松愉快,在做做家务,叫妻子参加劳动。这样今后运动,也不受敬赫❶,反而还可以提提意见,多少好。

4. 如果干部不当,思想好好转,只叫[要]不做坏事,而儿子参军,可以算得光荣,还可以向上领导上提提要求。现在当干部到现在为止,伸伸手,不大像,人家军属多少有点照顾,〈我〉到现在一样东西没有。所以,学[越]想学[越]〈觉得〉吃亏,一定不要当干部和党员等。所以有这样脏东西存在,参加革领组中一员,对工作:①抱不负责任务态度,特别在清理阶级队伍之后。②做一日和尚撞一日钟。早晨走出,讲讲空头半日,夜睡到,一日过脱❷。③重担不退[想]挑,轻担也想掼掉❸。

未参加学习前的情况我是这样思想的:学习听一听,讨论听那❹讲。这样可以创造退〈党〉条件。如果通不过最好,通得过的话,也要想办法:人老思想不适合,防[妨]害工作,损害群众等等办法。挖空心思想,动脑筋,选舆论。来参加学习班还是思想不健康的。后来通〈过〉回忆诉苦,思想转变过来。

通过学习后的专[转]变过程:我的过程是一翻[反]一复,主要是自己的世界〈观〉没有彻底改造好,所以思想上冷热病不断发现。特别在前天,革领组人员王张堂读了二段毛主席教导:①"什么叫工作……"②"艰苦的工作就像担子……"同时,金部长谈了话。使我更加体〈会〉到,这样下去走向反面,受群众抛去[弃]。这样下去,对不起伟大领袖毛主席,忘记了只

---

❶ 敬赫,即惊吓。

❷ 一日过脱,当地土话,意思是一天过去了。

❸ 掼掉,当地土话,意思是丢掉。

❹ 那,当地土话,意思是你们。

有毛主席领导才有我的一生,得到了翻身之日。所以我坚决痛改前非,改正错误。尽自己一切力量为人民立新〈功〉。在这整党运动中,虚心接受贫下中农鞭策,欢迎社员代表们多多向我提出批评,使我今后更有方向,少犯错误。我坚决表示,不打击报复。今日就这样一点,如上有错误,请同志们提出批评和帮助。

1970. 7. 13

下午,抽出期[时]间,队长代表座谈会议

金部长参加。

胜利队:活动二次,学习。放手发动群众,开展"四大",党内党外一起揭。批了姚利仙有些翻案。一共开了二夜社员大会。队务委员〈会〉一次,群众反映,大字〈报〉50多张。

立新队:整党结束后,四队召开社员大会,第二次大会学习新党章。继续"四大",一次队务委员〈会议〉,大字报 10 多张。

红星队:回去开过二次社员大会,发动开展"四大",新党章学习过。

向阳队:回去开过三次社员大会,首先回忆对比。第二夜开展"四大"。第三夜发纸头,认〈为〉多写无经头❶,新党章学习过。

红江:回去开过二次会。学习"七一"新党章及贯彻大队精神。开展"四大"。

红旗:回去夜里开不〈下〉去,白天开半天。开会无反映,背后讲。以前写过,有头无尾〈大字报〉5 张。

东方红:开过二夜,学习"七一"社论、新党章。大字报 2 张。

东风队:开展二次社员大会。学习"七一"新党章。展开"四大"。对大字报,认为在"一打三反"时写,很没有解决〈问题〉,所以这次不写,有,不多。

红星:要求党员干下去,不要消极,表现决心,今后继续工作。

东方红:党员出〈席〉多,生产落后,有的管家务,有的想外出。

红江:周福章两面派,揪斗后不满翻案。当面不响,背后耍花样。再[最]近为粮食问题,认为我村长、大队长、小队长,认为当干部没有好下场。其他反映。

1970. 7. 16

上午,进行各生产队前来汇报

红江:党员都斗私批修,社员们多[都]没有意见。今后要求帮助生产队搞好工作,更加为生产队、为人民服务。没有意见。

红星:党〈员〉开会一半时间,昨天党员参加斗私,党员多[都]表明态度。对李叙康倡勤[闯劲]是好的,要求今后有头有尾。戴顺堂要求做事有始有终,碰了钉子仍就[旧]要干。沈继松对群众严,要对自己也要严。

胜利:对三位党员同志缺点是有,要求改,今后要求帮助生产队搞好工作。特别在〈对〉冯生康同志意见很大,轻描谈笑[淡写]讲讲,社员意见很大。自己错误没有讲出。写大字报有报复。

---

❶ 这句话的意思是,第三个晚上发纸让大家写大字报,但是,大家认为多写没有什么意思。

革命的书写

—— 一个大队干部的工作笔记

东方红:7 个共产党员,〈开会〉一日二夜,对党员章桂松是好的,对工作负责任,工作带头干。要求今后改正态度上问题。对冯荣涛,他想少管为妙,对工作带头。陈桂香在"四清"时〈是〉"闯将",自己认识不是党员,自己有病,工作不负责,死气沉沉,好的坏的多[都]不想〈讲〉,对"五条"根本对不牢。

陈德明态度较硬,社员反映很不好。特别在二派之中犯错误。到了牧场不负责任,群众意见很大。评评工分,一定要 9 分,群众评 8 分。后来群众提出在外一段工作情况。后来他讲了一番,犯了很多错误。在 60 年大搞黑市买卖。对陈德明意见很大,嘴上讲一套,实际不做到,管牧场死掉二窝小猪,严重失责。

袁阿培回忆在部队参加党。在部队年〈年〉评上"五好"战士。在 68 年退伍回来后,认为看不贯[惯],求安逸,小队里生产队里不管,有的怨气,讲也讲不出来。

冯茂才,群众〈认为〉对他交代比〈较〉详细。

向阳队:一共 4 个,3 个党员进行"亮私"后大家一声不响,主要对杏林问题〈意见〉比较大,问题存在是老问题。

立新队:党员进行斗私批修,要求社员提,社员没有意见。

东风队:一共 3 个党〈员〉,2 个进行斗私。胜林在桥东。要求王继福,没有表决心。

红旗队:一共是 4 个,3 个讲讲。后来意见,社员没有提出意见。

1970.7.20

在公社召开双抢誓师大会订出双抢安排日期 〈单位:日、亩〉

队别	20	21	22	23	24	25	26	27	28	29	30	31❶
东风				5.5		22			12		0	
红星						23			17		16	7
红江	10.3				5.7	2		1		6	3.4	
立新					7		15		15		15	10
东方红				2.8	5.5	5	7.2	8.6	4.8	5.5	10.5	6.82
红旗						7	3	5	6	4	10	2
向阳						21		20			20	17.9
胜利					27.1				10.9			
	1	2	3	4	5	6	7	8	9	10❷		
东风		32.5										
红星					24			7❸				

---

❶ 此行是日期,7 月份。下面的数字表示各生产队"双抢"的进度,即某一天完成插秧多少亩。所以,这里的单位是"亩"。

❷ 此行是日期,8 月份。

❸ 插秧不过秋关,1970 年 8 月 8 日立秋,红星生产队于立秋当天完成最后 7 亩田的插秧工作。

队别	20	21	22	23	24	25	26	27	28	29	30	31
红江				17								
立新		10		10								
东方红	6.8		10.8									
红旗	5			6	6	5						
向阳						29						
胜利			8		6.4							

1970.9.1

在机站召开农业队长及除虫人员参加会议

首先有[由]王张堂同志传达公社会议精神。当前农业生产问题,继续举旗抓纲,狠抓革命,猛促生产新高潮。当前需抓工作:狠抓根本,活学活用毛泽东思想。评出"五好"社员、"四好"生产单位,开好讲用会,评出先进。

1. 水浇问题,掌握干干湿湿。

2. 除虫办法。稻热病:10斤炭50斤水练出来,施1亩田,防止稻热病。或重者,可用炭灰并西立生。同时防止纹枯病及三代三化螟、稻尼蚤、刮青虫。我们公社决定2—3日来一次扦[歼]灭战,夺取晚稻超早稻。

苏化二〇三,用量2两,乙季[基]1605,每亩1.5两。是消灭三代三化螟虫。在用药时要掌握操作规程,不能初次大意[粗枝大叶]。除好新农药一定插出标记。

在未施前做好几项工作:

1. 特急[突击]除草:田边岗边杂草,同时还要点灯灭蛾,4—5日。

2. 放水问题:规格1.5寸。如果深,失去效率。

3. 络麻问题:总的要适时收割,推广带杆[秆]精洗,服从国家需要。

1970.9.4

上午,在机站试制土农药

各队除虫员参加,制烧"八合一"农药过程:

1. 先将水放入锅内进行烧。

2. 锅边起泡,放下石灰。

3. 烧开水后,放下硫黄。

4. 烧30—40分钟,放下烟叶及盐。

5. 烧开水后,放下硫酸铜。

6. 烧10—15分,退火后降温,放下肥皂及煤油。

成品农药:66斤,分给各生产队每队8斤。成本计算〈单位:元〉:0.5斤盐0.07,0.5〈斤〉

肥皂0.27,7.5斤硫黄2.78,0.5〈斤〉硫酸钢0.41,其他都是土的。合计3.53。64斤折每亩0.055。

1970.9.26

摘　抄

全县71年度面积产量指示〈单位:亩、斤〉:

小麦面积22万,产量250—300斤;大麦面积22万,产量350—400斤;油菜面积12万,产量200斤;早稻面积25万,产量800斤;秋粮双晚40万,产量750斤;秋粮双晚单晚共40万,产量750斤;蚕桑亩产130斤;棉花面积11万,产量150斤皮棉。(猪羊30万头)

出席大队召开革领组人员会议

王继福贯彻县会议精神:对水利问题,提出要求,大搞基本建设。平整土地,改制排、灌两用渠道,降低地下水位。按照毛主席教导的农业"八字宪法"。

王张堂贯彻71年指导方向:扩种早稻面积。大力平整土地。减少山茹面积,把山茹土地进行改制,今冬计划好进行平整。分配药材面积一定要完成。原来打〈算〉减少春花面积来扩大两簇面积,这个打算是不对头的,因不能得到高产的。

1971年度计划全大队面积　　　　　　　〈单位:亩〉

队别	小麦	大麦	蚕豆	油菜	花草地	早稻秧田	早稻	晚秧田	双晚
东风	62	30	10	52	20	12	83	14	87
红星	56	28	9	46	18	12	83	14	97
红江	46	19	8	37	16	10	67	13	79
立新	45	21	7	38	15	10	80	12	92
东方红	41	18	7	35	16	8	66	11	77
红旗	30	10	4	27	9	7	68	10	68
向阳	64	30	12	53	20	12	87	14	101
胜利	54	22	8	42	16	9	82	12	94
合计	400	178	65	330	130	80	616	100	695

以上头一次计划。

〈1971年度作物产量预估〉　　　　　　　〈单位:斤/亩〉

指标	小麦	大麦	蚕豆	油菜	红白草地	早秧田	早稻	晚秧苗	双晚	络麻	山茹❶	蚕桑叶
产量	250	300	250	150			700		720	600	450	80

---

❶ 本表中山茹、蚕桑叶的单位是担/亩。

〈各队土地面积统计〉 〈单位:亩〉

队别	复查面积	专桑面积	10%自留地	净有面积	
东风	307.836	69.950	30.784	207.102	
红星	321.175	87.472	32.118	201.585	
红江	250.959	56.556	25.096	169.307	
立新	284.106	78.330	28.411	177.365	胜利拨入 3.927
东方红	243.267	56.685	24.127	160.455	拨出胜利 18.885, 大队 2.400
红旗	234.081	93.177	23.408	117.496	
向阳	369.199	88.410	36.920	243.869	
胜利	278.652	75.893	27.865	174.894	拨出立新 3.927
	2 287.275	606.473	228.729	1 452.073	东方红拨入 8.885

1970.9.27

出席公社治虫会议

当前情况来看,穗劲[颈]稻热病比较严重。

1. 当前思想存在情况:麻痹大意。

2. 怕这怕那。

3. 怕麻烦。

4. 防止在这些除虫中有破坏情况。

5. 从大肚至穗齐时,最〈易〉发病时间,又天气不好。

郭仁元同志贯彻县会议精神。主要当前有二样最大毛病:穗颈稻瘟病、褐稻蚤。

防治措施:

1. 开沟排水、搁田,但注意搁白田,同时防止络麻水漏入。

2. 药械治防,西立生、散立散,"056",一般 500 倍,并肥皂半两,西立生、散立散进行喷雾。放花时,要被开相花间,8 时前 3 时之后,进行泼浇❶。散立散不能用。尖稻上拨[泼]浇,每亩 2 两,不必并肥皂肥,也可以并除虫一起❷。抽得匀。注意不要用手去搅,要中毒。现先施,该发病,黑嫩的田,跌倒头田❸。

褐稻蚤:28—29 号进行除虫。

每棵 3 只〈蚤〉,每亩 10 万,损失 1% 。每亩 15—25〈万〉,损失 3% 。每亩 60 万,损失 12% 。每亩 300〈万〉—600 万,损失 30% —50% 。

---

❶ 这句话的意思是,在水稻放花的时候,施农药需要避开开花的重要时间,所以,施农药需要在早上 8 点以前或者下午 3 点以后进行。

❷ 这句话的意思是,在使用西力生时,不必与肥皂一起使用,但可以与其他除虫的农药一起使用。

❸ 这句话的意思是,先施那些发病的田,稻叶黑嫩的田以及稻穗头垂下的田。

今年不除新农药,发现〈每亩〉有 250 万—300 万〈只蚤〉,去年不除新农药,发现 900〈万〉—950 万。

分期施药:10 月 20 号前收割的用 66 粉 1.5 斤或敌百虫 2 两、马拉松 2 两。

10 月底前用甲六杀螟粉 2 斤一亩,1 月份收割可以用正六杀螟粉 2 斤一亩,都是并 8—10 担水,干田拨[泼]浇。注意被[避]开扬花期,28—29 号进行。如有下大雨的话可以推迟。注意桑树边。如果有病可进行并入一次施。

消灭过冬螟虫:

1. 拔掉白穗穗。

2. 用石灰〈做〉一标扦,割后进行拔掉。

3. 带病稻草在清明前处理掉。

麦类:黑穗,石灰水浸种,每百〈斤〉水 1 斤石灰。每百〈斤〉水 60 斤麦。浸 72 小时,注意不能碰动。

回去后要求:

1. 抓思想发动:这次除虫、防病重要性;总结几年没有防治过,防止右倾保守;防止麻痹大意,这次是决战关键。

2. 要求今日贯彻〈到〉生产队,今夜发动好,做好思想工作,打好思想准备,组织好劳力。

3. 把好除虫防病操作关:防止麻痹大意中毒;防止抽花期;干田防治,有水开沟灌溉。

1970.10.6

上午,听报告

陈福才贯彻冬种情况:

1. 我社半年多来抓革命、促生产情况。整个形势大好的。从〈学习〉九大精神以来,总的形势大好。贯彻九大各项战斗任务,取得很大成绩。首先学活用学习毛泽东思想掀起新的高潮。在清队运动中。开展"一打三反"运动❶。发动群众开展"四大",揭露阶级斗争盖子。

2. 秋收冬种问题。首先统一思想,认识秋收冬种的意义:支援社会革命和建设,有着重大的意义。有关 71 年度农业生产丰收问题。有关世界革命问题。必须认真打好这一仗,〈为〉迎接"四大"献礼,迎接县委、公社新党委诞生。

①指导思想问题,高举毛泽东思想伟大红旗,以二个阶级、二条道路、二条路线为纲,以九大公报和中央×ד×ד××号文件为武器,坚决执行以粮为纲、全面发展方针,认真执行《八字宪法》,认真执行"鼓足干劲、力争上游、多快好省"〈的路线〉。②作物布置和安排问题。根据国家"以粮为纲,全面发展"方针,防止脱离国家〈要求〉,盲目种植。

口号:学大寨,学南堡,赶上海,超平均。实现全县粮〈亩产〉1 500 斤,现亩产 130[1 300]斤。

---

❶ "一打三反"运动源于 1970 年中央发出的三个文件,即《关于打击反革命破坏活动的指示》《关于反对贪污盗窃、投机倒把的指示》和《关于反对铺张浪费的通知》。它是"文革"中深入"斗、批、改"的一个重要措施,打击了一些反革命分子和各类犯罪分子。但在当时"左倾"思想的指导下,也制造了不少冤假错案。

1970.11.2

上午,进行汇报

王张堂、王继福。

讨论决定明日召开革领组人员会议:

1. 贯彻县四次党代会精神。

2. 汇报县打算计划。

3. 研究下一步开展计划,定出典型队,进行分工。

后天召开党员扩大会议。

1970.11.3

上〈午〉,在大队召开革领组会议

出席人员有章默兴、王张堂、王有宝、贾维清、李叙康、周生康、周彩仙、王继福、贾洪林、冯恒兴。贯彻内容如下:

1. 这次县党代会的指导思想:高举党的九大团结胜利的旗帜,以毛主席关于无产阶级专政下继续革命的伟大理论为指针,充分发扬民主,认真总结我县无产阶级文化大革命的成就和经验——在无产阶级专政下党内两条路线斗争的经验,社会主义革命和社会主义建设的经验。肯定成绩、学习先进,找出差距,团结战斗。加强党的思想建设和组织建设,进一步发挥无产阶级先锋队领导作用。在党的九届二中全会公报的巨大鼓舞下,带领全县 50 万军民,继续完成党的九大提出的战斗任务,永远沿着毛主席的无产阶级革命路线胜利前进,为中国革命和世界革命作出新的更大的贡献。

2. 大会议程:三天预备会议,主要是学习毛主席有关指示和九大文献,统一认识,听取筹备情况,讨论修改《工作报告》,协商大会主席团和大会秘书长、副秘〈书〉长,预选新县委,讨论大会日程,明确大会任务,为正式会议作好思想和组织准备。

四天正式会议,大会议程主要有三项:①学习毛主席在"九大"期间所作的极其重要的讲话、新党章以及党的九届二中全会公报等。②讨论并通过《工作报告》。③选举新县委。

会议步骤:

〈10 月〉20 号上午报到,下午各队同志会议,明确任务。

21 号听报告:张英才付[副]政委报告:①谈形势,特别在四年多来的无产阶级〈文化大革命〉的经验和教训,斗、批、改的情况,清理阶级运动中,整建党运动中,"一打三反"运动中等在各项运动中的经验教训。②促进了工农业生产发展。③筹建县新党委的情况。④这次大会的开法。

22—23 号进行讨论。24 号单项"农业学大寨"讨论一天。

25 号上午正式海宁县四次代表大会开始:①梁官清政委致开幕词:他说这次代表正式代表 888 名,特邀代表 21 名,列席代表 16 名,是我县历次党代会中规模最大的一次,是我县历次党代表大会所从没有过的。来自各行各业,也有在这次整建党运动中吸收的新鲜血液。这次党代会规模较大。②地区负责人讲话。③省革宣队杨焕同志讲话。④部队代表张英才同志发言。⑤县核心小组马汉民做工作报告。

下午进行分组讨论。

26 号下午中型发言,以代表团为单位。27 号进行大会发言,直发到晚上。

28 号上午进行选举和闭幕词:宣布代表总额 900 名,除保留未选 12 名,除今日生病请假有 15 名,今天实到数 873 名,进行发选票。同时贯彻选举原则和注意事项。

选出新县委委员有下列人员:

于广俊、马汉民、工芝印、王若山、王继林、王秀芳、王蒋法、田洪博、刘希臣、孙长风、沈明仙、寿炳坤、陈玉山、陈玉英、陈炳林、张英才、张顺发、张洪桂、宋绍宗、居兆林、施亦农、俞金才、凌祖兴、唐仁仕、梁官清、殷雄民、黄文豪、黄家盛、黄宏雄、程国常、魏泽先。候补委员有:刘锦福、胡剑秋、姚庆宝。

28 号下午进行讨论,内容如下:①谈体会。主要谈认识,会前会后。②公社、大队回去打算。③订出实现大寨式规划、措施、〈目标〉产量。④大打人民战争,平整土地,大搞改制。⑤抓好活思想,对照以前学习大寨的经验和教训,订出大队出现大寨式规划和远景规划。同时进行定出典型,领导干部深入下去,搞出经验推广前[全]面。

29 号上午集中参加庆祝大会。下午乘 3 时 15 分轮船回家。

回顾我们大队的历史经验教训。毛主席教导我们:"历史经验值得注意。一个路线,一种观点,要经常讲,反复讲。只给少数人讲不行,要使广大革命群众都知道。"认真总结我大队互助组一直到人民公社,特别在无产阶级文化大革命两个阶级、二条道路、二条路线中的经验教训。无产阶级文化大革命是在社会主义条件下,无产阶级〈是〉反对资产阶级和一切剥削阶级的政治大革命,是一场大规模的真正的无产阶级革命,成绩最大最大,我们必须有足够的估计。

四年多来的无产阶级文化大革命的历史,始终贯穿着两个阶级、两条道路的剧烈斗争。在毛主席亲自主持制订[定]的 1966 年 5 月 16 日的通知,向全国人民发出了开展政治大革命的伟大动员会,广大革命群众积极响应,投入战斗。经过一个一个奋战,取得伟大的胜利。

再回顾一下我们大队的变化情况:

1. 改变了精神面貌,生活上不断地变化,逐年增加,都盖上了新屋。在毛主席英明领〈导下〉,下一代生龙活泼[虎]。

2. 土地也进行改变,小块改大块,进行了改制,二簇改三簇,地改田,扩大面积,增加了收入。

3. 人变地变,产量也逐步增加。我们可以从高级社时一段情况来看:我们在高级社 56 年定产数 504.336 斤,总人口 1 164 人,总口粮 578 308 斤,定销 73 927 斤;57〈年〉供应 96 505 斤;58 年 76 109 斤;59 年 68 108 斤;60 供应 60 108 斤;61 年 52 107 斤;62 年 44 108 斤。从供应上来看逐年减少。肯定地说就是产量提高,支援了国家的积累。特别在公社化以来,对国家供[贡]献更大。

学大寨的三条精神:①政治挂帅、思想领先的原则。②自力更生、艰苦奋斗的精神。③爱国家、爱集体的共产主义风格。

回顾我们大队学习大寨的情况:

1. 学呢,也学了一点,没有学在根本上,只学他的经营管理上。例如,生产措施、农田基本建设、评工记分、自报定粮等一系列。所以,造成学习大寨工,不是学习大寨一心为"公"字。虽然一字之差,但是一个是无产阶级"公"字世界观,一个是资产阶级"私"字世界观,所以出现了收不到好的效果,甚至出现"出工跟牢、出力划不牢、圈圈保牢、10分拿牢"的磨洋工现象。

学了大寨工,出现磨洋工。这是什么原因?主要没有狠抓根本。

毛主席教导我们:我们看事情必须要看他的实质,而他的现象只看作入门的向导。"大寨工"是现象,"公"是实质。指导、保证"大寨工"的是"大寨公"。首先只有把大寨人的三条经验学到手,树立了"大寨公",才能推广"大寨评工"。

2. 学大寨,光看现象学形式,不抓本质学内容,一个重要原因是没有学好毛主席的哲学思想。用毛主席的哲学思想指导学大寨,就能分清现象与本质,抓住主要矛盾,把根本的东西学到手。树立种田为革命,为公字而劳动,要艰苦奋斗。

3. 但是有些人反映说,学大寨,这样干是太苦了!学习大寨太苦吗?毛主席教导我们说:我赞成这样的口号,叫做一不怕苦,二不怕死。大寨的道路就是毛主席的思想指引下建设社会主义农业的道路。走大寨的道路,是要艰苦奋斗的。如果有满脑子是懦夫和懒汉思想的人,根本不可能学好大寨。学大寨要有个高资[姿]态,要有一个"明知征途有艰险,越是艰险越向前"的大无胃[畏]精神。学习样板戏中杨子荣革命到底,不能学习《红灯记》中王连举中途掉队。特别是共产党员,在这次学习大寨运动中,要做带头作用,先锋作用,发扬"五敢":敢于[与]天斗;敢〈与〉地斗;敢同阶级敌人斗;敢同自发资本主义倾向斗;敢于同自己的"私"字斗。"私"字是学习大寨中的大敌,也要把它斗倒,"私"根全部拔掉,才能使学大寨顺利进行。有些学大寨叫苦的人实在自己肚里有数。他们学大寨,为"公"劳动怕苦,出工像拉纤,收工像射箭的人;干起自己的私活来,大不相同,都起早摸黑拼命干。苦就是苦在资本主义倾向对自己的毒害。学大寨,就要像大寨人那样,活学活用毛泽东思想,突出一个"斗"字,敢于同天斗,敢于同地斗,与阶级敌人斗,与自己头脑里的"私"字斗。要奋斗就要吃苦,不吃苦没有甜,也不会知道甜的来源。

4. 学大寨,一定要高举红旗狠抓纲。

毛主席教导我们:千万不要忘记阶级斗争。深入开展"一打三反"的群众运动。狠狠打击一小撮阶级敌人煽动、破坏农业学大寨,或刮起资本主义妖风。要像大寨那样,哪里有妖风,就在哪里批,使他永不翻身。狠批斗破坏学大寨种种反动谬论,阶级斗争抓得牢,大寨精神学得好。既轰轰烈烈,又扎扎实实,〈使〉农业学大寨的群众运动有利[力]开展。

1970.11.6

下午,出席公社分片会议

在祝会供销社召开,在席人员有王张堂、章默兴同志。

听取了各大队进行汇报,汇报了回来工作情况和进展。进行汇报后,公社李同志报告下一步的工作。

摘要:

1. 形势问题:有了毛泽东思想,一切多[都]好办事。出现了一个活学活用毛泽东思想新高潮,出现好人好事多。联民东方红队出现62岁老太太听了广播后,参加生产队学习,参加生产很起劲。向阳队青年做出榜样。红旗队自觉报名管山茹,不讲报酬。特别有陈望元同志带领下和胜利队参观八二大队〈后〉立即运动,说干就干,做出先进榜样。要及时总结,及时表扬。这是通过活学活用毛泽东思想〈的〉结果。原来出工迟早一个小时,现在只有10分钟就行。要通过"四好"运动,首先政治好,"一好带三好",今后要大搞。

我们现在休息问题,有二种思想:一种是休息反而吃力,是不是在这段时间宣传宣传,唱唱革命歌曲,好不好?

2. 抓组织建设、思想建设。重点要解决思想上入党问题。必须坚决执行党章,必须做到五条,自觉做到斗私批修。王文荣队在灭钉螺中挖了一只蟹交公,卖了 5 分钱交给公家,得到群众好评。天天读要搞起来,一般半小时。可以适当安排,10 天、一个月,第一把手交流一次,在公社安排(20 号左右),搞点〈在〉中新。

3. 三秋工作。

4. 充实调整县级机关。

5. 清理阶级队伍,"一打三反"。

6. 四个面向问题。

7. 知识分子下乡。

重点是整党建党为中心。当前秋收冬种问题要抓紧。注意阶级敌人破坏,随时提高警惕。

陈同志讲话:

1. 继续学大寨,造深史[声势],发动,抓先进,各条战线进行发动。抓先进,促后进。发现先进,鼓励先进,表扬先进,保护先进。

2. 做好下一步发动,做好抓好阶级斗争,摸好底。

3. 抓发动,抓运动,自力更生。①平整土地,扩大土地❶。一级灌溉不行,二级灌溉也可以。②搞排溉两用渠道。③搞密植、搞积肥结合起来。

1970.11.9

出席公社会议,现场参观

在利民大队召开。这次目的是:

1. 冬种深沟阔轮密植。

2. 排溉两用渠道,各立门户。

3. 络麻留地问题。

〈第一个问题:学大寨的形势问题。〉关于深入贯彻县党代会议和贯彻农业学大寨的情况:现在来看发展普遍形势大好,都贯彻县第四次党代会决议高潮后精神面貌大大变样,出现一个活学活用毛泽东思想新高潮。全社 88 个生产队 70%—80% 都办起了"五七"夜校,小评论、大批判、学哲学小组。在贯彻农业学大寨后,人们的思想面貌大大变化,出现了振奋人心的好人好事,好思想、好作风不断地出现。例如,中新大队三次修订生产规划方案;联农大队白天搞抢收抢种,夜间搞平整土地;联丰大队出现一个社员,听到了农业学大寨贯彻后信心百倍,表示在这次平整土地〈中〉,挑坝二对土箕❷。

众安大队:原来计划填一条,现在填四条。

联新大队:出现为集体管好稻谷,自觉报名,不计较工分。

---

❶ 这里指扩大田垟的面积。

❷ 一个人准备了两对土箕去挑泥筑坝,表示决心大。

联民大队:胜利生产〈队〉大搞阔轮密植和田垾建设。

东方红生产队:一老太太60多岁,从这次听到广播中农业学大寨后,参加生产队里学习会议也表示了决心。红旗生产队有陈望元同志带领下自觉地为集体在塘管好山茹,向阳生产队全体青年,在这次起早摸黑带头干。

中新钱江队:在这次灭钉螺时拾到一只蟹,价值5分钱,交给了生产队,为集体创造财富,各生产队都搞天天读制度。

利民大队:各生产队都向大队表决心,两三年实现大寨式队,当前要大干,拼命干。在这次农业学大寨,要像学"三忠于"一样大干,大造舆论,步步深入,正在开展。

但是当前在"农业学大寨"运动中还有一些问题:

1. 可是有个别人认为学大寨已经学过,没啥花头,学不学何所作为。

2. 有个别人抵触情绪,造谣放空气了,说什么家里碗要少了;又要刮"五风"了;自留地要取消了;络麻剥到年,下种到明年等等。有些流言飞言[语]。

3. 暗藏阶级敌人乘势搞破坏农业学大寨。这个问题,一个要戳穿,狠批、狠斗、斗臭。

例如,联新大队发觉阶级敌人破坏,他说:做得苦杀,肚皮要饿杀,弄得活急杀❶。起先像样,中途变样,后来仍旧老样。又说,今年要想明年好,二件布衫当夹袄,明年要想后年好,拎了裤子没有腰❷。抹杀了社会主义优越性,何其毒唉! 要求各大队很好地查一查。

※这次"农业学大寨"不是才[随]心所学[欲],而是对毛主席态度问题。地区王司令在讲话中也提到了这个问题。《人民日报》社论发表了"农业学大寨",这是中央有计划的,有步骤的。有二段恐怕是最高指示吧,所以我们要认真对待,积极拥护,坚决照办。要提高我们的勇气。要求各生产队在发动深入基础上向大队表决心,订出三年的规划和指标措施,要有干劲。

第二个问题:当前抓革命、促生产。

①学大寨之东风。②学八二的经验。③本地区的经验。总的,狠抓适时收种,大力推广八二式的春花高产经验,深沟阔轮密植。同时适应高产的需要,做好降低地下水位,做好排溉两用渠道,各立门户,进出畅通,达到雨停水干的高产经验。结合做好田垾建设。

今冬要搞平整土地、机耕路,今年要大干。其他公社现在已开始,他们还有开河任务。如果我们再不搞是不行,各生产队把这项工作认真进行研究,作好计划。起早开夜工,冲天干劲,一定要搞。但是在开夜工时,要有质量,不要搞睥牢[疲劳]战。要关心群众生活,使社员得到一定的休息。

要求各生产〈队〉,对于排溉两用渠道这项工作一定要搞,要狠抓,今后要检查的。如有春花发青,发现没有畅通时,还是要搞的,所以把这项工作做好。如发现队与队之间交叉,要发扬共产主义风格,不要斤斤计较,做到相互帮助,共同提高,互相照顾,搞好团结。同时开展积肥运动,搞起来。

第三个问题:关于分配问题。宣传省文件,所以不记。

起先像样,中途变样,后来仍旧老样,这主要是没有抓好根本。学大寨首先学好毛泽东思想,用毛泽东思想统帅一切。

---

❶ 这句话的意思是,我们命苦,做得苦,还是饿肚子,天天搞得很急,还是没有办法。

❷ 这两句话的意思是,所有的希望都不可能实现。

革命的书写
——一个大队干部的工作笔记

1970.11.11

下午,大队召开全体党员大会

有[由]王张堂同志谈。学习文件有:"工农兵学哲学"及《人民日报》社论,"农业学大寨"。

出席人员有:王继福、袁阿培、陈天堂、陈德甫、周志华、沈继松、顾春光、王有章、章桂松、胡少祥、沈尧兴、冯恒兴、王张堂、周生康、冯荣涛、杨六珍、周胜林、王六彩、周彩仙、李淑梅、王阿芬、李叙康、徐杏林。

公社党的核心小组陆季文同志也参加会议。这次会议主要解决联民新支部问题。

1970.11.19

下午,出席大队召开各生产队队长及革领组人员会议

王张堂同志传达公社会议精神:在这次群众性"农业学大寨"中要学实质。

1. 认清当前形势,搞好思想革命化。深入群众性活学活用毛泽东思想,广泛发动群众,学习"农业学大寨"。农业学大寨是农业的根本出路。认真搞好斗、批、改。抓紧"一打三反",把破坏农业学大寨和反革命行为挖出来,斗倒批臭。

2. 要明确方向进行战斗。①各级领导班子带头学、带头用、带头讲用。首先要突出政治,扫除思想障碍。扫除一个"不学习,照样工作搞得好"和"不问政治"〈思想〉,要把学习放在一切工作首位。生产不能不去学习,学了就要用,就是理论结合实际。同时在学习中要斗私批修,斗出干劲来。突出一个"斗"字,同天斗,同地斗,同阶级敌人斗,同"私"字斗,同时领导人员互相帮助斗。同时开门,叫群众向领导上斗私心。着重是领导班子问题。主要是斗出干劲来。搞社会主义,靠斗出来的,平平稳稳是不来的。搞社会主义,不是一帆风顺,是有斗争的,是思想斗争。可以回顾20年前的斗争里程。②注意培养大批社会主义接班人,对象是一贯忠于伟大领袖毛主席革命路线的人。培养积极分子,大批骨干分子。教育他们要用毛泽东思想武装,鼓励他们的积极性。互相促进,互相鼓励,发现先进苗头,立即表扬。树立先进,保护先进,批判歪风邪气。向阳队出现借口反攻。

3. 关于生产队规模问题。在这个问题破坏农业学大寨。

4. 抓革命、促生产,同学大寨挂起钩来。

会议日程:农业学大寨誓师大会。
党支部代表发言:王张堂同志。
革领组代表:冯恒兴同志。
民兵代表:陈望元同志。
东风队代表;红旗队代表;红星队代表;向阳队代表;红江队代表;立新队代表;东方红队代表。最后小结。

1970.11.20

在大队党支部成立大会暨农业学大寨誓师大会上的发言

同志们：多少事，从来急，天地转，光阴迫，一万年太久，只争朝夕。为了实现今年大干、明年大变，73年实现大寨式的大队，必须狠抓当前。"三秋"大忙已到，现在就要大干。目前要抓好规划，坚决打好"三秋"这一仗。搞好细收细打，颗粒归仓，选留好良种，多种、种好春花作物，必须突击抓，抓紧再抓紧。

同志们：让我们更高地举起毛泽东思想伟大红旗，紧跟毛主席伟大战略部署，下定决心，不怕牺牲，排除万难，去争取胜利。创新的成绩向毛主席敬献忠心。

我们的目的一定要实现！我们的目的一定能够实现！

最后共同呼口号。

1970.11.23

出席公社会议（1天）

李书记传达关于当前工作问题。

1. 看清红江公社当前主要形势。

①活学活用毛泽东思想深入发展，农业学大寨深入发展，各行各业都投入这一运动。广大群众深入明确，认识不〈断〉加深，社会主义觉悟不断提高，特别二条路线问题，干劲冲天。②深入开展二条路线的斗争。狠抓阶级斗争不转向。坚持走社会主义道路，坚持走自力更生的道路。同时批评右倾保守思想，就是懦夫懒汉思想。我们要鼓足干劲，力争上游，多快好省地建设社会主义。③加速〈实现〉农业发展，农业纲要"40条"，尽量减少吃国家粮。苦下工夫搞土地基本建本[设]，农田基〈本〉建设，全面考虑农业"八字宪法"，实现毛主席提出4—5年计划实现农业机械化。

2. 今后几项工作。

指导思想：高举毛泽东思想伟大红旗

深入活学活用毛泽东思想，贯彻毛主席指出的农业学大寨。狠抓大批判，抓紧"一打三反"，把破坏社会主义建设、破坏农业学大寨的现形[行]反革命分子〈揪出来〉。结合文化教育工作，如下放干部，认真贯彻毛主席抓革命、促生产、促工作、促战备的指示。

①要求狠抓根本，进一步〈掀起〉学习毛主席哲学著作新高潮。各级领导班子带头学，带头用，带头讲用。领导上注意培养学习骨干，搞典型，发扬典型，全面推开。在学习中发扬理论结合实际，学一点用一点，反复学反复用。在学习中开展大批判。②要求举旗抓纲，深入"一打三反"，贯彻三个文件，开展斗争，划清界线，放手发动群众。在开展斗争中，认真划清二类矛盾，按政策办事。③进一步开展农业学大寨，要学第一位。要老老实实地学，扎扎实实地学。④坚定不移地贯彻无产阶级政策，认真执行政策。⑤继续搞好整党建党。加强思想整顿，加强思想教育。还没有恢复的党员，还有"吐故"问题。还没有弄清，进行弄清。防止两种倾向，应该处理的不处理，不应该的到[倒]处理了，同时搞"纳新"工作。⑥抓革命、促生产，要总结经验。

〈征兵〉任务：名额720名，日期12月底结束。

革命的书写

——一个大队干部的工作笔记

第一个问题:对象条件,同去年一样。贫下中农、劳动力比较亏[宽]余,下放知识青年三年以上,表现好的。18—22岁十[实]足年龄。

第二个问题:我们县的工作打算。11月底前做好应征青年思想发动工作。12月1号开始进行体检(到20号),25日前政治审查搞好,12月底交兵。马上做好以下几点工作:成立征兵领导小组,把班子建立起来。

支援海宁煤矿,我大队一人。27号报到。处理同八三一样❶。先带半年粮油,年龄25岁以下。

1970.11.24

上午,出席四联窑厂会议

1. 从13号开始到现在,现做600工左右。目前砌得2尺高,8.1尺〈宽〉,整个窑墩预计还要一个月。参观包皇大队经验。抢建书记动手,29天沏[砌]好,30天开始烧。现民工不齐,只有50多人。

2. 发动群众掼砖配[坯]情况:分配每个大队15万、13万,要做好四个月准备。6窑78万。瓦配[坯]5档,砖配[坯]23档❷。

3. 18个基本人员要落实一下。因为有利与[于]工作,可以进行分工。

4. 对于建屋木料问题,还缺部分。

5. 民工问题。

下午,增加生产队长会议

1. 人员问题:每个大队30个,增加10人。

2. 技术人员由大队分配到各生产队。

3. 分配的泥砖数每个大队15万只,〈能〉超不能减。在12月10日5万,10—20号5万,20—30号5万,交货。

4. 交稻柴问题,要燥货,湿货不收。

记陈福才书记指示:

办窑的基础要建立在生产队基础上,这样做有利与[于]今后开展工作。在生产队认识到办窑的目的,自觉进行发动。否则今后大队很麻烦,因大队还有其他很多的工作要做。

1970.11.27

上午,出席大队支部、革领组人员会议

我迟到,因机站〈只有〉一人,我去已经喇叭响。

---

❶ 原文如此。

❷ 砖坯,瓦坯的人工制作有踏泥、切泥、压模、晾坯等几个步骤,可以两三个人组合起来合作制坯,每一个组合称为"一档"。

讨论:进行分工分片。

政宣组:王张堂、周志华、周彩仙、章默兴、陈望元。

生产组:周生康、冯恒兴、王有宝、贾维清。

治保组:贾洪林、李叔康及专政人员。

分片负责:东风、红星、红江,周生康、李叔康、周志华、周彩仙;立新、东方红、胜利,王张堂、章默兴、冯恒兴;红旗、向阳,王有宝、陈望元、贾洪林、贾维清。

决定胜利队为典[点],带动全面。

1970.11.27

下午,研究今后打算

1. 办政治学校。大队"五七"政治夜校,书记、革领组人员、民兵正副连长、全体党员、分支委员、正副队长、教师。每逢十,每月3次。成立校务委员会7人。设立校主任:王张堂、周志华、陈望元。委员:周生康、章默兴、陈德夫、周彩仙。决定30号开学。

2. 生产队逢一学习。

3. 明日夜召开支部大会。全体党员。

农业学大寨:①大造舆论。胡少祥、张乐天、陈关明、章默兴。②抓好人好事,抓先进,报道先进。③搞批判,生产为主。④生产队大搞平整土地,做机耕路。如有发现阻力,搞批斗会。

结合具体问题:①征兵问题。②学校问题。

1970.11.28

出席公社会议

分配我大队国家给予必要的补助和社救款、絮、布,数如下:

絮总数340斤,被絮7斤头21条计147斤,6斤头20条计120斤,卷絮73斤。社救布票80尺。

社救费55元,优抚费30元,合计85元。

出席公社分配会议为主体结合安置工作

上午,学习省委分配文件,有关分配政策。

下午,开展讨论、领导内容,统一思想。

后来有[由]陈松林同志讲了如下几个方面意见:

1. 关于今年的分配形势总的是好的。

今年自从学习了南堡泰山压顶不弯腰精神和上旺大队二分二厘良田不吃国家粮的先进事迹,同时学习下高桥〈为〉社会主义把好三关,提高广大革命干部和社员群众社会主义积极性,出现了今年"三多":①粮食面积增多。增加双季稻面积,争取得早稻丰收,有的队早稻一季完成了国家任务。②改制面积多。地改田,山茹改水稻,粗粮改细粮,低产改高产。今年来看,二只优良品种,有龙虎5号、六五七三,这两只品种产量比较高。③科学实验多。实行小苗带土移植,增加密植程度也获得高产。及时观察虫情,有利歼灭病虫害,实行科学种田,粮食取得丰收。合理管好用水,精神变了物质。同时为农业学大寨推向新的高潮,丰收不忘国家支援,很多的队出售超产粮和不吃供应粮。通过学大寨出现很多的先进单位和个人。过去前头集体收,后头私人收,现在多[都]交到集体。中新大队像这样的事例很多,落雨拾稻穗也交给了生产队等等。有以上这样的形势,对于今年的分配形势是比较好,有良好的基础,有一个良好物质基础。

2. 今年搞秋收分配,要举旗抓纲。

首先抓好政治,在学习文件,领会文件中所规定的政策。"五个关于"都是毛主席指示,坚决照办。在这个基础上来搞好今年的分配,要注意到在分配问题上有着尖锐的二条道路斗争,不能忽视。当前出现有些队水稻重打折扣,山茹有的 5 斤、7 斤、10 斤的折扣,有的几个不算账❶。

3. 关于分配政策问题,根据省委文件办事。

靠党的领导,靠毛泽东思想,靠突出政治,靠群众路线。按[安]排好三者关系,先国家、集体,后个人。三方面都要安排好,不能头轻脚重。

经济分配坚决按照党的政策办事。集体的生产资金一定要留足,公共积累,应根据丰歉情况和生产发展的需要合理提存。在增加生产的基础上要使社员的收入比上年有所增。要防止多分多吃,不留或少留生产资金和公共积累,也要防止过多地提留集体积累,影响社员当年收入的增加。口粮分配,社员的口粮继续实行基本口粮办法,具体的分配方法由本队全体社员讨论确定。要在增产的基础上适当增加社员的用粮水平。口粮标准要因队制宜,承认差别,水稻地区的余粮队一般的不应低于450 斤,最高的不要超过575 斤。但是要注意的是:基本口粮和用粮水平不能混合,余粮队和缺粮队的口粮标准应有区别。在具体分配中,既要照顾到劳动力强弱情况,使劳力强的社员吃得到稍多的口粮,又要切实保证四属户和劳力少、人口多的社员能够吃到一般标准的口粮。

种子一定要留足。应按照生产队和备荒的需要留足一套半到两套。要按照需要适当留一部分精饲料。集体储备粮,丰收的队应适当增加,并建立便于群众监督的管理制度,要做到无战不动,无荒不用。

4. 工作步骤。

①学习省委文件明确今年的分配情况。②财务上从现在开始公布账目,各生产队多要搞清账理财,交给社员进行核对。③估好产量要正确处理,防止偏高偏低,特别是垮[跨]年度的收入。④对非生产的开支问题和透支户问题细作安排。

5. 结合工作。

①在分配中,信用社回笼要抓一下,到期货[贷]款要归还,有借有还,到期归还,不失信用。严格掌握非生产的贷款。②下乡安置工作问题。③关于装高音喇叭问题,发动群众搞土高音喇叭,公社现有1 500 只,平均2.5 户 1 只,但是比以前发展得多了,但是还不够。毛主席号召:要把地球管起来,全世界听到我们的广播。要求达到每户一只,田头也要听。县要求今冬明春大搞。公社先搞,中新大队今后召开现场会前[全]面推开,赤脚线路员每生产队 1 人。④水利问题。需要计划一下维修物资及水泥管其他等。今后还要召开一次机站干部会议,进行一次安排。对于机耕路问题,县打算不搞,但是大队可以安排一下。⑤合作医疗交费问题。

---

❶ 在生产队的分配中,有些生产队为了更多地把粮食分给社员,账面上又看不出来,就采用重打折扣的方法。例如,分稻谷的时候,明明已经很干燥了,还打掉20%的水分。有时候,生产队在分山茹时,不计入粮食分配。

⑥切脾脏问题:继续做好思想发动❶。

这次省委对农业学大寨的指示:学大寨狠抓根本;领导班子问题;执行毛主席对农村中的各项政策;全面规划,加强领导。

1970.11.30

征兵问题各生产队进行汇报

红旗队出现陈建龙家属有些问题,出现活思想。

1. 验了多年没有去。

2. 连年不及格。

3. 本人思想好,家属有问题。

已报名9人。

立新队出现活思想,和红旗队差不多。11个人。后来自报有11个,除目测1人外都报名。

东方红队:思想情况同样。

青年学习班打算3—4日,举办2天。

办"五七"学校在今夜开学,每逢十❷。

夜里,"五七"政治夜校开学典礼记录

1. 开学仪式。

2. 党支部书记王张堂同志讲话。

3. 革领组代表章默兴同志讲话。

4. 民兵、团总支代表陈望元同志讲话。

5. 生产队代表沈尧兴同志讲话。

6. 全体起立,唱《大海航行靠舵手》。散学。

补充:出售爱国粮问题,出售鲜山茹问题。

1970.12.8

下午,召开各生产队正副队长会议

内容如下:

1. 总结前一段从11月20日召开了农业学大寨誓师大会议以来一系列工作情况。

2. 当前狠抓立秋扫尾。当前已到,昨天大雪已过,22号冬至季节。

3. 加强春花冬季培育管理。

先进经验介绍,抓好"三麦"苗期管理:

1. 查苗补苗保证全苗。到12月还有缺苗的,一律采取补苗,是移栽办法。麦田里缺苗,

---

❶ 海宁地区流行血吸虫,解放以后,国家多次派医疗队下乡,免费为农民检查血吸虫病,免费治疗。有些血吸虫病患者需切除脾脏,为了手术顺利进行,事先需做思想工作。

❷ 意思是开学以后每逢十那一天(包括10号、20号、30号)在"五七"学校上课(通常在晚上)。

也可以将同一品种旺盛的田进行移植,同时浇清水粪。再[最]好随拔随栽比较好。移苗最迟约在小雪至大雪期间。经过补苗后,要求达到每亩 25 万至 30 万〈棵〉基本苗,80 万到 100 万〈棵〉越冬苗(包括分蘖苗),确保明年有达到 40 万以上有效穗,为小麦高产量打好基础。

2. 早施苗肥,促进发棵。应该提倡一个"早"字,采取年内攻,年外补,说明要及时施肥,促使早发。

3. 开沟培土,培育壮苗。

4. 防涝挖旱,合理管水。

5. 及时防治病虫害。

王张堂同志讲今后 10 天的工作方向:

明日分校〈讨论〉县四次党代〈会〉决议,对照以前学大寨差距,定出措施。把三条经验学到手。发现群众。桑苗问题,到联农去提。电话会议决定明日 8 时。

1970.12.15

出席公社副书记、民兵连长会议

摘要内容如下:

1. 征兵问题:从 11 月 25 号开始以来很顺利,786 名适龄青年,及格 130 名,除透视等后,还存下 78 名,都写了决心书。其中有 6 个兄在部队,有 4 对弟兄,去年做好思想工作。①做好已经及格的青年的思想工作。②婚姻问题,家属问题。③要求办学习班或上门访问一下。

2. "四好""五好"总评问题。在这个月内搞学习、总结。

3. 定案复查。已经定好的,要政策复查,没有定好的,经过复查后进行定案。

4. 切脾工作问题。目前来看比较好的。四联地区还有 8 名需要进行复查。发动验血,一定要做思想工作。

1970.12.16

上午 8 时,听电话会议

张副政委讲话:

省革委会第八次扩大会议重要问题:学哲学、论政策,搞好思想革命化,搞好定案复查,推动深入"一打三反"继续搞下去。

1. 前段工作的情况。

(1)工作成绩:认真学习哲学,论政策,推动"一打三反"取得了很大成绩。①狠抓根本,发动群众,深入学习毛主席哲学思想。论政策,明确了毛主席无产阶级政策自觉性,出现群众学政策、人人学政策,大大提高了群众性学政策,认识到学习政策是二条路线斗争,是执行不执行毛主席的革命路线,是忠不忠于毛主席的态度问题。②挖出了隐藏更深的阶级敌人,最大限〈度〉打击了一小撮阶级敌人。扩大教育面,缩小打击面,真真从思想上放下包袱,多[都]表了决心,坚决站到人民群众一起。③通过落实政策,有利于推动了"一打三反"。④学哲学、论政策,使领导班子思想革命化,明确方向,要狠抓根本,要举旗抓纲。⑤通过定案复查,培育了一批骨干干部队伍,思想革命化的骨干队伍,在斗争中倡"四好"、争"五好"。

(2)在工作中还存在一些问题:①全面落实毛主席的政策还不足,缺少认识。落实毛主席政策是当前的需要。②其目的不够明确。目的是把"一打三反"深入下去,不能与定案复查分开来。

要求:①搞好定案复查。②把"一打三反"深入下来。③检查整建党情况。④串线归口。

2. 下一步工作。

学哲学、论政策,推动"一打三反"运动,进一步落实清队的成果。

(1)提高认识,以不断提高完成定案复查任务。继续认真搞好斗、批、改。认真总结前一段的工作,认真落实毛主席各项政策,要提到〈对〉"三忠于"的认识。要认真执行毛主席无产阶级革命路线,落实政策。首先掀起一个大学毛主席哲学、论政策的思想。

(2)进一步落实政策,搞好定案复查和"一打三反的"一致性。

(3)要解决三个问题:①学哲学、论政策,搞好定案复查,推动"一打三反"。②认真整党建党,对全体党员进行阶级斗争教育。③进一步活学活用毛主席哲学著作运动。

特别是三类支部,通过"一打三反"搞好思想建设,搞好思想革命化。①开展"一打三反"要明确,一打要有重点,〈打击〉现形[行]反革命,农村在秋收分配中清账理财清仓,一定要查〈到〉水落石出。②串线归口,理财建挡[档]。③查敌伪档案,要查清。④对经济领区[域]里问题不要等,按照党的政策处理好,真真吃不消进行汇报,时间问题看情况。

1970.12.18

1970.10.6 出席公社会议,各生产〈大队〉自己填表规划　　　　　　　〈单位:亩〉

队别	小麦	大麦	蚕豆	油菜	早稻	晚稻	络麻
东风	62	30	10	52	83	97	46
红星	50.62	28.61	15.45	43.19	83.4	98	40.03
红江	45.5	20	8	37	67	79	34
立新	45	25	7	38	80	92	37
东方红	39	14	21	35	70	82	31
红旗	30	10.29	4	27	58	64.2	15
向阳	66	20	12	53	80	102	46
胜利	45	17	4	39	85	96	36
合计	383	164.9	71.45	324.19			

70.12.18 到大队摘抄,各生产〈队〉面积。

晚上,在大队召开全体党团员及生产队队务委员以上会议

主要问题是关于总结一年来的合作医疗工作情况,向同志们进行汇报,同时提出下一步的工作意见,供同志们进行讨论。

1. 总结前一段情况及当前形势。

2. 找差距定措施,见行动,紧跟形势。

3. 今后工作:①高举红旗狠抓纲,跟着毛主席指引方向奋勇进行。②对医务人员要求活学活用毛主席哲学思想,工作对照白求恩。③要求全体党员、团员及革命干部大力支持,〈为〉

把我们大队的合作医疗办得更加突出、更加巩固而作出贡献。

结合几个问题：

1. 切脾情况总的很好。

2. 四联地区还有 8 名还需进行复查。

3. 为了战备的需要，做到有准备，号召各生产队大力发动。特别是我们党团员、革命干部要自觉报名，要求在最近 2 天内把名单送到大队，汇总后和省医疗队回后［汇合］，通知各队集中一起前去。

4. 对于检查脾脏问题。如果各队社员漏掉，还要求检查的，进行统计一下，可以要求他再来一次检查。另外他们 20 号以后要休息一个时期，但是小刀继续开的。

1970. 12. 20

在"五七"政治夜校里发言

在伟大领袖毛主席关于"农业学大寨"的伟大号召鼓舞下，我们大队的学大寨群众运动热火朝天地开展起来。广大贫下中农以英雄的大寨人为榜样，以"只争朝夕"的革命精神，迅速掀起了一个狠抓"三秋"扫尾〈的热潮〉。专［转］入春花田间管理，施足冬肥，把所有肥料倾棚而出，农田水利基本建设，降地下水位，做好排灌两用渠，达到雨停水干，〈为〉促使春花高产打下了良好的基础。可是，在大好形势下，有那么一些人，有个别生产队，埋怨步子迈得太快了，搞得过急了，干活缺乏革命干劲精神。这些思想不符合飞跃发展的大好形势，是完全错误的。他们不知道，只要我们用伟大的毛泽东思想武装人、教育人、改造人、调动人的一切积极因素，就会发挥无穷的力量，精神变物质，可以缩短时间，争取在短时间变为大寨式的大队。因为昔阳县在短期间内成为大寨式的县的经验就是一个很好的例证。如果不想大干，慢干，这种是懒汉的思想，如果不克服这种思想，就是学大寨 100 年、200 年还是学不好，还是一句空话。"农业学大寨"是伟大领袖毛主席的话，跟不跟毛主席的战略步［部］署，学不学大寨，是真学还是假学，是立即运动还是拖拖拉拉，这是两个阶级、两条道路、两条路线斗争的大问题。我们一定要跟得紧，学得快。只有"紧跟"才能取得胜利，把大寨经验真正学到手。我们要以毛主席光辉哲学思想为武器，发扬"只争朝夕"的革命精神，自力更生，艰苦奋斗，让大寨的红旗在我大队高高飘扬，永远飘扬！

红江、红星生产队在建校中做出很好成绩。

东方红生产队介绍讲用。通过开展学大寨以来，谈了体会。学毛主席哲学思想指引下，把学哲学推向新高潮，使革命生产也推向新高潮。对农业学大寨，广泛讨论。学不学大寨是方向性问题，是对毛主席态度问题，是对毛主席忠不忠问题，所以广大贫下中农明确这个问题。我们如何开展学大寨，首先狠批"三自一包"。我们东方红生产队全体共产党员，根据新党章、毛主席指示，共产党员先锋队组织多［都］做到次次带头作用，取得了一些成绩。干部做到"五个过硬"，特别章桂松、冯如康、陈德荣同志次次带头。在这次平整土地为了革命，为了支援社会主义建设，为了巩固无产阶级专政。特别是章桂松同志，看电影不去，带头带领群众平整土地。在浸洗络麻中，出现很多先进分子，〈如〉陈德荣、冯如康。

通过学大寨，改变了生产队面貌。队务委员几次研究、几次计划，根据农业学大寨后眼光放远，向荒岗要粮。群众精神大发扬，出早工，开夜工，发扬"一不怕苦，二不怕死"〈精神〉，为了东方红队早日实现大寨式〈发展〉。徐才康久病不出工,现在通过了学大寨后参加劳动。妇女张彐宝等人。95%以上,提出响亮口号。

1970.12.24

出席公计[社]扩大会议

这次会议内容:主要问题是学哲学、论政策,加强领导班子革命化,迎接71年工农业生产新跃进。

陈福才同志传达县会议精神:

1. 我县革命生产形势问题。

2. 关于领导干部学好用好哲学问题。

3. 关于进一步落实毛主席各项政策问题。

4. 今冬明春工作问题。

先讲第一个问题:

伟大的70年快要过去了,在上级党委和革委会正确领导下,当前形势大好,越来越好,表现有以下几点:①活学活用毛泽东思想运动继续深入发展:学习毛主席各项指示,学习毛主席光耀❶,中国应当对于人类有较大贡献,学习新党章,学习了宪法草案,使广大群众明确了党的政策观念,大大促进社会主义革命和社会主义建设蓬勃发展。各条战线开花结果,出现了很多先进经验、先进人物。在县党代会发出学大寨后,各条战线狠抓了头一位的精神,从省发出学哲学后,使……②大张旗鼓地展开了"一打三反"运动。在中央发出3、5、6号文件和20号文件后,向阶级敌人开展猛烈进攻,打击了反革命别动队,揭发了一批贪污盗窃分子,反对了铺张浪费[废],锻炼了新老干部,全县18个单位进行定案复查。③进行整党建党,加强了党的思想组织。重建了党的组织,发挥了党的组织作用,使全县整党建党更加迅速健康地发展。加强了党性,发挥了党的〈先锋作用〉,密切〈了〉党群关系。同时进行整团建团工作,97%团支部〈得到整顿〉。④〈在〉毛主席"提高警惕、保卫祖国"的伟大号召下,加强战备工作做得比较好,做好物质准备。⑤工业生产取得更大成绩,以夺煤夺粮为重点,都取得很大成绩。农业战线,通过学大寨、实行"八字宪法",取得全县增加[产]3.5%,油菜超历史水平,生猪比去年增加。财贸战线,市场万[繁]荣,购销两旺。⑥各条战线斗、批、改运动深入下去,学校、医疗卫生、机关精间[简]下乡。

70年成绩很大,但是与上级中央和其他县差距很大的:对学习毛主席思想不够,对毛主席政策不够落实,突出政治不够坚决,领导班子不坚决,这个问题一定解决。

关于领导干部如何学好哲学:

上有标兵,后有追促,中间不得不学。上有监督,不少同志跟不上形势,要掌好权就是老老实实、恭恭敬敬地学习毛主席哲学著作。是宝,不学要跌跤,不学工作一事无成。批判了不学毛主席著作过得去思想,在学习中找出差距:①狭益[隘]经验论。②放不下架子,拉不穿面子。③忙忙碌碌插不进。④文化底[低]学不进。

关于进一步落实毛主席的政策问题:

---

❶ 原文如此。

前一段落实政策的情况总的是好的,但是还有在支流上有些问题。主要 10 个指头当中存在 1 个〈指头有问题〉,但是这 1 个指头必须落实好。如果不落实,影响 9 个〈指头〉。为此,必须认真落实毛主席无产阶级政策,一切工作都按照毛主席政策。当前要落实:①对〈敌〉斗争政策。②农村现行经济政策。

1970. 12. 26

上午,听陆季文同志传达今后任务

摘要如下:今冬明春的工作。

高举毛泽东思想伟大红旗,以党的九大和九届二中全会为指针,要抓二条道路、二条路线为纲,以学毛主席哲学为武器,农业学大寨,认真执行毛主席无产阶级政策。

以"四好""五好"为动力,抓紧清队和"一打三反",深入开展革命大批判,继续认真搞好斗、批、改,继续实行开门整党,加强领导班子思想革命化。

组织工农业生产新跃进,以实际运动迎接四届省、地党代会召开,为两三年实现大寨式的社〈而努力奋斗〉。

1. 高举毛泽东思想伟大红旗,就是认真学习毛主席哲学著作。在学哲学,要求领导带头,学习〈在〉前头,带领群众。学哲学,要提到政权路线〈高度〉,"为革命而学""学了为革命"。

学哲学要和"老三篇"结合起来,和斗批私结合起来,提高执行政策的自觉性。生产队办好政治夜校,定出制度,像辛江公社经验,在"天天读"中出工学、做工时用、歇工时评。大队也要定出学习制度。为了学好哲学,要搞好"四好""五好"总评,指导思想以毛主席哲学思想为指针,要突出二条道路斗争。通过总评,重点搞好党支部领导班子思想革命化,〈发挥〉堡垒作用,推动社会主义革命〈和〉社会主义建设前进。71 年 1 月 20 号前评好。

2. 抓紧搞好清理阶级队伍和"一打三反"深入发展。要深挖暗藏的阶级敌人,认真搞好斗、批、改。总结前一段的经验教训,认真落实政策,在定性定案中要进行一次复查。

3. 排除一切干扰,要落实毛主席各项政策。各队要举办各种类型毛泽东思想学习班,学习毛主席哲学思想,提高执行政策的自觉性。主要有对敌斗争政策、干部政策、农村经济政策。来一次总结,把毛主席的各项政策原原本本交给群众。

4. 继续搞好整党建党工作。

5. 抓革命、促生产、促工作、促战备。

1970. 12. 27

上午,听陈松林贯彻粮食会议〈精神〉

粮油"一定三年":71—73 年,就是一定任务,三年时间。

1. 地区与地区不平衡,差别很大。

2. 粮食增购,中央与省摆不平。

3. 对粮食重大政策没有很好解决,存在差别很大。毛主席教导说下一翻[番]苦功夫,合理调整粮食负担。

任务与政策:

全公社大包干 565 万〈斤〉——现在 1 000 万斤;油菜 265 000〈斤〉——现在 51 万斤;嘉兴地区给海宁县粮食 620 万〈斤〉任务。油菜原 742 万〈斤〉,净 649 万〈斤〉调整到 800 万斤。

今年还要收部分支援粮。户口落实政策一定要做好。价格政策能按原来规定。农村留粮水平一般 550〈斤〉左右,全县提出水平。食油平均 5 斤。

学大寨主要障害[碍]有:

1. 阶级敌人夺了权。

2. 领导内部被阶级敌〈人〉拉出去、打进去,阶级阵线不分。

3. 老好人当权。

4. 领导内部,停留在新民主〈主义革命〉阶段,对新生事物不够理解。

5. 热心与[于]搞资本主义。

中新大队王文荣同志介绍"四好"、"五好"总评经验:头头带〈头〉学,带头用,解决了不少困难。当前来看,出现不少先进人物,生产队生产明显上升 40% 以上,多[都]积上了河泥。

联丰大队介绍"一定三年"的经验:首先,举办支部委员、革领组人员、生产队正付[副]队长会计参加学习班。通过"学"——学毛主席对粮食问题上一系〈列〉政策;"摆"——主要回忆几年来的粮食增加,摆国家对我们的支援,工人老大哥对我们的支援,摆"一定三年"的情况,向干部交代意义。生产队开展发动群众进行讨论,发现了很多思想情况:①"一定三年"搞是搞,如何搞。②产生了很多思想顾虑。③干部出风头,社员吃苦头,左思右难。

做法:总结三年来增产比例为依据。油为 5 斤左右,粮食安排包括种子留有余地,自备粮留 1—1.5〈个〉月为依据。

在过程中,通过活学活用,突出无产阶级政策。批判先进缺[吃]亏论。发动群众来搞。

通过搞"一定三年",出现生产新高潮。填浜挖岗填溇,大小麦加〈强〉培育,出现新的高潮。

陈福才同志讲……

1970. 12. 28

夜里,通过参加红星生产队干部会议记要

邹伏元:今夜时间关系,不多谈。是解决不了问题。

李惠康:这次填河就[给]我起[启]发,三人动手,结果都来了,劲头很大。

戴顺堂:①同邹伏元意见,主要有为了当了干部问题,并无什么其他问题。②当前来看,主要是突出政治,生产硬任务。我看没有突出政治,生产是不好的。

1970. 12. 30

下午,贯彻县社会议精神

王张堂同志传达:

1. 学哲学。

2. 学哲学,论政策。对敌斗争政策。农村经济政策。

3. 今冬明春工作任务。

首先讲第一个问题:当前学哲学,要当头等大事来抓。学哲学要从政权、路线、方向问题,

是头等大事。学不学哲学是走不走什么道路问题,要学好哲学定好向。是[要]明白学〈的〉是斗争的哲学,是当前轰轰烈烈农业学大寨的需要。

第二个问题学哲学,论政策:学哲学,要论政策、对照政策、执行政策。要认真注意政策,解放一大片,打击一小撮。对干部要一分为二来对待。对农村经济政策以"60条"为基础:①发展家庭付[副]业生产问题。②自留地问题。③三级所有制问题。

第三个〈问题〉今冬明春工作:①认真学习毛主席哲学著作。②抓紧搞好清队和"一打三反",深挖一小撮阶级敌人,搞好定案复查。③排除一切干扰,落实毛主席无产阶级政策。④加强领导班子思想革命化。⑤抓革命促生产方面:改制问题;水利建设问题。

1970 年底分配记录　　　　　　　　〈单位:户、人、斤〉

队别	户数	人口	储备粮数
东风	46	185	14 785
红星	38	210	11 783
红江	35	144	17 151.8
立新	43	200	17 343
东方红	36	167	19 339
红旗	43	180	16 134
向阳	46	237	16 791
胜利	55	209	14 745.5
全大队合计	342	1 532	128 072.3

1970 年度平均亩产粮食年产量〈单位:斤〉:大队 1 029.94。东风 1 000.64;红星 992.8;红江 987.83;立新 1 143.68;东方红 965;红旗 1 074.52;向阳 1 002.41;胜利 1 106。

1971年

1971.1.9

上午,在干校听报告

3 排 10 班褚洪斌同志讲:通过几天学习谈谈体会认识。

1. 首先谈形势的认识。当前世界的形势是革命。我们的朋友遍天下。国际形势一片大好。在建党以来,党内二条〈路〉线斗争一直是很尖锐的。

2. 谈谈通过回忆后的认识。在过去受苦,主要是没有权。尽管千辛万苦,家破人亡,妻离子散,利重如山❶,糠菜半年粮,贫下中农无〈不〉受三座大山压迫。靠毛主席、共产党得到解放,才翻身。

3. 这次来党校学习的温热[暖]。校党委热烈支持,也回想到过去的党校体会。

于广俊书记讲话:学习毛主席"五二〇"声明后,明确了毛主席的声明充满了高度的历史辨[辩]证法。第二个阶段是:学哲学,论政策,大搞路线分析,搞思想革命化、科学化。抓基本观点,结合实际反复学、反复讲、反复用,领会实质,弄清道理。

1971.1.11

听 发 言

许巷公社新建大队介绍:活学活用毛主席哲学思想,讲用认识及体会。特别在"量边到质边"❷问题,体会很深,有"自来红"思想。另外有做动力多,改造自己世界观少,没有一分为二对待自己,只求过得起[去],没有过得硬,造成很大损失。另外来看,要学好哲学,首先世界观问题,掌权问题,也就是路线问题。要改造自己世界观,首先要斗私批修,提高路线斗争。

漳江公社新联大队介绍:通过学习后回忆过去。我也是苦出身,毛主席来了翻了身。在土地互助合作运动,很积极肯干。特别在"四清"时实行反动路线打击了一大片,后不愿当干部,不要当头,误认为总结历史经验。通过学习对照,完全翻身忘本思想。通过文化大革命后,通

---

❶ 借了高利贷以后,还利的压力很大,像大山压在身上。

❷ 量变到质变。

革命的书写

——一个大队干部的工作笔记

过学哲学后才明确,只有听毛主席的话才能解决问题。例如我们大队有个生产队,生产落后工作难做,大队认为这个生产队总是落后,不想到这个队学习毛主席哲学,"透过〈现象〉看本质"后,发现这个队坏人掌握,领导权不是落在贫下中农手里。后来学习了毛主席"千万不要〈忘〉记阶级斗争""清理阶级队伍",抽[揪]出一个当上了生产队长的富农分子。后来揪出后,才解决了问题,是抓了阶级斗争结果。

第二个〈问题〉:谈学哲学同不学哲学的结果。我们拿开〈张〉塘河问题来说。这张塘河开好非要一个月期间,至少要 20 天,但是群众有些意见。后来通〈过〉学习毛主席说"水利是农业命脉"的教导及"中国应当对于人类有较大的贡献"等一系列指示,结果 9.5 天完成,最快的队只化[花]6 天完成。为啥这样快,主要是学习毛主席著作的结果,青年劲头大,干部半夜夺铁把[耙]。也对比以前开河用物资刺激,结果发现……

第三个问题:通过学哲学后,好人好事多了,把断络麻梗都交到集体。但是也有私心重,侵占集体,我们出小评论来解决。毛主席教导我们:"坏事可以变好事。"例如:过去董金林同志罱泥死了,发现罱泥要死人,青年们不愿意,后来学习"老三篇"才能解决,开了追悼会,提出向董金林同志学习。通过这样,大家都出动积肥。同时,董金林同志家属有[由]于劳少,很困难,很伤心,我们发现这些问题,通过学"老三篇"后,她有困难,大家帮助,送柴、挑水,使她感得[到]对毛主席更加深厚[爱戴],表示决心,现在担任妇女队长。另外,对婚姻问题,摆酒采取硬规定几桌,有时采取拿酥肉。但是今年来讲不是这样做,举办学习班,学习毛主席著作,大批"四旧"流毒,推广新风尚。今年解决了这个问题。另外嫁装[妆]问题,今年有了青年团员带动下也得到解决。但是斗争很尖锐复杂。

丰士公社友谊大队介绍:不学哲学吃得苦头,学了哲学偿[尝]得了甜头。我们大队回顾以前,为什么落后,全公社是最落后的一个大队。特别在"四清"前,有 24 个生产队,现在并成了 6 个生产队,以前 40% 的权掌在地富子女手里,所以搞得一团糟,资本主义上升。特别在文化大革命后成立了红色政权后,通过学习毛主席著作,狠抓阶级斗争,揪出一批,整顿领导班子,今年蚕业生产全公社达到了第二位,其他同样提高。

通过学哲学后取〈得〉了很大变化。我们有个生产队一度发现"私心露头"趋螺丝❶。后来学习后,狠批、出小评论等后,出现今年这个生产队全大队第一位。

庆云公社联群大队介绍:通过学习后,谈谈体会,有二件事:清理阶级队伍;畜牧场。

先讲畜牧场问题。在公社召开农业学大寨后,要办百头畜牧场。在这过程中斗争非常尖锐,群众反应很大。后通过学毛主席哲学,"矛盾是普遍存在""共产党的哲学是斗争的哲学",通过头脑中思考后,回生产队举办学习班,学习了毛主席哲学"一分为二",发动群众,办好了畜牧场。主要解决了办牧场与装电灯关系。

在破坏树木问题,我们体会也通过学哲学解决了问题。

红星公社众联大队介绍:

1. 在来时参加这次学习哲学,误认为农村干部学哲学比较难,奥妙,难学;误〈认〉为学哲

---

❶ 趋螺蛳,下河捕捉螺蛳的一种方式。

学有知识分子、职工学,我们农民是大老粗;误认为政治为软任务,生产是硬任务。所以对这次学习哲学〈认为〉比较困难。

2. 不学哲学,不等于没有用哲学。实质上农民已经用了哲学。在干新江塘中对比,同时公社提出口号,开新江塘是培养大寨人,学习大寨人,用毛泽东思想武装头脑,提前为 17—19 天完成任务,但公社提出 20—25 天〈完成〉任务。另外,"自来红"思想要不得,例如我们大队认为"自来红",犯了错误,因为"量到质遍[变]""矛盾能专[转]化"。

于书记传达:

1. 今冬明春要抓好中共中央[70]××号文件及省八次大会精神传达下面。县级干部下到大队。

2. 贯彻文件及省八次会议精神结合起来。

1971.1.15

下午,排灌单位进行讲用

长安公社代表发言:

1. 回顾本大队历次运动〈中〉二条路线斗争。

2. 领导班子内部的二条路线斗争,出现花样很多。

1971.1.16

干校下午发言

长安竹器社发言:通过学习,谈谈体会和教训,谈谈无产阶级文化大革命以前吃的苦头,回顾无阶级文化大革命后执行毛主席无产阶级路线后取得胜利。但是,阶级斗争很复杂,特别是掌权人执行什么路线,什么方向,是有关掌权人问题。但是,虽然我无限忠于毛主席,有些地方有时糊涂、转向。我特别体会到文化大革命前实行"三自一包""四大自由"、划小小组,走上了资本主义斜路而站错了队。但是在当时还想不通。后来通过整党建党后才明确到党内也有二条道路线斗争,因为路线错了,一切多[都]错了。干劲学[越]〈大〉,错误越大。是要有内原[因]和外因问题。

谈谈路线问题:①派性严重。②经济主义妖风。③资产阶级思想,不愿下乡支农。④怕苦怕累、怕吃亏等等问题很大。后来成立支部后,就进行学习毛主席哲学,思〈想〉明确了,政治与生产关系,首先突出政治,有[由]政治统帅生产,摆正了位置。抓路线,抓政策,主要在于领导。

庆云公社光明大队介绍:汇报大队班子问题。存在二条路线斗争问题。文化大革命前后,搞得好坏属于干部。56 个富农,清理阶级队伍增加 14 个,所以,阶级斗争比较复杂。我们大队富农钱张荣,拉拢我们有个大队干部,送他一只手表,结果拉下水。范关坤又送一只挂表,到生产队搬弄是非,弄得二个生产队闹了意见。富农顾关泉非常毒辣,给了新书记一只手表,结果青年下水、下台。这个富农同他结合搞投机倒把,弄到后来吃官司。姚关林下台,到文化大革命时又上台,无法无天,把老干部打下去。这种情况,发现主要是书记,老好人书记要批臭。

革 命 的 书 写
——一个大队干部的工作笔记

第二个是去年"农业学大寨",通过学习后,要发展农业生产,必需发展畜牧场,实现百头猪场的斗争过程是很复杂。

①回顾生产队牧场办得好,主要生产队里队长苦,没有养猪。②反对造舆论煽动群众反对牧场。③经济保管员由队长作主买电线、火表。

双山公社双喜大队介绍学习体会:

明确到当前形势;明确到学哲学是啥东西;明确到路线斗争很复杂,所以在"农业学大寨"时学歪,用了第二位。

碰到问题是:①工分问题。碰了钉子,造成社员等头目头,评时起争头,干部怕及头❶。②参观南堡回来后反映他水冲掉了❷,所以劲头大。③上❸目王大队后,反映他们有山,我们是没有山。

以上问题,我们进行研究,为啥学不好,工分评不好,出工搭后头,人又学大怪❹。想出办法取消自留地、饲料地,挪好了干部。决定办法,实行土政策,三只为限,每只1分❺。自留地问题,我们有[由]每人有2.2分自留地,减到1.5分;猪60多头,减到20多头,减少三分之二。

查一查原因,有否阶级敌人破坏?

后来一个形左实右,每只猪给50斤加40斤,共计90斤。后我们有一个向阳队比较好,大队仿好❻这个队后,该队介绍政治领先,通过回忆经常向青年进行教育。这个队在反动〈派统治〉时,日本鬼子烧掉房子最多,受苦最深,〈因〉靠近铁路。后来通过学"八二"❼,对照自己找差距。为啥道理,对比条件,如果主要原因是思想问题,有了机械化没有革命化,也是搞不好的。

干校杨坚同志介绍:

1. 关于二个飞跃问题体会。

飞跃:就是物质变精〈神〉、精神变物质这二个飞跃。从感性到理〈性〉。

(1)从感性到理性,就是物质到精神,是第一个飞跃。是要通过工作实践,就是三大革命实践。通过五管[官]在脑子思考,但是定在感性。再要通过头脑加工制作。通过毛主席16个字为标准去伪存真,去粗取精,以[由]表及里这样是飞跃过程。①通过三大革命实践。②武器。要有[由]毛泽东〈思想〉武装[装],作指导、立场观点。③艰苦思考。懒、骄、满。

(2)精神到物质飞跃过程。这个飞跃更加重要。①从感性到理性,思想、方法、政策、计划、打算,通过实践,反复运用是否正确。②通过实践改造世界,把党的政策方法计划到群众〈中〉去实现一个飞跃。

首先学习毛主席方针、政策、方法,吃透。毛主席的政策、方针、方法是从群众中来,所以要

---

❶ 这句话描述生产队里评工记分中出现的问题。社员在干活时偷懒,看着干部的样子,在评工分时争工分,干部平时最怕那些"刺头"。

❷ 当年,桐庐县发大水,南堡大队的农田、房子、家具都被洪水冲掉了。

❸ 上,当地土话,意思是去了。

❹ 这句话的意思是说,出工拖在别人的后面,做人学那些只为自己、逃避责任的人。

❺ 这句话的意思是,当时生产队干部决定,每家最多养3只猪,每只猪给1分自留地。

❻ 仿好,意思是学习好。

❼ "八二"是当时海宁市一个农业学大寨先进大队的名字。

深入群众,向群众学习。还是不够,还要教育群众,把毛主席的政策、方针要言传身教群众,教育群众,得到第二个飞跃。要有多次反复才能正确。

再谈几点体会:①认识才[在]于实现[践]。掌握自然的规律,到三大革命运动中实践,必须牢记。②辨[辩]证唯物论,各方面来看从精神变物质。③先进思想不可抗拒的。但虽一时失败,到最后还是胜利的,所以先进不可抗拒的。但是变有快慢。④精神变物质。要从群众里头去[来],走到群众里头去,群众领导群众。

2. 对立与统一规律,就是"一分为二"世界规律。

用"一分为二"规律分析形势,用"一分为二"分析事物,抓主要矛盾,确实是复杂的。在抓主要矛盾中,其中有的矛盾起领导作用,要应时应地地〈抓〉主要矛盾,要注意具体分析,要善于抓好主要矛盾,认识抓主要矛盾。

(1)一定要把矛盾揭露出来,把所有的矛盾都揭发出来,再来认真进行分析。这样才能抓好主要矛盾。要进行具体分析,因为矛盾不是千篇一律,有各方面不同。

(2)要一抓到底,不能抓抓松松,就是要抓到底。

(3)要抓好主要矛盾,同时又要抓好次要矛盾,这样可以看出矛盾的性质,分清两类不同性质。两类不同性质的解决,不同方法。这样削弱敌人,孤立敌人,团结大多数。

党校于广俊报告:

1. 通过十多天学习,明确了:①哲学神秘论〈的错误〉,特别通过文娱❶教育后。②不学哲学,不等于没有哲学。因为我们有立场、观点、方法,自觉不自觉地用哲学,一天一时地用哲学,总是那[哪]一家哲学❷。③光〈靠〉朴素的阶级感情干、忙忙碌碌干、盲目地干不行,默[埋]头拉车是不行的,越干越犯错误。总的还是要学毛主席著作、毛主席哲学思想,改造世界观,分确[清]方向,才方向明。

2. 明确到虽然刘少奇打倒了,现在新的领导还是存在着二条路线的斗争。特别通过毛主席路线斗争的指示、教导,几次的经验教训,要把权夺回来。毛主席的革命路线,不是如[自]在发展起来的,是向反革命路线斗出来的。对路线问题,有的新的领导班子内存在二条路线斗争。

例如:①对毛主席指示没有紧跟照办,据自己的胃口办事。②学大寨中就是不学第一位之事,就是学第二位,怎[这]就是路线问题。③有的不相信群〈众〉,不走群众路线,压制群众,打击群众,怎[这]就是路线斗争。④有的老好人,有的骄傲自满,盲摸[目]大干。⑤有的不执行毛主席的无产阶级政策,把土政策改变体制,等等。多[都]是路线斗争。

要从根本来改变:①要弄清二条路线实质。②要弄清二〈条〉路线的规律,坚决执行毛主席革命路线。弄清路线本质,斗争不变,斗争形势[式]有变的。③弄清阶级斗争是路线斗争〈的〉规律。必须注意新党章中四个存在,就要反映到党内来。路线问题是决定一切,决定于掌权人走哪条路线、走什么路的大问题。④但是政治成分,好人掌权不能决定一切。只有路线问题才能决定一切。路线斗争包括阶级斗争,是包括历史的成败,社会上的阶级斗争是必须要的,但是党内的路线斗争也要进行批判的。⑤路线斗争是两种世界观斗争问题,不执行毛主席

---

❶ 原文如此。

❷ 不管学还是不学,也不管自觉还是盲目,我们的言论与行为总是受到某种哲学的影响,我们总是在用着某种哲学。

革命的书写
——一个大队干部的工作笔记

无产阶级路线,就是执行资产阶级反动路线。路线错了,一切都错了,失权的危险。

1971.1.18

下午,长安公社红星大队介绍

"四好"总评经验介绍,加强党支部建设。

如何开展"四好"总评:

1. "四好"总评是明确到政治方向,用毛泽东思想统帅全过程。认真总结一年来的工作经验和教训,那[哪]些地方对毛主席革命路线做得对,那[哪]些是不符合、不对,同时出现很多的活思想。……我们准[针]对这种活思想进行了大批判。

2. 特[突]出两条路线斗争,进行路线教育。自觉突出无产阶级政治。路线斗争是阶级斗争的反映,农村的两条路线斗争非常激烈。

70年7月1日成立以来,我们党支部〈的情况〉:

1. 二个月对党内评定一次。

2. 党员的觉悟提高了,还是要继续提高二条路线斗争。

3. 路线斗争提高了,还要继续提高二条路线自觉性,明确到路线斗争就重要。在农业学大寨〈中〉,〈是〉突出无产阶级政治,还有[是]特[突]出生产? 不抓路线,只抓露天❶。

4. 在农业学大寨中〈中〉,是相信群众还是相信自己,这是对毛主席的态度问题。群众批评大队干部说:你们相信干部,不相信群众。

5. 大队新支部"一分为二"对照自己,成绩面前找差距,缺点面前找教训。

6. 党员的政权[治]思想觉悟提高了,还要改造自己的世界观,提高继续革命的觉悟,做到思想上完全入党。

张副政委报告摘记

根本〈是〉毛主席教导。

1. 以学大寨为主体,工业学大庆。

今冬明春重点抓[70]××号文件和省八次扩大会议重要精神,要原原本本传达到群众中去,到社员中去。

县典[点]:许村永福大队、石路东风大队、双山利民大队。

县机关干部下放到公社基层问题。

县工业对农业支援问题。

县研究了今冬明春的工作问题。

2. 讲我们学习班问题。

这次学习班,学得更好。这一次学习班是第一次培育骨干。这次学习班,我们今后继续还要办。

当前形势大好。主要是活学活用毛泽东思想与农业学大寨要摆在第一位。认真学习毛主席哲学,思想革命化,努力改造世界观,搞好思想革命化、科学化问题。毛主席的哲学思想是方

---

❶ 农村干活是露天的,所以,这句话的意思是说,一些干部不抓路线,只抓到地里干活。

法论,是极[杰]出的东西。毛主席的思想很广,毛主席哲学思想是极[杰]出的东西,是联系到二条路线问题。要学毛泽东思想,要有对毛主席的深厚感情。

学好哲学要解决几个关系:

(1)继续革命还是半辈子的革命。

(2)动力与对象问题。二者互相关系。首先要抓自己的思想革命化,改造自己的世界观。

(3)谦虚谨慎与骄傲自满问题。抓好三破三立:①破一贯正确论,立一分为二看自己。②破领导高明,立群众是真真[正]英雄的观点,放下架子,老老实实当群众小学生,向群众学习。③破骄傲自满,立为人民服务的新功思想。

3．进行一次路线教育问题。

党内为什么有路线斗争,因为存在着阶级。又是好事,又是坏事,因为通过斗争,解决矛盾达到团结,继续前进。党内提出不同意见是好事,只怕不提意见,当前党内的路线斗争表现如下几点:

(1)抓阶级斗争。狠抓斗争为纲,还是不抓阶级斗争,忘记了纲,不注意抓纲。发现资本主义倾向,〈该〉不该斗争。

(2)突出政治。用政治统帅生产,还是生产第一,与[用]生产促生产。因[应]当用突出毛主席无产阶级政治来带动生产。

(3)在农业学大寨、工业学大庆中,还是依靠贫下中农艰苦奋斗、自力更生,还是靠天、依赖国家;还是多、快、好、省,还是少、慢、差、费。

(4)在革命工作中还是积极带头、积极开展思想斗争,还是做老好人。老好人是害人不浅。

(5)认真落实毛主席无产阶级政策,还是不落实政策,左右摇摆是很危险的。要把毛主席各项政策、文件认真落实下去,要看方向,不好看风向。落实政策问题,是忠不忠毛主席无产阶级革命路线。大海航行靠舵手,革命靠毛泽东思想,不是靠风向。

(6)相信群众,走群众路线,还有[是]相信自己,不相信群众,不走群众路线。党的领导与群众路线是一致的。党的领导是集中地领导,支委决议统一领导。不是书记说了算,书记只有当好班长。大事一定要民主讨论,不能个人说了算,〈个人说了算〉是不对的。防止二个绝对:①放去[弃]党的领导。②一切包办团体[代替]。

(7)在工作中敢想敢说敢干,还是守旧摊子不想上进,"脚踏西瓜皮"❶。

(8)要用"一分为二"看自己,错了就改,对的要坚持。过去算了,再不要翻案,这也是路线问题。路线的实质,就是执行什么路线问题。掌权人手里,政权的路线,取得与掌握有[取决于由]什么〈人〉来掌权。党内二条路线斗争,是阶级斗争的反映问题。政治性掌权问题,取决于掌权人,执行什么路线问题(有三气的干部或加上四气,相[想]出气,那是犯路线〈错误〉,执行资反路线)。路线决定政策,政策是体现路线的。

4．今冬明春的工作问题。

中心〈是〉贯彻××号文件和省八次扩大会议精神。具体问题,根据县委扩大会议的精神去办好了。学习主席著作,"农业学大寨",主要抓好"一打三反",开展阶级斗争,多[都]要结合起来。一切工作主要是农业学大寨、工业学大庆。

---

❶ "脚踏西瓜皮"的后半句是"滑到哪里算哪里",其含义是,做事没有目标,没有计划,做到哪里算哪里。

石路东风大队介绍两个决议定向：

我们大队原来是二塘大队。我是新干部，是"四清"上来了。

1. 特别在不明方向，用政治统帅生产，单纯生产观点出了问题，后来得到老支书帮助后，改正错误，取得了胜利。

2. 在改变烂水田中，盲目主观，不分阶级，单纯抓填河加工，没有发动群众，防[妨]碍了生产季节。后来公社里派来同志帮助，纠正了错误，没有突出政治，单纯抓生产而生产。

3. 有一次发生一个问题，"早吃粥"，群众反映，我想想不通，怕吃亏，工作不过硬。有一次，在渠道灌水放坍坝，三个党员，群众赞扬了干部。所以说群众是真真的英雄。

今年通过学习决议，突出政治，产量比去翻了一翻[番]，主要是突出了毛泽东思想。只有经济减少点，原因在蚕茧上，群众反映没有突出政治的结果。还有除虫方面，采取绝对办法，按老一套硬搬，没有政治统帅。要用毛泽东思想来武装人，对工作要负责的态度，这个观点没有抓牢。

4. 对于坏[破]"四旧"，要移风移[易]俗。办婚事，过春节，也就[得]到教训经验。我们推行集体结婚，不摆酒席、不送礼、不请客。

许巷公社新建大队介绍：

总户573户，4 000多亩。共有党员50〈名〉，团员136名。从建立支部以后第二天召集了支委会，研究支部成立怎样办，抓的啥。进行讨论统一了一下：

1. 要抓第一位的东西，突出毛泽东思想，举办政治学校，定出制度，坚决照办。

2. 支委有七名，全部落实到生产队。

3. 支委开展不断整风，自我批评，自我教育。同时，召开不同形式的座谈会听取不同意见。

4. 随时克服自满骄傲〈思想〉。

5. 不断开展阶级斗争，提高阶级觉悟。

6. 狠抓路线斗争。在今年高价出售桑叶，我们到了这个生产队办学班，退还了1 000多元，还写了检讨书，向桐乡等地退还。还有私种、公种老姜问题，现已没有了。

7. 抓政治，突出"四个第一"，来对照自己。

①抓政治。②抓思想。③抓人的因素。④〈抓〉活的思想。⑤抓大批判。⑥抓小评论。⑦抓好人好事。⑧抓整风。⑨抓关心群众一定，抓回忆对比不定。⑩阶级斗争不定。

丰士联群大队：

帮助新干部〈经验〉介绍。支部与革领组关系。

在贯彻去年"一打三反"以来，发现问题不少。"四清"调生产干部53个，大队干部全部调光。在文化大革命中，有些看不惯。有公社朱福奎带动下，我们大队也同样发生事，做出不少坏事，所以看不惯。一次大吃大喝，关打贫下中农。但是我不讲，怕吃亏，算老账。10月2日，建立党支部以来情况。群众反映二种情况：①小队里分掉积累。②大队里东西偷了，经济如何办。

交给新支部如何办。我们大队书记是"四清"新上来的，叫姚应达，脾气很燥[躁]，开大炮的人,群众有意见有三条:①加工厂经济如何办。②大队偷了东西如何。③大队误工怨大❶。

如[结]果我们新书记很简单地说……

后来我说:①加工厂经济通过群〈众〉清账理财解决,发动群众就好办。②你叫党[档]案材料保牢,今后通过各级领导发动群众,叫他进行研究解决。③误工问题,今后开会在夜里,大家艰苦的[点],改进办法。

新问题就出现:①偷羊问题。②帮助新干部书记到勤,像大学习情况,他不高兴去。后来通过回忆对比家史,同时我们自己对比,教育他做得苦的。③通过几次在支委、革领组人员,将自己的经历体会教育回忆对比,现在统一思想工作,搞得比较好,征各[整个]工作,革领组指挥作用。

红旗公社红星大队介绍:

谈谈对新干部,要培养新干部的情况。从建立大队革领组以来,我们大队有四个新干部。其中有一个用的,他站队站得比较正确。但是站队正确,并不是路线正确。所以对这新干部不少看法。……我们发现问题有以下几点:

1. 为了减少大队误工,采取夜里开会,多参加一些劳动。但是,新干部怕艰苦。我们用毛泽东思想〈和〉自己过去的工作〈经验〉帮助他。他们也体会到,又要分给他工作。

2. 通过领导小组人员不断整风。新干部有缺点,应该老干部担任,原则问题不让步,枝节问题不鲁苏[罗嗦],不计较。

3. 把新干部推〈到〉阶级斗争最前线去锻炼。例如到"清队""一打三反""农业学大寨"运动中去。

4. 在整团建团中,发挥新干部作用。

5. 在农业学大寨中,新干部处处带头在前。

下午,于广俊书记讲话

1. 反骄破满斗私心,团结起来闹革命。现在普遍存在着团结之中不团结。这个问题首先要解决。这个问题不解决,影响当前形势。为了紧跟形势,必须来一个反骄破满斗私心,搞好思想革命化。也就是〈说〉,他[它]是个障害[碍]的大问题。

骄傲情绪有没有?挖一挖,找一找,是有的。到底在哪里,比一比就可以看出。这样不服气,这是啥道理,总根子是"私"字。出现了骄傲自满,比上不足,比下有余,看自己一身化[花],看别人一身疤。这样存在危险论,是唯心说。毛主席教导我们"事物要一分为二",有好一定有差,是客观存在。我们学哲学,还是刚刚开展,要认真学习毛主席"两个务必注意"来不断总结自己。如果不总结今后还是要变的,纯[甚]至自己变了不知变,走向反面,所以骄傲是最危险的。骄傲了,不想上进,故步自封,先进不想学,后进不认了,影响紧跟照办的自觉性。

方法是:大学大立毛泽东思想,大学哲学著作。①破一贯正确论,立"一分为二"看自己的世界观。②破领导高明论,立群众是真真英雄观点。③破骄傲有资本K[论],立为人民服务

---

❶ 大队误工怨大,指大队里开的误工太多了。

立新功的思想。

2. 认真总结这次学习班经验和教训。要求:①按毛主席教导,认真总结经验,找出教训,主要是我们领导班子有什么问题。②解决这个问题主要是什么过程。这次主要任务是解决思想革命化、思想科学化,主要通过学习毛主席哲学思想来解决思想革命化。搞阶级斗争、回忆对比,搞是搞的,这次不是重点。同志们总结一下对不对?

今后报告形式,是绝对不行的,行不通的。要讲,就是学习毛主席著作。

1971. 1. 22

大队召开生产队队长会议摘要

王张堂同志传达:

1. "四好""五好",年终总评。

2. 关于"一定三年"问题。

3. 关于年前还有工作意见。

4. 今年的春节问题,过一个什么样的春节。

关于年终总评问题:搞好总评,是政治建队道路。学习毛泽东思想,用毛泽东思想做好工作。通过总评调动广大群众的积极性,搞好总评是进一步推进学习好毛主席著作。

在评中须注意问题:①首先阶级路线要明确,这是原则问题。②总评目的、意义要弄清,这是方向。突出政治,用"一好"带动"三好",走政治建队道路,也是〈为〉今后"定向道行"❶打好有利基础。

对于"一定三年"工作。

过好今年春节,过一个节约年,破"四旧",立"四新":①首先搞回忆对比,上一课阶级教育课,提高下一代的政治觉悟。②搞一次卫生工作。发动群众来搞,特别对毛主席宝像问题,对毛主席无限敬重热爱。③拥军优属问题。要〈对〉军烈属进行慰问。全大队有 31 名。

1971. 2. 1

上午,召开大队支部会议(开年第一次)

1. 关于思想建设和组织建设问题。

2. 关于群众反映:①工分问题。②补贴问题。

3. 农业问题:①水利。②蚕桑。③生产问题。

进行研究:

改选领导班子,生产队七人组成:正付[副]队长、会计、出纳、物质保管〈员〉、妇女〈队长〉、蚕业〈队长〉。

凡是出席县会议发给工资一律不变,净计每天 6 分工。

机站打算:主要是渠道维修,分节闸门修理配套。水泥管拨给生产队,叫队交付款,这样机站有底。

徐仕康:谈谈关于 70 年度络麻减产。

---

❶ 原文如此。

选了我之后"四无":无粮、无油、无柴、无钱。

支援世界革命一点无,只有一点络麻。人口增加如何安排,早稻101亩(早稻500多斤,晚稻510多斤)。千军万马靠头头,火车开得快全靠弄头带❶。由于思想有些阻碍,所以脚踏西瓜皮,躺到哪里算哪里。不严[愿]站在船头上顶风,只在船舱里被[避]风,革命怕拼命。作风很不踏实。所以生产来看,油菜没有施肥。

公共财物拿得快,算得快。自留地超过一半以上,有个别户竹园地超,动员卖给大队不高兴。现在卖给私人多[都]抢出售。这是啥道理?

一个外出人员,一律不交。处理好后还是不交。分粮低标准,超产按劳分。

沈尧兴同志:谈一年来工作体会。由于去年搞选举,没有从思想入手,所以工作做得非常不够,生产没有搞,胸无大志。对伟大毛主席红旗举得不高,但是想要搞好。①没有突出毛泽东思想不好。②认为坐[做]中游牢靠,但是结果下游。③主要次次带头,时时带头。

我表决心:在71年,如果群众相信,我一定要靠[搞]好,踏踏实实搞好工作。

王廷方:谈70年度体会。

认为〈为〉选举而选举,没有从思想着手,所以工〈作作〉风飘浮。想要做好,但是思想上没有解决,没有认识到政权重〈要〉性。有了政权,就有了一切;没有政权,丧失一切。过去学习认真,70年比较不到〈位〉。选好继续革命,牢牢掌握政权;不选好,做好二手打算。

陈进其同志谈:在70年所做工作对不起社员群众,工作没有做好。主要是第一把手与第三把手问题,70〈年〉搞选〈举〉,没有搭❷现在这样搞,所以思想上有些问题:①只听好话,不严[愿]听坏话。②做一日和尚撞一日钟。③没有统一思想,各管各,不搭家[界]❸。

沈丙生:担任老工作,老好〈人〉思想是有,主要队长批准,我不搭家[界]思想。在"一打三反"看了大字报后,有个活思想,没有帮助这种思想。特别看到当前大好形势下,一定迎接,这次做好两手准备。

胡少祥同志谈:对物资保管工作做得不够。

王定宝同志谈:在70年度工作没有起带头作用。

1971.2.5

上午,公社召开农业学大寨会议

陈福才同志谈这次会议内容:

1. 总结开年来全社的情况。分三方面。

---

❶ 全靠弄头带,即全靠龙头带。

❷ 搭,当地土话,意思是像。

❸ 不搭界,当地土话,意思是没有关系。

2. 这次会议指导方向是高举毛泽东思想伟大红旗,农业学大寨,主要按照毛主席最新教导,全党进行一次思想和政治路线方面的教育,进行一次路线分析。

3. 会议安排三天。①学习[70]×文件、[70]××文件的精神和省党代会精神。②总结交流经验,进行路线分析、路线讲用。③在提高路线的基础上,贯彻地区学习农业学大寨的现场会议(在沈荡新星召开)〈精神〉及今后任务报告。

1971.2.7

记　　录

上午,听陈松林同志出席地区召开学大寨会议,在沈荡新星大队召开的。主要内容学2个文件。听了德清县介绍,听了新星大队介绍。在学习期间,总结了在"学大寨"三句话、三个字上:①要不〈要〉学大寨。②学什么。③怎么学。找问题来对照。〈在〉权、钱观上〈对〉照问题,体会到"学",不稳定,有的学歪了。农业学大寨,毛主席64年提出来的,为什么学不好呢?主要在三句话、三个字。

对于领导班子问题,千秋公社有个大队很好。例子:教训很深,三次领导班子,由于路线不正,多摊[都瘫]掉。

对于学大寨问题上提出如下几点意见:

1. 狠抓阶级斗争,巩固无产阶级领导权。

①被坏人篡夺。②敌我不分拉出来。③热衷于搞资本主义。④所为[谓]老好人当权。好人好事不支援,坏人坏事不去斗。⑤领导人员停留在民主〈革命〉阶段作风。

2. 特出[突出]路线教育,提高学大寨的自觉性。

①学不学大寨问题。②突出无产阶级政治为根本,还是生产第一,表面化?③自力更生、艰苦奋斗,〈还是〉伸手向上于懒[依赖]国家?④鼓足干劲、多快好省,还是少慢差费、爬行主义?⑤谦虚谨慎、不断革命,还是骄傲自满、故步自封?⑥以粮为纲、全面发展,还是以钱为纲?

3. 反骄破满,搞好领导班子革命化。当前来看,上中下,先进、中游、下游多[都]出现骄傲自满。要开展开门整风,三破三立。

4. 狠抓根本,坚持用伟大的毛泽东思想教育人。学大寨,首先活学活用毛泽东思想,用毛泽东武装,有了毛泽东思想一切多[都]有了。人变地变产量变,进行学习毛泽东哲学著作,做"老三篇"中人,以二个决议定向,抓好总评。

5. 开展革命大批判,坚持社会主义方向。

①肃清"三自一包、四大自由"之毒,批判资本主义倾向,坚持社会主义道路。②批判靠天、靠国家的依赖思想。③批判右倾保留、懒汉思想,鼓足干劲,力争上游。④肃清浮垮[夸]风,把冲天革命干劲,要有实事求是工作作风。在进行批判中一定针对性,有利于发展集体经济。

6. 排除干扰,认真执行党的政策。发动群众,把政策原原本本交给群众,相信群众。

7. 各行各业支援农业,〈转到以农业〉为基础轨道上来。

8. 加强党的一元化领导,主要精力加强领导。

1971. 2. 14

大队召开全体社员大会,认真落实毛主席无产阶级政策大会

内容摘要(上午):①五坚持。②学习最高指示。③学习浙江省文件,关于落实政策通知。④联民大队治保组汇报前段清队情况,有[由]胡少祥同志进行汇报。

县革委会定案复查组负责同志朱同志讲话:

上午会议开到这里,总的是好的。要求:

1. 各同志一定把最高指示带来,这是对毛主席态度问题。

2. 要集中力量听报告,下午很重要。

3. 凳子一定要带来,要增加组织纪律性,不要做小动作、搞自由制。小孩不要〈来〉。

下午朱同志讲话:

1. 搞好定案复查工作的重要性和必要性。是为了调动一切积极因素。执行不执行无产阶级政策,是对毛主席的态度问题,清理阶级队伍目的是要把问题搞清楚。弄清思想,提高阶级斗争觉悟。在社会主义社会中,有"四个存在"。

2. 定案复查的目的和范围。狠抓活学活用毛主席著作。定案复查与农业学大寨是一致的。

王六彩:队长徐仕康工作是好的,但是队务委员少开会,少联系工作。

周胜林:队长工作好的。主要"怕"字当头,留三分为后代,有些顾虑。

韩红林:社员与干部互相支援才能搞好工作。

祖兴讲:社员也有责任。当前来看政治空气薄弱,队务委员不统一,大队缺乏支援,弄得干〈部〉莫明[名]其妙。当前仕康队长,像光杆司令,社员唱自由调,时间一到叫吃饭。有人出出主意反而打击。很多特别是小青年讲死话。

仕康讲:我年纪大,冷怕走出去❶。要求这次选举中选得好些,但是我做促进派。

1971. 2. 27

下午,召开生产队干部以上会议

摘要:首先有[由]王张堂同志传达路线教育。

1. 各级干部互相支援问题。在路线问题不让步,相互树立榜样。

2. 参加劳动问题,学习大寨陈永贵同志。

3. 当前看来,农业学大寨进一步提高。

生产问题:

1. 当前春花问题,油菜、小麦肥料问题。

2. 开通水沟,降低地下水位。

3. 积肥要求。积足早稻肥料。

---

❶ 天气冷了以后,怕走到外面。

做好备耕工〈作〉准备:①种子翻晒,进行检查对口。②蚕业上准备,毛柴问题。③山茹窑问题,先检查一下种子情况。看天晴抢做。烂,拣好的做,解决自力更生。私人窑问题,采取教育,生产队不能支援物资,教育为主,为集体创业。如阶级敌人搞的,坚决反对。做私人山茹窑,粮食缺粮绝不支持。④蚕桑生产问题,要提高张产,要稀放,号召地火龙❶,木炭没有。培桑问题。肥料已到,要求专肥专用。大队蚕桑面积比蚕桑场要多,为啥要购叶,这是啥道理。全大队,东方红—红星队比65年多[都]下降。

各队统计需要麻种 〈单位:斤〉

队别	元果种	红麻种	种山茹
东风	15	40	100
红星	20	40	50
红江	15	40	50
立新	/	40	100
东方红	20	40	120
红旗	/	/	40
向阳	20	40	30
胜利	15	80	110
合计			

1971.2.28

参加红星生产队会议

听取邹伏元同志讲:

主要以前存在问题要弄好,最〈近〉进行选举。为此,把以前的经济公共积累弄好。社员也有决心。所以要求同志大家把问题拿出来,把上次会议的内容〈解决好〉:公积公益问题。70〈年〉以前。并队四年来比较乱,有的交,有的不交,混水摸鱼,社员要求弄弄清。有的摘福头❷。叫干部弄弄清楚是吃不消。例如,惠康也做了2年,交了公共积累,后来发现队里有些问题,后来他拎出了一年;继松希望每月一元多点,交一年,即70年度❸。

1971.3.3

下午,召开各生产队农业队长、放水员会议上讲话摘要

1. 今日的会议开法是:看、谈、学、比、找、干。看,看我们大队各生产队的农业生产的情况;谈,也就是总结我们大队各生产队当前的生产如何;学,学一学最高指示对我们农业生产的

---

❶ 在蚕室中,用瓦筒砌在地下的取暖管道。

❷ 原文如此。

❸ 这一段主要讲外出人员交给生产队的公共积累问题,谈到有的人交了,有的人没有交,也有的人交了以后又拎了出去,等等。

要求;比,比一比哪些措施对得上毛主席提出的"八字宪〈法〉",哪些地方还差得远;找,找一找差距原因,掘根子,如何样在农业生产上当促进派。要求到会的同志抓革命当火车头,抓生产当老黄牛,为夺取71年农〈业〉生产全面大丰收作出更〈大〉贡献,为毛主席争光,为社会主义建设争光,迎接四届人大召开,迎接中国共产党成立50周年、巴黎公社100年而努力。为实现第四个五年〈计划〉的第一年。

2. 我们指导方针是:首先要高举红旗,狠抓纲。农业学大寨,〈以〉进行一次思想和政治路线方面的教育为中心,以定案复查、深入"一打三反"为推动力,同时号召全大队学习王京春同志"一不怕苦,二不〈怕〉死"的高尚品德,艰苦朴素、自力更生〈的〉优良作风。首先我们到会的同志包括我在内〈要〉很好地、老老实实地向他学习。具体如下:

毛主席最近教导我们:进行一次思想和政治路线方面的教育。这一伟大教导,要坚决照办。要进行一次路线教育,推动农业生产和当前做好备耕工作。当前路线斗争有如下几种:

（1）狠抓阶级斗争为纲,还是不抓阶级斗争,忘记了纲,不注意纲。

（2）发现资本主义倾向该斗,还是退速[缩]不该斗,老好人,还是自己也搞。

（3）突出政治,用政治统帅生产,还是生产第一,与[以]生产促生产。我们应当用突出毛主席无产阶级政治来带动生产,用毛泽东思想教育人,促进生产。

（4）农业学大寨中,依靠贫下中农艰苦奋斗、自力更生,还是靠天靠地、依赖国家,还是多快好省,还是少慢差费。

（5）在革命生产中,还是积极带头,开展积极的思想斗争,还是当面不开口,背后不定嘴,还是当老好人和和气气不丧道,免得今后运动来了大字报少❶。

（6）认真落实毛主席无产阶级政策,还是〈不〉落实政策。左右摇摆是很危险的。要把毛主席无产阶级政策不折不扣地条条落实。各项政策认真落实是对毛主席的态度问题,是忠不忠毛主席的革命路线问题。大海航运靠舵手,干革命靠毛泽东思想。这是坚定不移的意志,也是不能韩何[含糊]的,坚决照办。这是方向问题。不是看风[方]向,不[而]是靠风向,是很危险的。有这种思想的人,立即回头,认真学习主席哲学思想。

（7）相信群众,走群众路线,还是相信自己,不相信群众,不走群众路线,一人说了算。党的领导与群众路线是一致的。提倡"群言堂",反对"一言堂"。群众是真正的英雄。

（8）在工作中,〈是〉敢说、敢想、敢干的精神,还是守旧摊摊、不想创业、不想上进,脚踏西瓜皮,滑到哪里算哪里。

（9）要用"一分为二"看自己,错了就改。对的要坚持下来,错的一定要改过来,这是个路线问题。不要看现在落实政策时,以前一切多[都]错了。过去算了。新、老干部特别注意,再不要把现在落实政策,再反[翻]过去的案,那就要犯严重错误。这是很危险的。新、老干部要认真学习毛主席哲学思想,武装自己,有[用]"一分为二"对待自己,改造自己的主观世界,发扬继续革命的思想,为人民立新功。

（10）〈是〉谦虚谨慎、戒躁戒骄,还是骄傲自大、自满自足,这也是路线斗争的表现。

现在普遍存在团结之中不团结。这个问题要解决。这个问题不解决,影响当前形势。为了紧跟当前形势,必须来一个反骄破满斗私心,搞好思想革命化。现有没有呢? 表现在几方面:

（1）为啥团结之中不团结,相互不服气,这是啥道理?

---

❶ 原文如此。

（2）总的根子是"私"字,出现了骄傲自满。

（3）有资格老的,认为参加革命早,从解放以来历次运动经得考验,有功。生产上比上不足,比下有余,有资本论。

（4）新的干部,认为造反早,站队正,看自己一身花,看别人一身疤。如果这样存在一去,防[妨]碍团结,防[妨]碍革命,是很危险。

解决办法:认真学习毛主席哲学著作。事物要一分为二,有好的一定有差的,是客观存在。认真学习毛主席教导:二个"务必注意"经常总结自己,对照自己。如果不总结,今后还是要变的,纯[甚]至自己变了不知变,走向反面。所以骄傲是最危险的,骄傲了不想上进,故步自封,先进不想学,后进不认识,影响紧跟照办的自觉性。所以大学大立毛泽东思想,大学哲学著作,来一个"反骄破满斗私心,团结起来闹革命"。

提倡"三破三立"思想(骄必满,满必松,松必浮):

（1）破一贯正确论,立"一分为二"看自己的世界观。

（2）破领导高明论,立群众是真正的英雄。

（3）破骄傲有资本论,立为人民立新功的思想。

在提倡"三破三立"的推动下,为71年农业生产全面大丰收,〈为〉响应毛主席指出的中国应当对于人类有较大的贡献而奋斗。

3. 工作意见。毛主席教导:传达有关农业上的教导。为此提出如下几点工作意见:

（1）春花培育。当前来看:①降低地下水位,促使发育,抄通"工"字沟,再抄一次二次沟。油菜同样。②施肥。油菜即施上。小麦普遍很黑,希看苗施肥。天晴进行培土。

（2）备耕准备工作。反对备耕年年搞,仍旧老一套,不搞备耕,照样产量来搞好〈的观点〉。如果这样,老吃老做,失败告终。扭回以上不正确思想,发扬领导有决心,群众有信心,为71年农业生产上大打翻身仗。所以对备耕工作提出:思想落实;组织落实;计划落实;种子落实。

（3）水利工作及上南这条路问题。

1971.3.8

下午,到杭州参观农业学大寨展览馆记录

9号上午8时40分进场。

第2室:

大寨大队改变面貌事迹;

昔阳县;

桐芦[庐]县南堡大队泰山压顶不弯腰事迹;

江山县勤俭大队学哲学的先进事迹。

第3室:

绍兴县上旺大队;

桐芦[庐]县俞家大队;

德清县下高桥大队把三关的先进事迹,储备粮6 282 000斤,公共积累530 000元;

宁海县越溪大队,高举红旗,田靠人种,人靠心红,心有红思想,地有高产量;

建德县千鹤大队,妇女半边天;

海盐县新星大队,政治建队;

慈溪县上华大队,棉花高产先进事迹;

慈溪县五洞闸大队,发展猪。

第4室:

常山县水利建设;

奉化县达吞岭大队;

诸暨县勤寨大队;

平阳县岭根大队;

遂昌县水忠大队;

东阳县东新大队;

象山县兴港大队渔业;

文成县石洋林场;

兰溪县墩头大队;

义乌县大陈公社;

临海县黄石焦公社花街大队;

平湖县优胜大队;

温州市宪一大队;

缙云县舒洪大队;

黄岩县联群大队;

临海县指南大队;

仙居县樟树下大队。

第5室:

洞头县东湖大队;

吴兴县南浜大队;

绍兴农机修造厂;

嘉善干窑竹器社;

德清县;

义乌县;

绍兴县;

建德县;

萧山围垦海涂;

临安太阳供销社;

平湖新仓供销社;

褚暨街亭供销社。

第6室:

水产土产新成就;

农作物新品种;

微生物在农业上的应用;

余杭县长松大队;

浦江县平一大队；

三门县邵上大队；

农业新机具。

1971.3.12

晚，王张堂同志留言

张堂同志出席县会议 6 天左右。章默兴也参加。他留下字条指出如下工作建议：

1. 关于勤海 10 队通电问题：允许临时解决集体生产，是临时性的。需要安装，一定要打报告批准才许可。

2. 当前工作：水利、农业、定案复查，多方面要抓一抓。建议召开一次生产队队长会议。①备耕准备。②早稻、络麻种籽，进行日光消毒一次，对蚕业蚕桑生产提一提。

3. 对校边填路问题：是这样，大队场地过西直出由红江队填二天，东风队一天，红星队一天，红旗队一天。每天 20—25 人，名单叫他们自己写上来，写出每人底分数。

4. 对余庆借支问题：同意 50 元，写好借条，今后转给生产队。我已同余庆讲过了，你再批一个意见。

1971.3.15

出席公社蚕业会议一次

张其清、张志坚参加汇报：

1. 地虎龙问题，联民较差。

2. 养蚕人员落实，3 月底 4 月头公社办学习班。

3. 蚕室要进行消毒，红蛉虫要检查一下。

4. 桑树增枝，施摧［催］芽肥，3 月底除草一次。

5. 室外养蚕，做好准备工作。

6. 大队分到玻璃 20 个平方。

7. 进行消毒。如用敌敌畏，需马上开始（一瓶 34 培）。

8. 硫黄消毒，每间 5 斤，风［封］闭加温加湿。

9. 无杆密植桑，可以腰桑❶离地 1 寸至 1 寸半。

今年国家木炭只有少量，主要靠自力更生。结合蚕种问题，没有定好的只有东风队。4 月底要发种，去年 5 月 1 号。

1971.3.16

召开生产队长及蚕业负责人会议内容

讨论：

恒兴讲：对蚕业上我们大队不重视，要求党支部要狠抓一下。当前马上抓准备工作，人员

---

❶ 腰桑，当地土话，意思是剪去桑条，这是一种培育桑树的方法。

落实,地虎龙,蚕室消毒,自力更生解决困难。农业抓松土、施肥、种子,〈种子要〉进行消毒,用日光消毒。

〈各队分配玻璃数〉

〈单位:方〉

	自报	计划		自报	计划
东风	3	4	红星	3	2
红江			立新	4	2
东方红	6	5	胜利	3	3
向阳	5	2	红旗	5	2
〈合计〉	14	11		15	9

以上是分配玻璃数。计划分配 20 平方。

塘南渠道按照 69 年分配数放样照办。到会人员有:东风队周胜利、林月明;红星队李文思;红江队胡小毛;立新队沈尧兴、沈妙祥;红旗队顾余德、陈林宝;东方红队章桂松、陈德全;向阳队徐敬天、贾林华;胜利队冯恒兴,张其清。

对蚕业上:地虎龙。参观了胜利队,现场进行研究后散会。

参加立新生产队座谈会记要……

夜里,关于沈善康家庭问题(参加立新生产队座谈会记要)

祝永乐同志谈:主要是沈善康打人问题。生产队采取了措施,主要是为家庭团结。

沈云林同志讲:回忆过去,自己靠共产党领导之下得到生活好转,对于家庭方面要求团结,叫他回来搞好团结。对善康进行教育,但是缺点双方都有的。是为了做客人,两人争吵。这次生产队干部为了我们家庭团结是好事,是共产党领导之下的干部。我尽量把家庭搞好。

沈善康同志讲:生产队在今日采取这样方式我表示满意。过去我的态度确实是不好,在今日这样方法是解决问题。九月初六日来之后的情况我记得,讲清楚。别人找对象,这样好,所以我抱消极态度,做一天过一天,到老来再谈。有些苦闷。从这次闹架做客已有 8 天左右。但是过去一段,特别在受孕期间对她的照顾,做生活,叫她不要去做(例如散洋花萝卜)等工作,多照顾到。有些地方和她反面孔。在产期,她发怨气,我不作计论[较]。在产期买到 32 天待她❶,买到风肉待她,但是她不见好。直到过年一般好初六日……2 月 14 日抱二二出气。他说不是你生出的。结果我反问一声……我认真搞是搞,踏是勿踏,是老老实实讲。但是我打是错的。

1971.3.19

出席公社农业会议(下午)

治保工作会议,粘虫防治工作。

郭仁元贯彻县召开当前小麦粘虫会议精神。当前危害大麦后到小麦,同时出现地老虎。

---

❶ 这句的意思是请了 32 天假照顾她。

粘虫来时成群,从南北两方面来,外地来,本地少。

防除方法:用烧酒 1 斤、糖 1 斤、醋 4 斤,再加水 10 斤,放半两 66 粉,或敌百虫,可放 15 只,最好 1—2 号罐头为宜,放 1 寸至半寸。

3—5 亩放 1 只,但看田垾因地之[制]宜。大小麦地、花草田、络麻、山茹地(糖是分配 210 斤,糖票提前发,28 号就发,可以提前买)。白天收起来或者用塑料包起来,夜里去放。代用品:可用酒糟 1 斤、醋 2 两,放少量水,少量 66 粉。

放时标准:高于作物半尺,放在上风,一般 5—6 天一换。在放时加点酒、醋、少量糖。要在 21 号前面开展,22 号全大队进行检查。

目前发现菜上蚜虫。用乐果除,到 4 月中旬除,在开花前期除较好。麦在 4 月中旬。油菜金额病就是搭叶死,在直播油菜〈时除〉,现在可以打黄叶。

花草留种田注意防止[治]地老虎,可以多放几只罐头。

种子一定进行消毒,西立生千分之一二。

摘记联民大队"一定三年"〈单位:斤〉:

东风粮食 3 000,油菜 300;红旗粮食 4 000,油菜/;

红星粮食 2 000,油菜 300;向阳粮食 3 000,油菜 300;

红江粮食 3 000,油菜 300;胜利粮食 3 000,油菜 500;

立新粮食 4 000,油菜 400;合计粮食 24 500 斤,油菜 2 400 斤。

东方红粮食 2 500,油菜 300。

1971.3.20

出席公社信用贫管会会议(1 天)

上午,学习文件。

下午,王湘清同志总结 70 年度特别成立贫管会以来已有 4 个多月期间的工作情况:70 年发放生产 123 929 元,基建放 12 300 元,社员 9 829 元。存款比 69 年上升数 38 440 元,盈余 10 193 元。

71 年工作意见

1. 财务改革问题。

2. 基建费问题。

3. 社员贷款问题。

4. 生产队贷款问题。今年发放予[预]购款早。对生产队教育,管好,要有大寨精神。漳江公社经验,妇女管理财务。

关于 10 种人资金冻结问题,要加以区别。

对红旗队财务问题,决定明日去帮助。抽红江队邹益龙同志、立新王廷方同志。

蚕业用河沙,需要统计数字,去买购完整。地火龙。

1970 年度年底纪要　　　　　　　　　　　　　　　　　　〈单位:斤〉

队别	参加分配		平均每亩粮食产量	储备粮累计		
	户数	人数		账面数	实有数	国家代名数
合计	342	1 532	1 029.94	128 072.3	99 779.8	28 292.5
东风	46	185	1 000.64	14 785	8 536	6 249
红星	39	210	992.8	11 783	11 405	378
红江	35	144	987.83	17 151.8	13 693.3	3 458.5
立新	43	200	1 143.68	17 343	17 343	
东方红	36	167	965	19 339	19 339	
红旗	43	180	1 074.52	16 134	16 134	
向阳	46	237	1 002.41	16 791		16 791
胜利	55	209	1 106	14 745.5	13 329.5	1 416

1971 年度计划面积记录　　　　　　　　　　　　　　　　　　〈单位:亩〉

队别	大麦	小麦	蚕豆	油菜	花草	早稻秧田	早稻	双晚秧田	双晚	山茹	络麻	药材
东风	30	62	10	52	13	12	83	14	97	39	46	9
红星	28	56	9	46	11	12	83	14	97	39	40	9
红江	19	46	8	37	10	10	67	12	79	34	34	6
立新	21	45	7	38	9	10	80	12	92	27	37	8
东方红	18	41	7	35	10	8	66	11	77	30	31	7
红旗	10	30	4	27	4	7	58	10	68	16	15	6
向阳	30	66	12	53	13	12	87	15	102	55	46	9
胜利	22	54	8	42	10	9	82	12	94	25	36	6
合计	178	400	65	330	80	80	606	100	706	265	285	60
单产指标	300	250	200	150			700		720	650	600	120

全大队蚕茧张数:春290〈张〉,产80〈斤〉;夏100张,产60〈斤〉;秋700张,产70斤。

东风全年73张,其中春30张;东方红全年53张,春20张;

红星全年64张,其中春28张;红旗全年111张,春42张;

红江全年60张,其中春28张;向阳全年105张,春40张;

立新全年86张,其中春32张;胜利全年65张,春26张;

合计全年617张,春246张。

关于本大队信用贷款(1970.12.3 止):

贷放总数 3 857 元。

东风 84 元,红星 613 元,红江 129 元,立新 152 元,东方红 345 元,红旗 1 295 元,向阳 371元,胜利 868 元。

今年已贷放:立新 161 元,红旗 80 元。1971.3.20 止。

1971.3.21

上午,召开各生产队除虫值报[植保]员会议

内容如下:

1. 贯彻公社召开大麦、小麦除虫防病的方法。

2. 贯彻公社召开信用社贫管会的精神传达。

3. 结合我大队当前农业生产的意见:①狠抓"八字宪法"落实。②做好备耕准备工作。特别是种籽与计划对口,进行消毒,进行一次检查。③两簇制问题,面积、种籽时间安排好。今日春分要进行一次研究,用西立生消毒,2‰。④蚕业上做好一切准备工作。当前特别是地虎龙。消毒。桑树施肥除草,无杆密植进行,腰桑离地 1.5 寸。⑤春花加强培育,看苗施肥,降底[低]地下水位,积足早稻肥料。⑥水利工作迅速跟上,塘南渠道已放好样,希马上开始动工。塘北同样,红旗队已开始动工。

当前对大小麦危害的是粘虫,同时出现地老虎,两害虫。粘虫来源,从南方、北方外地传来,在青岛、温州等方面成群而来。本地较少出现。

防除方法是:用烧酒 1 斤、糖 1 斤、醋 4 斤,再并水 10 斤,放少量 666 粉或敌百虫(半两),分放 15 只钵头,再[最]好用 1—2 号钵号[头]。

标准 1 寸至 1 寸半,3—5 亩放一只,但看田垾大小因地制宜。高于作物半尺,放在上风,白天收,夜间放。如不收起来,用塑料包好,预防出气失效。专人负责,一般 5—6 天换一次。但看情况,在调换时不要全部倒掉,只叫把虫弄掉。再放加些酒、糖、醋,但少量,不宜过多。主要是大小麦、花草,有条件络麻、山茹地放几只也可。在 21 号全面开展,22 号组织检查。

目前油菜也要检查进行。特别是蚜虫,用乐果。小麦在 4 月中,在开花前期除较好。结合工作。

蚕业上,用河沙的话需要统计数字,去盐官购完为止。是做地火龙之用。

红旗整账,决定明日派红江队邹益龙同志、立新王廷方同志前去帮助。

王张堂同志传达县会精神

首先有[由]王芝印同志谈这次会议重要性。

1. 这次会议分两段,第一个〈阶段〉4 天,有[由]马汉民传达省委会议,二条路线斗争,执行毛主席革命路线就是胜利,叛离了就失败。第二个阶段 2.5 天,是如何样把粮食搞上去,如何把[为]全县实现大寨式县而奋斗。

2. 这次会议是高举毛泽东思想伟大红旗,突出无产阶级政治,展开革命大批判,肃清反革命路线破坏农业学大寨。

3. 回忆过去二条路线斗争,狠批懦夫懒汉世界观、怕死怕累怕苦思想,树立为革命种田,

为革命而奋斗。这天会议总的回忆 20 年来形势越来越好,在农业生产 9 年大丰收,低产比[变]高产,扭转了"南运北调",特别就北方。回顾特别在文化大革命中,体现[会]到只有〈执行〉毛主席革命路线,〈才能〉取得伟大胜利。在当时一度不执行毛主席路线,左右摇摆,当时发生很[混]乱。

在第二个阶段有[由]宋绍宗传达农业问题。

〈第一个是成绩〉:

1. 总结历年来的农业取得胜利。

2. 活学活用毛泽东思想新高潮,为革命种田。

3. 斗批改不断发展。

4. 突出无产阶级政治,农业生产不断发展,革命促进了生产,粮食达到最高历史水平。革命促进了生产,革命促使生产力发展。平整土地、填浜、填溇、积肥。

第二个农业生产经验教训。

总的是路线问题,是"紧跟照办",还是"紧跟照喊"?得出了两种收获,二种结论,也是二条路线斗争问题。

1. 我们执行"八字宪法"问题,是对待毛主席态度问题,执行不执行毛主席革命路线问题。

2. 71 年是第四个五年计划第一年,主要看当前,狠抓当前备耕工作。

3. 搞好一支贫下中农为主体科学实验小组队伍,要多方面摸出农业生产品种特性、规律性。

4. 做好绿化造林问题。达到 5—10 年绿化成林。

马汉民同志对农业上补〈充〉意见:搞好农业靠什么呢? 毛主东思想,六亿人民,大寨精神,党的政策。搞好农业生产是一件大事,是备战、备荒、为人民,是备战的需要。发展农业生产,是全党、全国人民的大事。更重要的,执行不执行毛主席的指示。有了钢粮,万事兴旺。没有吃饭,搞不了革命。抓革命目的为了有利与[于]促进生产。

1971.3.23

记　　录

据蚕桑场朱松林同志在公社会议那天留下 70 年度原来临时工名单如下:

红江队	李淑梅、陈德征
红星队	戴忠良、沈建根、邹福仙、邹仁德、陈友芬
立新队	沈定良、刘四田、朱锦其、孙瑞仙、胡土丰
东方红队	张汉江、陈德全
红旗队	陈笑风、顾新庭
向阳队	贾炎芬、贾建芬、徐彩仙
胜利队	冯子年、冯建林
	共 21 人

1970 年各项农作物产量情况 〈单位:斤〉

队别	全年粮食产量	络麻	油菜	蚕茧合年张产	每亩口粮	历年储备粮平均
东风	1 006.4	357.3	90.8	55.72	519.34	80
红星	992.8	390	100.8	56.81	476	56
红江	987.83	490.5	112	64.67	480.7	119
立新	1 143.68	448	130.5	64.4	493.8	87
东方红	965	544.9	139.6	48.38	488.6	116
红旗	1 074.52	428.8	126.9	56.46	521.4	90
向阳	1 002.4	492	99.7	62.23	463	71
胜利	1 106	507.5	143.7	55.59	508	73
合计〈平均〉	1 029.94	455.35	116.2	58.51	484.7	84

出席公社"四好""五好"积代会会议纪要

陆季文同志讲这次会议如何开法:

1. 这次大会在大好形势下召开的,这次大会是活学活用毛泽东思想交流大会,是县召开农业会议夺粮大会。

2. 总结大好形势,国内外形势大好。

拿本公社来讲,大好形势标志如下:①活学活用毛泽东思〈想〉出现新的高潮,队队开办"五七"政治夜校,评出 17 个"四好"单位,有 1 560 名"五好"社员,4 个民兵排。②连年来粮食增产,超了农业《纲要》。当前春花生长良好,积肥推向高潮。6 年超《纲要》,5 年超了千斤。③政策和策略是党的生命的教导,开展清理阶级队伍定案复查和开展"一打三反",揪出了一小撮隐藏的阶级敌人,纯结[洁]了革命队伍。同时按照党的政策解放了一批能够团结的人,现下还继续进行。

这次大会的指导思想:高举毛泽东思想伟大红旗,突出无产阶级政治,进行路线分析,路线讲用。开展革命大批判,肃反革命余毒。批判破坏农业学大寨,以钱为纲、三包、懦夫懒汉,掀起一个创"四好"、争"五好"的运动。

红江公社 1970 年度各项农业作物产量公布表 〈单位:斤〉

队别	全年粮食亩产	络麻	油菜	蚕茧张产	社员口粮平均数	社员现金平均数	公共积累提存数当年
联民	1 029.94	455.35	116.2	58.51	484.7	119.77	8.4
联农	1 071	572	123	59	489	121.00	10.1
联新	1 098	520	131	62	513	116.00	10.1
联丰	1 285.2	512.4	126.5	64.14	556.4	134.20	10.5
盐官	1 241	523	201	73.31	536	134.70	11.2
中星	1 015	524	127	61.283	553.4	125.00	10.1

队别	全年粮食亩产	络麻	油菜	蚕茧张产	社员口粮平均数	社员现金平均数	公共积累提存数当年
新星	1 071	475	125	63.6		153.00	9.5
三星	1 234	463	174	59	549	133.00	9.8
众安	1 205.4	500	126	63.3	534	140.00	11.4
利民	1 376	503	179	58.2	544	126.00	7
红江	1 438	609	224	60.3	549	140.00	7.2
东方红	1 259	551	142	62.2	506	133.00	8.75
合计〈平均〉	1 165	511	145	62.07			

红江公社1970年度各项作物产量公布表

队别	历年储备粮		猪羊平均数			
	总数斤	每人平均斤	每人	每亩	猪头数	羊头数
联民	128 072.3	84	1.2	0.9	884	1 061
联农	120 295	81	1.1	0.93	627	943
联新	156 013.5	128	1.2	0.9	653	878
联丰	177 635.5	126	1.27	0.89	866	932
盐官	274 053		0.75	0.96	428	989
中新	181 587	122	1.28	1.18	625	1 276
新星	221 560	106	1.26	0.91	846	1 797
三星	128 557	110	0.99	0.84	504	575
众安	171 159.6	184	1.27	0.95	457	731
利民	117 453	80	0.9	2.3	339	996
闸口	85 517	95	1.05	1.1	292	659
东方红	133 519	83	1.5	1.6	661	1 688
合计〈平均〉	1 895 421.9		1.01	1.3	7 182	12 465

出席公社会议摘抄

下午,继续开始讲用,中新钱江队王文荣同志"斗私"讲用。干部首先带头,群众句句记在心中,多[都]表示说:干部处处带头,社员做工作处处有劲头。明确到农业学大寨,干部先要带头,同时处处在赞扬声中找差距,大破骄傲自满,大立谦虚谨慎。

讲讲路线斗争问题:路线斗争是很重要的,特别是文化大革命中,一度站在资产阶级反动路线,一度不服气。不服气、雪[泄]气是路线斗争〈觉悟〉不高。所以路线斗争是根本问题,路线错了,干劲越大错误越大。特别在60年大刮"五风"。所以路线错,一切多[都]错了。路线决定一切,执行什么路线是走什么道路问题,向什么方向走的大问题。执行了毛主席革命路线,一切胜利,才能前进。路线问题必须年年讲、月月讲、天天讲。三老经验,光靠艰苦朴素的感情不行的,主要是要执行毛主席正确路线去做,才能取得更大胜利。

利民大队友谊生产队姚祥松同志介绍:在文化大革命前小小队最小只有 7 户。后 4 个生产队合并成的生产队,专吃商品粮的队。

1. 走政治建队的道路,突出无产阶级政策,活学活用毛泽东思想,用毛泽东思想教育人。

2. 抓住主要矛盾,落实"以粮为纲,全面发展"的方针。大战平整土地、填浜、填坟、移坟,修建排灌两用渠道各立门户,排灌畅通夺取 70 年农业大丰收。自力更生,发动群众,解决积肥困难。同时发展畜牧业,解决肥料不足。社员投交家杂肥,支援生产队发展生产。

3. 在分配上学习下高桥经验,把好"三关"。

4. 反骄破满夺高产,订出 71 年度生产计划指标。

新星大队东风生产队胡小男介绍:沿着毛主席革命路线夺取农业生产大丰收。

联丰大队贫管会管理学校邱阿丙同志讲担任贫管会一年多来的工作情况:狠抓政策落实。贫管会统一后向大队革命组汇报后,召开生产队长会议,落实油、粮问题。上靠党的领导,下靠贫下中农的管理。贫下中农讲书台,管理学校。现在有 17 人多[都]上了课。多方面。

联民大队立新生产队长沈尧兴同志介绍:通过学哲学、论政策,推向[行]农业学大寨的体会。全队 42 户,公共房屋 10 间,6 只母猪,2 只公羊,2 万〈斤〉储备粮。

狠抓根本,出现了很多好人好事,用毛泽东思想教育人。整出来东西多[都]交给生产队,多[都]一心为公,为革命种田。举办"五七"政治夜校,进行学习后一致认为交给国家。我们立新生产队通过学哲学,明确到什么是社会主义,什么是资本主义;什么是毛主席的革命路线,什么是反革命修正主义路线。执行什么路线,是走什么道路问题。

闸口队"五好"社员张惠英同志讲用:

1. 带着这条路线斗争中学。当时在文化大革命运动中,执行资反路线,站错了队,犯了错误。

2. "一分为二"对待自己。以前抱着换班思想,我是担任团工作,少管闲事,少犯错误。

3. 今后努力的方向:一定要努力活学活用毛泽东思想,把毛主席哲学思想真真学到手。

新星大队朝阳生产队马阿大同志介绍:路线错了,一切都错了。我队 42 户,203 人。

互助组到高级社年年丰收,生活逐年好转。在三年自然灾害,大刮"五风","三自一包",拆分小小队,弄得乌烟瘴气,种田为活命,粮食按劳分。粮桑挂购[钩],破坏蚕桑生产,大挖蚕桑粮食❶,偷天换日的手法。吃饭靠集体,用钱靠自己。当时发现社员和社员矛盾重重,干部一度也分不清,到今日才清楚。当时 62 年我们队 52 亩专桑,养□张蚕,结果除去购药费外,还多 50 元,这年底分配出现"四无"。认真总结两条道路线斗争是非常激烈,只有活学活用毛泽东思想,用毛泽东武装一切,才能识别谁是社会主义。

联新大队知识青年介绍。

联农光明生产队褚利康同志发言:

1. 基本情况。

2. 过去受尽苦很深。在 1949 年,拨去乌云见青天,来了亲人毛主席和共产党英明领导。到现在集体财产逐年增加,户户装上了电灯,同过去对比〈有〉天翻地覆的改变。

3. 谈谈在二条路线斗争中的经验教训和体会。

---

❶ 这句话的意思是,把蚕桑地改种粮食。

联新大队知识青年讲用:69 年到联新核新队参加落户。

联民胜利队冯恒兴介绍。

联民胜利队冯章白的介绍。

下午,听报告

李书记传达县委精神:县这次召开农村工作会议 6.5 天,主要是贯彻全国召开计划会议精神。出席会议有公社干部、革委会不脱产干部、大队书记负责生产的人都参加这次大会。在这次大会,听取县委马汉民传达了会议精神,并且听到毛主席最近发表最新指示,同志们认真讨论,都受到了一次政治路线方面的教育。

1. 执行毛主席革命路线就是胜利。

①总结当前形势,二条路线斗争。②农业生产连续九年丰收,1970 年北京、浙江等三个省〈市〉连续 2 年超《纲要》。③工业生产出现新的高潮,江南省省出煤,毛主席提出的"扭转北煤南运"逐步实现。④三线建设正在实现。

2. 高举毛主席革命〈旗帜〉,进行批修整风。

高举毛泽东思想伟大红旗,二个阶级、二条道路、二条路线,按照毛主席备战、备荒、为人民的指示,落实一切,观察一切。以农业为基础,工业为指导,发展国民经济总方针,坚持独立自主,自力更生。

71 年是第四个五年计划第一年,大办农业,大抓夺粮。大办农业,狠抓夺粮,农业是国民经济基础。毛主席说:手里有粮,心里不荒[慌],脚踏实地,喜气洋洋。打仗也要粮食,备荒要有粮食,有了粮食样样好办。搞好农业靠什么?靠毛泽东思想,靠六亿人民,靠大寨精神,靠党的政策。

公社根据县委精神提出意见:

71 年是国民经济发展、农业生产更大跃进的一年,一定要大办农业,狠抓粮食。农业学大寨,今年是最关键的一年,抓当前,为第 10 个丰收年。

高举毛泽东思想伟大红旗,深入一次政治思想和路线方面的教育。

1. 更加广泛深入开展活学活用毛泽东思想活动,进行一次思想和政策路线教育。进行回忆对比,正面教育,自我教育。联系到当前阶级斗争、二条路线斗争、二条道路斗争,提高觉悟,认清毛主席的革命路线,坚决走社会主义道路。在同时一定要批修整风,批判阶级斗争熄灭论、"三自一包"、"四大自由",贯彻以粮为纲。学大寨是真学还是假学,是真学一定要把活学活用毛泽东思想放在一切首位,用毛泽东思想教育人。

2. 领导班子问题:一定要加强领导班子进行教育。现在个别打人,这是不行,犯错误,这是阶级斗争在内部反映。

3. 坚持以粮为纲、大办农业、狠抓夺粮、全面发展的方针。

主攻方向:猛攻单产,全面落实"八字宪法"。

通知:

1. 对贫代会议问题。开以前代表准备,产生好代表。28 号召开,一般生产队 2 人,大的可增加 1 人,要求 26 号产生好,报公社,造出名单盖章。

2. 在最近搞一次春耕检查。

3. 关于畜牧注射工作,在 26 号下午公社召开会议,每头收 5 分。

4. 发行报刊工作。要求每户人家四卷宝书。

5. 明天上午 8 时,排以上干部到中新大队听半天报告,回去吃饭。

东风队反映对大队意见问题:主要分配石灰问题,其他都有,东风队没有,有些意见;青年人问题,没有出劲,只求工分。徐仕全问题,王继福问题,徐国掼问题。

1971.3.26

各生产队贫代表产生

东风队	邵左兴、羊仲明
红星队	张毛东、邹长甫
红江队	陈阿康、邹子明
立新队	沈尧兴、沈云仙
东方红队	冯芝印、张惠民
红旗队	王易芬、羊月娟
向阳队	贾利宝、徐德江
胜利队	冯恒兴、沈永仁

下午,大队召开支部委员及革领组人员会议

这次会议开了 6.5 天,后进行学习。70 年一年取得胜利,有几个方面:

1. 农业生产连续 9 年丰收。"南粮北调"正在迅速改变。

2. 工业方面。

3. 三线建设。

4. 国防建设。

5. 五小❶发展方面就是小型工业大大发展。

6. 交通迅速大大发展。

7. 增产节省,大大增加产品。

8. 财贸战线大大发展,已有 33 个国家使用人民币,我国国际畏[威]望大大增加。

9. 文化教育、卫生事业、科学事业不断发展。

1971.3.27

在大队召开全体共产党员、生产队队务委员、"五好"社员参加毛泽东思想学习班

1. 沿着毛主席革命路线夺取农业生产新丰收。

2. 大办农业,狠抓夺粮,掀起春耕生产新高潮。

3. 农业生产分配要把住三关问题,也是路线斗争,是走哪一条路问题。

---

❶ 五小工业,是指我国县级及县以下单位兴办的地方小型厂矿的总称。包括:小钢铁厂、小水泥厂、小农机厂、小化肥厂、小煤矿等。中国农村办工业,起始于人民公社化运动时期,后来在 20 世纪 60 年代的调整时期被大批关闭。进入 20 世纪 70 年代初,农村工业又在厂社挂钩、城市支援农村的背景下有所发展。五小工业的发展成为 20 世纪 80 年代后乡镇工业发展的基础。

4. 建立一组三田。一组：科学实验小组队伍，有老、中、青参加，有干部，有社员，有知识青年。选择思想红、对科学实验有信心、有愚公移山的决心〈的人〉。三田：一是高产田；二是品种对比试验田；三是繁殖种子田。要求每个生产队都要建立起来，发挥这支队伍作用，大力支援这项工作。

高举毛泽东思想伟大红旗，田靠人种，人靠心红，心有红思想，田有高产量。

5. 要坚持以粮为纲、大办农业、狠抓夺粮、全面发展的方针。

主攻方向：猛攻单产，全面落实"八字宪法"，狠抓科学实验，执行科学种田。

实现水稻良种化，促进生产新飞跃。种子是水稻生长的内因。"种"是农业"八字宪法"的主要组成部分，当前急需抓好。消毒两簇制马上要做秧田，种子要对上口。

6. 二簇制秧田问题，根据品种搭配成熟时间，现在可以做，要狠抓季节，吸取经验教训，狠抓"八字宪法"。工业，"鞍钢宪法"❶。

7. 执行计划面积存在问题：发现队队不平衡。

8. 蚕桑、蚕业生产问题，这是全面规划大事。

1971.3.28

大队召开全体党员、队务委员、"五好"社员代表大会上的讲话

记要如下：

我们指导：首先要高举红旗狠抓纲，农业学大寨，进行一次思想和政治路线方面的教育。善始善终做好定案复查，深入"一打三反"，狠抓二条路线斗争教育，推进深入。方法是采取正确教育、回忆对比、自我教育。分清二类不同性质，正确对待，认真处理，据我大队当前在路线斗争中具体表现有如下：〈以〉毛主席最近指示为指针、为对照，这些障害［碍］要扫除，推动当前中心工作，为我大队71年"大办农业，狠抓夺粮"，有利［力］促进，必须批判。路线斗争本大队有几种：

1. 抓不抓阶级斗争问题：是狠抓还是不抓阶级斗争，忘记了纲，不注意纲。

2. 发现资本主义倾向，该斗还是退出不该斗，当老好人，还是自己也想搞。

3. 突击政治，用政治统帅生产，还是生产第一，以生产促生产。我们应当用突出毛主席无产阶级政治来带动生产，用毛泽东思想教育人、改造人，促进人的思想革命化，促进生产。

4. 在农业〈学〉大寨中，依靠贫下中农、艰苦奋斗、自力更生，还是靠天靠地靠国家。前者是多、快、好、省，后者是少、慢、差、费；前者是毛主席的革命路线，后者是反革命路线，进行批判肃清余毒。

5. 在抓革命、促生产，当前71年大办农业，狠抓夺粮。还是积极带头，开展积极的思想斗争，搞好团结，还是当面不开口背后不定［停］口，搞派性，搞分裂，搞不团结。或者扮老好人和和气气不丧道❷，免得今后运动来了大字报少［多］。

---

❶ 1960年3月，毛泽东在对鞍山市委关于《鞍山钢铁公司工作报告》的批示中提出的办社会主义企业的总方针。基本原则是：加强共产党的领导，大搞群众运动，坚持政治挂帅，实行两参（干部参加集体劳动，工人参加企业管理）、一改（改革不合理的规章制度）、三结合（工人、干部和技术人员三结合），开展技术革命。这在很长的时间内被作为中国企业的价值典范之一。

❷ 原文如此。大意为给自己留条后路。

革命的书写
——一个大队干部的工作笔记

6. 在落实政策上,是认真落实,还是随心所欲。这是对毛主席态度问题,忠不忠于毛主席问题。政策是毛主席革命路线具体体现,坚决照办农村经济政策,各项政策都要执行。

7. 相信群众,走群众路线,还是相信自己,不相信群众,不走群众路线,一人说了算。党的领导与群众路线是一致的,提倡"群言堂",反对"一言堂"。

8. 在这次"大办农业,狠抓夺粮"中,敢说敢做、敢干敢想的精神,还是守旧摊摊不想创业,先进不想学,后进不认识,做到哪里算哪里。胸无大志,干无劲头的坏作风,坚决改掉。

9. 用"一分为二"看自己,错了就改,学[越]快学[越]好。人家提出意见,对的坚持下来,不正确的作说服,有毒的坚决抵制,进行批判。特别是我们比较老的干部,以前的问题,过去算了,不要再翻案,新、老干部要团结,有问题摆到桌面上。过去犯了错误,现在改了是好同志,不要拿落实政策反[翻]过去的案,那就重犯大错误,这是很危险的。新、老干部要认真学习毛主席哲学思想武装自己,有[用]"一分为二"对待自己,改造自己主观世界,发扬继续革命的精神,为人民立新功。

10. 谦虚谨慎、戒骄戒躁,还是骄傲自大、自满自足。当前来看,存在着团结之中不团结,主要问题是后者存在。这个问题要解决。为了紧跟当前形势,必须来一个反骄破满斗私心,开展批修整风,搞好思想革命化。

特别是领导班子有这样几方面:①为啥团结之中不团结,相互不服气,这是啥道理? ②为啥接受任务不推动,骄傲自满,有资本论? ③为啥老的认为参加革命早,解放以来历次运动经得起考验,有功,生产上比上不足,比下有余,有经验。④为啥新的干部认为造反早站队正,看自己一身花,看别人一身疤,如果这样下去,妨碍团结,损害革命,是很危险的。

解决办法:是认真学习毛主席哲学思想。事物总是一分为二,有好的,一定有差的,这是客观存在。经常总结自己,对照自己,用主席思想对照自己。如果不总结,今后还是要变的,要是向反面。所以,骄傲是最危险的。有了骄傲不想上进,故步自封,先进不想学,后进不认识,对农业学大寨很不利的,出现了,必须反掉(骄必满,满必松,松必浮)。为此提出"三破三立"思想:①破一贯正确论,立一分为二看自己世界观。②破领导高明论,立群众是真正英雄。③破骄傲有资本论,立为人民立新功思想。

提倡"三破三立",为推动71年省提出大办农业、狠抓夺粮做出成绩,〈为〉实现县提出的1 200斤而奋斗,为人类有较大的贡献。

工作意见:

1. 春花加强后期管理。目前除虫抓好,油菜也同样做好。

2. 备耕工作。二簇制秧田,可以开始。据各生产队的品种搭配,春花收割迟早,安排切实工作,掌握季节,分批下种。反对那种备耕年年搞,仍旧老一套,不搞备耕照样产量为[会]提高,反对那种老吃老做,失败告终。提倡学先进,用先进,科学种田,掌握"八字宪法",做到"四个落实":组织落实;思想落实;计划落实;种子落实。

3. 水利工作。立即开始,塘南、塘北都要来一次修理,这项工作量很大。

4. 蚕业战线。①地虎龙问题。②养蚕人员。③蚕室进行消毒。④施催芽肥。⑤室外养蚕做好准备。⑥消灭匾蚤问题。

5. 卫生工作,当前预防"流炎"。

6. 财务管理问题,严格控制非生产开支。

联民大队 1971 年作物面积规划表（1971.3.28）　　　　〈单位:亩〉

队别	小麦	大麦	蚕豆	油菜	花草	早稻秧田	早稻	双晚秧田	双晚	山茹	络麻	药材	瓜类
东风	62	30	10	50	20	12	77	14	91	39	49	9	3
红星	56	28	9	44	18	12	77	14	91	39	42	9	/
红江	46	19	8	36	16	10	62	12	74	33	35	6	3
立新	45	21	7	37	15	10	75	12	87	25	39	8	2
东方红	41	18	7	34	16	8	62	11	73	26	33	7	2
红旗	30	10	4	26	9	7	52	10	62	16	15	6	3
向阳	66	30	12	51	20	12	82	15	97	47	49	9	5
胜利	54	22	8	40	16	9	75	12	87	25	38	6	2
合计	400	178	65	318	130	80	562	100	662	250	300	60	20

〈联民大队 1971 年蚕桑面积规划表〉　　　　〈单位:亩〉

	蚕茧						蚕茧				
队别	春	夏	秋	合计	薄荷	队别	春	夏	秋	合计	薄荷
东风	35	12	35		1.5	东方红	25	8	35		1.5
红星	32	10	35		1.5	红旗	45	10	53		2
红江	30	8	26		/	向阳	48	10	50		2
立新	37	12	40		1.5	胜利	32	8	40		
						合计	284	78	316		10

1971.3.29

下午,参加红星生产队进行选举

邹伏元　正队长

张毛东　付[副]队长

戴顺堂　蚕业

李惠康　出纳

邹金洪　会计

邹福仙　妇女〈主任〉

邹丙生　物资管理

方法:进行三上三下投票选举。

革命的书写

——一个大队干部的工作笔记

1971.3.30

下午,公社召开落实毛主席政策大会

李开敬讲话:

到目前为止,根据毛主席无阶级政策处理了450名,占98%。

县委复查组叶张根同志讲话:一〈方〉面落实政策,一方〈面〉破坏政策。

1. 破坏树木。

2. 破坏、打击清队人员。

3. 有的继续进行翻案活动。

1971.4.1

为新塘路偷窃树木问题座谈

韩仁财:问题今后总管要出的❶,迟点或早点,还是要弄出来的。

找差距:

1. 学先进,学不进,以[历]来抓农业不够,少开农业会议。

2. 执行"八字宪法",水、肥、虫。

3. 种子问题:搭配问题,种子杂。

对蚕桑问题:

1. 重粮轻桑。

2. 地虎龙问题要抓一抓。

3. 当前浸种摧[催]芽问题:消灭连塘早,先浸掼六圭。

油菜种大苗移植。络麻下谷雨前后种下,20号左右。

1971.4.5

检 查 记 录

据目前来看,春花、大麦、油菜少量出现蚜虫,特别是大麦比较多。

防治办法:药剂防治,40%乐果或马拉松1 500—2 000倍;敌敌畏2 000—2 500倍,鱼藤精800倍;6%可湿性666粉200倍。每亩喷药液200斤左右。

东方红队:闸门偷放坍渠道。

胜利队:张德龙放坍渠道,张毛东反映。

1971.4.11

下午,召开各生产队农业队长及秧田专管员会议

贯彻内容如下:

---

❶ 总管要出的,即总是要出的。

进行检查,看、议、找、改、管。同时春花检查,加强后期管理。蚕业上也看一下。

今后工作意见:

1. 更高举伟大的红旗,狠抓阶级斗争这个纲,活学活用毛泽东思想,用毛泽东思想教育人。学毛泽东思想,要带着问题学,用毛主席哲学观点,观察一切、对待一切、分析一切,用毛泽东思想统帅一切。坚持用毛泽东思想武装头脑,用最高指示对照工作。

2. 毛主席教导我们:备战、备荒、为人民。中国应当对于人类有较〈大〉的贡献。响应省委号召:大办农业,狠抓夺粮。当前,狠抓农业生产,以革命促进生产。目前,认真管理好秧田,时时刻刻关心秧田出现新的情况,及时发现,及时解决。认真掌握农业"八字宪法",严格掌握和调节关系。

3. 春花加强后期管理。防止乐观,〈认为〉今年比去年好,不去培育,比去年产量高。继续降低水位,防止倒伏现象,防止病虫害。油菜同样管理好。

4. 蚕桑生产问题:无干[杆]密植桑要进行一次除虫。专桑种绿肥进行埋下去,削出草,马上开始。桑眼末头❶要大起来,蚕室要进行消毒,在16号前抓紧做好。

5. 水利工作:立即抢修,再不耽误下去。今年的灌溉任务重,要求高,品种复杂,面积大,而渠道有些问题,所以要求迅速运动,把水利工作突上去。放水专管员一定要落实,再[最]好不要调动,有利掌握水稻特性及渠道地段。塘南火力机问题:今年有东风、红江、立新、红星、胜利队多种上田,所以大队抽徐阿三负责塘南灌溉。对于化[花]费问题,每个钟头2元。

6. 除虫工作,一定要抓紧。各生产队植报[保]员加强他信心,时时刻刻注意虫情危害,杀灭它〈在〉早、少期。当前来看,还继续发现油菜、大小麦有蚜虫。抓紧时机防治赤霉病,散立散1.5两,并1两〈泥〉。第2次用富民农,2两一亩,伴泥半量[两]。

粘虫警报:据嘉善、嘉兴、余杭、章仙、镇海、鄞县、永康、瑞安、平阳等地观测,继续盛发期,发蛾量大,是近几年来所没有的。嘉兴地区病虫观测,3月17日到24日平均每天幼蛾32只,去年同时平均幼蛾9只;平阳县水头区3月17日调查,幼虫已开始危害春花,株被害率达30%以上。当前晴雨交替,气温逐渐回升,有利于粘虫发生。今年可能又是粘虫大发生的一年,严重威胁春粮等作物的丰收,所以提高观察防治,稳、准、狠地消灭幼虫,夺取春花丰收。

白根深发根,化肥用田。

黄根保命,学[越]用越瘦。

黑根丧命,学[越]用思想越修,学[越]用人越懒。

1971.4.14

上午,听报告

面积1 075亩,284户,8个生产队1 264人,每人平均0.83〈亩〉,劳动力629个,71年粮食亩产2 004〈斤〉,71年出售粮食77万斤,备足储备粮。

学大寨,二条路线斗争很激烈,资本主义倾向较重的人,反对学大寨。64年开始农业学大寨,低1 982〈斤〉,高2 031〈斤〉,交给国家粮70多万斤。

1. 继续抓住、抓紧政治工作。资本主义不打倒,大寨经验学不到,资本主义思想不肃清,

---

❶ 桑眼末头,当地土话,指桑树条子上的芽。

革命的书写
——一个大队干部的工作笔记

大寨精神学不进。田头与人头关系是先抓人头。

2. 生产水平高,继续创新路。成立"三结合"科技小组。秧田不积肥,施肥靠化肥,人变修。

3. 条件好了,继续艰苦奋斗不定[停]步。

4. 群众前进了,干部继续走在前头。

马桥公社张同志介绍:伊塘大队 11 生产队 390 户,1 692 人,977 亩,平均土地 0.57〈亩〉,历年来,蔬菜、药材、棉花,粮食不种。去年达到 411 亩。经过无产文化革命以来,响应伟大领袖"以粮为纲,全面发展"。70 年 2 122 斤,小麦 424 斤,早稻 1 005 斤,后季稻 703.9 斤。70 年养猪 2 091〈头〉,平均 2.1 头。办小工厂,养鸡场 16 200 多元,生产队 11 万多元。以上成绩主要靠毛泽东思想,是毛主席革命路线伟大胜利。各生产〈队〉做到天天读"老三篇"、毛主席哲学著作所取得。同时,狠抓阶级斗争,我们伊塘大队新村,多是搬弄❶来的,没有阶级斗争,认为红色保险箱。通过清理阶级队伍,经过"一打三反",5 队有个落后队揪出混入 30 多年来杀人〈犯〉。阶级敌人,进行批斗,教育后代,使这个队生产上去。另一个方面通过大批判吃粮靠国家,农民吃国家啥思想。大队党支部提出自力更生。但是又有活思想,认为伊塘大队土地少,种粮食难。后来通过回忆,进行平整土地,大战二年,有个 4 队,这有 40 多亩,往日只有 2 亩,经过二年解决问题。

从 68 年开始科学种田,组织科技小组,贫下中农反映,科学种田,学[越]种学[越]甜,革命推动生产。有毛泽东思想才有高产量,贫下中农反映,人有红思想,田有高产量。推广场地做秧田,我们全部有小苗秧田。但是我们推广这项工作有很多困难,学习毛主席著作:任何新生事物,都要经过艰难曲折的教导,解决这个问题。我们都是三熟制,季节比较紧张的,所以,品种搭配上都进行细心搭配,好都[多]采用早熟、中熟品种为主。所以分批,第一批〈4 月〉15—16 左右,大田 30—33 斤。第二批元麦、大麦,4 月 23—25〈号〉左右,大田用粮 30—35 斤;第三批 5 月 10 号,25—28 天,有 1.33 斤,大田用种量 38 斤左右❷。

方法:第一批用塑料,第二、三批不用;选择避风向阳;秧田注意质量是基础。

厚 1.5 寸,肥 15—20〈担〉大粪,推平浇了河泥,提高苗床管理,认真、仔细在管理上。播种一星期一般不浇水,掌握温润,断奶后,施上人粪 2—3 担,二叶时,施上薄泥浆,以后看苗施肥❸。插秧前施好起身肥。

带土移植问题:要高产,做到合理密植。在这个问题,密与稀都处理好,但是我们据品种 3×4,每亩 50 万棵结果。

4 月底 5 月初,5—6 根,7—8 根;6 月 5 日 10—11 根。

肥料问题。有基[机]肥料为主,40—50 担。专肥 30 斤左右,促使早发。再[最]后,看苗〈施〉肥料,施得合理。

水问题。合理灌水,插秧后浅水勤灌。15—20 天灌深入。后期少灌水。总的看苗灌水。

搁田标准:田中脚踏不见泥。但是开好丰产沟。但"田平不开口"。后期掌握干干湿湿。

病虫除,首先建立一支队伍,生产队建立防病治虫小组,以防为主,植保员为主。

---

❶ 搬弄,意思是搬到一起。

❷ 原文如此。

❸ 水稻秧田在落谷前施好底肥,落谷发芽以后,底肥吸收完了,盐官一带的农民把这个时期叫"断奶"。在断奶前,当水稻秧长出一张叶的时候,需要施肥;后来,断奶以后,当水稻秧长出两张叶的时候,又要施肥。

比例,大队要 3 个医生,要治早、治少。同时要注意质量。

1971. 4. 16

上午,参观金山县金卫公社八二大队(7 队)

面积 1 839 亩,户数 389 户,人口 1 702 人,〈亩产〉2 109 斤。

队队多[都]可以超 2 000 斤。我们三个生产队的对比,都可以超一吨。根本的是靠毛泽东思想来武装,靠毛泽东思想教育人,用毛主席哲学思想来指导科学种田。首先办好政治学校,大学毛主席哲学著作。连续 13 年丰产。

谈谈农业"八字宪法"问题。土是基础,首先要打好基础,如何改变,我们抓五个字:土、肥、水、种、密。狠抓肥料关,主要是搞土肥为主,以肥养肥,要想早稻高,肥足。2 000 担草塘肥。

第二主要掌握品种,抓种子是个主要关键。学习浙江一种三田,建立种子田。

谈品种搭配问题:三熟制搭配问题。种早稻,是大元麦种,早留种为主。以籼稻为主,矮南早 1 号为主,达 60% ,中簇 25% ,迟簇 15% 。

掌握苗秧问题:我们采取大苗育秧。

密度问题:因地之[制]宜,3 × 4,5 × 6,达到 45 万—50 万〈棵〉,根据不同品种不同密植。

管:抓之早,认真。早管、早施肥、早治虫,掌握重前轻后。

搁田要在于 6 月份,搁好晚田,掌握 8 月份搁好。

春花管理:后期主要是防治病虫害。深耕深沟,我们开 1 尺左右,做细平整,狠抓播种期,争取出早苗。

腊肥抓得牢,麦苗出壮苗;春肥施得准,能出丰产量;麦田一条深沟,麦田能丰收。麦主要是个"防"字,大麦黑穗病,小麦主要是赤霉病。

1971. 4. 18

摘张堂同志记录数

石灰 40 担,提货日期 4 月 25 日,地点长安砖瓦厂。东方红不要,红旗 10 担,立新不要,红星 10 担。

1971. 4. 20

〈各生产队统计汇报表〉　　　　　　　　　　　　〈单位:亩、斤〉

队别	二早		中三熟		小苗		迟三熟		其中小苗	
	秧田面积	下谷数	面积	谷数	计划面积	下谷数	面积	谷数	面积	谷数
东风		600	1.50	200	1.50	900	7.8	1 100	/	/
红星	1.20	900	1.00	850	1.00	850	2.2	1 600	/	/
红江	0.90	700	1.30	720	1.30	720	3.5	800	/	/
立新	0.40	250	1.30	1 000	1.30	1 000	8.5	1 500	/	/

续表

队别	二早		中三熟		小苗		迟三熟		其中小苗	
	秧田面积	下谷数	面积	谷数	计划面积	下谷数	面积	谷数	面积	谷数
东方红	0.80	700	0.60	500	0.60	500	7.4	900	/	/
红旗	1.30	850	2.50	400	0.20	120	4.00	580	/	/
向阳	0.70	700	0.70	700	0.70	700	11.0	5 300	/	/
胜利	1.50	1 400	1.00	800	1.00	800	7.50	1 100	/	/
合计	6.80	6 100	9.90	5 170	7.60	5 590	51.9	12 880	1.00	450

以上是 4.20 下午生产队统计汇报。

71 年度各队预收水费

王张堂同志指示：

东风队 150.00 元；红星队 150.00 元；红江队 150.00 元；立新队 150.00 元；东方红队 100.00 元；红旗队 120.00 元；向阳队 150.00 元；胜利队 150.00 元。合计 1 120 元。

1971.4.23

到公社开生产及治虫植保员会议

联民检查情况汇报。

红星 5 亩还没有埋，在月底结束；红江 5 亩还没有埋，在月底结束；红旗自留地 8 亩，专桑准备退出。

共育室问题，一般性，对温度问题，只有胜利队。

政治问题，落实已落实，学习"老三篇"制度已定好。

今天会议主要内容：①络麻下种。②春花后期除虫。

学大寨狠抓根本，条件差也能很快改变面貌。

郭仁元：小苗带土移栽传达，斜桥参观，防止死苗问题。首先要突出政策，靠毛泽东思想，关键是人的因素第一。盖上花草，他说好比落雨穿蓑衣。

管理方法：落谷后晴天满沟水，阴天半沟水，落雨放干水。死苗根因：①脱奶缺肥。②用水调节温度。③在断奶前一叶一星期施开口肥，二叶一星期再肥一次，要均匀。

下午，听郭仁元同志讲关于防病治虫问题

首先要用毛泽东思想武装。

春花病虫害的防治工作意见：当前来看，有些麻痹轻敌思想，特别是赤霉病。要向病虫害夺粮，要打主动仗，早、少、小时消灭掉，如果迟下去，对蚕业上有些问题，所以就早开始。春花上一般病因，大多数是对水大有关系，所以尽量降低地下水位，继续开沟排水，如遇河、渠特别注意。在操作时适量保护好。

1. 粘虫。今年也用了糖醋引杀，但是还杀不尽。所以当前来看已经发现浮〔孵〕化成虫。

目前来看发现不平衡,细细交检查,准备每一亩平均每个平方尺一条,就要防治。一龄六天,二龄二天,三龄三天,1.5分左右。二龄至三龄达50%施上去最有效。二到三天搞一次,一般在25—26号可以进行一次防治。防治办法:①用人工来搞,发动群众运动。②药的话用66粉2斤,1半斤"二二三"。1斤"二二三"加水5—6担进行〈泼〉浇。敌百虫1 000—1 200倍进行喷雾,适宜下部。如果有蚜虫,拼点乐果进行施。要求:各生产队进行检查,防止浪费现象。

2. 蚜虫问题。这只虫叫"百搭",各样作物要吃害。但是要看情况,可以用人工或药施,麦里可以结果防治。放肥皂粉400倍,注意的是肥皂粉不能并乐果。

3. 赤霉病。当前是大麦,特别是矮秆红麦。如果不防,是害处不少,带有毒。"富民农"(注意超过25天)。小麦刚到肚第一次施1.5两散立散、西力生,150斤水,1.5两肥皂粉。再加六七天后施第二次,用富民农2两加水150斤,加肥皂粉1.5两,特别在雨后,一般施三次。

注意几个问题:①大麦立即要施,再迟下去不能用。②这药是有机汞,要中毒,不能用手拌。③要根据科学施药,不能随便加重药量,防止药害,同时防止两种倾向。

4. 蚕桑问题。①千方百计做好思想工作,一定要埋下去。②培养绿肥,种豇豆。据介绍这种肥比较高,效果好,大力发动。③饲养人员一定要落实,二长一辅导,要突出政治。"七〇二"药水每队3斤,打蚕桑上能增加产量。

5. 早稻秧田。①育足秧,育壮秧,育好秧,防止缺秧。②严格加强肥、水管理。③山茹苗出售问题。这是严重的二条路线斗争,走哪条路线问题,例如:中新钱江队。但是一部〈分〉队偷偷摸摸搞投机,防止混水摸鱼,要求社员人人管理。

6. 科技小组,一定要组织起来。特别是植保员、种子员、用水员。

结合妇代会的贯彻问题:①以大队为单位贯彻,正付[副]书记加强掌握。在贯彻的基础上进行组织建设,成立革命妇女委员会。要求短期间内组织好。②这次贯彻宣传会议。报道组、文娱小组准备单独公开会议,每大队2—3人出席会议。汇报:陆季文、徐天寿二同志。③联民6个平方玻璃。凭大队介绍,共育为主。按新建共育室分配:红江3个平方,东方红3个平方。550斤石灰蛋,东风450斤,东方红100斤。

1971.4.24

统计各生产队进度情况 〈单位:亩、斤〉

队别	络麻已下种	早稻已下种	头一次统计	
			铿六五四二	浙农12
东风	15	20	200	50
红星	6.5	3	100	25
红江	22	8	100	25
立新	21	6	100	30
东方红	15	明日开始	100	25
红旗	10	12	100	50
向阳	10	20	200	60
胜利	35	10	/	50
合计	134.5	79	900	315

下午,贯彻治虫会议

贯彻公社农业生产及治虫会议精神。这天到会的有:东风不到;红星队张毛东、陈有松;红江周光华、王洪章;立新队王张堂;东方红冯维;红旗队陈建民、陈清风;向阳徐杏林;胜利冯恒兴。

1971.4.28

出席大队召开蚕业学习班摘要

时间二天,安排是学习,上午听报告,下午讨论。

明日上午听报告,下午讨论表决心。

总结我们大队蚕业生产的形势。工农业生产飞跃发展。出现好人好事,例如向阳队。

活思想:①看蚕做小动作。②工分问题。③开会小动作问题。

多[都]要总结经验教训。

五年对比〈单位:斤〉:

东风 +765.2,谦虚、谨慎;红星 +159.9,消极、患难;红江 +758.2;立新 +386.9;东方红 -315,减 13%;红旗 +665.8;向阳 +1 923;胜利 +48。

71 年对蚕桑要求:蚕丝是国家的主要物资,我们应当响应伟大领袖的教导——中国应当对于人类有较大的贡献的号召。算得通与算不通,我看是算得通。云龙大队 223 斤。

高举红旗狠抓纲,大寨昔阳为榜样,树立信心来培育,实现亩产 1 000 斤。

1. 深入开展农业学大寨,狠抓根本。就是用毛泽东思想教育人,用"老三篇"作灵魂。"蚕室当作政治的课",当路线的教育。方法问题:回忆对比。争"四好"社员、"五好"饲养员。

2. 以路线斗争为纲。路线斗争是决定一切,执行什么路线是走什么方向问题。深入开展大批判,肃清余毒,坚决执行毛主席革命路线。

3. 成立蚕桑技术小组。

1971.4.29

记　　录

蚕业学习班进入第二天,内容如下:

上午典型介绍及王有宝同志传达云龙会议精神。

下午讨论:①会议报告精神。②蚕桑技术小组。

蚕业学习班的第二天记录:

王祖金同志:谈谈取得经验,总的靠毛泽东思想。70 年存在问题:①在蚕室里出现一些"私"字。②看小蚕好,看大蚕坚[艰]苦,轮流思想。③培桑上不重视,所以叶薄。④上簇不好发现损失很大,鸡吃掉也有。养草,草墨脚❶。

经验:①两年草棚消毒比较。②小眠就进行消毒、温湿度掌握,壮蚕期放稀,17 只。③冬蚕期放在比较密。④上簇时。

要求大队开一个生产队会议。

王有宝同志传达云龙会议精神:

1.〈蚕桑问题。〉养好蚕,首先培育好蚕桑。全社最差,现在全县最差的大队,所以觉得没有面孔。但是联民还是骄傲自满:①乱砍专桑面积。②乱搞间作,刮桑树油,所以造成很大损失。

要求:①专桑施三次肥:伐条肥,摧[催]芽肥,着重桑叶,夏肥发二叶是最主要一关,冬肥保条。②桑树要剪梢,能增加产量,10 月中旬〈至〉11 月上旬最适宜。不宜开年剪,所以要求做到这事情。③桑树摘蕊,也能增加产量。少量摘一点,一般摘成片桑,旺盛桑,时间在三龄时间。也可以分批进行。算算看,适合于 10—12 天吃最好。要掌握技术,摘掉一滴了。④春蚕采桑主要标准:一龄转绿草花色,二龄深绿色,最适宜。从下面数上起第二、三张起。春蚕适宜上午少采,下午多采;秋蚕要上午多采,下午少采。三龄吃蝴蝶叶,是无心桑。一般性五龄吃找条❷。

2. 蚕室蚕具消毒问题。养好蚕一定要彻底消毒、消灭病菌。要主要关键,要认真有效,不要敷衍了事,任务观点。先进行泼浇,分河塘,晒干消毒。出现匾蚕多晒太阳光。养蚕是任务重,期间短,贡献大,责任艰苦很重,很光荣。但是我们困难要想得多一些。

3. 收蛾同补青问题。①领种时的用具也要彻底消毒,在领种前二天进行试一试,是否标准。如果发现问题,取长补短。特别是温度问题,干湿机一定要搞准。迟蚕种,搭配好,一定要养。②准备好一切东西,鹅毛、剪刀,温度掌握不宜过高,干湿掌握标准。春收蛾掌握 9 时开始,11 时一定结束好。夏秋蚕收 7 时,9 时结束。

方法:①用棉花来吸。②用防蝇网。③温度掌握统一,不能偏高偏低。促使蚕儿正常发展。对工作极对[端]负责,精益求精。

下午,继续听王有宝同志报告:

关于小眠到大眠的一些过程,同时注意中毒。

结合补充,向同志们〈提〉出几个意见:

1. 高举红旗狠抓纲,大寨南堡为榜样,树雄心,立壮志,奋战一个月,实现亩产 80 斤,〈为〉争取 100 斤而努力。为毛主席争光,为社会主义建设争光。响应伟大领袖毛主席指出中国应当对于人类有较大的贡献〈的号召〉。

2. 根据这一指导方针,提出几点要求:①要求在[把]蚕室办成[学习]毛泽东思想、突出政治〈的课堂〉,用政策统帅蚕期全过程,自始至终,突出政治,用"老三篇"时时对照。②要求做好一切准备工作。③要求技术上要过硬,开展路线斗争。④要求搞好团结。

具体工作:①地火龙问题。马上动起来,专人管,注意火烛。②各个蚕室建立学习制度,做

---

❶ 这句话的意思是说,桑园里养了很多草,草长得高,人走进去,会把脚背遮住。

❷ 这段话的意思是,在春蚕发育的不同阶段(龄),农民们要采摘不同的桑叶喂蚕。一龄采嫩叶;二龄采成熟的叶;三龄可用各种叶,包括长在桑条下部的较小的叶(蝴蝶叶),四龄也如此;到五龄的时候,农民把整根桑条剪下来(俗称伐条),用来喂蚕。

到天天读,推选学习组织。政治批判,"公"字,随时红色宝书进室学习。③搞好团结。内外团结,互相团结,大搞团结,开展大家讲用,自我批评。④狠批蚕桑战线上的流毒,轮流养蚕。⑤培育好桑苗,建立桑苗田,要求自给,72 年桑苗全部自给。注意节约桑叶。⑥收蛾要收尽,猛攻单产关之一。

生产队办成科技实验室,也要进行研究。

科技实验小组:九人组成。朱裕堂、陈林宝、沈妙祥、贾阿二、王祖金、张春清、陈德全、戴顺堂、张志坚。

1971.5.2

二簇制生产统计 〈单位:亩、斤〉

队别	已完成水稻	已完成络麻	调虎6号
东风	20	49	
红星	18.30	30	150
红江	20	33	200
立新	6	39	150
东方红	20	25	100
红旗	30	15	100
向阳	20	45	100
胜利	30	38	200
	164.30	273	950

1971.5.3

在全大队召开社员大会上关于当前抓革命、促生产几个意见

当前形势:

1. 春花生产问题:①继续要降低水位,排出春花上的积水。②做好路旁、屋旁的管理工作,减少损失,要求棵[颗]粒归仓。大手大脚还是小心管理好,宽打宽用还是艰苦奋斗,这是两种思想、两道路线斗争问题。毛主席教导我们一定要把粮食抓紧,贫下中农坚决执行做到。③预防病虫害。这项工作千万不能放过,大打人民战争来抓。当前出现二虫一病。现在来看大都[多]数队已除了,但是还不平衡,有的还是敷衍了事。这对项工作,一不支持,二不去管,三怨领导不贯彻,对自己抱着自由主义。当然,领导上不贯彻是有大责任的,但是你自己也有责任。

2. 水稻生产问题:①关于小苗带土移栽后需要掌握五个基本技术环节。"早育、密播、短令、带土、浅插",按先进介绍传达。

3. 络麻生产问题:①今年国家分配的计划面积不折不扣地完成。各生产队把落实下种的面积逐块登记好,可能即将就要核对一下是否对头。今后坚决按照国家计划面积生产,不能移花接木,另搞一套。②加强对络麻培育管理,未完成的队迅速想法下种,最[再]迟下去,影响络麻产量,对国家减少贡献。将络麻经验意见进行传达。

4. 蚕桑生产问题：①蚕种已在 5 月 1 日晚发到各生产队。各队队长加强对蚕业领导，特别在活学活用毛泽东思想，突出无产阶级政治。"老三篇"武装养蚕人员，为革命养好蚕。②对绿肥问题：经二个大队对口检查后，还有未埋的队要克服困难，迅速埋下去。

参照先进单位早稻大田管理的意见。

双早全过程从插秧起到收割，划为三个阶段。第一个阶段称为前期，从插秧到分蘖末期。这是早稻整个营养生长阶段。在这段期内应该做到足肥、浅水、主动进攻，积极促进，促使实现早发、发足，〈为〉争多穗打好基础。一般早稻插秧后 5—6 天发棵，在管理上应该注意围绕促使发棵，应该采取基肥足、追肥早、补施发棵肥的办法，70%—80% 的肥料施在这段期间。例如，用化肥 20 斤左右留存五六斤作穗肥。迟熟品种还在三分之一中分成二次施，一次补黄墩，促使平衡。一次施穗肥，有利增加穗数，有利早熟。在灌水上做到坚持浅灌、勤灌，防止漫灌大水。水大了影响发棵，浅水灌，土温高，发得起，肥料分解快。一次灌水，落干后晒半天或一天太阳再灌上，这样使土壤透透空气，为中期搁田打好基础。

中期：从分蘖末期到始穗。这一段以稳长、争大穗为目的。在培育管理上，应该以搁田为中心，适时施用穗肥，有控有促，达到控制无效分蘖，促根系稳得住，巧施穗肥争大穗。这个阶段是夺取早稻高产的关键时期。为此，搁田是促使早稻稳长的一个有效手段。田搁得好，才能苗好、稻好。中期不搁田，或搁不好田，稻脚发软，蒲头发黑，稻苗发病，倒伏，是有害祸根。通过搁田，促使多发新根，根系向下扎须根向上冒，控制叶片徒长，控制无效分蘖，巩固有效分蘖，减少病源，健壮苗体，增加抵抗力。

什么时候搁？搁到什么程度？据生长天数作参考，苗数发到 50 万〈棵〉上下，一般二熟制从插秧后 20—25 尺左右，三熟制插秧后 20 天左右进行搁田，粘质比黄沙土搁得早一点，小苗比大苗要早搁几天。标准：搁田搁到田边，高墩鸡毛裂，田中不污脚，田土不发白。以后还可以看苗，分次进行轻搁。田灌上水后施用穗肥，促使长穗和稻苗健壮生长。施用穗肥掌握适时方法是：拣一枝生长最好最健壮的娘稻（主穗）剥一剥，接近一粒米长的小穗时施肥最适当（在这个时候，绝大部分还没有孕穗），施得早了或迟了都不好，施早了会增加无效分蘖，施迟了稻苗返青剑叶变大，穗颈拔长反而不利高产。

后期：从抽穗到收割。早稻处在开花灌浆结实阶段，主攻减少瘪谷，增加粒重。在培育管理上以管水、防病治虫为中心。田土保持干干湿湿，以湿为主。达到湿田、青稻、黄谷。用灌跑马水办法，保持脚壳水，田不烂也不白，到割稻时穿布鞋走不过，穿球鞋能走得。断水不断过早，断早了稻缺水，日晒逼熟，影响灌浆，谷粒轻、瘪谷多，稻秆上粗下细，容易倒伏。这个体会很深，"后期田白一白，产量差一百"，这说明是重要的。还要注意防止割青稻，做到养老稻收割。割青稻损失大。所以要种得好，管得好，收得好。但是整个大田管理阶段，每一阶段都要注意防病治虫，在后期更要引起足够重视。治虫要准，早、少时期迁[歼]灭掉。病要早防，施用农药要〈从〉严，掌握规格。以上提出的意见，希作参考讨论。

今日检查一下，有些田发现潜叶蝇。

潜叶蝇：方法是用 40% 乐果 1 两，加水 140—150 斤喷雾，或用 1.5 两加水 4—5 担进行拨[泼]浇后效果最好。也可以用 6% 可温性 666 粉 0.5 斤，25%"二二三"乳剂 0.5 斤加水 150—160 斤喷雾。

稻蓟马：方法是用 40% 乐果乳剂 1 000—15 000 倍液，50% 马拉松乳剂 1 500 倍液，25%"二二三"乳剂 300 倍液，或 6% 可温性 666 粉 150—200 倍液喷雾，每亩喷药液 120—200 斤，苗大多喷,苗小少喷。

摘秒[抄]70 年 12 月 3 日公布联民大队信用社欠款数〈单位:元〉:

东风队:王继福 24、叶文清 2、周大林 30、朱口林 10。

红星队:沈毛男 182、李叙康 10、沈才才 36、戴顺堂 45、朱宝华 115、王根良 75、戴仕康 55、沈文宝 45、邹金康 20、陈有松 30。

红江队:陈阿康 72、陈彐兴 20、翁兆祥 17、陈彐生 20。

立新队:陈进其 50、王九章 40、张家全 10、沈丙章 5、胡子祥 27、冯岳金 20。

东方红:冯建清 206、冯子山 10、陈德明 55、王新章 49、元彐兴 15、冯奎涛 10。

红旗队:陈康裕 365、陈夫堂 316、顾秋明 225、陈望元 30、戴正华 149、顾新堂 15、钱奉先 80、陈尧甫 15、顾裕德 100。

向阳队:徐维才 216、徐德初 40、贾福堂 20、贾六金 15、徐效天 40、徐君寿 40。

胜利队:陈小仕 43、冯顺堂 5、张德龙 50、张云林 25、冯小毛 188、张绍龙 38、张绍根 47、冯绍荣 10、冯祖三 40、冯祖兴 218、杨家根 100。

总计 3 857 元。

1971.5.7

摘　　记

中国农业科学院寄来 5 个品种:红旗京引 15,在北〈方〉生育期为 135 天,在浙江地区作双季晚稻;京引 86 中糯,生育期为 155 天;京引 88 糯谷,生育期为 160 天;京引 87,生育期为 165—170 天;京育 1 号,生育期为 170 天。

北京海淀区东升路,中国农业科学院,作物育种栽培研究所。

不参加劳动,脱离群众,长久下去,就会懒、馋、占、贪,变坏,变修。要遵照毛主席教导"既当官又当老百姓",地位变了,劳动人民的本色不能变啊!

1971.5.8

参观联丰 81 队良种

有如下:

浙农 12 号	大麦
早簇 3 号	大麦
矮干号	小麦
阿尔巴尼亚 2 号	小麦
阿尔巴尼亚苏克希	小麦
六五白壳	小麦
铿六五四二	小麦
胜利油菜 92	油菜

公社召开种子选留会议(在联丰)

陈松林同志〈讲话〉。会议内容:

1. 参观联丰的品种留选问题。

2. 搞科学实验。

3. 蚕桑共育问题。

汇报:需要龙灵6号1 100斤正[整]。

下午,有[由]陈松林传达种子问题,提出六个意见:

1. 要提高培育良种的认识。

培育良种,毛主席有很多指示。为农业提出"八字宪法",在"八字宪法"中提到了种子问题,这也是毛主席对种子上的指示。只有不断进行培育,使品种得到成功的称"良种"。只有不断进行试验对比,才能提高,不退化。所以培育良种是听不听毛主席的态度问题,种子年年选,产量节节高,按照"四自"方针,进行培育。

2. 为革命培育好良种。

不是为了多收一点,而是为了革命。毛主席教育我们,"中国应当对于人类有较大的贡献"。所以培育种子,目的方向是为革命,为远大方向。革命就是"一不怕苦,二不怕死"的精神,"失败尤是成功之母"。凡是新生事物总是经过艰难曲折,不经过艰难曲折,一帆风顺取得成功,这种想法总是幻想。

3. 培育良种是为了实现粮食高产的需要。

4. 培育良种对象,就是目标为:高产、稳产、抗病、抗倒伏、早熟。

5. 推广优良品种的方针。坚决推广"四自"方针。防止大调、盲目性。

6. 如何培育好良种几点要求:①建立组织科学实验小组,大队要有负责,生产队也要有一般3—5人组成。一定建立好,(早种7月份,晚稻在10〈月〉份)鉴定良种。②每一个大队至少要有一个生产队为重点搞。③生产队里头要有试验田。

讨论:大队建立科技小组,人员各队农业队长参加。

重点:立新、红旗。

回去抓紧进行大小麦片选、穗选。

李发根:

1. 县指示,今年的调换"以粮调粮"。调粮票:①数字难以掌握。②不利于备战、备荒。所以今年一般不调粮票。

2. 油菜籽。①老任务,年年挖出126斤。②今年一定二年合起来,新任务增加15%,还超,再增加15%。

3. 桐油供应打证明,少量。

4. 储备粮进行检查。

生活问题,现在已动用储备粮。生产队讨论,大队研究,公社批准,才动用。但有些过宽。今后要严一些,要求不要过宽。如果不这样做,今后难办的。

王金水同志关于蚕业生产问题:

1. 总结经验:当前趋势很好。

2. 但是据上级要求还远。出现如下〈问题〉:①自满麻痹,骄傲松勤[劲]。②温度调节有问题,81—82〈华氏度〉不平衡,3—4时给桑,温度差不好。③发现〈匾〉蚕病,草蚕。

海塘问题:①塘上种上作物。②个个到塘面。③咸青籽不要种,改鸡改[冠]草。④联新队种上络麻坚决弄掉。

农船修理:木材是没有了,今后采取分配办法。

小麦后期除虫、防蚤。

络麻:出苗不齐,立即采取措施。

手工业问题。

丝棉厂问题:准备开工,去年下半年去调,要熟悉好手。

1971.5.9

参加蚕桑生产检查(同联新对口)

据张龙兴同志汇报联民情况:总的来看是好的,但是看起来政治方面不够平衡。干温[湿]度差额像大些。

据王有宝同志汇报联新情况:他们管理仔细,发现扁[匾]蚕及时解决。大部分都二眠开叶。

在夜里进行研究,贫代会问题:

1. 成立目的:发挥贫下中农当家作主,在大忙季节做主力军作用。

2. 明确今后任务。

大队贫代分会,生产队贫代小组。

1971.5.11

下午,大队召集各生产队贫下中农代表大会

由王张堂同志贯彻这次成立贫代分会的意义和义务:是抓革命、促生产的主力军。作用是执行无产阶级司令部的政策,带头首先执行照办,不折不扣向坏人坏事作坚决的斗争。坚决走社会主义道路。

分组讨论,采取大家提名候选人:东风队邵左兴;红星队邹张根;立新队沈宝林;红江队周和尚;红旗队杨月娟;东方红冯子耐;向阳队金仲生;胜利队冯恒兴、陈夫清。

1971.5.14

晚上7:20,听广播大会摘要

这次广播是蚕桑生产问题。

首先陈松林同志谈谈当前蚕桑生产的情况。总结蚕桑前段的工作是好的,总的是好的,但是存在问题,也是有些问题,特别是发现扁[匾]蚕问题,比较严重,来势很猛,所以请王金水同志介绍。

下面有[由]王金水同志谈。总结当前形势。目前存在问题:被扁[匾]蚕危害,8个大队,16生产队,400多张蚕种。主要原因:消毒不彻底。要求饲养同志详细、认真检查。扁[匾]蚕在眠中及初期,发现比较严重,狠抓稀放保值,防虫、防毒。

主要增产措施:①首先查扁[匾]蚕病来源。②彻底隔离。有[用]灭蚕蝇 300 倍〈消毒〉。③稀放薄体。

1971.5.19

召开蚕业会议统计已完成数

〈单位:亩〉

队别	早稻	络麻
东风队	40	49
红星队	35	42
红江队	28	35
立新队	22	39
东方红队	25	33
红旗队	45	15
向阳队	41	49
胜利队	52	38
合计		300

1971.5.20

下午,出席公社财务生产会议记要

上午听取学习文件,下午李炳松同志贯彻。

今年春季农业生产形势大好。为了执行落实"以粮为纲"的方针,要认真落实农业"八字宪法",抓好农业生产,夺取第 10 个年头丰收。

1. 春花评选良种,加强春花后期管理。

2. 二簇制肥水管理问题及三簇制插秧。

3. 加强蚕业生产领导。络麻生产管理。

4. 夏收分配问题。

1971.5.21

公社会议记录

1. 春花评选种,加强春花后期管理。

通过联丰大队召开会议后回去,全公社各大队都把这项工作做好。很多地方多[都]打主动仗,但是"事物总是一分为二",还存在问题,〈认为〉选种慢慢来,还早。毛主席指示中也提到品种问题。要留足种子,一套至一套〈半〉种子。注意到冬种规划问题,打算多种大麦,采留浙农 12、无芒六棱、矮白洋、小麦矮秆红等好的良种。春花后期的管理方面还需要加强管理。主要是虫、病、水,要从坏处打算,向好处争取。首先从思想上做好打算。

2. 二簇制肥水管理问题及三簇制插秧问题。

这工作主要促使早发。关键在于肥、水,需合理掌握好。勤灌、浅灌,适时搁田,封行的田要进行搁田。虫,据当前大螟达 95% ,25—28〈号〉对早批水稻〈进行除虫〉,最迟到 30 号。用 1 斤"二二三"、1 斤 66 粉、水 5 担进行拨[泼]浇。

返青田,二簇秧田。这次虫情问题。

方法,主攻方向:这次除虫对田岗、田薄二仓田进行除虫。当中,虫发现少。

对于三簇制插秧问题,掌握质量,抓住季节,促使早发,底肥足,达到"一轰头"❶。密植最好。争季节,争粮食。在同时搭配好种子问题,要求中晚为主,县里要求 11 月底完成秋收冬种任务。

7 月底前插秧,可采用小苗带土移植,秧令掌握 15—20 天。播种量 350—500 斤。同时搞些长秧令 30 天,播种量 300 斤。都要对口,大苗与小苗,早、中、晚搭配好,心中都要有一个数,全面规划。被[避]免秧令过长,同时被[避]免秧令过短。

3. 加强蚕业生产领导,培育好络麻管理。我们在蚕丝生产上,单线领导外,还要做好劳动安排好,同时防止缺叶,做好调配好桑叶,价格 5—7 元。

络麻生产问题:落实计划面积。现发现出苗不齐,有的队面积还没有完成。当前加强现有苗管理,要求培育一次。关键在于这段时期。产量高低的,关系到支援社会主义建设问题。

4. 夏收分配问题:在分配问题上狠抓二条路线斗争,要落实无产阶级分配政策,狠抓大批判。①吃油问题,5—6 斤,柴草按需分配。②在分配中进行一次财务清理,公布给社员。③信用〈社贷款〉回笼问题。很好安排一下,归还贷款。集体上也要安排归还,有借有还。贫管组织人员向社员了解情况。A. 对于少数坏人借的贷款坚决收回。B. 贷款有些社员有钱不还,进行批判,进行收回。C. 真真困难,可以根据情况进行处理。D. 在预分公布到户时做好还款、存款金额,有些借信用社贷款,浪费花掉,进行批判交还。在预分时管保员先到信用社领取款。

5. 海塘问题:花样百出的。下决心要弄掉。

6. 副产品收购问题:麦柴、桑条、油菜。任务是分配,但是要求超任务。

7. 桑苗问题,今后要求自给。

郭关荣来电农业生产问题

1. 永福大队突出无产阶级政治,开展革命大批判。

2. 夏收进度抓得比较大,大麦收种完成,质量好。①底肥足。②密植程度多,4×3、4×2,达到 40 万—50 万〈棵〉基本苗。

3. 早插早管。水、肥、耘田。

除虫问题来一个文件

1. 二化螟为主,发生起势,比去年同期增加。

2. 小麦、花草发现较严重。

3. 三簇制,春花翻耕时进行滴油扫蚤。

4. 防治病害及时检查,防止纹枯病。开好丰产沟,封行田,及时排水搁田。

下午,出席公社调荷节电会议

首先有[由]李炳松同志讲关于调荷节电的意义。先学县革委会对电源的文件。

---

❶ 当地土话,形容作物生长一下子茂盛起来。例如,早稻秧苗成活以后,施了化肥,很快长得十分繁茂。

在用电问题上存在:调荷节电年年搞,仍旧老一套。我们是用大电网的电,一家、一个单位节约也无用。反正只要生产好,成本不能计较,多用点电无所谓等等思想。

为啥要调荷节电呢?意义很大,主要是贯彻毛主席备战、备荒、为人民。变电没有增加,用电量大幅度增加,所以在当前用电不平衡,造成不良事故发生。所以号召遵守这一制度,机站不但节约用电,还需要节约用水、节约成本。封行的田需要进行搁田。有计划用水,对机站人员不但放好水,而且要管理好水,不能随便生产队要。不管水稻生长的需要,所[是]产量不高的重要原因。下过雨后也要出去检查。

对于当前所插的三熟制早稻,开好丰产沟,有的叫增产沟。能放水畅通,进排便利。

加工一定利用夜里加工。但是又要做到便利社员出发,想出一些办法。

安全用电,预防出现事故,特别是生命事故。严格控制私装乱接。

1971.5.23

下午,召开各生产队农业队长及用水员会议

1. 贯彻公社农业分配会议内容,结合本大队情况。

2. 关于分配问题。全大队还有四个生产队(东风、红旗、胜利、东方红),希望抓一把,迅速做好这项分配工作。

3. 结合抓好蚕业工作。

4. 贯彻停电的意义。讨论统一思想。到会人员有:东风邹根如;红星张毛江、邹彐文;红江陈夫康、沈阿六;立新沈丙生、祝永乐;东方红章永堂、冯树良;红旗陈明德、陈清风;向阳贾克勤;胜利冯阿苗。

统计已完成〈任务〉　　　　　　　　　　　　　　　　　〈单位:亩〉

队别	早稻	络麻	培育油菜	23公分	15公分
东风	40	49	/	/	5
红星	45	38	/	5	8
红江	42	35	/	4	/
立新	35	39	/	2	2
东方红	45	33	/	/	/
红旗	47	15	/	9	/
向阳	45	49	/	10	6
胜利	60	40	/	10	10
	359	298		40	31

〈早稻〉任务562〈亩〉,完成64%。

1971.5.28

下午,出售[席]盐官茧站会议纪要

首先有[由]李炳松同志传达:

革命的书写

——一个大队干部的工作笔记

1. 总结目前蚕业上大的形势〈及存在的问题〉。

特别在养蚕人员上出现很多好人好事,同样出现了"一不怕苦,二不怕死"的动人事迹,作出贡献,这是活学活用毛泽东思想的结果。联新核心队大元麦一季获得去年全部春花粮收入,油菜多是 200 多斤,质量好。众安一队有块 9 亩多桑园增产 23%,出售了 120 多担。

现在存在问题:

(1)产品出售及分配问题上,二条路线斗争比较尖税[锐]复杂,很激烈。①阶级敌人兴风作浪。②投机倒把,搞贪污盗窃。③赌博顺[成]风。④自发资本主义倾向,自发砖窑,收柴草。⑤不安心农业,盲目走出找工,留[流]入城市。

(2)执行"以粮为纲,全面发展"没有很好落实,二条路线划不清,看起来今年西瓜面积及络麻面积不完成,有的完成了不培育。

(3)骄傲自满。〈认为〉蚕业、农业都是第一好。在计划上睡大觉,没有明确到当前世界革命的要求,"中国应当对于人类有较大贡献"。

2. 今年的收购工作。

特点:形势好、任务重、工作集中。

指导思想:高举毛泽东思想伟大红旗,以二个阶级、二条路线斗争为纲,深入开展革命大批判。

(1)以毛泽东思想统帅做好收购工作。一定要突出无产阶级政治,教育广大贫下中农,丰收四不忘,真真做到中国应当有较大的贡献。要以大寨人为榜样,要以中新大队党支部为榜样,用毛泽东思想教育人来支援国家。红阳生产队现交售完成 170% 以上。在收购工作中,特别注意阶级斗争新动向,是[如]有发现,立即制止,进行批判自发资本主义倾向。学习下高桥大队把住"三关"的经验。

(2)充分发动群众,认真落实党的政策,特别对收购政策。

蚕茧收购:①实行民主评茧,根据党的政策,做到大家满意。②广泛宣传购留政策,按照原来政策 10%,但是提倡春茧少留、不留。③做到"三不售"政策,毛脚、夜茧、潮茧。

油菜籽收购问题:宣传油菜籽价格政策,今年进行反映,23.50〈元〉调正[整]为 28.00〈元〉,进一步促进生产。油菜籽收购,要力争多收,支援国家建设。在留油问题上,在增产的情况〈下〉,适当多留一点,力争多购,支援国家建设。

春粮收购问题,有增购的队。在 15 号会议上自报数,力争多交,超额完成,不讲数字。凡是动用储备粮的队,要力争捕[补]进。教育社员要计划用粮、节约用粮,千万不浪费,要坏处打算。国家去年增产抵消,退回给生产队作为储备,不能作为机动,更不能分掉。

其他收购:桑条皮问题是国家工业原料,要超额完成。麦柴收购保证完成。废钢废铁回笼,省分配 1 800 吨,这些收购要有个政治工作来搞。

3. 切实加强党的领导。

各级党的组织要以党的九大团结旗帜,加强〈对〉收购工作的领导。收购工作是实际支持社会建设。在收购出售,特别防止阶级敌人破坏,不能〈让〉四类分子进茧站。当前上簇防止纵火破坏。当前来看,上簇关还是要加强领导,因为关系到质量很大。例如,我们比不上日本质量。

其他结合工作:认真总结经验。①蚕业上总结,从培桑起到现在,一些经验教训。执行毛主席革命路线取得胜利,背离了毛主席革命路线就失败。②春花总结,高产与低产进行总结。

科学与老法进行总结,但是要发动群众来进行总结。③当前春花,二簇制培育,三簇制插秧,多[都]要抓一把,同时抓好质量关、密植程度。对二簇制问题上、对水利上没有很好搁田,今后可能病虫害多,因没有通风换气。子孙稻多,无效分蘖,产量不高。

络麻问题:及时要采取措施,今年来看,对络麻问题很大,要当重要来抓。

二、三簇制除虫问题:决定在2、3、4号除虫,原来决定除大螟,不准备,在下月一次头歼。用药量今后还要开会贯彻。

关于晚收蚕问题:迟批也要增高产。加强桑园培育管理,在这次夏伐一定要施下去。是长条,打好明年基础。

另外,对于今年茧站,为了加强领导,建立临时党支部、团支部,建立三结合,贫下中农组织管理。组长唐金浩同志。

其他讲一下:①搞好卫生工作,夏季大扫除。②计划生育。海宁县一年〈增长人口〉低长安镇12 000人。③在收购问题。一定要宣传政策,发动群众,大队不要做框框。同时加强四防。

王金水同志谈谈关于目前蚕业上几个问题:

据当前27—28号冷空气南下。

1. 防止阶级敌人破坏,要有专人管理,轮流值班。

2. 加强检查。房屋是否漏;危害〈如〉老鼠、鸭、鸡等。

3. 加强通风换气,排出湿度,使茧质量好。

4. 温度问题,要掌握适当加一点温。特别火烛提高警惕。

5. 分批采茧,在出售时轮空,少装快运。

6. 对二批蚕种问题,如何样争速度、争时间。合理温度,防止多湿。薄张勤饲,防病防毒,桑叶充分留足。

7. 桑叶预备管理,如何样增条,把肥料施下去。注意氨水中毒。除虫金鬼子要注意,烂叶虫。

8. 开展"回山"消毒,对于所有蚕用具进行一次全面消毒。用漂白粉消毒,1斤并25斤水。

俞子定同志讲茧站打算情况:

1. 1 600担,55人开灶6付[副],准备〈6月〉1号开始。旺季在3、4、5〈号〉三天,投放资金31万元。

2. 丝绸业务。有83个国家交易,浙江丝绸放在首位,省占60%,县12%,所以说明丝调[绸]的重要性。

所以提出要求:

1. 要求高举毛泽东思想红旗,进一步宣传下高桥,把好"三关"出售好茧,"三不售"。

2. 做好选茧出售,栋[拣]净一点,提高质量。

3. 计划投售。

4. 加强售茧队伍〈建设〉,四类份[分]子决不能售茧,一定要干部带班来出售。

5. 谈谈新法验茧问题。

1971.5.30

学习班计划

王张堂同谈当前情况:今年春花普遍大好,靠毛泽东思想的结果,是毛泽东思想伟大胜利,精神变物质。

1971 年度春〈蚕〉叶情况　　　　　　　　　　　　　　　　〈单位:担〉

队别	缺	多	
东风	16	/	
红星	10	/	
红江	/	10	
立新	/	65	
东方红	/	31	
红旗	40		
向阳	平		
胜利	平		
合计	66	106	其中外调进 36

1971.6.1

出席公社电话会议(上午,在邮电局)

孙才江同志讲:农稻田间管理,当前加强防病除虫。今年的早稻生产,增加密植程度,科学种田,早稻形势一片大好。但是毛主席教导我们"事物一〈分〉为二",还存在不少问题:自满麻痹。一个看到当前工作多困难,但是主要是麻痹思想,对管理缺少经验。毛主席教导我们,历史的经验值得注意。当前有的田还没有发棵,如果不注意,没有及时〈处理〉,后期发现[生]倒伏。我们狠抓根本,吸取教训,总结经验,大搞群众运动。

早稻管理上提出几点意见:搁田,"早稻制 40 万苗,三簇制 30 万苗,防止无效分蘖[蘖]"。二簇制在 6 月 10 日前圆秆拔节,要控制无效分蘖[蘖]。一般封行为标准,三簇制"边种边管",达到 60 万苗进行搁田,掌握在 6 月 20 日左右。防止一般病虫。大螟发展比去年同期相应增加,二化螟高峰期间。大螟 15—17〈号〉,卵块 27—28〈号〉。防止时间 6 月 2—7〈号〉;西片 6—7 号;中片 8—9 号,药城供应到 10 号止。西片 5 月底插的田,到 6 月 14—15 号除虫,杀螟粉。其他用甲季[基]1605,每亩 1.5 两加水 6—7 担。发现浮尘子,用乐果 1 两加水 100 斤,或马拉松 1 两加 150 斤水泼浇。

安全施用及[剧]毒农药:各级党委及革命委员重视;开好毛泽东思想学习班;同有关部分协作组织检查,做好安全教育工作。

大力消灭害虫,尽量保护益虫。严禁捉青蛙,各级领导引起重视。青蛙对农作物支援很大,发〈动〉群众互相监督。今后出通告,发动群众进行教育,如有阶级敌人搞的,坚决打激[击]。

刘希臣讲:当前工作,早稻络麻加强田间管理,这是增产的主要措施。农村当前大忙季节。

1. 必须深入进行政治方面的路线教育,突出政治与马列主义、毛泽东思想。读毛主席的书,以毛泽东思想教育群众,工作越忙越要读书,越要突出政治。深入农业学大寨的群众运动,进行发动群众农业学大寨的自觉性。

2. 领导班子革命化,各级领导做农业学大寨的促进派,抓好"四好"初评,在6月份。促进广大群众积极性,抓好活思想——认为当前任务重、工作多,抽不出〈身〉思想。抓好"四好"初评,是互相促进、共同提高。"四好"初评与农业学大寨结合起来。

3. 以批修整风为纲,狠抓阶级斗争、生产。干[敢]于领导,干[敢]于斗争,批判抓生产危险论,克服一个消极情绪。发动群众克服困难,精打细收,丰收到家。发动群众,献计献策,已经收起来要加强管理,支援国家。

4. 农业认真执行"八字宪法"。当前抓住施肥、防病、除虫工作,要保住质量,加强田间管理,防止麻痹自满思想。要总结经验,吸取教训,提高产量。夏收卫生,与积肥除虫结合起来。

1971.6.2

走访各生产队贯彻电话会议及统计各生产队进度

〈各队生产进度表〉 〈单位:亩〉

队别	早稻	准备种	已种数	末种数	计划完成日期	油菜任务	油菜已收	末收数
东风	77	80	58	22	5 号	50	20	30
红星	77	90	75	15	4 号	44	12	32
红江	62	67	66	1	3 号	36	25	11
立新	75	80	55	25	6 号	37	13	24
东方红	62	70	61	9	4 号	34	20	14
红旗	52	60	60	完成	2 号	26	13	13
向阳	82	90	75	15	4 号	51	47	4
胜利	75	90	99	完成	2 号	40	30	10
合计	562	627	549			318	180	138

麦脱粒每小时0.80〈元〉,电钱例外,人工在内。

出去工作人员,应该交给粮票每日1斤,钞票0.40元。

决定明日下午12〈点〉半在祝会商店召开妇女正付[副]主任会议,时间半天。

甲季[基]1605:

1. 特别做好充分准备,特别及[剧]毒农药。吴兴、海盐、海宁881人〈中毒〉,死亡14人,耕牛90多头。我们要引起重视,坚决克服自满麻痹,特别生产队大队要检查。

2. 歼灭敌人目的,需要用早稻积水放掉,被[避]免外漏受到损失,鱼、人危险。6 月份 15—20 天落雨天。

3. 切实注意农药配备,一定按照规定施药,不能随便增加或减少,不能浪费。

1971.6.6

出席公社会议

省负责同志指示:

近日来连日降雨,雨量真大。要认真检查水库地坝,认真做好加固工作。整理好防汛器材和物资准备,重要一段要〈轮〉流值班,发现危险地段要立即抢险。要用毛泽东思想教育群众,发动群众,严防阶级敌人破坏,有发现,立即取缔。

宋绍宗〈介绍〉:1—5 号上午 6 时止,降雨量 111.5 毫米。由于雨两[量]集中,所以沟水很大。上午碤石 3.75〈米〉水位,预计下午 4〈米〉。长安下河 3.88〈米〉,上河 5.45〈米〉,余永桥 5.33〈米〉。全县有 26〈个〉分机站开始排涝。在长江以南,一大片雨量,华南高压蛋[带],华北低压潮[槽],我们正在中间。在两三〈天〉内没有多大变化,还有 40 毫米雨量。

1. 各级领导要丢掉幻想,准备斗争,迅速动员起来,进行排涝斗争,对于春花、油菜、小麦突击抢收。向自然灾害作斗争,像同阶级敌人作斗争一样,在战略上藐视敌人,在战术上重视敌人。

2. 怎么样战胜自然灾害? 发动群众,依靠群众的力量,投入防汛抗灾和抢收斗争,要克服单纯军事观点。

3. 在发动基础上公社大队做到“四落实”:①人员落实。②思想落实,有 54 年准备。③机械设备落实,排涝。④土方落实,主要加固地坝。

4. 发动广大群众,采取有效措施,要在复杂情况下把油菜、小麦抢收过来。对三熟制面积继续完成。除虫,县里正在研究,准备推迟,暂时不除。

5. 要切实加强领导,亲临前线,摸清情况。注意阶级敌人新动向,密切注意。

在这次抢收抢种、向自然灾害作斗争中,发现好人好事,立即表扬,同时结合搞“四好”初评。

刘希臣书记讲话

当前面临着困难,还是克服困难。据以上省、县会议精神,公社提出几点意见:

1. 对防汛抗涝问题。①建立防汛抗涝组织。②发动群众做到四个落实。

2. 抢收问题。我们这里抢收为主,发动群众,解决思想阻力。活思想很多:①等待思想。②人做天收。③认为抢进麦管不好。④等机械化。⑤互相埋怨。⑥怕困难。怀[畏]难情绪,认为丰收没有丰收,没有看到自然灾害客观存在,没有明确人的因素第一,解决思想障碍,发动群众献计献策。

3. 对于“水”问题。要求有一个专人负责管理水利,按照技术规格严格掌握。

4. 虫问题,等通知。甲季[基]1605 1.5 两并 5—6 担拨[泼]浇。杀螟粉 2 斤,并 5—6 担拨[泼]浇。

东风队:茧子平均每张 78 斤;立新 93.5 斤;红江 93 斤;东风 77—80 斤;红星 72 斤。

红旗队争取今日明日结束〈收〉小麦;红江队今夜队务委员统一,明日都组织起来,突击 2 天,抢收小麦。

新塘路继续发生〈病虫害〉。出席盐官茧站:实际发种 281 张,因病损失 4〈张〉,实际养活 277〈张〉,卖出叶 50 担。夏种发种 78 张。

1971.6.9

上午,出席公社除虫会议

对于除虫问题:根据县生产指挥组来电及时要除,最迟不超过 10 号。时间问题,决定今天下午到明天。除虫对象主要是回青的,田多[都]要除。要求:

1. 各级领导及生产队一定要专人负责,组织一班除虫班子,身体健壮,无病、无患处。专业除虫班子。

2. 严格掌握施药章程,一定要遵守,保证人身安全,不出事故,处理好水。

3. 在施药前作好准备,把田里水都要放光。目前发现三种情况。总的来看,水不能过满。但是田门槛一定要打好,注意质量。

4. 用药数量:一定要照标准来用,不能随心所学[欲],增加或减少药量。每亩用甲季[基]1605,1.5 两并〈水〉5—6 担。如果有雨,不能用的。可用杀螟粉 2 斤并〈水〉5 担,进行拨[泼]浇。

5. 各大队赤脚医生在除虫〈期〉间进行流动,注意安全。施好后插出标记,防止人畜安全〈事故〉。同时预防阶级敌人破坏。

结合工作:

1. 抢收问题。现在也有几种情况:①边收边打边分。②收后打堆。

为了减少损失,抓紧脱粒,在过程中要精打细收。

2. 络麻生产问题。现在来看问题很大。现在出现几种情况:①面积问题。②出苗不齐。③苗出过密。④长短、缺苗。

发动群众进行讨论一下,如何夺上去。络麻生产薄弱环节,要狠抓一把。

3. 蚕桑生产问题。主要施肥问题,要抓一把。当前的肥料要迅速施下去,否则又要成大问题,影响蚕桑生产。

4. 收购问题。分配任务要求完成。对于麦柴问题,一定完成,现发现私人掉砖头❶很激烈。

当前出现活思想:

1. 盲目乐观,主[只]看到成绩不见到存在不少问题。

2. 不突出政治,埋头生产。

陆季文同志讲:主要为了当前有利促进生产。为此公社自办节目报道好人好事。前段联民、中星指导很活跃。

---

❶ 私人掉砖头,这里指农民家庭自己拿分到的麦柴到土窑上去掉换砖块。

革命的书写
——一个大队干部的工作笔记

1971.6.11

记　要

今年二簇制 167.40 亩。向阳队 5 月 7 日落谷,21 号开始插秧,秧令期 14 天,全大队第一个队开始插秧;东方红队 5 月 9 日落谷,26 号开始插秧,秧令期 17 天,全大队最迟一个队开始插秧。

三簇制:红旗队、胜利队 6 月 2 号完成,是全大队完成第一;红江队 3 号完成,是第二位;红星、东方红 6—7 号完成;立新队 10 号上午完成;向阳、东风队 11 号完成。全大队据各队汇报,实种面积 627 亩,分配 562 亩,超面积 65 亩。

摘抄科技报,认真贯彻农业"八字宪法"

把每个字归纳成为八句话:

"水"　成活转青寸把水,发棵壮苗薄了水;
　　　看田看苗又看天,心红脚勤是关键;
　　　头次耘田封了皮,二次耘田毛了裂;
　　　一个月内耘三遍,耘出三遍烤出田。

"肥"　中饭早吃要吃好,多用土肥最合算;
　　　积肥造肥要大搞,突出多搞杂肥料;
　　　种田积肥养绿萍,牛栏厕所统统倒;
　　　层层领导带头搞,芒种以前要抓好。

"保"　病虫调查要抓牢,防治目标对准好;
　　　具体操作精要巧,治早治少又治小;
　　　坚持大办土农药,使用实效要强调;
　　　植保人员选拔好,支部领导很重要。

"管"　早插做到适时管,迟插争取要早管;
　　　头次耘田不用灰,边施追肥边耘田;
　　　精耘细耘要做到,大棵缺株要匀苗;
　　　稗草夺种要拔掉,稻田养萍及时倒。

1971.6.13

下午,在大队召开各生产队队长以上会议上补充意见

1. 对春粮收起后,认真总结经验,对蚕业生产也要来一次总结。执行了毛主席革命路线取得胜利。执行科学种田、养蚕,相信先进取得的成绩,为下步夏蚕打好基础,为明年春花打好有利基础,吸收经验,改进教训。

2. 当前二簇制及三簇制培育管理问题。特别对迟种的田要加倍管理,促使早发。同时防止过密的田,要控制无效分蘖。防治病虫害,随时掌握农作物新动向,发现新情况及时发动群众解决,及时采取措施。今年的病虫害比〈往〉年增加,要求:不能等待上面。

3. 络麻问题很大,目前要当一项重要工作来抓。种子问题:龙虎 5 号是有,6 号没有的。

4. 蚕业生产问题,今年增加 47 张,实养活春 291 张,夏 47 张,主要这次要施夏伐条肥,一定施下去,这是一关很重要的有效关键[环节]。

5. 搞好夏季卫生工作,结合搞积肥大扫除。同时大量宣传晚婚、计划生育。据统计,海宁一年每对青年生一个,要 12 000 人以上,一个长安镇。但是,要看情况。

6. 收购工作。一定要宣传党的收购政策,同时学习下高桥把住"三关"的经验,真真落实在群众,按照国家的任务,坚决完成。

7. 防止阶级敌人在各项工作中的破坏活动。新动向,如有发现及时破案。要批判阶级斗争熄灭论流毒。

红江生产队代表周志华同志介绍。

我们生产队今年的生产确实比去年快些,体会到:

1. 一切工作用毛泽东思想,用毛泽东思想教育人,武装社员。

2. 生产队干部要统一多研究,多碰头。互相团结互相谅解,互相照顾。今年比去年不同,今年干部进行研究多。每一仗首先干部统一(例如,这次抢麦、抢油菜),不依赖别人。也体会到照顾全局出发。队长亲自以身作则,处处表率。干部进行分工。

今后打算:

1. 狠抓络麻,早稻加强培育,晚稻搭配做好秧田准备。

2. 蚕业上施好蚕桑伐条肥,争取明年高产。

红旗生产陈双明同志谈今年的生产的体会:

今年来看大队支部革领组领导之下,取得一些成绩,我们的体会:

1. 从今年改选后,三条心改为一条心。

2. 每项工作,首先队务委员会进行研究,订出生产计划。用政策统帅生产。今年在抢麦中,具体事例去年四天,今年一天半完成,现小麦蚕豆都完成。对早稻施多施好,再除上一次草。络麻明日可以结束定苗,下一步准备专桑施伐条肥,晚稻做好品种搭配等工作。同时在这些:抓一抓阶级斗争,批判一些流言蜚语、歪风邪气。例如,要想[向]外出搞自发资本主义倾向,不安心生产,对农业生产抱消极〈态度的人〉进行大批判。

胜利生产队冯恒兴同志谈:

今年的夏收夏种中取得了一些成绩。我们的体会:

1. 用毛泽东思想教育人,统帅一切。

2. 早稻插秧,在 2 号完成插秧,做法是干部思想统一,进行歼灭战。

3. 蚕业生产比去年增加 7 张,但是用毛泽东武装解决了这个问题,抢麦二天按计划完成。

4. 络麻:在今日下午扫尾,已施上一次肥,但是看起来还不够,继续加强培育。

5. "回山"消毒我们不做到,蚕桑施肥决心施上,任何困难一定浇上去。要看好蚕业,一定要培好蚕桑。三项多[都]增产,对二簇制和三簇制,后期培育抓牢,同时除虫防病,多[都]抓牢。后期"水"问题,做到合理用水。

王张堂同志讲:

1. 总结全大队前一段的工作情况。今年的春花及油菜多[都]有增加。油菜比去年增50—60 斤,蚕茧增加 40 多担茧。同时狠抓阶级斗争,批判"黑四论"。

2. 事物总是一分为二,但是成绩是主要的,还存在缺点,队与队不够平衡。

为谁劳动不够明确。有些队资本主义倾向及歪风邪气占上了优势,分不清资本主义与社会主义界限。发现大量外出,农业不务正业,有的搞山茹苗出售高价。另外一种,私人生产要[有]干劲,公家集体生产无劲头。不按制度办事。这种是变相搞资本主义,放任自流。

摘记毛主席指示

无论何人要认识什么事物,除了同那个事物接触,即生活于(实践于)那个事物的环境中,是没有法子解决〈的〉。实事求是。

实践的观点是辨[辩]证唯物论的认识论之第一的和基本的观点。

共产党不靠吓人吃饭,而是靠马克思列宁主义的真理吃饭,靠实事求是吃饭,靠科学吃饭。

没有老实态度是根本不行的。原在旧轨道上生活惯了的,一下子改变,大不容易。

去粗取精,去伪存真,由此及彼,由表及里的改造制作工夫。

世界观的转变是一个根本的转变。

1971.6.16

出席公社各大队生产队农业队长及科技人员会议

时间一天。内容有:总结上半年夏粮情况。今年双晚稻提出意见。结合 10 个工作。

1. 总结今年上半年的情况。

(1)活学活用毛主席著作运动深入人心,明确到执行毛主席革命路线就胜利,凡是违背就失败。

(2)按照毛主席对农业指示"八字宪法"。

(3)夏粮油菜大丰收。

(4)狠抓阶级斗争,这关抓得牢、抓得好。

(5)科学种田,春粮下种多是八二式。上半年的收入是丰收,靠毛泽东思想武装头脑结果。但是事物就一分为二,存在问题:骄傲自满,故步自封,停滞不前;受到一些问题就悲观失望,按照毛主席指示,"人类不断总结经验"。

2. 今年双季晚稻的指导思想:高举红旗狠抓纲。

到会人员有:王洪章、徐杏林、张毛东、张金康、陈康裕。

3. 结合工作。

(1)早稻肥水管理病害问题。二簇注意要干干湿湿,三熟制封行的田要进行搁田;迟插的田,黄的,迅速采取措施促使早发。对除虫问题:存在部分田,要求 20 号前除好虫。

(2)山茹苗插问题。为了减少菜籽损失,补种芝麻。

(3)络麻生产问题。要加强培育管理(巴基斯坦进口),我们自力更生。①面积问题。②缺苗。③抓紧培育管理。

4. 桑园培育管理,夏伐施肥。

5. 收购问题。抓一把。任务全社 7 100 斤,希完成及麦秆柴和其他出售问题。

联民大队各生产队晚稻生产情况(摘大队统计) 〈单位:亩〉

队别	晚稻总面积	计划秧田面积	苗计划移栽大田面积	大 苗		小苗带土移植,准备哪几个主要品种名称	大苗育秧准备哪几个主要品种名称
				计划秧田面积	计划移栽大田面积		
东风	91	3	40	12	51		
红星	96	4	60	9	36	珍珠矮、农红、农灵	糯谷、农红73
红江	82	3	40	8.5	42	广选3号、农垦57	农灵5号、日本红糯、自留本粮
立新	84	12	35	10.8	49	红糯、农红73、台中农	农灵5号、农红73
东方红	83	1	28	11	55	二九矮	农灵5号、农红73、乌克糯、南特号
红旗	77	01	2	12.5	75	农红73	农灵5号、农红73、台中农
向阳	110	1.5	50	12.5	60	桂花黄、日本红糯、农红73	农灵5号
胜利	100	2	30	15	70	光先3号	农灵5号、农红73
合计							

全大队来看品种有:

珍珠矮全生育期108天;桂花黄全生育110天;

农红73全生育期125天;广选3号全生育期108天;

农灵5号全生育期132天;红糯全生育期108天;

农垦57全生育期120天;台中糯全生育期117天;

日本红糯全生育期108天;南特号全生育期121天;

二九矮全生育期112天—117天;乌克糯全生育期125天。

1971.7.2

下午5时20分,听广播传达紧急通知

内容如下,是县里通知。

根据省防汛指挥部紧急通知,近来西南风高压高温影响,8级巨[大]风。可能出现冰暴

[雹]袭击。当前农作、早稻相[扬]花期,要发动群众。

公社根据县紧急通知提出如下意见:

1. 各大队、各生产队、各单位要高举毛泽东思想伟大红旗,克服麻痹思想,据县指挥部紧急通知精神认真安排,提出必要的措施。

2. 要加强联系,各大队把贯彻落实情况向公社进行汇报,并〈与〉大队进行值班〈人员〉取得联系。

3. 通过紧急通知后贯彻安排等情况向公社联系。

4. 如再现灾情时,全体党员、全体团员,要积极〈发挥〉模范带头作用。

1971.7.8

出席公社会议记要

参加人员有各生产队队长、蚕桑人员 2 名,大队负责生产及负责蚕桑〈人员〉2 名参加。

有[由]公社陈松林同志讲今天的会议内容:

1. 要研究"纲"问题。以粮为纲,当前晚稻秧田来看,由于高温,对口可能有些问题。

2. 要研究蚕桑问题。主要是看早秋问题。

接下去陈同志讲:

1. 今年的春粮油菜丰产情况进行总结,上半年粮食生产是大丰收。

2. 早稻丰收在望,可增产 50 万斤。

3. 今年春蚕生产问题:今年由于缺乏煤炭,蚕具不足情况下,今年蚕茧大幅度增产 2 509 担,比去年〈多〉460 担,全县去年 18〈位〉,今年第 5 位。生产比例上全县第 2 位,夏蚕生产,在高温情况下也能增产。

这个丰收是靠了什么?

1. 靠毛泽东思想武装起来的人向自然灾害作斗争的结果。发扬"一不怕苦,二不怕死"的精神,苦干巧干,科学种田,选留良种,养蚕稀放,实行科学养蚕。贫下中农的革命干劲。

2. 突出政治,坚持"五七"政治学校,大学毛主席哲学著作,克服了不少困难。例如,早稻秧田发现扁[圖]蚤等。

但是发现个别的说政治是空,生产是实,政治是软任务,生产是硬任务。这是二条路线斗争的表现,这是为革命种田、为革命养蚕,还是为工分养蚕、为活命种田的问题。还〈说〉是个别生产队轮流养蚕,而全年计划轮流好,还说大家吃的饭还是十足的平均主义。这是不符合毛泽东思想。因轮流养蚕:①助长了自发资本主义思想,负[否]认社会主义,不突出无产阶级政治。②实质是搞平均主义。

3. 靠毛主席的农业"八字宪法"。

谈谈进行一次思想和政治路线的教育。要反骄破满,去掉片面性、主观性,单看一面,而不看全面。有了这种思想,经不起风浪和考验。例如,对农业生产方面,对蚕业生产方面,都有发现。认为养蚕很辛苦,又要育早秧。我们要看到上半年大丰收,但是要看到下半年是大头,所以要继续发扬艰苦奋斗的精神。

团结起来争取更大胜利,夺取第 10 个大丰收。

提出几个意见:

1. 高举毛泽东伟大红旗,突出政治,坚持走社会主义道路。为此首先要抓好政治,用毛泽东思想统帅,〈用〉毛泽东思想教育人。办好"五七"政治学校,大学大用毛泽东思想,同时抓好"四好""五好"评比,搞好以"一好带三好",促进生产。

2. 坚持以二个阶级、二条道路、二条路线斗争为纲。搞好农业生产、蚕桑生产,都要狠抓这个纲。例如这次翻绿肥问题,有的队仍旧不动,执行不够严肃,便宜就搞。这实际走回头路。

3. 粮食生产。早稻生产加强后期管理,一直管到底。晚稻突出加强秧田管理。目前来看有些问题,大不大、小不小这种现象。例如,每亩落谷 160—170 斤,种 6—7 亩,每亩 23—25 斤,这种秧田很危险。所以要检查:①早稻成熟与晚稻品种对口。②秧田与大田对口。③品种与季节对口。

措施是这样两个:加强秧田培育;采取中早品种,添补秧田。山茹苗问题,迅速播下去。

4. 蚕桑生产意见。主要是早秋蚕问题:①列[历]年来早秋蚕不足,看早秋挖潜力。②中秋蚕的负担问题,要求稀放,每张放 30 扁[匾],所以打算早秋搞 30%。

存在问题:①早秋养不好。②早秋生活要捏牢❶。③蚕室与外面"双抢"人员的矛盾。

总的来看是思想问题:养蚕是革命需要,蚕一定要养,人员一定要落实,思想工作一定要做好。我们应当对于人类有较大的贡献。

夏蚕"回山"消毒问题:要求一定要消毒;专桑里的绿肥一定要埋下去;除桑季马,在 20 号以前除一次,乐果、敌敌畏。

公社统计　　　　　　　　　　　　　　　　　　　　　〈单位:亩〉

队别	夏季培田情况面积	埋绿肥	夏蚕〈张〉	估产〈斤/张〉	计划早秋	计划面积	实种面积	其中:田	地	络麻	西瓜面积	浙农12大麦〈斤〉
东风	20											300
红星	20		10	50			43	25	18	18	3	200
红江	25											200
立新	38	14	12	60			39	23	16	15	2	600
东方红	15		8	50				12	11	11	2	300
红旗	60		12	30	10		15	7	8	8	3	300
向阳	30		12	50	12		49	39	10	10	2	200
胜利	25		7	50	10		38	28	10	10	/	300
合计	233	/										2 400

去年全公社 97 张。

---

❶ 这句话的意思是,养早秋蚕时农活很多,样样农活都得做好。

革命的书写

——一个大队干部的工作笔记

1971.7.9

召开支部委员革领组人员会议

上午,进行学习,按照主席教导批修整风,改进工作。

下午,进行研究今后工作意见。

确定 11—12〈号〉两天召开,各生产队队务委员、全体党员、贫下中农代表 2 名、民兵干部团支部分支书记参加。两天会议安排:11 号上午学习"七一"社论,下午讨论;12 号上午参观生产队,下午讨论订计划,表决心。

六队贯彻今后工作意见内容:

1. 总结早稻、晚稻经验教训。

2. 提出工作打算,下种水田。

3. "双抢"问题、中秋饲养问题、分配问题。

4. 选留良种。

5. 质量问题。

6. 报道问题。

7. 要求公社解决拖拉机翻垦问题。

8. 妇女问题:发挥妇女半边天作用,组织临时托儿所。

9. 关心群众生活,注意工作方法。

1971.7.10

出席公社治虫会议

郭仁元同志:当前主要是刮青虫〈发〉蛾,28、29、30〈号〉高峰期发娥[蛾],有的地方 1—2 号。据现〈在〉来看:孵化。县号召 10—15 号进行治虫。秧田里三代螟卵块即将孵化。在治虫时需放上除虫油,每亩放 1 斤,有河沙,可用 1.5 斤。消灭浮尘子,就是蚤,传补[播]矮速病。

1. 早簇问题。在 25 号前收割,一般勿除。

2. 迟簇用乙六杀螟粉 2 斤并水 6—7 担进行泼浇。在施药时,被[避]开阳[扬]花期。公社统一,13—14 号开始进行。

3. 早稻防病问题:经检查后西立生一律不可用。用稻瘟净 600 倍进行防治,一般每亩 2—2.5 两,进行喷雾,最好喷散些效果较好。退菌特 800—1 000 倍进行喷雾。

纹枯病:现有发田透顶❶,可能[用]稻脚青,1.5 两,不能超过 2 两,100—150 水。但注意问题:在出穗放花时不除,一定不盖头可施用❷。

4. 大小麦冷浸热晒。一般温度 36 度。方法:黑穗病用义袋❸灌八成,夜 8 时浸阴凉或树底下,深一些。明日早晨拿高,立即滩[摊]散晒干、晒薄,一次晒好。最好晒在水泥晒场。

---

❶ 这句话的意思是纹枯病发得十分严重。

❷ 原文如此。

❸ 义袋,即麻袋。

1971.7.12

记　　录

12—13号在大队举办各生产队队务委员以上人员、贫下中农代表参加的毛泽东思想学习班上发言:

毛主席指出:进行一次思想和政治路线方面的教育。抓革命、促生产、促工作、促战备。农业学大寨。中国应当对于人类有较大的贡献。不失时机地掌握生产环节,取得比去年更大的成绩,一定要抓紧。

同志们:我在今天学习班上发一个言,也就是说向同志们进行汇报一下,同时提出本大队的工作意见。但首先向同志们说明,由于我学习主席思想不够,同时对农业生产不熟悉,而不钻[专]心,缺乏经验,如果有错误、缺点地方,请同志们在讨论中提出批评,使我今后改正,做得更好些,共同前进,为早日实现大寨式的队而奋斗。

我们大队在深入开展农业学大寨的群众运动中,广大贫下中农社员群众和革命干部响应毛主席的伟大教导——中国应当对于人类有较大的贡献,狠抓农业"八字宪法",执行了科学种田,抓紧农业生产的田间管理。在各级的共同努力〈下〉,上靠毛泽东思想,下靠社员群众,使今年上半年的粮食及蚕桑获得增产。全大队来看,各生产队的产量,粮食7万多斤,蚕茧5 200〈斤〉,油菜2万多斤,经济7 711.44〈元〉,红江队油菜5 000斤,完成3 800多斤。但是根据上级要求和先进单位对比差距很大,主要还存在着一些问题:

1. 有些骄傲自满。

2. 特别受"四论"流毒:①唯生产力论多,突出。②息[歇]气思想多,勿继续革命。③无肩家人员多❶,斗争不够。④有问题,找别人多,找主观少。

关于夏收夏种问题提出如下意见:

今年的夏收夏种是在要求高、任务重、季节紧、天气高温等情况下。今年的夏收夏种,不但是生产仗,而〈且〉是一场政治仗、思想仗,而〈且〉是关系到全年粮食丰收的主要关键。这仗好不好是对毛主席革命路线的态度问题,忠不忠于毛主席的态度问题,要高[搞]好这一仗,夺取必胜。

1. 高举红旗,狠抓活学活用毛泽东思想,用毛泽东思想教育人,用毛泽东思想统帅这次夏收夏种全过程。突出无产阶级政治,就是突出毛泽东思想,坚持办好"五七"学校,表扬好人好事,推动夏收夏种,用毛泽东思想批判一切错误思想泛滥,同时抓好"四好""五好"初评。

2. 狠抓阶级斗争这个纲。在这场夏收夏种,二个阶级、二条道路、二条路线斗争是很复杂,多方面要向我们进攻,要提高警惕,严防形形式式[色色]的阶级敌人进行破坏。如有进行者,立即汇报,根据情况进行打击,坚决不准阶级敌人进行捣鬼。要严格注意,要狠批阶级"斗争熄灭论",擦亮眼睛,有[用]毛泽东思想认别真假革命。例如,这次翻埋绿肥问题执行不严肃,安[按]兵不动,便宜就搞,这实际是走回头路。

3. 发动群众,教育社员。毛主席教导我们:"群众是真正的英雄。"搞好这场夏收夏种,没

---

❶　无肩家人员,应是"无肩架的人",当地土话,形象地说,是担子放到身上会掉下来的人或者挑不起担子的人,专指那些不愿意或不敢负责的人。

有发动群众,是搞不好的,一定要群众发动起来,投入、打好夏收夏种这一仗。同时要注意到关心群众生活,注意工作方法。在这次会议结束后立即要求各生产队进行安排一下。例如,生活上口粮问题、经济、妇女身体问题、照顾后代问题等都要进行一次研究。

4. 要求全体共产党员、革命干部要认真做到在这场夏收夏种中取[起]带头作用,忠于毛主席,为人民立新功。发扬"一不怕苦,二不怕死"的精神,为这场夏种夏收夺取早日完成,力取[争]不过立秋关。质量5×3,7—10根,稻水田。

同志位[们],紧张夏收夏种即将来到,这任务很艰巨,很光荣。让我们在毛泽东思想光辉指引下团结起来,争取更大的胜利。

同志们我再想把"双抢"以前的一些工作提一提,希望同志们在讨论中作参考,补充完整。

1. 早稻后期加强培育管理问题。要求不能松,一直管到底。丰收不到库,决不收兵,后期特别是"水""管"二字。

2. 晚稻秧田管理问题。

目前来看,有些问题。秧田"大不大""小不小"。例如,每亩落谷量160—170〈斤〉左右,想种6—7亩,准备每亩大田种谷量23—25斤,这样计算的安排秧田是很危险。为此,要求各生产队来一次研究。按照主席教导"认真"二字,要求:早稻成熟期与晚稻品种对口;秧田种谷量与大田对口;落谷品种与季节对口。是否对得上了,如果对不上的活,马上采取二个措施:

(1)加倍秧田培育管理。要求就是:①要"年龄足",就是按照品种的特性,掌握秧令期。②要"壮",秧壮偏粗,带有一二个分蘖[蘖],叶片清秀,挺直有劲。③要"胃口好",就是白根、粗根多,会吃会消化。如果根细,黄毛胡子种到田里,胃口不好,吃不进肥料返苗慢。注意防止发生烂秧的主要原因:①热煞:催芽不留心,超过摄氏40度,造成吃热,烧芽。这〈叫〉做"箩里得病❶,田里伤命"。②灌煞:防止大雨。③晒煞:秧板高低不平,高的地方晒得开裂,嫩芽猛太阳,芽头晒煞。④闷煞:播种后灌深水空气缺乏,秧根长不好,抵抗力差,时间一长闷煞。⑤吃煞:秧田浓肥施得过多,肥料腐烂时,造成秧苗烂根,叫做吃煞。⑥饿煞:秧田基肥不足,追肥又不及时,或者施上的人粪流失,播种过密不敢施,造成秧苗"面黄肌瘦",饿煞。⑦咬煞:秧田毛草,稗草多不拔,结果给草"咬"煞。为此及时检查,认真负责管好。

(2)采取急速追补秧田:现在来看,主有[要]早翻早,其他没有办法。

3. 山茹苗插苗培育管理问题。

(1)未插的队,急速插下去,及时培育。

(2)完成的队,在"双抢"前削好草,除虫,施上一次肥料。

以上是关于粮食生产方面的意见。

4. 蚕桑生产问题。"以粮为纲,全面发展",根据8号公社会议精神提一提,供讨论订出计划,落实早秋〈蚕〉张数。

5. 对早稻、双晚秧田除虫问题,根据10号出席公社会议精神传达。

6. 选留良种问题。

毛主席教导我们:有了优良品种,即〈使〉不增加劳动力、肥料,也可获得较多的收成。人民,只有人民才是创造世界历史的动力。

几年来的经验和教训,值得引起重视。我们要贯彻落实"四自"方针,自选、自繁、自留、自

---

❶ 水稻种的催芽或者放在地窖里,或者放在竹箩里,所以,催芽时温度过高而引起的发芽问题叫"箩里得病"。

用,调剂为辅。要选育高产、早熟、抗病、穗大、粒重、优质的好品种,要有几只"当家种"。现在来看,根据我们大队早稻早簇有南二九四、二九南1号、2号。中簇有圭六矮3号、5号、8号,这个系统都好。金小青中簇偏早一点,但产量比不上圭六矮,抗病力还强。现红旗科研小组培育好珍冠62、63这二个中簇品种,数量不多。这由他们队再扩大培育,因这品种穗大,有156粒,抗病能力强,所以要求他们继续努力培育,掌握特性及规律。迟簇有先锋1号,这只品种较产量高、种得早,产量能超千斤关。以上几个品种根据目前情况下,我们大队可作当家品种。晚稻龙虎系统,农红73、红糯、中糯。因"种子年年换,脾气摸不牢"的盲目性。

7. 分配工作问题。

(1) 要切实抓好,严格控制非生产开支。

(2) 执行财务制度,防止乱借透支。

(3) 做好早稻分配一切准备工作。

8. 报导工作问题。

在这次"双抢"期间,队长亲自狠抓内容:

(1) 好人好事,突出无产阶级政治。

(2) 发现新问题,好的方面,坏的方面。

9. 妇女工作问题。

发挥全体妇女半边天的作用。事实例如红旗生产队。学习主席教导,时代不同了,男女都一样,男同志做的事情,女同志也能做得到。改变红旗生产队面貌,现个个斗志昂扬,迎接即将到来的夏收夏种,继立新功。

结合工作:

1. 夏蚕收购。

2. 废钢铁回笼。

3. 出售马草,全公社100担。

4. 情况大好,桐油畅[敞]开供应。

1971.7.13

下午,会议记录

进入第二天,生产队汇报如下:

首先有[由]红旗生产队陈双明同志介绍本生产队突出无产阶级政治、活学活用毛泽东思想所取得成绩。在"双抢"以前召开一次切实有效社员大会,实行统一领导,计划落实另一手准备:

1. 关心社员生活,调换库❶。多打一颗粮,打击帝修反。

2. 在收割时防止浪费割青。

3. 要求质量,小枝密植。

4. 狠抓大批判、阶级斗争。

---

❶ 在"双抢"前,生产队把仓库里的储备粮先分一部分给社员家庭,在早稻收起以后,再补充进去,叫做"调换库",即调换仓库中的粮食。

5. 狠抓报道工作,宣扬好人好事。

6. 党团员干部起带头作用,发扬勇敢战斗精神,为早日完成"双抢"工作。

1971.7.17

出席公社各生产队队长以上会议

时间一天,内容如下:"双抢"战斗动员大会。

陈福才同志报告:

今年的"双抢"大忙季节已经到了,全公社早簇的有 32 个生产队 400 多亩面积。这项"双抢"如何打,根据上级指出的精神,要高举毛泽东思想伟大红旗,突出无产阶级政治,打好"双抢"这一仗,是一项战斗任务。全公社收 5 000 多亩,种 6 000 多亩。这个任务,在半个〈月〉时期[间]要拿下来。这一仗是政治仗、思想仗,就是要靠人的思想来促进生产。这一仗好坏,是关系到毛主席的"备战、备荒、为人民"的战略方针,是关系到第四个五年计划胜利问题,关系到支援世界革命问题等。我们这项"双抢"在国际大好形势下进行的。本公社也形势一片大好,上半年的粮食多[都]增产。

为了打好这一仗,公社提出如下意见:

1. 狠抓根本,学毛泽东思想统帅"双抢"。组织广大群众学习,活学活用毛泽东思想,学习二报一刊重要文章,把"双抢"当作学习毛泽东思想大课堂,进行一次政治思想路线的教育。坚持"五七"学校,坚持天天读,一定要坚持下去。如果把这个制度不执行,就〈不〉能实事求是,不突出政治的表现。有的队不听,我们要进行批判,查一查。不突出政治,将成为辛辛苦苦带错路,忙忙碌碌犯错误。为此一定"双抢"内狠抓活学活用毛泽东思想,采取少而精,针端[对]性地学,学了就要用,抢好"双抢"。在"双抢"中一定要遵照大寨人那样三条经验,在"双抢"中继续倡"四好"、争"五好"运动。

2. 狠抓阶级斗争、二条路线这个纲,深入开展大批判。基[具]体的有如下一定要坚持:

①出工天天读。②"五七"政治学校。③抓好人好事,抓活思想。去年出现讽刺打击先进,今年出现如何办? 当歪风邪气来压。④大队认真抓好报道,表扬好人好事,利用一切宣传工作,促进生产。⑤开展革命大批判:资本主义思想、坏人坏事批判。

3. 认清"双抢"实点,保质保量完成任务。

①今年面积大、任务重。②天气热、品种杂、时间长。③收种要求高。④电源紧张,用水。⑤自然灾害危害大,病虫集中,台、旱季节。

要认识这种实点,要根据主席教导发动群众,动员群众进行解决。现出现三种情况:①已有准备。②正在进行。③心中无数。

为了有利进行,提出:①要适时收割掌握晚稻丰收,又要严防割青。②抓好收、种质量。在"收"的〈基础〉上防止浪费,在"种"问题,要合理密植。晚稻插后遍[边]种遍[边]管,防除病虫害,加强管理,做到"种一块管一块"。③做好双手准备,严防自然灾害。提倡向坏处打算,向好处争取。④现秧苗问题:根据检查很大问题,"抓住要求高标准对口"。⑤抓好经济收入,主要有早秋〈蚕〉、络麻,对于早秋,号召队队养。在总结夏蚕经验教训中养好早秋〈蚕〉。络麻抗旱。⑥早稻予[预]分。

政策:粮食按原政策规定。"老三定"增加 15%。春花早稻,多[都]是预分,超产增产粮,不能算入到年底结算。经济按政策办事。对储备粮,早稻还进去。对三属、四户照顾好,不能扣押外出口粮标准。加强财务制度,"双抢"后要进行财务大检查,队长支援。创办农忙食堂、托儿所。"双抢"前后做好血防工作。各条战线支援"双抢"问题。

下午,研究如下内容:

1. 豆制品问题,照人口分下来。

2. 拖拉机问题:经公社党委决定公社办,分两步走。联民 25—26〈号〉二天。25 号以前,轮到一天在 24 号。明日上午到农械厂报到开会,每大队 1 人。作工资,按受益面积摊负。机械收费,到今后讨论决定,比上半年要大亏损 300 多元,你们思想上有数。

3. 电源问题:新安江来的,经过很多关口,半山,湖州钢铁厂。

1971.7.20

下午,各队农业队长、治虫员会议

最后统计缺苗缺秧计划打算:红星队自己解决缺秧,采补矮一。红江队自己解决缺秧,采补二九南 1 号。立新队缺 500 斤。胜利队已捆好二九青。

开各生产队农业队长汇报已完成〈情况〉 〈单位:亩〉

队别	抢收任务	抢种任务	已收	25 号已收	已种	25 号已种
东风	80	94	10	45	/	35
红星	80	94	18	40	/	35
红江	62	74	14	35	10	25
立新	75	87	5	40	5	23
东方红	69	80	5	30	2	25
红旗	62	72	22〈号〉开始	50	/	10
向阳	85	100	22〈号〉开始	35	/	28
胜利	87	99	21〈号〉开始	35	/	30
合计	600	700	52	310	17	211

1971.7.25

大队召开全体党员及各生产队队长以上人员会议半天(下午)

贯彻公社会议精神,梁官清传达国际形势。在这个学习班上,关于农业生产,当前提出一些意见。请同志们进行研究一次,共〈同〉做好工作。

1. 总结 18 号开始"双抢"以来一些情况。今年的"双抢",从省、县、公社、大队召开"双抢"誓师大会后,明确到今年的"双抢"特点。天气热、任务重、要求高、季节紧等情况下进行的,同时,我们公社对我们大队及[极]大支持,来了二位同志帮助我们搞好这场"双抢"战斗,特别是送了毛泽东思想。全大队贫下中农、革命干部和党员,都发扬了"一不怕苦,二不怕死"的革命精神,重[出]现不少的好人好事。同时,狠抓阶级斗争这个纲,例如立新、红旗队等。

革命的书写

——一个大队干部的工作笔记

为此,我们大队当前来"进步快""质量好",心绪舒畅,劲头高。争取不过立秋关的希望很大。但是,主席教导,事物总是一分为二,我们大队还有很多缺点和错误:

(1)关于突出政治方面,不够全面。

(2)狠抓纲方面。

(3)注意劳逸结合,搞好团结问题。

(4)晚稻质量问题和管理。

(5)细收细打,适时收割方面。

(6)以粮为纲,全面发展问题,特别是早秋络麻。

为此,提出几点意见希同志们进行研究,当前抓、收、种、管。

2. 关于当(前)收割问题。

(1)不要割青。根据我们大队发现割青现象,主要原因是:①认为今年面积大、时间紧,不管三七二十一割了再说。②"笃起蜡蜡黄,割倒碧绿青"❶,主看表面,缺乏调查研究。③为了便利拖拉机耕田,要割就是一片,却不管成熟程度如何。④叫"笨鸟生[先]飞",认为是劳力少、田亩多、青八成、熟八折等活思想。这样思想的原因,看来主观愿望是好的,认为无非是抢时间、争季节,越快越好。既要强调动机(主观愿望),还要强调效果(即社会实践),认识和实践相脱离是唯心主义。我们既要"快",又要"好",在快中不能忘记好,在好中要求快,这是辨[辩]证的统一。根据主席教导"鼓足干劲,力争上游,多快好省地建设社会主义"。在这次夏收中,保质保量,成熟一块收一块。

(2)在收割中不要忘记细收细打。主席教导:每年一定要把收割、保管、吃用三件事(收、管、吃)抓得很紧很紧。

当前在收割出现一些浪费:①认为抢收抢种,"抢"字当头,损失几粒也应该。②认为要快争季节,浪费几粒也难免。③抢收不能细收,收了总比没有收好。④抢收浪费几粒无所谓,黄牛身上拔根毛,轮到我有怨其❷。

这些思想存在,这是搞好收割工作的绊脚石,必须及时搬掉。主席教导:"不破不是[立]……"因为收割是农业生产最后一关,这关把不好,播种、管理、艰苦劳动、肥料用空❸,丰产粮食不能全部到手。我们大队600亩,算一算数字很大,所以一定要做到细收细打,为了多收一粒粮,打击帝修反。为中国革命和世界革命多贡献一份力量。

3. 关于当前的种问题。

(1)对秧田还是提出加强管理,治虫、防病专人管理。小苗秧田干、水二套管理。

(2)狠抓季节,不违农时。

根据先进单位介绍:农灵5号、管武等要求在7月底插好;农红73、台中糯等要求在8月5日前插好;农垦58,较迟品种,可在立秋边插好;二九青、朝阳1号等翻秧品种,可在立秋后两三天插好,但秧令一般十天左右,不能经过十五天。

(3)质量:据不同品种进行适当密植。

4. 关于当前,紧接"管"问题。

---

❶ 这句话用于描述早稻收割中存在的错误判断。在没有收割时,看上去早稻叶普遍黄了,以为可以开镰了,但实际上,这一判断是不对的。一割下来,才发现早稻还没有熟呢,很多叶子是青的。

❷ 当地土话,意思是,黄牛身上拔去一根毛,对于我来说,损失是非常少的。

❸ 用空,当地土话,意思是全部用完了。

（1）先种的田进行培育,科学施肥。

（2）治虫防病抓牢,随时检查发病虫的情况。

（3）络麻问题、早秋蚕问题。

（4）分配问题。

（5）注意劳逸结合。

永福大队71〈年〉春花实产情况

1. 最高亩产如下:大麦13队,512.5〈斤〉;小麦14队,504.7〈斤〉;油菜8队,240.6斤;春茧3队94.6斤。

2. 高产队有:大麦500斤以上有5、13队;小麦500斤以上有14队,油菜220斤以上3、8、15队;蚕茧90斤以上有3、6、5、18队。

3. 最低亩产:全大队粮食总产量727 523.5斤,面积1 829.725〈亩〉。大麦〈亩产〉345.5斤,〈总产〉1 644.175;油菜〈总产〉329 857.5斤;小麦〈亩产〉200斤;487.5张蚕茧,〈总产〉40 537.4斤;油菜〈亩产〉166.2斤;积累9.7%,蚕茧35〈张产〉斤。

〈各队生产情况统计〉　　　　　　　　　　　　　　　　〈单位:斤〉

〈队别〉	春粮	油菜	春茧	〈排名〉
1	359.1	218.2	82.9	12
2	398	177	83.6	10
3	395.5	232	94.6	1
4	369.4	217.1	69.4	15
5	409	195.3	93.5	3
6	437.4	216.3	93.9	2
7	406.8	183.3	84.8	9
8	357.6	240.6	81.4	14
9	363.4	168	87.9	8
10	361.4	217	38	16
11	417	179	88.9	7
12	456	169.3	89.3	6
13	436	201	83.5	11
14	444.7	212.7	85	8
15	471.6	234	83.6	10
16	345.3	166.2	82.5	13
17	403.7	204.6	89.5	5
18	390	201	92.1	4
平均	397.6	200.6	83.1	

永福大队党总支革委会顾同志介绍

谈谈体会和教训:

今年的春粮,超过历史上任何一年。油菜、春茧多[都]超过任何一年,形势大好。主要体会是:高举红旗狠抓纲。坚持"五七"政治学校,层层举办,也办起了家庭学习班,通过回忆诉苦,提高思想,明知过去苦,才知今日甜,开展家庭批判会,杀[刹]住歪风邪气。抓住政治和路线教育,一心为公劳动。注意阶级斗争新动向。

1. 首先要〈先〉抓人头后抓田头,搞初评。抓了人头偿[尝]到了甜头,质量很好,这种的田 4×3 或 4×2,重点抓了思想的结果,评出 1 000 多名"五好"社员,〈其中〉110 多名党员,达 90% 以上。

2. 科学种田,越种越甜。执行"八字宪法"。

今年固定人员:村保管员,治虫员 3—5 人,种子员。

晚稻:早晚稻 30%,迟簇品 40%,早簇 30%

1971.8.2

统计完成进度

〈单位:亩〉

队别	收		种		
	任务	已收	任务	已种	未完成
东风	80	77	94	90	4
红星	80	75	94	84	10
红江	62	62	74	60	14
立新	75	75	87	72	15
东方红	69	64	80	60	20
红旗	62	50	72	50	22
向阳	85	85	100	86	14
胜利	87	87	99	89	10
合计	600	575	700	591	109

下午,出席公社植保员会议

九月份天气预测,中等冷空气南下。冷空气活动是:3—5 日有弱冷空气(一般降温度 3—5 度);9—11 日中等强冷空气(一般降温幅度 7—8 度);16—18 日中等强度冷空气;20—22 日弱冷空气;27—29 日强冷空气(一般降温幅度 13—14 度)。9 月 16—26 日正是晚稻各类型品种抽穗扬花时间,如遇 3 天以上平均温度小于 20 度,日最低小于 15 度低温,就能严重影响开花结实,轻者造成大量瘪谷,重者出现"朝天笑",颗粒无收。在我县晚稻生产历史上每年都有少数地区,由于播种不及时、管理不当造成抽穗延长,遭致后期低温危害,造成大量瘪谷、"朝天笑"教训。去年 9 月 17—20 日有中等冷空气,日平均温度下降到 20 度左右,持续 3 天,严重地影响了早翻早的开花结实。9 月 25—28 日,月平均温度下降到 20 度以下,致使一部分脱季节的中籼出现"朝天笑",增加了迟抽穗的晚粳品种的瘪谷力[率]。

为此,今年晚稻抗寒力较低的中灿品种及六月底边播的晚粳品种威胁极大。为了夺取今年晚稻丰收,我想必须多设想一些困难,认真做好应付困难的准备,把各种麻痹轻敌思想必须扫除干净。

1. 必须高举毛泽东思想红旗,以批修整风反骄破满,树立种田为革命。人定胜天,充分发动群众,总结经验教训,保质保量切实抓好当前"双抢"工作,为晚稻早发早熟打下基础。

2. 做到先播不耐寒的籼稻品种,后插的晚粳品种,尽量争取迟播早插,以达到早抽穗,早成熟,避免后期强冷空气危害。

3. 我们必须相应增加密度,实行小株密植。8月5日每亩不少于35万〈棵〉基本苗,5日以后不少于40万〈棵〉基本苗,靠多穗增产。

4. 各级领导必须集中精力,加强领导,狠抓根本,发扬连续作战的精神,保质保量。"双抢"为"三抢",早字当头,环环扣紧,毫不放松。狠抓田间管理,施足底肥,早施追肥,做得[到]"一轰头"。严格控制后肥,做到勤灌浅灌,科学用水,促进早发,早抽穗,早成熟。

郭仁元谈关于出席县农水局会议情况:

主要叶蝉、刮青虫、二化螟。

刮青虫:这次是发蛾高峰7月25号,大批7月27号,一星期孵化。这虫拖来特别长,坚决除二次。3—5号一次,用乙六杀螟粉2斤,进行拨[泼]浇,6—7担水,要均匀。田干、田边、田埂都要除。在第二次用极[剧]毒农药用2两,未定;毒杀粉乳剂300—400倍,每亩0.50斤。这三种都能死❶,特别要注意漏入河中。

现最怕的浮尘子。县提出:每亩不超过1斤轻磅柴油,双管齐下歼杀。滴油扫蚤同除药结合起来打。现在看药也紧张,新农药只有二次,乐果只存小量,留施油菜用。尽量发展以土农药、土工具、海斗网捉虫。

大小麦,冷浸热晒。①夜里8点浸6个小时取去就晒。②下半夜浸也可,总的浸6小时,主要是消灭黑穗病。搞一点试验,隔年摧[催]芽。

晚稻施肥一次施足。

以上会议精神在8月3号下午贯彻。补充如下意见:根据会议精神提出当前狠抓田间管理意见:"早"字当头。今年比往年热得早,俗语"小暑大热,大暑小热,立秋后不热"。特别是今年热得早,为此必须抓早。

张堂同志报告,内容如下:

1. 总结今年"双抢"形势。

2. 批判晚稻低产论。

3. 今后的工作意见。

4. 对分配问题,把住"三关"。

1971.8.5

出席公社会议

参加人员有:贾会计和我。

---

❶ 剧毒农药毒性极大,不小心会造成人畜死亡。

上午学习省委有关下半年的工作报告学习,下午听报告。

李炳松谈:

1. 总结上半年的生产情况:粮食 100 万斤,春茧 495 担,油菜籽 13 万斤,夏茧减了些产。

2. "双抢"的情况总结:①活学活用毛泽东思想,用毛泽东思想统帅。②狠抓阶级斗争,杀[刹]住了歪风邪气。③敢于向自然灾害作斗争。今年高温、干旱、任务重情况下取得胜利。④今年收种质量比往年好。⑤边收边种边管理,同时中新、新星开展积肥运动。

以上情况:从一分为二〈看〉还有很多差距。

今后工作意见指导方针:高举毛泽东思想伟大红旗。突出无产阶级政治,活学活学毛泽东思想,狠抓阶级斗争,开展革命大批判,继续贯彻"以粮为纲,全面发展"方针和"备战、备荒、为人民",农业学大寨,认真落实农业"八字宪法",抓革命、促生产,为夺取晚稻超早稻,对世界革命作出更大贡献。

当前来看〈出〉现几种活思想:

1. 晚稻超早稻年年搞,年年老一套。

2. 晚稻超早稻自然灾害要帮忙。

3. 缺乏肥料超早稻有困难。

〈解决办法:〉

1. 继续深入抓好形势教育。根据主席教导,认真看书学习,弄通马克思主义。五篇光辉著作,活用毛泽东思想。①国际主义斗争大好形势。②外交路线外交政策。③国际主义教育。使广大群众理解党对外交路线与政策。

2. 认真抓好"四好"初评。要求抓紧,在 10 号前抓好。

3. 认真落实"以粮为纲,全面发展"方针。抓好晚稻生产管理,加强田间培育,促使早发早熟,特别是早翻早小苗,要加倍培育,引起重视。战胜低温,作好打算。

4. 认真抓好农业"八字宪法",现水、肥、管、除虫,"土洋结合",特别是叶蝉。一组三员,一定要建立专起来。

其他作物:山茹;络麻加强管理,除虫;水利问题。

分配问题:要认真执行政策,对政策问题不能软弱。三者关系,都要兼顾。现在看来出现如下情况:①总产量提起[出]一部分来按劳分配。②"老三定"数加 15% 。〈其中〉70% 按需,30% 按劳。③没塞[抹煞]社会主义优学[越]性,有些不入账。④经济问题,有些乱分。⑤三支情况,超支、填支、借支,全公社有 5 万〈元〉左右。

要求:三者安排一定要摆[排]布好,按分配政策办事,不能动摇。国家任务、集体、储备粮留足,借出部分全部收回,留足二套种子饲料。

社员口粮问题:特别按政策办事,按"老三定"数分口粮,15% 放到秋后,结算分配。坚决纠正三七开、二八开,不符合政策,进行政策教育。

关于财务方面:制度不严,借支普遍。要求在"双抢"结束同时各生产清查一次,向社员公布一次。组织全大队各生产队财务人员进行一次大清理,发现问题立即纠正。准备全公社也要搞一下,进行财务整顿。

郭:各大队也要公布一次,是否要贫下中农参加,大队研究。各企业也要公布,另外早稻分配抓起来。要实产,实事求是报上来。预防分过头。

1971.8.7

下午,大队召开各生产队农业队长及治虫植保员会议

贯彻内容如下:

1. 总结 3 号会议以来大体情况。

2. 当前存在问题:①虫情十分严重。②水稻发育不良。③晚稻管理麻痹自满。④灌水上,大水满灌。⑤早稻完成,晚稻放松。

3. 当前工作意见:毛主席教导我们"备战、备荒、为人民""一定要抓紧"的指示,坚决照办。

①狠抓农业"八字宪法",实行科学种田,当前重"管"字上下工夫,加强田间管理培育,及时速下追肥,促使早发早熟,夺取高产。耘田、削光田边杂草,不能再麻痹松紧。②急速防病除虫。根〈据〉全大队来看,受害面积很广,迅速采取药物除虫、人工〈除虫〉。"土洋结合"来一次歼灭战。现发现受害枯死,立即补上,减少损失。要发扬"四敢"精神,克服以药等待,发现虫情当继[机]立断,要早、少、及时。办法是:用乙六杀螟粉 2 斤,并水 6—7 担,水面放 1 斤轻磅柴油,如果并河沙,1.5 斤;或用毒杀粉乳剂 0.5 斤并 150—200 进行喷雾。另外用人工捕捉、点"黑光灯"❶效果都很好。③山茹、络麻也要加强管理除虫。④早秋蚕,东风 12〈张蚕种〉,立新 12〈张〉,红旗 10〈张〉,向阳 10〈张〉。加强领导。⑤桑季马:要求在"双抢"后进行除一次,1 000—1 500 倍〈乐果〉。

1971.8.8

出席公社党员大会(在三中召开)

各大队生产队长以上全体党员参加。会议主要内容是为了晚稻超早稻。总结"双抢"的战斗情况;如何把晚稻生产搞上去;同时其他生产也搞上去。

1. 首先讲第一个问题,主要体会是:

①以批修整风为纲,突出无产阶级政治。在高温干旱、任务重、季节紧情况进行的,当时出现活思想,不突出政治不要紧,不突出生产要塔[搭]季节❷。我抓住这活思想进行大批判。开展了路线方面的教育,回忆到不突出政治吃的苦头,偿[尝]到了突出政治甜头。②狠抓阶级斗争。③以解放军为榜样,坚持政治统帅,狠抓"四个第一"。好人好事,开展各种宣传工具,"双抢"快报。④加强党的领导,夺取"双抢"全胜的重要部分。

2. 晚稻生产如何搞上去:

首先讲讲几年来的粮食生产情况。我社连续 9 年大丰收,今年早稻又获得大丰收。但是用一分为二〈看〉,我们还是不够,增产幅度不高,产量不高,储备粮不多,支援很少,所以还继续努力奋斗,把晚稻搞上去。先摆一摆 10 年来的产量对比。

回顾以前,主要体会有四条:①以前按照毛主席革命路线,执行农业"八字宪法",明确以粮为纲,大办粮食,大办农业的指示,所以前几年取得胜利。②在中途,重经济、轻粮食,实际在

---

❶ 晚上点在庄稼田中,引害虫并设法杀害虫的灯。

❷ 搭季节,当地土话,意思是拖延了季节,赶不上季节。

执行上搞粮钱高举,出现上半年抓粮食,下半年抓经济。③近几年来的情况,我们重新又执行毛主席"以粮为纲,全面发展"的方针,农业"八字宪法",但是思想不对头,放松了管理,还是夺不上去。这主要原因是种田不为革命,种田为活命。④认真执行农业"八字宪法",进行科学种田,发扬艰苦奋斗,自力更生;还是因循守旧,大少爷作风,按照老三套。放水靠机械,除虫听指挥。

要晚稻搞上去,必须坚持阶级教育与路线教育这个纲,进一步学大寨运动。把稻晚搞上去不是生产问题,而是对毛主席的态度问题,是执行毛主席的革命路线问题,要抓好三个问题:①种田为革命,还是种田为活命问题。②认真执行以粮为纲,全面发展的方针,批判那种……③以大寨精神艰苦奋斗、自力更生,还是怕苦、怨天怨地的思想。

3. 认真总结经验,抓好晚稻管理。

今年实现晚稻超早稻,有没有? 有条件。首先:①人的因素面貌大改变。②农业"八字宪法",一年比一年落实。经验、教训。③以农业为基础、工业为指导。

但是还有矛盾:①思想跟不上形势,存在"满""难"二字。②肥料不足。③病虫害多。

县委提出"早字当头,管字上马,好字上狠下工夫"。

猛攻三虫、四病。当前来看刮青虫、浮尘子、螟虫。四病:稻热病、纹枯病、小珠[粒]菌核病、矮速病。前期管虫,后期管病。圆秆拨[拔]节,大搞"土法上马",土农药,"土洋结合",把国家分配药用在刀口上。本公社决定10—11号用药。在基础上把科技人员抓起来。

1971.8.9

下午,召开支部委员会议

内容摘要:

1. 由张堂同志布置今后战斗任务。①当前工作首先明确学习。国际主义教育,拎回[领会]重要意义。②学习二报一刊重要社论,回顾党内二条路线斗争史,认真总结。都要开展路线教育,党支部回顾一下,对照一下,作自我检查,认真地总结。回顾老支部,当时有这样反映:眼睛生在额头,早晨碰碰头,吃酒讲空头,社员记心头,到后来干部吃苦头,到现在还记心头。所以,经常要用毛泽东思想改造我自己,还要求在场同志经常监督,使我少走错路,共同为大队做好工作。

2. 当前抓政治工作,狠抓晚稻超早稻。①搞好初评。②"五七"夜校问题。③党小组活动问题。④ 新问题。⑤财务分配问题。来一次财务大清查。大队清查一下包括清查物资。⑥晚稻超早稻问题。311 675 斤,总产 323 678 斤。

讨论:

1. 决定14 号召开全大队农业生产现场会。参加人员:正付[副]队长加植保员。内容:虫情、施肥、管理、三光。

2. 财务检查。

1971.8.13

出席公社"双超"誓师大会

陈福才同志动员报告:

1．当前的国际大好形势。

主要四个方面：①印度……三国人民取得伟大胜利，越南人民学［越］战学［越］强。②美国国内危机，一大难题，三大危机。③中小国家纷纷联合起来，美帝、苏修越来越孤立。④美帝、苏修孤立我们已经破产。

2．如何理解，认识国际大好形势。

认为：①尼克松是美国头子，不要和他谈。②外交路线变。③现在谈不谈和我无关。④和平麻痹，天下太平。

纠正以上错误认识〈要明白〉：①谈是斗争的需要，毛主席早就指出。②主［只］要不反对我国和侵略我国。

学习如下主要内容：①"五二〇"声明。②《〈关于〉重庆谈判》1—3 节。③《反对日本帝国主义的民族统一战线》1 节。④《目前抗日统一战线〈中的策略问题〉》1—8 节，《论政策》1—12 节，《丢掉幻想，准备战斗［斗争］》9—13 节，《愚公移山》这篇。

3．讲一下关于这次会议内容：

解决二个"超"字，指导思想高举毛泽东思想伟大红旗，以阶级斗争、以二条路线为纲。

听电话会议：要不要晚稻超早稻；能不能晚稻超早稻；如何样晚稻超早稻。
①学永福狠抓根本。②抓培育管理，突击耘田。③抓除虫、防病。
打好两大仗：思想仗；认真落实农业"八字宪法"。

1．耘田。8 月份耘田。

2．抓肥料。在 8 月 25 日前全部倾棚而出。

3．大打除虫仗，保质保量。

4．打好水利仗，勤灌浅灌。

1971.8.14

全大队走一走，看一看

总的来看是转青快，发育良好。向阳队普遍良好。红旗队永福经验生根落脚，质量好。立新队、红星队转青较快。东风队、胜利队质量最差，发育不好，有几片田损失大，要求东风队及时采取补苗。同时普遍发现"青代面浮"不清爽❶，还有叶蝉，有几片还多。为此提出如下意见：

1．继续发扬艰苦奋斗精神。

2．加强田间管理：耘田、除草。

3．除虫：要经常防病。

4．灌水问题，灌满。

5．络麻问题。

6．分配问题。

7．秋蚕定种问题，别会日（即 16 号）。

---

❶ 发现有青苔浮在水稻田的水面上，水不干净。

8. 落实人员问题。

各生产队汇报内容如下：
1. 通过永福回来后的情况,抓住了哪几方面的经验。
2. 当前的肥料耘田,除虫情况。
3. 打算下一步的工作：①晚稻管理上。②络麻管理。③分配问题。④中秋订种。

1971.8.18

下午,参加东风生产队社员大会

首先听取队长周胜林同志贯彻如下内容：
1. 总结半年来的工作情况。全年"双抢"11 天左右完成任务。
2. 这次会议"初评"意义。

1971.8.23

下午,在大队召开各生产队农业队长及除虫植保员会议

出席人员有：各生产队农业队长及植保员,只有胜利队不到齐。

贯彻内容如下：
1. 晚稻超早稻,根据本大队情况提出如下几点意见：①总结上次会议后的情况。②还存在一些障碍。③今后工作意见。
2. 贯彻公社上午召开的除三化螟的会议内容。
3. 经过大家讨论,全大队检查一走[次]。

根据子明同志汇报：
1. 今年要求除去元果种,洋麻全部要求带杆精洗。
2. 根据去年带杆精洗,一般偏熟。
3. 能提早下种。
4. 男女老小多[都]好利用。
5. 质量好。
6. 浸后专人负责,经常检查。
7. 剥麻要求一般 9 月 15 日左右。
8. 粗细拣开,分堆,柱[蛀]虫断,拣开。

全大队早稻面积。全大队总产 310 076 斤,去年 311 675 斤。

1968 年各队〈早稻〉落实面积　　　　　　　　　　〈单位：斤〉

队别	单产	总产
东风		31 851
红星	564.6	45 168
红江	505.85	35 083

续表

队别	单产	总产
立新	554.5	41 595
东方红	473.77	33 164
红旗	559.7	34 704
向阳	500.55	42 542
胜利	528.4	45 969

1971.8.27

报到参加县农业工作会议（硖石）

28 上午听报告。马汉民。

会议指导思想、方法、开法。高举毛泽东思想伟大红旗,认真学习毛主席哲学思想,学习毛主席的有关指示和党中央有关文件,批修整风为纲,总结交流开展"农业学大寨""抓革命,促生产",总结交流经验。

总结春花丰产经验,提高三个觉悟。

这次会议是活学活用毛泽东思想会议,进一步学习政治教育会议。

方法:首先学习就是今天,根据主席教导,认真看书学习。

内容:实践论,人的正确思想从那里来。毛主席有关指示,中央 70.70 文件,通过学习在思想上树立三个观点:

1. 愚公移山,改造中国,中国应当对于大类有较大的贡献。

2. 物资[质]变精神,精神可以变物资[质]。人们的社会存在决定人们的思想。

3. 政治工作是一切工作的生命线,路线决定一切。

要批判修正主义停止的论点,悲观论点,学习"四个论点"。期间 1 天。

第 2 天以毛主席哲学思想,批修整风。认真总结春花高产经验,交流经验。分组讨论:"四个大",总结、交流、辨[辩]论、批判。春花到底能不能高产,为什么有的高产,为什么有的队大面积底[低]产? 带着这个问题学毛主席辨[辩]证法,批判"黑四论",重的[点]在批判"先验论",总结春花生产中的经验教训。"八字宪法"要总结,要认真总结,要提到路线上来总结(按[安]排 2.5—3 天时间)。第三段,根据今年的春花总结,来研究落实今冬明春的基本建设。总的思想:"自力更生、艰苦奋斗"的思想精神,根据《人民日报》"农业学大寨"社论精神。搞基本建设要以田为标准,不是以块为标准,要有长远打算。

下午开始学习有关文件。

1971.8.29

上午,听典型介绍

交流春花丰产经验及基建经验。

红卫公社联合大队朱坤荣同志介绍:

革 命 的 书 写

——一个大队干部的工作笔记

开展农业学大寨,活学活用毛泽东思想,春〈花〉面积 35.80〈亩〉,农业学大寨〈增到〉212〈亩〉,〈活〉学活用〈又〉增加 38%。

批判过去"棺材轮头电线木",逐步改进耕作制度。去年提出深耕阔轮,阶级敌人跳出来破坏。采用散播,阶级敌〈人〉偏偏反对条播稀播。五明灯,阶级敌人称"苦杀灯",广大贫下中农称为"要紧灯"。大队及时狠抓阶级斗争,斗倒了阶级敌人,开展革命大批判,同时狠抓领导班子思想革命化,找差距定措施,落实规划,把春粮生产搞上去。打一个翻身仗,狠狠打击帝修反,向毛主席献忠心,向明年达到大麦 500 斤、小麦 400 斤〈目标努力〉。

大队表决心:我们下一亩种,放一亩河泥,打好基肥,罱泥多[都]放在夜里搞,发动青年突击队。积足肥料得到丰产,我们体会有如下:

1. 旱地水田一起抓、一同进行,收一块播一块,阔播条播 22—25 斤直到 28 斤。大麦 16.3〈亩〉,翻 150 多亩,争取早亩全苗,采取浸种摧[催]芽及"四个不种":没有底肥不种,没有药水浸种不种,泥子不碎不种,无数❶下种不种。

2. 狠抓肥料关,罱河泥定人不定船,夜里罱白天浇,年前施上二次河泥。重施基肥 60%—70%,灰河泥 60—70 担。重施腊肥,补施春肥。同时狠抓管理,"三分种七分管",防病除虫拷麦,抄沟压麦,旱的田进行抗旱,灌跑马水。

永福大队:

1. 上半年的春花情况:面积 1 829〈亩〉,单产 397.5〈斤〉。要春粮增产,首先搞好人的思想革命化。

2. 冬种规划打算:实行"四改"。提高利用力[率]。奋斗目标:大麦 500 斤,小麦 400 斤,蚕豆 300 斤。认真执行"八字宪法",一个一个字落实。

3. 晚稻生产问题:①用"一分为二"找差距。②"三无一光":〈无〉黄苗、〈无〉杂草、〈无〉虫害,四面光。③加强落后队领导。

漳江公社:43 户,人口 240 多人,总土地 280 亩。油菜 96〈亩〉,大小麦 139〈亩〉,稻 780 斤多,大麦 613 斤。浸种摧[催]芽,带肥下种,底肥打足,保季节。认真执行"八字宪法"。络麻超 600 斤有苗头。

黄湾闸口大队 11 生产队:56 户,345 亩。上半年春粮情况,每个劳动力 430〈斤〉,春粮 145〈斤〉。单产 404.3 斤,油菜单产 267,大麦 30〈亩〉,559.5〈斤〉,小麦 90 亩,404.8〈斤〉。最远土地 8 里长,"不当懦夫懒汉,争当英雄好汉",种上 3 000 支树,三五年能自给。

1971.8.30

上午,听介绍

宋绍宗同志报告讲四个问题:

1. 我们全县春粮形势大好。

2. 我们的基本经验。

3. 要批修整风为纲,继续前进。

4. 今年冬种规划的意见。

---

❶ 无数,指心中无数。

全县 580 万斤春粮,单产 260 斤。不管稻区和麻区春粮都能高产。历史来看,1949〈年〉,90〈斤〉;63〈年〉,122〈斤〉;69〈年〉,140〈斤〉;反右倾达到 150 斤;"四清"运动达到 170—180〈斤〉;文化大革命后达到 260 斤。

搞灌溉、搞河道,搞基本建设都压力很大。紧跟毛主席革命路线,能取得胜利,把低产改为高产。反映着二条路线斗争,反映着二种思想斗争,主要是狠抓根本。我们春粮丰产,主要的经验和教训:

1. 狠抓活学活用毛泽东思想,用毛泽东思想教育人,农业学大寨,不断批修整风。大办毛泽东思想学习班,全县有 17 万多人次。通过回忆对比,进行一次思想和政治路线的教育,低产得到高产,人变地变思想变。

2. 狠抓阶级斗争、路线斗争和革命大批判,在春头贯彻四破四立,重点破懦夫懒汉思想,思想上立"7 亿、30 亿"。哪个地方破彻底,哪个地方能高产,哪个地方不彻底,仍旧是三老思想:方法、产量、面貌仍在出现。破得彻底,重新安排山河,改变面貌。有的大队要想改变面貌向上要什么什么,这个不是贫下中农存在,而是我们干部思想上存在怕苦怕累、懦夫懒汉世界观。

3. 开展了反骄破满思想。在举办学习班基础上学习先进经验,参观先进,找出差距,反骄破满。找出我们的差距,千差距,万差距,差在狠抓根本,我们境界不高,执行"八字宪法"不认真、不落实。

4. 坚持毛主席提出的"自力更生,艰苦奋斗"。我们各级领导,通过农业学大寨,发扬艰苦奋斗,自力更生,平整土地,多[都]不花国家一分钱。

5. 狠抓根本,有冲天的革命干劲。落实"八字宪法"四个早:思想发动早;物资分配早;种籽肥料管理早,一种就管;防治灾害早。

四个保:保季节,不能早不能晚;保质量;保春花安全过冬;保后期不倒伏。

六个要:①〈要〉搞好各种品种搭配,推广优良品种。不能单一化,都要具体分析,这个有历史教训,多[都]要"一分为二"进行研究。②要充分发挥土地利用力[率],土地利用力[率]80%—85%,产量达 600 斤,小麦 400 多斤。充分挖掘潜力,小麦 50% 到旱地,40% 油菜到旱地。要这个要求。③要备足肥料,一定要有底肥,重施腊肥,提前巧施春肥,这是春粮丰产的重要措施。④〈要〉深沟高轮,有利降水。降低地下水位,特别是水稻地区,达到冬发根春发苗。⑤要提前三防。防病,防虫,防倒伏。⑥要专业管理,搞好一组三田,执行科学种田,大搞科学试验,播得匀,过得硬。

今年冬种规划的意见:

1. 冬种的指导思想:高举毛泽东思想伟大红旗,以批修整风为纲,以主席思想为武器,进行一次思想和政治路线的教育,贯彻"以粮为纲,全面发展"的方针,稳定粮油面积各项面积,合理调正[整],猛攻单产,为争取春粮有个较大的增产。

大小麦 22 万亩,其中大麦 10 万亩,去年 58 000 亩;蚕豆 2 万亩;油菜 12 万亩;绿肥、蚕豆、花草 10〈万〉亩;蚕豆、绿肥、专桑 10 万亩。

2. 农村的建设:下工夫大搞农田基本建设,达到每人一亩旱涝保收田,按照县四次党代会决议办事。经今冬明春大搞解决 5 万—6 万亩,改造烂泥田 4 万—7 万亩。11 万亩桑园在 2 年实现干涝保收,彻底解决这个问题。根据高产更高产服务,搞好排灌渠,需要求吃得进吐得出。疏通河道以公社为单位。

革命的书写

—— 一个大队干部的工作笔记

1971.9.1

上午,讨论

9月份具体要素预告如下:

月雨量,杭州、嘉兴、宁波、绍兴等地区250—300毫米,比常年偏多2—3成。温州、台州两地区300—350毫米,比常年偏多1—2成。其他地区80—120毫米,接近常年或偏少1—2成。平均气温:嘉兴、杭州、宁波、绍兴等地区在摄氏22—24度。其他地区在摄氏23—25度,均比常年偏低1度左右。目前低气温东南沿海地区在摄氏16—18度。金华、丽水两地区在摄氏14—16度,其他地区在摄氏13—15度。

1. 落实好冬种布局。冬种布局好坏能影响全年农业生产,必须发动群众,认真总结经验教训,找矛盾,找差距,摆问题,提措施。做到六个有利:既要有利前期高产,又要〈有利〉后期高产;既要有利当年高产,又要有利来年高产;既有利夏收夏种,又要有利秋收秋种,获得全年全面高产。

①合理安排粮、油、肥比例。因地之[制]宜,扩大大麦、扩大春粮,是一条增产粮有效途径。有利于克服三熟插秧、春蚕饲养、络麻培育相互争夺劳力的矛盾。②做好前后期品种搭配。前期上搭好,影响着全年。

2. 认真贯彻农业"八字宪法":①推广良种。②适时播种。③提高土地利用力[率]。④增积肥料,合理施肥。⑤狠抓田间管理。

要春花增产,主要是:①品种。②适时下种。③施足底肥。④降底[低]地下水位。⑤增加利用力[率]。

存在懦夫懒汉思想:①春花没花头,认为期间长、收入少、成本大。②春花收成老天要帮忙,靠天思想。③不争季节,认为正月苗,二月麦,三月发。④多做没有多吃。

下午,听介绍,典型发言

懦夫懒汉思想表现:①对群众运动拖后腿,特别我们公社。②只守摊摊,不想创新业,特别对基本建设。③骄傲自满,发生了产〈量〉不好时,畏难而退。④先进不相信、不推广,后进不承认。

红卫公社介绍:农业"八字宪法",我们是农业碰着法❶。

1971.9.2

上午,讨论回去打算

全面发动,大打人民战争,夺取春粮,大打翻〈身〉仗。

方向、道路问题:要整风。

1. 回去向支部进行汇报研究。

2. 订计划打算,初步到生产队。

3. 生产队讨论,进行安排落实。

---

❶ 碰着法,当地土话,意思是做事不讲科学,碰过去看,碰运气。

在县农业工作会议 72 年农作物种植面积规划意见

1. 大会贯彻问题。公社打算:决定开到大队支部委员革命领导小组人员及各条战线人员,统一思想,活动时间二天(大约在 6—7 号)。

2. 大队活动。首先统一骨干思想,大造声势,各生产队参加。

3. 为明年增产,抓住几件不放,打好"一仗三关":农田基本建设关,阔轮密植基础关,尤其除虫防病防倒伏关;思想仗,主要吃亏、不合算、懦夫等思想仗需要经常抓。

第一关,以平整土地、改造烂水田,小并大、高改低,排溉两用修理渠道为中心,抓好农田基本建设。今年冬季,平整要大搞,达到基本上旱涝保丰收,每人一亩,排溉两用。基本上要求实现机站水利打算,大部分机站充分利用原来设备提高利用力[率]。公社初步打算,盐官大队西门设立临时机埠、闸口,重压机调大。联民同联新问题,联新迁移。

第二关,掌握先进具体经验。我们提倡地里阔轮、细播、散播,旱地种早稻,尽量放阔。打足底肥,河泥、羊灰、饼肥,总的打好底肥。

第三关,后期除虫防病,防止后期积水。

4. 认真落实"八字宪法",抓好一组三田、一组三人员。

1971.9.3

参加县络麻精洗现场会

长安公社介绍带杆精洗的经验:总面积 15 570〈亩〉,产量 13 500 担,洗面积 9 650 亩。全县本来是没[末]位,去年第二位。搞好络麻带杆精洗,主要体会:加强党对领导,主要干部亲自抓。

〈联民大队作物生产统计〉　　　　　　　　　　　　　　　　〈单位:亩、斤〉

	小麦		大麦		蚕豆		油菜		春茧	
	面积	产量	面积	产量	面积	产量	面积	产量	张	产
合计〈平均〉	383	230.9	166	351.5	84	350	319	164.5	291	83.9
东风	63	225.4	30	363.2	10	423.6	52	125.2	35	77.3
红星	458	213.7	25.93	261.3	18.2	323.2	44	162.3	42	68.4
红江	46	256.27	19	401.32	8	406.26	36	166.9	28	92.44
立新	45	277.8	28	436	7	228	37	159.5	37	92.9
东方红	38	167.2	14	336.7	21	236.7	35	169.1	25	88.1
红旗	35	259	12	304	4	665	24	164	45	81.9
向阳	69	208	20	339	14	395	51	178.3	46	85.1
胜利	43	252	17	335	2	29 400	40	196.8	33	86.8

71 年度季节期：

2.4	立春	正月初九	7.24	中伏	六月初三	
2.19	雨水	正月廿四	8.8	立秋	六月十六	
3.6	惊蜇〔蛰〕	二月初十	8.13	末伏	六月二十三	
3.21	春分	二月廿五	8.24	处署〔暑〕	七月初四	
4.5	清明	三月初十	9.8	白露	七月十九	
4.21	谷雨	三月廿六	9.24	秋分	八月初六	
5.6	立夏	四月十二	10.9	寒露	八月廿一	
5.22	小满	四月二十八	10.24	霜降	九月初六	
6.6	芒种	五月十四	11.8	立冬	九月廿一	
6.10	入梅	五月十八	11.23	小雪	十月初六	
6.22	夏至	五月三十	12.8	大雪	十月廿一	
7.8	小暑	闰五月十六	12.22	冬至	十一月初五	
7.9	出梅	闰五月十七				
7.14	初伏	闰五月廿二				
7.23	大暑	六月初二				

1971.9.15

下午,大队召开大队支部人员、革领组人员及各生产队正队长会议

经济保管参加会议。时间半天。贯彻内容如下：

主要是财务大清查工作。有〔由〕张堂同志贯彻公社会议精神,提出如下工作意见：

1. 这次清账理财,首先从大队开始。在开始前也就是今天会议上决定人员,成立清账理财小组 3—5 人,"四清"后开始,方法上也可以"后清上"❶。要有贫下中农代表参加。

2. 当前农业生产。①晚稻后期管理问题。重点防病治虫、适时搁田等工作。②络麻生产,要精剥细剥,号召各生产队要带杆精洗。③中秋蚕加强管理及做好晚秋蚕订种准备。

3. 知识青年安置工作,今年我们大队任务 14 名。

4. 血防工作,我们大队 24—30 号送大便,5 岁以上都要交,达到 90% 以上。做好宣传发动。

贯彻后进行讨论：

1. 清账理财小组人员有:冯恒兴、邹益龙、陈德夫、王定方、沈继松。

2. 知识青年安置问题:东风 2 人,红星 2 人,红江 2 人,立新 2 人,东方红 1 人,红旗 1 人,向阳 2 人,胜利 2 人。

3. 关于培育养蚕技术人员问题:经讨论决定举办,看晚秋。

4. 在轮到我大队时,抽上各生产会计,协助清帐〔账〕理财。

后来我在生产上补充几个意见：

---

❶ 后清上,指先清理后面年份的账,再不断向上追溯,清前些年的账。

1. 对清账理财问题。出现的乱借支、乱予[预]支。这次主要是通过清帐[账]理财进行一次思想和政治路线方面的教育,也更认真地落实毛主席的各项无产阶级政策,特别对农村的经济政策,也就是来落实南汇的管理制度,是很有政治意义,必须认真抓好。同时进一步刹住出现过去的懒、馋、占、贪、变坏作风。现像东风生产队出现在经济上很不好风气,例如造房屋、讨娘子、买车子、捉小猪。这样到分配时出现苦难子❶,埋怨生产队里领导班子。还出现打架敲台子,弄到回来干部社员对头子❷。所以这次搞清帐[账]理财,很适时,非搞不可。

2. 关于晚稻后期管理问题。当前来看,据气象预报,9月份有5次冷空气活动,3—5〈号〉弱,9—11〈号〉中,16—18〈号〉中,20—22〈号〉弱,27—29〈号〉强,同时还有台风影响。为此,要做好适时搁田,开出丰产沟,预先做好准备。在搁田中,反对一律化,做到看田搁田。第二方面做好除虫防病,根据先进单位经验,"前虫后病"。这关要狠抓,要抓到底,丰产进仓。据予[预]测,刮青虫、打包虫,还有褐稻虱要出现,所以要求各生产队搞土农药"四一一五"来弥补解决。

3. 做好冬种前的一切准备工作:①抓好肥料关,今年要求无肥不下种,打足底肥。②选好品种搭配和品种数对口。③进行晒好种子。④今年一定要浸种消毒,消灭黑穗病。

4. 开展"一清四查":①清思想。②查财务。③查账目。④查物资。⑤查仓库。

1971.9.17

下午,出席公社听电话会议记要

刘部长报告。总结当前情况,提出如下意见:

1. 以批修整风为纲,以革命促生产,带动生产,继续反骄破满,促使晚稻超早稻。

2. 狠抓阶级斗争这个纲。当前出新动向、新突的[特点],要搞革命大批判,批判"黑四论"。

3. 加强思想革命化。特别是领导班子,要有一个革命化。有没有个晚稻超早稻思想,如果有了这个思想,就认真对待,认真地对晚稻后期田间管理。今年晚稻超早稻要看实产,又要看单产。主要是各级领导重视不重视。

4. 抓冬种落实。棉花、络麻抓好选留良种。

5. 蚕桑生产。

6. 抓好畜牧生产,实现每人一头,每亩一头猪。预防猪瘟,打好防疫针,发展猪食饲料,种蔬菜。

7. 废钢铁回收,狠抓一把,9月份完成任务。

8. 做好国庆供应工作。

9. 抓好防汛工作,组织物资准备。

10. 抓好卫生工作,消灭吸血病。

11. 抓好带杆精洗,除生麻任务外,都要带杆精洗。

12. 抓清仓物资,深入"一批三反"。

13. 抓计划生育工作。

---

❶ 这句话的意思是,在生产队里,一些社员平时花钱较多,造房子、娶媳妇、买自行车等,等到年终分配的时候,这些家庭就苦了,可能不仅没有钱分配,还要倒欠生产队钱。即所谓"倒挂"。

❷ 对头子,当地土话,意思是成了相互对立的人。

公社李炳松同志提出如下意见:

1. 狠抓晚稻超早稻,加强晚稻后期田间管理。主要是抓好治虫防病。当前来看出现:①晚稻定局论。②今年晚稻超早稻吹空头。这是阶级斗争新动向。这风是阶级敌人刮起来,必须提高警惕,及时识破。为此,必须高举毛泽东思想伟大红旗,突出无产阶级政治,用毛泽东思想教育人。以批修整风为纲,突出二条路线斗争,继续深入发动群众,把晚稻超早稻,后期管理,不能放松,一抓到底。开出丰产沟,搁好田。

2. 做好春花种子普查工作。发芽力[率]50%不能做种。做好试验,为此:①调好种子,进行对口。②做好各个品种发芽试验。③大约[积]肥料,挖掘土杂肥,为72年春粮大丰收打下基础。④抓好蚕桑生产,中秋后期管理,晚秋以叶定种。

3. 冬种规划问题。72年作物面积定下来,今年不论什么东西,按照计划面积进行分配,要求认真落实正确。专桑面积要保留,防止出现二个偏向:多与少的思想。要求在20天左右上报。

4. 财务工作。开展"一清四查",全公社开展。①充分发动群众。②建立组织。③加强领导。

1971. 9. 20

联民大队 1969—1970 年计划面积情况　　　　　　　　　　　〈单位:亩〉

		69 年	70 年	实种	71 年	实种	今年公社下达72 年计划面积
一	小麦	500	500	476	400	385	330
	大麦	120	100	69	178	166	250
	蚕豆	125	80	62	65	84	60
二	油菜	340	340	312	318	319	318
三	绿肥	60	80	/	130		180
四	早稻	480	580	560	562		570
	晚稻	630	750	697	662		690
五	山茹	300	245	293	250		200
六	大豆	65	/	51	/		25
七	络麻	300	300	300	300		300
八	棉花	/	/	/	/	/	/
九	西瓜	/	/	/	20		35
十	甘蔗	/	/	/	/	/	
十一	芋芳	18	18	/	/		5
十二	药材	50	50	56	60		50

下午,大队召开各生产队正付[副]队长会议

到会有 7 个队,胜利队缺席。贯彻如下主要内容:

1. 出席[学习]公社电话会议精神。

2. 当前本大队晚稻情况。提出号召,各生产队对晚稻后期管理,切不能松劲思想,坚决一抓要[到]底。

3. 关于春花种子进行发芽试验。

4. 关于冬种规划落实问题。结合贯彻几个工作。后进行讨论,决定如下几点:①海塘推小火车。除去红江、胜利外 6 个队负担。今后听通知办事。②水泥分配。东风 10 包,红星 10 包,机站 10 包,共 90 包。这次上面分配任务 4.5 吨。

1971.9.22

夜里,听公社台风紧急广播大会摘要

公社提出如下意见:

1. 对水稻开沟排水,浸络麻河中要拿到上面,被[避]免损失,特别是浸在港里的络麻。

2. 沿海几个大队,特别沿海大队填好毛洞,进行一次检查,加强领导,现是大潮期。

3. 对民房、生产队仓库、牧场组织力量检查,保证人畜安全,吸取过去经验。

4. 各大队、生产队干部要加强这项工作领导,要发动群众克服麻痹思想,在今夜大队进行值班,随时听取新动向,同时注意阶级敌人新动向。

1971.9.25

联民机站 1971 年 4—9〈月〉结各队水费 〈单位:元〉

生产队别	上交公社部分	合 计		二项合计	已交数	结算尚缺数
		水方	金额			
东风	49.79	37 638	248.41	298.20	150	148.20
红星	45.31	33 890	223.67	268.98	150	118.98
红江	38.23	29 356	193.96	231.99	150	81.99
立新	34.46	31 659	208.95	243.41	150	93.41
东方队	32.10	29 360	193.77	225.87	100	125.87
红旗	28.36	25 365	167.41	195.77	120	75.77
向阳	53.81	49 318	325.49	379.30	150	229.30
胜利	43.42	47 949	316.46	359.88	150	209.88
合计	325.48	284 535	1 877.92	2 203.40	1 120	1 083.40

群海 10 队:合计水费 44.41 元,已收 20.00 元,尚少 24.41 元。

1971.9.25 摘抄机站公布。

1971.9.27

大队支部会议

1. 国庆保卫问题。从 30 号下午 6 时开始。决定:民兵每队 1 人,共 6 人,除向阳、红旗队。

大队由支部、革领组负责值班。王张堂、周生康、冯恒兴、李叙康。

2. 决定办冬种学习班,在29—30号两天。第一天:上午学习动员形势,下午传达县会精神;第二天讲用,接落〈实〉制订计划。

3. 关于增添1名出纳:江新成。

4. 分配问题。大队误工问题:窑厂单独由生产队结算;公办教师不列入误〈工〉。机站人员问题:2人不列入。加工厂2人不列入。〈机站人员和加工厂人员〉按照大队折价到队,统一除2个月结本人。其他,按误工摊负。

5. 信用社借款问题,要求在搞分配时安排一下。

6. 71年提存:大队管理费500元,公积金500元,公益金800元,作72年开支。

讨论:

1. 民兵落实:立新胡树丰、东风邵左兴、红星葛仁生、红江周志华、东方红陈德荣、胜利张丙松。

2. 分配问题。

3. 当前生产问题。

1971.9.28

联民大队1972年作物面积规划　　　　　　〈单位:亩〉

队别	春季物作					早稻面积	双晚秧田	双晚	山茹	黄豆	络麻	药材	西瓜	春蚕	夏蚕
	小麦	大麦	蚕豆	油菜	花草及秧田										
东风	53	34	12	50	24	78	15	93	35	4	49	8	5	37	10
红星	48	33	12	44	24	78	15	93	35	4	42	8	4	40	10
红江	39	26	8	36	20	62	13	75	30	2	35	5	4	32	8
立新	37	31	7	37	18	76	13	88	24	2	39	5	4	42	12
东方红	35	23	8	34	18	62	13	75	25	2	33	5	4	30	8
红旗	27	19	4	26	14	56	12	68	14	2	15	4	4	46	12
向阳	54	35	12	51	24	82	16	98	45	7	49	9	4	50	12
胜利	45	29	7	40	20	76	13	90	22	2	38	64	6	38	10
合计	338	230	70	318	162	570	110	680	230	25	300	108	35	315	82

联民大队1971.9.25止结,信用社尚欠款如下〈单位:元〉:

东风队:叶文清20、周甫林30、朱国林10。

红星队:沈毛男182、李叙康10、浓才才36、戴顺堂20、朱宝华115、王根良75、戴仕康55、沈文宝35、邹锦康20、陈友松30。

红江队:陈阿康72、陈彐兴20、翁兆祥17、陈彐生20。

立新队:王隆170、陈进其40、王九章46、张介永15、吴子祥32、冯岳金20、胡正宗10、王张堂20、陈金套10、沈才仙100。

东方红队:冯见清206、冯子山10、陈德明55、王新章39、冯锦良10、冯茂才30。

红旗队:陈康德 365、陈夫堂 316、顾秋明 210、陈望元 20、戴正华 149、顾新堂 25、钱奉先 80、顾馀德 50。

向阳队:徐维才 216、徐德初 40、贾福堂 20、贾六金 45、徐敬天 40、徐君寿 40。

胜利队:冯小仕 31、冯顺堂 5、张德龙 35、张云林 25、冯小毛 188、张绍龙 38、张绍根 47、冯绍荣 10、冯祖山 55、冯子康 118、冯祖兴 218、张文宝 60、冯建忠 17。

银行和信用社存款、贷款利率调正[整]月息千分比:

	现行利率	调正后利率
存款:		
① 国营企业、城镇集体经(济)和农村社、队存款	1.8‰	1.5‰
② 城乡居民活期储蓄存款	1.8‰	1.8‰
③ 城乡居民定期储蓄存款	半年以上 2.7‰	
	一年以上 3.3‰	(平均)2.7‰
贷款:		
① 国营工商企业和城镇集体经济贷款	6.0‰	4.2‰
② 外贸企业贷款	4.8‰	4.2‰
③ 农村产品,预购定金,国营农场和农村社队生产费	6.0‰	3.6‰
④ 农村社办企业贷款	4.8‰	3.6‰
⑤ 农村社、队、生产设备贷款	1.8‰	1.8‰
信用社贷款:		
① 信用社对社队农业贷款和社员贷款	4.8‰	3.6‰
② 信用社对计办企业贷款	最高 7.2‰	3.6‰
③ 信用社对社、队、生产设备贷款		
④ 信用社向银行贷款	3.90‰	1.8‰
华侨储蓄存款:		
华桥[侨]币定期储蓄存款	2.88‰(年息)	3.3‰(月息)

1971 年 10 月 1 日起实行。

1971.9.29

记　　录

以下会议内容在 1971 年 9 月 29 日,生产队务委员以上参加。贯彻:这次从 8 月 27 日参加县农业工作会议的基本精神,大体向同志们进行汇报一下,并结合本大队情况一起贯彻(去年是 9 月 26 日贯彻革领组人员)。

这次大会是高举毛泽东思想伟大红旗,突出无产阶政治,开展革命大批判。是学哲学,论春花,讲路线,订规划。学毛主席哲学著作和党中央有关文件,学习农业学大寨,抓革命、促生产。交流总结今年春花丰产经验教训,提高觉悟,大讲路线斗争的实践,开展革命大批判,在思

革命的书写
——一个大队干部的工作笔记

想提高的基础上,落实今冬明春工作规划(即大搞农田基本建设和冬种规划落实)。这次大会是活学活用毛泽东思想讲用大会,是总结经验交流大会,是进一步学习政治路线教育大会,又是夺取72年春粮大丰收的誓师大会。所以这次方法是:首先是学习政治。主席教导:认真看书学习,弄通马列主义。内容有:70〈年〉××号文件;71〈年〉××号文件;毛主席有关指示。学习毛主席哲学有:实践论;人的正确思想从哪里来。通过学习,树立三个观点:①愚公移山,改造中国,中国应当对于人类有较大的贡献的观点。②物质变精神,精神变物质,人们的社会存在,决定人们的思想,而代表先进阶级的正确思想,一旦被群众掌握就会变成改造社会、改造世界的物质力量。政治是统帅,政治是一切工作的生命线,路线决定一切。③要批判修正主义,树立"斗争"哲学。第二步,以毛主席哲学思想批修整风,认真总结春花高产经验,交流经验,开展"四大":大总结、大辨[辩]论、大交流、大批判。春花到底能不能高产,为什么有的大队生产队高产,为什么有的社队大面积底[低]产?倒[到]底啥道理?带着这个问题,学习毛主席辨[辩]证法,批判"黑四论",总的批判唯心主义先验论,资产阶级人性论。进行总结,要认真总结,要上纲上线,提到路线上来总结,找出规律性的东西。在执行"八字宪法",要认真总结哪些时候执行了取得胜利,哪些地方随心所学[欲],失败挫折。要总结几个生产队的春花,总结基础上来研究落实今冬明春的基本建设。在这同时,总的思想"自力更生、奋发图强、艰苦奋斗"的精神,落实今冬明春的基本建设。搞农业基础建设,要高标准,要有远景规划估算。改变过去高地高整、底[低]地底[低]整的眼前打算,很多地方改变这种情况,多[都]根据《人民日报》"农业学大寨"社论精神,大于[约]一冬春来个翻天覆地变化,〈为〉实现县党代大会议而奋斗。这次会议开6天,在9月2日结束。3号到长安公社虹金大队召〈开〉现场会议1天,内容是络麻带杆精选问题和络麻机问题。同志们:我现在将县会精神和本大队情况进行总结一下,想讲四个问题:①我们大队的春粮形势。②我们大队的基本经验。③要批修整风为纲,继续前进。④今年的冬种规划意见。

首先向同志们说明:由于接触实际少,在总结中很多漏掉和不当之处请提出批评。

一、关于我们大队今年的春粮形势。

我们大队的春粮形势和全县一样,一派大好。全大队种植面积:小麦385亩,单产230.9〈斤〉;大麦166亩,单产351.5〈斤〉;蚕豆84亩,单产350〈斤〉。总产量176 657斤。在去年总产103 716斤基础上增加72 941斤。有7个生产队超出200斤关,最高立新生产队277.8〈斤〉。大麦有五个队超出300斤,第二个生产队超出400斤关,最高的有立新队436斤。蚕豆同样夺取高产。油菜全大队319亩,单产164.5〈斤〉,总产量52 380斤,在去年36 247.5〈斤〉基础上增加16 132.5斤。蚕茧同样增产。所以今年春粮是大丰收。从全县春粮历史来看,经过每一个政治活动,都提高一步。在1949〈年〉初刚解放时产量90斤,1963年122斤,1969年140斤,后来反右倾,鼓干劲达到150斤,"四清"运动后,达到170—180斤。文化大革命后今年全县春粮580万斤,单产260斤,不管稻区和麻区春粮都获得高产。有的认为今年气候好,66—68年气候也很好,为什么不能高产?主要是斗出来的。我们可以体会一下,当时搞电溉[灌]、搞河道、搞基本建设,都压力很大,反映着二条道路、二条路线斗争,反映着二种思想斗争问题,你不斗他,他就是要斗你,这是谁胜谁负问题。主[只]有紧跟毛主席革命路线,能取得胜利,把底[低]产改为高产,一通百通,人换思想地换貌。要狠抓根本,用毛泽东思想武装一切工作。反之,失败减产,这是第一个问题。

二、基本经验和教训。

我们大队春粮丰产,主要经验是要:

1. 狠抓活学活用毛泽东思想,用毛泽东思想教育人。大办各种类型毛泽东思想学习班,农业学大寨,以批修整风为纲,突出无产阶级政治,进行一次思想和政治路线方面的教育。人换思想,人变地变产量变面貌变,〈形成〉社员精神奋发、斗志昂扬的生动政治局面。

2. 狠抓阶级斗争和路线斗争这个纲,开展革命大批判。在春头贯彻"三破三立",重点批判了懦夫懒汉世界观,思想上树立"7亿、30亿"。啥个生产队破得彻底,那个生产队就上去。反之邪气上升,资本主义自由泛滥,产量下降,减产,仍旧"三老"变"四老":〈老〉思想、〈老〉办法、〈老〉产量、〈老〉面貌。破得彻底,重新安排山河,改变面貌,劲头十足。我们大队有很多生产队,大整土地,重新安排,去〈年〉冬整平不少土地,填平河溇。但是有个别队认为要想改变面貌,要求向上讨什么,整平地靠机械,开夜工要电线,要这要那等。不是社员存在,而是我们干部思想上存在着怕苦怕累、懦夫懒汉世界观十分严重。现在来看坐[按]兵不动看大势,只守旧摊,不想创新业,正如70年××号文件中所指出那样,必须坚决改正。

3. 开展了反骄破满,在举办学习班基础上,学习先进经验,参观先进,找出差距,反骄破满。找出我们的差距,千差距万差距,差在狠抓根本,差在活学活用毛泽东思想上,差在用毛泽东思想教育人。我们境界不高,主要执行农业"八字宪法"不认真落实。我们不是农业"八字宪法",是叫弄着法❶、土办法、自由法,将大会不很快执行落实。今后要认真执行。

4. 坚持毛主席提出的"自力更生、艰苦奋斗",我们各级领导,通过农业学大寨,发扬艰苦奋斗〈精神〉,自力更生,平整土地,发扬了不化[花]国家一分钱这种精神。继续大大发扬好作风。

5. 要狠抓根本,有冲天的革命干劲,踏踏实实地落实执行农业"八字宪法"。提倡"四早""四保""六个要"的意见。"四早":①思想发动要早。②物资分配要早,包括种子、肥料。③管理要早,种下紧管就管❷。④早防虫防病防倒伏。"四保":①保季节,不误农事,但是要注意不能过早,也不能过迟过晚。②保质量。下种播种都要有质有量,不能敷衍了事,专人负责。③保春花安全过冬,采取有效措施,盖河泥,发动群众,土办法,促使春花安全过冬,这是夺取春粮丰收主要关键。批判那种"正月白,二月麦,三月发"的唯心主义先验论,批臭,使先进思想认真落实。④保后期不倒伏。降底[低]水位促使深扎〈根〉、搭麦❸等办法,多施磷肥。"六个要":①要搞好冬种品种搭配,推广优良品种,不能单纯一律化。好种、劣种都要进行具体分析,这个问题有历史教训的,良种也要变的,多[都]要一分为二,进行认真研究,摸索规律性,掌握特性,每只品种都有长处和不足地方。②要充分发挥土地利用率。今年的经验,凡是使用面积80.5%,产量多在400—600斤。要充分挖掘土地潜力,小麦50%到旱地,40%油菜到旱地,要达到这个要求。③要备足肥料。一定要有底肥,重施腊肥,提前巧施春肥。看苗施肥,这是春粮丰产的重要措施。④要深沟高轮。有利降水,降低地下水位,特别是烂水田。做好这项工作,达到冬发根春发苗。⑤要提前"三防"。以防为主,治虫为副,防止倒伏。⑥要专业管理。搞好一组三田、一组三员,执行科学种田,大搞科学试验。下种时,播得匀,合理均匀,这关

---

❶ 弄着法,当地土话,意思是做过去看,碰运气。

❷ 种下去以后,紧接着就进行田间管理。

❸ 原文如此。

要过得硬。

同时,补充对于有人说"早熟高产"这句话,大家进行讨论。〈有人认为〉要早要高产,不符合实际,是违反唯物辨[辩]证法,无根据,实际上是不可能的。

三、以批修为纲,反骄破满,继续革命,夺取春粮高产最高产。

根据我们大队情况来看,春粮高产,大有所为,潜力很大。例如:每个生产队高与低相差距离很大;土地利用还不高;低产品种还存在。

要批判那种:①产量到顶,潜力挖尽。②春花做杀[煞]人,早稻加把劲,期间长、花工大,不合算,无花头低产论。真的无花头吗?不是,潜力很大。要学先进,相信先进经验。我们大队今年春花上取得一些丰收,但没有值得骄傲自满的理由。主席说,"虚心使人进步,骄傲使人落后"这一教导,把先进经验和本大队的试验田的经验,认真推广全大队。这是考验每一个干部执行不执行毛主席革命路线问题,是对毛主席的态度问题,是二条道路、二条路线斗争的具体表现。要批判那种"上游冒险、下游危险、中游保险"的坏作风。当前来看,在二条路线斗争有如下几个方面:①突出不突出无产阶级政治,是走哪条路线大问题。②不抓方向道路,不抓人头,只抓田头,认[任]凭资本主义思想泛滥。不走正道走邪道,不想到"7亿、30亿",只想赚钞票。〈批判〉"站在家门口,看到自留地,望望猪棚头"的寸目之光。

愚公移山,改造中国,改变农业生产的面貌,把今年春粮丰收作为起点,继续再高产。

但当前出〈现〉几种对立思想,其表现如下:

第一种:有的是盲目自满,故步自封。反正"老三定"加15%不少,多做没有多吃,不恳[肯]出大力,想办法,一得之功,一孔之见。办事不认真,无一定计划,无一定方向,敷衍了事,得过且过。

第二种:高举毛泽东思想伟大红旗,干革命、促生产、树雄心、立壮志,心有"7亿、30亿",为中国应当对于人类有较大的贡献,大搞基本建设,为明年春粮大打翻身仗,支援国家,消灭帝修反。但是有的怕苦、怕累、怕困难,这个办不到,那个不能干,只守旧摊摊,不想创新业,困难重重,心中无数,做一天和尚撞一天钟,听之任之,扮老好人思想,今后运动来,整风整不着。

第三种:坚定不移地走毛主席的革命路线,照毛主席指示办事,凭一颗红心两双手,斗天斗地斗敌人斗私心,坚定地走社会主义道路前进,〈为〉建设一个社会主义新农村而奋斗。但是有的是靠天靠地靠国,越依靠越懒,怨天怨地,到后来出现老办法、老思想、老产量、老面貌。我们提倡前者的好思想、优良作风。

四、今年冬种规划意见。

1. 冬种的指导思想。

高举毛泽东思想伟大红旗,突出无产阶级政治,以批修整风为纲,以主席哲学思想为武器,进行一次思想和政治路线方面的教育。贯彻以粮为纲全面发展的方针,稳定粮油面积,合理调正[整]各项面积。充分挖掘面积,猛攻单产,为争取春粮有个较大的增产,为支援世界革命,为建国22周年,为庆祝四届人大的召开〈而努力〉。

全县计划大小麦22万亩,其中,大麦10万亩;蚕豆2万亩;油菜12万亩;绿肥蚕豆花种10万亩;全县专桑11万亩;准备种绿肥10万亩。这数字要完成。

2. 农村的基本建设。

(全县43万多的农业人口)今冬明春要狠下工夫,搞农田基本建设,达到每人一亩旱涝保收田。70年××号文件中所指出的一定要实现,也按照县四次党代会决议指出办事:经今冬明春大搞,解决 5 万—6 万亩,改造烂水田 4 万—7 万亩。11 万亩专桑园在二年加土平整,实现旱涝保收。

3. 根据高产地区经验,为高产更加高产要求。

(1) 搞好排灌渠道。要达到排灌分需,各立门户,吃得进,吐得出。雨停水干。

(2) 疏通河道。暂以公社为单位进行安排。

(3) 落实好冬种布局。冬种布局好坏能影响全年农业生产,必须发动群众,认真总结经验教训,揭矛盾,找差距,摆问题,提措施。

在安排中注意做到几个有利:①既要有利前期高产,又要后期高产。②既要有利当年高产,又要有利明年的高产。③既要有利夏收夏种,又要有利于秋收秋种。④既要有利一季高产,又要有利于获得全年全面高产。都要进行认真研究,全面安排落实规划。

(4) 认真落实农业"八字宪法":①推广良种。②适时播种。③提高土地利用率。④增积肥料,合理施肥。⑤狠抓田间管理。

(5) 要春花增产,主要抓住:①品种搭配和适时下种。②施足底肥和腊肥。③降低地下水位,防病除虫。④增加播种利用率。

批判存在那种懦夫懒汉世界观:①认为春花无花头,时间长,收入少,成本大。②春花好收成,老天要帮忙,靠天思想。③春花做杀[煞]人,早稻出把劲。④大麦怨讨怨❶,调了怕麻烦。

同志们:我们大队的今年冬种规划意见是根据县会精神安排如下〈单位:亩〉:

小麦 340　　　山茹 200　　　　　蚕张 316 张

大麦 230　　　大豆 25

蚕豆 70　　　　络麻 300

油菜 318　　　棉花 /

绿肥 180　　　西瓜 35

早稻 570　　　芋艿 /

晚稻 690　　　药材 40

4. 当前对晚稻后期管理问题。

据现情况,出现病虫害。这项工作希立即重视,要吸取早稻欠[歉]收的教训。为了把晚稻一定要抓到底,提出几点要求:①立即进行一次田间检查,发现虫情立即除掉,刮青虫、稻蚕虫、螟虫、稻褐蚕。施上 66 粉、敌百虫进行喷雾。②水浆管理,同时注意倒伏及路边及鸡吃损失,多[都]要管理好。③早做好选留良种准备。先把杂穗除掉,拣抗病虫害力强、秆硬抗倒伏,及粒饱满、粒重、产量高的品种进行选留。④大积肥料,打好来年春粮丰收基础。⑤适时掌握播种期。据丰产地区经验,今有关新品种问题:大麦浙农 12,一般年产 300—400 斤;大麦早熟 3 号,一般年产 350—450 斤,一般在 11 月初到 11 月中播种为宜。"九二"油菜发育比较早,一般以 10 月上旬播种育苗,每亩 1 斤为宜。

---

❶ 大麦怨讨怨,意思是嫌种大麦十分讨厌。

革 命 的 书 写

—— 一个大队干部的工作笔记

1971.9.30

出席公社信用贫管委员会议（时间1天）

内容如下：

上午，听取信用社王湘清同志报告：

1. 总结今年的信用社对农业生产支援取得当前农业生产〈成绩〉的情况。

2. 今年发放贷款：生产费贷款53 839元，基建费资款17 400元，共71 239元。

到现在为止大部分生产费贷款已还清，还有少量，四联地区比较大些。

生产费未还11 337元；基建费未还9 588元。

今年社员计划贷放10 000元，实放14 227元。总尚欠款32 237元。三项合计53 000多元，去年结余29 000元。

存款方面：定期存款280 464元，活期有87 491元，二项合计367 955元。信用社专[转]入银行存款755 358元。同全县地区对比，只有社员存款比得上。生产队集体存款再[最]差一个社。目前来看：马桥50多万，丁桥40多万，长安80多万。我们公社只有20多万，相差一半多。

3. 今年如何做好秋收回笼。对有利方面：对农药降低，全县约40多万元；调正[整]银行利率。为此今年收贷的指导思想是：高举毛泽东思想伟大红旗，突出无产阶级政治，以二条道路、二条路线、批修整风为纲，认真执行信用〈社〉有借有还、到期归还原则，做好回笼工作。①要求回笼、生产费全部收回。②基建费到期都要归还。③社员贷款30 000元要求收回，兼顾国家益，有借有还，到期归还，再借不难，克服那些借得乐得。④开展存款，大量宣传。

当前主要存在问题：①年年借一点，现不想退款。②过去借的不想还，只叫[要]新不借，同信用社断绝，等待免光，改善生活要紧。③有些夏忙〈搞〉"四旧"，大搞铺张浪费。

下午，传达文件，关对于银行利率的调整，归纳起来主要有四个有利：①有利于巩固无产阶级专政。②有利于促进人的思想革命化。③有利于改善企业经营管理。④有利于加强工农联盟。

4. 同时传达今冬的工作任务。重点是"一打三反"，分四个阶段进行：①迅速刹住"乱三支"。②反对贪污、盗窃。③反对投机倒把。④打击反革命活动。

当前来看，问题很大，主要有八个方面：①阶级敌人反共[攻]倒算，很猖狂。②有些地方阶级敌人篡夺领导权。③大摆酒席，大搞铺张浪费。④破坏集体经济，盗窃公共财产，偷卖集体的财产。⑤自发资本主义倾向。表现在：私发造谣；不按国〈家〉计划生产；扩大自留地；扩大塘面；自搞土政策，搞独立王国。⑥复群[辟]"四旧"，搞买卖婚姻。⑦搞"乱三支"❶。⑧大搞无政府主义，不服从党的一文化领导。

摘　　抄

无政府主义的表现有：

1. 对党的方针政策，不是坚决执行，而是以私利为标准，合自己胃口就干，不合自己胃口

---

❶　即信用社预支、垫支和超支方面的混乱情况。

就不干,心目中没有党的观念和群众的利益。

2. 对不属于自己职权范围的事,不报告、不请示,先斩后奏,或斩后不奏,随心所欲,何[无]所作为,破坏党的一元化领导。

3. 只要资产阶级自由,不要无产阶级纪律,工作吊儿郎当,上工迟来,落工走前头,一天工分叫不少,心目中没有集体革命原则。

4. 组织分配不服从,个人意见第一,集体高兴做做,不高兴随便自由偷偷懒。动不动要组织照顾,动一动还要拉功。

5. 集体劳动不认真,无一定计划,没有一定方向,做一二个半日,做事马马虎虎,敷衍了事,集中精力搞私有。

6. 自以为工作有经验,劳动说话老三老四,世界上事情没有一件不懂。劳动时不是有质有量,而是只顾速度快,不顾质量,或者只要质量好就忘记了劳动的数量多少。

7. 心中只有个人,没有党的组织,没有组织领导,合得自己利益的拍手称好,不符合自己利益的,千方百计推翻,有的就开口骂干部,还有的自以为是贫下中农,打个把人不要紧的恶劣态度。

8. 把维护和巩固集体利益的纪律及保证劳动正常进行的必要制度,一概叫做"老一套""旧框框"。遇到难事叫嚷嚷"干部决定因素"。对集体已经决定东西或问题,自己不参加,不称心时叫嚷……不发扬民主。

9. 大搞绝对平均主义,大搞绝对极端民主。对分配什么事情都要搞"一刀齐",不能有半点差别,甚至连针线的事,也要开大会讨论决定才算。

10. 对别人马列主义,对自己自由主义的坏学风。只批别人的无政府主义,不批自己无政府主义,今天批别人无政府主义,明天自己去搞无政府主义。只触别人灵魂是英雄,自我革命是懦夫。

1971.10.4

抄记(张堂同志记录)

东风队现有小麦,需要缺小麦 700 斤。

立新队现有大麦,需要调换大麦 500 斤。

东方红缺小麦种子 400 斤。

红旗队现有种失效,尚缺大麦 500 斤,小麦 300 斤。

向阳队现有种失效,尚缺大麦 250 斤,小麦 200 斤。

联民机站人员包括加工厂人员 71 年度报酬处理情况如下:

原则:决定 2 个月发给本人自己,解决借支款。其余 10 个月交给生产队,有[由]队计分,参加分配。折价为大队误工摊负水平,作 0.90〈元〉计算到队。有生产队折价分配到户。

邹刁甫到队工分 3 000 分,计价 270 元,自 54 元,合计 324 元。

顾余庆到队工分 3 000 分,计价 270 元,自 54 元,合计 324 元。

戴正华到队工分 2 750 分,计价 247.50 元,自 54 元,合计 301.50〈元〉。

周生康到队工分 2 896 分,计价 260.64 元,自 54 元,合计 314.64〈元〉。

合计到队工分 11 646 分，计价 1 048.14 元，自 216 元，合计 1 264.14〈元〉。

其中，大队加工厂负担 2 人，计费 648.00〈元〉；机站负责 2 人，计费 616.14〈元〉。

大队召开财务〈会议〉

毛泽东思想学习班上补充讲话如下：

1. 关于财务工作几点意见：①在这次"一清四查"中，明确指导方向。②在这次"一清四查"中，防止两个倾向。③在这次"一清四查"中，认真执行，注意政策。

2. 冬种规划问题：①迅速落实冬种规划，品种搭配。②调配种籽，在今日一定要汇报大队。③做好各样品种催芽，把情况汇报大队。④油菜"早品"要及时播种。10 月 9 日寒露，季节要抓紧。

3. 晚稻后期管理工作意见：①立即排水。②防止损失。③络麻认真管理工作。④检查储备粮。

首先明确这次"一清四查"的方向，明确指导思想，要高举毛泽东思想伟大红旗，突出无产阶级政治，进行一次思想和政治路线方面的教育，以二条道路斗争、批修整风为纲。

生产队要建立组织 3—5 人，骨干负责，队长亲自挂帅。东风—红江队；立新—红星队；

东方红—胜利队；向阳—红旗队。

红江公社革委会生产指挥组(71)生字 87 号，关于下达春花种子调拨供应计划的通知：

1. 今年供应种子的一级良种矮白洋大麦和"一二"级良种无芒无[六]棱及一级浙农 12，经过冷浸热洒[晒]处理，请注意观察防病效果。

2. 部分大麦种子发芽率不高（矮白洋，77.5%；浙农 12，55.5%）。在播种时要适当增加播种量，确保丰收。

3. 阿尔巴尼亚油菜已分给到大队，凭大队证明按分配供应，每斤 0.35 元，收回油票 0.4 斤。

我们大队分配到：浙农 12 大麦 900 斤，"七五七"元麦 100 斤，矮白洋大麦 1 100 斤，阿尔巴尼亚油菜 3 斤。

良种要掌握特性。

浙农 12 大麦：一般产量有 300—400 斤，高的有 400 斤以上，适宜于本县地区三熟制及棉麻地区搭配种植。本品种是二棱皮大麦，幼苗直立，株高 110—115 厘米，分蘖力较弱，抽穗整齐，成熟一致，穗大粒粗。抗病力强，有黑穗病。过早播种，空壳较多，结实率低。在栽培上一般以 11 月初到 11 月中播种为宜，适当增加播种量，施足基肥，年内施好追肥。

"七五七"元麦：一般产量 300 斤左右，高产 400 斤以上，可作三熟制前茬搭配品种之一。株高 85 厘米左右。穗为六棱形，长芒。茎粗壮，穗茎脆，易折断。一般于 10 月下旬播种，5 月 20 日左右成熟。耐温性差，易感染霉病，易倒伏。栽培要点：①该品种比较耐肥，适当增施肥料，增产更为明显。②应做好开沟排水、降低地下水位、及时防治病虫害等工作。③及时收割，防止穗茎折断，做到丰产丰收。

我们大队应分配到"七五七"元麦，100 斤；浙农 12，900 斤；矮白洋大麦，1 100 斤；阿尔巴尼亚油菜籽，3 斤。

1971.10.5

记　　录

分配各生产队如下：

〈各队春花种子分配统计〉　　　　　　　　　　〈单位:斤〉

队别	浙农 12 大麦	矮白洋大麦	七五七元麦	阿尔巴尼亚油菜籽
东风	100			
红星	100			
红江	100			
立新	200			1
东方红	100			
红旗	100	300	100	
向阳	100	200		1
胜利	100			1
合计	900		100	

红星队：

1. 传票❶中情况:缺少 67 年,李淑梅经手,其中一本根本没有。查后少 109,151,56,57,63,73,89,92❷。

2. 借支共 823.94 元,其中最大的有张毛东 127 元,3 张。

3. 垫支有:戴顺堂 30 元、李禹林 10 元。

4. 透支有:共 1 438.05 元,最大的有邹金甫 651.52 元。

5. 出纳:现金帐[账]盘点情况:钞票结余 1 845.70 元,多 0.10〈元〉,粮票 90.1 斤,油票 919.9 斤。

6. 暂付款:邹金康食堂欠款 95.00 元;原 3 队购入刮子麻袋 14.30 元;钱三宝欠款 18.37 元;原 3 队并帐[账]少现金 19.01 元,钱金余经手;惠康领回公积金 42.00 元。

7. 实物库存:储备粮共 11 783 斤,其中,存国家 378 斤,分社员 11 405 斤,晚谷归还。

1. 四联窑厂,掼锅砖(立新、向阳、东方红、胜利)。

向阳,贾见荣;立新,祝永福;东方红,茂才子;胜利,恒兴等。不转为误工,男 1.20〈元〉,女 1.00〈元〉,落雨停工没有。

2. 8 号民兵授抢[枪]大会。我们民兵连授。

3. 9 号召开革领组正付[副]组长会议,时间 5 天。随带日用品。

在公社扩大会议发言:

---

❶ 会计工作中据以登记账目的凭单。
❷ 生产队的记账凭证都装订成册,统一编页码,这里的数字均指缺少的页码数。

1. 谈谈通过这次会议的认识。
2. 大队通过初步"一清四查"情况。
3. 出现"乱三支"的危害。

1971.10.8

联民大队经初步清帐[账]三支情况统计表　　　　　〈单位:元〉

队别	借支		垫支		透支		粮食部份[分]				
	户数	金额	户数	金额	户数	金额	借粮已收回早稻数	借粮目前尚欠数	储备粮已提存数	现在库存数	现库存粮票
合计	136	5 413.71	38	125.44	84	4 437.54	51 722.5	6 933.5	131 312.3	94 683.3	1 457.1
东风	25	1 195.60			16	485.95	8 186	850	14 887	13 916	/
红星	25	823.94	2	40	9	1 209.18	1 100		11 783	378	90.1
红江	7	718.40			4	69.86	7 659	2 510	18 400.8	15 890.8	/
立新	31	750.00			4	185.28			17 343	17 343	/
东方红	13	399.31			10	274.96	11 235		19 339	19 939	/
红旗	15	735.46	3	29.34	14	810.69	14 767		16 134		1 367
向阳	10	516.00			10	883.59			15 356	15 356	/
胜利	10	275.00		丰士	17	518.03	8 775.5	3 573.5	18 069.5	11 860.5	/

　　借支最高有 260 元,少到 1 元多点。现金出纳也有少或多,有东风队少 14.84 元,红星队多 0.10 元,红江队少 3.99 元。

　　透支最高有 651.52 元。垫支最高有 400 元,最少 30 元。

1971.10.10

出席公社革委会扩大会议记要

　　上午讨论,摆当前对经济领域里的阶级斗争。学习文件。下午继续讨论。"乱三支"的危害。

1. 出现"乱三支"多、集体资金空、户富队变穷、社员生产松〈问题〉。
2. 干部借支一句话,会计借支一笔划,出纳借支随手拿,社员借支跑破鞋。
3. 借支有理论、垫支应〈当〉论,超支无罪论。
4. 常在河边走,哪有不湿鞋。
5. 学、讲、分、摆。

1971.10.11

记　　录

　　上午讨论,下午大会讲用。

搞好农村经济领域的阶级斗争：

当前农村形势一派大好。在毛主席的革命路线指引下，随着斗、批、改的深入发展，正在出现一个社会主义革命和社会主义建设新高潮。但是当是［前］来看，在少数地方，少数社队两条道路的斗争还很尖锐，资本主义势力向社会主义的进攻还很猖狂。中央两报一刊元旦社论指出，"要在经济领导中巩固和发展社会主义经济基础，有步骤地打击资产阶级的腐蚀和破坏"。有些地方已经在积极进行发动群众，组织力量，有领导、有重点地进行揭发和斗争，取得了很好的效果。可是有的社队，也有些少数干部对农村经济领域的阶级斗争不重视，也不领导，不大胆，"三不"思想。存在着糊涂思想，认为这个是财贸工作，我们农村无关大局，甚至熟视无睹，麻木不仁。有的认为形势大好，有点资本主义倾向无所谓，无关大局。有这种看法或说法是错误的。我们可以看，当前农村大局就是贯彻毛主席提出的抓革命、促生产和备战、备荒、为人民的伟大方针，以两个阶级、两条道路、两道路线斗争为纲，进一步巩固人民公社集体经济，大力发展农业生产，巩固无产阶级专政。而农村的资本主义势力，正是妄想要破坏我们这个大局，拆社会主义的台。农村资本主义势力，有些人物副业，弃农经商，削弱社会主义集体经济。有些借口增加集体收入，就不按照国家计划，以钱为纲，搞资本主义自由经营，妄图改变集体经济的发展方向。在分配上搞反革命经济主义，策划分光吃净，破坏社会主义再生产。或者搞物资［质］刺激迷惑人心，松懈人们改天换地的革命意志，或者进行贪污盗窃、投机倒把。所有这些都是对我们农村集体所有制和社会主义农业生产起破坏作用。怎么说无关大局？

毛主席教导我们："农村的阵地，社会主义如果不去占领，资本主义就必然会去占领。"这是阶级斗争的客观规律。开展农村经济领域的阶级斗争，就是要让社会主义占领农村一切阵地。我们决不能忘记这个大局。经济领域里两个阶级、二条道路、二条路线的斗争，必定会反映到我们革命队伍内部，反映到领导班子中来，这是毫不奇怪的。我们在开展这场斗争的时候，不仅要同一小撮阶级敌人斗，还必须按照"团结—批评和自我批评—团结"的方针，同自己队伍内部的各种错误思想和错误倾向斗。如果有个别同志手脚不干净，犯有错误，那就应该向他做好思想工作，帮助他斗私批修、洗手洗澡、轻装上阵、共同对敌，使他在斗争中消除敌人施放的毒素，清洗自己身上的污浊，继续革命，继续前进。那种怕牵扯内部影响团结，不敢开展思想斗争想法，是自由主义作风，是对干部，对领导班子一种腐蚀剂，坚决克服了。只有开展积极的思想斗争，才能加强领导班子的团结，巩固无产阶级专政，达到"团结人民、教育人民、打击敌人、消灭敌人"的目的。如果因为怕"得罪人、伤感情"，对革命队伍内部有资本主义倾向的人，明知不对，少说为佳，那就恰恰相反，削弱和破坏了革命队伍内部的团结，削弱和破坏革命大联合和革命三结合。这场经济领域里的阶级斗争，深入开展革命大批判，是搞好这场斗争的中心环节，必须发动群众，以毛泽东思想为武器，彻底批判反革命修正主义路线。只有这样，才能擦亮广大群众和干部的眼睛，激起对资本主义的痛〈恨〉，坚决揭露一小撮阶级敌人破坏社会主义的经济基础，破坏无产阶级专政的罪恶活动，才把资本主义搞得臭，臭不可闻。在斗争中必须严格区分和正确处理两类不同性质的矛盾，落实毛主席的各项无产阶级政策，把犯有错误的人挽救过来，把隐藏得更深的阶级敌人挖出来。在工作方法上，一定要抓好典型，有步骤地进行工作，把工作做深做细。

革命的书写
——一个大队干部的工作笔记

1971.10.12

记　　录

上午讨论,提高认识,斗私批修。

下午继续讨论。对照自己放包袱,轻装上阵。

夜里听新星大队唐金浩同志介绍他们大队开展的经验介绍:坚持正面教育,提高干部思想觉悟。

我们大队先后举办了各种类型毛泽东思想学习班,大小有10多次,学习了中央3、5、6〈号〉文件,学习中央各项文件,批修整风,提高觉悟,发动群众。出现活思想有:①怕以前"三反"搞过,前轰、中松、后空,没啥搞头,弄到回来反而叫怨头。②怕暴露自己的问题,如发动起来后,内部问题怎么办。③怕影响内部的团结。④怕在运动中出现派性干捣[扰],我们大队历次来都受到派性于捣[干扰]。这次五个支委少一个不行,开会决定事情是不行的。⑤怕防[妨]碍其他工作进展和生产。

同时,还出现很多活思想:①"乱三支"。"乱三支"以前已经搞过,有的叫退,也不要大惊小怪。②过去运动搞过,这次搞运动,运动一过就算数,不烦着❶。③我们大队比先进差的,比落后要好的,集体企业也办的,借没借的,借了叫还就是了。④群众谅解干部,干部谅解群众,借支比那[挪]用要好,挪用比贪污好的。狂有帐[账]❷,借没叫还。

发现以上情况,我们大队首先支部进行研究以批修整风,邀请贫下中农代表参加,帮助我们进行整风,明确了这项工作的重要性,提高觉悟,统一认识,根据主席指示先抓好三分之一的教导,先抓好一个生产队,推动全大队。

全大队共乱借支3 964.40元,有个生产队21户借20户,全年金额100 093元。其中负责财务队长再[最]多。他的手法是:正用应当借,买东西多头借,生活日用品碎借,预分之前先要借。借了钱还要赖,找到借条才认帐[账],有时一无借条,二无批准,三无通过,弄得生产队空架子。

全大队里,借支也比较多。婚丧时摆阔气、讲排场、送礼。赤手空拳造房子,复辟"四旧"讨娘子,家有母猪赊小猪,借了粮食养肥猪。生产队里不像样子,空架子。

乱预支,我们大队有:春花予[预]分正当预分,"双抢"忙时忙碌预分,潮汛国庆要用预分,7月半节日要吃预分,试算之前先要预分,不算账来毛预分,有的自报预分,分过后多头的还要预分。

乱填支:粮食加工、饲料加工、"双抢"豆腐、电灯费、茶叶、防疫打针、合作医疗、自留地放水。

全大队"乱三支"总数2 972.79元,查一下发现有贪污现象,有1 272元,方法巧妙,比较多。

大队里出纳贪污挪用有700多元。

生产队浪费现象:有个生产队造几间公房,吃酒18.12斤,香烟几十包,32.48元,外地购菜135.39元。社员狂[诳]大家思想说:用掉两三千,轮到我户一点点。

---

❶ 不烦着,当地土话,意思是没有必要(去做)。

❷ 狂有账,指反正有账。

大队里学校,也发现浪费很大。

加工厂很好,没有钞票好加工;生活困难,加工厂借。社员买床加工厂借了20元,

纠正"乱三支"打算意见:

1. 领导干部要把"乱三支"提高到二条道路、二条路线斗争来认识,认真抓好。

2. "乱三支",〈钱的〉来路不是千遍[篇]一律,教育群众分清问题。

3. 处理意见,阶级敌人责任还,干部自觉还,群众分别分期还。正确处理二类不同性质的矛盾。

以革命促生产方面:

1. 以"一打三反"为中心推动生产,认真落实冬种规划,搞好深沟阔轮,进行搞散播,为夺取明年春粮丰收〈打下〉有利基础。

2. 以中心开路,搞好血防工作。

1971. 10. 13

上午,听报告

李书记:

1. 总结这次扩大会议情况

2. 根据县扩大会议精神,公社意见提出三个问题:①一年来全社"一打三反"情况。②"一打三反"认识问题。③今后"一打三反"指导。

先谈第一个问题:全社一年多来开展"一打三反"。

一、通过四个阶段。

第一阶段:大学习、大发动、大宣传、大批判,广大革命干部群众,斗志昂扬,投入这个运动。第二个阶段:在大发动的基础上,特别一度受到资产阶级派性号召。第三个阶段:组织专业队伍,深入基层,认真检查落实党的政策,团结了群众。第四个阶段:深入开展深挖"五一六"分子。通过学习发动群众,发现案子迅快挖掉。有四个特点:①以批修整风为纲,突出思想和政治路线教育,方向明确。②狠抓党的政策落实,认真搞好复查定案工作。整个运动,稳步前进,步步深入,打击现形[行]反革命活动。领导重视,用党的政策发动群众成绩献仔[显著]。③有利[力]打击敌人,教育了群众,巩固了无产阶级专政。一年来抓得紧,路子抓得对头,运动步步深入。在运动中考验了各级领导组织,执行了什么路线,走什么路,进行什么方向,在运动中进行整风建党,整顿了组织。④农业学大寨进一步深入,冲天革命干劲和群众投入抓革命、促生产高潮,使今年上半年取得大丰收,春粮早稻增产。

二、对"一打三反"的认识问题。

继续深入"一打三反"运动,关键在于领导,领导在于思想。毛主席教导我们:我们已经取得伟大胜利,但是失败的阶级还要垂死挣扎,这些人还在,这个阶级存在,不能丧失警惕。所以我们要开展批修整风,反对"一言堂",提倡"群言堂"。反对骄傲自满,认真执行群众路线。通过学、摆、分、批、改,进一步提高阶级斗争觉悟,明确到[当]前的斗争是非常复杂的,是走社会主义还是走资本主义,是执行毛主席的革命路线还是走修正主义路线,是无产阶级专政还是资产阶级专政,这是摆在门前。阶级觉悟斗争高度警惕,对阶级敌人有利[力]打击。主要是我们掌权人,变权先变人,变人先变心。你用什么思想来掌好权?你如果阶级立场不坚定,那被

阶级敌人拉下水,〈有〉失权的危险。我们可以看,凡是"乱三支"多的生产队,可以看出这个问题,他们手里抓的钱,忘记了权,最后要失权,资本主义就要复辟。为此要提高认识,把"一打三反"搞深搞透,这是巩固无产阶级文化大革命的需要,是巩固无产阶级专政需要,是备战、备荒、为人民的需要,为了战备需要。

1. 目前恢复四旧。我们的干部不是破"四旧"、立"四新",而是恢复"四旧",买卖婚姻,送礼吃酒,搞铺张浪费。

2. 在种植安排,不是按照计划落实,而是随心所欲,自由种植,说什么桑苗是金条,芋艿是珍宝,粮食和络麻顶不好等论调。有的扩大自留地,有的生产队问题很大。

3. 在经济领域里,阶级敌人煽动来一个无政府主义"乱三支"。例如:生产年年增一点,说什么增产增收,困难增多。生活上要求高,有什么买什么,出现乱借乱用。阶级敌人在政治上失败之后,在经济上来个进行破坏,破坏抓革命、促生产,破坏社会主义经济,破坏无产阶级专政,这是当前的新动向。我们必须在[用]毛泽东思想统一认识,统一思想,统一计划,统一运动。

但是个别生产队"五不抓":①"怕"字当头不敢抓。②怨者情绪不想抓。③派性作怪不能抓。④软弱无力不去抓。⑤位置不正无法抓。

贫下中农气愤地说"财权不牢,政权难保"。种不愁,收不愁,不抓阶级斗争最发愁。

"乱三支"是"一打三反"重要内容。"乱三支"主要根源是阶级敌人煽动,是当前阶级斗争的新动向,深入革命大批判。

三、划清界线,正确处理。

1. 政治工作与经济工作的关系。有的说经济工作上不了纲。

2. 个人利益与整体利益关系,个人利益要服从整体利益。"乱三支"面很广,量大,出在于群众,问题在于干部身上,根子在阶级敌人。

3. 整干部与爱护干部关系。

4. 乱与不乱的关系。"乱三支"要进行全面看问题。具体分析有如下几个方面原因:①有的是阶级敌人搞破坏。②有的政治思想工作做得不到家。③有的政策不落实而造成。④有的经营管理队伍不纯洁。⑤有的确实有困难的困难户。⑥有的干部对经济领域里阶级斗争不力。⑦有的资产阶级生活作风而造成。⑧有的无计划用钱而引起。

下午,继续听报告

对待怎[这]样和那样的干部问题。要正面做好思想工作,进行阶级分析,正确对待干部。

1. 政治问题:就是领导班子要团结统一。

2. 充分发动群众,大搞群众运动。毛主席教导:什么工作都要群众运动。相信依靠群众,在"一打三反"运动中,一定要发动群众,大打人民战争。共产党员在这场运动中是带头先锋作用,在斗争中要经风雨见世面。在斗争中,锻炼自己发挥模范作用,依靠贫下中农,通过回忆,明确无权之苦,开展革命大批判,肃清资产阶级人性论。对有问题的人要全面分析,进行政治路线方面的教育和思想教育,团结大多数,独立打击一小撮阶级敌人。

3. 坚决执行党的政策,提高执行政策水平认识,认真看书学习,学习马克思主义毛泽东思想。路线决定政策,政策体现路线。要正确处理二类不同性质矛盾,要调查研究,重证据,严禁逼供信,正确对待。防止"一风吹"对待干部超支,做好工作,提高思想觉悟,自觉斗私批修,自党进行归还或分期归还。对一般社员的超支,进行分期归还,如有确实困难户,劳少、吃口重,真真实际困难,经社员大会讨论通过,经大队批准,按"60条"规定,从公益金进行照顾。今后要适当照顾他多做一些工分,使他逐步改善。

4. 贪污盗窃,投机倒把。根据文件办事,贪污盗窃,一律退赔。盗窃物资要退还,投机倒把一律罚款。

5. 正确处理中心工作与其他工作。

以"一好"带"三好",政治统帅业务工作。同志们努力工作,目前工作很多。

①要认真看书学习,批修整风,开展形势教育。②加强党的思想建设和组织建设。在运动中审查干部、考察干部。③狠抓农村经济组织,特别是规模问题,要有[从]"四个有利"出发,搞好上层领域里斗、批、改。④财务队伍要整顿。⑤抓革命、促生产、促工作、促战备。⑥加强战备,搞好民兵工作三落实,搞好人民防空。⑦搞好"四好"总评。⑧搞好知识青年安置工作。⑨继续深入"一打三反",深挖"五一六"分子。

6. 以典[点]带面,踏踏实实地抓好"一打三反"运动。防止开头轰,中间松,后来空。根据因地之[制]宜,不同的单位不同的方法进行,从实际出发进行。

7. 要抓领导班子建设,根据毛主席接班人五条〈标准〉进行建设。以一、二把手亲自抓。抓好典型,加以研究,总结经验,进行推广。这次"一打三反"运动,分四个战役来打:

〈第一个战役:〉开展大学习、大发动、大宣传,提要求,放手发动群众,把"一打三反"打好前哨战,纠正"乱三支"。看阶级斗争新动向,查各级干部路线斗争如何,各种情况表现。

看生产发动形势,查干部群众生产干劲。

看以粮为纲全面发展方针执行,查摆好冬种植计划、收益分配、产品出售,就是把住三关问题如何。

看粮食产量,查社员口粮、饲料、种籽、储备、管理情况是否落实。

看生产资金收入,查"勤俭办社、自力更生"方针贯彻执行。

看积累提存,查分配中三者安排,国家、集体、个人关系是否处[合]理。

看财务制度是否健全,查执行程度的情况。

看财务队伍是否健全,查组织革命化程度。

第二个战役:在进一步发动群众,深入开展"四大",反对贪污盗窃,反对投机倒把,开展革命大批判。

第三个战役:反对铺张浪费,大破资产阶级"四旧",大立无产阶级"四新"。提倡勤俭办社,勤俭办一切事业。

第四个战役:集中力量、集中时间,大打人民战争,打击反革命破坏活动,进一步深挖稳藏得更深更隐蔽的反革命分子,同时深挖"五一六"分子。

8. 加强党的集体领导,提倡首长负责制,亲自抓,委员分工抓。同时组织一个小班子,负责抓生产。在运动中一抓到底,对于政策问题,严格执行,要报告制,不能先斩后奏。发现新问题也要及时进行汇报。要集体统一领导,不能个人说了算,不能个人包办团体。

在中午,抽出一段时间开会

陈松林同志贯彻:

1. 关于公社负责造机乔[桥]问题,现超原计划。

原因是:①乔[桥]形变化增加材料及运输量。②原计划照三里桥设计民工,这次因下雨特殊造成损工。③因乔[桥]两土要加400多方,挑土。④以前装运材料吨位不足。

据以上情况,所以翻一翻[番]。对于负担问题,今后算平。现在民工根据2 400工计算到大队。联民负担232工,已经做44〈工〉,加1人30〈工〉,还少158工,再增加3名(共4名,明日报到)。运输10吨,听通知。

2. 合作商店问题。

3. 四联留下,研究坍掉这个桥问题。经讨论统一:四联负担小工,其他不负责。决定在到硤石订合同时,每个大队去1人。

李炳松同志传达关于分配问题

今年的分配根据毛主席教导:中国应当对于人类有较大的贡献;备战、备荒、为人民;农村的阵地,社会主义如果不去占领,资本主义就必然会去占领;正确处理安排三者关系。

今年各大队准确分析一下形势,今年生产情况在春粮、早稻丰收的基础上正确分析,当前晚稻情况,生长加强后期管理。除发现黄矮病严重的田外,一般生长良好,丰收在望。但是正确估量,防止两种偏差。抓好秋收分配,关键在于领导,以前在分配上出现一些问题,特别在粮食分配有的三七开,有的提出一部分按劳分配,这不符合政策,坚决纠正。对经济上也出现乱分、毛分、随便分。要纠正掌握政策。为此,提出几个意见:

1. 坚决要执行党的分配政策,认真落实,不折不扣地按照政策办事,凡是不符合政策坚决抵制,向上汇报。正确安排三者关系,不能头轻脚重,要统筹兼顾,合理安排。留足种子一套半,饲料粮、储备粮、口粮按"老三定"按需分配,15%按劳分配。这样做能使"四属一户"能吃到一般的口粮。

2. 经济分配。据各尽所能、按劳分配原则,在正常年景下适当增加社员收入。要留足下年度生产资金,上交部分,国家公粮资金。副产品分配一般按需分配。

3. 财务工作。要把财务账目清查一次,贴榜公布,让社员进行审查。公布采用贴榜和个人相结合。

4. 支部加强对财务工作领导,如发现错的话立即纠正。试算方案,经支部审批后进行分配。

5. 〈对〉进行破坏分配的阶级敌人要进行斗争。

陈福才同志关于生产上补充意见:

1. 分配上。

2. 生产上,主要是春粮下种,对于种子问题。

3. 在文化大革命期间所借的书籍马上去归还。

1971.10.25

下午,大队召开生产队正付[副]队长以上会议

汇报如下几点意见:

1. 关于这次公社会议的情况。

2. 分配工作意见。

3. 生产工作意见。

①当前要抓好晚稻后期管理,不能放松,特别是病虫害问题。②现有[在]要进行灌水,促使保温管[灌]浆。③冬种问题:油菜及时下种,精细培育壮苗。早大麦(经验介绍,翻前贯彻参考)。要求:今年的播种量适当增加,同时现有小麦种子进行筛一筛,选一选,晒一晒。检查一下,如[是]否有毛病,这项工作要认真对待。④今年要求:深沟阔轮散播。同时要扩大土地利用率,干地、阔轮,要求"龙乔式"。除深沟外,浅沟里多播满麦,这是春粮增产有利[力]措施。⑤施足基肥。要求无肥不下种,当前计划一下。

1971.10.27

出席公社会议

参加人员有大队、机站及会计。李炳松同志传达:

1. 总结前段今年的形势。

2. 当前存在问题。①计划面积不按照国家计划面积,特别是络麻,专桑内间作。②产品出售问题:计划面积芋艿分给社员,变相出售,助长社员资本主义,山茹出售高价,有的干部带头搞。

3. 收益分配。表现在:①三者安排上出现"三光四不留",有的队把国家、集体丢在一边,现钞分光,连生产成本分光,少留公共积累,也不留储备粮。②在粮食分配,花样很多,准备搞按劳分配。③柴草分配,生产粮食按需分,生产经济按劳分,社办企业口粮低标准。柴草没有份[分]。④财务制度不严,出现三支贪污,挪用也有。

下一步工作意见:

1. 高举九大路线,认真看书学习,弄通马列主义,用毛泽东思想统帅工作,搞好当前生产和分配等工作。

2. 秋收分配,认真执行党的分配政策,正确安排三者关系,合理安排国家、集体、个人关系。认真落实毛主席备战、备荒、为人民方针。

(1)保证完成国家任务。

(2)保证留足种子1套半至2套,同时留好储备粮,在后留好口粮、饲料,有条〈件〉地方留部〈分〉居[机]动粮。在口粮分配上按"老三定"加15%,最高不得超过575斤。对具体分配上要确保三属四户、下放人员等能吃到一般口粮的标准,能使强劳力〈分到〉哨[稍]微高的口粮。为此500斤按需分,15%按劳或按需分。

(3)在经济分配:各尽所能、按劳分配原则,我们尽可能在正常年景下,逐步增加收入。归还到期贷款,应交大队摊负及水费,留足下年度生产基金,合理提存公共积累,不能过多或过少,有利发展生产再生产,在这基础上增加社员收入。坚决反对少留多分,"三光四不留",如果这样的队立即纠正。

(4)对付[副]产品分配要合理,除提存集体需用外,大部分按需分配。

(5)对社办企业的分配同样看待,不能两样。

(6)对社办企业的交积累问题,不能采取那样,都要合尽[情]合理,买工分也要合理。

(7)72年度对社办企业,一律采用交公共积累,由生产队向企业单位结算。

(8)生产队集体牧场向生产队所取东西,一律要入账(这次牧场发现混账)。

（9）在计划产量上，要正确估产，改正过去小山茹不计产。猪吃麦夹头、稻穗头都要计账，不要外塘过❶，不计产。

（10）男女同工同酬，改进过去不合理制度。在分配工作中：①财务清理，公布账目，各队都要公布一次。②不准毛分，一定要造出方案。③健全财务管理制度。

3. 生产工作问题。

（1）加强晚稻后期管理。①地改田的稻还要灌水。②管好稻，管理好鸡鸭问题❷。③做好秋收准备工作。④在收割中要精收细打。⑤选留良种，贯彻四自方针，每队确定3—5只当家品种。⑥冬种问题：据县农业会议精神贯彻执行，落实计划面积，大麦能满足，计划一定要落实。⑦82式深沟阔轮要大搞，除络麻地外都要搞阔轮。⑧种子调济［剂］，搭配好和处理好。⑨积足肥料，打好底肥。⑩要抓住季节保丰收。

（2）大搞农田水利基本建设。①大搞平整土地，有的大队已开始。②每只田垾规划好，排溉二用渠道。③渠道整修，需要很好地整修一下。④疏通引水河道。⑤机耕路自己大队打算。⑥机械维修，检查，进行检修一下。⑦水利物资分配问题，一次分配，不作他用。

4. 其他工作。

（1）加强战备工作，提高警惕，保卫祖国。发抢［枪］，大队要检查一下。

（2）血防工作，还要大搞一下。大便没有交清，继续发动一下，延长普检大便时间。

（3）水管、粪管问题。晚稻收割前要搞一下。

（4）知识青年建房问题。各大队要负责好，使他能安心下来，各级党支部对各方面加强领导。

1971.10.31

出席到永福大队参观

内容如下：

1. 晚稻后期生长情况。
2. 春粮下种，深沟阔轮，龙桥式。
3. 选留良种，四自方针，一辅。

郭关荣同志补充意见：

1. 选留种子。
2. 水管粪管。
3. 绿化造林，留好种子。

我大队参加人员有：立新队沈尧兴、红旗队陈康裕。

1971.11.5

上午，李书记总结报告

这次党员大会在1号开始已将〈近〉4天，即将结束。这次到会全体党员有435人，实际报

---

❶ 外塘过，指分配的东西不进账。

❷ 鸡鸭会去稻田里吃谷子，所以生产队要求农户管理好鸡鸭。

到有 4 队。其中准时到会的有 391 人,迟到的有 20 人(其中有 1 人私心彭[膨]胀退出)。

通过传达中央重要文件,学习讨论,明确到这次会议重要和领会如下三点:

1. 这场斗争的性质和意义。当前形势很好,正是阶级敌人难受之时,在埋藏在党内的定时炸弹自我爆发。

2. 明确林彪是什么货色。剥开划[画]皮看本质,不是我们的接班人,而是谋害我们伟大领袖的罪魁祸手[首],不是我们的好榜样,是我们的死敌,是大阴谋家、大野心家、大叛徒、大卖国贼。

3. 明确到对无产阶级感情,抓革命,促生产。我们要狠抓革命,猛促生产,积极工作,做出实际成绩来回激[击]。把工作抓好,抓紧"一打三反",抓好秋收秋种,抓好秋收分配。把战备做好,抓好民兵三落实,管好公路,严管四类分子,严防阶级敌人破坏。

但是在会议中还存在一些问题:

1. 有些怀疑思想,要相信,按照中央指示办事。

2. 担心,想不通(例如接班人问题)。

3. 林彪职高,样样有,为什〈么〉要反,想不通。

4. 思想上想不通,林彪九大讲话,想不到出这样个大事情。有的说:我早就看出。有的说:中央捧上去。有这种说法,是十分错误的。不懂的不要乱解说。

这次会议有三条收获:

1. 学习毛主席再[最]近 7 个重要文件,学习马、恩、列、斯语录,认真学习,认识到这次是受到一次集体政治生活中及[极]具[其]重要大事,提高了三个觉悟。认识到路线斗争的重要性和复杂性。提高了继续革命的信心。他叫我们干工作,我们坚决不答应。认识到自己过去不相[想]当干部,是错误的想法,坚决纠正。

2. 受到了一次党的基本路线的教育,提高了执行毛主席的基本路线,自觉性更高了。新的领导支部,有路线斗争。二条道路斗争是很尖锐的。

3. 提高了对伟大的领袖毛主席的无产阶级深厚感情,更加热爱毛主席。表示坚决团结在毛主席为首的党中央周围,努力搞好工作,以实际运动来〈表明〉保卫毛主席、保卫党中央的决心。

个个都表决心如下:

1. 认真看书学习,弄通马克思主义。认真贯彻中央 7 个重要文件,带领群众深入学习,要搞团结。

2. 深入发动群众,开展革命大批判,抓紧"一打三反",深挖"五一六"分子,不取全胜,决不收兵。共产党员带头纠正"乱三支",通过斗私批修,带头在斗批改中该[敢]于批判,达到团结。

3. 狠抓革命,猛促生产,修订计划,订出措施。看干劲高不高,出劲大不大,质量好不好,大破好人主义,高标准,严要求。

4. 加强战备工作,"搞储备粮",要提高警惕,严防帝修反,严格管制四类分子,如有破坏,坚决打击。搞好民兵建设,团结起来争取更大的胜利。

回去贯彻问题:按照中央指示办事,认真做好贯彻准备工作,统一思想,进行贯彻,抓紧抓细抓好。在 10 号前贯彻到群众。分二步:

1. 准备工作,通过学习马、恩、列、斯、毛主席语录,摸清情况。

2. 传达讨论中央文件时,抓住三个环节:①宣读中央文件,着重是57、65❶,毛主席"我的一点意见"。要反复传达,要传达两遍。②忆:领回[会]文件内容,认识活思想,要掌握起来。③根据活思想进行讲。中央对林彪过程、斗争、目的(例如:二项计划,一个目的)。讲:林彪埋在党中央的定时炸弹,自我爆发是大好事,是毛主席的伟大胜利。林彪与陈伯达路线的关系。我们的态度是要求纠正不正之风,揭[激]发广大群众对林彪无限仇恨,对毛主席无限热爱,开声讨大会,做好工作。

贯彻情况及时上报,保密工作,继续搞好。

整改问题:

1. 林贼诗、活学活用语言、"四个伟大"不准用。

2. 林贼像、语录清理清理收集上交。

3. 林贼九大报告、军委扩大会讲话、文娱座谈会纪要修改后再用。等通知。

4. 林贼印发的斗争史、党史不准使用。

5. 林贼大海航行歌、三八作风歌不准唱。

6. 林贼印刷单位:排板[版]的,需经审查过。今后在讲话中要注意改过来。

7. 对于建筑物、搪瓷杯等,发动群众,把他搞掉。

8. 票证面很大,有步骤作出处理。

9. 课本上,如有少量,除掉再用,有严重的,干脆去掉。

10. 在处理中要严格注意,特别是和毛主席一起的像要收起来,上交上来。

同时,要注意问题:

1. 注意掌握活思想,在讨论中不能追枝节问题。

2. 注意保密工作。

3. 注意做好不听传达的思想工作。

4. 注意阶级斗争新动向,严格加强对四类分子监督及注意他们的活动。

5. 有外国人,有回国华侨,立即报告。

下午,听陈福才同志报告

"抓好两个结合"。中央文件中指出:认真看上[书],学习与弄通马克思主义结合,抓革命、促生产结合。①血防工作问题。②秋收冬种田。③年终分配问题。

一、关于血防工作。

注意:紧;松;垮台;重来。

县委马汉民传达王若山对血防工作提出几点意见:

1. 血防工作要提到上纲上线来认识。

2. 加强领导,党委要提到议事日程上来。

3. 发动群众,要有一套消灭办法。

4. 要耐心地做好群众工作,耐心说服教育。

5. 建立制度。

我们干了几十年革命,对这项工作不抓好是对待毛主席态度问题,是对备战、备荒、为人民

---

❶ 分别指《关于林彪叛国出逃的通知》《关于进一步扩大传达林彪事件的通知》两个文件。

问题。

下一步打算：

1. 坚决落实毛主席指示,一定要消灭血吸虫。要用愚公移山精神。

2. 订出、写出报告。

3. 从现在起到春花止,订出措施,订出计划。

4. 专[转]变作风,调查研究,总结经验,解决困难。

5. 各公社、镇要向县委写出报告。

公社根据以上精神提出意见：

1. 要进行复查。情况如何,作出计划,进行汇报。

2. 大便普检初步搞好,现发觉 80 多人。

3. 粪便管理。办法发动群来搞,上级要求施宿粪❶,不能施鲜粪,交群众讨论,大家想办法、出主意。

4. 要求吃井水,达到百分百的要求。打井这笔开支可将公益金开支。实行分塘用水,马桶不要在河里洗。

二、关于秋收冬种问题。

1. 要适时收割,注意防止两头:过青过熟。精收细打。

2. 选留好当家品种,留足 1.5—2 套种子。要求明年晚稻不要搞"早翻早",明年搞些早粳、中粳。

3. 春花要求深沟阔轮,宽度 10 公尺左右,深 2 尺。旱地作物:搞密植,宽槽阔轮,适时播种。

4. 种好绿肥,特别是专桑地。

5. 平整土地,大搞农田基本建设,大搞积肥。

三、分配工作。

1. 重要性:搞好分配是关系到备战、备荒、为人民关系,经济政策落实,关系到调动群众增加生产,推动"一打三反"。

2. 指导思想:兼顾国家,合理安排好三者关系。继续狠抓"一打三反",批判资本主义倾向。

3. 具体安排三者关系。保证完成国家任务。

1971.11.10

大队召开揭发批判声讨大会

1. 联民大队党支部周志华同志揭发批判。

2. 东风生产队周胜林同志揭发批判。

3. 红星生产队李叙康同志揭发批判。

4. 红江生产队朱建康同志揭发批判。

5. 立新生产队胡少祥同志揭发批判。

---

❶ 宿粪指在粪窖里(或粪缸里)放了几天的粪,与此对应是鲜粪。

6. 东方红生产队陈德甫同志揭发批判。

7. 红旗生产队顾馀德同志揭发批判。

8. 胜利生产队冯恒兴同志揭发批判。

9. 大会总结有［由］大队党支部王张堂同志讲话。

到 4 点多大会结束。掌握［主持］会议，由我负责。两个通知：①3 吨石灰问题。②小麦调种问题。

1971.11.11

出席公社听电话会议

传达省××号文件，关于认真抓好秋收冬种，切实抓好。

毛主席语录：一定要消灭血吸虫病。全党动员，全民动员，消灭血吸虫病。

浙江省革命委会关于基本消灭血吸虫病的五条要求：

1. 毛主席的"送瘟神"光辉思想家喻户晓，深入人心。

2. 开展了全面灭螺斗争，经过复查消灭，找不到钉螺。

3. 凡是能治的病人和病牛全部进行治疗。

4. 搞好了粪便管理，改善饮水用水条件。

5. 有一支革命化的赤脚医生为主体的血防专业队伍，有一套巩固的制度。

1971.11.13

下午，召开生产队正付［副］队长会议

内容主要是抓革命，猛促生产。贯彻公社生产会议精神。

同时根据本大队情况提高［出］几点意见：

1. 初步总结我大队的生产情况。当前秋收进度比较快，有几个队山茹基本完成，正在潜［全］力地投入抢收晚稻，及时做到下种。油菜苗发育良好，抓好除虫关。有的队做好平整土地的打算，大搞基本建设，想尽办法积肥。但是与毛主席的指示还相差很远。生产不平衡，有的队资本主义倾向发展还存在。有的队在计划上问题很大，心中无数，多种粮食，没有多吃思想。有的乱搞多种经营忘记了纲，自由种植，做得［到］哪里算哪里，心中自由。要看到今年的秋作物比去年相差一个多星期，小雪 11 月 23〈日〉，大雪 12 月 8 日，要看到问题。

根据全大队情况，秋收冬种任务，要求高、季节紧、质量好情况下，当前要求各生产队干部团结起来，狠抓当前生产，不违农事［时］。是否把这项工作认真安排一下，特别是当前有几片早熟的田迅速及时收割。同时安排大麦的田及时下种，否则脱季节。县要求在小雪前完成大麦，大雪前完成小麦。计划一定完成。春粮要狠抓，在秋收中防止浪费。

2. 充分发动群众，做好选留良种，认真做好这项工作。我们有经验教训，要求各生产队注意明日打算，消灭早翻早，适当搭配中熟，提倡中、晚粳。每个生产队明年种子田要进行粒选，搞试验的也要进行选种，一定要做好这项工作。

3. 秋收冬种，结合大搞平整土地。使用夜里搞，同时开好深沟，降底［低］地下水位。

4. 要求各生产队订出晴、雨两套计划。

5. 分配工作。①注意三者安排,严防两种倾向。②社员口粮问题,"老三定"加15%队平,交上国家任务,按照去年水平。③狠抓计划调粮,节约用粮,特别防止造房子、讨娘子、铺张浪费,坚决刹住这个浪费。"一打三反"按县委布置,有步骤进行。

6. 血防工作:二管一灭,一定要做好。

7. 出售问题:按照国家规定,完成国家任务。

出席联丰大队、公社召开治虫会议

1. 消灭当前大小麦害虫,主要是蝼蛄危害严重,用菜并[饼]5斤,敌百虫放1两,没有敌百虫,2两66粉或"二二三"。这种虫,据气候有关系,要到零下〈温〉度停止活动。没有菜并[饼]可用麸皮抄一抄。

2. 麦上或油菜上发现蚜虫就是蚤。要求普遍治一次,用乐果或"二二三",还有只叶蝉,要在冬季号召三光减虫。敌百虫并。

3. 乐果拌种,每百斤麦10斤,2两乐果进行喷雾。

4. 石灰水浸种问题,特别是无芒六棱黑穗病。

1971. 11. 18

红江公社 1971—1973 粮食、油菜一定三年〈指标〉　　　　　　　　　　　〈单位:斤〉

队别	粮食征购任务	其中三超粮	统销指标	油菜籽包干指标
〈合计〉	24 390	7 690	46 000	13 678
东风	5 900	1 700		2 327
红星	8 460	1 560		2 232
红江	6 880	1 580		1 377
立新	1 000	1 000		1 662
东方红	/	/	7 800	1 425
红旗	/	/	29 500	1 140
向阳	2 150	1 850	/	2 090
胜利	/	/	8 700	1 425

1971. 11. 18 在公社会议摘记

出席公社财务分配工作会议

李炳松同志:

1. 报表问题,有[由]郭同志介绍。

2. 关于财务规章制度问题。

3. 当前工作:①经济"乱三支"问题。②储备粮普查问题。

4. 其他几个工作。

※关于"乱三支"问题，当前通过分配，已扣了部分，粮食在早稻已回收部分，但数字不够明确，所以要普查一次。办法：首先解决思想问题，发动群众，这是关系集体经济巩固，关系到干群团结，关系到发展生产，关系到支援国家建设问题。也就是"四害"，害国家、害集体、害自己、害子孙，所以非清不可，在解决思想问题，一切就好办了。在这基础上，划清界限，"乱"与"不乱"问题。笼统讲"乱三支"，不符合客观，要过细、全面看问题。看特殊，要划清界限，搞清楚。在划清界限中把"乱三支"处理好。如果发〈现〉新情况，例如，"乱三支"户透支怎么办，这个问题已要解决，订出计划分期进行归还。在处理这项工作的基础上，落实订出制度，今后一定要按制度办事。在这过程中特别要注意政策问题。

※储备粮清查工作。准备全部收割完成后，全公社开展全面大检查一次。

※其他工作。秋收冬种问题，当前看进度不平衡。由于今年气候关系，成熟期推迟。当前季节问题要求立即进行收割，在收割同时，选留良种，要求明年种子田进行粒选，最低要求穗选，大田进行片选。这项工作是主要问题，一定要进行选好。

※冬种问题：主要抓质量关，今年轮阔、沟深、密高，这是夺取高产的有利[力]措施。

※山茹私自调出，特别是荆山。凡是非法的粮票要退还，价格提高到 2.40 元。

※血防工作特急，抓一抓。

※绿化工作。要把种子留好，要大搞。现在要建立组织，"绿化领导小组"公社建立，大队也要组织 3—5 人，一般是蚕桑线负责。生产队也要组织 3 人，自力更生解决木料问题。这个一定要搞起来。要求每人种 15 支左右，生产队准备种籽 20—40 斤，留好苗地。5 年左右，自力更生，县不再供给。3—5 年达到每 60—80 支，自力更生有奔头，绿化造林有苗头，树木高过几人头，再歇几年梁条和柱头，不问国家要木头。为革命种树。

※桑苗问题。以前汇报数字是否准确，如果需缺，立即汇报，要定下来。多余桑苗，县里进行调配，我们公社据以前报数，调出几万支。

※维生素"5406"，10 斤菜并[饼]，100 斤泥，堆高，上面盖稻草，上面发白可用。施用后，粒籽饱满，重土壤松，促使作物生长发育。这只细菌肥料，凡超过 30 度要死。在施用时不能和胺[氨]水、肥田粉并施。

※注意火烛问题，防止失火。

1971.11.22

大队召开正付[副]队长及会计、出纳会议

补充意见：

1. 关于当前生产问题：进度不够平衡。

2. 秋收冬种问题：狠抓质量关。

3. 春花作物除虫。

4. 绿化造林。

5. 选留良种。

1971.11.24

出席公社书记会议

首先有[由]李书记传达出席县会议精神。

1. 听县委各负责同志讲话很多,主要是王书记的讲话。他首先讲第一个问题:关于贯彻中央 7 个重要文件后要进行,重要是进行总结,分几个问题:

(1) 分析情况和特点。各级领导多召开会议进行贯彻,进行传达时县委搞了几点,从重党内到党外进行传达。在进行中,宣读文件,领导讨论,开展批判,进行总结。全县受[收]听的 38 万人,最大的有 89 岁,最小几岁。而一个特点,各级党委抓得紧。讨论也就是这样情况,看来农村比城镇好,特别是贫下中农与工厂老工人。多讲:挖出坏蛋,免了一场大祸。有的进行回忆诉苦,提高觉悟。各级领导重视,这次会议比任何一次好,有组织性、纪律性。领导重视,发动透,组织讨论。

(2) 这次贯彻中央文件,时间紧、要求高,各级领导亲自抓,抓紧、抓细、抓好。

2. 具体领会。

(1) 抓骨干的培训。全县 22 648 名党员多[都]带头(四带头)。

(2) 反复宣讲文件,典型引路。群众自己教育自己。四个想不到:①九大刚开过。②恶独[毒]阴谋。③职位高。④……

(3) 开展回忆对比,加深回忆历史,受过去苦,"归[旧]账一翻,脑子清",对毛主席更加亲。认真认识到搞无政府主义是不行,提高觉悟。认识得[到]三次得解放:①1949 年。②文化大革命。③这次林贼。

(4) 联系现实思想,开展革命大批判。当初认识是非难分,糊里糊涂,称:听听急杀[煞],想想气杀[煞],难以进行批判。通过听取文件,特别是毛主席"我的一点意见"后更明确,都进行狠批狠揭,做了皇帝要等福——野心透顶。

(5) 同时消除怀疑一切。

(6) 以中央文件为动力,狠抓二个结合。

3. 明确几个收获。

(1) 认清林贼的阴谋目的。

(2) 明确到路线斗争规律,提高了觉悟,与林贼的斗争是〈与〉最大最阴险的〈人的〉斗争。

(3) 加深了对毛主席无产阶级感情。提高了对九大的自觉性,做到"三要三不要"。

4. 存在问题。

(1) 有的领导对这场斗争不重视,"存三过" ❶。

(2) 各单位存在不少糊涂思想,在农村中唯心论思想,干部中埋怨情绪多,青年之中怀疑多。

(3) 小道消息、政治谣言还存在。

(4) 少数同志怀[畏]难情绪,特别小学教师。

5. 如何深入。首先要求各级进行分析,组织总结,从本单位具体情况。

---

❶ 原文如此。

（1）贯彻中央文件，要抓紧、抓细、抓好，中央要求在 11 月底贯彻好，反复学习文件。有认识不清的要进行补课，对政策谣言要办学习班进行教育。根据不同情况进行加深。理论联系实际，《红旗》杂志 12 期，就是进行加深认识，学习与三个斗争结合，要与当前生产结合。

（2）要把这个教育提高到"三要三不要"这个上来。掀起开展大批判，掀起抓革命、促生产、促工作、促战备。

（3）密切注意阶级斗争新动向，现在花样很多，要进行追查。有的指向毛主席，破坏干群关系，破坏军民关系。政治性谣言要追，性质严重坚决打击，文件保管好。

（4）整改问题。

（5）坚决贯彻九大团结路线，正确处理二类不同性质的矛盾。

6. 今后要抓的几个工作。

深入贯彻 7 个文件，"一打三反"，深挖"五一六"，紧跟形势，深入开展革命大批判，狠批无政府主义。农村当前纠正"乱三支"，搞好的地方，开展"一打三反"。

深入 7 个文件与抓革命、促生产结合起来，开展农业学大寨，要进行总结一下。经验教训，粮、油、棉、麻总结。分配要搞好。三者关系安排好。其他工作：血防、教育、绿化都要结合。农村在批判中，不按计划生产要进行批判，当前这个萝卜问题。总结现象看本质。

下午讨论，最后有[由]陈社长报告：

1. 秋收冬种问题：总的情况是好的。在这次 7 个重要文件贯彻推动下是提高三个觉悟，促进了秋收冬种，据全公社收割基本结束，少数队还未脱粒。在冬种大麦完成，小麦已 70%—80%，油菜种了部分。质量问题。大多数搞阔轮深沟，各条战线搞了试验田。今年秋收冬种是好的，但是有三个问题特别注意：①当前收割冬种搭季节，不但影响当前，〈也〉害了明年。②学先进、倡[创]新业信心不足，守老摊摊不想上进，认为上面不响，下面仍旧老思想。不重视，推不开。③当前领导精力不集中，劳动分散，塔[搭]季节❶。

据以上情况，提出几点意见：

（1）季节问题。要把全大队进度排一排，检查一次，发现问题如何赶上去。

（2）质量问题。工作毛草[糙]，没有底肥，又没有很好管理。春花除虫不重视。

（3）选留好晚稻种子。注意三个问题：①无病、黄芽病秧。②留好的品种，如不好进行调好。③留足一套半种子。

（4）及时防除虫害：今年冬种特别注意叶蝉，搞一个三结合、三面光运动。

（5）一组三田，希各大队抓一抓。试验田党支部、团、各条战线都要搞，现在妇女搞得比较好，大队有生产队，各条战线有。

（6）农田基本建设，冬季积肥运动，各生产队都要搞。

2. 分配问题，按照 66 号通知办事。①全社不平衡，有的增，有的减。要求：大队支部各生产[队]审查一次。②对"超支户"问题是〈多〉方面的，要准确处理这个问题，防止"一刀切"。我们提出分别情况，区别处理，订出计划，分期归还。③注意应留不留或少留。这个大队在审查中注意，我们这里不留，是说不过的。要求：留好的。

3. 血防工作。在大队领导重视下，取得了不少成绩。但是县委今年要求基本上完成血吸

---

❶ 当地土话，意思是延误了作物生长的季节。

虫病。①发现钉螺,马上动手。②大便检查,准备继续进行搞。③二管问题:水管、粪管。要求要做好,没有吃上井水,生产队要解决问题。

4. 绿化问题。准备开个绿化会议。这是毛主席号召过:绿化祖国。当前联新大队有二个生产队在 10 年可以造 150—200 多间屋。

明年要求:自力更生,这个工作不抓不行。

1971.11.25

夜,参加东风队生产队会议

1. 周胜林同志讲几个问题:质量问题、浪费问题、误工问题。

2. 邵左兴同志补充意见。在今日发生这个问题,希群众讨论队长是否做得对:①质量问题。②浪费问题。也召开现场会议。本队还有 20—30 亩水稻未收割。

杨仲明同志讲:今日周胜林同志这样做是符合这样,今日这种做,我看阶级敌人插手,还有个别团员拔黄豆,放在袋里。个别团员老做。

忠裔讲:今日做法是符合当前形势。

王六彩讲:今日发生这个问题,胜林和我讲,同意这样做,质量抓好,特别是油菜一定要抓牢。干部做差大家提意见,如果做得对,大家也要提意见。在今日拔黄豆放在袋里,建华拔黄豆放在袋里,今后不要做。

邹瑞康:讲团员要求严,社员与社员也要提。

韩仁财谈:周胜林今日这样做是对的,浪费粮食的确不对头,早稻浪费很严重,就是要减少浪费。

邹瑞康讲:我们班做得不好,教育了别个班,坏事变好事,使今后做得好些。这样做是完全正确,我完全拥护现在抓,就是抓得及时,非抓不可。深沟阔轮,是丰收增产关键。农民只有搞好生产,增加收入。但是有个别说"老早抓,没有怎样苦"打激[击],讲现成头❶。

1971.11.26

出席公社现场会议,在联新召开

上午走一走,下午听介绍。

联新红胜生产队张生华同志介绍:我们生产队从 68 年开始种上。我们生产队 38 户人家,由于本生产队在[受]日本鬼子迫害,在居住上很困难,所以响应毛主席号召"绿化祖国"。我们生产队在 68 年有[由]张德芳去买 40 多斤种子,当年下种到下一年出售,产值 400 多元。现在我们队已种上 3 000 多枝,今年又采了几十斤种子。响应县党代会决议,10 年自给。现社员有一户 180 多〈枝〉,共计 3 000 枝,平均每人 30 多枝。要求达到日里不见村庄,夜里不见灯光。

张钱宝同志介绍:本生产队在农业学大寨,活学活用毛泽东〈思想〉新高潮,响应落实毛主席指示,在 67 年开始种,为了多方面的需要而种植。首先统一干部思想,发动群众,明确了方向。在这基础上到碳石订 1.5 万枝。我们第一次失败,后来种植树较好。当时出现很多活思

---

❶ 当地土话,意思是自己不参与做事,别人做好了,他讲起来比做的人还头头是道。

想:①弄掉。②拔掉。③适掉。④远水救了近火。⑤怕分并队。⑥有的骂人做死。⑦公私矛盾。⑧阶级敌人拔树掼掉。

后来通过斗争取得胜利。后来自己队里进行苗补自己解决,而发给社员。全大队 5 万〈枝〉左右,我自己有 80 多枝。种了树木,能巩固集体经济,积累资金。有的说种了绿化减少粮食,但是我们生产队是增加产量,逐年增加。

今后打算:采种育苗,加土培土。

过程:现适宜采种,浸一星期,洗净,晒苗藏好。春分、惊蜇[蛰]时下种,每亩 50 斤,清明出苗,松土散苗,施上肥料,到 6 月里定苗、施肥,定 7 000—8 000 枝。

联民大队绿化领导小组。经张堂同志研究决定:王有宝、冯恒兴、陈夫康、徐杏林、祝永乐。

汇报:需要估计树苗,拣[楝]树 5 000 枝,水杉 1 000 枝,悬铃木 500 枝。

陈福才同志补充传达说:

1. 对搞好绿化的意义。思想要统一发动,把重要意义统一干部和社员。要不要搞绿化,认真讨论发动,达到每人 15 枝任务。

2. 狠抓活思想,大破依赖国家,都要自力更生,从各方面多[都]要自力更生。集体、个人种植,但是很多活思想要解决,通过大辨[辩]论的基础上,订出计划,落实种植。

3. 组织领导问题。公社生产指挥组直接管,生产大队要组织。生产队要有专人管理,是否农业队长兼或对绿化树苗比较热心的人来管。

回去首先发动,落实树苗,保护好现有树木,采好种子。明年要求自给,要重视培育。在发动中,桑园间作问题要注意。

1971. 11. 30

下午,在大队召开支部委员及革领组人员会议

提出如下意见:

1. 当前生产问题。在完成秋收基础上开展一次抗旱,为了解决当前旱情况比较严重,大麦、小麦对出苗受到一定影响,提议召开一次农业队长会议,统一思想后进行。

2. 绿化工作问题。今冬采种,重点安排。县、公社要求迅速落实,立即发动造林活动,落实好各生产队计划,树苗保护好,现有绿化建立好组织,加强对这项工作的领导。

3. 分配工作问题。按照省委××号通知办事。合理安排三者关系。正确处理粮食和经济上的安排,特别是种子问题,一定要留足 1.5 套,生产成本要留足,严防应留不留储备粮。同时从现在开始,宣传节约用粮,防止浪费,号召节约为荣、浪费为耻。这次会议参加人员有:王张堂、周生康、冯恒兴、周彩仙、李叙康、贾维清。

讨论决定:

1. 明日下午开正付[副]队〈长〉会议。重点绿化。生产、积肥。12 月 10 日开始,桑树增枝。桑苗统一汇报一下,积肥安排。油菜质量关。

2. 机站房子及填河统一要做。

3. 秋冬蔬菜问题,主要发展牧场,早稻秧田,络麻田苗种一埭,稀桑也要种。

4. 照顾户。

优抚费:周生林 20〈元〉,陈阿康 15 元、布票 20 尺。

社救:王根良 10 元,冯子康 15 元,翁必祥 10 尺布,陈望元 10〈元〉、布票 15 尺,沈才才 5 元,陈雪兴 10 尺。还周生康加工装 10 尺。

军属照顾:陈有根 50 元,陈阿康 50 元,朱建康 40 元,冯鹤鸣 40 元,周生康 50 元,陈乔生 40 元,陈望元 45 元,陈少夫 45 元,陈树丰 30 元,徐杏林 40 元,张其清 45 元,冯祖英 30 元,袁荣荣 35 元,王根良 20 元,合计 560 元。

1971.12.1

大队召开正付[副]队长会议

贯彻内容如下:

公社会议精神。①生产问题。②绿化问题。③下一步工作意见。

经讨论统一思想决定如下:

1. 一致通过,社救款及布票照顾到户的办法及 71 年度军属补贴。

2. 同意大队提出的全大队下一步的工作意见。

3. 一致通过机站加工厂房屋接平及学校边填河,同意在 12 月 10 日后,冬种基本结束专[转]入积肥时开展这项工作。

4. 订出落实绿化计划,订出需要树苗数:

〈单位:枝〉

队别	拣[栋]树	水杉
东风	900	200
红星	900	200
红江	900	200
立新	400	100
东方红	900	200
向阳	900	200
红旗	900	200
胜利	900	200
机站	400	100
合计	7 100	1 600
总计	8 700	

1971.12.3

下午,血防会议

陈福才同志报告:对下一步工作意见。

1. 认识思想问题:血防工作一定要提到路线斗争、战备、阶级、群众、生产五大观点上。在血防战线上有二条路线,一条是毛主席革命路线,一条是修正主义路线。当前来看,存在认为:

①我们这里是轻地区,死不了人。②我们轻地区,粪便不搞也不要紧,关系不大。③对粪便管理上,前段集中有困难,小型也不想做。④还是讲究实效,不是形式主义,还是短期,还是长时期,管理员,没有意思。这种思想存在是上马还是下马,也就是一定要消灭,还是弄过去看。实质上是两条路线斗争,并不是上纲上线,本来是纲上线上的事情。

2. 按省委的五条要求,县委提出一定要消灭血吸虫病。①大便普查扫尾,要求在 10 号以前做好。②现有钉螺面积,要求在 10 号完成土埋,保证质量,不能马虎。未查的,我们要求在今冬搞三面光。灭螺、除虫、积肥。石灰氮存留。这个运动在 15 号左右打算搞一下。③治病人问题,全公社 7 人,盐官 5 人,要求在 15 号前完成的确有困难。④粪水管理,原则因地之〔制〕宜,统管起来。自力更生,土洋结合,管好粪便,发动群众。管好粪便,今后方向三隔式,是河石式。小型集中方法:要求每个大队搞出一只作典〔点〕,全面推广,同时搞环境卫生。

水:要求普遍吃上井水,如果生产队帮助解决分塘用水。在抓好血防工作同时,做好计划生育工作。

3. 领导问题。①要求把毛主席"送瘟神"思想家喻户晓。开会贯彻外,生产队也可以搞些宣传,但是不要乱写村史。②发动群众,搞群众运动,当前来看主要是大便管理。③抓好典〔点〕做出样子,进行推开。要求干部带头做样子。④各单位、各部分配合这次运动。⑤组织领导问题,再明确一下。大队血防领导小组,由副书记兼组长,原来不能推,共青团书记、妇女主任,请他们参加,还有赤脚医生。落实报公社。抓好这个工作,13 号迎接省委来检查,半个月。

××号文件:①"送瘟神"思想是否家喻户晓。②五条标准。③计划生育。

讨论:①血防工作要不要搞。②公社提出要求你是不是能做到。③回去打算开几个会,开到哪一级,典〔点〕在哪里。

1971. 12. 16

下午,大队召开各生产队会计会议

补充如下:

1. 关于今年的决算问题,一定要按照党的政策办事,如有不符合党的政策,坚决纠正(65年平均每人收入 89 元,欠款 1002 元)。

2. 信用社回笼问题:到期集体贷款。

3. 上交大队水费等款。

4. 合作医疗收费问题。

5. 决算前要做的工作:①清理账目。②核对产量。③工分。④结清各项经济账。⑤同社员核对好。⑥跨年度收入要准确。⑦种子、饲料。

红星队〈单位:亩、斤〉:小麦 45.8,213.7;大麦 25.9,261.3;蚕豆 18.2,323.2;早稻 80,564.6;晚稻 91,379.6;山茹 39,4883;黄豆 2000 斤。

生产问题:①当前完成大小麦的基础上,继续狠抓管理,这关要跟上去。同时做好种菜扫尾。②开展积肥、平整土地、抗旱等工作。

对这个问题出现活思想:①去年整地吃了苦头。②今年种上山茹尝到甜头。③今冬整地没啥花头。④所以要想改没有劲头。

例如,东风出现的今年这样搞明年吃不光;哪些早这样搞,没有这样苦。

抓革命,促生产,修订计划,订出措施。看干劲高不高,出劲大不大,质量好不好,大破好人主义,高标准、严要求。

1971.12.17

下午,大队召开党支部人员、革领组人员、各大组织、民兵、治报[保]会议

内容有:今年征兵问题;教育革命;四类分子评审问题;经济政策问题;供销社下伸点问题;生产队问题,解决悲观失望〈情绪〉,提高勇气,看到光明。

1. 征兵问题:72年征兵,50—54年〈生〉,政治可靠、清白。非劳动出生[身]的,要求比较高,表现好,划清界限。

2. 对教育革命,扫盲也要开展。

3. 对四类分子评审问题,要学习71年××号文件办事。要做到"四个有利"。主席教导:我们不是靠杀人吃饭。评审工作要做到几个结合,分三步。

(1)训练骨干,在这基础上召开社员大会。

(2)办好学习班。①专政对象家属,教育他们划清界限,站到广大贫下中农一边来,提高觉悟。②组织专政集训班,叫他〈讲〉一年来的守法情况。区别对待,分别情况。摸清四类家属动向,摸清敌人动向。表现真正好,写好材料报送上级;如表现及[极]坏,要批斗、戴帽。以生产队为单位。评审方法"分四类"。一类、二类、三类守法不够,有些破坏;四类,有破坏活动。以外还有其他,例如扎[摘]帽后情况。东风队周纪衔的问题要评一评,有破坏的话要戴帽,要求月底搞好。在这基础上进行一次治报[保]组织充入[实],落实监管组织。

另外,防灾防火,加强"四防"工作教育。抄家物资处理意见。

进行讨论研究:

1. 教育工作问题。扫盲以生产队为单位,大队成立辅导小组,红江队先走一步,其他生产队要跟上去。

2. 征兵通过政审。

3. 治报[保]12月25日起至月底搞好这项工作。

4. 供销分店问题。

1971.12.22

公社会议第二天听报告

李炳松同志报告:总结一年来的71年领导农业生产的经验教训。

第二个:布置72年的工作意见。

我们公社一年来的农业生产情况。党的九大团结路线,农业学大寨运动,调动广大群众积极性,取得农业战线丰收。

今年收1 100万,比去年1 049万增4%;

油菜比去年增26.5%;

络麻〈比去年增〉6.1%;

蚕茧〈比去年增〉6.1％；

畜牧增长也大幅度增长。

1. 一年来,广大群众执行了农业"八字宪法",开展科学实验活动,搞了试验田。今年 400〈斤〉以上有 2 个大队:利民、联丰。六里大队 786 斤。大麦 500〈斤〉以上很多队。400〈斤〉以上更多队。小麦 400〈斤〉以上有盐官队。早稻 700 斤以上联丰有个小队,联新也有个队。早稻 600 斤〈有〉利民、闸口、联丰大队。

以上〈是〉所得到成绩。但是 71 年所得成绩,并不是一凡[帆]风顺,我们有体会的。自然灾害:风、寒、旱、虫。战胜自然灾害,主要上靠毛泽东思想、国家的支援,下靠广大贫下中农艰苦奋斗。取得今年农业生产大丰收,我是主要体会有如下几点:

(1) 狠抓了路线教育,分清了什么是社会主义生产,什么是资本主义生产。开展批修整风为纲,反骄破满,进行思想和政治路线的教育,分析了在农业生产上是否有二条路线斗争:一种创新,一种守旧;一种是一口一队观,一种是中国应对国家[世界]更大的贡献;一种自力更生,一种依赖国家。

(2) 开展阶级斗争打击阶级敌人。表现在几方面:①在计划种植问题。②不断发动群众,落实无产阶级政策,调动社员积极因素。③认真执行农业"八字宪法",执行科学种田,学习先进,做出先进样子。全公社搞 400 多亩试验田,逐步摸索高产稳产经验。

(3) 存在问题:①阶级斗争,还不狠。②对创新业,守旧摊摊存在很大〈问题〉。③执行科学种田,认真不足。④搞科学试验信心不足。⑤对一组三田还缺乏〈认识〉,特别在种子问题上。⑥革命与生产无关,位置忽左忽右。

2. 关于下一步的工作意见。

(1) 认真读马列主义毛主席的书,要搞马列主义,不搞修正主义。以九大团结旗帜,以毛主席"以粮为纲、全面发展"方针〈为指导〉。

(2) 加强党的领导,团结广大群众,是胜利走向胜利的保证,以二报一刊中指示"五要五不要"〈为标准〉。

(3) 开展阶级斗争,革命大批判。"黑四论"、阶级斗争熄灭论、"国家计划""无政府主义""极左思潮"、资本主义。

(4) 全面落实"以粮为纲、全面发展"的方针。关系到国家大事问题,认真坚决执行农林牧副渔全面发展,缺一不可,关键问题在于思想。

(5) 狠抓当前,抓紧当前春花管理、培育,把冬肥腊肥迅速施上去,出空五棚。

(6) 狠抓冬季除虫关。根据联丰经验。

(7) 合理安排桑苗,〈存在〉很大问题。现在桑树培苗不够好,出现砍苗造房,间作、剪桢、增枝、无计划砍掉。今年补种桑苗也不行。增枝、剪桢、除虫还没有及时搞上去。

(8) 抓积肥运动。全社利民已专[转]入大搞,现分三种类型也就是说有三种情况。

(9) 平整土地,要抓紧抓好,整好种上作物。

(10) 畜牧生产抓一把,看情况下降,危险。

3. 分配问题。

(1) 在安排三者关系,留足种子、饲料粮、"老三定"摆不定或者稍多的,在这基础上储备粮,一般不留储备粮。凡是三者关系摆平,能吃到"老三定"可适当留部分。凡是超过的可以多留一些。凡是有增购队,三者安排后还有多余,可动员群众,出售一部分,国家加价收购。

（2）安排好社员生活。由于今年有些队受灾,较重的队进行安排(吃不到低标准)。但是由于浪费现象发生,要做好思想教育工作,做到节约用粮、计划用粮。今年情况是:前松后紧。还在[有]安排不好的户,每个大队、生产队要排一排,报公社及时处理,做到有利发展生产。

（3）对"三属四户"要处理好,对外出户的粮食一律看待,不搞二样,乱出花样。

（4）在分配同时,处理好"乱三支",分清情况进行处理,对四类分子坚决要还,干部带头归还,社员看情况区别对待。

（5）建立健全财务制度(工分统一11月底)。

4. 绿化造林问题。今冬明春要大搞种子,靠自力更生解决。5年小解决,10年大解决。

5. 统计工作。

6. 调荷节电问题。这次对这个问题下了命令:加工厂双日深夜班(四联地区等六个单位)。

公社召开农业会议各大队参加各生产队队长会计,会上统计自报实种面积如下:

〈单位:亩〉

队别	大麦	小麦	蚕豆	其中系肥	油菜	计划分配数			
						大麦	小麦	蚕豆	油菜
东风	37	50	3	/	50	34	53	12	50
红星	33	48	11	3	44	33	48	12	44
红江	26	39	13	5	36	26	39	8	36
立新	37	31	10	3	37	31	37	7	37
东方红	23	35	11	3	34	23	35	8	34
红旗	20	25	15	11	25	19	27	4	26
向阳	35	56	12	/	51	35	56	12	51
胜利	40	34	7	/	40	29	45	7	40
合计	251	318	82	25	317	230	340	70	318

1971.12.29

下午,听报告

李炳松同志讲话:下一步工作任务。

关于县委今冬明春工作意见宣读一下。根据县委工作意见与本公社情况提出工作意见。

特别在农业路线上,我们贯彻"以粮为纲,全面发展"方针,以批修整风为纲,狠抓革命,猛促生产,取得了伟大丰收。粮食1 080万斤,比去年增2%,特别是春花增50多万斤;油菜籽652 288斤,比去年增26.5%;络麻2 236 288担比去年增6.1%;蚕茧全年4 182.30担,比去年增6.1%。畜牧生产也大幅度增长。

以上是一年来情况。当前来看,春花面积落实超过计划面积,前段受旱,现在来看出苗生长良好。一年来在毛泽东思想指引下,广大贫下中农按照农业"八字宪法",实行八二式,大搞试验田,特别是妇女搞得比较好。多出现高产田,取得伟大胜利,是毛泽东思想伟大胜利,是广

革 命 的 书 写
——一个大队干部的工作笔记

大贫下中农奋发图强,战胜自然灾害的结果。但是与先进单位比较相差很远,下一步工作意见:高举九大团结路线,认真学习马克思主义、毛泽东思想,以批修整风为纲,继续"一打三反",深挖"五一六",认真开展〈总结〉农业学大寨的经验教训。

当前工作是:

1. 深入贯彻中央 7 个重要文件,深入开展,进行一次思想和政治路线方面教育,深入学完二首革命歌曲,认真看书学习,弄清马克思主义。批判天才观为突破口,同时批判资本主义倾向,花样很多。在批判中,划清二个主义,只有深入开展革命大批判,才能划清界线。

2. 继续深入抓紧"一打三反"运动,加强无产阶级专政,狠抓阶级斗争与二条道路斗争。贯彻中央文件,带动各项工作。不要错误认为学过批过,无所作为。所以继续批修整风,狠抓阶级斗争,处理好"乱三支"。区别对待,对四类分子指令限期完成,干部应带头履行节约、带头归还,社员职工家属经教育分期归还。确实劳少人多,生活实际困难,经社员讨论后,从公益金适当照顾。

3. 加强党的领导,搞好革命团结。抓好领导班子二化建设,是九大路线。因此根据二报社论总结,要搞"三要三不要"。社论中的"六要",接受教训,每个共产党员在这场斗争中要站在第一线,党内要开展积极思想斗争,搞好思想建设,增强革命团结,更好地完成党的任务。

4. 抓革命、促生产、促工作、促战备。农业中抓好农业生产,狠抓三大战役。当前抓好春花、蚕桑的培育管理,要把所有的肥料全部用下去,总结经验,促使桑苗保热、防冻,促使春花发根、下扎、保暖。根据先进经验要敲麦,促使菩头❶发达。另外,开沟排水,降低地下水位,清理通沟,力争春粮丰收,抓紧抓好抓到底。蚕桑还要剪捎[梢]、补苗。

冬耕掀起高潮:①掀起积肥高潮。解决肥料不足的困难,立即发动群众,订出积肥计划,其他搞土杂肥。②大搞冬季除虫高潮。大搞"三面光",冬季除虫〈是〉及[极]好的关键,不能放松。与虫夺粮关键仗,引起重视,立即发动动手,吸取今年水稻减产教训,不能麻痹大意。办法根据上次会议精神。

以上二个硬仗一定要打好,同时抓好水利基建,修好水利渠道,抢修机械,维修设备,平整土地,要抓紧种上作物。

同时发展畜牧。

绿化造林,是响应主席号召"绿化祖国",5 年小解决,10 年大解决,把绿化一定要搞上去。再不能乱砍树木。

5. 认真落实人民公社经济政策,目前是分配政策。在粮食分配上按规定留足口粮,三种办法处理(余粮队、自给队、统销队、歉收队),经济分配也要排好三者关系。

6. 加速各条战线的斗、批、改。当前对教育战线的斗、批、改,开展扫盲工作。卫生战线上继续"一灭二管",加强管理。对于青年妇女加强传统教育号召。同时做好征兵工作,同时搞拥军优属工作。

7. 当前我公社出现"四旧"复辟,要杀[刹]住。每一个共产党员坚决带头,以身作则。如发现,要做好思想工作。

8. 注意阶级斗争新动向,搞大批判,重点批唯心主义天才观。

---

❶ 菩头,当地土话,专指作物的根部。

1971.12.31

对口检查情况记要

（联民—联新）上午进行汇报后,进行检查。在下午检查好后在机站集中谈体会,联新比联民较好,他们发动深透,墙上开花。但是按省委要求差距还远。

褚成全发言:关于粪便管理,这项工作确实思想工作困难。由于各级领导重视,成绩明显。但是还存在问题:

1. 毛主席送瘟神思想继续深入,要达到家喻户晓,进一步发动贫下中农多[都]知道。

2. 粪便管理,要求小型集中、分散要求二只[种]。①思想落实。②组织落实。③制度落实。④清肥员落实。

3. 水管问题:分塘用水,一定要分开。

4. 大便尾巴,一定要清。钉螺问题不能轻视,及时发现及时处理。

大队贯彻中央文件(71年××号)

1. 在这大会上,关于当前需做的工作意见:根据公社会议精神与本大队实际情况,毛主席指示抓革命、促生产、促工作、促战备。当前的工作意见,要狠抓"三大战役"。

（1）春花、蚕桑的培育管理。

当前来看春花长势良好,前旱已解决,还需更加努力管理:①及时施好腊肥,要求施春花的肥80%在年前施足。②降低地下水位,开通水沟,不使积水。③防止病虫害,及时除防,同时做好防冻工作,主要推广敲麦❶。

蚕桑:剪梢、增枝、冬耕、除虫等工作。

（2）掀起积肥高潮。立即发动群众订出积肥计划,达到片片田地满。结合大搞土杂肥,解决肥料的不足。自力更生,奋发图强,克服困难。

（3）大搞冬季除虫高潮。采取"土洋"结合,大搞"三面光"。冬季除虫,有[是]一个极好的机会,决不能放松。与虫夺粮的关键仗,要引起重视,要发动群众,大打人民战争。吸取今年水稻减产的根源和教训,不能麻痹大意。办法是:先用药除后削。2两"二三三",4两666粉,并水100斤,进行喷射,后搞"三面光"。把所有的春花除一次虫。另外,河边茭白也要进行除虫。以上三个硬仗,一定要打好。同时,结合搞好水利建设,修理好渠道,机械维修等工作。平整土地要抓紧,种上作物,减少损失,增加收入。

同时发展畜牧生产,抓好这项工作。

绿化造林工作,同样要抓好,是响〈应〉毛主席号召"绿化祖国"。县党代会提出5年小解决,10年大解决,一定要绿化,一定要搞上去,再不能乱砍树木。

2. 注意阶级斗争新动向。

其表现有:①复活"四旧"。②大搞铺张浪费。③打人骂人不良之风。④请客送礼。

3. 搞好对四类分子评审,按公社意见进行贯彻。

---

❶ 敲麦,即压麦,麦苗越冬期间进行镇压,能抑制麦苗徒长,防止冬旺,促使麦苗生长健壮。

1972年

1972.1.1

联民大队贮备粮情况

队别	历年来贮备粮留存数〈斤〉	总数〈户数〉	已动用情况		
			户数	人口	粮食数〈斤〉
东风	14 764	46	46	191	8 186
红星	11 783	40	39	216	11 783
红江	19 151.8	35	33	146	10 169
立新	17 343	43	43	200	17 343
东方红	19 339	36	/	/	/
红旗	18 134	40	40	174	14 076
向阳	15 356	47	/	/	/
胜利	18 069.5	56	47	200	3 232.5
合计	133 942.3	343	248	1 127	64 789.5

东风队已收回储备粮数 8 186 斤,红旗队已收回数 5 591〈斤〉,红星队已收回储备粮数 10 830 斤,东方红队〈无〉,红江队已收回储备粮数 10 169 斤,向阳队〈无〉,立新队已收回储备粮数 17 343 斤,胜利队未收回 3 232.5〈斤〉。

联民大队 1971 年度决算情况   〈单位:斤〉

队别	基本定粮		留存种籽	备储粮	集体饲料	其他用粮	公共积累〈比值〉	
	总数	平均数					公积	公益
东风	79 970.5	418.7	13 591	/	/	1 170	5	1
红星								
红江	73 271	502	13 526	1 775	5 000	787	6	2
立新	98 600	493.5	12 465.5	1 000	1 050	904	6	1.5
东方红	86 801.5	519.8	9 833	/	2 784	1 113	3.5	2
红旗	101 367	571.5	11 470	4 791	500	1 104	6	2.5

续表

队别	基本定粮		留存种籽	备储粮	集体饲料	其他用粮	公共积累〈比值〉	
	总数	平均数					公积	公益
向阳	112 531	545.67	15 085	10 078	/	/	4.41	1
胜利								

东风队经济分配折 0.503　　东方红经济分配折 0.64

红星队经济分配折〈无〉　　红旗队经济分配折 0.91

红江队经济分配折 0.766　　向阳队经济分配折 0.74

立新队经济分配折 0.74　　胜利队经济分配折〈无〉

1972.1.4

各生产队粮食与经济比 1970 年度增减情况

队别	粮食〈斤〉		增 + 减 −	经济〈元〉		增 + 减 −
	71 总数量	70 总数		71 年金额	70 年金额	
东风	122 236.5	136 284	− 14 047.5	33 379.96	34 687.29	− 1 307.33
红星						
红江	122 710	107 609	+ 15 101	34 548.96	29 524.77	+ 5 024.19
立新	128 350.5	125 703	+ 2 547.5	36 753.19	36 141.57	+ 611.62
东方红	109 179	105 534	+ 3 645	25 725.32	25 914.91	− 189.59
红旗	130 520	118 786	+ 11 734	37 064.57	33 267.12	+ 3 797.45
向阳	160 894	137 062	+ 23 832	41 851.51	44 093.97	− 2 242.46
胜利						

当年留存 20 752 斤。

1972.1.9

出席公社财务学习班

上午学习重要社论。下午李炳松同志报告。

1. 总结一年来的财务工作：

（1）狠抓阶级斗争为纲。在财务战线,阶级斗争是非常尖锐复杂,花样很多。例如,贪污、挪用公款、"乱三支"成风,狠抓这几方面的经济领域里的阶级斗争。

（2）落实执行党的政策。认真落实毛主席对农村的现行政策。例如规模问题、分配政策,总结〈经验〉和教训。

（3）严格执行财务制度。有的带头归〈还〉,还明确到必要性和重要性。有的生产队到目前为止没有借支。但是当前还存在一些问题,有些同志看不到经济领域里的阶级斗争还出现。①纠正"乱三支",又出现"乱三支"。②制度不严,公款也自由,随便领取。③账务混乱,长期不做账,发现账目不和[合]。④在分配政策上执行不严,"三光"。有三个生产队粮食分配上也有问题:早稻分配72折计算;留存储备粮资金公积金抵;饲料粮20%多,在这个问题上有忽左忽右,没有很好安排。

2. 这次会议指导思想:认真看书学习,弄通马列主义。以中央两个重要文件为推动,以批修、整风做好本职工作。狠批做财务工作"危险论""吃亏论",调调班。这个问题要解决,也是路线斗争问题。财务大权掌在啥人手里问题,是很重要问题,要有个继续革命〈决心〉。

1972. 1. 11

下午,财务学习班上

郭关荣同志总结三天会议收获,并指出还存在一些问题。

1. 这次财务学习班大多数同志学习认真,解决很多问题。例如:①打好财务工作意义重要性。②提高继续搞好财务的信心。③解决了改革新账目问题。

但是还有一些同志还存在错误思想:①当[干]财务工作吃亏思想。对搞好财务工作信心不足,等待调班。②关于年终分配问题。一定按党的政策办事,三者安排"统筹坚固[兼顾]",反对"三光四不留",同时要防止两种倾向。③对执行财务制度问题,认识不足。执行制度,主要为了纠正"乱三支"问题。现出的"乱三支"尾巴处理意见,要区别对待,分三种类型来解决好。

2. 关于生产问题,打好三个战役:①开展大积肥料。②冬季治虫"三面光"。③加强春花培育。

3. 贯彻问题。要求大队召开一个生产队队长会议,各生产队自己也可以贯彻讲一讲。

4. 年报问题:结束旧账建立新账。要求大队统一集中搞一下。在这基础上进行公布,要全面地进行一次。

5. 信用社开户问题。要注意:①防止开空头支票。②及时核对账目。

1972. 1. 12

下午,大队支部研究

1. 对于评审工作问题。
2. 对于设小店问题:决定要造3间五化头❶,由冯茂才负责。
3. 学校问题:民办教师补助费,补足25元。
4. 拥军拥属问题:决定13号下午召开军属退伍军人会议。
5. 普及夜校问题:冬〈季〉生产队办。

1972. 1. 13

下午,在大队召开全体退伍军人及军属座谈会上发言

1. 抓革命、促生产、促工作、促战备。
2. 关心群众生活,注意工作方法。

---

❶ 一间平房,宽度由五根椽子组成,叫五化头。

3. 为了进一步做好拥军爱民,要求提出意见。

4. 通过这次座谈会后,发扬成绩,克服缺点。我们谦虚、谨慎、不骄、不躁,在以毛主席为首的党中央领导下团结起来,争取更大的胜利。

1972.1.18

大队召开正副队长会议

1. 在财务结束后,召开一次总结会议。

2. 结合搞好革命大批判,破"四旧"、立"四新"。

3. 培桑工作,剪桢增枝,积肥问题。

4. 年关将近,做好"四防"。集体仓库,加强管理,进行一次检查。

5. 分配后特别是粮食问题,要订出计划,按毛主席教导办事。

6. 今接公社党委通知,明日出席公社会议,3 天,要带被头。

中共中央 82 号文件,领导班子思想组织建设,年终总结工作,元旦社论。

东风队 2 人,立新队 2 人,红星队 2 人,东方红队 2 人,红江队 2 人,向阳队 2 人。

1972.1.19

出席公社干部骨干学习班

陈福才同志讲动员报告:

这次学习班是学习中央××号文件,认真贯彻,条条落实。这个文件是〈关于〉农村人民公社、经济政策,是分配问题。这项学习生活是很重要,要大队干部下决心要到齐。你有问题应该到会来谈,把问题〈解决〉。每队要求 2 人,一定要来。

1. 这次会议的指导思想。根据主席教导,进行思想和政策路线方面教育,认真看书学习,弄通马克思主义,要懂得一些。把社会主义进行到底,继续革命思想。同志们,形势国内国外一派大好,特别批判林、陈反党集团以后形势越来越好。对农村也是同样,粮食全社增 50 万斤,增 4.7%。油菜 65 万多〈斤〉;络麻增 6.1%;蚕茧增 8.1%;猪羊相应增长。

71 年的胜利是毛主席的革命路线伟大胜利,以广大党员干部努力而取得。社论指出 71年的胜利的一年已过去了,〈为〉迎接新的 72 年任务而努力。在新的一年,首先〈按〉照毛主席新的指示路线是[这]个纲,进行一次思想教育。认真努力学习,认真看书学习,弄通马克思主义,三要三不要。在干部中,互相学习,互相支持,搞好团结,加强党性教育,团结战斗。

2. 如何学习。①学习毛主席语录。②学习二篇社论。③学习中共中央 82 号文件。

方法:①动员起来,学习马列主义毛泽东思想,学习社论。②联系社论,联系思想。

现有三个情况:①好的领导团结,执行政策好。团结,选不选无所谓,生产决心高。②干部思想不够好,学习不够经常,生产一般化,有一部分资本主义出现。③内部搞不团结,资本主义泛滥。政策不落实,干部淌[躺]到[倒]不干,等待选举。

通过二遍学习,提高思想觉悟,继续革命。

当然问题是多方面的:①调班一年已到。②不团结、怨气、霉气。③认为生产不好、不挡[当]。④一年到调班,选牢也不当。

要回想过〈去〉一下,年关这[怎]么样:日本鬼子〈打死〉92 人,烧屋 1 028 户,共 1 601 间;

反动〈派〉害死 19 人,逼死 40 人;被土匪打死、饿〈死〉32 人,有 12 人死不知道❶,共 106 人;出外做工 1 579〈人〉,做和尚的 47 人。

3. 开展革命大批判,提高觉悟,继续革命。总结经验教训,进行一次自我教育。回忆 20 多年的斗争,进行阶级斗争,斗地主、搞土改、三五反、镇反、搞互助合作。现在还是要继续斗下去。为什么现在没有这样高[搞],主要缺乏继续革命,我们要看到当前阶级斗争新动向:①阶级敌人进行翻案,大搞贪污。②大肆盗窃,投机倒把。③资本主义倾向抬头,"四旧"抬头。我们要认清这种形势,不愿当干部实际上把权交了,是很错误的。

通过学习,这次学习班主要二个问题:①解决到会同志要有继续革命的态度,要树立。②在这基础上学习文件,进行工作。

4. 具体安排:19〈日〉,今日学习,晚上讨论;20〈日〉,明日上午继续学习,下午发言,晚上联系思想讨论;21〈日〉,学习中央文件,下午讨论;22〈日〉,上午研究工作。

1972. 1. 20

上午,学习元旦社论

宣读后由陈福才同志谈谈通过昨天讨论的情况,进行汇报各组体会。

通过二个年关对比大不同了,也回忆过去干劲与现在不同,现存在出集[席]县会住旅馆招待所,公社开会早出晚归,成了习惯。

为什么不要当干部的原因:① 当干部吃亏,三多一亏。开会,化[花]钱,听骂声。② 年纪大、身体差,为人民服务条件不够,当队长要真本实力。③ 我当来不少干部,现情况不同,挑不起。④ 别的问题没有,就是为了二只鸡。⑤ 年纪轻,经验少,增产少。⑥ 文化高,搞不好。青年们觉悟高,讲起来一大套。⑦ 负担重,困难多,为人民服务少。⑧ 不团结,互相埋怨。⑨ 春头开会多,社员轮来做。有意见多。⑩ 今年增产不多或减产。⑪ 任期已满,要调一调。⑫ 当干部无啥花头,弄得不好吃轧头。

以上这些问题如何解决。我们看大部分是客观问题,少数是思想问题。特别是做到实际工作时,碰到的困难。但主[只]有通过回忆对比,才能想得通。这些问题归纳起来,实质上是两条路线斗争的问题。下一步如何办,通过学习斗私批修,自己解决自己,把问题解决,继续革命,团结起来。

1972. 1. 21

下午,听报告

陈福才同志当前的几项工作意见:72 年整个工作指导思想;今后具体工作。

一、72 年整个工作意见。

首先有元旦社论指出了:毛主席指示,路线是个纲,纲举目张。71 年在农村中,中央××、××、××号文件,只有按照三个文件去做才能取得胜利。为了尽快地进行传达,提出几点意见:

1. 传达步骤与方法:首先从党内〈到〉党外,以队为单位,党员、干部、团干部传达进行讨论,后再进行传达群众。

---

❶ 指下落不明。

2. 在发动群众时,认真学习,认真进行讨论,提高认识,反复领会精神。对于71年的分配问题,一般是符合中央文件要求的。

3. 注意阶级斗争动向,如有发现,严厉打击。

二、生产队组织建设问题。

主要是思想建设……要求到会同志要像[问]徐国华同志学习,对于部分队个别组有组织、有领导地进行选举时,生产队进行总结,取得经验和教训。

有二种方法:〈一是〉发动群众社员认真讨论后,群众认为好,继续干下去;二是通过社员讨论提出候选人,批准进行选举,注意防止大民主。

结合做好民兵整组工作。进行总结,同时结合做好民兵整组。

三、抓革命、促生产方面。

冬季生产:春花、桑地培育,积肥,即"二个培育一积"。春花施足腊肥,但防止过多。仔细分析桑地培育、桑地积肥。72年桑地向云龙学两三年赶上去,间作要去掉,不要侵占专桑。明年的奖励政策蚕茧、络麻按担数。没有积肥的生产队马上开始。

冬季治虫运动要搞起来。

※水产工作:这项也是主要副业,要大发展。石路〈公社〉每人20斤,我们平均8斤。要求:现有荒塘变良塘。

四、结合几个具体工作。

1. 尼克松访华教育。

2. 年关节约教育,破旧立新教育,对复辟"四旧"要反对。

3. 计划生育教育,提倡晚婚。

4. 扫盲工作现已开展。

5. 拥军拥属,对现役军人家属慰问,解决他们困难。

1972.1.31

上午,据胡少祥同志汇报情况

1. 成立领导班子,3人,支部、革领组、治报[保]线。

2. 成立专业组3—4人,根据大队具体情况决定人员,条件:政治可靠,有专业。要求:以上两个组织成立。决定今年开出二个会议:①对四类训练开会。②治报[保]会议。

经研究决定成立二个组织是:清查汇编领导小组人员,支部1人。治报[保]:胡少祥。革领组:李叙康。清查专业组是:胡少祥、李惠康、张乐天。

1972.2.3

上午,参加召开治报[保]战线会议

关于清查物资问题。今后工作意见:

1. 明确这项工作意义重要性。

2. 严格按照党的政策。

3. 上级要求今冬明春完成。

4. 要求同志把这工作认真负责,坚决完成。看来这个工作任务重、要求高、时间紧的情况

下,团结起来,争取更大的胜利。① 摸清情况制订计划。② 全面搜集整理资料。③ 调查研究,核实材料。④ 敌伪组织和人物的基础汇编。顺藤摸瓜,也要见瓜找藤,摸清情况。

1972.2.5

摘公社联民大队

现役军人:张利清、冯明德、冯福根、贾国家、陈望元、陈树丰、陈笑丰、邵大兴、陈有根、徐国仁、陈云龙、朱建明、周子忠、袁洪兴、冯彐康、冯四康、陈乔生、冯祖福、周金林、周金龙,20 人。

复退伍军人:袁阿培、周胜林、沈才康、张惠炎、王龙、周根林、冯子康、陈付堂、张丙松、金小康、张德龙、徐申甫,12 人。

1. 72 年 3 号文件是批判林贼。

2. 发至生产队、双人保管。在发时需开会,30 户以上发 2 份。

3. 遗失后仍要追究责任。

4. 宣读文件后讨论,进行批判。进行路线教育,提高继续革命。

通过组织、学习、批判,与抓革命、促生产结合起来,当前工作年终总结结合起来,抓住路线斗争为重点,与[以]"三要三不要"❶为内容,与[以]领导班子为重点。

利用春节前后组织学习,要做好、抓好阶级斗争,当前偷窃很多,做好治安保卫工作。加强对四类分子管好。一律不准批。

5. 节日前后进行形势教育。

1972.2.7

联民大队累年来留存数 〈单位:斤〉

账面数包括	71 年提存	国家代管数	实有数	尚缺数
合计	149 595.8	27 207.5	101 812.3	20 566
东风	14 766	6 580	8 186	/
红星	11 783	378	11 405	/
红江	18 926.8	3 458.5	15 468.3	/
立新	18 343	/	18 343	/
东方红	19 339	/	19 339	/
红旗	22 925	/	5 591	17 334
向阳	25 434	16 791	8 643	/
胜利	18 069	/	14 837	3 232

---

❶ "三要三不要"即"要搞马克思主义,不要搞修正主义;要团结,不要分裂;要光明正大,不要搞阴谋诡计"。这是毛泽东1971 年 8 月中旬到 9 月 12 日在南方考察期间同沿途各地的负责同志谈话中,针对林彪等人搞阴谋诡计的事情而言的。

〈支援粮与救济款统计〉　　　　　　　　　　　　　　　　　〈单位:斤、元〉

支援粮〈斤〉		救济款		
立新	2 500	周生林	15	大队
向阳	3 000	陈夫堂	15	大队
红江	2 000	冯子康	12	公社
东方红	2 000	金小康	10	大队
红旗	4 000	王九章	8	公社
〈合计〉	13 500	毛金荣	5	公社
		陈有松	10	公社

1972. 2. 11

出席立新生产队会议

记要:沈尧兴同志总结71年度的工作情况。

① 抓革命、促生产方面。②领导班子加强团结问题方面。

在71年度抓革命、促生产,整个形势大好。但是有些问题特别受上林毒,抓革命、促生产位置不正,抓了革命一度不促生产。特别是晚稻,对执行农业"八字宪法"不够坚决,造成减产,但是全年还是增产3 000多斤。

1. 个人作领导负责人,没有以身〈作〉则,对不起社员群众,主要原因是举旗抓纲不力。

毛主席最近教导:路线是个纲,纲举目张。

2. 但是落后当中也再现一些"骄"字。

3. 如何样子加强集体领导。立新生产队搞的"群言堂",不搞"一言堂"。发挥了集体领导作风,做到了分工分线❶,人人动脑筋,各条战线都能取[起]到作用,加强了革命团结,调动社员积极性,71年度取得很大作用。

4. 再谈谈个人体会。为了使72年搞得更好,农业学大寨,争取农业大丰收。主要是领导班子,要求社员在选举中沉[慎]重考虑,领导班子很重要。

张堂讲:领导班〈子〉的意义。主要是什么领导班子,走什么道路,是个大问题。是执行什么路线问题。但是有些社员对改选认识不足,认为改选年年搞,仍旧老一套。

5. 总结71年的形势方面,项项增产。

6. 72年的任务和要求。

出席公社会议,公社开10天会议

陈松林:

1. 组织一项春耕备耕生产大检查:①早稻肥料。②水利工作。③春花培育。④早稻种子,数量、质量。⑤政策落实,根据82号〈文件和〉"60条"。

2. 大打人民战争,开展绿化运动。

---

❶ 领导分线指每一个领导各负责一条线,如妇女线、民兵线、生产线等。

3. 办好与[以]种子搭配、早稻育秧、农业"八字宪法"〈为内容的〉学习班。

4. 贯彻"以粮为纲,全面发展",同时抓好蚕桑生产。

5. 安排好社员群众生活。

6. 发展淡水养鱼。

7. 定案汇编,搞好"三、四"档。

1972.2.23

东风队会议

记要:上午,说明这次二个建设的重要性,重点是思想建设为主,要发扬继续革命,要回忆过去无权苦,回想政权重要。

讨论:

邵左兴发言:因我有私,工作能力差,所以当干部不合□[适]。

邹才夫发言:生产队里的干部,我看不要选了很好,主要是挪干部到生产紧张时不要发冷热病,像现在生产不要紧,挪发发冷热病也可以。晓得差就好,72年要表决心,大干翻身仗,不要说不来不来。

徐四康发言:我看挪晓得差是好事,毛主席说差[错]了叫[就]改是个好同志,开会时要慎重开好。不要开会"潮白相"❶,特别那里青年,做生活要有质量。

王阿七发言:我们东风生产队71年生产搞得差,社员也〈有〉责任。72年干部社员团结起来,搞得格外好点,不要打灰心,要有决心搞。

1972.2.24

参加东风队思想建设组织建设会议

总结经验。

存在问题:①早稻秧田不抓牢。②质量,班与班有问题。③治虫关勿抓牢。

上午在社员大会上发言:

1. 总结71年度的工作补充,同时找出差距。

2. 根据"60条",进行每年一次改选,同时说明思想建设为主,正确对待干部,全面看问题,总结大节。

3. 在选举中也要狠抓路线斗争,防止出现阶级斗争新动向。

1972.2.25

参加红江生产队(思想建设和组织建设)会议

上午召开生产队干部会议。下午社员大会,谈认识,表决心。

陈夫康发言:我的经验不够,体弱,当干部要强壮力大,能取得生产搞好,能带头干,我的是不来的,调调班。

---

❶ 潮白相,当地土话,意思是当儿戏,当玩玩的事。

朱建康发言:夫康伯的经验好,是有能力,样样苦干在前,我看是能够当的。选得上继续干一场,做得不好,他们明年不来选,我就算。

王祖金发言:我真不来,要调一调。

1972.2.26

参加红星生产队开展思想建设和组织建设〈会议〉

上午召开党员和队务委员会,统一思想,表示选一定要选一选,选上再干,是为了革命,搞好农业生产。

下午召开社员大会进行选举。

这次会议上讲××号文件,主要内容五[六]个方面:

1. 正确处理集体积累和社员分配的关系。
2. 认真搞好粮食分配问题。
3. 坚持"各尽所能、按劳分配"原则,男女同工同酬问题。
4. 认真贯彻勤俭办社的方针问题。
5. 切实解决超支户的问题。
6. 贯彻执行"以粮为纲,全面发展"的方针。

1972.2.29

下午,李炳松同志讲今后工作报告

1. 总结71年度五大指标完成实绩。支援粮完成任〈务〉,而超额完成任务。我们71年取得丰收,是在旱涝病虫灾的情况下取得,是来之不易,而且出现了丰产田、百斤茧,络麻搞了对比试验田。

2. 存在问题:①发展不平衡,产量及[极]不平稳。②形势在发展,跟不上人民生活需要发展。

要进行认真总结,毛主席教导我们路线是个纲,纲举目张。要狠抓路线这个纲,路线搞对头,生产发展前进。

还要抓好阶级斗争,走什么道路问题,狠批资本主义倾向,抓好路线教育是十分重要。要搞好"三要三不要",要搞好团结,不要分裂。我进一步回想进行总结,凡是紧跟毛主席革命路线,农业生〈产〉就上去,就丰收;违反了毛主席革命路线,革命就挫折,农业生产就下降。可以回顾前几年的历史,翻[反]复重大。

(1)取得丰收,主要是狠抓了阶级斗争。批判了资本主义,杀[刹]住了资本主义倾向,当时中新大队一把苗头看方向❶。

(2)执行党的政策真心还是半信。讲管讲,做管做,如按党政策去做受[就]胜利,而丰收,以粮为纲,全面发展。

(3)在执行农业"八字宪法"也存在问题,执行科学种田产量就高,基本上掌握规律。往往在执行中忽视,没有相互促进。

---

❶ 苗头,指山茹苗。生产队里或农户家里培育出来的山茹苗,如果到市场去卖高价,就是走资本主义道路。

3.〈72年的工作。〉

（1）我们72年工作，总的根据元旦社论指出的〈方〉向去做，在社论中指示的路线是个纲，我们狠抓这个纲。"三要三不要"作为思想教育的重要的内容。

（2）"以粮为纲，全面发展"方针，认真落实这个方针，必须全面考虑合理布局，要〈从〉前[全]局出发，一定要以粮为纲，全面发展，不能抓一头。按国家计划补[布]局。

（3）认真落实农业"八字宪法"，实行科学种田。特别在肥、水问题上，水稻走永福，蚕桑走云龙，络麻上闸口。

为此提出如下几个意见：

（1）种子问题，执行"四自一辅"方针。对种子上要重视自力更生，积极培育优良品种。要求各队除少量搞品种试验外，掌握两三只当家品种。我们品种搭配原则上根据永福〈经〉验。根据各队具体情况，但是原则上要向迟熟高产品种发展。

（2）育好、育足壮秧，是高产基础。"二对口"：前后簇[簇]对口，秧田与大田对口。每亩准备35斤晒谷。三个足：种子准备〈足〉；秧田留足；大田秧苗枝数要足。三个结合：早秧与中秧〈结合〉；中秧大中结合；种田管理与群众管理相结合。

在育秧季节，与[以]春粮成熟决定早稻播种期。同时要明确品种特性、生育期，秧田选育地特别是早稻避风向阳地方较好。保证质量，提早作好准备，早密迟稀，秧令短，密的[点]；〈秧令〉长，稀点。肥水管理上一定要专管，掌握秧苗规律，认真负责。

（3）发挥组织作用，特别是植保工作。明日决定在公社开会。今后，各生产队抽出来参加开会，固定放水人员，合理放好，省电、省水、省成本，生产队要定下来。这样有责任放好水。根据作物需要，放水员有[由]机站统一进行放好水。水利机械维修、蚕桑，同时做好。

4. 当前工作。

（1）蚕桑生产。首先抓好基础：①补苗。②积肥。积肥埋肥结合。③间作问题。要下决心退出间作。主要靠自觉，退出，施上肥料。④治虫。蛀虫、寸尺虫。当前几个问题抓好。

（2）养好蚕准备工作：①木炭问题。②薄膜问题。比去年减少。

木炭是没有，要自己解决，去年有15斤。原因：①保护，村[封]山育林。②国家用于尖端工业。及早做好地虎龙。薄膜问题比去年少一半，要求把去年的整理好。③关于蚕扁、蚕箩、蚕网及早准备。人员也要落实好。一次落实，分两批进室。

（3）络麻问题。①当前种子要检查一下，留足一套半种子，不要莽模[盲目]出售。统计一下。②适时播种，合理密植。

（4）大力发展畜牧业。打好三个基本仗，办好三个场。绿化造林仗：实现竹木自给，5年后。现在供应部变为收购部，大种青皮竹，7公尺用皮5—6寸，5年成料。思想落〈实〉，任务落实，面积落〈实〉，管理人员〈落实〉。打好地虎龙仗。打好"双土"仗：土杂肥、土农药。

〈三个场〉：①畜牧场。②鱼牧。③家禽场。

1972.3.1

〈各队经济作物〉统计　　　　　　　　　　　　　　　　〈单位:斤、棵〉

队别	红麻籽	菜籽	泡桐	楝树
东风	70			
红星	70	自给	30	/
红江	50	调给向阳	15	/
立新	50	胜利调出	20	/
东方红	50	出口		
红旗	50	自给	40	400
向阳	100	红江调入		
胜利	70	自给	100	1 000
	510		205	1 400

1972.3.4

东风队〈分配问题〉

1. 郭老师:付给粮 36 斤,退还 28 斤,问后答复。
2. 口粮问题:500 斤。多余按劳分配。三者安排好。经讨论,预计本生产队 17 万斤粮食。
3. 平油分配:40%〈按〉劳分配,60%〈按〉需分配。
4. 柴草分配:按去年照办。牧场准备办。
5. 蚕茧问题:10%。

1972.3.7

出席县用电、水管、农机会议

上午听报告。

朱云龙同志讲总结 71 年度二件大事:①粉碎林、陈反党阴谋。②在联合国恢复席位。

胜利地完成第四个五年计划的第一年。农业上取得第七个丰收年。工业战线物价稳定,降低农药的价格,减轻了农业成本,支援了农业生产。拖拉机 117 辆,中型 16〈辆〉,电梨[犁] 205 套,分布全县。

1972.3.8

上午,听报告

1. 电力公司负责同志谈安全用电工作。出事故:全区 71 年 92 个死亡,全县 71 年 9 人。
2. 范干事谈谈调荷节电工作问题。

调整负荷,合理安排,是直接支援农业生产的有利条〈件〉。可以回忆过去,想想现在,对比。特别在无产阶级文化大革命以来,农村用电大大发展,发生矛盾。

革命的书写
——一个大队干部的工作笔记

1972. 3. 11

上午,听总结报告

总结会议情况。提出下一部[步]工作意见。

我们全县根据省委提出到 77 年实现农业机械化和半机械化,我们各级党委把这项工作提到议事日程。学习毛主席对农业机械化上的一条教导和指示,把群众发动起来,大搞人民战争。

1. 有[以]实事求是的态度,来搞好农业机械化。干劲要有,假话不能讲。重点是在原有的基础上加强工业、促进生产发展上,并促使平整土地,搞同样建设。

2. 组织好一套领导班子,建立好一些必要的制度。公社要组织,大队要组织。大队、机站与群众成立一套班子,来管好有关事项。机站应设常年站长一名,机手 1—2 名,放水员 1—2 名。生产队 1—2 名肥水专管员,看实际情况。

3. 要建立一套行之有效的制度。

4. 排除左右干扰,老老实实执行政策。公社大队在大忙前办好一次学习班。

1972. 3. 15

下午,召开农业、蚕业队长会议

主要内容如下:

1. 农业生产工作:①继续开展积肥工作。②春花加强培育,除虫。③做好早稻备耕工作。④络麻生产。⑤水利工作。

2. 蚕业生产工作:落实 255 张,向阳不在内。①腰桑,继续开展积肥。②施好摧[催]芽肥。③做好人员落实。④要发展,首先发展蚕桑。⑤搞桑地建设。

1972. 3. 18

召开二委会研究如下

摘要记录:

1. 决定明天召开农业学大寨会议,时间 2 天。生产队:队务委员、总支委员、妇女委员。

2. 关于填河问题,决定 30 人,搭好挡[档]子❶。每个生产队 2 天一轮,明日抽水。

3. 贯彻 82 文件后,讨论主要几条:① 口粮:基本口粮加按劳分配相结合原则,一般为 480—500 斤。② 柴草:50% 按口粮分,50% 按劳与畜牧分配。③ 食油全年每人提存 4 斤,多余按劳分配。

4. 坚持"各尽所能、按劳分配"原则,男女同工同酬问题。对于农忙与平时,提高 20% 左右。

5. 正确执行竹园、树木园问题。凡是侵占集体都是资本主义。社员家庭副业,第六点指出办事〈原则〉。

---

❶ 指搭配好劳动力。例如,填河需要挑泥,可能安排 2 人翻泥、装泥,6 人挑泥,这样,8 人组成一个档子。

6. 坚持勤俭办社,节省开支。自留地控制在 5%—7%,饲料地 2%—3%,不能超过了。

7. 对教师问题。据去年工分加补贴,不低于 25 元。每月暂定 25 元,予[预]领每月 15 元,其余年底决算。积累不交,义务劳动参加本队不计分。口粮,发足基本口粮。产妇补一个月。

8. 机站问题:今后召开机站人员会议。工分问题:每月暂定 28 工,年终照评。每月加工决定 2 人,每人 6 元,共 12 元。

9. 出席县开会发津贴不交,计 6 分工;出席公社会议发津贴 0.20〈元〉;出差县津贴 0.30〈元〉;县外津贴 0.40〈元〉;省外津贴 0.50〈元〉。

误工分:实报实销,同工同酬。贾维清全年 2 800 分。

1972.3.19

召开农业学大寨会议(2 天)

同志们:我们这次学习班是在贯彻中央 72 年 4 号文件推动下召开的,是在愤怒声讨和批判林、陈死党的反革命高潮中召开的。愤[奋]发起革命干劲与农业学大寨的精神,把 72〈年〉的生产搞好,用实际运动来支援社会主义建设。我们这次会议是暂定 2 天,时间比较紧,但任务很多。我们的安排是要求同志共同遵守,把这次会议开好。

二蔟制:

71 年	红江	9 号落谷	红旗	7—10 号
	红星	7 号落谷	立新	9 号
	向阳	7 号落谷	东方红	9 号
	胜利	7—11 号	合计面积 5.40〈亩〉,落谷 5 105 斤	

上午,听取老王同志传达地委农业学大寨的报告(刘官同志报告)

1. 学大寨究竟学什么?

(1) 农业学大寨,领导是关键。

(2) 批判那种主[只]要路线对头,不怕政策过头。

〈学大寨〉:①抓种子。②抓肥料,是基质的肥料。③抓植保。④抓管理。⑤抓水利。

化肥用田:越用田越瘦,越用思想越"修",越用人越懒。

2. 农业学大寨主要靠毛泽东思想教育人,把障害[碍]物跌掉。如下:资本主义不打倒,大寨经验学不到;资本主义思想不肃清,大寨精神学不进;有了资本主义倾向,反对学大寨。

1972.3.20

上午,学习中共中央 71 年 82 号文件

"60 条"中生产队、社员家庭副业、社员部分学习。通过学习后,大队老王同志提出本大队的意见。

下午,分组召开各生产队值[植]保员农业委员会议

讨论:

1. 首先进行将种谷翻晒浸种,清明前落谷,认真做好备耕生产准备工作。

2. 关于当前大小麦、花草防治粘虫方法,现场到立新生产队,统一思想,回去进行检查,分别情况区别对待,同时当前也要防治蚜虫。

3. 除治粘虫方法:用烧酒 1 斤、糖 1 斤、醋 4 斤,再并水 10 斤,放少量 666 粉或敌百虫(半斤)进行喷雾在草把上。如放罐头的话,放 15 只罐头。油菜也要检查一下,如发现立即防害,可以当机立断,不要等待。

1972. 3. 23

出席公社除虫会议(1 天)

据小范同志,需要材料:

1. 在文化大革命中死亡的原因。

2. 拆了多少房屋,几间,啥成分。

郭仁元同志谈:有关粘虫的发育。

1. 单把上雌蛾达 55% ,一只一般产 1 000—1 600 多粒,最多产 3 000 粒。

2. 粘虫是游虫。

3. 早批 20 天左右、迟批 15 天左右哺[孵]化。在产卵期,一般 3—6 天。

4. 黄色是粘虫,黑色是地虫。

5. 用"一二三":1 两乐果,2 两"二二三",3 两 66 粉,并 100 斤水进行喷雾,除叶蝉装上莲蓬头。

下午,听郭仁元同志贯彻县委值[植]保会议

主要解决粘虫及叶蝉问题。

1. 粘虫:据郭试验,15 号高峰,罐 8 把〈捉〉205 只。14—19 号又是高峰,立即要抓起来。

2. 捉牢虫要进行汇报。斤、只(袁元公社每夜 90 多斤),1 000 只为 1 斤。湖塘公社已捉 1 000 多斤。

3. 在喷雾时再[最]好 6 点左右。

叶蝉问题。据调查花草有 2 000—3 000 只。方法:用只"白树盆",一个平方尺。茭白里有 24 万〈只〉。叶蝉每对产 100 多只,继续产卵。雌虫一般 28 天,〈雄虫〉一般 10 几天。死前一天还要产卵,越冬代[带]186 粒。

袁花公社搞这"一二三"除叶蝉,效果明显,达到 86% ,拣天气温〈和〉马上抢出[除]。

关于赤霉病防治问题。有基[机]贡〈汞〉停止使用。用盐水或用土法选种。小麦赤霉病,今年不用富民农。农业防治,开沟排水,降低水位,用药是二消散。

碳、硫黄合剂并水 80 斤。

米干[泔]水代醋,1 斤米干[泔]水,1 两糖,1 两酒。

1972.3.24

夜里,检查情况

立新、东风、红星、红江、向阳、红旗、东方红多[都]动起来,红星队较好,他们每夜分组检查,值班制,胜利队再[最]差,不动。

1972.3.26

下午,支部委员会

研究工作记要:

1. 根据文件贯彻后当前的情况。总的是好的,特别贯彻〈传达关于〉"五七一"反革命纪要〈的文件〉后,激起了群众对林贼反党阴谋越[更]气愤、越[更]愤怒,对毛主席更加热爱。都感到全靠毛主席领导,才有我们贫下中农翻身当家作主人。贫下中农都说路线是纲。

干部通过学习,提高了继续革命,明确到全靠毛主席才有我们今天的幸福。回忆对比,提高觉悟,继续革命,特别是妇女更加突出。各条战线多[都]调动起来。总的大队当前情况是好的。但是还存在一些问题:主要是怕吃亏,没有继续干革命的思想,想革命怕革命,想大干怕艰苦,有懦夫懒汉思想。大队团结问题还是好的。但是没有开展自我批评。当干部并不是为了自己,是为了革命,是为了保卫毛主席。当前主要存在一些活思想……生产队干部存在"轮着一年没有办法"〈思想〉。党员存在也有活思想,认为上有支部,下有队长,与我不搭架。为72年争取丰收,必须解决当前工作主要抓什么。当前要看到大忙季节到临,我们每个干部都要关心这个问题,要抓革命、促生产。如果是抓政治不促生产,不是好的干部,当前主要二蔟制浸谷、摧[催]芽、落谷这关一定要做好,争取〈向〉今年达到120万斤粮食进军。

当前是关键时刻,好不好看头炮,好不好产量上看分晓。对早稻问题,我们要尽量种足,地方田角多[都]种上,整出的土地多[都]要种上,小苗要求长秧龄。

2. 蚕桑生产:我们大队老是被动,一定要突上去,达到80%施上摧[催]芽肥。除少量小眠吃外,多[都]施上摧[催]芽肥。今年把蚕桑〈搞〉上去,争取超过他们(联新)。为了要夺上去,当前要抓把绿肥埋下去,这项工作是比较困难,如何抓法。

3. 在抓好以上同时还抓好付[副]业生产,例如西瓜等。根据计划种植不要多种,也不要少种,总的按计划执行。

去年的教训很大:早稻带胜上轿❶,晚稻出现"朝天笑",这教训实得注意问题。

4. 党小组:为了有利,生产队为单位。

5. 关于砖窑问题:① 讨论决定培头窑要动工,因为县里叫我们支援搪砖50万。为此拌只❷12万的砖窑。而是[且]要快,要求30天完成。决定抽40人,每个大队10人,报酬按临时工计算发工资。来者人起码9分工,劳动态度好。明日落实好,后天报到。交积累。② 关于做塘砖问题:以前抽人一般定下来,因有基础。我们大队主要〈是〉贾,去年工作不能积极,所以调动,其他不动。掼砖坯问题,我们大队80万。

---

❶ 原文如此,疑为割青的意思。

❷ 培头窑是土窑的一种称呼,"拌只砖窑"就是造一个砖窑。

明日召开书记会议,汇报中心工作,是贯彻后情况。

1972.3.27

下午,出席公社农业现场会

在星新大队召开,薄膜育秧现场会。

当前生产总的来看形势是很好的,各方面同样,但是与元旦社论对照差距很大,还存在问题:① 满足现状,自满轻[松]劲。② 由于班子不团结,轻[松]劲不抓,可能造成减产。今年的春耕生产特点:春早、季节紧、面积大、要求高、比较集中。

1. 对二蔟制育秧,要认真对待。往年的经验教训,对早稻育秧好坏,争取丰收的重要措施,提倡中苗育秧同大苗育秧,推广迟蔟。

播种时间要求:我们尼龙育秧清明前落好谷,没有尼龙可以推迟点,10 号前落好。插秧问题,二蔟制争取 4 月 24—30 号结束。三蔟制争取 6 月 5 日结束。

2. 播种数量 350—400 斤,这个要求每亩大田 30 斤左右的种籽。秧龄期掌握在 30—35 天。在做时要求水浸、板干。水管的做法,要专人管理。有条件,做捐架❶,克服减少损秧。注意三蔟问题,搭配上考虑好,搭配好。掌握在 6 月 5 号左右根据春花成熟,采取多批下种,做好对口。第二个:秧田与大田对口,现有种子数量与密度面积对口,准备 30—35 斤,县农场 40 斤要搞检[点]落实情况。

3. 蚕桑生产。县里提出:①首先采好摧[催]芽肥,要施下去。②做好宣传,今年绿肥一定埋下去。③发动群众,订出春种。④做好饲养人员、物资、领导的准备。

对物资问题,今年木炭是没有,是真的没有的。今年消毒用漂白粉。

4. 关于早稻积肥问题。再狠抓一下,再不积是来不及了。当前来看发展不平衡。在半月之内要积好,要求全部早稻多[都]积上。

5. 络麻生产问题:自力更生。价格正在研究调正[整]。面积一定落实,不要超,也不要缺。

其他作物,多[都]要按计划办事。

6. 畜牧问题:① 要落实畜牧政策,县要求一亩一头。② 抓好春节防疫,收费归大队,上交。③ 家禽家畜问题。再不能禁鸡禁鸭。④ 产问题:县给公社任务 250 担任务,一定要交,国家任务一定要完成。⑤ 血防工作,县要求全面检查。各大队要解决检查钉螺面积。⑥ 绿化:主要抓管理。砍梢。

1972.3.30

上午,参加东风队社员代表会议

1. 决定分四个班。① 236.4。② 230.3。③ 235.2。④ 233.1❷。
2. 肥料:统一计划分配。

---

❶ 做捐架,指在秧板四周做一圈略高的土栏。
❷ 生产队里分班需要按每班成员的底分计算,这里列出的就是四个班的底分数。

1972. 3. 31

下午,出席公社召开血防会议

在祝会四联加〈工〉厂办公室。

1. 学习文件。

2. 检查钉螺工作。

3. 大便普查,四月中旬开始,在四联地区,抽每队保健员一人,时间一个月左右。

要求:坚持以路线斗争为纲。

当前血防任务是:

1. 查钉螺,以[从]现在起到 4 月 15 号前完成这个任务。复查复灭,群众运动与专业人员相结合,早稻田发现,要二早一迟。灭螺带平、光、装。当前主要解决思想问题,认为年年搞钉螺。

2. 抓紧治病问题,还没有治的一定在 4 月 20 号前治好,是在 71 年检查的病人。在 4 月中旬开始粪便普查,当前做好宣传,大造舆论,造声势。

3. 粪水管理,造好无害化粪池,抓好思想落实。

去年发下〈材料〉,移用掉,坚决收回。

1972. 4. 2

出席公社会议

水产分配任务〈单位:担〉:产 1 000 担,收购任务 250 担。盐官 13 担,星新 80,三星 12,中星 28,联新 20,联民 20,联丰 22,联农 15,东方红 10,闸口 5,利民 10,众安 15 担,共 250 担。

1. 为了实现这一任务提出如下几点意见。

思想要落实,措施要紧跟,放好鱼苗,每亩 300 条,同时要搭配好,就是青草鱼,上、中层。另外,放好过塘鱼。在管理上施上饲料,是增产的主要关键。

(1)组织要落实。大队支部与革领组有[由]1 人负责,生产队要有[由]1—2 人,大的可有[由]3 人专人负责。

(2)现在所存在限止[制]发展鱼[渔]业的:放水草的要退出,荒塘要改变,填塘要制止,凡是要填塘,经县批准。

(3)对鱼[渔]业生产加强领导。解决一些思想情况。

2. 水电机会议精神情况。

浙江省提出在 77 年实现农业机械化。今后农村用电 30%,工业用电 70%,多用大力机来解决,也是为了备战的需要。

对调负节电问题。今年是比较紧张,大部分用电都放在夜里,要有个思想准备。对水利问题上,要科学〈用〉水。今后按照科学种田,合理放水。现要有一套领导班子。大队、机站、生产队都要配好。把当前急需要的工作进行安排,机械设备进行一次试机。通过学习县对水利制度试行搞。

3. 关于蚕桑生产工作问题。

当前急需要做的:

（1）桑园培育。①要施上摧［催］芽肥。有利条件，氨水已到，要求施上施好。同时要翻埋绿肥，这项工作是有斗争，而很尖锐，要下决心。②间作问题：一定要退出。今后发现按照情况处理。另外，夏绿肥安排问题。另外对桑园除虫抓好。

（2）养蚕问题。离养蚕时间一个月左右。预计 28 号左右发种，为此：①人员要落实，迅速落实。公社准备办一次学习班，加强思想落实，各大队办的，由大队自行安排。②抓好物资准备，主要是"地火龙"，不但去年有的要办，而要新发展，并且进行试灶。柴也要准备，多［都］要自立［力］更生解决。凡是需要分配的都分配。③抓紧蚕具、蚕室消毒，散立散、富民农定点施用，多用漂白粉。④对养蚕人员，进行一次思想教育，严格掌握养蚕责任制。

4. 其他的。

关于春花后期培育、二蔟制、三蔟制、秧田工作的领导。络麻面积也要落实，措施落实，适时播种，合理密植，保持到收剥时 18 000 到 20 000 枝标准。另外：①绿化问题也要加强管理。②血防工作问题。③清队汇编，时间很急促。每个大队要抽上 2—3 人，完成后回去，各支部要支援他们来搞好。

俞子平同志讲对蚕茧生产情况：

全国 235 万担，超建国以来，比 37 年 440 万担还少，超过小日本 226 万担，全世界产茧主要中国、日本，所以我们世界第一。9 个省：前面浙江省 80 万担，四川省 563 000 担，江苏 443 000〈担〉，广东 313 000 担。浙省重点嘉兴专区 60 万担，主要有三个县：海宁县 10 万担，德清、桐乡。

按照现有丝厂需要量 270 万担，出口占全世界 60%，价值 1 500 万美元，低［抵］人民币 36 00 万元❶。

王金水同志讲，当前注意几点：①氨水浇。当前翻深潭浇。②对蚕桑布局问题。2 954 张，如果要更正，在 13 号进行汇报，提倡分批饲养。③对定［订］种问题要有计划，不要莽摸［盲目］订种，对当前划分操作情况下，要准确处理。④对今年物资特别紧张。⑤今年对［用］西立生、散立散，停止消毒，进行漂白粉消毒，1 斤并 25 斤水。⑥从桑园面貌来看。可能减少，因为当前来，高低不平，枝条多，绿肥少，泥河积，今年出现小、黄、薄，叶量不好。所以及时施上摧［催］芽肥，除好虫，培好桑叶。⑦ 对桑苗今后自育自种。⑧ 桑树做好"三整"工作。

"一少，二洗，三白，四消毒"，要求 4 月 15 号完毕。

小蚕吃施到 10 号止，大蚕吃施到 5 月 15 号止。

根据刘贵同志在平湖调查，当前地老虎、粘虫盛发期。要求：掌握虫情。早稻秧要求连续除治，消灭在秧田里。发挥赤脚植保员作用。要求队搞一块测试，及时掌握虫情，集中力量打歼灭战。发动群众支援糖票来解决。同时加强以［与］早稻搭配工作。

1972.4.8

下午，参加东风队召开干部会议

研究抓革命、促生产方面：

1. 对于领导班子问题。

---

❶ 此处应是以 1971 年人民币对美元的汇率所做比较，1971 年人民币对美元汇率为 2.46∶1。

2. 统一思想,对分组的认识。

3. 落实生产计划,分配到组。

4. 早稻秧田落实,责任到组。

1972.4.18

下午,召开支部会议

内容如下:首先,有[由]张堂同志谈一谈。

1. 为了团结,把个人对支部委员与委员交换意见。

2. 把当前生产问题研究一下,到底抓几项工作:①埋绿肥。②二蔽制与三蔽制问题。

3. 具体要求几个事情统一一下:①消毒及时,22 号完成,23 号检查一次。②准备办好一次学习班,收蚁前一次。③地虎龙。④绿肥问题,要来一次检查,不翻,下决心。决定明日检查一次,化肥专用。⑤浇电杆问题,要弄,准备去装。

1972.4.19

下午,召开生产队农业队长及放水员会议(在机站召开)

贯彻内容如下:关于当前生产问题。

1. 对二蔽制田、三蔽制秧田搭配工作。

2. 春花后期加强管理问题,选留种,打菜叶。

3. 除虫工作。

4. 络麻下种工作。

5. 对蚕业生产问题:①蚕室消毒。②绿肥翻埋。③人员落实。④地虎龙问题。⑤今后要专业队。预计 10 亩抽 1 人。

6. 血防工作问题。

7. 补充对机站的工作意见:①用电问题。②管理用水问题。

1972.4.21

出席公社植保会议

赤霉病:大小麦抽穗 80%,放花 10%(即始花期)喷一次,过一星期后喷第二次,药剂:"056"❶,600 倍。石硫合剂 0.5 度(喷雾),二硝散 200 倍。

粘虫:每亩达 6 000 条为标准(测验每平方尺 1 条),2—3 龄达到 50% 以上时进行除治。药剂:60%〈浓度〉666 粉 250—300 倍。

兼除芽虫:40%〈浓度〉乐果 1 000 倍(三龄以内);90%〈浓度〉敌百虫 1 000—1 500 倍,进行喷雾。

叶蝉:用"二二三"进行喷雾,秧田里(除 666 粉)。

公社分配广六矮 4 号 100 斤。

---

❶ 一种杀虫药剂。

下午,郭仁元同志谈:

1. 植保工作指导:兼顾全年,狠抓当前。在战备"二虫一病":杂虫,包括蛔虫、螟虫;矮缩病。在水稻上狠抓秧田除虫,大田滴油扫蚤,花草田,大麦田。在春粮上狠抓防病,兼顾虫害。

2. 以防为主,以土为主,自力更生,全社7 000多亩,只解决2 000亩。

3. 加强植保队伍建设,提高技术水平,以田头为主。

4. 因地之[制]宜,因田之[制]宜,因时之[制]宜。各大队建立可靠队伍,以大队为主。靠生产队植保员去查,加强联系,互通情报,交流经验。

1972. 4. 22

贯彻公社植保会议(在机站)

到会有:红星沈继松、红江王洪章、立新陈进其、东方红冯维兴、红旗顾馀德、向阳徐德甫。

1. 贯彻公社会议精神:主要是由[关]于当前虫情。

2. 今年的全年植保工作指导思想"兼顾全年,狠抓当前"。在战略上除"二虫一病":什虫(包括虫向虫)、螟虫,一病是矮缩病。在水稻上狠抓秧田除虫,大田滴油扫蚤。其中花草田、大麦田,多[都]要做到这一〈要求〉的。

3. 在春花上狠抓防病,兼顾虫害。以防为主,以土为主,自力更生(据全社7 200多亩,药剂只能解决2 000亩)。

4. 加强植保队伍建设,提高技术水平。应[因]地之[制]宜、应[因]田之[制]宜、应[因]时之[制]宜地进行,以大队生产队为主,靠生产队植保员,发挥他们作用去检查,加强联系,互通情报,交流经验。倡[创]造有效措施,为72年度粮食夺取大丰收而作出努力,为生产队做好参谋。当前要做如下几点工作:

①防治赤霉病。以农防治,主要开沟排水。②用药剂防治:用"056",600倍(喷雾)要用粪桶;二硝散,200倍;代森辛,500倍;石硫合剂,0.5度;统一(1度并2斤水),出霉病、锈病都可以防;锈病防治,可用效秀纳250倍;稻瘟病防治,可用稻瘟净600倍,都要捣[搅]匀喷雾。对赤霉病的除治时,在齐穗达80%、放花10%(在始花期最适宜)喷雾一次,过一星期后喷上第二次。对无芒六棱要补上一次,迟大麦要防二次。

粘虫防治:首先要进行测验每平方尺1条有[约]等于每亩6 000条要进行除治。约二龄至三龄达50%时除。办法有:①人工捕捉。用面盆或其他有效工具。②6%可温性666粉250—300倍(不能用杀螟粉)。③或用40%乐果1 000倍,兼除芽虫。④90%敌百虫,1 000—1 500倍。但是要看实际情况,看虫的多少或大小来用此药剂除虫。

在专桑近的地方也可用,因此药过性较快。花草田同时进行,可用1斤666粉、半斤"二二三",并水5—6担进行拨[泼]浇。

诱杀地蚕、蝼蝈害虫:用菜并[饼]10斤,并敌百虫3两加适量的水,撒得散为宜。花草田及山茹,络麻等地都也用诱杀而效果很好。

叶蝉幼(即蛹虫)根据测验检查,已大量发现而很多,必须引起特别重视,我们吸取去年的教训,狠抓秧田这一关,消灭在秧田里。办法是:①用1两乐果,2两"二二三",3两666粉,并水100斤进行喷除。如秧苗很嫩,可以去掉666粉。②用马拉松1 000倍,或找你队有效办法,应[因]地之[制]宜进行。③人工捕捉,用海斗网。④在翻垦时,要滴油扫蚤。同时将四周地螟上进行封锁。⑤点黑光灯。要在天热、天黑时进行。

结合几个工作:

1. 春花、油菜开沟排水,降低水位。

2. 预防油菜茎核病发生,主要是搭叶而死,扁粒。发动群众进行拆黄菜叶是个好办法。

3. 黑穗病:要总结经验的基础上推行冷浸热晒和石灰水浸种等有效办法。

4. 农药会议精神,今年有机磷增加,乙季[基]1605减少。乐果在用量上要注意,已经分光。"二二三"也要节约用,杀叶蝉是好药。

5. 在施药中注意几个问题:①一定要注意质量,不能任意增加和减少药量。②注意安全,认真执行操作规程。③注意蚕业生产。做到内外通气,减少损失。④在施土农药时,先进行试验后推广。

1972.4.25

出席公社农业、蚕业会议

参加人员还有:王宝芬、张志坚。

上午,到三星大队参观、座谈。

下午,学习文章后,李炳松同志总结当前的情况,提出几点建议。当前发现的有:

1. 秧板不平,底潭较多,恐有烂秧的可能。另外,利用率不高,沟阔,对质量不高。

2. 落谷不匀,堆谷、稀谷还存在。发现有些地方没有扎根,从种子数量来看是足够,但是在出芽率与利用力[率]不高,看起来缺苗,危险。

3. 秧田出现虫害:管理不严,损失很大,有问题。有的管麻雀不严,仍旧吃掉。现在气温低,停止生长;另一方面苗黄,可能出烂秧。

如何来解决这个问题,首先要解决思想,把当前的工作提出:

1. 要检查一下。内容是种子、搭配、现有秧田情况,开展全面检查。对早批秧田施上一次断奶肥,一般每亩施化肥2—3斤。

2. 迟批秧田,谷露出的要解决。办法二种:①用河泥。②用地松泥。③进行一次秧田安排对口,如何缺,要采取办法。再[最]近几天防温,加温盖薄膜。

3. 面积问题。要合[核]对一下,对面积一定要落实。要注意很重要。对二蔟制迟秧问题:质量;密植;底肥。

4. 络麻生产工作。①下种不能超过30号,抓好季节。②播种质量每亩播种量适当足一的[点]。③面积要种足,按国家计划保证完成。

5. 蚕桑生产工作。在桑树绿肥斗争很复杂,据现在来看还相当大,没有翻埋下去(联新核心队全部翻下去)。在做好思想工作的基础上,继续埋下。抓增桑环节:摘心。每一个生产队摘出一二亩心。大面积在三令摘心。

6. 春花后期管理工作。据当前低温多雨,防治赤霉病,普遍治上一次。另外开沟排水,但要注意到除虫与蚕室互相通气,预防中毒。

其他面积都要落实,特别是西瓜。其他多种经营都要抓起来。

陈松林同志对蚕业生产当前提出几个问题：

1. 首先把路线搞对头。以粮为纲,全面发展,是互相促进的,可以算一下帐[账],是算得通的。

2. 对资本主义倾向要批判。轮流养蚕,埋绿肥。

3. 同时种好绿肥。

4. 做好养蚕准备。

5. 消毒不到,要补消。

6. 地虎龙搞好,烧柴没有。现有柴、煤准备分下来。

7. 节约用桑,每只室都要有记录。专人负责。

8. 处理好收蚁问题。

讨 论

当前秧田存在这样情况,采取办法如下：

1. 对早批施上一些断奶肥。

2. 对露谷的秧田盖上水河泥。

3. 采取播种补做秧田,防缺秧。准备估计做好预备秧田。

4. 田加强管理。

1972.4.26

联民大队植保员名单

东风队	王有法	男	25	贫	团	高小
红星队	沈继松	男	28	贫	党	初中
红江队	王洪章	男	24	中	团	初中
立新队	陈进其	男	37	贫	否	初小
东方红队	冯维兴	男	29	中	否	高小
红旗队	陈清风	男	37	贫	团	初小
向阳队	贾克勤	男	27	中	否	初中
胜利队	冯祖兴	男	26	中	否	高小

鱼任务20担分配到队〈单位:斤〉：

东风队120,红星队150,红江100,立新队100,东方红队100,红旗150,向阳队150,胜利150,1 020斤整。

下午,召开农业队长现场会（在机站）

内容如下：

通过一次全大队检查后,发现：①秧田秧苗卷叶死苗。②落谷不匀。③发芽不高,出苗不齐。④露谷受热[日]晒夜冻。⑤出现烂秧。⑥雀害严重。虫害。

春花：①积水多。②虫害发现。③田边受损。

络麻:下种面积不多。

据以上情况,提出如下意见:

1. 对二蔬制与三熟制秧田问题。

已发现死苗。办法是:

(1) 对卷叶死苗:①迅速移植。②加强管理,盖上土什肥,管水保留或浇上水河泥。

(2) 对露谷问题,采取盖上水河泥和松土,但要带过复盖。

(3) 对二叶一心,要施上断奶肥。

(4) 对秧田治好虫,特别是叶蝉。

(5) 二蔬制迅速移植,加强培育管理。

2. 麻。

及时下秧。明日可以开始,看天下种,不能超过出月。为夺取络麻高产,争取全苗。

3. 春花。

加强后期管理:①开沟排水。②除虫。③插好倒路的春粮❶。④选好良种等工作。

1972.4.27

联民大队各队予[预]付化肥数　　　　　　　　　　〈单位:元〉

队别	去年出售茧数	予[预]付化肥
东风	3 620.8	838
红星	4 425.2	1 019
红江	4 193.9	966
立新	6 154.9	1 418
东方红	3 877.2	893
红旗	5 964.2	1 374
向阳	6 488.8	1 495
胜利	5 074.7	1 169
合计	39 799.7	9 172

联民大队 72 年春蚕定种数(摘记公社蚕桑会议定数):

东风 36 张,东方红 30 张,红星 35 张,红旗 46 张,红江 30 张,向阳 50 张,立新 44 张,胜利 37 张。合 308 张。

1972.4.28

摘　　记

1. 要搞马列主义不搞修正主义,是指导方向问题。

要团结不要分列[裂],是讲原则问题。

---

❶ 路边的小麦、蚕豆等会倒伏,需要扶起来。

要光明正大不要阴谋诡计,是讲党作风问题。

2. 把 12 号文件学习,当党课来上,也可以在政治夜校上政治课,认真讨论,理论结合实际,加深学习,落实在运动上。

3. 通过学习要解决几个问题:

(1)增强革命团结。

(2)落实政策:①干部政策。②人的政策。③查抄物资,经济。学习 82 号文件后,落实粮食问题、养鸡问题,发展家庭正当副业。另外,通过 82 号文件,有的动起来了,划操作组实行男女同工同酬,取消了男女死杠子❶。

但是当前来看,从领导态度上的旧三种态度,现在来看有五种:① 三统计,四固定。②常年组分段。③平时统一,农忙划组。④单项搞亏损,计件不分组。⑤没有动,照老样。

据地委付[副]书记意见,继续学习 82 号〈文件〉,深入理解。要搞起来,积极态度,发动群众,但注意包产不能搞。

4. 关于以粮为纲,全面发展方针,《人民日报》社论中讲到两种发展、多种经营:①有计划与非计划的。②有的有任务没有计划,应该卖给国家。

对社员问题:也要划清原则,不损害集体生产,不能损公肥私。要在不影响集体下发展家庭付[副]业。正当的家庭付[副]业与弃农经商要划清界限。

5. 当前生产问题。

(1)要切实加强对春花后期管理,争取丰收。克服定局麻皮[痹]〈思想〉,并且继续再接再厉与二套整备,向自然灾害作斗争。当前霉病发生,要开沟排水,再做到丰收到手。要看到今年面积扩大,做好收割准备,同时选留好种子这项工作。大麦:选早熟三号、浙农 12 号。小麦:矮杆红及其他良种。

(2)做二蔬制边种边管,三熟制秧田管理争取丰收,做到三保,保面积质量。

(3)要抓好粮草生产,同时抓好多种经营,学习《人民日报》社论。棉麻生产按计划种植,蚕桑生产尽量抓好,以叶定种,增养迟批种,尽量多养。

继续发展集体〈养〉猪,发展饲料,有禁鸡地方坚决纠正。

以上是县委精神,据公社昨天检查,当前生产问题很大。提出意见:

1. 秧田:要引起重视,明日逐队检查,算出损失程度,进行具体分析,估计不利条件,赶快进行浸种,播种与大田对口。

2. 络麻下种:在二天之内,抢天播种。注意:季节、质量、面积,"三保"。密春花采取移植(1 亩种 5 亩)。

3. 蚕桑生产:①增[争]取多养,以叶定种。②桑地绿肥,要埋下去。种绿肥豇豆。

4. 油菜收割问题。去年的经验教训,今年适当偏早,减少损失。大种黄豆挖八边。山茹里种芝麻。今年有收购黄豆任务。

5. 鱼[渔]业、副业、生产,同时进行搞好。

---

❶ 死杠子,指男女的底分划死。例如,男的最高底分 10 分,女的只有 7.5 分。

1972.4.30

生产进度统计回[汇]报

三熟制育秧进度〈单位:亩、斤〉:计划面积486,计划秧田66.5,计划落谷量18 670斤。

已落谷量18 670斤,面积67.00亩。施肥、治虫50亩。

二熟制插种进度:计划面积95,已插队数6个,已插面积80亩,都有底肥。

络麻下种进度:计划面积300,已播207,东风32,红星30,红江25,立新32,东方红20,红旗15,向阳25,胜利28。

专桑绿肥翻埋进度:面积149,已埋116。

春花治虫防病。

大小麦谷面积573,其中大麦249。

东风	小麦、大麦40	红星	小麦、大麦33	红江	小麦、大麦26
立新	小麦、大麦31	东方红	小麦、大麦23	红旗	小麦、大麦19
向阳	小麦、大麦35	胜利	小麦、大麦42		

秧田发病情况:面积5亩,损失谷量3 200斤。

1972.5.6

出席公社信用社贫管会

上午传达县委文件,下午总结本公社信用社的情况。

老陈补充意见:对于生产问题,抓三个方面:①早稻,重点是秧田。②络麻下种。③蚕业生产问题。

讨论:①今年信贷任务的完成。②城北的房屋问题。同意王湘清提出的意见。③关于新星大队储蓄站补贴半个人,原则到大队,由大队安排好个人。半月补贴18元整。

中共中央国务院关于农产品收购几个问题

中发1963年××号,3月3日发。

其中有关一段:

来自生产队的口粮分配,应当保证社员基本口粮的需要,保证四属户、五保户的基本生活需要。在这个基础上应当对劳动多、劳动好的社员给予必要的粮食奖励,适当体现多劳多得的原则。但是对社员的粮食奖励,要有合理的控制,一般说来社员分配到的基本口粮和奖励粮食,以户为单位,每人占有数量比1955年当地实行粮食三定的时候规定的口粮标准,最多不要超过15%。

李炳松同志讲:

1. 关于生产问题。主要是水稻生长,特别早稻秧田加强管理。当前不稳定,生长不良,要培育壮苗,防止徒长,移植后不好。

2. 抓密植质量。要增产,这是有利基础。

3. 络麻及时下种,面积一定完成,加强培育。

4. 蚕叶生产,又要管一管,主要地虎龙问题,同时防止失火,主要是地虎龙。"电"要注意。

5. 春花选留良种,要进行选一下,无芒六棱 10 万斤。

6. 防治病害。

1972. 5. 9

正副队长会议(在机站)

今日会议内容:通过检查,大家商量。

1. 通过检查,进行选种,确定啥品种,并研究如何收割,结合油菜、小麦也定下来。

2. 二蔟制培育工作比去年差。

3. 三蔟制秧田问题。

4. 当前生产工作也要进行研究,特别络麻。这次每担予[预]付 9 斤,按去年数。

5. 关于分配问题,一定要据党的政策办事,"错者必纠"。上次会议决定 10 号左右作好准备,15 号造出方案。三者安排,掌握好重点,先紧后松。特别坚持,你采取那[哪]一种办法,一定照顾好规定的家属吃到一定的口粮,基本 70% 按需分配。

下午检查后,进行讨论:

1. 选种计划。打算明年留种,50% 浙农 12 和"757"等其他新的品种,50% 无芒六棱和其他品种,明年要扩大面积,满足种子 1.5—2 套。

2. 收割问题。根据各队实际情况,分别对待。今年的方向适时偏早点,看到任务重是好事。特别油菜子问题。

1972. 5. 10

出席公社水利会议

水利为高产服务:〈为〉全县 72 年实现 1 200 斤〈目标〉而奋斗。

1. 总结 71 年度的情况:经验和教训。

存在〈问题〉:重建轻管,重主机轻分套,重施用轻维修,重效益轻安全,重向上轻自立。

2. 操作规程:要严格执行,不能随便。都要专人负责,定时检查,勤保养,勤维修,保持良好行转,不出事故。

3. 合理用水管理:必要的制度还是需要,不能全部否认。现生产无记录,经济无核算。

4. 今年的气候趋势:5—6 月涝,7—8〈月〉抗旱,9—10〈月〉有台风。

5. 调荷节电:加工一律从晚上 5 点开起始。

6. 机站为单位,搞好全年灌水核算,造出计划。

7. 全县组织大检查。内容:①用水管理制度。②机械保养维修。③人员落实和组织情况。④其他工作。

1972.5.11

出席公社会议

上午听学习文件。下午到闸口大队参观,有[由]大队支部介绍。

徐根甫同志介绍络麻高产经验。

狠抓二化建设,干部参加生产,领导生产。全大队计划 290 亩,指标经研究二次,今年搞 750 斤,增[争]取上《纲要》,达 220 950 斤,比去年增加 20 000 斤。

措施:①狭轮 2 尺左右,施足底肥,挑上河泥。②适时下种。今统一下种,全大队 1 天半,在 27 号统一。田塍地边多[都]种上,适时管理除草。

在麦里施 3—4 斤化肥,双斤头,定苗 18 000—20 000 支,接落❶施重施 30 斤左右,抄上沟。看苗施肥,同时做好除虫防病、漏水。

张菊民同志补充络麻高产的经验。掌握如下:①播种关,专人负责。②基肥要足,羊灰、泥河。③施保苗肥每亩 3 斤左右,月底前做好三项工作:通沟、保苗肥、除草。割麦后集中力量培育络麻,除草、施肥、散好❷。第二次夏至下重肥。

1972.5.12

听陈福才同志传达

汇报这次参观吴县龙桥大麦高产。亩产 149 斤❸,其中一个生产队 1 000 斤。沙舟塘桥小麦高产。今年的口号:向"三一"进军。今年的大麦 1 000 斤田地出现。

措施:创、壮、足、精,播[布]局抓创,种苗抓壮,肥料抓足特别基肥,抓"四个一":一条河、一头猪、一把连[镰]刀、一条船。作物计划上在群众,安排上有张图。

今年早稻秧发病:他们总结低温得病,高温丧命。方法是以肥保苗(河泥并清水粪),以水保温。他们种早稻底肥,草花搞河泥作底肥。沙州县塘桥经验是同样。

汇报王书记的报告:关于深入学习 12 号文件。三个问题:①全县贯彻文件情况。②县委常委第三次学习情况。③学习意见。

1. 先讲第一个问题。①好的方面总结。②还存在问题,有的干部讲文件学过,生产是实货。林彪死了,冷饭何必抄[炒]。上面关摆[把]准,下面不出轨道。

2. 农村经济政策。生产队规模问题,我们都定下来了,严肃对待。同工同酬,实现小段包工,采取三种办法:四固定、包产到组、见产给分不能搞。

自留地政策:有些地方变来变去,把树木变光,自留地长期不变,几年变一变要改过来。

畜牧政策:已定政策,坚决贯彻。

3. 私房、查抄和物资处理:全县 6 543 户,1 200 多间。凡是敌人暂不作处理,但是要分清情况,分别对待(剥削与被剥削的界线)。农村属内部矛盾,按社员同样处理,照"60 条"办事,(即"45 条"中规定)坚决照办;凡是清队中揪出来的,有反必肃,有错必纠。

---

❶ 接落,当地土话,意思是接下去。

❷ 散好(苗),当地土话,络麻苗长得过密,需要拔掉一些,这一劳动过程称为"散苗"。

❸ 数据不准确,原文如此。

关于户口不落实问题和粮食问题,按当时下放的原则。

如何贯彻和意见:

指导思想:继续学反复学、认真学 12 号文件。毛主席谈话纪要是 50 年的路线斗争总结,是批判林、陈反党集团的有力武器,是路线教育的重要内容,今年一年重点要学习。有的说学过了,这是单纯任务观点。党委人员要认真学习,作为党课教育的主要内容。主席的谈话分 34 个小段 5 个大段,内容很丰富。要学习主要解决学风问题,学风就是理论结合实际。实际问题就是解决一两〈个〉问题。解决问题是谁,就是首先解决自己,以整风精神,改进领导作风。在路线教育中,调整深入组织建设。解决一两个问题,是什么呢? ①团结问题。增强革命团结。②政策问题。这是地委的指示,符合我县情况。

不团结的因素:①莽[盲]目骄傲。②满足现状。③有的同志听批评不进。④有的有问题不摆到桌面上来。落实政策,是路线的体现。农村经济政策,干部政策,认真学习 82 号文件,因 82 号文件有 6 个政策。路线搞对头,政策作用搞扎实,班子搞团结,思想正确。

下午继续听报告。陈福才同志讲目前生产工作。

1. 春花管理问题,特别是预防小麦赤霉病。小麦是春粮,占 50%,所以要认真〈抓好〉后期管理主要一环。另外出沟排水,降底[低]地下水位。同时对春粮油菜收割要适时偏早,精收细算,要订出晴、雨二套准备。同时,选好良种,大麦早熟 3 号,小麦矮秆红当家。

2. 三熟制插秧:重点质量关。密植程度 4×3,一定要掌握,同时偏[边]种偏[边管]。经验:另[宁]可少种一片田,不可忘记一大片。同时要对口一下秧苗,要求 6 月 5 号关秧门。

3. 春蚕问题:①狠抓防病中毒。②狠抓稀放,要求 20—30 只〈匾〉,800—900 条。③狠抓壮蚕室。上蔟的准备。

4. 畜牧问题:今年要求队队有牧场。①集体要发展。把现有牧场管理办好,下半年大发展。②定头数,定饲养人数,定饲料地。③已定政策,必须兑现,在春花予[预]分兑现,或者多发几个月。④发展糖化饲料,公社搞二个地方点。

春粮收购任务,平调任务 35 000 斤,去年平调任务 4 100 斤。

5. 春花分配问题:今年要搞全年计划分配。首先把下面的思想情况,口粮按原来办法。

6. 血防工作:东片已结束,西片从 5 月 15 号开始。时间 1 个月。

7. "一定五年":1970—1975 年。

摘抄粮亩所联民"一定五年"任务:

1971 年入库"一定五年"〈任务〉 〈单位:斤〉

队别	合计任务	增购基数	加价30%	化肥
	24 390	22 222	2 168	1 085
东风	5 900	5 377	523	
红星	8 460	7 708	752	
红江	6 880	6 268	612	
立新	1 000	911	89	
向阳	2 150	1 958	192	

1972.5.13

下午,大队召开正队长与蚕业队长会议

主要是为了蚕桑生产。首先有[由]王友宝同志报告。

1. 回[汇]报目前全大队情况,生长良好,发育正常,但是根据上级要求还存在问题,特别是稀放。要求达到稀放,每张蚕种放 25 只匾。

2. 节约桑叶,如何样子达到增产节约,内外配合。

3. 要求每个生产队"自力更生"解决桑苗,采桑果,培育好秧苗,专人管理。今年的蚕桑生长比去年好,但是队与队不够平衡,可能作一些调掇,大队成立调剂小组。

4. 今年是新法验茧,尽量上高蔟。

1972.5.16

上午 8 时,听介绍

8 个生产队 1 043 亩,1 304 人,平均 0.83 亩,交售国家 80 万斤,储备 35 万斤左右,积累 50 万元,平均每户 174 元收入。去年上去,今年这[怎]么办来一次大讨论。有的出现骄傲,有的求稳忙。分析全大队情况,队与队不平衡,好的队 2 000 多斤,差的队只 200 斤。

队〈根据〉土地表、布局表,特别搭配上在 72 年改进,增加中迟为主,减少早熟品种,掼六系统为主。今年二蔟制适当推迟,由于气温关系,后期搭配中、晚为主,适当早熟,禾籼关门。

抓住"壮"字,培育壮秧。主要是早稻,夺丰产高产的主要关系,争取早发早熟。培育好长秧令,采取三个方面:① 空气❶、半旱秧田,秧板平,防止积水,能使苗早发根。② 严格控制秧令期。秧令期短,播密;长的播稀的。中蔟 350〈斤〉,秧令 30 天;迟蔟 300 斤,秧令期 35 天。肯定成熟期及时移植,决定播种期。③ 抓住肥水管理"以肥促壮,以水调温"二句话,15〈度〉以下左右要保温,25—30 度左右降温,否则死苗。防止徒长,肥水控制。后期秧田,看田脚施底肥,我们掌握不过肥、不过瘦。起身肥一般 30 斤左右。在肥料上要巧施肥料,要足,要精。我们采用"炒三次",直到发酵后摆出去更有效,马上吸收到,能早发育。

田间管理:增苗;增穗;增粮。

一平:田要平。

〈二足〉:肥足、苗足。35 万〈棵〉苗基本苗要足。

三早:早施肥 80%、早发育、早耘田。边种边管理。

适时搁田,"当中不粘脚,四周不裂逢[缝]"标准。保持干干湿湿,防止长期积水,造成黑茎烂根、软脚倒伏。在收割前放一次跑马水,增加饱满粒穗。

防治病害:抓得准,抓得狠。温度高、水温高、发病早,要及时观测,及时防治。叶蝉。

---

❶ 空气,这里指秧田田板空气流通。

革命的书写
——一个大队干部的工作笔记

1972.5.19

下午,在机站

主要为了机站人员团结问题。原因:

1. 为领补贴费有意见存在。

2. 为工分问题。分工不够合理。

3. 责试[折射]大队领导上如何样。

4. 大家社员们都晓得发工资每月 27 元,6 元补贴。怎[这]消息到底啥人传说? 东方红陈德军问。

5. 每月 30 工,每月补贴 6 元是老王亲自讲的。冯说。

1972.5.21

下午,到三里港开会

公社召开蚕桑工作〈会议〉。陈松林同志讲今日的会议情况:

1. 蚕业主要解决稀放问题。

2. 关于抢收油菜,主要是土油菜。

对于蚕桑,当前解决二个问题:①稀放问题。②准备高温,预计 28 号出现。

提出几点意见:

1. 关于抢收问题。凡是成熟的作物要特急[突击]地抢收,凡是能挑进的抢挑〈进屋内〉。还要抢种,要及时种上,新星东风队完成 90%。结合管理上〈进行〉。

2. 蚕桑。当前〈是〉丰收不丰收、增产不增产的主要关键时刻,如此目前抓三个方面:①抓稀放,是增产的主要关键之一。抓稀放到底节约桑叶,还是浪费桑叶。稀放是科学养蚕,节约桑叶,能增产。②防病,要注意,不能松,低温得病,高温多是发病。③做好上蔟准备工作,提前晒好,对对口。而且要稀上提高优质高产,今年干茧无水分结价,所以上好蔟。

另外,防止中毒,要内外通气,特别是私人自留地,新星发现挑树治虫中了毒。另外桑叶目前个别队缺叶。①成立调剂组。②调剂方法,首先解决大队,后公社。③按照县规定价格 5—7 元。

3. 络麻生产。中星大队有个生产队统横❶散苗,整个情况来看是好的,但是当前发现死苗。立即注意,要求各队因地之[制]宜采取有效措施。①缺苗补上立即施上一次肥。②蚕豆田耙起,水放干。③统一有条件,初次定苗。

其他生产也结合搞好,西瓜、药材、芋芳,同样培育好。

4. 对加强领导方面。一定要统一指挥,全面安排,全队调动,防止挑拨是非。

5. 加强保卫工作,特别是偷窃比较严重,狠抓阶级斗争。

6. 治虫问题。当前叶蝉是正在盛发期,治虫的要害。要求重点秧田,二蔟制返青的田,都要治上一次。小麦上蚕很多。丝虫病、赤霉病、黑穗病、毒麦、黑班[斑]病、纹枯病。

---

❶ 统横,即统一。

7. 分配问题提一下。整个情况来看是好的,但是个别队仍旧三七开、二八、四六❶,花样很多。特别要注意口粮分配上,一定按党政策办事,〈进行〉粮油分配、柴草分配。外出人员同等经济分配。掌握先紧后松原则。

1972.5.22

大队召开正副队长及蚕业干部技术员会议

补充意见:

总结本大队当前的进度〈单位:亩〉:早稻计划 570,落实 581.53,现已完成 313.5,占计划数 55%;络麻计〈划〉300,完成 298;油菜、土油菜已弄出。胜利菜全部掼倒,大麦已完成,但还没有全部脱粒。质量比较还好。但是根据上级要求和当前的气候转变,为此,提出几点要求:

1. 抓抢收:特别是油菜、大麦,能收的及时收,去年的教训,情愿迟种一亩稻,不愿忘收丢一点。一定要丰收进仓。

2. 早稻培育:要施大肥,三蔟制随插随管理,特别对水肥上狠下工夫。

3. 治虫问题:目前狠抓治叶蝉,麦治蚤,同时选留良种。

4. 蚕丝工作:狠抓稀放。

联民大队 1972 年农副产品收购任务（1972.5.15）

队别	麦干[杆]柴（数）	鲜蛋（斤）	羊（头）	芦竹（数）	淡水鱼（斤）	络麻面积	络麻任务（数）	油菜籽（斤）	春粮品调〈斤〉
东风	36	135	7	58	120	49	245	2 450	5 000
红星	33	125	7	58	150	42	210	2 350	5 000
红江	27	100	5	55	100	35	175	1 450	4 000
立新	28	125	6	55	100	39	195	1 750	5 000
东方红	24	105	5	55	100	33	165	1 500	5 000
红旗	19	120	6	55	150	15	75	1 200	5 000
向阳	37	135	7	58	150	49	245	2 200	6 000
胜利	31	155	7	56	150	38	190	1 500	5 000
合计	235	1 000	50	450	2 000	300	1 500	14 400	4 000
大队 980❷									

1972.5.23

在盐官听电话会议记录

宋绍宗同志讲二个问题:

1. 目前情况:领导重视,劳动集中,政策落实,收种进度快,质量好,总的来看形势比去年

---

❶ 三七、二八、四六等都是指按劳与按需分配的比例。

❷ 原文如此,含义不明。

好。但是当前自满麻皮[痹],表现在:①重收轻种,重种轻管理,重水稻轻络麻。②对领导班子问题。③劳动力不过[够]集中,阶级斗争很复杂。

2. 蚕桑生产问题:①对稀放夺高产认识不足,特别领导上。②缺叶的苗头发生,但是有些心中无数。③二熟制早稻发育缓慢,三熟制种的质量差。④络麻死苗发生较大,面积广。

提出意见:

1. 继续深入贯彻文件,反骄破满,继续前进。抓好农业生产。总结一下,真胜利还要苦战半个月。

2. 认真正确〈执行〉党的政策,落实 82 号文件,加强调查研究,总结一下经验教训,对春花夏季予[预]分抓一把。

3. 把地区一个通知、县委一封信迅速传达给群众,使家幼[喻]户晓。

(1) 要抓一下阶级斗争,当前出现:打人风;资本主义风。

打人风有三种:①所为[谓]造反派比较大。②吃了饭不管自己人。③劳动差,没有安排好。对阶级敌人破坏不客气,不仅在政策上处理,经济上也要处理;对资本主义倾向,坚决批判,严格批判。

(2) 当前生产问题:集中指导,精力、劳力、物力三个集中,把春产的丰收拿到手,抓好当前抢收抢种。领导思想上,要明确在抢收抢种。

(3) 对春蚕生产:①要求公社、大队〈的〉一、二把手抓起来,因时间短,在劳力上适当集中蚕桑生产。②认真落实政策,要稀放。③抓关键,彻底消毒防病,防止中毒,防止老鼠、鸡、鸭吃。④抓稀放,每张蚕种放 25—30 只匾,同时抓好节约用叶。⑤要注意防低温又要防止高温。⑥狠抓增拳留条问题,同时施好夏伐肥。⑦狠抓桑叶调剂工作。价格 5—7 元,化肥双方协商,防止倒蚕售叶,供销社做好这个工作。

(4) 当前夏收夏种,主要"三保"问题:季节、面积、质量。是要求 6 月 10 号以前结束早稻插秧,对劳力合理搭配。①质量问题一定掌握质量关,要老手。②抢晴天集中抢收油菜,被[避]免去年状况。③防止病虫害。10 号左右叶蝉孵化,盛发螟虫。秧田;滴油扫蚤;6 月 5 日以前要搞一次歼灭战。④对二蔟制加强培育管理,肥料靠自力更生。同时,抢管一下络麻,培育好络麻,抓紧。

要求:粮站抓一下种子检查,各生产队检查到。

1972.5.24

下午,大召开生产正队长及蚕业负责人会议

由王张堂同志主持,内容主要为蚕桑生产。

1. 关于稀放问题。

2. 缺叶调剂问题。

决定在明日起下午汇报情况。上午汇报给贾会计。

1972.5.25

下午,公社络麻辅导员张同志来我大队检查络麻情况

全大队生长情况比较正常,出苗还算齐,主要是草多,缺肥死苗。有的队发现苗多轧❶。

东风队:提出统横,晴天抢油菜籽,下雨种田。

红星队:提出统横,晴天抢油菜籽,下雨种田。

红江队:提出统横,晴天抢油菜籽,下雨种田。

立新队:提出统横,晴天抢油菜籽,下雨种田。

东方红队:提出统横,晴天抢油菜籽,下雨种田。

向阳、胜利队在完成种田后,络麻培育。红旗队已经开始培育,共育室东面。

72.5.31

出席公社会议

内容主要是为络麻生产。李炳松同志讲二个问题:①总结上半年春粮情况。②下一步工作意见。

1. 大麦、小麦,特别是油菜。例如三星有个生产队达286斤。蚕茧情况一般平稳,丰收在望。另外,早稻进步快,质量好,特别三蔟制插秧比去年快,当前发育正常,争取高产基础。络麻当前也很好,但是受多雨低温应[影]响,发现一部分死苗。有的队及时补上。但是还有一些问题:对二蔟制发育不良,对三蔟制重种轻管;络麻生产,挤苗,草荒,没有及时培育;有一种存着老思想,络麻放在后边。

2. 下一步如何抓? 主要特[突]出是"管"字,抓重点搞突急[击],根据各队因地之[制]宜,落实农业"八字宪法"。抓中心,突出重点。

(1)继续贯彻中共中央4号、12号文件,以"三要三不要"为主要内容,以路线教育为纲,落实无产阶级各项政策,刹住歪风邪气。抓住重点开展大批判,提高干部群众〈认识〉,提高三个觉悟。

(2)在生产中分别主次,突出重点,集中来抓。当前主要是络麻,因当前来看高低不够平衡,高的700多斤,低的400来斤。为此,在完成插秧的队转入络麻,在两三天内突击抢种,三蔟制插秧。络麻一定要突一下。同时对培育上特别对肥水管理。大胆对植保员、用水管理员使用,实行科学用水、施肥。

(3)对三蔟制追肥施得早。根据发下来的书中,先〈进〉经验学习使用。

(4)治虫工作同时抓牢,特别是黑尾叶蝉,防止矮缩病。去年的教训要引起重视。采取:①滴油扫杀,用轻磅柴油1—1.5斤,或拌河沙。②结合耘田除虫,把虫坠入泥中闷死。③认真检查,掌握对象,重点用药剂除治。

3. 络麻生产工作问题。今年中央很重视。为了把络麻一定增上去:

(1)在培育上抓三条:①抓初散苗,达到苗粗壮。②松土统横,促使根部早发。③施肥,促

---

❶ 苗太多,相互挤轧。

使旺盛。要求突急[击]搞一下。在收小麦前做好这项工作。

（2）面积问题：要检查一下，是否落实。不足部分，坚决抓紧补足。季节问题。面积保证完成，同时要施底肥。要突击三天，潜[全]力以富[赴]，培育络麻。

（3）除虫问题：及时检查，如有发现，将防治。

4. 蚕桑生产：目前主要把迟批蚕养好。

（1）为了把蚕养好，鼓励社员积极性，多售一斤茧，增补氨水一斤。

（2）增施伐条肥，是增叶的有利[力]措施。

（3）桑园除草工作，看天气抢时间，搞定额办法。

（4）除虫。防金龟子用敌百虫，2 000 倍 15 天，3 000 倍 12 天，5 000 倍 7 天。同时定好夏蚕种。

5. 结合生产：山茹扦梗，大麦、油菜脱粒工作。

6. 收购问题：要抓一抓。菜籽。庆丰今日出售茧子。对自留茧问题，按政策不变，要求下半年留。

7. 分配问题：根据 82 号文件办法，号召社员节约用粮，经济上掌握先紧后松。按党的政策办事，违反的要纠正过去。合理三者安排，不能头轻脚重[头重脚轻]，同时在分配中，结合货币回笼。信用社〈贷款〉掌握有借有还，到期归还，今年也有任务完成。

8. 对晚稻秧田作好准备工作。京引 15 糯谷，7 月 10—15〈号〉播种，采用小苗，每个大队 50 斤，要做种。"加农"晚粳 30 斤，大麦"65 脱壳"。

9. 大便普检问题：以[于]6 月 5 号搞〈告〉一段落。

这次地区检查在 6 月中旬，内容：①农业落实政策问题。②血防五条标准。

抄机站情况：4—5 月共耗电 3990 度。人员反映从 6 月份开始增加 1 人补贴费。

1972.6.2

下午，召开正付[副]队长及蚕桑负责人会议

1. 当前生产问题：狠抓肥水管理。具体措施：水稻，抓培育，突出重点，集中狠抓。目前来看，队与队进度不够平衡，东方红、胜利、东风已转入培育络麻。突出的对络麻，已初〈步〉散苗，施上肥料。有的队三熟制未完成，要突一下，同时要发扬连续作战精神，紧接对二熟、三熟制肥水管理。耘田、除草、施肥，可参照先进经验，实行科学用水、用肥，促使早发，提早成熟期，有利晚稻及时插秧，力争全年丰收。

2. 狠抓除虫关：吸取去年的教训，特别是黑尾叶蝉防止，矮缩病要引起重视。

方法：① 滴油扫杀，用轻磅柴油 1—1.5 斤或河沙撒后扫杀，效果比较好。② 结合耘田除虫，把虫闷死。③ 认真检查，掌握对象，重点施用农药进行。

3. 络麻生产：根据公社会议贯彻精神。

4. 蚕桑生产：抓施伐条肥，回山消毒。

菊花每亩 30 斤，西瓜每亩 10 斤，明日可以去买。

1972.6.3

下午,出席公社会议(大队副书记、植保员参加)

内容记要:

在完成早稻插秧后,主要抓二项工作:①肥水管理。②防治病虫害。同时抓好晚稻秧田准备工作。

为了吸取去年的教训,杀掉黑尾叶蝉,要用剧毒农药,有二样:乙季[基]1605、杀螟松。

1. 除治对象:二熟制全部要除及三熟制返青田。

2. 除治时间:要求明日开始会议,统一思想,统一认识。

凡是已扫蚤的除去,没有进行的,要求在 5 号搞一下,在 6 号全面搞一下,7 号扫尾把二、三熟制返青都要除。

3. 在施剧毒农药时,特别注意安全,掌握操作规程。一定要强调注意安全,绝不赤脚上阵。人员要组织好,保证勿出事故。施后插好标记。

结合:

1. 小麦即将收割,关于选留良种问题,要抓一下。

2. 络麻问题:缺苗,采取带土移植。

3. 晚稻秧田要准备好,龙虎系统,17—20 号播下去;"0573"在 6 月 25 号左右;京引 15,7 月10—15 号,秧令期半月左右;先锋 1 号,7 月 10 号左右;晚稻秧田一定要专人负责,及时掌握。

郭仁元同志讲:

这次除虫主攻一代叶蝉,滴油扫杀效果较好。新农药主攻二化螟,兼治叶蝉。用乙季[基]1605。

1. 每亩 1.5 两并 6—7 担〈水〉进行拨[泼]浇,一定注意安全。

2. 杀螟松 1 000 倍进行喷雾,对螟虫较好。

3. 防治纹枯病。封行的田要注意,每亩用 2 量稻脚青并 7 担〈水〉泼浇;或用 1 两并 200 斤水进行喷雾,但一定调匀;或拌泥,2 两得 30 斤左右泥。

1972.6.4

记　　录

下午,在机站召开的农业队长、放水员及治虫员会议上,贯彻公社会议精神提出几点工作意见:

1. 防病治虫一定要有质量,按照操作规程去做,明确到为啥要防病治虫的理由。

2. 农业生产:①水稻:狠抓两项工作。②络麻:抓缺枝补充,完成面积。③蚕业:抓伐条肥,"回山"消毒。

3. 春花:抢收、抢出售,同时注意霉烂。

4. 分配:抓政策落实,节约用粮,货币回笼,收回贷款。

5. 收购工作:桑条皮要抓一抓。

6. 水利方面:①当前来看耗电 4 000 多〈度〉,浪费水大,渠道差。②没有固定人员,人少,管勿牢,损水大。大队相应增加用水管理员。③机站人员分工情况。④调荷节电是为了支援农业生产。⑤回收水方及火力机、脱粒机收费问题。

7. 教育儿童不要玩水、乱拨闸门,这次施剧毒农药,要特别注意安全。

选留良种,立新这只是"阿夫",阿尔巴尼亚 1 号。红江有 10 只,在试验表中,有浙农 39 等。

1972.6.5

出席公社会议

陈福才同志讲,这次会议主要二个问题:①继续深入学文件。②如何把农业搞上去。

5.29—6.1 县委召开第五次扩大会议,3.5 天。

第二段开:①总结检查了中央 4—12 号文件和落实政策的情况,开展了小整风。②讨论和布置今后工作任务。

关于前一段贯彻执行二个文件的总结,继续深入贯彻二个文件,认真落实政策,集中精力把农业搞上去,迎接和搞好农业和血防大检查。

1. 关于第一个问题。(马汉民讲)这次会议分二段开,让大家来总结。3 月份以来集中主[精]力,抓了贯彻二个文件。到 4 月底,全县有 30 多万人次近 90% 左右〈学习〉。对中央文件贯彻,总的情况来看是好的,大学习、大批判,群众运动正在发展。

县委总结的情况有五个方面:①指导思想明确,理论结合实际,切实解决问题。学习 12 号文件和学习马克思主义,以[与]毛主席讲话结合起来,发扬了理论联系实际,正确改造主观主义和客观主义的关系,明确了这场斗争的性质,切实解决了问题。②狠抓了〈批判〉极左无政府主义。发动群众进行批判,得到群众的拥护,带动对极左思潮进行批判。农村在落实 82 号文件后,批判林贼死党的罪行。③进一步加强了领导班子内部的团结。县委、社镇及大队支部通过中央文件,按照毛主席"三要三不〈要〉"的指示,联系实际,摆出问题,交换意见,互相批判,统一认识,搞好团结。作为[对于]大队原 73 个大队不团结现象,通过学习,有 50 个增进团结。④认真落实政策,从干部政策落实情况来看,付[副]社长级 285 人,已落入[实]153 人。大队正付[副]大队长有 1 484 人,已解放 1 478〈人〉,占 99.6%,结合到领导班子中 86%。对人的政策已作出处理。其他知识青年的政策正引起重视,经济政策(指造反物资)也进行处理。⑤纲举目张,促进工农业生产,改进了过去不干[敢]抓生产的局面。由于切实抓了生产,目前经济形势是好的。

今年春粮生产是好的。8 万亩大麦。有 400 斤左右油菜籽。春蚕也有增产的措施。早稻的质量比较好。10 万〈亩〉络麻培育比较引起重视。总结农业形势是好的,工业形势也很好。1—4 月〈比〉去年同时〈期〉增长 7.6%。3 月份以来抓住路线教育这个纲,狠批了林、陈反革命罪行,落实了党的政策,发展大好形势。

下面还在一些问题,从上级要求对照还存在问题,贯彻中央文件是长期的任务,决不满足现有状态。县委认为学习文件,落实政策刚开始。

① 有的对学习文件落实政策上认识有差距。②有的领导班子不团结,委员之间有意见,没有摆到桌面上来,各自心中有数,没有团结。③〈落〉实政策上,有的抓而不实,抓得不紧。

④个别单位、极左单位批得不深。

下面〈是〉县委常委学习文件联系实际经验体会:文件学习6次。1次如何发动;2次研究贯彻问题;3次学习,采取领导和落实各项政策;4次,4—6号,贯彻地区会议精神;5次,11—12〈号〉,进行讨论干部政策,讨论施[使]用朱张铭;6次讨论摆[释]放方阿良,回本单位工作,工资照发。

① 通过认真看出[书]学习,理论结合实际,学习和处理问题要从总路线来看问题。②抓住主要矛盾,狠抓极左思潮。③搞好革命团结是落实政策的保证,团结是胜利的保证。④在落实政策中,以[依]靠部门作用,发动群众。有些问题交部门作调查,拿到常委再作研究。⑤落实政策,必须严肃认真。

2. 6月份的工作任务。主要把农业搞上去。指导思想:以路线为纲,继续深入学习中央二个文件,抓紧路线教育。抓住现实的阶级斗争,批判林贼反党反革命罪。以地委大检查〈为〉动力,认真落实党的政策,加强革命团结,提倡顾全大局。掀起学大寨、学大庆二个新高潮,努力完成国家计划,争取更大胜利。

具体要求:立即行动起来,迎接和搞好地区农业血防大检查。主要是把农业搞上去,上去不上去是路线问题。一定要搞上去,抓路线要促生产。6月份要把主要精力〈放在〉把农业搞上去。这次检查不是为了评比,而是相互促进。

(1) 这次检查由上到下,从发动自己为主,好处〈是〉避免〈走〉形式。大检查过程是路线教育的过程。

(2) 内容:①以路线为纲,要在实际运[行]动上体现出来,以××号文件"三要三不要"为内容,抓革命要促生产。这是指导思想和政治方向问题。②查方针,政策上有哪〈些〉问题。③还要看班子的团结。④查农业和血防搞怎么样。⑤查领导与作风问题。

(3) 具体方法:先在先进单位检查,交流经验后,到比较〈落〉后的单位检查后,把先进单位经验交流。时间20天,地区今日县报到,7号到公社,具体检查15天。在检查中:①一定实事求是,讲真话,不能弄虚作假。②不贴标语,不欢迎。③进行回〈汇〉报5天。

继续深入贯彻落实12号文件,狠批林贼死党反革命罪行,批判极左思想。认真解决两个问题:落实政策;革命团结。

3. 侦破"五三"反林案件。矛头指向党中央,贴147张,15华里。结合侦破本地区的现形[行]阶级斗争。同时狠批资本主义倾向,追查谣言。要求领导同志要稳定下去,防止上阶级敌人的当。

下午:认真落实政策。①首先是干部政策,全社63人,其中27个没有结合。②人的政策。③知识分子政策。④抄家物资。

4. 切实抓好当前农业生产。①汛期已到,从坏处打算,向好处争取。②抢晴天,适时抢收春粮小麦。③保质保量完成三熟制插秧,专人培育管理。天气冷,难发育,但是防止一下子盛发。④抓紧络麻培育,注意草荒,缺枝补植。⑤切实做好晚稻秧面积、种子、落种计划。⑥同时抓好血防工作,夏季灭螺,大便扫尾。⑦海塘做好防风工作。

5. 加强党的领导,加强党的团结。团结不团结不是一般问题,是路线问题,不团结政策不能落实,团结是胜利的保证。有问题摆到桌面上相互批判,搞好团结,支部委员之间,互相支持,互相尊重,力解[戒]骄傲,搞好团结。在这基础上建立党课制度,要上党课。学习制度,读马列的书。同时要发挥各部分的作用。加强兵民组织,发挥民兵作用,抓民兵学习。党〈委〉

书记是指导员,要作政治报告。党支部加强组织,培养新干部,培育新党员……

1972.6.9

下午,召开生产队正队长及蚕业干部会议(半天)

1. 贯彻公社会议精神。
2. 提出工作意见。据本大队情况,目前必须狠〈抓〉农业,一定要〈把〉农业生产搞上去。
3. 传达地区检查提纲。
4. 传达抓革命、促生产简报。

讨论:①农业生产:以地委检查为动力。②农副产品生产出售问题。③蚕桑生产。④络麻生产。⑤分配问题。⑥土地在 10 号以前报上。⑦水草问题:东方红已同张堂讲,同意。

1972.6.17

出席县农水局召开晚稻育秧现场会

在永福大队召开。上午参观。下午听曹毛毛同志介绍:

对育秧问题上的教训体会很大。主要是对晚稻育秧问题上,今年搭配上中熟品种达 50% 左右,春粮也获得丰收(除油菜外)。总的来看是好,但通过检查看问题要从多方面。本大队春粮 48%,秋粮 52%,要看到今年中熟品种对育秧困难因素多,同时秋粮生产,晚稻育秧:①秋阵雨多,容易秧黄。②在高温季节很难掌握。

措施:
1. 要落实农业"八字宪法"。
2. 抓好人。
3. 今年采取大苗育秧为主,大苗全大队 70%,中苗 20%。
4. 抓好品种搭配。
5. 在育秧中做得[到]几个保证:①保面积。特别保良种方面,早翻早,影响产量很大,要求大田面积对口。②保季节。要季节对口,防止"朝天笑"。③保密植程度,有质量。高标准严要求,基本留 30 万。

保证第三个,做好几个防:①防高温。催芽播种等傍晚播,但根[根据]温度情况决定,防止高温烫芽。②防止病虫害。全省测验比去年〈多〉四五倍,全县增加 4.8%。要彻底除虫,从育秧开始。③防止小稻头、"翘稻头"。④防止过黑和过黄,要掌握人手里。

具体工作:品种搭配,前蔟为后,今年为明年。

抓秧苗:①选择秧田:麦田为主,灌排畅通。②先种毛秧板。③摧[催]芽播种,先浸种 1—1.5 蚕时,中度漂后用 35—40 度水催芽。④落谷后灌上一次水,三叶中见虫要除。秧后期放掉水,施肥上二次起身肥料好,头次 15—20〈斤〉,二次 25—35 斤。

地区召开的现场会议精神

"秧壮、适令、育足"六个字,这是地委号召。狠抓晚稻超早稻。
1. 首先抓好育秧管理。

（1）注意早稻的新特点：①新情况新特点，中熟、迟熟多。②气候复杂，比去年6月份偏低，要两手准备。③今年晚粳比例扩大，肥料要求高。④病虫害严重，从现来看比去年增加。⑤育秧方式多，方法复杂，防止搞错。

（2）指导思想：苗足壮秧，确实全苗，防止"翘稻头"。在育秧问题，有利于高产，有利于季节，有利于壮秧，有利于劳动的调剂，为高产而育好秧，为晚稻超早稻来育好秧。高标准、严要求。

种子要进行"三查"：①品种对口。②品种质量。③品种数量。

处理工作：晒、选、浸、摧［催］工作。

秧板平、沟深、傍晚落谷。落谷后掌握：弄干沟水，中午不积水，晚灌跑马水，夜里吃露水。

要适时播种，根据品种成熟期，因地之［制］宜决定播种期。今年适时偏早，但不宜过早。

防止病虫害：要处理在秧田里，要专人管理。

为了育好育足壮秧，要解决领导、思想、组织。为革命抓好生产要放在重要义［议］事日程上来。各级领导，要把育秧专人负责，落实下来，要抓好，生产队要定下来，决定人员不能随便调换。

2. 早稻培育管理问题。

继续加强后期管理，防止病虫害，不能等待收割，乐观。同时开展积肥运动，推向高潮，积足晚稻肥料。要求每户人家搞一亩肥料，利用休息时间。主要处理好政策，是报酬问题。

1972.6.18

下午，在大队召开生产队正副队长及育秧管理员会议

贯彻内容如下：

回［汇］报贯彻永福现场会的精神。

结合本大队去年的教训：

1. 品种搭配不当。由于当家品种不突出，纯是"多、乱、杂"，种子向外调，技术没有向外学，没有掌握特性，良种没有良法。我们大队胜利队是个深刻的教训，直接影响晚稻产量。

2. 出苗不齐。高温烫种，造成缺秧。由于出苗不齐，造成缺秧。采取补播，早翻早或其他品种。我们大队红星队有教训，给晚稻生产带来被动局面，造成出苗不齐。主要原因有：①秧田耕作粗糙。秧田高低不平，管理放松，秧沟塌肩格。上午放跑马水，放得出，排不出。高的高，低的低；高晒煞，低烫煞。②落燥谷。有的浸种不催芽，落盲子谷秧田，积水遇高温发生烫芽，死掉。③露天猛太阳浸谷，不换水，浸种过长。或者催芽勿淋水，谷堆过厚，温度高，种子热坏。④种子保管不当，或者弄错。我们胜利队也发现，不翻晒，种子本身发霉，出芽率低，影响了出苗。

3. 播种过迟，造成"翘稻头"，秕谷多，甚至无收。

4. 秧苗细瘦。特别是小苗移植，播种太密，秧田控勿牢，种田来勿及，造成钢丝秧，种田后返青迟，发棵差，穗头小，产量低。

5. 秧田里病虫害没有抓牢，思想上缺乏二手准备。对这个问题，我们教训很深，秧苗带毒到大田，发现矮缩病，全大队损失粮食〈数量〉很不小，造成小虫成大灾。

以上这些教训实得引起重视，认真执行毛主席提出农业"八字宪法"，实行科学种田。学

习先进经验,一环一环套紧,不能松。为革命搞好生产,一定要把粮食搞上去,〈为〉夺取全年丰收而奋斗,发扬继续作战的精神。

提出对育足、育好晚稻壮秧几点技术意见:

首先,认识到今年晚稻生产的新特点:面积大、中迟熟品种扩大。晚稻需肥矛盾更突出,带来劳力集中(例如,早稻培育,络麻定苗,晚稻秧田及积足肥料,逐步养好夏蚕)。季节紧、要求高,自然灾害多,可能出现秋涝,影响开花结果。叶蝉虫口密度高,威胁大。因此,各级领导必须加强对晚稻生产和晚稻的育秧的领导,可从坏处打算,好处争取,充分做好二手准备,把今年晚稻生产搞上去。在育秧技术上、措施上提出如下意见:①突出当家品种,做好合理搭配。②育足、育好晚稻壮秧,是高产的基础。③播种期与播种量问题。④秧田肥水管理问题。⑤慎重防病除虫害。

以上五条根据先进经验介绍贯彻。以上情况,〈重点是〉播种期与播种量。对今年晚稻品种搭配、播种期与播种量。要做到"二看二定",即:看品种生育期,定出播种期;看秧令长短,定出播种数量。

1972.6.22

下午,张书记前来检查我大队的情况

他说:整个大队当前早稻生长来看,比联农大队要好,你们这里平稳,络麻齐、良好,秧田也还好,总的来说是比较好的。但从"一分为二"〈看〉还有差距:

1. 目前队与队平衡不够,拿早稻生长情况来看,有的三类苗没有采取措施。

2. 蚕桑生产还是个很薄弱环节,"以粮为纲,全面发展"指导思想勿够明确,对施肥、削桑不突出,看起来种的绿肥要下决心埋下去。

3. 秧田质量,队与队有差距,红旗队做得比较好。例如,南面即指东风队,仍踏几脚印就算❶。而且该队虽然留14亩秧田,看起来像足,实际是否足要查一下,对对口。要求大队领导,今后多检查,多督促,互相前进。

4. 搞积肥还是有问题,但是你这里条件很好,淤很多,要解决思想上问题。

5. 搞试验做样子,以点带面差。

1972.6.23

下午,大队召开正队长出纳会计会议

补充意见如下,根据这样的情况提出意见:

1. 搞好队的总结,以实际的经验和教训来教育自己,这是很重要的工作方法。

2. 晚稻秧田问题:要对口落实,使每个生产队干部心中有数。今年晚稻密植程度一定是学永福经验。今后如果没有秧,是空的,所〈以〉这关要抓牢,不能放松。

3. 要大搞积肥。这项工作一定要抓起来,做好准备,在插迟山茹的基础上专[转]入积肥,并同时积家杂肥,处理好报酬问题,发动社员进行〈讨〉论。根据82号文件精神,突击的任务可以搞,不要前怕狼后怕虎,错了就改,改了就好。在劳动管理上根据"60条"规定办法去做,

---

❶ 有些秧田做得质量较差,踏出几点脚印就算是秧田沟。

把生产搞上去,主要是"见产给分"不能搞。

4. 蚕桑生产。要总结,狠抓一把,是薄弱。除草,搞一下突击赶上去。

5. 早稻管理不能松勤[劲],后期更要加强管理。对三类型的田,可以施小量追肥,除草、耘田迅速追上。

1972.6.25

出席公社会议

在中星大队召开生产队长以上参加的农业学大寨交流大会。

下午听陈福才同志报告。

1. 讲交流的情况,通过交流,有很大提高。

2. 总的来看今年的形势是好的。从"一分为二"来看,还有差距,有四个方面:①路线教育上抓得不狠,生产上出现不稳定。②贯彻"以粮为纲,全面发展"方针位置不正,偏来偏去抓了粮食放去蚕桑,不明确。要接受教训。③在农业"八字宪法"不落实,没有实践科学经验。④贯彻82号文件,认真落实政策对管理上抓勿狠。

3. 下步工作意见,据地委指示:①积肥。②病虫害。③落实政策。

4. 关于积肥问题:积足晚稻肥料是夺取晚稻增产的有利基础。晚稻夺取千斤量[粮],必须积足晚稻百担肥。本社情况,贫下中农说:春花半饥半饱,早稻勉强吃饱,晚稻尝尝味道。无肥只靠重洋、靠天,自己勿动。出现多层难。

县委提出,打破旧势力,大干"双抢"前,大攻肥料关,晚稻夺高产。肥料是农业"八字宪法"中的主要〈内容〉之一。根据永福经验,增产粮食,肥料是主要关键。施河泥后,除苗壮、清秀,病虫害少,产量高。今年永福16队去年的教训,当前出动4只农船罱河泥。

县委要求:每亩100担任务,包括家杂肥在内。

做法:统一规划,任务到组,责任到人。发动户户积,同时发展削光田边草当肥料,又除虫,节省成本,节约化肥。

"一查二排三定":一查查出一笔缺肥账;排肥源、排劳力;定数量、定时间、定工分。在生产队订出基础上,各条战线要带头。

积肥问题,必须加强领导:①要进行发动群众,讲清道理路线。②搞典[点]做样子,全面开展。③落实政策处理报酬。领导带头,人人动手。

5. 治虫防病问题:为革命夺高产,千方百计治虫防病,彻底消灭黄矮病。

今年比去年增加4.7%,严重的要占10%,早稻陆续发现,必须引起各级重视,要防止黄矮病。首先除去黑尾叶蝉,分三个战役来打,除早稻,保晚稻。今年晚稻秧田要求4天除完。有的说:秧田得病,大田丧命。晚稻种后,要人工捕捉,抓治虫质量。

6. 加强肥水管理,促使苗壮抗病能力〈提升〉。

7. 落实政策,通过抓好予[预]分,调动群众积极性。

1972.6.26

下午,大队召开用水员与植保员现场会

在机站召开。主要内容如下:

1. 当前本大队的情况同虫情发展情况。

2. 上级的要求,今年一定要把粮搞上去,夺取晚稻超早稻。但是目前早稻的虫情还比较严重,据观测早稻稻蓟马为[危]害,同时出现刮青虫。病是黄矮病、纹枯病,黑尾叶蝉是矮缩病主要根源。所以,今年对晚稻秧田要求七天两头除。

3. 方法:通过这次现场检查,对除虫立即下手。防病除虫,目前稻蓟马危害严重,现用乐果 1 000—1 500 倍。

1972.6.28

出席公社治虫会议(2 天)

张书记报告:

1. 谈这次学习班的重要性:主要为了一定要把粮食搞上去。实行科学种田,执行农业"八字宪法",要把粮食增产。丰收离不开〈治〉病虫。去年矮缩〈病〉损失 2 000 万斤。也可以大家总结。这次会议主要是除虫防病问题。与病虫夺粮,战胜病虫这一关。首先练好人的思想。

2. 当前工作:"积肥、除虫防病,压倒一切工作"。这是中心的中心工作,是很重要,也就是说这次会议的重要,也就说在农忙积肥开这次会是重要的。

全省 10 亿〈斤〉,全区 12 000 万〈斤〉,全县 2 000 万斤,全社 100 万斤。

去年底也采取一系列措施,"三面光"。

3. 学习班如何样来开法:从下到上,从上到下,从内到外,从外到内。要求在座同志认真学习,不断提高,通过学习提高路线觉悟。认真总结经验教训。

1972.6.29

陈福才同志〈讲话〉

"双抢"前除虫防病工作意为革命夺高产。与病虫害作斗争,千方百计消灭黄矮病。这是县委的指示,也是晚稻除虫防病的指导思想。黄矮病是去年开始,全省损失 10 亿斤,地区 12 000 千斤,全县 2 000 万斤,全社 100 万斤粮食。根据去年的教训,各级引起重视,提到党委重要议事日程。去年冬季提出"三面光"。春花普遍也是除虫,但是不够平衡,除得不彻底,所以目前黄矮病已经发现,三熟制也发现。看来晚稻必须引起重视,如果不注意除治,对晚稻又要大量发现。为此,必须抓好几个措施:

1. 狠抓早稻防治,保晚稻。抓虫防病,把"双抢"变"三抢"。具体办法:"双抢"前打好三个战役:第一〈个〉战役 3—5 号主除刮青〈虫〉,兼除叶蝉。第二个战役 7 月上中旬,主除叶蝉兼除……下面滴油,上面用药,双夹攻。第三个战役,在"双抢"时变"三抢",种一方管一方,主要除虫。

肥水管理问题。在"双抢"前把这工作做好,争取主动,打得准,效果好,提出三点意见:①田边杂草削光。②早稻收割,要求先收四周,诱敌包围,进行消灭。③抽苗前渐进防治,预防松软。

2. 对晚稻秧问题。要从秧苗出转青后,植保员要去检查。每隔三四天除一次,要除到秧田不见病虫的标准,否则秧田得病,晚稻丧病。把好的农药防秧田上去,秧田四周草要弄清楚,而进行封锁,不使害虫飞过来的要求。要管好秧田,要勤检查。

3. 要坚决执行,除早、少、准。力争主动,克服被动。①认清病虫害的严重性而又要树立战胜害虫的信心。懂得黄矮病的来历,就能战胜它。要宣传到群众,使广大社员群众都能懂得。②认真发挥植保员的组织作用,掌握虫情及时汇报,作好参谋。植保员要做到"六个会"的目的,及时查清情况。③切实加强除虫防病的领导。

要"准"字当头,集中力量,打歼灭战,在"双抢"前打好三仗:①插秧后采取人工捕捉相结合。②加强肥水管理,增加抗病力。③插秧后15天一定要耘出一次田,多耘田,适时搁田,抓好水稻,同时要把络麻、蚕桑、山茹除虫。

1972.7.2

在大队召开各生产队操作组长以上各级干部会议

贯彻如下意见:

根据公社会议精神,与本大队实际情况,去年同样受到一定的损失,而数量很大。去年我们大队早稻586亩,单产529.3〈斤〉,去年的稻受刮青虫〈危害〉比较重,每亩损50斤的话,共29 300斤。晚稻690亩,单产404.8〈斤〉,因当时黄矮病也损失不少,每亩100斤,减少6 900斤。如果按照早稻的单产计算,减少每亩125.5斤,共计85 905斤。再加上早稻共115 205斤,全大队的储备量,累计只留149 586斤。口粮包括接劳部分共分出858 148斤,每月71 512.4斤,可以〈吃〉一个半月。如果超过早稻的话,那更加不好算,更大了。为了吸取去年的教训,今年各级领导重视,一定要消灭黄矮病,夺取晚稻丰收,提出10点意见。

1. 根据除早、少、准的目标,要力争主动,克服被动,要认清虫情的严重。我们干部要知道,而要树立战胜病虫害的信心,懂得黄矮病的来历,就是一定战胜它。不能麻皮[痹]大意,但又要宣传到社员,使广大社员群众都能懂得……

2. 要除早、少、准,首先认真发挥植保员组织作用,掌握虫情及汇报,作为参谋。各生产队对这支队伍一定要健全,加强领导,切实支持他们。不能任意随便调换,这支队伍是今年夺取晚稻丰收的主要突击作用,要发挥,不能削弱。

3. "双抢"前除虫防病工作。根据上级县委指示,为革命夺高产,与病虫害作斗争,千方百计消灭黄矮病的号召。这也是地县的指示:

(1)狠抓防治早稻,保晚稻,抓虫防病,把"双抢"变"三抢"。"双抢"前打好三仗:第一仗在3—5号,去除刮青,兼除叶蝉。第二仗在7月上中旬,主除叶蝉,兼除杂虫。下面滴油,上面用药,双夹攻。做三光准备。第三仗在"双抢"变"三抢",种一方管一方,主要除叶蝉,为了打"准":①四周削后,再施上药。②早稻收割,要求先收四周,诱敌围杀。③在移植时,再除去害虫,不使带到大田。

(2)当前对晚稻秧田。重点是这一关,关键是这关,坚决要管好,不能放松,经常检查。①从出苗起〈到〉专[转]青时,每隔三四天除一次,要除到秧田里不见虫为止的标准。把好药留用秧田,四周削光。②加强肥水管理。培育壮秧,增强抗病能力。措施按照上次会议贯彻去做,走永福管理的路子,科学种田。③播后加强肥水管理,插后15天左右,一定要耘出头次田,以后要多耘田,好处多。适时搁田,抵抗病虫害能力。同时除好络麻、蚕桑、山茹作物的除虫工作,也要抓好。

(3)生产问题:①主要是秧田管理,对口,施肥,水肥。②早稻后期管理,刮青虫。③蚕桑生产问题。狠抓埋录[绿]肥,6号检查。要翻下去,种下去,除草,放掉积水。建立培桑专业队伍。

(4)分配问题:①抓好实分。②进行一次向社员公布。③种子留存,下半年度生产资金。

(5)对治虫、积肥要长期搞。64年稻季马危害,68稻蚤危害,71叶蝉危害。

(6)"双抢"工作,准备一下。

1972.7.6

蚕桑生产大检查座谈会议

参加有各生产队正队长、蚕桑队长(1天)。上午检查,下午讨论。

谈谈看后体会:①这次对埋录[绿]肥,思想统一,运动快。②由于思想统一,质量比较好,东风积河肥料。③全大队来看,目前队与队发展比较平衡,向阳、立新、东风长势很好,对明年养蚕倡[创]造了有利条件。但是拿"一分为二"来看,还有很大差距,特别施肥没有施上,绿肥没出底,部分没有埋下去,种下去绿肥还少。除虫没有。

生产问题。特别是晚稻秧田问题,要求队长同志认真研究、落实。当前情况:①缺苗现象存在,这问题一定要解决。②由于新情况,主要是圭六系统,插迟了要推迟成熟,这样带来对管理秧田上〈不利〉。品种搭配上也要来一个对口。特别在管理,严防病虫发生,主要是中、小苗上。③目前的病虫害继续发生,如不及时予[预]防,晚稻黄矮病要大量发现,晚稻丰收落空,这是个大问题。

秋杂粮要抓一抓。

"双抢"前所做的工作要进行安排。同时"双抢"的准备工作做好,工具、劳动、生活,前后多[都]要注意,关心群众生活。分配工作。

1972.7.9

听公社召开广播大会记要(下午2时)

关于早稻管理及晚稻秧田及络麻生产问题:

1. 早稻后期管理,特别是防病治虫。

2. 认真抓好晚稻秧田管理问题。特[突]出是治虫防病问题,抓好水肥管理。同时,在治虫中,防止药重,造成药害。

3. 对当前络麻方面引起注意,及时补施络麻脱力黄,施肥再[最]好施沟边上。同时拔光杂草。另外除好蛀心虫。同时做好旱地抗旱工作。

张菊民讲络麻生产几个问题:

1. 把所有络麻地拔草一次。

2. 对于现黄的络麻开始施一次肥料。

3. 对络麻干的地方进行一次抗旱。

4. 进行一次防止病虫害,危害严重的蛀虫。

邱洪套同志讲对早稻后期管理问题:

1. 晚稻育秧问题。

2. 要求各生产检查对口一下,如果缺,采取措施。

3. 不缺的田抓紧防病害。

1972.7.11

出席公社"双抢"动员大会

参加人有生产队正付[副]队长以上。先听电话会议,记要如下:

新突[特]点:任务重、季节紧、要求高、肥料缺、病虫多、气候不稳定。

1. 以[与]天斗争,办好学习班。

2. 搞好劳动定额,划分操作组,定质定量。

3. 提高劳动出勤率,办好临时托儿组。

4. 充分准备,抓好当前。

双山公社介绍。经检查发现问题:

1. 秧田问题。发现部分秧田有问题。

2. "双抢"问题。进行研究,进行分析。①进行路线教育,学习文件9、12、82〈号文件〉。②认真落实政策,按劳分配。③划分操作组,定质定量,定工分到组,底分活评。④抓一下物资准备,特别是公社农机厂。⑤"双抢"前搭好凉棚。⑥除虫。大打"双抢"前,在本月中旬,大搞一次。田边杂草,在收割前全部搞光,提前送肥到田。

当前生产问题:

1. 育足壮苗,培育壮秧,发现很不平衡,据不同情况,采取不同处理。控、促。

2. 早稻后期管理:水浆管理;围歼叶蝉。

3. 络麻进行一次抗旱。

4. 蚕桑生产:①除虫,用敌百虫1 500倍除虫。②"双抢"前全面除一〈遍〉草,施上一次肥料。③大搞一次夏蚕"回山"消毒。④搭好凉棚,坍掉重搭。⑤落入[实]好早秋计划。⑥选好种子。

1972.7.15

出席公社选种会议记录

洪奎同志:改进去年多、乱、杂的〈状况〉。

总结目前的品种情况,但是存在一些问题:①多、乱、杂。②只调勿选。"四自一辅"的方针,进行留选良种。留种的田不宜过好,要进出水方便。

早稻品种,二九青;中熟根据本大队实际情况;迟熟,广六矮4号。留足1.5—2套,一定要留足50—60斤。挂好票头,插好标记。专人负责,负到底。

陈同志讲抓好五个〈方面〉:

1. 要开好大队为单位,生产队长、生产队保管员留种评选会议。在这几天内要开出去,解决三个问题:①选留良种,"四自一辅"思想。解决大调,自己没有实践,要吃苦头。②要决定早、中、迟,定下品种。③解决调种挂勾[钩],要定下来。

2. 留种数量:有条件留60斤,如果摆不平,留45斤。落种要注意,今年有的队很有教训。

3. 选留方法:①种子田,要穗选,生产队要建立。②大田种子,遍选。

4. 每个大队要定出一个良种繁育队。

5. 种子收管。专人、专业、专晒、专仓、专管。

"双抢"准备发动问题。据调查,生产队没有发动。要在这二天何能是何[无论如何]要贯彻下去。一定要开好。

当前生产问题;分配问题;络麻问题,拔草、施肥,低温放水、高温放水。

1972.7.16

春季实分两年对比表(一) 〈单位:元〉

队别	春粮		+增	油菜		+增	春茧		+增
	71	72	−减	71	72	−减	71	72	−减
东风	29 398	31 857	2 459	6 513.5	7 545	1 031.5	2 704.4	3 197.5	493.1
红星	22 450	30 150	7 700	7 141.5	5 953	1 188.5	2 872	3 062.6	190.6
红江	22 664	29 525.5	6 861.5	6 009	6 066	57	2 588.2	2 644.2	56
立新	26 327	26 676	349	5 917	5 849.5	67.5	3 437.3	3 907.2	469.9
东方红	16 042	21 314	5 272	5 919	4 942.5	976.5	2 202.6	2 549.8	347.2
红旗	15 381	17 031	1 050	3 930.5	3 648	282.5	2 686.8	3 930	2 43.2
向阳	26 607	31 714	5 107	9 096.5	7 770.5	1 326	3 915.7	4 560.7	645
胜利	17 812	29 138	11 326	7 873.5	5 998	1 875.5	3 006.7	3 358.1	351.4
合计	176 681	217 405	40 724	52 400.5	47 773	4 627.5	24 413.7	27 210.1	2 796.2

春季实分两年对比表(二) 〈单位:元〉

队别	经济		增减		经济		增减
	71	72	(+)(−)		71	72	(+)(−)
东风	12 038.41	12 514.02	475.61	东方红	8 315.70	8 647.05	330.35
红星	10 808.13	12 259.52	1 451.39	红旗	13 686.91	11 961.06	1 725.85
红江	10 958.36	11 583.96	625.60	向阳	13 543.93	16 283.98	2 740.05
立新	12 443.69	13 289.19	845.50	胜利	11 423.80	11 051.53	372.27
				合计	93 220.00	97 590.31	4 360.38

陈福才同志讲话

动员起来,作好准备,认真打好"双抢"这一仗的工作意见。讲三个问题:指导思想;任务和要求;加强领导,必须抓住几条措施。

一、关于今年搞好"双抢"的指导思想。

以路线斗争为纲,以第10次教育为纲,认清大好形势,明确"双抢"特点,总结经验教训,做好一切准备,加强领导,认真打好"双抢"这一仗,夺取晚稻丰收。具体:据这〈一〉指导思想,认真认清当前形势,认真打好这一仗……我社形势大好。在春粮丰收基础上,早稻丰收在望,生长良好,预计比去年有增加。在大好形势下,必须看到,早稻增产和晚稻能否增产。"双抢"〈是〉取到[得]全年粮食的大事,也是重要的一仗。因晚稻占全年60%—70%,也是农业生产的主要一关,也是以粮为纲抓得好不好,关系到支持国家建设,关系到社员生活问题,关系到这个纲抓得牢不牢。总的来说,关系很大。所以,说明"双抢"很重要。但有些麻痹思想要克服,"稻桶一响,准备插秧"。

正确分析今年的特点,以[与]去年不同:①迟熟品种扩大。早稻成熟期推迟,这季节更紧。②质量要求高4×3、4×25[2.5],用工量增加。③积肥面积增加。④缺肥、缺药、缺水电,对晚稻增〈产〉有所影响。

以上来看,存在矛盾,要分析要解决。首先要从思想上、工具上、物质上准备好。如果不这样做造成:搭季节;超秧令;减产。

二、任务和要求。

公社任务即[接]近去年5 864亩,晚〈稻〉6 974亩。有〈利〉条件有:①贯彻了中央文件,执行中央文件,发动群众,揭发了林、陈集团,提高广大觉悟。②进一步落实了82〈号〉文件。③广大干部群众经过几年来的"双抢"是有领导经验。④今年社员生活安排比往年好。⑤加强各级党对"双抢"指导,各级重视。

今年的"双抢"的要求:把早稻丰收到家,夺取晚稻超早稻。

三抓、三抢、三保:抓早、抓紧、抓好;〈抢〉收、〈抢〉种、〈抢〉管理;〈保〉季节、〈保〉面积、〈保〉质量。

在早稻收割抓好二个环节:抓适时偏早,反对割青,也要防止偏老;精收细打,减少浪费。

晚稻插秧抓好六个环节:翻垦;除虫;底肥;密植;开好丰产沟;水管。

1. 今年一定进行翻垦[垦]种。

2. 抓除虫仗,在收割时插秧前来一次大搞"三光"。除叶蝉,争取主动。先除后种,遍[边]除遍[边]种。是关键这一仗。割时先割四周,集中消灭。

3. 底肥问题:要生产队里认真作一次研究,及时施下去,而〈且〉要适时。肥料少,要用得适当。

4. 密植问题,永福决定4×2.5,全公社要求4×3,不能超过4×4,掌握先稀后密。

5. 开好丰产沟,晚稻要注意,应开好丰产沟。

6. 加强水管,浅灌勤灌,科学用水。

插秧后10—15天不断水,15天后耘头一次田。

老板本钱大,主要肥料多,吃法是不妥当。还要注意二个问题:超秧令;小苗拔秧种。

三、集中精力,加强领导。

抓5个方面:①思想。②组织。③计划。④准备。⑤提前。

1. 抓牢第10次路线教育,认真抓好发动。①开好一个支委会,主要研究本大队的作战方案。②开好各条线骨干会议,加强"双抢"的领导。③开好分线各条战线的会议,发动起来。④建立二个组织:宣传报道组;巡回医疗组。要求15号左右开好。

2. 抓好组织,大队就是二个。生产队里就是抓好分班,划"双抢"班,防止责任到人,种田讲爿头,拔秧讲只头。

3. 抓好计划,就是"双抢"的计划,交给社员讨论,最后定〈方〉案。

4. 抓好"双抢"准备,主要二个:工具;生活。同时注意仓库晒场,托儿所、食堂、药保健,关心老弱病人。另外防止中毒、触电、防火。

"双抢"前抓:①抓好早稻后期管理,主要是除虫防病,狠抓除叶蝉,防黄矮病。②选留好早稻种子,田头评比,确定品种。种子数量1.5—2套,要留足。早熟品种为二九青;当家品种,迟熟品种先锋1号;广六矮4号,为当家中熟品种。根据各队之宜选留好。③抓好晚稻秧田培育管理,主要除虫,合理施肥,拔光杂草,合理管水。④抓好蚕桑生产,除草、除虫,反[翻]垦好录[绿]肥,同时抓早秧准备。打敌百虫、桑毛虫、乐果、桑季马。⑤抓好络麻生产,草、肥、水、虫。⑥抓旱地作物,山茹及小杂粮。⑦抓好阶级斗争新动向,治报[保]组织,对四类分子的生活。

※ 各级领导加强革命团结,团结就有力量,团结就胜利。

5. "双抢"时用电问题。

江苏涝灾,安徽旱,新安红[江]水位底[低]。从10号上海关电,10号起减少35万伏。灌溉量学[越]来学[越大],白天尽量少用,到9点以后。①机站要执行。②注意安全,5、6、8〈号〉死掉3人。③预计7—8月份可能出现高温、干旱。

回去贯彻,立即动员起来,认真打好"双抢"这一仗。首先大队支部作出"双抢"作战计划;第二贯彻骨干会;第三各条战线会议。

生产队先作出计划。

批判晚稻低产论。

质量问题:把好思想检查。

71年早稻计划562亩,准备种627亩。晚稻662亩,准备723亩。小苗15.8亩,种303亩。大苗种420亩。

上午,参加东风队操作组长、队务委员研究会议

1. 早稻收割预计27号开始。

2. 质量开始4×3,到后头4×2.5。

补充意见:

1. 晚稻秧田要拔光杂草。

2. 除虫问题:"为革命夺高产,与病虫害作斗争,千方百计消灭黄矮病",第二仗即将到来,这项治虫主除叶蝉,兼除刮青〈虫〉及若虫。

红星队:估计23〈号〉左右开始,分4个操作组,质量4×4。施肥问题,全队负责,争取〈不过〉立秋关。

红江队:早稻开割,统一思想,尽量做上前,一切准备做上前。晚稻超早稻,重点摆[把]好质量关。

立新队沈尧兴谈:经过讨论,总结形势。①回去搞发动群众,明确"双抢"的重要意义。②认真落实党的农村经济政策。③收一块,种一块,管一块。抓好田间管理,除虫。④干部团结一致,加强领导,吸取早稻教训。

划分2个"双抢"大组,干部落实到组,抓活思想。红旗队张乐天同志❶,回去做好"双抢"动员工作。

---

❶ 本书主编张乐天当时参与了宣传工作。

划分 2 个"双抢"组,在 25〈号〉左右收割,质量 4×3,三熟制 4×2.5。

东方红:二熟制 20 号开始,规格 4×3。三熟制要超立秋关。

胜利队冯恒兴同志:劳力不成问题。迟熟多,超立秋。今年做到偏[边]种偏[边]管,"双抢"变"三抢",质量 4×3。

向阳队贾仁义同志谈:多是中熟品种。首先做好思想工作,回去发动群众订出生产作战计划。

公社陈同志指示:

1. 质量问题是个路线问题:4×3,每棵 7 根,达到 35 万苗,50 000 棵,增 87 500〈棵〉。4×2.5,每棵 7 根,达到 42 万苗,75 000 棵,增 70 000〈棵〉。4×4,每棵 7 根,达到 262 500 苗,37 500 棵,〈增〉157 500 棵。

2. 增加革命团结问题。

1972.7.20

下午,在贯彻文件学习班结束时补充关于目前生产中提出几个意见

1. 早稻:要如始如终[自始至终]抓,抓管到进仓。选种留种。

2. 为革命夺高产,以[与]病虫害作斗争,千方百计消灭黄矮病的指导思想,秧田里除为重点。

3. 晚稻插时要抓。三抓、三抢、三保、六个环节。当前主要抓除虫、抓底肥、抓密植。把密植作为六个环节最重要一关。先稀 4×3,后密 4×2.5。

4. 晚稻秧田,要注意防病、除虫。现在主要是肥水管理。根据情况进行解决。

5. 分配问题。一定要照政策办事,三者兼顾,合理安排。

1972.7.24

下午,听张书记报告

必须明确几个问题:

1. 必须明确这场路线斗争的意义。这场斗争是十次路线斗争中最严重的路线斗争。

2. 必须明确贯彻文件,学习文件,揭发批判。主要是明确路线,不是对待那[哪]个人问题。分析问题,分清路线,搞清敌我。

3. 必须揭发反动路线,是巩固无产阶级专政,巩固文化大革命的成果。

4. 必须揭发反动路线,是增强革命团结,必须加强团结。

5. 必须提高学习的必要性,毛主席教导我们:要认真看书学习,弄通马克思主义。

※如何加深贯彻到群众,边学,边揭,边批。

※分片贯彻原则,必须一定要贯彻好,不能马马虎虎,当作头等大事。

※根据因地之[制]宜进行揭批。

注意几个问题:

1. 认真学习贯彻,认真传达。

2. 明确这场性质,牢牢掌握大方向。

3. 严格执行掌握政策,加强革命团结。

4. 一定要加强领导,要做细的工作。

5. 要严格〈区分〉处理二类不同性质矛盾。

1972.7.29

下午,召开生产队长、操作组长现场会议

补充意见如下:

1. 目前全大队"双抢"情况。

2. 存在问题多方面。

3. 重点:质量。早种的田要培育,耘田。

4. 细收细打,估[颗]粒归仓。

5. 密植问题及丰产沟问题。

1972.7.30

下午,参加东风队(解决思想问题)

补充意见:

1. 认真学习××号文件,领会文件精神。以"三要三不要"为基本教材,克服班与班、社员与干部、社员与社员的矛盾,增加自觉性,搞好革命团结,共同把"双抢"〈作〉为"三抢",夺取全胜,为毛主席争光。

2. 在"双抢"中〈以〉"三抓、三抢、三保"为指南。

3. 晚稻插秧时掌握六个环节。

4. 今年尤[由]于气候不稳定,要高标准培育,预防"翅[翘]稻头"(即朝天笑)。措施:收、种、管紧接着。边收边种边管。肥料在前期,控后期。

5. 关心社员生活问题,注意安全。特别是小孩子。

1972.8.2—1972.8.4

陈福才同志传达县永福会议精神

1. 对上半年的农业形势总结。

春耕取得丰收,特别是早稻超过〈去年〉。每个公社出现4—5个生产队超《纲要》,每个大队每个生产队多[都]有,要总结一下,为打下秋耕丰收基础。上半年丰收,下半年怎么办?"专[展]望未来,回顾历史"。情况存在:①去年情况,上半年增产,下半年减产,全年平产或减产。②在"双抢"结束后,继续千方百计克服困难,想尽办法积足肥料,不怕艰苦,像这种人,今年晚稻超早稻,可能性比较大。③去年路线也存在问题。去年口号喊得响,措施不够落实,各方面不够落实。小虫成了大灾,造成了大减产。④能不能今年晚稻超早稻,要回顾历史,解决矛盾,克服困难。

2. 粮食增产的意义很大。

下半年的粮食收入占全年70%左右,必须狠抓晚稻。"双超"问题,有利条件与困难方面。有利条件有:①贯彻了中央文件,提高了政治觉悟。②通过学习中央82号文件,落实了男女同

工同酬,改进劳动制度。③历年来,经历了正反两方面的经验和教训。这二方面的问题,能促进晚稻增产。④今年品种多是优良高产,秧苗生长比较好得多,密植基础超过前几年。

但是一分为二,还有不利条件:①虫害比较严重。②农药缺少。③双抢季节推迟。④肥料不足。

根据气象预测,8月份旱,9月雨水多,造成前期"轰"不起,后期"翘稻头"。要注意。对"双超"问题,也是路线问题,是二条道路斗争问题,应[影]响对国家社会主义建设问题,对巩固集体问题,对社员群众生活问题。但从实际情况来看,能够晚稻超早稻,主要是思想问题。特别在培育管理方面。

思想上存在:①认为增产没有多吃……②怕支援,干部出风头。③班与班意见很大,发现打干部、骂干部。

以上这些是存在,必须进行解决。

开展"双抢"运动措施:①学习16号文件,开展路线教育,进行路线教育为动力,认真贯彻中央16号文件,揭发批判,〈将〉愤[奋]发出来的革命干劲,用到"双超"当中去。认真学习,条条落实82号文件,检查对照。②有[在]所有制方面,按"60条"办事,防止分小小队。③要允许社员发展适当的家庭副业。自留地等按"60条"办事,过去限止[制]发展的土政策一律废除。④对储备粮,借的要归还进去。多除[余]粮食留储备。分配问题,经济问题,在正常年景下逐年增加社员收入,掌握先紧后松。

3. 晚稻生产几条关键问题。

猛攻肥料关。①上面想办法。②下面找巧[窍]门。"早"字当头,全面发动,户户动手,挖掘肥源。

抓好病虫关,是超早稻的主要关键方法。"土洋"结合,以防为主,当前是紧繁的时间,及时检查,发现情况,立即解决,据当时来看,特别是质量上。

早管促施早发。耘田,县要求耘三次,对稻苗生长大有促进。

联民早稻品种布局大田情况

〈单位:亩〉

队别	早熟类型					中熟类型					迟熟类型			总计
	二九南1号	二九南2号	朝阳1号	二九青	矮一	辐育1号	广六早	圭六矮3号	圭六矮	圭六矮8号	先绛[锋]1号	广陆矮4号	南二九四	
东风	/	17	/	/	17	15	/	/	7	/	17	/	/	73
红星	/	/	/	/	9	/	35	/	27	/	12.5	/	/	83.5
红江	/	/	/	10	/	17	/	/	25	/	11	/	/	63
立新	10	/	/	/	/	/	30	/	20	/	13.5	2.5	/	76
东方红	11	/	13	/	/	/	4.5	/	34.5	/	/	/	/	63
红旗	/	/	/	/	/	/	19	30	/	/	6	/	/	55
向阳	0.5	/	/	/	/	/	35	/	45	/	3	/	/	83.5
胜利	8	/	12	/	/	/	/	4	20	11	5	/	17	78
合计	29.5	17	25	11	26	32	123.5	34	178.5	11	68	2.5	17	575

以上是在1972.6.6下队落实统计数。

联民大队春季作物计划与实种对比表　　　〈单位:亩〉

队别	计划春季作物						实种面积					
	小麦	大麦	蚕豆	油菜	花草及秧田	早稻面积	小麦	大麦	蚕豆	绿肥	油菜	早稻
东风	53	34	12	50	24	78	50	37	3	/	50	73
红星	48	33	12	44	24	78	48	33	11	3	44	81.43
红江	39	26	8	36	20	62	39	26	13	5	36	65.4
立新	37	31	7	37	18	76	31	37	10	3	37	76
东方红	35	23	8	34	18	62	35	23	11	3	34	65
红旗	27	19	4	26	14	56	25	20	15	11	25	56
向阳	56	35	12	51	24	82	56	35	12	/	51	91
胜利	45	29	7	40	20	76	34	40	7	/	40	73.7
合计	340	230	70	318	162	570	318	251	82	25	317	581.53

1972.8.3

各生产汇报"双抢"进度　　　〈单位:亩〉

	应收割任务	已收	未完	应种计划任务	已种	未完	附落实晚稻面积
东风	73	56	17	93	66	27	88
红星	81	50	31	93	56	37	98
红江	65	40	25	75	40	35	78
立新	76	41	35	88	46	42	89
东方红	65	55	10	75	60	15	77
红旗	56	30	26	68	30	38	68
向阳	91	65	26	98	60	38	108
胜利	73	37	36	90	38	52	95
合计	580	374	206	680	396	284	701

1972.8.5

出席公社会议记录

上午去参观三星、一新队、星新、向阳。

下午听李炳松同志讲三个问题。

1. 今年收种情况:二高、一好、一快。

早稻产量高,群众情绪高,规格质量好,收种进度快。东方红、红星队,都做到细收细打。在种的质量多是4×3。今年50%—60%多[都]施上底肥。除虫,滴油扫蚕,进度快,质量好。

2. 但是还存在问题:①晚稻超早稻思想上没有牢固。②技术、规格、质量比较差。规格与质量混合一起。③有的田出现种毛田。④少数队缺苗现象。⑤在"三遍[边]"问题,特别在边管问题上存在很大。

今年"双抢"为什么这样好呢? 主要从去年到今年贯彻中央一系列文件,特别在这次贯彻16 号文件,提高三个觉悟。贯彻执行党的政策,落实男女同工同酬政策,调动广大群众劳动积极性。

3. 各级领导重视,指导思想明确。运动一开始立即进行检查,发现问题立即解决,做到了革命与生产结合起来。

4. 各级重视抓好秧苗,多是壮苗。灭虫基本满足,狠抓质量关,都进行检查。同时多开现场会议。以上这些只作基础。

同大家商量几个问题。

为了一定要保证质量,还是要抓好几条:

1. 继续抓住路线这个纲,克服麻痹自满思想,要克服。

2. 克服满足规格、质量,继续培育好。

3. 善始善终抓好收割质量关,一定要早种、早培育,促使早发,在收上防止割青,同时防止浪费。

4. 保证面积不能动摇。对于缺秧队怎么办,千方百计想办法先作调剂。早翻早,马上搞问题不大。搞直播,重抓培育、管理。还要保证季节,防止"朝天笑"问题。

5. 狠抓培育管理。认真落实农业"八字宪法",重点:"肥、水、虫"三个字上做文章。

肥料:要发动群众,千方百计倾棚而出,再发动搞一些河泥。要在 20 号前施下去。

水利:发挥放水员作用,特别高的旱地及时注上水,也防止过满。同时要耘好田,今年要求2 次,而〈且〉要有质量、高质量,早批可以开始耘田。

防病治虫问题:要重视,无论如何接受教训,抓得不好全[前]功尽〈弃〉。药少,搞土农药。"705"农药。

种籽问题:要进行检查一项,发现高温发热式蒸过,出芽要调换过。

以粮为纲,全面发展。抓好多种经营。①蚕桑生产,普遍除上一次虫,特别是桑季马❶危害严重。②定蚕种要有个数。定种问题:分二批发种,25—26〈号〉,27—28〈号〉。③络麻抗旱。④分配问题。

合理灌水;肥料集中;劳力集中。机站人员要帮助放水。除虫:狠、紧、准。

以上情况:在 1972.8.6 下午贯彻,并结合本大队实际情况进行贯彻。

讨论记录:"农业生产好了,样样上去,不能失手",言错了一句,抓错了,误了一季谷。

1972.8.14

参加东风队召开社员会

补充意见如下:

1. 这次公社召开的"双超"会议精神。

2. 提出本大队的情况:①对上半年全大队的春耕生产形势。②还存在一些问题。③提出几点要求,经讨论定措施。

---

❶ 即桑蓟马,一种桑树害虫。日记中经常写作"桑季马",不再纠正,依"稻季马"等词汇处理原则。

※晚稻超早稻的思想问题。

※晚稻狠抓肥、水、管、虫。

※中秋饲养准备。参加公社学习班。

※络麻生产问题。

要猛攻肥料关:上面想办法,下面找巧[窍]门。根据气象预测,8月旱,9月雨水多。如果不狠狠抓好,"轰"不起来,造成前期"轰"不起,后期"翘稻头"。要注意,掌握二个环节(即二个25,就是8月25前要"轰"起,9月25日前要穗齐)那[才]能夺高产。这是个关键时刻。

东风队讨论后决定:

1. 罱河泥立即开始,明日动手,分上下半天,根据以前安排,轮落[流]去。

2. 土杂肥、垃圾每担10分工,中号元罗[圆箩]计算。

3. 出席蚕丝学习班人员,决定每班抽2人。

1972.8.15

出席公社听电话会议记要

1. 辛江公社介绍这次贯彻"双超"的情况,进行全面发动,抓革命、促生产,形势越来越好。

2. 联合大队介绍。总结夏粮丰收,提出早稻丰收了,晚稻怎么办的大讨论。今年晚稻的突[特]点,主要是季节迟。要响应县委提出晚稻超早稻,我们苦战半个月,立[力]争晚稻超早稻。狠抓肥料关,达到水田里施上一次追肥,罱河泥,挖家杂肥。狠抓除虫关,发挥植保队伍〈作用〉,及时治防。在管理上狠抓思想教育,提到路线问题上,要高质量,打破老思想、老观点。现生产队管肥、管水、管虫,专管起来。耘田普遍已耘上二次,高质量。同时,抓先进苗头,除虫,土法上马,提高除防质量。迟种的田,抓紧培育管理。

宋绍宗同志讲话。全县"双超"意见:

1. 当前全县"双超"正在掀起,有的地方已经高潮,挖掘肥源,为"双超"而努力。但存在一个盲目自满,这是个大问题,要犯错误。这是思想上特[突]出矛盾,要认识到今年的新情况,当前桑季马危害特别严重,各级领导要重视。注意8号台风,不能麻脾[痹],预计17号有应[影]响。当前资本主义思想严重,必须各级密切注意。

提出意见:①路线为纲,统一思想,下定决心,不怕牺牲,为"双超"做好工作,克服困难完成这项任务。②认真落实党的政策,特别是82号文件,条条落实。③来一项投肥运动。同时13—16号除上一次〈虫〉,消灭叶蝉。大搞"三土"方法,在20号来一次防治三代三化螟。

2. 蚕桑生产:①订足蚕种,全县8万张。②大打人民战争,消灭桑季马危害。③培育好蚕桑,饲养人员分班进室。

公社陈福才同志讲:对"双超"问题。

1. 肥料问题。一定要抓起来。

2. 耘田问题。在20号前看情况,能耘的可以二次。

3. 除虫当中,注意到除叶蝉中,要带除刮青虫。

4. 对水管要加强,不能过满,促使早发。

5. 对蚕桑生产,提出因地之[制]宜抗旱。

李炳松同志讲三个问题:

1. 这次县召开了"三土一微"❶会议的情况,准备要搞,大队抽一些成本费,作为投资。

2. 各大队的高产队要统计上来。

3. 蚕桑辅导员要定下来,明日参加会议。

下午,大队召开农业队长及植保员会议

1. 从公社会议以来,动员群众,已发动起来。目前全大队形势越来越好,二个生产队开始罱河泥,挖家杂肥,想尽办法找肥源。

2. 进一步为晚稻超早稻〈努力〉,当前要抓好"四关":一是耘田关;二是追肥关;三是浅罐[灌]勤灌〈关〉;四是防治病虫关。

3. 蚕桑生产。狠抓除桑季马危害。

4. 络麻生产。除虫。台风,防倒伏。

结合分配问题;防9号台风;填好毛洞。

夜8点50分,召开防台抗台广播大会记要

陈福才同志讲话:紧急动员起来,立即开展防台斗争。

首先台风情况:今年第9〈号〉台风中位[纬]24.6度,东经124.1度。预计台风中〈心〉位置在我省温州地区等落[登陆],继续朝西北方向移动。今夜起增强6—8级,并有暴雨出现。县委指示,有二个可能:①风力大,南部登落[陆]。②暴雨出现。

1. 路线斗争为纲,认真总结历次台风教训经验,克服麻痹思想,自[树]立人定胜天,自力更生,战胜台风。

2. 立即动起来投入抗台斗争,沿海四个大队组织起来,组织抢险队。未填毛洞,立即填好。对于其他大队组织防台发动,并做排涝准备工作。

3. 对于社员房屋、集体仓库、蚕室、机站、学校进行一次安全检查。接受以往教训,各大队支部听到广播,立即运动起,进行检查,危险进行防好。迁移工作,确保人畜安全。

4. 千万不忘阶级斗争,如有破坏及时报告,立即报告公社。

5. 各级领导干部,立即投入抗台第一线,从今夜开〈始〉到大队组织值班,并且注意台风的动态。听到广播,进行一次讨论。

中共海宁县委召开电话会议

1. 以路斗争为纲,进行一次路线和政治路线的教育。

2. 沿海公社组织抢险队民兵值班检查。

3. 对社员房屋、集体仓库、蚕室等进行检查。

4. 千万不忘阶级〈斗争〉。

1972.8.17

早上,召开防台紧急会议

东风不安全房屋6〈户〉,畜牧〈场〉。其中最危险的房屋3户。

---

❶ 原文如此。

红星队 6 户,畜牧 1〈户〉。

红江队 10 户。

立新队 8 户。

东方红队 4 户,畜牧〈场〉,烟囱吹倒。

红旗队 3 户,其中 2〈户〉烟囱吹倒。

向阳队无。

胜利队 3 户,张德龙后院出伞吹掉,五保〈户〉1 户。

1972.8.19

上午,支部研究会议

1. 生产问题。

(1) 晚稻按当前情况"轰"不起势。原因:气候不稳定、水满。措施:①耘田、施追肥,在二天施下,促进早发。②加强水管,调节温度。③治虫防病。

(2) 络麻生产问题,受台风影响。今年要求剥岔头麻问题。剥掉细麻,促使透风,能使麻厚薄长势均匀,促进高产。

(3) 秋疏[蔬]菜问题〈单位:亩〉:向阳、红旗种榨菜、萝卜。每队 4 亩,红旗 3 亩,向阳 3 亩,东〈风〉15、〈红〉星 15、〈红〉江 12,立〈新〉15、〈东〉方〈红〉12、红旗 10、向〈阳〉20、胜〈利〉15,合计 114。洋花萝卜。

2. 干部问题。

统一后打报告。召开一次支部大会,正队长参加。通过这次会议打报告。

3. 对冯小仕的房屋问题。

4. 对于四联麻站抽人问题,蚕桑场抽临时工问题。

红江 2 人,东风 2 人,红星 5 人,立新 3 人,东方红 2 人,向阳 5 人,胜利 5 人,共 24 人。

麻站打大包:冯奎涛、陈有芬、徐杏林儿、张西松。

1972.8.21

到杭州参观浙麻〈厂〉记要

参观麻纺厂负责同志介绍:

一、建厂的历史情况。

在 49 年 10 月筹厂,53 年基〈本〉成立。一厂工人 6 200 人,织布机 688〈台〉,占〈地〉面积 600 亩左右,厂〈房〉135 000 平方米,全产 4 600 万〈元〉,建厂以来,20 多年。

建厂初期没有设备,移[遗]留下来旧设备。经过二年建立成套设备 6 套,只有 1 套美国出口,除〈外〉多[都]是我国自造的,每 1 套有 100 台。

二、产品、品种、用途。

主要是黄麻,主要有麻袋,用度[处]很大。粮食运输,关系国民经济发展,支援世界革命。今年出口菲律宾、巴基斯坦,支援灾区。按照毛主席教导:中国应当对于人类有较大的贡献。麻布主要用工业品包装,支援亚非拉。麻线支援国防建设,电缆厂更需要。

三、厂里主要矛盾。

1. 跟不上工业农业生产的需要。

2. 质量上还有问题。小、漏、碎。

麻袋主要是耐用,首先要拉力强,杂质要净。包装分等分级。

为了改进以上存在这些问题,采取措施:带杆精洗,提高质量。带杆精洗,夹头种 323.4 次;带杆剥皮,夹头种 224.6 次(高度 3 公尺损);元果剥皮,205.6 次;红麻剥皮,91.4 次。

1972.8.22

上午,听介绍

长安公社介绍:推广黄麻带杆精洗情况。

从 69 年开始实行推广黄麻带杆精洗以[已]有三年。去年(71 年)带杆精洗全公社达 83%。

我社的体会:

1. 以路线为纲教育,进行一次思想教育。

2. 以点到[带]面,实行全面开展。

3. 加强党的领导,大搞群众运动。发动群众,讲明好处:①品质好、产量高。②省劳力、工效高。③能增加肥料,减少虫害,消灭虫口,减少浪费,有利渔业生产。

4. 建立好一支队伍。各级有专人负责,深入现场指导。队队有辅导,边宣传,干部〈边〉亲自动手,抓这〈项〉工作。

任务:15 790〈亩〉,搞带杆精洗 11 000 亩。

措施:①以路线斗争为纲,进行路线教育。②按党的政策,82 号〈文件〉,按质按量进行评工记分。③适时精洗,适时剥麻。④留好种子。

夜里,县代表顾子启同志报告

一、今年的络麻总的形势是好的。

好的表现是:

落实毛主席"以钢[粮]为纲,全面发展",批判在种植上存在无政府主义,落实面积。全县 10 万亩,基本上完成,主要特点有三个:

1. 进行了路线教育,广大基层干部认识到"以粮为纲,全面发展"的教育。在种植培育,公社大队抓得比较紧,搞络麻生产是路线问题,是路线斗争。

2. 认真落实党的政策。今年来认真落实××号文件,三级所有,队为基础,各尽所能,按劳分配,实行男女同工同酬等政策。

3. 加强领导,各级都有专人负责,配备络麻辅导员,对络麻加强领导。

但还存一些问题:

1. 对"以粮为纲,全面发展"〈认识〉不够完整。

2. 对络麻生产抓得不紧、不狠。出现不少迟麻,密度比较差。有相当一部面积迟、小、细,产量不高。

从现在起共同努力,加强后期管理,以带杆精洗为重点的络麻生产。确保丰收,总产力争超产。我县 10 万亩络麻,占全国 10%,占全省 25%。二样抓出 28 万担。

二、络麻带杆洗的重要性。

带杆精洗是第三次改革,是提高络麻纤维质量。海宁县从68年开始不到100亩到去年已达22 000多亩,全县占22%。其中,长安9 000多亩,占62%。丁桥公社42%。特出的长安诸石大队87%。

搞好这项工作主要体会基本经验是:

1.〈党〉委重视。一、二把手亲自抓,业务人员具体抓。各级重视建立一支辅导员队伍,公社有一名专识[职]全面辅导员,建立责任制、学习制、回[汇]报制,"三勤"。

2. 发动群众,做过细的思想政治工作,用毛泽东思想武装群众,发动群众,进行爱国主义教育过程,支援国际教育过程,支援社会主义建设过程,总的是路线教育过程。有的大队做到每户……

3. 坚持实践,以点带面,推广全面。公社大队麻站都抓好点,进行推广全备[面]。

还存在问题:对带杆精洗抓得不紧,特别我们。另外对辅导工作做得不够深入,不够仔细,落实[在]先进后面。肖[萧]山70%,上虞80%以上。质量上,数量上。

三、任务和几个工作。

以路教为纲,充分发动群众,继续大力推广络麻带杆精洗,为支援中国革命、世界革命作出更大贡献。

广泛宣传,推广带杆精洗意义,是支援世界革命需要,支援中国革命需要,为改善人民生活需要,为社会主义建设需要。支援越南人民的浙麻厂,70%出口,20%支援越南的。络麻带杆精洗对经济上有五大好处:

1. 能提高产量,每亩提高20斤,热麻(即40斤),但技术上一定要过硬,否则走向反面。

2. 质量好,品质好。比剥皮精洗3.61公斤拉力,尤[由]于以上两好,价也高,每亩可增加15元左右。

3. 劳力省,工效高。据长安实践,工效提高30%,可利用弱势力。

4. 促进农业生产,有利与[于]冬种。

5. 有利与[于]节约精洗材料,改善土壤,改善鱼[渔]业生产,改善人民生活。

但是推广这个工作斗争很尖税[锐],是路线斗争。具体表现有:

1. 提出要种蔬菜不能精洗。但要正确对待。

2. 麻叶少,麻杆柴不经烧。

3. 洗不好,还[反]而要减少,出力不讨好。

四、加强党对络麻带杆精洗的领导。

要求公社党委,大队党支部摆到议事日程上来。公社决定一名负责。县要求除生麻……再底[最低]限度总面积60%。

五、加强对络麻精洗的辅导。

各公社大队搞好现场,解决技术问题。辅导员都要在公社、大队统一领导下做好参谋。

六、认真落实党的政策。

按82〈号〉文件,认真落实责任制,搞好劳动定额,防止分到户。

七、加强络麻后期管理,适时收剥。

排水;适时抓好岔头麻;除虫特别种子田。讲一讲适时收割问题。防止不过[顾]死活提早剥皮,在络麻开花阶段还继续生长,增纤维。适时,在元果种,是9月中旬(即9月15号开始），大面积在 20 号左右。

八、全面发动，选留络麻种子工作。

采取"四自一辅"方针。认真做好这项工作，湖北省同时担负支援兄弟省种子，也要选留好。

桑果籽的教训。调湖北、安徽榨菜籽。不少于 10% 面积，实行片选、穗选。二套 5 斤左右。

1972. 8. 23

上午，听典型发言，回去〈表〉决心

许巷公社顾阿毛同志发言。丰产不能丰收的原因是：①不适时收割，提早剥麻种蔬菜。②选留良种，存在很大问题。③没有带杆精洗，仍旧老办法。④党委怕苦怕累，懦夫懒汉思想。

我们的决心是：①以路线斗争为纲，进行路线教育，以中央文件为武器。②适时收割，提高质量，长果种在 9 月中开始，元果种从 10 月份开始。③大力推广带杆精洗。除去生麻任务外一律全部搞带杆精洗，分配到大队。

公社决定办 3 天学习班，结合落实冬种规划。

石井大队介绍。魏雪林同志介绍：全大队打算 60% 带杆精洗。以前缺苗 931〈亩〉，全部种上元果种秧，现生长很好，全大队化［花］了 2 000 多元，当时也有斗争，很急［激］烈。

下午，摘记关于晚稻防治三化螟的通知

目前正是三代三化螟发生期。经研究于本月 24—25 号施用极［剧］毒农药，现通知如下：

1. 凡已全部转青的双晚大田，用苏化 203 二两，加水 6—8 担泼浇。对于籼稻品种，由于有部分二化螟，每亩用甲基 1605 一两，加苏化 203 一两并水 6—8 担进行泼浇。对于已封行的晚稻，每亩用稻脚青二两并在极［剧］毒农药里一起泼浇，但必须边搅拌边泼浇。

2. 由于近来叶蝉又在回升，所以在施药前，先滴好油扫杀一到二次后施药。

3. 注意：①加固田坝，防止药水流入河内发生鱼中毒和人生［身］意外事故。②施药后要插上标记。③严禁极［剧］毒农药喷雾。"三个当天"。④如遇大雨推迟施药。⑤田水适当浅一些。施药面积各大队一定要报到当地〈主管部门〉。

摘抄 11 个麻区公社在这次会议后订出的计划

许巷实种面积 18 900 亩，计划精洗 9 370 亩；

许村实种面积 9 616 亩，计划精洗 5 970 亩；

淬江实种面积 10 004 亩，计划精洗 6 160 亩；

钱塘江实种面积 9 800 亩，计划精洗 4 254 亩；

丁桥实种面积 5 500 亩，计划精洗 3 184 亩；

朝阳实种面积 4 842 亩，计划精洗 2 460 亩；

沈士实种面积 9 148 亩，计划精洗 3 780 亩；

长安实种面积 15 784 亩，计划精洗 12 288 亩；

东升实种面积 8 000 亩，计划精洗 4 000 亩；

红江实种面积 4 200 亩,计划精洗 2 011 亩;

红星实种面积 4 427 亩,计划精洗 1 790 亩。

我们大队实种面积 300 亩,计划留种 40 亩,红麻 80 亩,元果种 30 亩,计划精洗 150 亩。

1972. 8. 24—1972. 8. 25

记　　录

二天除虫,施用极[剧]毒农药,是晚稻第一次治三代三化螟。

各队统计如下:

〈单位:亩〉

队别	实种面积	其中籼稻面积
东风	90	8
红星	100	8
红江	78	/
立新	93	3
东方红	83	7.5
红旗	72	3.5
向阳	100	/
胜利	90	10
合计	706	40

1972. 8. 26

〈各队早稻生产统计〉

〈单位:斤〉

〈队别〉	增产早稻	单产
东方红	5 222	619.1
红江	3 875	628.36
红星	4 755	624
立新	7 460	645.5
红旗	1 475	646
东风	9 173	563.4
向阳	6 482	598
胜利	减 2 093	

1972. 9. 5

下午,在大队召开正付[副]队长会议上贯彻意见

根据上级指示:晚稻超早稻,三秋超一春。从上月贯彻以来,连续召开各级现场会议,各级很重视,特别在再[最]近一段期间,抓得紧,做得及时,力争主动。做无虫先除、无病先防的精

神。当前的水稻生长良好,看起来晚稻超早稻希望很大。但是发现队与队、方与方、块与块,很不平衡。为此,更注意目前的变化,据昨天公社召开会议精神,提出三个意见。

1. 继续狠抓晚稻田间管理:①肥水、病虫为重点。②精细培育。

2. 络麻生产问题:①适时收割。②号召带杆精洗。

3. 蚕桑生产问题:①抓稀放。②预防中毒发病。

结合关于分配问题。作[在]大家研究讨论后决心把晚稻一定要超早稻,为社会主义建设做出应有的贡献。

看立新队后,队长沈尧兴同志介绍:

要晚稻超早稻。首先,主要一关,干部有决心,社员有信心,这是重要一条。要掌握农业"八字宪法",互相调节,开好丰产沟,要因地之[制]宜,注意到落河缺,注意虫病发生。做到及时,我们队是专职管理。植保员阿生同志很重视,他表示决心干下去,成立专业队伍,支援这个工作。今后狠抓除虫防病,看田搁田。抓好生产工作。下一步打算是分工负责,蚕业做到全面发展。但是部分社员思想出现定局论。

体会到每一项工作,干部一定有解决,踏实工作,同社员讲清情况,同时要听公社党委号召,才能做好工作。三类苗要改上去,要重视研究。带杆精洗。准备20亩做二批进行,头批13亩,第二次8—9号进行。

通知各队今年的生麻任务:每亩1担。出售支援兄弟省种麻籽,每亩3.5斤。

1972.9.9

记　　录

上午和王友宝同志走访蚕室北片,下午到众安大队公社召开络麻带杆精洗现场会。

出席:只有立新队、红旗队。

摘记如下:

众安红阳队介绍带杆精洗的情况,俞子平同志代表公社发言。

全县自从会议结束后全面进行了贯彻情况,普遍良好。例如,长安公社对这项工作抓得是特别好,层层发动,支部重视,大队实行批准制,各方面多[都]采取方法,除完成生麻外达到百分百。丁桥、朝阳二个公社也同样。去年钱塘江公社荆山大队〈是〉全县较差的大队,今年落入[实]政策,特别朱张络同志上台以来,今年取得很大的变化。我们公社也同样,目前止已浸入络麻500亩左右,继续还是浸下去。但是当前来看有三种情况:①大多数队抓得比较紧,运动迅速,说干就干,劲头大,干劲足,把计划的麻都分批浸下,这是好的。利民去年只搞4亩。②有些队还是计划不够落实,心中无数。想干,怕苦怕累,胸无大志。③还没有打算。出现[席]公社会议计划回去大打折头,思想退潮,倒退,不想干。

为了进一步把这项工作深入下去,提出如下意见:

1. 以路线教育为纲,反复宣传教育社员,适合形势需要,为革命选好带杆精洗。要求达到60%,完成任务。

2. 浸好带杆精洗,还应该注意几个方面:①菩头上泥要敲光。②三分开:老嫩、长短、粗细。③防止漏水。④压泥要适当。⑤预防轧蚕汛,放弃浸麻。⑥整理要细心,落雨时要注意勤检查,防发霉变质。

3. 收购工作:生麻收购,现在开始。

4. 要注意整理问题:①麻叶。骨梢要理掉,捆4.5尺,30斤左右为宜。②组织售麻队伍,贫下中农为主。如有意见,有组织向领导提,不要当场发生吵架。特别要注意阶级斗争[敌人]破坏络麻收购工作。做到"三不准""四不出售"。③有计划出售生麻。

1972. 9. 10

下午,召开支部委员会议

冯、章二同志参加,有[由]张堂同志贯彻县会[委]精神。这次会议分三个阶段:

1. 总结上半年的春粮生产情况。

2. 交流农业学大寨的经验。

3. 今冬明春的工作任务,狠抓当前。

今冬明春要大干,怎么样来干,如何干。

据县委要求,目前先进单位,再进一步能够达到大寨式的大队。但是很不平衡,要干,首先要搞好基本建设、改制条件。今年县委要求:

1. 农田水利全县5万—7万〈亩〉。排灌分需,各立门户,排灌畅通,平整土地。挑冈[岗]围田10万亩。小岗、零头有[要]因地之[制]宜。

2. 积极改制桑园,实行"四改":另[零]为整,稀为密,靠天桑改能灌,低产改高产。

3. 大力发展畜牧生产。积极发展集体和社员养猪,实现一人一猪,一亩一猪。

4. 作物布局:扩种大麦,压缩小麦,但不能多压。

5. 当前狠抓晚稻后期管理。除虫病,防病;水浆调节;络麻生产,精剥细剥,防止浪费;推广带杆精洗,及时出售;蚕收生产,抓住饲养管理,防止中毒,除治蚕病。

6. 狠抓阶级斗争。目前花样很多,违法乱纪。要进行揭批,严厉打击。批评资本主义倾向,要把骂人风压下去。驱邪归正,严肃对待。

讨论记要:

1. 去参观问题:支部委员及率领组人员正付[副]队长,代表1—2人,共30人。

2. 拖拉机问题:叫徐阿三或子浩去修,参观回来去修。

3. 长安轮窑问题:要求2万〈块〉砖,10间洋瓦之数。低级程掉[调]高级程。100×10水泵要的。

4. 水泥杆问题,用大刀片来解决,尚缺50根左右。到生产队,干、支归全大队;生产队到社员,归生产队;到户里,归户里负责。

5. 干部政策。主要对待老干部问题。

1972. 9. 11

参观杭州市郊红旗人民公社

红向阳大队基本情况:总户数538户,11个生产队。土地2 607亩,人口2 694人,平均0.98〈亩〉。60%水稻,40%络麻。另外加砖。

三个队3部拖拉机,11〈台〉电耕犁。络麻910亩,早稻1404〈亩〉,晚18〈亩〉。

络麻移栽是 66 年搞的。先从 2 队先搞,产 600 多斤。71—72〈年〉大面积搞小苗带土移栽,实行科学种田,但是搞这项工作斗争很尖锐。

1. 迟麻变早麻,低产改高产。去年三个队超《纲要》,省种、省工、省肥料、省成本。〈省种子〉:原来 4 斤改后叫❶ 4 两。省肥料:平均每亩省 15 斤左右。省工:种后不要拔草,劳力争季节。

2. 春耕情况。早熟 3 号 523 斤,小麦 417.7 斤,早三年是吃国家供应粮,现 37 万〈斤〉出售给国家,春粮 6 万多〈斤〉。

3. 络麻移栽方法:1 亩种 6—7 亩,19〈号〉种 117.4 亩,在 4 月 26—27 号准备整地,5 月 22〈号〉下种,进出水方便。

先满水后 48 小时,主要杀虫,开沟放掉,半晒,抄松后下籽 3—3.5 斤。再抄好用羊灰 25 担撕碎,再用人粪或猪粪几担,是主要关键。

出苗后,喷〈一〉次药,100〈斤〉水放 2 两敌百虫除一次虫。小鬼子虫,乐果打油虫较好。要注意在撒籽均匀,秤[称]好分轮。第一次检查除虫后密的地〈方〉散一散[撒一撒],第二次也要除一次虫。5 月 2 日至 6 月 2 日 30 天秧令。

4. 在移植到大田里的措施。20% 移油菜 7×3,灌水 48 小时,除草密虫,放平沟水,种后施肥。是先施肥料种,返青快,于[下]种时提早 2 小时施,高温最好晚种,上午起苗。碰高温天气,连打 2 天能提高成活力[率]。通过移栽好后,保持根部水分,施 15 斤化肥。第二次 30 斤,25 担羊灰,用泥盖好。

5. 保持潮湿:在 6 月 5 号后一切要用水分,通过一次水,一定要放到轮背。

移植 6 月 2 日至 6 月 18 日结束。每亩 24 000 支,现只有 2 万支左右。

1972.9.13

参加秋蚕业对口检查记要

上午到联新大队。高得安生产队长:

中秋蚕共养 25 张,分三个室,给桑二昼时。

友谊队朱祖坤队饲养 23 张,都是新竹、新连[帘]。

红胜队饲养 34 张,分养 10 只室。

红星队饲养 26 张,分养 9 只室。

核心队饲养早 40 张,迟 20 张,共 60 张。

胜利队饲养 42 张,比较好的。

红旗队饲养 30 张,全大队是最好的队。

下午联民大队检查:立新队全大队较好的队。全大队较差的队是胜利队,放得特别密,1 匾可以放 4 匾,生产队领导不重视。其他的队比较正常。在红江队集中讨论统一。有[由]陈松林同志作了报告:统一认识,回去就干。

最后,我补充二个问题:①定晚秋蚕问题。②水稻水放光。

---

❶ 叫,当地土话,意思是只要。

1972.9.15

夜里,听公社召开蚕病紧急广播大会记要

陈福才同志主持,陈松林同志总结。

王金山同志讲:他说这次广播大会是贯彻县的紧急会议精神。目前发现急性的"卒刀病"❶,这次来势凶,发病快,传染性广,严重,危害及[极]大。目前全县有 5 个公社发现,再[最]严重的有湖塘公社联丰大队,15 个生产队有 13 个队发生,最严重的一个养 70 张只存 10 张左右,死达 70%。整个全大队 500 多张,200 多张受害,都是三昼时至四昼时发病。这病的来源细菌无空[孔]不入,"长条果园金"变成方块形,染传很强了。在桑叶上发出毒素后,蚕吃了就发这毛病。蚕肚里有"两只核",吃了毒叶就定止,18 小时死去。特征是:开始头、尾弯,吐黄水,尾部排出也黄色,先黑前头,从一滴滴开始渐渐变黑,蔓延烂去。染传很快。这毛病是毛虫、花毛虫、野蚕危害。首先要除掉这虫。办法如下:

1. 当前有利时期,毛虫刚刚孵化,效果很好。采叶时先摇一摇,发现有虫粪,擦掉再吃。

2. 进行面叶消毒。用 1 两漂白粉并 10〈斤〉水,喷射桑叶上,一面喷一面弄匀。标准没有气味,可给蚕吃,一天配,一天用光。

3. 死蚕、病蚕处理:①如发现有病,立即隔离,不要掼开来,也不要给鸡鸭吃。②蚕沙体子❷进行消毒,当堆肥处理,不能给羊吃,也不要堆放场上。

4. 喷水添食,要看情况,尽量防止多湿,要注意。

1972.9.16

早晨,在祝会信用社公社召开四联片大队贯彻蚕病紧急会议

结束后有[由]公社陈福才、陈松林、王金山同志在我们大队检查。发现情况:有空头、僵病,白肚❸。红旗队较大。东风队有僵病。立新、红江、向阳较好的队。在 17 号上午将情况贯彻,订出晚秋计划。

东风 6 张;红江;立新 8〈张〉;东方红 5〈张〉;红旗 8〈张〉;向阳;红星;胜利 6〈张〉。

再[最]后,我补充晚稻生产问题:

1. 加强晚稻后期管理。

2. 严防病虫害发生。

3. 水浆管理问题。

1972.9.18

郭红元同志来我大队

他提当前的虫病情况如下:

---

❶ 瘁倒病。

❷ 蚕沙体子,当地土话,意思是蚕屎。

❸ 当地土话,指三种不同的蚕病。

要防止穗颈稻瘟病。凡是严重有病,要求施二次,抽穗期一次,10% 出穗即施。第二次在齐穗期,40% 出穗即施。

用量:稻瘟净 500—600 倍。或者用克瘟散 1 000—1 200 倍。效果高的可并入肥皂粉千分之一。可用灭瘟素,每亩 2 两,并水 100 斤喷雾。

如在 20 号以后除,因三化螟预计 22—23 号孵化,兼除三化螟可并入乙六杀螟粉 150—200 倍,或者用乐果 1 000 倍,或者用敌百虫 1 000 倍(三样之中用一样)。

农业除治:适当搁田,但不能过硬,出现菌核病发生。要注意这些问题。

接信用社抄来 1972.9.15 止个人欠款数如下:

东风队 50.00 元	红星队 592.00 元	红江队 43.00 元	立新队 213.00 元
东方红队 480.00 元	红旗队 1 150.00 元	向阳队 391.00 元	胜利队 775.00 元

合计 3 694.00 元

叶文清 10 元	王 灌 130 元	钱奉先 80 元	马祖兴 218 元	周生林 30 元
王九章 40 元	徐维才 216 元	宋国林 10 元	胡子祥 38 元	冯建忠 17 元
徐德初 30 元	沈毛男 182 元	冯雀金 5 元	贾福青 20 元	李叙康 10 元
冯见清 206 元	贾六金 45 元	沈才才 36 元	冯子山 10 元	徐敬天 40 元
朱室华 115 元	陈德明 55 元	徐君寿 40 元	王根良 75 元	王新章 39 元
冯小仕 16 元	戴仕康 55 元	冯锦良 70 元	冯顺堂 5 元	沈文宝 35 元
徐财甫 100 元	张德龙 45 元	邹德夫 10 元	陈康福 365 元	张云林 25 元
陈友松 44 元	陈甫青 316 元	冯小毛 188 元	邹金康 30 元	顾秋明 210 元
张绍龙 38 元	陈阿康 32 元	陈望元 30 元	张绍根 47 元	翁 祥 11 元
戴正华 149 元	冯祖山 55 元			

1972.9.20

下午,在机站支部研究会

春夏秋蚕,明年指标 650 担。

措施:搞 15 亩无杆密植桑。改 50 亩三累[类]桑。550—600 支冬季移桑,450 亩绿肥,加土 300 亩。

粮食:春粮大打翻身仗。①深沟阔轮要求 100%,小麦达到 1/3 密植。今后搞络麻留播。②改造烂水田 80 亩,狠抓肥料关。

早稻:积足肥料 100 担,每亩 1 塘泥。

农田基本建设:①调正[整]渠道,做机耕道 2 000 公尺。②排灌分需,各立门户,2 000公尺。

拆岗还田。计划 20 万〈方〉,填溇 5 只。

1972.9.21

到公社开会

陈福才同志讲:认真贯彻县农业学大寨精神,总结本公社的经验教训。

革命的书写
——一个大队干部的工作笔记

1. 今年本公社的农业形势。

2. 今年半年多来实战当中的经验教训。

3. 今冬明春的打算。

以路线斗争为纲,认真学习中央文件……

1. 本公社特[突]出的有:①干部政策。②中共82号政策,落实了农村各项经济政策。形势大好。除油菜外,各项生产多[都]很好,秋季没有大的灾害,是个大跃进局面。

蚕业形势:三季同去年〈比〉增365担。中秋比去年〈增〉640担。晚秋500张。

络麻问题:据麻站比去年增500担。预计比去年增加一成。

畜牧:比去年同期相应增加。

春粮:平均超300斤,有4个大队,盐官过400〈斤〉关。

大麦400〈斤〉以上有15个生产队,蚕茧张产超百斤。总的农业形势是好的,主要是上级党委领导,各方面的支援,贫下中农努力所取得。但是还存在一些问题不够平衡。

2. 谈谈经验和教训。

好的方面:①认真贯彻中央文件,不折不扣贯彻,坚持革命统帅生产。②三个坚持,三个反对。③认真落实政策。④认真落实"八字宪法",实现科学种田。出现1个大队9个生产队上《纲要》。

主要经验:①改换良种。②合理密植。③抓虫防病。④抓肥水管理。⑤加强领导。

出现生产不平衡的有:①高900多斤,低300多斤,蚕茧春粮也同样。高低相差一半以上。产量不平衡,实际上是领导上的问题。②但是春粮产量比例不高,要吸取教训。③肥、水、管的教训。

3. 今冬明春打算:面积、产量、要求。保持县会不同❶,产量略有更改。春粮不同,2 838 000〈斤〉。早稻单750斤,晚单750斤。山茹1 000斤。明年总产达到14 211 500〈斤〉。全年亩产达到1 600斤。

蚕茧:全年养1万张,7 400担茧,亩产实现164斤。

春3 600张95斤,夏1 000张60斤,早1 200张50斤,中3 600张65斤,秋600张72斤。

络麻面积4210〈亩〉,单65斤,油菜面积350〈亩〉,200斤。

畜牧存栏基础队5 000头,其他同时上去。

措施:走云龙路子。① 平整土地。②抓桑园建设,抓"四改"。③发展畜牧。

平整土地800亩,小并大1200亩,北岗返田500亩。

排灌渠道搞266条,13条机耕路。

在落实布[播]种时注意:①适当搭配早蔟品种,有利与[于]早稻高产。②络麻留地,缩小稀播面积,扩大密播面积。红向阳大队的经验,达到30%—40%。③桑苗自繁自种。④狠抓春花播种质量。

队队搞试验,各级搞样子,各条搞试验田。

杨麦一号:适宜10月底11月头,生育期208天,4月23日齐穗。平均产量500斤左右。

红江50亩,立新25亩,东风25亩,东方红30亩,胜利20亩。

---

❶ 原文如此。

1972. 9. 22

下午,张书记总结

一、关于狠抓当前阶级斗争。"千万不要忘记阶级斗争",放手发动群众,大抓阶级斗争,向阶级敌人发动进攻。当前的表现:

1. 政治谣言,但是很广很多。

2. 为林贼便呼[辩护],为林贼反[翻]案。

3. 五类分子反[翻]案,排干部名单。

4. 行政[刑侦]事件比较多。①流氓活动,强奸妇女,拦路抢劫,偷窃。②打人,赌博。

办法:

1. 各大队支部进行一次阶级斗争教育。

2. 对当前阶级斗争动向进行分析,对阶级敌人进行分析,有哪几种,对社会治安要加强,对阶级敌人要训话。

3. 对观潮保卫工作。

日期24—25号各单位要值班,有情况进行回[汇]报:①明日对四类分子进行训话。②对重点对象要控制。③对中央发下文件,要检查一下。

国庆:在30号18时至〈10月〉3号止,各大队巡路[逻]放哨。

明日开会:中新—星新200人,各大队100人。

二、认真贯彻农业学大寨,发动群众来学大寨。

把群众思想引入到农业学大寨。加强领导,什么叫"领"? 就是领到。什么叫"导"? 应[因]势利道[导],走向正道。

各大队搞出规划,如何规划改变面貌? 首先搞出一个队。

1. 思想上要有一个自力更生,艰苦奋斗,愚公移山,改天换地,创造条件,为革命做田,坚持社会主义道路和方向。

2. 以粮为纲,全面发展。要达到2 000斤,茧200斤,络麻800斤。畜牧:猪、羊,每户10头,每亩2头。绿化10年自给。储备粮要留足。

三、水稻后期管理问题。

当前比较好,生长也好,出现"满""定""轻""松"。

1. 以水为中心,采取干干湿湿,以湿为主,灌跑马水。注意:①水上满水,造成纹枯病、菌核病。②断水过早,造成青棵偏熟。

2. 开沟。

3. 防病。首先调查发病情况:①后肥过多。②阔水田。③前期培育不好,有病传染。

络麻生产:①浸带杆精洗比较好。②还存在问题。③出售问题上。

蚕桑生产。畜牧生产。

1972. 9. 24

下午,大队召开大会贯彻形势报告

张堂同志传达:①田中来访中国的意义。②狠抓阶级斗争。③结合本大队提出工作任务。

散会后各生产队队长、会计、保管员留下继续开会。

贾会计传达县委召开财务工作会议精神,提出本大队工作意见:

1. 工分问题,统一到 9 月底按实数工分,预报二个月至 11 月底止。

2. 肥料结算,统一到 10 月底止。

3. 粮食分配按"老三定"加 15%,可按量或接需分。分余留存储备粮,总的按党的政策办事。

4. 经济分配,留足下年度生产资金,掌握先紧后宽,处理好三支户安排。

5. 准确实事求是,深入仔细,认真估好产量,防止二种倾向——偏低和偏高出现。

6. 信用社回笼工作抓一把。

7. 机站收费问题,按原来予[预]交数,希队去交一下。

1972. 9. 27

下午,大队召开正付[副]队长、植保员会议

1. 对晚稻管理上,据公社检查后的工作意见,主要狠抓三个环节:①加强思想教育,克服晚稻定局论。②狠抓一虫二病(严重的有:全垦 14、洋糯、红糯、京引 15)。③水浆管理。后期以水为中心,干干湿湿,于[以]湿为主。注意二个问题:①水上添水,发生纹枯病,小球菌核病。②断水过早,造成青棵扁谷。

2. 合作医疗问题:①予[预]交每队 100 元,在 10 月 5 号前信用社专[转]出。②无害化粪池要落入[实]一个生产队。

3. 发芽试验,采取办法,多方面。试验后进行回[汇]报大队余缺情况。

4. 分配问题。应该马上抓一下,把这项工作做在前。

5. 油菜育苗问题。下种时间统〈一〉一下,月底〈至〉月初 5 号前。意见是:"九二"油菜以 10 月上旬播种、育苗,每亩播 1 斤为宜。三高油菜,同上。适合麻区,通风透气。

1972. 9. 30

出席公社财务会议(1 天)记要

王湘清同志报告:

1. 本公社今年的形势。

粮食方面。春秋粮。农林渔牧副。

信用工作。去年存 254 500 元,今年基数 331 800 元。〈今年存〉377 900 元,〈明年基数〉431 800 元。生产费 10.5 万;基建费 6 300〈元〉;社员 10 666 元。放三项贷款数到目前止 122 641元,余额。

2. 今年对旺季回笼意见。

有利条件:①通过学习文件思想好。②有物质,生活好转。③工作基础好,落实到队。④下面组织基础好,各级重视。

存在〈问题〉:①队与队不平衡。②重放轻收。③等待免去。④借不想借,还也不想还。

如何办:①大力宣传:丰收五不忘,同时宣传信用原则。有借有还。②收与放的界限问题是对立的统一。公与私问题,思想问题还是实际问题。二种借贷,新旧社会,对比进行教育。

① 对生产费贷款,到期全部归还。②基本建设贷放款,到期全部归还。③社员借贷存款,到期打算〈还〉12 000 元。

办法:①在分配中收回。②在付叶[副业]收入收回。③从通过外来收入收回。④真真没有办法,缓期。

回去工作意见:①首先大队订出计划。②在各种学习班落实到队。个人自报、队评议、审批。③要处理好外出户及死亡户。联民 2 户。④目前还有一些困难户。要进行多方面帮助,走共同富余[裕]的道路,发展他们的家庭付[副]业。

陈松林同志谈:对分配工作提几个问题。

1. 以路线斗争为纲,抓好分配工作。
2. 抓分配,首先抓好当前生产,结合贯彻县会精神。
3. 对清账理财。特别是对物资保管。
4. 三属四户,要照顾好。
5. 节约粮食,储备粮食(认真学习 9.16《红江日报》)。

1972.10.3

大队召开各生产队队务委员以上会议

参加有共产党员、革领组人员、队务常委(定期二天)。

73 年冬种计划学习班。

在这次农业冬种计划学习班上,补充意见如下:

今年的冬种计划落实学习班。去年是 9 月 29 日办的,参加的有生产队队务委员会以上参加。70 年是 9 月 26 日贯彻。这次贯彻主要是由张堂同志出席,是农业学大寨的会议精神,结合本公社、本大队实际情况,进行了总结,并作出全大队的 73 年的计划、奋斗目标。并提出措施,特别是掌握几个主要关键方面作了详细分析。这是对我大队各生产队领导干部有了方法,更好为实现全大队提出奋斗目标,为社会主义建设作出更大的贡献而努力。我想还有几个问题,准备同大家谈谈。

关于品种搭配问题,据今年的经验和公社的意见,与本大队的情况。今年早熟品种是种 108.5 亩。二九青,矮一,朝阳 1 号,二九南 1、2 号,占总早稻面积 18.8%。中熟品种 379 亩。辐育 1 号,广六早,圭六矮 3、5、6、8 号,占 66.5%。迟熟品种 87.5〈亩〉。先锋 1 号、广六矮 4 号。共总计种植早稻面积 575 亩,占早稻总面积 14.7%。我们大队产量低,对早稻搭配上也有关系,迟熟少了些。是否可以"三三四"进行搭配。因为要夺取粮食高产,全年丰收,为实现大队提出的指标,我们要想尽办法。在品种搭配上也是一个增产措施。

为明年春粮丰收打响全年第一炮。首先在今年晚稻丰收在望的基础上,要有冲天的革命干劲,踏踏实实地落入[实]执行农业"八字宪法",执行科学种田,抓住主要关键。提出"四早、四保、六个要"的意见,供作参考。"四早"即:①思想发动要早。要求发动群众,大打人民战争。②物资分配早。包括种籽、肥料要早。③管理要早。下后紧接培育管理。除治病虫害要早,同时后期防止倒伏。"四保"是:①保证不误季节,保季节。注意不能过早过晚。②保质量,下种、播种都要有质量,高标准,严要求,不能敷衍了事,专人负责,要检查,互相促进。③保春花安全过冬,采取有效措施,盖河泥、盖垃圾,发动群众,上[想]办法使春花安全过冬,这也

革 命 的 书 写
——一个大队干部的工作笔记

是夺取春耕丰收主要关键。号召各队"敲麦"也是过冬的措施。批判那种认为"正月白、二月麦、三月发"的唯心主义先验论,批臭。使先进思想认真落实下去。④保后期不倒伏。即降低地下水位,促使根粗深扎,压麦叶办法,多施磷肥。"六个要"即:①要搞好冬种,品种搭配,推广优良品种,不能单纯一律化,好种劣种要进行分析。对种籽有历史教训的。良种不经过努力,也为[会]变的。要进行认真研究,摸索它的规律性(即皮[脾]气),掌握特性,每一只良种都有长处和不足的地方。②要充分利用土地潜力,发挥土地利用率。今年的经验,可以证明,凡是使用面积80%—85%的产量高,多在400斤左右,高的大队有600斤左右。所以要充分挖掘,增加单产的关键,能种上都要种上。③要备足肥料,要求"施上低[底]肥、重施腊肥、巧施春肥"原则。④要深沟阔轮:有利于扩种面积,有利于降水,降低地下水位,特别是阔水田,一定要做好这项工作,能使春花达到冬发根、春发苗。⑤要提前预防。即以防为主,治虫为付[副],防病、防倒伏。⑥要搞科学实验,执行农业"八字宪法",要科学种田,大搞试验田。下种要匀,称斤分轮,合理均匀,促使出苗也齐。特别注意今年的种麦如何。

同志们,是否要掌握这样几点,希望共同研究,统一思想,统一认识,为73年丰收作出应有的贡献。

根据我们大队情况来看,夺取春粮高产,大有所为,潜力很大。有这样几个方面:①每个生产队:高与低相差很远。②土地利用还勿高。③低产品种与高产品种有差距。

要批判那种:①产量到顶,潜力挖尽〈论〉。②春花做杀[煞]人,早稻加把劲,期间长,化[花]工大,勿合算,无花头,低产论。怎[这]样来认识是完全错误的。我们大队今年来看有的队春花增加11 326斤(如胜利队),有花头,并没有无花头,而大有所为,潜力很大。主要要学先进,相信先进经验,认真总结今年的经验和教训,能够实现73年的指标。但是当前来看,在二条路线斗争中,有几方面,有二种对立:

一种是走毛主席的革命路线,一种是走修正主义路线。表现在:用愚公移山〈精神〉,改造中国。改变农业生产的面貌,把今年冬种、春粮丰收作为起点,〈为〉继续再夺高产而奋斗。但另一种是盲目自满,故步自封,反正"老三定"加15%,多做没有多吃,不恳[肯]出大力、相[想]办法、出主意。办事不认真,无一定计划,无一定方向,敷衍了事,得过且过。第二种是高举毛泽东思想红旗,抓革命,促生产,树雄心,立壮志,为中国社会主义建设作出贡献。大搞基本建设,为明年春粮大打翻身仗,支援国家。但另一种是怕苦怕累怕困难,这个办不到,那个不能干,只守旧摊摊,不想倡[创]新业,困难重重,心中无数,做一天和尚撞一天钟,听之任知[之]扮老好人思想,年已经到,只想调班思想,马马虎虎,运动来整风整不着。第三种是坚定不移走毛主席革命路线,照毛主席指标办事,凭一棵[颗]红心两只手,斗天斗地斗敌人,斗私心,坚定走社会主义道路前进,建立社会主义新农村而奋斗。但是另一种是靠天靠地靠国家,越依越懒,怨天怨地怨人家,到后来出现老办法、老思想、老产量、老面貌。我们要提倡的是前者的好思想优良作风。

今年的冬种规中[划]意见,注意到几个有利:①既要有利前期高产,又要认识到后期高产。②既要有利于当年高产,又要有利于明年的高产。③既要有利于夏收夏种,又要有利于秋收秋种。④既要有利于一季高产,又要有利于获得全年高产。

都要照顾周到,认真作出适当安排播[布]局。

对当前晚稻后期管理问题:①抓以水为中心,重视注意病虫害的指导。这次冷空气南下,温度明显下降到9度左右,平均温度13度左右。晚稻普遍灌水保温,过后水放光。雨期过后

5—6 号要用极[剧]毒农药重点消灭褐稻蚤危害,吸取 68 年的教训。方法是用 2 两并 7—8 担〈水〉进行泼浇,不够可用杀螟粉。②早做好选留良种准备,定好田后,先拔掉杂穗头,除掉排草,拣抗病虫害力强、秆硬抗倒伏、要谷粒饱满重、产量高的品种进行选留。龙虎系统较好。③严防损失粮食。插好路边稻,防止鸡鸭鹅吃。对社员进行对比教育,管好鸡鸭鹅的损失。

关键要适时播种很重要。

关于春花下种问题,上次会议已作布置。照办。有关几只良种麦,向同志们汇报一下。晒种。

财务分配问题。按照上次会议贯彻办事。有关这次公社召开的会议精神向大家谈一谈。

血防工作:①交费问题。②验大便。③无害化粪池。

1972.10.4

张堂同志继续作报告:今冬明春的工作任务

73 年奋斗目标:粮食 130 万斤;蚕茧 650 担;油菜 650 担;络麻 2 000 担;畜牧达到〈每亩〉1.2 头。

1. 大干一冬春,改变联民面貌。狠抓农田基本建设,改造烂水田 80 亩,拆岗返田后排灌分需,各立门户,2 000 公尺。

2. 大搞桑园基本建设。要抽三分之一,组织专业队。蚕桑生产问题上,要改变。首先做到“四改”:①稀改密。②旱改水浇。③三桑改新桑。④有杆改无杆桑,有计划逃[淘]汰零星桑。除现有桑苗外,调进 6 万〈支〉桑苗。缺枝补入,种 20〈亩〉无杆密植桑。

要一定下绿化,75% 多[都]要下。打算搞 450 亩,蚕桑加土 50%。建立一支培育蚕桑队伍,队里干部有一两个重点放在这项工作,一定要把蚕桑生产搞上去。7—10 亩抽出 1 人,负责蚕桑生产。增枝、除虫、剪枝等专业队。40% 肥料交给蚕业专业队。例如,红江队春蚕养 27 张,重视一重视,秋叶可养 42 张,一个很好的对比。新种桑要求 600—700 支,无杆密植桑可以搞 2 000 支,8 000 条。如果搞 14 000—15 000〈支〉可多留条。

3. 大搞积肥造肥,发展畜牧生产。集体为主,同时鼓励社员养猪。畜牧政策,一般按照原来制定的,不能随便调动。如果不合理需要调正[整],充分发动群众,经上面同意,作合理的调正[整]。同时积极号召积土杂肥,发动社员户户搞。每亩一塘,一定要搞,做好。

具体抓方法:首先从春粮先抓,搞 80 亩小麦密植,准备种络麻苗补。

减少二蔬制,增加三蔬制。除掉必须整以外多[都]要搞三蔬制,增加粮食收入。

要完成上述任务,抓住如下几个方面:

1. 认真学习中央文件,狠抓阶级斗争。

2. 落实党的政策。

3. 加强领导班子团结。以毛主席提出的三条为武器,开展批评和自我批评,达到团结。

4. 加强领导,排除无政府主义。批判领导高明,能摆老资格,树立一个群众是真真的英雄〈观念〉。排除调班思想。

联民大队粮管所引入大、小麦良种,分配到队如下:　　　　　　　　　　　〈单位:斤〉

队别	早熟 3 号	65 白壳小麦	中熟 1 号大麦	65 脱壳元麦
红江	32	4	14	9
东风	2	4	/	/
红星	2	4	/	/
立新	4	4	/	/
红旗	2	4	/	/
东方红	2	4	/	/
向阳	2	4	/	/
胜利	2	4	/	/
合计	48	32	14	9

下午,在冬种计划学习班。

第二天统计各生产队出售鲜山茹及山茹干数如下:　　　　　　　　　　　〈单位:担〉

队别	10 月份		小计	11 月份		小计	总计	计划 山茹干
	中旬	下旬		上旬	中旬			
东风	/	150	150	150	100	250	400	300
红星	/	100	100	100	50	150	250	300
红江	/	50	50	100	50	150	200	210
立新	/	100	10	150	150	300	400	150
东方红	100	100	200	100	100	200	400	120
红旗	/	/	/	/	/	/	/	120
向阳	/	200	200	200	200	400	600	200
胜利	250	100	/	/	/	/	350	200
合计	350	800	1 050	800	650	1 450	260	1 600

1972.10.5

下午,集中起来,关于几个问题统一讨论

1. 机耕道问题,是否要做。损失土地统一负担计算,劳力负担按劳力、土地。生产队里的路也要改变一下。

2. 低压网问题。

3. 地电线问题,准备生产队里办。

4. 建校舍问题,是个培养后〈代〉问题。

5. 为了落入[实]干部政策,原冯茂才、戴顺堂充入支部。

1972.10.6

出席公社血防组织工作〈会议〉(2 天)

下午听报告。董洪明同志报告:

1. 总结前一段血防组织工作的情况。三年来的成绩进行总结。做到了如下几点:①做到了一人生病万人帮。解决了汽车一响,生猪白猪❶。②做到了为贫下中农服务,为贫下中农所急。

2. 血防工作。做到了一、二把手亲自抓,分管同志具体抓,其他同志配合抓。取得全公社的良好成绩。查出病人即除[治]疗。冬季大便普检,从 10 月 8 日开始到 11 月 8 日止 1 个月,大便普遍要查,但有些活思想。查灭钉螺,搞无害化粪池,检螺在 20 号以前。

3. 26—29 号送大便。送到盐官除治所。

血防、卫生、计划生育会议:
6 号报到,有东风队朱利根、杨六珍、冯利仙;7 号报到,有立新胡恒祥、杨六珍、王金玉。

1972.10.7

出席公社血防组织会议第二天典型发言

三星大队沈先明同志谈会议。
利民大队姚茂发同志谈会议。
红江农机厂柴金水同志谈会议。
闸口大队张惠民同志介绍计划生育。
联新大队吴月娥同志介绍计划生育。
众安大队苏惠章同志血吸病介绍。
新星大队沈三毛同志介绍送大便。
下午,陈福才同志总结(回去工作):

1. 做好认真汇报:会议内容,并且提出任务。生产队来的人回去向生产队里队长汇报或大队带队同志回去开出支部委员会议,大抓宣传。

2. 各级各方面都要宣传,在同时防止阻力,抓阶级斗争。逢会抓,要坚持斗争。

3. 抓好带头作用。

4. 抓检查钉螺在 20 号前完成。计划生育今后要检查,抓对口检查。

1972.10.9

出席公社会议记要

陈福才同志:
1. 形势的估价[计]。当前海宁形势是好的,通过 16 号文件学习后发动群众,批林整风已

---

❶ 1956 年 10 月,国务院明确规定生猪为国家"统一收购"物资,由国营商业负责统一收购,或委托供销社收购。而收购的运输工具通常是汽车。

经发动起来。海宁是根据中央部署,运动是健康的,提高了路线觉悟,对毛主席更加热爱,对林贼、无限仇恨。对文件学习时抓了落实党的政策、路线教育。抓农业学大寨、工业学大庆。当前已见运动,轰轰烈烈大搞肥料。同时抓了阶级斗争,打击了一批。同时抓了形势教育,田中访华。

存在问题:①还有无政府主义抬头。②在落入[实]政策中规模问题。③生产上发展不够平衡。络麻有高有低,蚕茧同时。

2.留家工作。要求各级党组织确保社会安全,反对无政府主义,有意见向它汇报,不准搞小工[动]作,不准贴大字报,不准串联。防止阶级敌人破坏,保证大会开好。

会议期间生产工作问题。各条战线都要建立领导班子,努力搞好当前生产。对农业生产,主要是加强防病除虫,后期水浆管理。

对生产队的干部,教育调班思想。反对社会上的投机倒把分子。落实政策,全县来看要稳定下来;如有煽动要追查,分别对待;主要是生产队规模问题。禁止鸡鸭,查抄物资都要按照党的政策办事。

以上是县委电话会议精神。

1. 关于桑苗进行汇报。
2. 络麻留地,红麻、元果、绿籽,密播。
3. 深沟阔轮。
4. 桑地绿肥,云龙已出起。
5. 油菜育秧问题。

1972.10.10

支部研究会议(下午)

1. 生产队规模问题。采取经营管理,划分常年或临时操作组加强领导。责任到组,四个统一。

2. 分配政策。按基本口粮加 15%,摆平后多余粮食按情况三者安排来处理。

3. 干部误工补贴问题。今后造出决算再看情况。小毛 10 月误工 3 个月工资。红旗队机站 1 人误工。误工折价 0.90〈元〉。

4. 提存上交。管理费 300〈元〉,公积金 800〈元〉,公益 1 000〈元〉。合计 2 100〈元〉。

5. 机耕道路问题,高程按九里桥北土比例,面阔 3.5 尺。大队边高程倒翻。"横旦[担]木"由机站统一。

6. 妇女在 14 号下午召开。

7. 补助费、社救费。照顾如下:陈望元 30 元,徐七青 10 元,徐才甫 30 元。

1972.10.14

下午,大队召开生产队副队长及妇女队长〈会〉

保健员、赤脚医生及各部负责人参加。

这次会议内容:主要是关于血防、卫生、计划生育。

贯彻意见:

1. 参阅文件 1972 年 3 号〈文件〉,国务院办公室印:关于计划生育是一场深刻的革命。

2. 公社会议精神传达。

3. 结合本大队情况,提出任务和要求:①血防工作。分塘用水。查钉螺。26—29 号送大便。②计划生育工作。全大队 10 月 14 号实有人口 1 532 人,(增长率)14‰,任务是 21.5 人。

1972.10.15

下午,在祝会信用社碰头,为机耕路问题

参加人员有公社水利徐武臣、朱有根,丰镇公社二位同志,联农沈永林同志、王湘清同志,冯茂才。

协商接通路线。统一首先定好线,要决定叫一次线[性]分期施工。袁花塘河为 2.5 公尺净路。各大队路阔打算商量决定。造桥打算。公路大型打算。

1972.10.19

上午,参加东方红生产队〈会议〉(为了突急[击]大并队生产闹矛盾)

召开干部会议听取生产队干部发言记要:

冯树康说:今日发生这种事情,应该通过解释,不应该这样做,有问题应该大家商量。二个组只要是相差 16 分没有也并不大,二班多 16 分底分。

章默兴说:蚕蚁要交给你队长,我还是相信队长。坐一天没有结果,自己弄自己。啥人破坏小队,叫群众看,社员群众看得很清楚。

1972.10.20

下午,在塘南为公路上的树木问题

参加人员有:各队队长。东风周敬民,红星邹伏元,红江朱建康,立新祝永浆,东方红袁荣荣代章桂松,红旗顾徐德,向阳徐敬天,胜利冯祖山。从东至西,分队点枝交给生产队管理,订立合同共同执行。公路段也参加二人,分后写在树上各队名下。

1972.10.23

下午,到三里港新星大队现场参观

公社召开深沟阔轮现场会议半天。有[由]马阿大同志介绍经验。

1. 统一认识,决定各大队为单位组织前来参观。

2. 学习了省委文件:有关血防工作。

1972.10.24

下午,大队组织各队务委员以上人员参观新星大队朝阳生产队的现场会议

先组织参观,学习试用新工具。

1. 在共育室集中听马阿大同志介绍。
2. 组织讨论,订出计划。

队别	新工具〈副〉	塘〈只〉	落实试验面积〈亩〉
东风	4	10	8
红星	2		
红江	4		
立新	4		
东方红	4		
向阳			
胜利	3	6	13

1972. 10. 26

下午,在大队召开各生产队会议

大队今年抽管理费 300 元,公积金 800 元,公益金 1 000 元。

〈各队应抽费用统计〉　　　　　　　　　　　　〈单位:元〉

队别	管理费	公积金	公益金	
东风	38.97	103.92	129.90	272.79
红星	42.18	112.48	140.60	295.26
红江	30.75	82.00	102.50	215.25
立新	38.22	101.92	127.40	267.54
东方红	32.25	86.00	107.50	225.75
红旗	32.40	86.40	108.00	226.80
向阳	46.11	122.96	153.70	322.77
胜利	39.12	104.32	130.40	273.84
合计	300	800	1 000	2 100

生产问题补充意见:①水稻生产,早翻早要抢收。②油菜开深沟,放干水。③降低地下水位,先将内河降低。

财务分配意见:①留足下年度资金,种子 1.5—2 套。②经济掌握先紧后亏。③粮食分配按照政策办事。

1972. 10. 27

出席公社财务学习班(暂定 5 天)

头天有[由]公社党委范有庆同志动员报告。

国际形势大好,国内形势更好。

1972.10.28

<h2 align="center">上午,听经验交流记要</h2>

盐官大队红星生产队介绍:不出"乱三支"。

1. 定出制度,干部以身作则。

2. 分期预计,兜底算付款,决不毛分。

3. 不出乱错支,有利于团结,能够使社节约开支,有计划打算。

联民立新生产队介绍:为革命掌好财权。

1. 严格执行财务制度,杜绝借支。

2. 及时做账。我们一月一做,在 8 月份发生错账,相差 80 多元,尤[由]于及时做账,弄清问题。

3. 担任会计,时时注意工作方法。信用社〈贷款〉回笼,做到有借有还。同时抓好存款。

丰士公社群益大队新联生产队 56 户,划 4 个组,289 人。我担任仓库保管员。

新星朝阳队介绍。

盐官立新队介绍。

东风队:"老三定"现在每人平均口粮 500 斤,今年留好储备粮 3 180 斤,占 12%。误工日报日销。自留地 19.1 亩,饲料地 11.20 亩,留存种籽每亩大小麦 35 斤,早稻 60 斤,晚稻 40 斤,山茹 200 担。柴草分配 70% 按口粮分,20% 按猪分,10% 按羊分。粮油分配 60%〈按〉人口分,40% 按劳分。

畜牧政策处理。每头自留地 1 分,付工分 40 分,付饲料粮每月 12 斤,按实养数计算。猪每头 1 分半,付 60 分工,饲料 18 斤。留小猪按出售 50% 计算,留母猪生小猪计算柴草 25%。羊每头付〈自留地〉工分 27 分,小羊 25 斤以上开始付工分。付柴草按总数 10% 分配。贮备粮 71 年底账面算 14 766 斤,国家代 2 130 斤。库存现谷 12 636 斤。

红星队:口粮 480 斤。柴草分配 50% 按口粮分,30% 按畜牧工分,20% 按劳分。

畜牧政策处理猪,母猪每月 60 分,饲料 14 斤,地 0.160〈亩〉;肉猪每月管理工 10 分,饲料 7 斤,0.080〈亩〉。出售 100 斤净白肉 350 分工(去小猪底,4 级猪算),留母猪出胎后起算。羊,二个月后每月 25 分工。

副产品分配 50% 按劳,50% 按人。

贮备粮 71 年账面数 11 783 斤,国家代 378〈斤〉,库存 9 248〈斤〉,库存粮票(大米)844.2〈斤〉,移用数 984〈斤〉。

红江队:口粮 500 斤,15% 按劳分。柴草分配 50% 按劳,50% 按口粮分。副产品分配,全部按劳分。

畜牧政策。猪,菜猪每头每月口粮 15 斤,管理工分 50 分,参加分钱;肉猪每头每月口粮 10 斤,40 分。

饲料地每头 0.7 分,超养每头每月补贴粮食 5 斤。

71 年底 18 926.8〈斤〉,72 年春留 5 785〈斤〉,国代 3 458.5〈斤〉,库存现谷 16 494.3〈斤〉,库存粮票达到 599.1 斤,支援粮 3 927 斤。

羊,21—30 斤,每月 15 分工;31—40 斤,每月 20 分工;41—60 斤,每月 25 分工;61—80

斤,每月30分工;80斤以上每月35分工。每10分工付粮食1斤。

立新队:口粮493斤。柴草分配50%按口粮,30%按畜牧,20%按劳动。副产品分配50%按劳,50%按需。

畜牧政策处理。饲料每月母猪15斤,肉猪10斤。肉猪超百斤白肉,多1斤加1斤粮食。工分每月每头肉猪40分,母猪65分。羊,每月每头22分,小羊生后两个月计算工分,外地购来20斤以上。

储备粮71年账面数15 751斤,72年春粮留2 820斤,库存现谷18 571〈斤〉。

红旗队:口粮510斤。柴草分配33%按劳,33%按畜牧,34%按需。粮油分配每人2斤,其余按劳。副产品分配按劳。

畜牧政策处理。猪,工分处理,按每只猪白肉每斤3分工,管理每月10分工;粮食处理,每只猪每月10斤,超过100斤的肉,每斤白肉奖励稻谷1斤。羊,每月饲养20分工。

储备粮71年底账面数21 135斤。库存现谷5 670〈斤〉,库存朴素(大米)2 313.3,社员借未还5 669〈斤〉,支援3 000斤。

向阳队:口粮511.5〈斤〉。柴草分配50%按粮,50%按劳。粮油分配每人3斤,多余按劳分。

副产品按劳分。"五属四户"照顾周到。

畜牧政策处理。猪,每只每月管理工15分。肥料按出售白肉除小猪底,每斤肉记工分3.5分工。每只每月发饲料粮食10斤。羊,体重20市斤以上每头每月管理工分10分,肥料每月记工15分,合计25分。

贮备粮71年底账面数25 434斤,国代贮备16 791〈斤〉,库存现谷5 643斤。

胜利队:口粮480斤,柴草分配按口粮40%,按劳60%。粮油分配每人3.5斤,其余按劳分配。副产品分配按人、按劳。

畜牧政策处理。按白肉处理。100斤白肉除小猪底。尽[净]白肉250分,管理工分每月20分。饲料每月每只10斤。奖赔增加养,每月付饲料10斤,没有自留地;有自留地不养,每月扣回10斤。羊,大羊每月每头23分,35斤以上;小羊20—35斤,每月每头付20分。

贮备:71年底账面数16 041斤。

〈各队自留地、饲料地统计〉 〈单位:亩〉

队别	自留地	饲料地	合计
东风	19.1	11.2	213
红星	22	9.28	31.28
红江	14.8	6	20.8
立新	14	4.68	18.68
东方红			
红旗	8.8	7.8	16.6
向阳	26.88	9.90	36.78
胜利	21.14	8.00	29.14

东方红:口粮480〈斤〉,柴草分配按口粮50%,肥料25%,劳动25%。

粮油分配每人定量3斤,多余按劳分。

副产品:50% 劳 50% 需。

畜牧政策处理:猪,每只每月工分 40 分;饲料,有饲料地的每只每月付 10 斤,不划饲料地的每只每月为 20 斤;每只每月 10 分工,为管理工参加按劳分配。羊,每只每月工分 24 分;每只每月 10 分,管理工参加按劳分配。

贮备 71 年底账面数 17 339 斤,库存现谷 17 408.5 斤,其中 72 年春粮留 69.5 斤在内。

1972.10.30

下午,参加公社正[副]书记会记要

关于红卫兵查抄物资处理文件。

关于对隔离人员误工补贴:最高 80%,最低 30%。

收交武器文件:72 年 12 月底交清。有[由]老石贯彻县委会议精神,秋收冬种会议。传达省委谭书记关〈于〉治山治水会议上重要谈话。在 10 月 8 日讲话:二个问题。

一、农业为基础指导思想。

农业为基础思想一定要树立起来。

农业为基础思想一定要解决。毛主席说:吃饭问题,一定要解决。"以粮为纲,全面发展",这个纲要抓牢。从以前十几年来看,那[哪]一年粮食丰收,那一样[年]形势有[就]好,工业等多[都]好。工作主动,人民就好过。反之就不。搞计划,首先搞基础。基础不抓牢,计划就落空。首先抓好农业为基础,全党全民大办农业,大办粮食。伟大领袖半个世举[纪]抓了农业。例如苏修就是抓不好,把斯大林累积黄金卖光。苏修都是败家子,我们要吸取教训。因此在批林整内[风]的情况下,必须首先抓好农业。浙江人〈口增〉长很快,每年增加 70 万,非农业人口 400 万,超过总人口 10%。我们的人口这样快发展,工业要发展,没有粮食怎么办?你们搞经济的也要看到农业不发展,你们〈将〉怎么样。在帝国主义,恐止[控制]我们几十年……

当前国际〈形势〉是非常好的,有 81 个国〈家〉和我们建交。农业为基础,实质是个路线问题,政策问题。

二、农业上关键是政策。

北方农业会议是关系[键],要学习。

※县委唐付[副]部长讲话。总结前段的成绩。

※存在问题:①生产队干部不落实。②积肥不平衡。③"四改"不落实。④"四个成风"。

工作意见:明年看今年,今年看当前。首先抓好秋粮管理,善始善终抓好。冬耕规划要落实,春粮是全年制增产重要一关,要认真抓好。

做好如下几点:

1. 以批林整风为纲,认真执行政策。

2. 全面落实农业"八字宪法",狠抓冬种质量。主攻方向:确大[保]大麦,稳定油菜,确保主攻单产。冬种质量与季节关系。搭个季节,质量较好,也没有产量,要实现"四改一抢"。大小麦播种,不过小雪关,油菜移植不过大雪关。

3. 大挖七遍[边]八遍[边],挖掘杂肥。

4. 管理好油菜秧,除虫防病。

5. 搞科学实验。大搞试验,各条组织。

6. 选留好种籽,留好良种。每亩大田,留一套半至二套,专人管理。

7. 继续抓好积肥造肥,大积土杂肥。

8. 冬种、水利、规划,逐步做到"六田化"。

9. 分配问题。归还到期贷款。粮食超15%怎样办。

10. 绿化造林。

11. 各项[行]各业支援农业,都要为农业生产。

谭书记10月8日在省治山治水会议上讲话。

一、农业为基础指导思想。

他讲,"农业是国民经济的基础"这个基础思想一定要树立,"农业为基础"这个思想一定要解决。毛主席说,吃饭是第一件大事,农业生产以粮为纲,全面发展,"粮、棉、麻、油、茧、茶、瓜、果、药、糖、烟、杂"12字缺一不可。解放以来,农业生产正反二个方面经验告诉我们最根本经验是:那[哪]一年农业生产丰收了,那一年形势就好,工业生产上去了,一切工作就主动。那[哪]一年农业欠[歉]收,受灾减产,那一年的工业生产和国家财政收入都受到影响。李先念付[副]总理来杭州时讲:农业丰收了,工业等各方面都好了。以农业为基础,工业为指导,农、经[轻]、重,这个思想一定要牢固地树立,搞计划。首先抓基础,农业不丰收,其他计划都要落空,因此我们开会作计划都要以农业为基础,全党必须大办农业,大办粮食,以粮为纲,全面发展。农林牧副渔,这个方针思想不能动摇,这是发展国民经济的根本指导思想。半个世纪以来,我们伟大领袖毛主席对发展农业不断总结经验,还收搜[吸收]各地的农业发展经验教训。例如,苏修存在的主要问题,就是农业搞不好,他们为了国内缓和,供需矛盾,只有拿出外汇向美国、加拿大购买粮食。

李付[副]总理来杭,我与他交换了意见。我说:全党还要重申以农业为基础这个思想。李付[副]总理讲:你说得对,这是几十年来的经验,要懂得这个经济发展规律。现在日本的经济是奇[畸]形,要靠别国进口原料、粮食、农副产品的。苏修连年不搞好农业,把斯大林积存的黄金全都购粮食、农副产品,搞光了,苏修集团是败家子。全党多[都]要以〈之〉为鉴戒,一定要记住。在批林整风这个运动中,我们要肃清林贼在农业战线上流毒。浙江的农业被林贼搞乱了,破坏很大。因此,浙江主要精力要抓好农业。全国的主要任务也是要抓好农业。浙江人口增长很快,每年增加70万人,与[于]解放初期增加了1/3,已达到3 300多万人,但土地反而减少。解放初杭州人口只有40万,54年增加到60万人,现在已达到100万人。全省非农业人口已达400万人,超过总人口10%。我在山东非农业人口压缩在10%。我们的人口发展这样快,人民的吃饭、穿衣和发展工业等都要靠农业提供。农业不丰收,林业搞不好,牧副渔不上去,或上得慢,这就要带来国民经济发展失调。你们搞经济工作的,要认识这一关,农业与形势关系。现在的国内形势,你们看国庆社论和乔冠华同志在"联大"发言。讲农业要联系国内外形势。我们搞农业的要放眼世界,立足本职,把农业搞好。23年来,美帝国主义对我们经济上封锁,政治上控制,军事上压力,发动侵朝、侵越战争,在台湾海峡搞军事演习。苏修趁我们遭受三年自然灾害困难时期,撤合同、索外债。

我们伟大领袖毛主席不断地号召全党全民独立自主,自力更生,艰苦奋斗,勤俭建国。经过22年我国"联大"进去了,特别是去年取得三大胜利:①搞掉林贼为首的反党集团。②恢复我国"联大"合法权利,赶去了蒋匪帮代表。③美国总统尼克松亲自到中国来。这些说明,美帝、苏修、国内反动派破产。证实伟大领袖毛主席"五二〇"声明英明论断。国家要独立,民族要解放,人民要革命,已成为不可抗拒的历史潮流。苏修在我边境屯兵百万,使用军事压力,妄想把我国与东欧一些国家一样作为他原料基地〈和〉商品推销市场。现在这个包围打破了,苏修想拉日本作为反华堡垒,美帝想拉日本作为反华前哨基地。但我们进了联合国,今年以来又和20个国家建立外交关系,国际威望空前提高,中小国家向往我们,希望寄托在我们。美帝、苏修很孤立,这次日本首相访华建立中日邦交政[正]常化,这是很重要的大事。最近西德外长谢尔来建交了。现在只剩下美国。当前国际形势非常好,美帝、苏修千方百计孤立我们,包围我们,而我们的朋友遍天下。现在已有81个国家与家[我]们建交,还有一些国家正在设法与我们建交,我们的国家从来没有像现在那样的扬眉吐气,这是毛主席的革命外交路线伟大胜利。

现在全世界主要敌人是谁? 我们要比较一下美帝侵略我国,霸占台湾,我们打美帝这个目标,是不变的,但是美帝、苏修二者相比,现在威胁我们的主要敌人是苏修,我们要利用矛盾,团结多数,打击少数,〈用〉各个击破的策略思想来战胜它。因为讲现实的话,主〈要〉是苏修在我们边境驻军百万压我们。我们要团结一切可以团结的力量,调动一切积极因素,集中力量打击我们的主要敌人。毛主席指出,团结中小国家,团结第三世界,孤立打击二坝[霸]。

国内我们搞无产阶级文化大革命,毛主席对我们国内工作总是不感到满意,毛主席革命路线受到干扰,22年来,总是受到左、右倾机会主义干扰破坏。毛主席根据国际上出现的问题,总结苏联教训,结合我们阶级斗争现状,开展文化大革命运动。但又有干扰。到九大前后找到总根,最后挖出林彪这个大野心家。现在的政治任务是批林整风。这个地方批林批得好,批得深,那里形势大好,抓了革命,促进生产发展。全国的粮食生产形势好转,过去"南粮北调",现在北方基本自给了。例如,河南自给,有余[由于]过去每年调进30亿斤,河北可以上交一点,山东最高调进12亿斤,现在可以调出2亿斤,辽宁也上去了。但遭到林贼一伙的破坏也是严重的。这次批林整风就是分清敌我,肃清流毒,使毛主席的革命路线在我地区贯彻执行中畅通无阻。浙江去年棉花只收50多万斤,对上面讲假话,粮食过关了。为什么浙南地区出现大批农民逃荒呀! 李付[副]总理说:"浙江问题,我们早已看出了,粮食棉花减产了,商业等全方面看出来了,去年还向新华社发稿吹丰收,要《人民日报》登报,我说,新华社不要登了,不能吹了。"

现在我们的物资与形势发展要求不相适应,与毛主席提出的中国应当对于人类有较大贡献不相适应。

我到这里5个多月,主要抓了批林整风,但我与周总理等中央首长相比,是十万八千里,总理处理国内外事情连休息、吃饭〈时间〉也没有。

农业为基础,归根到底是路线问题,今后各级党委,各级领导,第一位要抓农业,第一把手应该抓农业,各级党委的主要精力要抓农业。王起同志插话:省级机关有人说不可以农业为基础,就跳起来不服气……农业不单是业务问题,是个路线问题、政策问题,各级党委要解决这个思想问题,回去向地委书记汇报。11月地、县委书记来开会,批林整风肃流毒,这样抓它两三年,把农业搞上去。

你们提得对,这是执行不执行毛主席革命路线问题,现在是"群众急躁,领导跟不上"。这个问题要解决。

革 命 的 书 写
——一个大队干部的工作笔记

二、农业上的关键是政策。

他讲:北方农业会议贯彻不贯彻,是个路线问题,福建省这个文件也没有贯彻好,浙江更没有贯彻好。

北方农业会议要搞了农业有四句话:搞农业靠毛泽东思想,靠大寨精神,靠党的政策,靠六亿农民。

毛主席制定一系列的具体政策:人民公社"60条",三级所有,队为基础,按劳分配,等价交换,干部参加集体生活[产]劳动,干部误工补贴等。而林贼搞空头政策,"三献一并"搞二级所有,政治评分,平均主义。这些我们在58年都吃过苦头的。我在福建省工作,几乎跑遍全省,都是碰到的政策问题。例如,养猪报酬、分配粮食、价格政策等。我在福建搞了14条,后来又增加2条,为16条,印了小册子,贯彻下去,斗争非常急[激]烈。生产队长说:搞这个就是两条路线斗争。我派了工作组下去,有的社队就是抵制……

我到浙江了解几个大队,集体养猪很少,"二条腿走路"不执行,要抓政策落实,要经过调查研究,在11月地、县〈委〉书记上来开会,要拿上来讨论决定。

学大寨学什么?学思想,学冲天干劲,学自力更生、艰苦奋斗。上次我讲一句话,从杭州到富阳这条路上,基本上没有大变化!有的讲我说反动话,我的意思是讲这条路上土地建设、绿化、水利没有大的变化。

搞农业要下苦功夫,第四个五年期间每人要搞一亩旱涝保收田,这是毛主席批准的。浙江这几年吃老本,杭嘉湖捧牢"金饭碗",也是吃老本思想,严重在上去不快。浙江落后于江苏、上海和其他兄弟省市。

关于参加集体生活[产]劳动问题,我们要学习陈永贵同志。陈永贵可贵是当上县、地、省领导后,还参加集体生活[产]劳动,带头去干。搞工业不到工厂去,搞农业不到农村去怎么能有发言权呢?

杭州的西湖虽然世界友人赞扬,还要改造,要把风景树改种经济林。种一支桂花树,既有收入经济,又好看;种一支毛竹价值一两元,而且是国家好材料。现在杭州的小竹篮子等土产少了。我们对发展经济、保障供给怎么理解呢?

学大寨有党的领导,有人民的力量,应该学得好,我愿意和大家一起大干三五年,把农业搞上去,把工业弄上去。

浙江的毛竹是张王牌,过去拿出调钢铁等,现在不行了。毛竹要三五年成林,没有一个规划是不行的。浙江大部分是山区,拿不出竹木是讲不过去的。

今冬明春把农业搞上去,七边八边都要种上蚕头[豆]、大小麦。要开动脑筋想问题,发动群众展开讨论,对就干,回去向地委吹风,结合批林就有味道了。

关于组织机构,正在研究,农科所、兽医站要恢复建立。

种好田,品种对比田、高产试验田要搞起来。地、县要搞一个公社的试点,科研机构、种子站都要的。请你们回去汇报地委,在批林整风会议结束后,恢复起来。

现在还有人搞派性,一个开"红暴"派会,一个开"联总"派会❶。你要闹下去,我要专你们政了(包括共产党员在内)。

---

❶ "红暴派"即"浙江省红色暴动委员会";"联总派"即"浙江省革命造反联合总指挥部"。"红暴派"与"联总派"(又称"省联总")是"文化大革命"高潮时期浙江省两大观点对立的群众组织。

1972. 10. 31

下午,听电话会议记要

刘部长讲话:

1. 当前秋收冬种的情况,总的是好的,收得快、质量好。

2. 存在问题:①自满思想。②等待思想。③懒惰思想。

3. 工作意见:①认真地对秋收冬种认识研究一下。②加强对秋收冬种的领导。

认识[真]打好秋收冬种这一仗,集中力量,集中精力打好这一仗。深入社、队参加生产,领导生产,面对面地领导。积极支援帮助,加强领导。大搞试验田,干部、各条战线都要搞试验,对比试验。各行各业多[都]要支援农业,都要〈坚持〉以农业为主的指导思想。要学习 30 号的报纸。

血防问题。

海塘上不能种作物。

公社为单位组织讨论记要:

水利工作。这次县委召开农水局 6 个公社会议,今年我们公社也例[列]入在内,这是有利方面。

1. 补添配套。众安、闸口、三星、联民、庆丰。

联民解决东南角,打算迁移,做好规划。一次规划,分期实施。大农业生产方向。机耕道问题,袁花塘、三里港〈与〉联民接通公路。立即动手的有袁花塘、三里港上南。三里港过西 3 公尺,过东 2.5 公尺,上南 4 公尺。王家至白鹤亭、新星、三里港上南、中新;白鹤亭至六里乔、联新;六里乔至孔经港、联丰;联民、孔经港至道远乔 600 尺;道远乔东至联农。路面要求:里面开沟,面上铺煤渣,鲫鱼式,在 7 号前完成。

2. 大队主要规划:机耕道、渠道、引水河。做机耕道做掉是[如]何办:①粮食任务全大队负担。②全大队调拨[度]土地。

3. 管理问题、技术问题、机站人员报酬问题。处理意见:①工分加补贴。②工资加补贴。③工资交积累。这三种办法第一种比较有利。机站人员报酬例[列]入水费收,不能作误工摊负,作为农业成本。

技术人员培训问题。县即将培训机手。以火力机手为主。安排人员,一台火力机 2 人,电动机可正付[副]。

潜水泵,定一下报上去,3—5 匹柴油机。

1972. 11. 1

下午,在大队召开妇女大会上的讲话

总结妇女工作的情况。根据本大队初步情况。毛主席说:时代不同了,男女都一样,男同志能办到的事情,女同志也能办得到。我们大队全体妇女多[都]做出不少成绩。例如:①生产,带头参加集体生产。②生活上,都能节约、精打开支用粮。③在计划生育,提倡晚婚等方面上都照毛主席指示。除了少数民族的地区以外,在一切人口稠密的地方,宣传和推广节制生育,提倡有计划地生育子女……我们大队做到绝育的有 16 对,采取其他方法很大[多]。

革命的书写
——一个大队干部的工作笔记

1. 实现[行]计划生育是有利于学习马列主义、毛泽东思想,关心国家大事。减少了孩子的牵累和家务负担,就有更多时间参加学习,读毛主席的书,参加政治活动。

2. 实行计划生育有利于落实毛主席关于"备战、备荒、为人民"的伟大战略方针和支援世界革命。更多时间参加民兵组织,学习军事……

3. 实行计划生育有利于移风易俗,改造世界。推翻"四旧",提倡"四新"……

4. 有利于社会主义建设,因有计划增长人口,稳定人口发展。有利支援社会主义建设。还可以使大量妇女参加集体劳动,增加收入,发挥妇女"半边天"的组织作用,有利于抓革命、促生产,加速社会主义建设。

5. 实行计划生育有利于保护妇女和儿童身体健康。因为妇女怀孕以后胎儿要从娘体吸取大量的营养,就增加了母亲的负担。生出后〈花〉很大精力抚养。实行了计划生育是有利与〈于〉健康。

6. 有利于教育后代,培养和造就无产阶级接班人。教育子女也是做父母的重要政治责任。所以我们大队妇女多[都]晓得,做到了这一点,成绩是好的。

但是,据当前来看存在一种不良倾向,仿[妨]害运动继续开展,必须指出。例如:①认为多管这项工作。②重男轻女思想。③认为这种情况,大惊小怪。④讲自管讲,做自管做,自由主义。⑤养我自己养,用你管不着。

提出大队任务和工作意见:

1. 要有计划生育:全大队上级规定 14‰。

2. 要采取多方面有效措施实现计划生育。

3. 要求干部家属到会妇女,带头做好这个工作。为社会主义建设作出应有贡献,团结起来争取更大胜利。

1972. 11. 2

下午,在大队召开队长以上会议

贯彻会议精神:①晚稻后期管理。②大小麦下种工作。实行"四改",狠抓质量,不误农事。③油菜检查除治害虫。

大小麦增产关键是:①提高土地利用率。②施足基肥,早施苗肥。③加强田间管理。④选留良种。

讨 论 记 录

做路:袁花塘,决定明日开始,每队抽 5 人。大队机耕路请每队队长,集中放样,量到生产队。

机站:定补点,塘南土地能解决。

鲜山茹:3 300 担,已完成 1 860 担。

1972. 11. 9

出席公社正副书记会议记要

听取陈福才同志谈:这次会议主要是研究进一步秋收冬种。要求速度快,质量高,争季节,夺高产。

当前秋收冬种运动情况:到 10 号上收割 273〈亩〉,占晚 4% ;种 2 840〈亩〉,已下种 942.5〈亩〉,33.3% 。

小麦 4 340 已下种 708 亩,16.3% ;计划蚕豆 1 360 亩,已下 436〈亩〉,35% ;蚕豆绿肥 3 400〈亩〉,已下种 2 357〈亩〉,69.3% ;油菜计划 3 502 亩,育秧 557〈亩〉,直播 528.5〈亩〉。

现在来看秧苗很有问题:①苗瘦。②药害。③缺秧,大麦出苗不齐,质量不好。

提出意见如下:对油菜秧要对口,检查一下。深沟阔轮问题,有四个大队正式龙桥❶。

1. 深沟阔轮:要坚持抓下起[去],龙桥式。每个生产队搞一方试验田,每大队支部要搞出一方田。要求 10% 搞试田或对比田。上口大,下口狭些。

2. 关于秋收冬种问题。收:到 20 号基本完成,不超过小雪。要保证,但不能割青。有条件搞一部分晒稻。为了降低水位夺取春粮丰收,下苦功,首先狠抓排水沟。做到雨停水干。

3. 种:大麦要求 15 号完成,小麦 25 号基本播完,最迟不能过月底。油菜移入要求月底完成。① 狠抓播种质量。②迟种的大小麦,要求粪水浸种摧[催]芽。

※培桑狠抓三仗:①狠抓绿肥。②种籽 40 万〈棵〉苗。③要求加上一次土,就是说积上肥料。

明年 9 900 张,产 5 328〈斤〉,67 担。在秋收冬种结束后搞一下。

亩单产,156 斤。今年 116.7〈斤〉。

※晚稻选留良种:①虎灵 5、6 号作当家品种,60% 中梗。②适当种一部分全垦 24,联民红江 2 000 斤。③糯稻搞京引 15。明年扩大种植。

明年种籽田,要穗选。大田要遍选,防止退化。

※络麻生产:①种籽是否蒸掉。②明年搞种麻,今年搞密〈植〉,春花 30%—40% 。③络麻田打基础。

※分配问题:①粮食分配,按照财务会议精神办事。②"四查"要开展。查出问题,要进行回[汇]报。分别对待,迅速处理好。

※计划生育问题。支部要抓这项工作。

※征兵问题。民兵训练班,13 号报到,袁花茧站,期间 15 天左右。

※血防要检查。

72 年冬季征兵,主要是农村,下乡青年,劳动 2 年以上。任务 600 名,其中女 1 名。年龄虎、兔、龙、蛇、马,当前主要摸好底。

1972.11.17

〈征兵体检情况〉

总数 86 个,除政治勿合格 3 人,鸽子❷ 1 人,接肠 1 人,聋子 1 人;淮一 1 人,煤矿 1 人,三中 2 人。

东风 10 人,红星 11 人,红江 8 人,立新 10 人,东方红 11 人,红旗 8 人,向阳 16 人,胜利 12

---

❶ 原文如此。

❷ 当地土话,指讲话口吃的人。

人。可进站检验 76 人。

以上是在 72 年 11 月 17 日记录。54 年 22 人,53 年 10 人,52 年 20 人,50 年 12 人,共计 176 人。

1972.11.18

上午,召开社员代表大会(1 户 1 人)

内容是:72 年底冬季征兵动员大会。

为啥要在今冬征兵,意义。是从 11 月 3 日全县开始。

下午,长安报到〈参加〉内塘养鱼会议(3 天)

有 14 个公社重点大队。19 号上午小组学习。

1. 这次会议的指导思想是以路线斗争为纲,认真这习毛主席对渔业生产的指示。批判破坏渔业生产的罪行,落实"以粮为纲,全面发展"方针。学先进,找差距,订措施,鼓干劲,争上游,多快好省发展内塘养鱼,夺取渔业生产的新胜利。

2. 方法是:一学,二听,三议。

3. 时间 3 天,19 号学习,下午讨论。20 号交流经验,下午讨论。21 号大会总结提出任务,下午讨论计划。

4. 主要任务和方法:①认真学习毛主席指示,另外省委谭启龙重要讲话。②重点 6 个先进单位介绍。③研究发展内塘养鱼并布置任务。

1972.11.20

上午,听先进单位介绍

许村公社王同志介绍:

1. 72 年情况总的形势是好,取得全面丰收。谈谈取得丰收体会是:抓了路线教育。毛主席教导我们:路线是个纲,纲举目张。抓了以粮为纲,全面发展的方针。全公社有 2 000 多亩鱼荡,但分布不平衡,重点有六个大队。批判了对渔业的破坏,狠批那个[些]养鱼不似[如]养草,不吃饭不来,不吃鱼不要紧等〈思想〉,刹住歪风,落实了"以粮为纲,全面发展",重点抓了路线。

2. 抓点做样子,全面推开。我们塘湾大队,增加五六万〈斤〉粮食,达到全面丰收,我们抓住三个方面:①肥水管理。②饲料。③放养密度,增放 200 条。

3. 在管理上:①专人管理。全社 99 人专业队。解决劳力矛盾。②抓两个生产队的对比教育。③加强领导问题。公社大队支委主要负责人抓。生产队除专人负责外,决定一名队〈务〉委员抓这项工作。

塘湾大队介绍:672 户,鱼荡 309 亩,再[最]大 24 亩,小 4—7 亩。58 年粮食产量 818 斤,鱼[渔]业产量 586 多斤。

胡斗大队介绍:20 个队,616 户,鱼荡 146 亩。

下午，听报告

唐部长报告：

其他方面多[都]上去，渔业生产也要上去，去年全县减产。

1．全县的内塘养鱼的基本情况。

（1）以路〈线〉斗争为纲，落入[实]毛主席"以粮为纲，全面发展"，进一步落入[实]，为革命养鱼觉悟逐步提高，积极发展淡水养鱼。"以粮为纲，全面发展"进一步落实，出现了许村塘湾大队、钱塘江新民、红江公社星新大队，这些队都是好的生产大队。

（2）加强了对淡水〈养〉鱼的生产领导。公社召开了现场会，列入党委议事日程，每个大队都有干部管理这项工作。认真学习毛主席对渔业生产的主[重]要指示，提高觉悟，进一步对"以粮为纲，全面发展"的重要性〈加以认识〉，加强对鱼[渔]业生产的管理，72年取得良好成绩。

（3）加强了鱼荡管理，提高了养鱼水平。

全县放养了49万尾，其中72年209.5万尾，把荒塘改成鱼荡，提高了单位面积产量。实行专业与群众相结合的管理措施，保证大忙时节有人管，提高了扩养和混养〈能力〉。提高投肥、施肥，今年比去年增加10%以上。今年抓得更早些，明年更加增加。

总的形势是好。但是一分为二来看，还存在一些问题：

72年的水平，还等于在1952年的水平，平均不到100斤，最高是许村公社。不平衡，没有上去的主要原因，是毁塘改种，有的地方干脆不管，影响了渔业生产的发展，对"以粮为纲，全面发展"认识不足。海宁县，主有私者好的❶。这是不行的。

如何办？以路线斗争为纲，把渔业生产搞上去，支援世界革命，巩固集体经济，增加社员收入，改善人民生活，有着重要意义。毛主席亲自制定"以粮为纲，全面发展"的方针。这次上级召开多次会议，认真学习，坚决执行。杭嘉沪[湖]地处水产有利条件，海宁也是其中之一，现在有很大水面没有利用。71年全县平均113斤，低于全省〈平均水平〉，有的公社只有90斤。现有先进单位亩产600—700斤，许村公社塘湾大队平均314斤。为啥有的大队能达到，有的大队不能达到呢？主要是路线问题。路线一变，鱼荡荒了一大片。我们要加倍努力，全县在现83斤基础上苦干2—3年达到200斤以上，73年2万担以上，平均150斤。总[主]产区200—250斤，一般100—150斤。

2．措施。

（1）坚持以路线斗争为纲，把路线搞对头。

（从历史以来可以看出问题）那[哪]年毛主席革命路线对头，那一年就前进，就胜利……

要以毛主席教导：以粮为纲，全面发展的方针。路线是个纲，纲举目张。要以国家计划搞好渔业生产。批判毁塘改种，一定要渔业生产搞上去。

（2）〈认〉真落实"以粮为纲，全面发展"的方针，为革命多养鱼，养好鱼。

毛主席这一方针是体会[现]社会主义建设的重要方针，为社会主义各个部分的重要支持，一个组织成部分，支援出口……

（3）进一步落实农村各项政策，调动广大社员群众的社会主义积极性，搞劳动定额。

---

❶ 原文如此。

政策落实了,工作就好办,充分调动社员积极性。有些地方没有很好地落实党的政策,要很好团结。

(4) 狠抓增产环节,实行科学养鱼。"水、种、密、混、防……"8 字养法。

3. 办法。

(1) 大搞鱼塘基本建设。搞好鱼塘建设是创造条件,浅改深,小改大塘,坍改好,死水改活水,实行"四改"。结合冬季基本建设,田垟基〈本〉建设中改好。内河养水〈草〉要退出。但是真真是荒塘要适当安排,低产改高产。

(2) 做好鱼种放养工作:①增加放养密度。②增加放养品种。③适当提早些。

要求每亩 280 尾以上,一般 200 尾以上,合理地搭配。底层比中层达[多]30%。时间:冬至以前放好。

(3) 加强鱼荡管理,适当投肥投饲〈料〉。

养了要管,反对不管。要专管以[与]群众管理相结合。加强对管理人员政治思想教育,为革命养好鱼。自力更生,挖青饲料,培养种一些饲料,合理施肥,下决心消灭青水塘❶。国家分配的精饲料,用到鱼[渔]业上,适当搭配好。关于鱼塘注意防病,以防为主。

(4) 大搞群众性试验活动,大搞混养、密养。

搞一些中草药,防治鱼病。根据外地经验,搞试验成功再推广。每个公社抓好一个队,每个大队抓好一个生产队,每个生产队搞好几只高产荡。

4. 加强党对渔业生产的领导。

每个公社组织落实:思想落实,人员落实。做到上面有人抓,下面有人管。

1972.11.24

上午,支部会

内容是为征兵问题。

全大队初步及格 34 名如下:

东风队:徐加裕、朱祖峰。

红星队:邹土明、邹彐夫、邹永明、邹洪明、张忠华。

红江队:赵旭华。

立新队:朱锦其、祝家康、祝永余、刘水田、胡树忠。

东方红队:陈德荣、袁佳兴、冯建新、陈维生、张建民、张汉江、张明方。

红旗队:祝建龙、祝建忠。

向阳队:徐德刚、徐德新、徐德全。

胜利队:周福培、冯根甫、冯建成、冯祖生、冯建忠、冯兴祥、冯绍兴、冯建龙、张荣祥。

全大队共计 34 名,初步合格。

---

❶ 青水塘,指没有肥力的塘,鱼在这样的塘里长得不快。

1972.11.25

下午，召开正付[副]队长〈会议〉

贯彻县水产会议精神及当前生产问题，作[供]大家研究。

目前进度：大麦已下 231〈亩〉，小麦已下 310〈亩〉，油菜 6〈亩〉，晚稻未收有 315〈亩〉。

当前主要办法：

1. 抓抢收，突急[击]收起来。可以分任务，搞定额，明日开始搞一下突击抢收（12.7 大雪，12.22 冬至）。

2. 大小麦下种问题：要立即下种，季节有关。春粮面积保证种足。

3. 抢管理，下好种，盖好肥，做好保温工作。

4. 在收割中，要注意质量问题，严防浪费现象。

5. 抓好猪粮饲料问题。

6. 电线问题，准备好钞票。

7. 征兵工作。

1972.11.30

出席公社会议记要

省委文件：关于加强粮食工作的指示。

1. 狠抓路线教育。

对粮食问题，历来是二条路线斗争很激烈的。表现在增产问题上，狠批"粮食过关论"。通过回忆对比，计划用粮，节约用粮，发扬爱国家、爱集体〈精神〉，反对本位主义。

2. 认真落实党的政策，安排好三者关系。

在粮食增产的基础上，国家任务有所增加，集体储备留足，社员口粮有所增加。

余粮队：口粮标准不能超过"老三定"增 15%。

缺粮队：积极发展粮食生产，在两三年内。

我们公社重点是搞好储备。

3. 搞好计划用粮，节约用〈粮〉。要响应毛主席教育教导，要以[有]节约一把米的精神。大力推广晚婚节育问题。大力节约猪食饲料粮。推广"四无"粮食，防止损失粮食，防霉烂。

4. 要坚决压缩不合理开支。

5. 粮食是国家主要物资。

6. 加强党对粮食工作的领导。

① 联民、红江良种 4000 斤。②73 年计划落实了，进度明日带来。每个干部选 5 斤，生产队 30 斤，穗选。

默兴同志：回[汇]报血防工作。存在"四个不能落实"。

1. 东方红大队、新星大队情况。

2. 血防工作，当前列入党委议事日程。日前发现钩回[蛔]虫回升，对健康受到影响，主要来源是粪便管理。

3. 在冬种结束后搞"三面光",除虫、防病、积肥。

4. 计划生育进一步落实。

5. 吃水问题:摸一摸,分塘管理。

1972. 12. 1

出席公社会议(第二天记录)

秋收分配具体政策:

1. 粮食三者关系安排,总的既要保证及时完成国家任务,又要同时安排好社员生活,绝对不购过头粮。留足种籽田粮,饲料和适当的储备粮。还有余粮的要发动群众讨论。多卖一点给国家,据中央××号文件,做到国家增[征]购量有所增加。集体储备粮逐步增多,社员生活有所改善。对社员一般的不超过"老三定"〈增〉15%,对个别队增产副[幅]度比较大的,对国家贡献大的队,可以略高一点,但不宜过多增加,应该掌握在队水平600斤左右,但不能超过600斤。队与队认识差别,有所高低,生产副[幅]度有高有低,高的队可以高一点。

2. 生产队储备粮,按照毛主席一定要有储备粮,年年留一点,逐年增多。〈根〉据丰年多储,歉丰[年]少储或不留原则。对逐年留存的储备粮要清查。储备粮不能少,一定把它核实,实际有多少,要摸清原因。今冬一定要摸实,一定要建立严格的管理制度。专人专管制度,对储备粮做到无战不动、无荒不用。对这个问题很存在问题。

对借给社员的储备粮,要充分发动群众,多[都]要做到有借有还的原则。教育社员计划用粮,节约用粮。现发现问题要解决……(陈福才插话):69—71年留存对比,对储备粮逐年减少,少留13万多斤,对主席教导相反。对留存储备粮根据"60条"规定。今后生产队确实个别社员口粮困难,经社员大会讨论通过,大队批准,公社备案。(陈福才插话,张景洲插话:要摸一下,凡是浪费掉不能借。)纠正用粮无计划,节约无打算(储备粮一般留6%—7%)。

3. 饲料粮。原则上,按照季[既]定〈方针〉办事。就是据生产队原订计划办事,教育社员尽量青饲料搭,少用精饲料。集体饲料留粮问题,集体牧场已办的,考虑到明年发展,未办的,考虑计划办留粮。另外,考虑到鱼[渔]业饲料。另外发展家禽上都要打算。对明年留粮意见,为了有利调动多养猪,养大猪,多积肥,作出合理的规定。

4. 对原来留存种子粮,下后多余的专[转]作储备粮,统一规定专[转]为储备粮,生产队不能动用分给社员。

5. 对社员的口粮分配,一般可以采取基本口粮、按劳动分配相结合的分配办法。"老三定"作基本口粮,超过部分,劳需办法。但是无论采取那[哪]种办法,有利与[于]调动劳动积极性,但又要照顾"四属一户"。

6. 经济分配政策:凡是在年初定下来的,今年有增产增收的,一般坚决兑现。

7. 正确处理集体积累和社员关系,在生产增加社员,逐步增加收入。纠正收入年年增加,积累逐年减少的现象。对今年增产增收副[幅]〈度〉更大的队,经过社员讨论同意多留一些。公共积累一定比去年多留,如果有个别队确实困难,不少于去年的留存数。生产资〈金〉留存办法:根据生产队发展需要和可能,经社员讨论来留存一部分生产队资金。

8. 正确处理好三支款及到期款,发动存款。对三支款分别对待,对干部的三支款积极归还、带头归还,并且帮助社员归还。要有阶级斗争。

对干部误工问题:要高于同等劳动,纠正对干部工分重打折扣,不使干部吃亏,但不使干部占便宜。

9. 今年秋收分配要求在 12 月底决算编造好。

10. 在秋收分配结束同时,结束旧账,建立新账。

11. 在秋收分配结束要进行一次清理,全面进行公布,在公布中尽量使〈用〉社〈员〉易懂的方法。

留种统计 〈单位:斤〉

	遍选	精选
东风	3 500	
红星	3 500	
红江	3 000	30
立新	3 000	
东方红	3 000	
红旗	300	30
向阳	4 500	
胜利	3 500	

1972. 12. 3

下午,召开初步合格青年家属座谈会议

首先有[由]张堂同志谈四个问题:

1. 当前国际国内形势。

2. 为啥要冬季征兵。

3. 应征服役,无上光荣。

4. 存在几种活思想。

讨论:南片家长都表示,听国家挑选,做到去者愉快,留者安心。

1972. 12. 5

上午,支部会议(在机站)

有[由]张堂同志总结当前生产问题,蚕桑生产问题。

1. 各级党委对农业生产重视。特别今年张书记来后,对生产熟悉,狠抓紧要关头,抓现场教育。

2. 狠抓节季、质量关。

3. 贯彻 ×× 号文件,调动社员积极性,实行男女同工同酬,划分操作组。

4. 团结统一。

存在问题:

1. 浪费现象。

2. 蚕桑上:基础不好,没有接班人,缺枝补植不够,稀放。

办法是采取:①无干密植。②缺枝外植。③加强培育施肥、加土。

3. 加强春花管理培育。搭根、除虫。

指标:按72年增30%,达到亩产110斤左右,争115斤。

1972.12.7

出席公社信用会议记要

上午,有[由]陈同志报告:对经济工作在林贼干扰,主要在"左""右"干扰,破坏经济工作,特别在借贷发放上忽左忽右,应收的没有及时收起来,助长资本主义自发倾向。在林贼空头政治影响下,领导上应该抓好而不该讲放任自流。

1. 贷放款:对货币回笼要抓好,为了73年支持农业大丰收打好基础,作好准备。做好这项工作,首先回顾72年度大好形势。

2. 贷款:要执行政策。分别情况对待,进行调查。

3. 在抓回笼时,做好宣传工作。因为明年农业生产一定要上去(农林牧副渔多[都]要上去),应收一定收起来。

下午,王湘清同志谈。内容:传达县会议精神;总结经济工作形势。

春节前做好二个工作:

1. 以路线斗争为纲,深入革命大批判,特别批判在经济工作上流毒,在放款问题〈上〉借贷自由的无政府主义。

2. 积极做好秋收旺季回笼工作。

当前有利条件很多,主要今年来说全面大丰收。在收贷问题上进行排队,逐户作好计划,进一步做细。要做好宣传工作,要求宣传勤俭持家过日子。动员社员存款支援国家建设,有利于自己。另外对生产队任[存]放现金库存,要压缩,按制度办事。分配上按政策办事,要求积累问题上要适当多留些。化肥25 000吨,比今年增25%。今中型拖拉机10台,明年150台;手扶〈拖〉拉机今年38台,明年280〈台〉;电耕梨[犁]也年年增加。计委计划明年1 500万元。在回笼工作,一定要认真执行政策,在分配时要执行,但是要从多方面收回贷款。一方面抓还款好的思想、好的例子,对比教育。

1972.12.8

下午,参加大队财务检查会议上补充意见

1. 听取初步总结财务检查情况。

2. 一定要执行财务制度办事。如有违反,会计、出纳有权拒绝。严格执行财务制度。

3. 对储备粮问题,要求做到几个不付:无战无荒不付,无通过社员大会讨论不付,无批准不付。进出一定要记账,有备查薄[簿]。通过这次查账后,一定改正不合理的地方,认真掌好财权。

4. "乱三支"问题,去年有。今年比去年所好转,但是还是大的,这个问题,要纠正。方法是先把今年的账理清,今年要严格执行制度,杜绝"乱三支"。

5. 水费问题,反映有点大,原因啥地方?

6. 干部调班,有些干部说原[愿]好〈好〉选一选。

7. 粮食丰收,要做到"五个不忘":①不忘国家。②不忘集体。③不忘灾区。④不忘备战。⑤不忘世界革命。

8. 储备粮。除胜利队410斤未收,其余按账面照收储备。

9. 暂付款问题,红旗队比较多点,蜂场填付。

10. "乱三支"问题,比去年好转,有个别队是严重,自己掌自己付。

11. 长期累落未斩掉❶。

12. 东风队发现"合并单据"付总账。

13. 红旗队一户192.18元,就是顾泰山借买另[零]碎吃,不做正项。东风队一张条子借90元作买房子。胜利队也同样如此。东风队队长代字条子有算。

14. 大队打算也要进行清理,放在决算之后。

15. 讨论要统一几个问题:①执行制度、健全制度。借款一定通过社员大讨论后,再实行批准制度。②每月结时要核对,调查对账,是否错。

1972.12.14

下午,出席公社会议记要

征兵问题;参观问题;畜牧问题大队专管,支部内负责。

1. 先讲第一个问题,做好几个工作:①召开一次青年会,〈会〉上发通知书。②民兵整组问题,要求搭起架子。

明日发入伍通知书,后天公社召开服役人员会议。

21号9点半碎石报到,进行"三个教育"。发军衣、送兵问题要有二个准备。

注意问题:①花要的。②爆长[炮仗],要节约原则。③敲锣打鼓送。

2. 参观问题,为了推动当前生产。春花培育,蚕桑生产。

到永福参观,产量1 920斤,早848〈斤〉,晚750〈斤〉。大队正付[副]书记负责蚕桑,生产队长1人。

在16号上午8时〈乘〉轮船到长安。当日回来,17号公社集中,开会讨论。

3. 畜牧生产要大搞,大队支部研究一人管起来。

18号决定要走去参观,回来传达。

18号报到云龙,大队蚕桑负责人,生产队1人。

10月底下种,现有4叶,11月5号下种2—3叶,11月10—15号下种,多[都]盖上河泥。

1972.12.15

下午,支部研究会议

1. 民兵整组问题。

2. 支部今后研究问题,如何加强领导。

---

❶ 当地土话,意思是长期积累下来的账,没有结断过。

3. 支部分工问题。

4. 生产队加强领导问题。

5. 送兵问题,研究一下。

6. 县里今年月底召开复退军人及家属会议。

上级分配照顾2 000〈块〉红砖,1 500〈块〉瓦片及0.7〈立方米〉木材。

※支部今后如何加强领导:每逢10号碰头会。农业、财务、蚕业、畜牧、渔业戴顺堂、王有宝;组织青年民兵周志华;妇女王有宝;治保贾洪林;文教组长冯茂才。

分队负责:东风周生康、红星戴顺堂、红江周志华、立新王张青、东方红王张青、红旗王有宝、向阳贾浩林、胜利冯茂才。

※民兵整组:大队民兵连。正连长周志华,付[副]连长王菊芳。第一副连长陈德荣,第二副连长张丙松,正指导员王张堂,副指导员周志华。

※民校教师报酬:1.5分,白天日报日销。电每月报销一节。

※结扎手续[术]:补贴一个月工分,按生产队同等劳动力报酬,公益金支付。

※出席县复退军人及家属会议,决定周胜林。

※送兵问题。在20号下午召开欢送会议。参加:各条战线负责人、生产队正队长。

※陈阿康1 000〈块〉砖头,陈少甫1 000块,张其清瓦1 500块。

1972. 12. 16

〈1971—1972年度蚕桑生产统计〉　　　　　　　　〈单位:亩、斤〉

队别	蚕桑生产		平均亩产		72年与71年对比	
	收购量	自留	面积	亩量	71年实产	增减%
	50 904.7	1 326.7	606.473	86.1	42 191.1	+23.8
东风			69.950	85.1	3 983.8	+49.5
红星			87.472	64.8	4 903.1	+15.6
红江			56.556	91.8	4 626.7	+12.2
立新			78.330	101.7	6 342.1	+25.7
东方红			56.685	85.8	4 084.7	+19.1
红旗			93.177	83.8	5 964.2	+30.9
向阳			88.410	92.9	7 021.8	+16.8
胜利			75.893	86.2	5 264.7	+24.3

〈1967—1972年度四联片蚕桑生产统计〉　　　　　　　　〈单位:斤〉

年份	67	68	69	70	71	72
联新	6 082	4 222	4 028	3 438	3 334	2 638
联民	4 000	3 827	3 500	3 812	3 742	3 507
联农	2 926	2 219	2 089	2 258	2 248	2 510
联丰	5 490	5 159	5 586	5 486	5 186	4 273

五年增长:71 年总产 957 225 斤,67 年总产 867 835 斤,增加 89 390 斤。

1972.12.28

上午,支部研究会(在机站)

1. 蚕桑生产问题。

2. 生产队组织建设问题,及向阳队现闹问题。

3. 造反时查抄物钱问题。现 2 户,顾浩然 150〈元〉,张四财 100〈元〉。

听王宝芬同志报告,"一吨丝能调 500 吨化肥"。落入[实]以粮为纲,全面发展。不能单打一,光抓粮食不行。目前要制止毁桑种粮,破坏蚕桑生产。例如,建房,全县要向云龙〈学习〉,粮食向永福学习。

1. 养蚕口号:春蚕分批养,夏蚕适当养,早秋队队养,晚秋看叶养。

2. 桑树要"四改"。桑树要检查一次。

3. 发展畜牧:分配任务 27 只,预计落入[实]每队 2 只。

东风 2 只,红星 2 只,红江 2 只,立新 2 只,东方红 2 只,红旗 2 只,向阳 2 只,胜利 2 只。

在 11 月份分配的乐果年底购出,过期作废。红江、东方红。

押袋:东风、红江、东方红、红旗、向阳。否则一律以每只 2.20 元结算。

1. 贪污盗窃、投机倒把、贩卖票证。

2. 出现赌博。

3. 封建迷信,大摆酒席,有十多种,请客送礼。

4. 有点[的]地方停止生产,大盖房子,侵占集体土地。

5. 个别地方闹分队。

6. 大骂干部,打干部。

7. 以钱为纲,大搞资本主义经营,单独搞。

计划提存储备粮:东风 4 000 斤,红星 2 000 斤,红江 6 000 斤,立新 6 000 斤,东方红 5 000 斤,红旗 5 000 斤,向阳 3 000 斤,胜利 4 000 斤,共计 35 000 斤整。

图书在版编目（CIP）数据

革命的书写：一个大队干部的工作笔记. 上/周生康著；张乐天，席富群编.
—上海：复旦大学出版社，2019.3
（当代中国农民的脚印系列丛书）
ISBN 978-7-309-11593-2

Ⅰ.①革…　Ⅱ.①周…②张…③席…　Ⅲ.①农村-干部工作-史料-海宁县
Ⅳ.①F325.4

中国版本图书馆 CIP 数据核字（2018）第 018306 号

革命的书写：一个大队干部的工作笔记. 上
周生康　著　张乐天　席富群　编
责任编辑/宋启立

复旦大学出版社有限公司出版发行
上海市国权路 579 号　邮编：200433
网址：fupnet@ fudanpress.com　http://www.fudanpress.com
门市零售：86-21-65642857　团体订购：86-21-65118853
外埠邮购：86-21-65109143　出版部电话：86-21-65642845
江阴金马印刷有限公司

开本 787×1092　1/16　印张 37.25　字数 883 千
2019 年 3 月第 1 版第 1 次印刷

ISBN 978-7-309-11593-2/F・2453
定价：220.00 元